Die Goethe-Chronik

von Rose Unterberger

Insel Verlag

© Insel Verlag Frankfurt am Main und Leipzig 2002
Alle Rechte vorbehalten, insbesondere das der Übersetzung, des öffentlichen Vortrags,
der Übertragung durch Rundfunk und Fernsehen, auch einzelner Teile.
Kein Teil des Werks darf in irgendeiner Form
(durch Fotografie, Mikrofilm oder andere Verfahren)
ohne schriftliche Genehmigung des Verlages reproduziert
oder unter Verwendung elektronischer Systeme verarbeitet,
vervielfältigt oder verbreitet werden.
Satz: Hümmer GmbH, Waldbüttelbrunn
Druck: Memminger MedienCentrum
Printed in Germany
Erste Auflage 2002

1 2 3 4 5 6 – 07 06 05 04 03 02

Inhalt

Vorbemerkung und Hinweise zur Benutzung

Wer sich näher mit Goethe beschäftigt, wird bald feststellen, daß es nicht leicht ist, in der Fülle dieses Lebens und angesichts eines so umfangreichen Œuvres den Überblick zu behalten. Hilfe bei der Orientierung versprechen zunächst Biographien, die sich indes selten zum raschen Auffinden einzelner Fakten oder Daten eignen. Genau das will diese Chronik leisten, indem sie Goethes Leben und Werk in einem übersichtlich gegliederten Tableau darstellt.

Goethe-Chroniken gibt es bereits, und ich verdanke ihnen viel, allen voran dem bewundernswerten, in acht großformatigen Bänden 1982-96 im Artemis-Verlag erschienenen Werk von Robert Steiger und (ab Band 6) Angelika Reimann: *Goethes Leben von Tag zu Tag. Eine dokumentarische Chronik* – an Vollständigkeit, Umsicht und Präzision nicht zu übertreffen. ›Dokumentarisch‹ bedeutet, daß Steiger alles durch Zitate belegt; er verwendet sämtliche verfügbaren Quellen, gibt stets Quellen- und bei entlegenen Texten auch Stellennachweise an. Hinzu kommen zum Teil sehr ausführliche Sacherläuterungen, die, verbunden mit unzähligen Querverweisen, Zusammenhänge herstellen. Ein Register gibt es allerdings nicht, so daß gezieltes Suchen nur vom Datum her möglich ist.

Kurz vor Steiger hat Gert A. Zischka den ersten, ebenfalls großformatigen Band seines fast ebenso gigantisch angelegten Projekts vorgelegt: *Goethe. Tageskonkordanz der Begebenheiten, Tagebücher, Briefe und Gespräche in acht Bänden* (Wien 1980). In sechs Spalten (Datum, Ort, Tagebuch, Berichte, Briefe, Ereignisse) listet er, ebenfalls ›Tag für Tag‹, Stellennachweise bzw. Briefadressat(en) auf: von Goethes Tagebucheinträgen und Briefen sowie von Berichten anderer – alles ohne Text; nur unter ›Ereignisse‹ findet man Stichworte zu Leben und Werk. 1983 und 1984 sind noch zwei Bände erschienen, weitere blieben aus. Zischka hat übrigens mit Goethes letzten Lebensjahren begonnen, mit Band 7 (1823-1832); der letzte, 5. Band reicht bis 1806 zurück.

Die anderen Chronisten setzen auf Überschaubarkeit, müssen also auswählen. Franz Götting präsentiert in seiner 1932 in der Insel-Bücherei erschienenen *Chronik von Goethes Leben* (die 1963 als Band 45 der dtv-Ausgabe von Goethes Werken neu aufgelegt wurde) in eigenen Formulierungen und mit nur vereinzelten Zitaten, was ihm wichtig ist. Quellenangaben gibt es nicht, dagegen ein Personen- und Ortsregister. Ähnlich geht Heinz Nicolai in seiner *Zeittafel zu Goethes Leben und Werk* vor, 1977 als Nr. 161 der Beck'schen Schwarzen Reihe erschienen (Nachdruck aus Bd. 14, ⁵1976 der Hamburger Ausgabe, dort auch in den späteren Auflagen abgedruckt). Obwohl in Einzelheiten durch neuere Forschungen überholt, waren mir diese beiden Chroniken sehr nützlich, ebenso die Zeittafeln in Abteilung II der Frankfurter Ausgabe, die eine Auswahl aus Goethes *Briefen, Tagebüchern und Gesprächen* bietet (s. Quellenverzeichnis).

Die beiden bis dato jüngsten Übersichten sind: eine *Chronologie* im Zusatzband des vierbändigen *Goethe Handbuchs* (Stuttgart 1996-99); in dieser doppelseitigen Synopse von Vera Viehöver (insgesamt ca. 150 Seiten) ist der Zeit- bzw. Kultur- und Wissenschaftsgeschichte ebensoviel Platz eingeräumt wie Goethe (mit den Rubriken ›Biographie‹ und ›Schriften‹).

Ferner eine *Synopse Weimarer Klassik* in dem zweibändigen Katalog *Wiederholte Spiegelungen. Weimarer Klassik. Ständige Ausstellung des Goethe-Nationalmuseums* (München 1999); die Verfasser Christian Bracht und Jörg Paulus beziehen, dem Thema entsprechend, neben Goethe auch Schiller, Herder, Wieland, Landesgeschichte und Weltgeschichte mit ein. In beiden Fällen gibt es zu den knapp zusammengefaßten Fakten keine Quellenangaben.

Nach langer Zeit wird hier also wieder eine Goethe-Chronik in einem Band vorgelegt. In Aufbau und Darbietungsweise ist sie eine Kombination aus den oben vorgestellten Möglichkeiten.
– Für die *äußere Form* habe auch ich das übersichtliche Modell der Synopse gewählt, gegliedert in die Rubriken *Ort – Zeit – Leben – Werk*. Zeitgeschichtlich bedeutsame Daten stehen jeweils am Anfang eines Jahres, und zwar meist nur solche, die für Goethe eine erkennbare Rolle gespielt haben; einiges findet sich auch in der Spalte ›Leben‹, z. B. wichtige Werke von Zeitgenossen, mit denen er sich intensiv beschäftigt hat.
Typographisches: Alle Titel sind kursiviert, eingeschlossen die von Goethes eigenen Zeitschriften und Werkausgaben (auch in Zitaten, notfalls abweichend von der Zitierquelle); andere Zeitschriftentitel stehen in gnomischen Anführungszeichen. Gedichtanfänge sind in doppelte Anführungszeichen gesetzt.
– Des öfteren habe ich Goethe selbst *zitiert*, besonders dann, wenn es um diffizile Sachverhalte, Gefühle, Urteile u. ä. geht oder wenn Goethes Text ebenso kurz und verständlich ist, wie eine Umschreibung es wäre. Wo nötig, sind knappe Sacherläuterungen gegeben, bei komplizierteren Vorgängen auch etwas längere Zusammenfassungen, z. B. beim sogenannten Atheismusstreit (s. Ende Dezember 1798).
– Nahezu alles ist mit *Quellenangaben* belegt; es scheint mir unverzichtbar, dem Benutzer die Möglichkeit zum Nachprüfen und selbständigen Weiterforschen zu geben. Schon die Art der Quelle sagt ja etwas aus über Glaubwürdigkeit, Valeur, Timbre der Information. Wo immer möglich, sind die unmittelbarsten Quellen herangezogen, also Goethes Tagebücher oder Briefe; Goethes autobiographische Schriften oder Zeugnisse anderer sind meist nur dann zitiert, wenn ›authentische‹ Quellen fehlen, also vor allem in den ersten Jahrzehnten. Stellenangaben nach bestimmten Ausgaben habe ich vermieden (Ausnahme: *Corpus der Goethezeichnungen*), weil sie, vor allem in Massen, eher abschreckend wirken. Das meiste ist über das Datum in den einschlägigen Ausgaben unschwer zu finden; die Zitierquellen sind im Quellenverzeichnis genannt.

– In den meisten der genannten Chroniken ist die Zeit das einzige Gliederungsmittel. Hier steht der sonst eher wenig beachtete *Ort* an erster Stelle. Auch die Kapiteleinteilung dieser Chronik richtet sich nach Ortsveränderungen. Der Rhythmus des individuellen Lebens wird dadurch weit sinnfälliger dargestellt als durch die gleichförmige Jahresfolge. Nicht nur die großen Zäsuren in Goethes Leben sind mit Ortswechseln verbunden (Frankfurt – Weimar – Italien – Weimar), sondern auch kleinere Lebensab-

schnitte. So markieren die Studienaufenthalte in Leipzig und Straßburg
wesentliche Entwicklungsstationen des jungen Goethe; geschlossene Ein-
heiten bilden ferner die anderen größeren Reisen ins Ausland: in die
Schweiz, nach Venedig und, im Sog der kriegerischen Zeiten, in die französische Champagne und zur Belagerung von Mainz. Die Mehrzahl dieser
Reisen hat Goethe zudem beschrieben oder bedichtet, einige sind in
(halb-)offizieller Mission unternommen. Die weniger gewichtigen bzw.
mehr privaten Reisen, z. B. in die böhmischen Bäder, sind wie die anderen
betitelt und abgesetzt, aber ohne Seitenwechsel.
Auch innerhalb der Abschnitte sind grundsätzlich alle Ortswechsel notiert, freilich nicht jede kleine Tagesexkursion in die nächste Umgebung,
jedoch alle Fahrten oder Ritte nach Jena, wenn sie zuverlässig belegt sind.
Orte, die lediglich Ziel eines Ausfluges waren, sind in Klammern gesetzt,
der Ausgangsort wird dann nicht erneut genannt. Reisestationen ohne be-
merkenswerte Vorkommnisse stehen auch in der Spalte ›Leben‹.

– In der Rubrik *Zeit* sind immer dann Klammern um ein Datum gesetzt,
wenn sich der Aufenthalt am entsprechenden Reiseziel über längere Zeit
hinzieht, in die Zwischenzeit aber erwähnenswerte Exkursionen oder andere Aktivitäten fallen, wie z. B. Treffen mit Freunden und Bekannten
oder Arbeiten am literarischen Werk. Hinter »Weimar« ist kein Datum vermerkt, wenn Goethe sich zwischen zwei kleinen Reisen nur kurz dort
aufhält, ohne daß sich etwas Besonderes ereignet. Die Verweildauer in
Weimar richtet sich dann nach dem vorangehenden und nachfolgenden
Eintrag in der Rubrik *Zeit*.

– In den Rubriken *Leben* und *Werk* ist in der Regel nur aufgeführt, was
relativ sicher datierbar ist.
Die Rubrik *Leben* dokumentiert neben den Daten von Goethes bürger-
lichem Leben, den vielfachen Tätigkeiten, den Studien auf nahezu allen
Wissensgebieten auch die wichtigen persönlichen Beziehungen, die Kon-
takte zu bedeutenden Wissenschaftlern und berühmten Künstlern, die
Entstehung der wichtigeren Goethe-Bildnisse und anderes mehr; insbesondere habe ich versucht, Goethes lebhaftes Interesse an in- und auslän-
dischen zeitgenössischen Schriftstellerkollegen zu vermitteln, ebenso
seine Reaktionen auf die politischen und gesellschaftlichen Revolutionen
der Epoche. Auch weniger liebenswürdige Seiten des Dichters sind nicht
ausgeblendet, so z. B. die Geschichte mit dem unglücklichen Lenz, die Befürwortung des Todesurteils für eine Kindsmörderin oder kleine Intrigen
gegen mißliebige Gegner.
– Bei den *Werken* findet man alles, was Goethe selbst publiziert hat
(abgesehen von den Gedichten, aus deren Überfülle nur ein kleiner Teil an-
geführt werden kann, sowie von einigen kleinen Gelegenheitswerken,
kürzeren Aufsätzen, Rezensionen, Anzeigen u. ä.): die poetischen und
autobiographischen Werke, die ästhetischen und naturwissenschaftlichen
Schriften; darüber hinaus auch Fragmentarisches, Entwürfe und Pläne aus
dem Nachlaß; von den amtlichen Schriften eine knappe Auswahl. Dokumentiert sind in der Regel die Hauptphasen bzw. das Datum der Entste-

hung, meist auch Erscheinungsdatum und Publikationsort; bei größeren Publikationen (vor allem bei Goethes Werkausgaben und Zeitschriften) zusätzlich, in großen Zügen, Redaktion und Drucklegung. Auch das zeichnerische Œuvre war nicht ganz zu vernachlässigen, Goethe hat sich ja lange Zeit als künftigen Maler gesehen.

– Für die gezielte Suche nach bestimmten Personen, Orten, Werken oder Stichwörtern gibt es am Schluß des Bandes die entsprechenden *Register*.

– Von dem vielen notwendigerweise Weggelassenen nur wenige Beispiele. Erstens: Zu den biographischen Quellen gehören auch die Berichte anderer über ihre Begegnungen und Gespräche mit Goethe. Sie sind für ein Bild von Goethes Persönlichkeit und als Komplement, eventuell auch Korrektiv zu Goethes eigenen Mitteilungen höchst interessant, ihre Glaubwürdigkeit ist aber jeweils schwer zu beurteilen, jedenfalls prima vista. Angesichts der Masse und Disparatheit des Überlieferten (die einschlägigen Sammlungen sind im Quellenverzeichnis aufgeführt) sind sie demnach wenig geeignet für die Auswertung in dieser Übersicht, die ja primär ein möglichst klares Datengerüst liefern will und so komplexe Sachen wie persönliche Ausstrahlung oder auch innere Entwicklungen allenfalls indirekt darstellen kann. Bei den relativ wenigen Dokumenten, die genannt sind (vgl. oben bei *Quellenangaben*), handelt es sich fast immer um Briefe, Tagebücher oder ähnliche Notizen aus dem nahen zeitlichen Umfeld. Zweitens: Auch das zeitgenössische Echo auf Goethes Publikationen kann aus Umfangsgründen nur in Einzelfällen dokumentiert werden. Ähnlich wie bei den Gesprächsberichten gibt es auch dafür eigene Dokumentationen (s. Quellenverzeichnis/Literaturhinweise). Drittens: Der Verzicht auf das Tagtägliche, die Routine, die zahllosen Details des persönlichen Lebens versteht sich in einer derartigen Dokumentation von selbst. Literaturfreunde, die nicht gerade auf Goethes Biographie spezialisiert sind, sollen auch nicht mit zu vielen Namen überschwemmt werden, die ihnen nichts mehr sagen, oder mit Informationen, die nur für Insider von Interesse sind.

Ich danke dem Goethe-Wörterbuch Tübingen für die Möglichkeit zur Benutzung der Institutsbibliothek. Horst Fleig danke ich für guten Rat und nützliche Hinweise.

Tübingen, im Frühjahr 2002   R. U.

Kindheit und Jugend in Frankfurt,
28. August 1749 bis 30. September 1765

Frankfurt am Main

1749
28. Aug. Johann Wolfgang Goethe geb. zwischen 12 und 1 Uhr mittags im Goetheschen Familienhaus ›Zu den drei Leiern‹ am Großen Hirschgraben.
Vater: Johann Caspar Goethe (1710-1780), Dr. jur. und Kaiserlicher Rat ohne Amt, Erbe eines beträchtlichen Vermögens; Mutter: Catharina Elisabeth geb. Textor (1731-1808). Datum der Eheschließung: 20.8.1748.
Großeltern väterlicherseits: Friedrich Georg Göthe (auch: Göthé; 1657-ca. 1730) aus Artern in Thüringen, Schneidermeister, dann Gastwirt zum Weidenhof in Frankfurt, und Cornelia Göthe geb. Walther, verw. Schellhorn (1668-1754). Großeltern mütterlicherseits: Johann Wolfgang Textor (1693-1771), Dr. jur., Stadtschultheiß in Frankfurt, und Anna Margaretha Textor geb. Lindheimer (1711-1783).

29. Aug. Lutherische Taufe.

1750
7. Dez. Geburt der Schwester Cornelia Friederike Christiane.

1751 Die *Encyclopédie* von d'Alembert und Diderot, unter Mitwirkung von Voltaire, Rousseau u. a., beginnt zu erscheinen (wird fortgesetzt bis 1780 in 28 Bänden).

1752
Herbst G. und Cornelia kommen in eine Spielschule (bis Sommer 1755); erster Leseunterricht.

26. Nov. Geburt des Bruders Hermann Jacob.

1753 Vater Goethe beginnt ein Haushaltungsbuch in lateinischer Sprache zu führen: *Liber domesticus*, Quelle für Einzelheiten aus G.s Kindheit und Jugend (z. B. hinsichtlich seines Unterrichts und seiner Privatlehrer).

Weihnachten	Großmutter Goethe schenkt dem Enkel ein Puppentheater (vgl. *Dichtung und Wahrheit* I 1).
1754 Anfang Sept.	Geburt der Schwester Catharina Elisabeth (gest. Dez. 1755).
1755	Erdbeben von Lissabon (1. 11.). – Winckelmann: *Gedanken über die Nachahmung der griechischen Kunstwerke.* Lessing: *Miss Sara Sampson.*
April	Der Umbau des elterlichen Hauses beginnt, er dauert bis Frühjahr 1756 (vgl. *Dichtung und Wahrheit* I 1).
~ ab Sommer	G. besucht eine öffentliche Elementarschule, bis ~ Frühjahr 1756.
1756	Beginn des Siebenjährigen Kriegs zwischen Preußen (und England) auf der einen, Österreich, Frankreich und Rußland auf der andern Seite.
Herbst	Beginn des Privatunterrichts durch verschiedene Lehrer: Mitte Okt. im Schreiben einschließlich Kalligraphie (bis Sept. 1765); im Nov. in Latein, später auch in Griechisch (bis Febr. 1760).
1757 Januar	Neujahrsgedicht für die Großeltern Textor: *Bei dem erfreulichen Anbruche des 1757. Jahres.* Schlußverse: »Dies sind die Erstlinge, die Sie anheut empfangen,/Die Feder wird hinfort mehr Fertigkeit erlangen.« – Früheste erhaltene Einträge in dem *Labores juveniles* betitelten Heft mit Schülerarbeiten (meist lateinische Übersetzungsübungen; ab August 1758 gelegentlich auch griechische Übungen; die letzten Einträge datieren von Jan. 1759).
~ Februar	Beginn des Französisch-Unterrichts bei Mlle. Gachet (bis August 1762; einzige Frau unter G.s Lehrern).

Ende März	Geburt der Schwester Johanna Maria (gest. Aug. 1759).
1758 ~ Frühjahr	G. und sein Bruder Hermann Jacob erkranken an den Pocken (vgl. *Dichtung und Wahrheit* I 1).
September	Beginn des Zeichenunterrichts bei dem Kupferstecher J. M. Eben (bis Oktober 1761).
1759 Januar	Frankfurt wird militärischer Stützpunkt für die französischen Truppen (Siebenjähriger Krieg). Einquartierung des französischen Stadtkommandanten Graf Thoranc in G.s Elternhaus (bis zum 30. Mai 1761; enger Kontakt G.s zu den für Thoranc im Hause arbeitenden Frankfurter und Darmstädter Malern: Ch. G. Schütz d. Ä., J. Juncker, J. G. Trautmann, J. A. B. Nothnagel, J. K. Seekatz; häufiger Besuch des französischen Theaters; Aufführungen u. a. von Destouches, Marivaux, Palissot, Piron, Rousseau (*Le Devin du Village*), Diderot (*Le Père de famille*), Corneille, Racine; (vgl. *Dichtung und Wahrheit* I 3).
13. Jan.	Bruder Hermann Jacob beerdigt.
1760 Anfang des Jahres	Der italienische Sprachlehrer Giovinazzi kommt ins Goethesche Haus, um Vater Goethe bei seiner autobiographischen *Viaggio per l'Italia* zu helfen und wohl auch G. und Cornelia Italienisch beizubringen (bis Mitte 1762).
Mitte Juni	Geburt des Bruders Georg Adolf (gest. Febr. 1761).
1761 ~ April– Anfang Juni	Unterricht in Judendeutsch.

1762 Januar		Neujahrsgedicht für die Großeltern Textor.
Juni/Juli	Unterricht im Englischen.	
~ Sommer	Beginn des Unterrichts im Hebräischen (~ bis zum Aufbruch nach Leipzig; vgl. *Dichtung und Wahrheit* I 4).	Laut *Dichtung und Wahrheit* I 4 schreibt G. eine Art Briefroman in sechs Spra-

chen sowie, angeregt u. a.
durch Klopstocks *Messias,*
die Geschichte des bibli-
schen Joseph, eine ›Prosa-
dichtung‹; letztere stellt
er (Winter 1763/64?) mit
seinen früheren (geistlichen)
Gedichten zu einer hand-
schriftlichen Sammlung zusammen, die er dem Vater
überreicht (nicht erhalten).
Joseph auch in Briefen an
Cornelia 1767 erwähnt
(s. u.).

1763 Abzug der Franzosen aus Frankfurt nach
Ende Febr. dem Frieden von Hubertusburg (15. 2.),
der den Siebenjährigen Krieg beendet.

~ 3. April Konfirmation.
(Oster-
sonntag)

Mitte Juni Beginn des Klavierunterrichts bei Kantor
Bismann (bis zum Aufbruch nach
Leipzig).

25. Aug. G. besucht ein Konzert, das der sieben-
jährige Mozart und seine Schwester
Nannerl geben.

1764 Winckelmann: *Geschichte der Kunst des Altertums.*

3. April Krönung Josephs II. zum Römischen König in Frankfurt (vgl. *Dichtung und
Wahrheit* II 5).

23. Mai Erster erhaltener Brief, an L. Ysenburg von
Buri: (vergebliche) Bewerbung um Aufnahme in die ›Arkadische Gesellschaft zu
Phylandria‹, einen literarischen Club mit
den Formen eines Geheimbunds.

1764/65   Gedicht *Poetische Gedanken
über die Höllenfahrt Jesu
Christi*; 1766 Erstdruck in
einer Zeitschrift, ohne G.s
Wissen. Einige Stammbuch-
verse.

1765 *Works of Ossian*, hg. von J. Macpherson (in der Bibliothek von G.s Vater). F. Nicolai gründet die *Allgemeine deutsche Bibliothek*.

Wahrscheinlich in diesem Jahr unternimmt G. eine Reise nach Worms, vgl. an Trapp, 2. 6. 1766.

Ende Jan. Beginn des Fechtunterrichts bei einem französischen und einem deutschen Lehrer (bis März).

Anfang Febr. Beginn des Reitunterrichts (bis August).

Wiesbaden Mitte bis ~ Vgl. den Brief an Cornelia vom 21. 25. Juni

Frankfurt 30. Sept. Aufbruch nach Leipzig zum Studium der Rechte.

Laut *Dichtung und Wahrheit* I und II bereits bis zu diesem Zeitpunkt extensive Lektüre, dank der ca. 2000 Bände umfassenden Bibliothek des Vaters. Frühe Bekanntschaft mit der Bibel (mit Merians Kupferstichen) und, in einer deutschen Prosabearbeitung, mit Homer, auch mit Ovids *Metamorphosen*. Ferner liest G. u. a.: Tassos *Befreites Jerusalem*, Fénélons *Telemach*, Defoes *Robinson Crusoe*, Popes *Lockenraub*, Schnabels *Insel Felsenburg*; die zeitgenössischen deutschen Dichter wie Hagedorn, Haller, Gellert, Lessing und vor allem Klopstocks *Messias* (die bis dahin erschienenen Gesänge I-X); die (später so genannten) deutschen Volksbücher (*Historia von D. Johann Fausten, Die Haimonskinder* u. a.); französische Lustspiele des 18. Jahrhunderts sowie Molière, Racine und Corneille; lateinische Autoren; später enzyklopädische Werke wie Morhofs *Polyhistor*, Bayles *Dictionnaire historique et critique*, Buffons *Histoire Naturelle*. – Nach *Dichtung und Wahrheit* III 12 lernt G. die ›Fabeln der *Edda*‹ aus der Vorrede von P. H. Mallets *Introduction à l'histoire du Danmark* (dt. 1765/66) kennen, die indische Mythologie (besonders das Epos *Ramayana*) aus O. Dappers *Asia oder Ausführliche Beschreibung des Reichs des Großen Mogols und eines großen Teils von Indien* (dt. 1681).

Studium in Leipzig,
3. Oktober 1765 bis 28. August 1768

Leipzig G. besucht insbesondere die Veranstaltungen von J. G. Böhme (Geschichte, Staatsrecht), Chr. A. Clodius (Philosophie, Stilpraktikum), J. A. Ernesti (Philologie, Theologie), Chr. F. Gellert (Poesie, Morallehre), J. H. Winckler (Philosophie, Physik). – Freundschaftliche Beziehungen (außer den unten genannten) zu den Häusern des Buchhändlers Reich und des Verlegers Breitkopf. Flüchtige Bekanntschaft mit C. W. Jerusalem. – Häufige Besuche des Theaters, an dem die Truppe von H. G. Koch spielt; zu ihren Mitgliedern zählen u. a. Gertrud Elisabeth Schmehling, später verh. Mara, Corona Schröter und Caroline Schulze, später verh. Kummerfeld. G. sieht u. a. Lessings *Miss Sara Sampson*, Voltaires *Zaire*, Molières *Tartuffe*, Lillos *Der Kaufmann von London*, Otways *Verschwörung wider Venedig*, C. F. Weißes *Poeten nach der Mode*, weitere Stücke Weißes sowie dessen Singspiele in der Vertonung von J. A. Hiller (vgl. an Cornelia, 6./7.12.1765 und den Aufsatz *Leipziger Theater* von 1811). – G. lernt große private Kunstsammlungen in Leipzig kennen (von F. W. Kreuchauff, vgl. an Oeser, 13.9.1768, G. Winckler und J. Th. Richter). – Beschäftigung mit Kunst- und Literaturtheorie: Lektüre von A. J. D. d'Argenvilles *Nachrichten aus dem Leben der berühmtesten Maler* (Paris 1745; dt. Leipzig 1767/68), von Batteux (vgl. an Langer, Mitte Okt. 1769), Gottsched und Breitinger. Vgl. *Dichtung und Wahrheit* II 6-8.

Viele Briefgedichte, z. T. in französischer und englischer Sprache, besonders an Cornelia und Riese.

Oktober

Arbeit am 5. Akt des in Frankfurt begonnenen *Belsazar* (vgl. an Riese am 30.).

30. Okt.

Briefgedicht an Riese, mit einer launigen Beschreibung von Gottsched (»Ich sah den großen Mann auf dem Catheder stehn« usw.).

12.-23. Dez. Brief an Cornelia, darin Bericht von einem Besuch der von A. F. Oeser geleiteten Kunstakademie auf der Pleißenburg.

G. legt dem Brief sein Neujahrsgedicht für Großvater Textor bei.

1766 Abschluß von Wielands Shakespeare-Übersetzung *Shakespeare. Theatralische Werke. Aus dem Englischen übersetzt*, 8 Bde., 1762-66. Lessing: *Laokoon* (ersch. im Mai).

Februar		Ode zur Hochzeitsfeier des Oheims Textor in Frankfurt (am 17. 2.); scharfe Kritik von Clodius an deren allegorischem Stil (vgl. an Cornelia, 11.-15. 5. 1767).
März	Lektüre von W. Dodd, *The Beauties of Shakespeare*, 1752-57; vgl. an Cornelia, 30. 3.-31. 5.).	
Ende März/ Anfang April	Der Frankfurter Bekannte J. G. Schlosser macht auf der Durchreise kurze Zeit in Leipzig Station und führt G. beim Mittagstisch des Zinngießers und Gastwirts Chr. G. Schönkopf ein. G. verliebt sich in die Tochter des Hauses, Anna Katharina (›Käthchen‹). G. lernt hier u. a. den Dichter J. F. W. Zachariä kennen. – Besuch bei Gottsched mit Schlosser (vgl. *Dichtung und Wahrheit* II 7).	
April/Mai		Erste Gedichte für Käthchen Schönkopf (›Annette‹).
~ Sommer	G. beginnt privaten Zeichenunterricht bei Oeser zu nehmen und lernt Oesers Familie kennen. Einer der Mitschüler ist C. A. von Hardenberg, der spätere Staatskanzler.	
Oktober		Entwurf des Plans zu einer Tragödie *Der Thronfolger Pharaos* (vgl. an Cornelia, 27. 9.-18. 10. 1766 und 11.-15. 5. 1767); nicht ausgeführt bzw. nicht erhalten.
Anfang/Mitte Okt.	Am 10. Eröffnung des neuen Theaterbaus, u. a. mit dem Schauspiel *Hermann* von J. E. Schlegel. – Früheste erhaltene Briefe an Behrisch (in französischer Sprache).	
Mitte Okt.	Am 18. an Cornelia, über Behrisch: »ich habe einen Freund an dem Hofmeister des Grafen Lindenau, der ‹...› wie ich, aus der großen Welt entfernt worden ist. Wir trösten uns mit einander, indem wir in unserm Auerbachs Hofe, dem Besitztume des Grafen, wie in einer Burg, von allen Menschen abgesondert sitzen«.	Am 13. an Cornelia: »J'ai commencé de former le Sujet d'*Ynkle et d'Jariko* pour le Theatre, mais ‹...› je n'espere pas, d'en venir a bout.« (Im ›Spectator‹ von 1711 steht die Geschichte von der schnöden Behand-

	lung der schönen Indianerin Yariko durch den Engländer Inkle; sie wird daraufhin zum beliebten literarischen Sujet).
6./7. Dez.	Brief an Cornelia, darin u. a. Lektüreempfehlungen: »den Zuschauer [die berühmte englische Zeitung ›The Spectator‹ von 1711/12] <...> Romanen <...> verbiete ich dir hiermit völlig, den einzigen Grandison [*Sir Charles Grandison* von Richardson] ausgenommen <...> Im Ital. den *Pastor fido* [von Guarini] <...> nur den *Decameron* von Boccaccio nicht <...> Von den Comödien des Moliere will ich dir einen Auszug machen.«
1767	Lessing wird Dramaturg am neuen Hamburger Nationaltheater und beginnt seine *Hamburgische Dramaturgie* zu schreiben (bis 1769).
~ Februar	Beginn der Arbeit an dem Schäferspiel *Die Laune des Verliebten*; abgeschlossen im April 1768 (vgl. an Behrisch, 26. 4.).
März	Gedicht *An den Kuchenbäkker Händel* (Parodie auf Clodius' Dichtungsstil).
11.–15. Mai	Brief an Cornelia: »Seit dem Novembr habe ich höchstens 15 Gedichte gemacht <...> Mein *Belsazer* ist zu Ende«.
August	Behrisch fertigt eine kalligraphische Niederschrift von Gedichten G.s; dieser gibt der Sammlung den Titel *Annette*.
Zwischen 7. und 12. Okt.	*Oden an meinen Freund* (zu Behrischs Abschied aus Leipzig).
13. Okt.	Behrisch verläßt Leipzig; G. schenkt ihm zum Abschied die drei *Oden an meinen Freund*.

Herbst	G. verbrennt die meisten seiner Frankfurter Jugenddichtungen, darunter *Joseph* und *Belsazar* (vgl. an Cornelia, 12.-14.), eventuell auch ein ›heroisches‹ Schäferstück *Die königliche Einsiedlerin*, vgl. *Wilhelm Meisters theatralische Sendung* II 4.
November	Beginn der Arbeit am *Tugendspiegel*, einem einaktigen Lustspiel in Prosa (das Fragment erhalten im Brief an Behrisch vom 27.).

18. Nov. Erste Aufführung von Lessings *Minna von Barnhelm* in Leipzig.

Ende Dez. G. besucht die Aufführung des Oratoriums *Santa Elena al Calvario* von J. A. Hasse mit Corona Schröter und G. Elisabeth Schmehling.

~ Ende des Jahres	G. arbeitet an einer freien Übertragung von Corneilles Lustspiel *Le Menteur* (*Der Lügner*), vgl. an Langer, 24. 11.; überliefert ist nur Szene I 1.

Winter 1767/ 1768 Liebhaberaufführungen im Freundeskreis von Käthchen Schönkopf; u. a. Lessings *Minna von Barnhelm*, mit G. als Wachtmeister, und J. Ch. Krügers Lustspiel *Herzog Michel*, mit G. in der Titelrolle (vgl. an Behrisch, 27. 11.). – G. befreundet sich allmählich mit E. Th. Langer, dem Nachfolger Behrischs als Hofmeister des Grafen Lindenau.

1768 Ermordung Winckelmanns in Triest (8. 6.).

Dichtung und Wahrheit II 8 über Wieland: »*Musarion* wirkte am meisten auf mich, und ich kann mich noch des Ortes und der Stelle erinnern, wo ich den ersten Aushängebogen zu Gesicht bekam, welchen mir Oeser mitteilte.«

Dresden	Ende Febr./ Anfang März	»ich binn in Dreßden gewesen, auf zwölf Tage, die Gallerie zu sehen, die habe ich gesehen, was man gesehen heisst« (an Behrisch, März 1768).	

Leipzig | März/April | G. nimmt Unterricht im Radieren bei dem Kupferstecher J. M. Stock; freundschaftliche Beziehungen zu dessen Familie (Töchter Dora und Minna, später verh. Körner). – Trennung von Käthchen Schönkopf, im gegenseitigen Einvernehmen. | Zwei Radierungen nach Landschaften des Dresdner Hofmalers J. A. Thiele sind erhalten, eine G.s Vater, die andere Chr. G. Hermann gewidmet. Vgl. Corpus I, Nr. 47 und 48.

Frühjahr — Gedicht *Die Nacht* (»Gern verlaß ich diese Hütte«; Mai 1768 an Behrisch geschickt).

Ende Juli — G. erleidet einen Blutsturz, Auftakt zu einer langen und schweren Krankheitsphase (medizinisch nicht eindeutig geklärt, jedenfalls eine heftige Affektion der Atemwege). Er wird von den Freunden Ch. G. Hermann und Langer betreut. Starker Einfluß von Langers Pietismus.

Ende Aug. — Als Abschiedsgeschenk für Friederike Oeser: *Lieder mit Melodien. Mademoiselle Friederiken Oeser gewidmet* (handschriftliche, nicht eigenhändig geschriebene Sammlung, die Melodien wohl von B. Th. Breitkopf; neun von den zehn Gedichten werden in die spätere Sammlung *Neue Lieder* übernommen).

28. Aug. Abreise aus Leipzig.

Frankfurt, 1. September 1768 bis 31. März 1770

Frankfurt   Fortdauer der Krankheit. Einer von G.s Ärzten,
J. F. Metz, gehört zum Frankfurter pietistischen, den
Herrnhutern nahestehenden Kreis, mit dem G. jetzt
auch durch seine Mutter und deren Freundin Susanna
von Klettenberg in Kontakt kommt (vgl. auch die Briefe
an Langer von Sept. 1768 - Jan. 1769). Nachhaltiger
Einfluß durch die ebenfalls vor allem durch Dr. Metz
vermittelte pansophische und alchimistische Vorstel-
lungswelt. – Alle überlieferten Briefe dieses sog.
Frankfurter Intervalls sind an Leipziger Freundinnen
und Freunde gerichtet, die meisten an Käthchen
Schönkopf, mehrere an Langer, Oeser und dessen
Tochter Friederike.
Lektüre in diesem Zeitraum (außer den unten genannten
Autoren bzw. Werken): In den *Ephemerides* erscheinen
u. a. Moses Mendelssohn (Vergleich von dessen *Phädon,
oder Über die Unsterblichkeit der Seele*, 1767, mit Platons
Phaidon), Paracelsus, Boerhaave, weitere naturwissenschaftliche und medizinische (auch fremdsprachige) Titel,
rechtshistorische Werke, lateinische Autoren wie Quin-
tilian, Cicero, Plinius u. a., auch ein Zitat aus Wielands
Shakespeare-Übersetzung; *Dichtung und Wahrheit* II 8
nennt weitere Werke der hermetischen, pansophisch-al-
chimistischen Tradition (u. a. Welling, Helmont, Basilius
Valentinus) sowie Gottfried Arnolds *Kirchen- und Ket-
zergeschichte*.

November	Lektüre von Wielands *Idris und Zenide*, 1768 (vgl. an Oeser am 24.).	
Anfang Nov.	Im Brief vom 9. an Oeser: »Die Kunst, ist, wie sonst, fast jetzt meine Hauptbe-schäfftigung, ob ich gleich mehr drüber lese, und dencke, als selbst zeichne«.	Am 6. Briefgedicht an Friederike Oeser.
Mitte Nov.	Im Brief an Oeser vom 24. schreibt G. u. a. von seinen Besuchen der Frankfurter Kunstsammlungen sowie seiner der-zeitigen Lektüre: H. W. Gerstenbergs Tragödie *Ugolino*, 1768; Ch. F. Weißes Lustspiel *Großmut für Großmut*, 1768; *Abhandlung von Kupferstichen*, 1768 (aus dem Englischen: *An essay upon prints*, 1768).	Erste (einaktige) Fassung von *Die Mitschuldigen* (vgl. an Langer, 24. 11.).

7. Dez. (Geburtstag der Schwester Cornelia)	Höhepunkt der Krankheitskrise (vgl. Cornelia an Catharina Fabricius, 7. 12.); danach Besserung (mit Hilfe von Dr. Metz' ›Universalmedizin‹, vgl. *Dichtung und Wahrheit* II 8).
Ende Dez.	*Neujahrslied 1769*
Winter 1768/69	*An den Mond* (»Schwester von dem ersten Licht«).

1769 Joh. Tim. Hermes: *Sophiens Reise von Memel nach Sachsen*, Bd. 1 (Roman; weitere 4 Bände bis 1773). Klopstock: *Hermannsschlacht* (Drama). Lessing: *Wie die Alten den Tod gebildet.*

Mitte Jan.	Rückfall. Sehr langsame Erholung.
Jan./Anfang Febr.	Zweite Fassung (in 3 Akten) von *Die Mitschuldigen* (vgl. an Friederike Oeser, 13. 2.); erst posthum publiziert.
13. Febr.	Brief an Friederike Oeser; er gibt Aufschluß über G.s noch labilen Gesundheitszustand sowie seine derzeitigen Beschäftigungen und Interessen (Auseinandersetzung mit literatur- und kunsttheoretischen Fragen anhand aktueller Beispiele: Wieland, H. W. Gerstenberg, Ossian; C. F. Kretschmanns *Gesang Rhingulphs des Barden*; Lessings *Laokoon*) und enthält Anklänge an den mystischen Pietismus und die hermetische Vorstellungswelt, zugleich auch an Oesers kunsttheoretische Lehren (s. auch unten 20. 2. 1770).
14. Febr.	Brief an Oeser, darin u. a. erste Erwähnung von Herder (*Kritische Wälder. Erstes Wäldchen. Herrn Lessings Laokoon gewidmet*, 1769), Erwähnung von Voltaires Polemik gegen Shakespeare, von Rousseaus *Emile*, 1762, und von Origenes.
Frühjahr	G. beginnt chemisch-alchimistische Experimente zu machen (nach *Dichtung und Wahrheit* II 8).
August	G. bekommt den korsischen Freiheitskämpfer Paoli zu Gesicht, der sich auf der Flucht nach England in Frankfurt aufhält (vgl. *Dichtung und Wahrheit* IV 17).

	15.-17. Sept.	Besuch Langers.	
Marienborn	21./22. Sept.	G. besucht mit J. F. Moritz die Synode der Herrnhuter Brüdergemeine in der Wetterau.	
Frankfurt	Anfang Okt.		Zur Michaelismesse erscheint anonym G.s erste Publikation: *Neue Lieder in Melodien gesetzt von Bernhard Theodor Breitkopf.* Leipzig, bey Bernhard Christoph Breitkopf und Sohn.
Mannheim	Ende Okt.	Besuch der kurfürstlichen Gemäldegalerie und des Antikensaals mit der Sammlung von Gipsabgüssen antiker Plastiken; starker Eindruck besonders der *Laokoon*-Gruppe (vgl. an Langer, 30. 11.).	
Frankfurt	**1770** Januar	Im ersten Teil der *Ephemerides*, Jan.-März 1770, u. a. eine längere religionsphilosophische Passage in lateinischer Sprache, deren Autor nicht ermittelt ist (G. selbst?), darin erstmals bei G. der Begriff ›Spinozismus‹ (als etwas Negatives).	Erste Einträge in das von G. *Ephemerides* betitelte, bis Dez. 1771 geführte Heft; es enthält vorwiegend Lektüre-Exzerpte und Zitate, ganz vereinzelt auch eigene poetische Fragmente.
	20. Febr.	Brief an den Verleger Ph. E. Reich, Dank für die Übersendung von Wielands eben erschienenem *Sokrates Mainomenos.* »Er [Oeser] lehrte mich, das Ideal der Schönheit sey Einfalt und Stille <...> Nach ihm, und Schäckespearen, ist Wieland noch der einzige, den ich für meinen ächten Lehrer erkennen kann«.	
	30. oder 31. März	Aufbruch nach Straßburg.	Laut *Dichtung und Wahrheit* III 8 verbrennt G. zuvor wiederum einen Großteil seiner bisherigen schriftstellerischen Produktion sowie ›Briefe und Papiere‹.

Studium in Straßburg,
Anfang April 1770 bis 9. August 1771

Straßburg G. hört (neben Jura) Vorlesungen in Staatswissenschaft
(J. D. Schöpflin), Geschichte (J. J. Oberlin), Anatomie
(J. F. Lobstein), Chirurgie (J. Chr. Ehrmann), Chemie
(J. R. Spielmann). – Studienfreunde bzw. Tischgenossen
(beim Mittagstisch in einer Pension) u. a.: Jung-Stilling,
H.-L. Wagner, F. Chr. Lerse, J. D. Salzmann, F. L. Wey-
land, J. K. Engelbach (wohl G.s juristischer Repetitor). –
G. nimmt Cello-Unterricht (vgl. an Salzmann, 3. 2. 1772).

29. April Brief an Langer: Tiefer Eindruck der vorübergehend in Straßburg ausgestellten Go-
belins nach Raffaels Entwürfen (Anlaß:
Marie Antoinette, auf dem Weg nach Paris
zu ihrer Vermählung mit dem Dauphin,
nachmals Ludwig XVI., macht am 7. 5. in
Straßburg Station). Ferner etwas verschlüs-
selter Bericht über sein passioniertes Studium esoterischer Werke, dabei Nennung
von ›Hermes Tafel‹ (*Tabula Smaragdina*,
dem alt-ägyptischen Gott Hermes Trisme-
gistos zugeschriebene spätantike Schrift).

~ Frühjahr *Arianne an Wetty* (Fragment
eines Briefromans).

Unterelsaß 22. Juni– Reise zu Pferd mit Weyland und Engel-
und Loth- 4. Juli bach, über Zabern, Buchsweiler, Saar-
ringen brücken, Hagenau; vgl. den Brief aus
Saarbrücken vom 27. 6., wahrscheinlich an
Catharina Fabricius.

Straßburg 26. Aug. Brief an Susanna von Klettenberg, darin
u. a. über seine wachsende Distanz zu den
Straßburger Pietisten. Ferner: »Die Juris-
prudenz fängt an mir sehr zu gefallen
<...> Und die Chymie ist noch immer
meine heimlich Geliebte.«

~ Anfang Sept. G. lernt Herder kennen, der kurz zuvor in
Straßburg angekommen ist, um hier ein
Augenleiden kurieren zu lassen. Die
schmerzhafte, erfolglose Behandlung
dauert ein halbes Jahr, G. leistet dem Lei-
denden häufig Gesellschaft. Herder weist
ihn u. a. auf J. G. Hamann hin und macht

ihn mit Goldsmith' *The Vicar of Wake-*
field, 1766, bekannt.

	25. und 27. Sept.	G. legt das juristische Vorexamen ab.	
Sesenheim	Anfang Okt.	Erster Besuch bei der Familie des Pfarrers Brion in Sesenheim, mit Weyland; G. verliebt sich in eine der Töchter, Friederike.	
Straßburg	15. Okt.	Erster und einziger überlieferter Brief an Friederike Brion.	
	Herbst	Laut *Dichtung und Wahrheit* III 11 etwa um diese Zeit Lektüre von Montaigne, Amyot, Rabelais, Marot.	Die sog. Sesenheimer Lieder beginnen zu entstehen, wohl als Briefgedichte an Friederike Brion. – Fortführung der *Ephemerides;* darin (neben Erwähnung u. a. von Smollets *Adventures of Peregrine Pickle* und mehreren Titeln zur Elektrizität) Notizen über das Fehdewesen aus J. St. Pütters *Grundriß der Staatsveränderungen des teutschen Reichs,* ³1764, wo auch auf die Autobiographie des Götz von Berlichingen hingewiesen wird, eventuell erste Anregung zum *Götz*-Drama.
Weitere Besuche in Sesenheim	Herbst 1770 – Frühjahr 1771		Zeichnung des Sesenheimer Pfarrhofs (Corpus I, Nr. 83/84).
	1771	Klopstocks *Oden und Elegien* erscheinen erstmals in einer autorisierten Ausgabe.	
Straßburg	März / April		Gedicht »*Kleine Blumen, kleine Blätter*« (später *Mit einem gemalten Bande* betitelt).
	April	Herder verläßt Straßburg.	
Sesenheim	18. Mai – 23. Juni	Bei der Familie Brion, vgl. die vier Briefe an Salzmann; am 12. 6. (?): »Doch lern ich schön griechisch <...> dass ich fast den Homer ohne Übersetzung lese.«	Wohl um diese Zeit: Gedicht *Maifest* (»Wie herrlich leuchtet«) und vielleicht Anfänge des Auf-

satzes über das Straßburger Münster *Von deutscher Baukunst.*

Straßburg	Ende Juni	Bekanntschaft mit J. M. R. Lenz, der als Hofmeister zweier kurländischer Edelleute nach Straßburg kommt.

Ausflüge ins Oberelsaß — Sommer — Teilnahme an einer Wallfahrt auf den Odilienberg (nach *Dichtung und Wahrheit* III 11).

Anfang (10 Verse) des später *Willkomm(en) und Abschied* betitelten Gedichts (»Es schlug mein Herz, geschwind zu Pferde«). – Der Druck von G.s Dissertation *De legislatoribus* (nicht erhalten) wird wegen der darin vertretenen ketzerischen Ansichten von der juristischen Fakultät nicht gestattet (zum Inhalt vgl. *Dichtung und Wahrheit* III 11). Statt dessen arbeitet G. in lateinischer Sprache 56 Thesen zu allen Themen der Rechtswissenschaft aus, die *Positiones juris*, 1771 in Straßburg gedruckt.

Straßburg	~ Ende Juli/ Anfang Aug.	Bekanntschaft mit dem Orgelbauer und Verwalter der Straßburger Altertümer und Bauten, J. A. Silbermann.
	6. Aug.	Promotion zum Licentiatus Juris mit der Disputation seiner *Positiones juris*; Opponent ist G.s Studiengenosse und Freund F. Ch. Lerse.
	9. Aug.	G. verläßt Straßburg. Auf der Rückreise nach Frankfurt besucht er erneut den Antikensaal in Mannheim (laut *Dichtung und Wahrheit* III 11, dort als erster Besuch dargestellt).

Frankfurt, Mitte August 1771 bis 14. Mai 1775

Frankfurt

Letzte Eintragungen in die *Ephemerides* (bis Dezember), darin Fragmente eines *Caesar*-Dramas.

28./31. Aug. Gesuch an das Frankfurter Schöffengericht um die Zulassung zur Advokatur./ Genehmigung dieses Gesuchs.

September Im Brief an Herder Erwähnung von Th. Percys *Reliques of Ancient English Poetry*, 1765.

G. schickt Herder 12 von ihm im Elsaß gesammelte ›Volkslieder‹ und seine Übersetzung einiger Stücke aus Ossian.

Oktober Brief an Salzmann, mit Grüßen an Silbermann: »Bitten Sie ihn um eine flüchtige Copie des Münsterfundaments. Und seyen Sie so gut, unter der Hand zu fragen, ob und wie man zu einer Copie des großen Risses kommen könnte.« Die erste Bitte wird erfüllt, vgl. an Salzmann, 28. 11. – Brief an Herder (ohne Datum); am Schluß: »Adieu lieber Mann. Ich lasse Sie nicht los. Ich lasse sie nicht! Jakob rang mit dem Engel des Herrn. Und sollt ich lahm drüber werden.«

Mitte Okt. Am 14. Feier von Shakespeares Namenstag im Hause Goethe (Eintrag im Haushaltsbuch von Vater Goethe).
Bei G.s erstem Prozeß ist sein Jugendfreund Max Moors der Anwalt der Gegenseite. Insgesamt führt G. bis Herbst 1775 achtundzwanzig Prozesse (der damaligen Praxis entsprechend nur in schriftlicher Form).

Vermutlich trägt G. dabei seine Rede *Zum Schäkespears Tag* vor.
Am 16. erste Rechtsanwaltseingabe.

~ Herbst

Gedicht »*Ein grauer trüber Morgen*«; weitere Übersetzung aus Ossian: *Die Gesänge von Selma* (beides an Friederike Brion geschickt).

Nov./Dez.

Geschichte Gottfriedens von Berlichingen mit der eisernen

Hand dramatisiert (1. Fassg. des *Götz*) in wenigen Wochen niedergeschrieben; Anfang 1772 an Herder zur Beurteilung geschickt.

Dezember   Lektüre: Platon, Xenophon, Hamanns *Sokratische Denkwürdigkeiten* (vgl. an Herder, Anf. 1772).
G. lehnt das Anerbieten der Straßburger juristischen Fakultät ab, ihn doch noch zum Doktor zu promovieren: »ist mirs vergangen Doktor zu seyn. Ich hab so satt am Lizentieren, so satt an aller Praxis, dass ich höchstens nur des Scheins wegen meine Schuldigkeit thue, und in Teutschland haben beide Gradus gleichen Wehrt« (an Salzmann).

Plan eines *Sokrates*-Dramas (vgl. an Herder, Anf. 1772).

Ende Dez.   Bekanntschaft mit Merck.

1772   Herder: *Abhandlung über den Ursprung der Sprache.* – Wieland tritt seinen Posten als Prinzenerzieher in Weimar an (1.9.).

1. Jan   Merck übernimmt als Hauptredaktor, zusammen mit andern, darunter J. G. Schlosser, die Herausgabe der ›Frankfurter Gelehrten Anzeigen‹ (FGA).

14. Jan.   Öffentliche Enthauptung der Kindsmörderin Susanna Margaretha Brandt in Frankfurt. Verwandte, Freunde und Bekannte von G. sind mit dem Fall befaßt. Vater G. läßt vom Schreiber der Familie eine Teilabschrift der Prozeßakten anfertigen.

Darmstadt   Ende Febr.- Anfang März   Mehrtägiger Besuch (mit J. G. Schlosser) bei Merck, der ihn in den sog. Darmstädter Kreis der Empfindsamen (›Gemeinschaft der Heiligen‹) einführt; dazu gehören neben dem Ehepaar Merck und Herder als auswärtigem Mitglied u. a. Herders Braut Caroline Flachsland (genannt ›Psyche‹), ihre Schwester Friederike Hesse und deren Mann, F. M. Leuchsenring sowie die am Homburger Hof dienenden Hofdamen Louise von Ziegler (genannt ›Lila‹) und Henriette von Roussillon (genannt ›Urania‹; sie stirbt im Jahr darauf).

Frankfurt	3. März	Erste Rezension G.s in den FGA über: *Empfindsame Reisen durch Deutschland von S.* [J. G. Schummel] *Zweiter Theil*, 1771, darin frühester authentischer Hinweis auf G.s Kenntnis von L. Sternes *Sentimental Journey*, 1768. Bis Jahresende schreibt G. zahlreiche weitere Rezensionen, zu belletristischen und Kupferstich-Werken, zu ästhetischen, philologischen, juristischen, theologischen, pädagogischen und populärphilosophischen Schriften, auch zu Wochenschriften und gelehrten Zeitschriften. (Wegen Anonymität sämtlicher Beiträge ist G.s Autorschaft bei einzelnen Rezensionen umstritten.)
Frankfurt, Darmstadt, Homburg	April/Mai	Weitere Besuche bei den Darmstädter und Homburger Freundinnen und Freunden, meist zu Fuß; man nennt G. den ›Wanderer‹ oder ›Pilger‹. Er liest aus L. Sternes *Tristram Shandy* vor (vgl. Caroline Flachsland an Herder, 8. 5. 1772, frühestes Zeugnis für G.s Kenntnis dieses Romans). – Durch Merck Bekanntschaft mit der Schriftstellerin Sophie La Roche. Gedichte: *Der Wandrer* (noch ohne Titel). Erstdruck Sept. 1773 im Göttinger ›Musenalmanach‹ für 1774. *Elisium. An Uranien*; *Pilgers Morgenlied. An Lila*; *Fels-Weihegesang. An Psyche* (vgl. an Herder, 10. 7.); *Wandrers Sturmlied* (»Wen du nicht verlässest Genius«; Datierung nicht gesichert, evtl. auch erst ca. Herbst 1773 entstanden).

Wetzlar, Mitte Mai - Mitte September 1772. Lahnwanderung, Ehrenbreitstein

Wetzlar Zweck des Aufenthalts: Rechtspraktikum am Reichs-
kammergericht zur weiteren juristischen Ausbildung
(ohne dienstliche Verpflichtungen). – Tischgenossen bei
der 1771 gegründeten ›Rittertafel‹ u. a. die Juristen F. W.
Gotter, Mitbegründer des Göttinger Hains; A. S. von
Goué und Chr. A. Frhr. von Kielmannsegg; die Leipziger

Studiengenossen C. A. von Hardenberg, J. H. von Born
und C. W. Jerusalem. Gotter macht H. Chr. Boie auf G.
aufmerksam; in dessen Göttinger ›Musenalmanach‹ erscheinen 1773/74 mehrere Gedichte G. s. – Während G.s
Wetzlarer Aufenthalt verloben sich seine Schwester und
J. G. Schlosser.

Frühjahr/ Sommer	Intensive Beschäftigung mit griechischen Autoren, neben Homer, Platon, Xenophon, Theokrit, Anakreon besonders Pindar (vgl. an Herder, 10.7.)	
5. Juni		Rez. in den FGA über Lavaters *Historische Lobrede auf J. J. Breitinger*, 1771.
(Wolpertshausen) 9. Juni	Auf einem Ball erste Begegnung mit Charlotte Buff; kurz zuvor Bekanntschaft mit deren Bräutigam, dem hannoverschen Legationssekretär J. Ch. Kestner.	
~ ab Mitte Juni	Enge Freundschaft mit dem Brautpaar und der kinderreichen Familie Buff, die im sog. ›Deutschen Haus‹ in Wetzlar wohnt. Leidenschaft für ›Lotte‹. Häufige Ausflüge zum nahen Garbenheim.	
Juli	J. G. Schlosser übernimmt anstelle von Merck die Hauptredaktion der FGA.	
10. Juli	Brief an Herder: »Seit vierzehn Tagen les' ich eure Fragmente (*Über die neuere Deutsche Literatur*, 1767), zum erstenmal, ich brauch' euch nicht zu sagen was sie mir sind.« Kritisches zu Lessings in diesem Jahr erschienenen Trauerspiel *Emilia Galotti*. Ferner ein *Koran*-Zitat: »Ich mögte beten wie Moses im Koran: Herr mache mir Raum in meiner engen Brust.«	Reaktion auf Herders Kritik an der 1. Fassung des *Götz*: »es muss eingeschmolzen von Schlaken gereinigt mit neuem edlerem Stoff versetzt und umgegossen werden.«
24. Juli		Rez. in den FGA über: *Blauer Dunst in Gedichten*, 1772 (Verf.: G. F. Elsässer); darin frühestes authentisches Zeugnis für G.s Kenntnis von Rabelais' *Gargantua*.
14. Aug.		Rez. in den FGA über: *Allgemeine deutsche Bibliothek. Des sechzehnten Bandes er-*

			stes Stück, 1772; darin eine erste öffentliche Polemik gegen J. G. Jacobi.
Gießen	18./20. Aug.	Wanderung nach Gießen, dort Zusammenkunft mit Merck und dem Gießener Juraprofessor Höpfner, Mitherausgeber der FGA, bei dem sich G. zunächst inkognito einführt. Mit Merck zurück nach Wetzlar.	
Wetzlar	25. Aug.		Rez. in den FGA über: *Moralische Erzählungen und Idyllen von Diderot und Geßner*, 1772.
	Anfang Sept.	Am 10. abends Besuch im Hause Buff; G. verschweigt, daß er am nächsten Morgen Wetzlar verlassen wird. Abschiedsbillets an Kestner und Lotte. An Lotte: »Welcher Geist brachte euch auf den Diskurs [über das Leben nach dem Tod]. Da ich alles sagen durfte was ich fühlte, ach mir wars um hienieden zu thun, um ihre Hand die ich zum letztenmal küsste.«	Rez. in den FGA über: *Gedichte von einem Polnischen Juden*, 1772.
	11. Sept.	Weiteres Billet an Lotte Buff (mit einem Zitat aus Rousseaus *Nouvelle Héloïse*). Aufbruch aus Wetzlar.	Rez. in den FGA über: D. Chr. Seybold, *Schreiben über den Homer*, 1772.
Lahnwanderung; Ehrenbreitstein; Mainz	11.-18. Sept.	Zu Fuß bis Ems, dann Kahnfahrt nach Thal-Ehrenbreitstein, dort Aufenthalt bei der Familie La Roche (dabei erste Begegnung mit Maximiliane La Roche). Weitere Gäste sind Leuchsenring und Merck mit Familie (vgl. *Dichtung und Wahrheit* III 13: »Kongreß, der hier teils im artistischen, teils im empfindsamen Sinne gehalten werden sollte«.) Mit Mercks zu Schiff nach Mainz.	

Frankfurt, 19. September 1772 - 14. Juli 1774

Frankfurt	Bis zum Erscheinen des *Werther* (Herbst 1774) lebhafte, danach immer spärlicher werdende Korrespondenz mit Kestner; wenig Briefe an Charlotte Buff.

	21. Sept.	Philipp Seidel, schon längere Zeit im Goetheschen Hause tätig, fungiert nun vor allem als Diener, auch Schreiber G.s, vgl. G.s Mutter an Seidel, 2. 1. 1778.	
	22./23. Sept.	Besuch Kestners.	
	Oktober		Satire *Das Unglück der Jacobis* (vgl. Johanna Fahlmer an F. H. Jacobi, Anf. Mai 1774; G. an Boie, 4. 6. 1774); 1775 von G. vernichtet.
	Anfang Okt.	Am 6. Brief an Charlotte Buff; sie hatte ihm eine Schleife geschickt, die sie bei ihrer ersten Begegnung getragen hatte.	Am 8. Rez. in den FGA über: *Englische Kupferstiche* (mit der Beschreibung von zwei Landschaften nach Gemälden von Claude Lorrain).
	13. Okt.		Rez. in den FGA über: J. J. Volkmann, *Joachims von Sandrart teutsche Akademie der Bau-, Bildhauer- und Malerkunst, in bessere Ordnung gebracht und durchgehends verbessert,* Bd. 5, 1772.
	Anfang Nov.	Brief an Kestner: G. ist erschüttert von Jerusalems Selbstmord (dieser hat sich am 30. 10. in Wetzlar mit einer von Kestner entliehenen Pistole erschossen) und gibt dessen bigotter Erziehung die Schuld.	Am 3. Rez. in den FGA über: J. C. Lavater, *Aussichten in die Ewigkeit,* 1773.
Wetzlar	6. - 10. Nov.	Mit J. G. Schlosser.	
Friedberg/ Homburg	10./11. Nov.	G.s Vater war Mitbesitzer eines Gasthofs in Friedberg in der Wetterau, G. soll sich um Reparaturen kümmern.	
Frankfurt	13. Nov.		G. schickt an Kestner *Von deutscher Baukunst. D. M. Ervini a Steinbach 1773*; ersch. anonym als Einzelschrift ohne Ort und Verlag (verlegt von Deinet in Frankfurt); abgesehen von den Rezensionen in den FGA erste gedruckte Prosaschrift G.s (Wiederabdruck in Herders Sammelband *Von deut-*

			scher Art und Kunst, 1773, ebenfalls anonym).
Darmstadt	16. Nov.- 10. Dez.	Aufenthalt bei Merck; häufiges Zusammensein auch mit Herders Braut Caroline Flachsland (vgl. deren Briefe an Herder).	An Herder am 7. 12.: »Ich bin ietzt ganz Zeichner, habe Muth und Glück.«
Frankfurt	18. Dez.		Rezensionen in den FGA über: J. G. Sulzer, *Die schönen Künste in ihrem Ursprung, ihrer wahren Natur und besten Anwendung,* 1772, und [J. G. Jacobi,] *Über das von dem Herrn Prof. Hansen entworfene Leben des H. G. R. Klotz,* 1772, darin erneute Polemik gegen J. G. Jacobi.
	28./29. Dez.	Am 28. Brief an Kestner; Dank für den ausführlichen Bericht über die Umstände von Jerusalems Selbstmord; G. läßt eine Abschrift fertigen.	*Nachrede statt der versprochenen Vorrede,* G.s letzter Beitrag für die FGA (am 29.); auch Merck, Schlosser und Herder scheiden als Rezensenten aus, u. a. wegen Schwierigkeiten mit dem Frankfurter Magistrat bzw. der Geistlichkeit.
	Winter 1772/1773	G. wird begeisterter Schlittschuhläufer.	
	~ Herbst 1772/ Frühling 1773		Dramen-Fragment *Mahomet.*
	1773	Wielands Zeitschrift ›Der Teutsche [1773 noch: Deutsche] Merkur‹ beginnt mit Jahresanfang zu erscheinen. Herder: *Von deutscher Art und Kunst* (Sammelband mit eigenen und fremden Aufsätzen).	
	~ Anfang des Jahres		Gedicht *Künstlers Morgenlied* (evtl. auch eher 1774?); Erstdr. in *Aus Goethes Brieftasche,* 1776.
	19. Jan.	Brief an Sophie La Roche, Dank für die Übersendung von Rousseaus Monodrama *Pygmalion,* 1762: »Ich darfs doch noch behalten, es muss allen vorgelesen werden deren Empfindung ich ehre.«	

26. Jan. An Kestner: »Lotten sagt: ein gewisses Mädgen hier [Susanna Magdalena Münch] das ich von Herzen lieb habe und das ich wenn ich zu heurathen hätte gewiss vor allen andern griffe ist auch den 11ten Januar gebohren.«

Jan. bzw. Febr.

Vermutlich von Merck in Darmstadt (oder bei Deinet in Frankfurt) verlegt, erscheinen anonym *Brief des Pastors zu *** an den neuen Pastor zu ***. Aus dem Französischen. 1773* und *Zwo wichtige bisher unerörterte biblische Fragen. Lindau am Bodensee* [fingierter Druckort] *1773*. – Arbeit an der 2. Fassung des *Götz* (vgl. an Kestner, 11.2.).

~ März

Jahrmarktsfest zu Plundersweilern. Ein Schönbartspiel. (1. Fassung, vor dem 26.3., vgl. Caroline Flachsland an Herder). Erstdr. Ende Sept. 1774 in: *Neueröffnetes moralisch-politisches Puppenspiel.*

6. März Brief an Salzmann, darin relativ ausführlich über das derzeitige deutsche Theater (anläßlich von Proben aus Lenz' Plautus-Übertragung), mit Ratschlägen für den Dramatiker.

In diesem Brief einzige ausdrückliche und sicher datierte Erwähnung des neuen *Götz* vor seinem Erscheinen im Juni.

Ende März Briefe an Kestner und Lotte Buff, mit den von G. besorgten Eheringen für deren bevorstehende Hochzeit (am 4. April, in Wetzlar).

~ März/April

Concerto dramatico composto dal Sigr Dottore Flamminio detto Panurgo secondo. Aufzuführen in der Darmstädter Gemeinschaft der Heiligen (erst posthum publiziert). – Briefgedicht an Merck; Datierung nicht gesichert, wohl Begleit-

		schreiben des *Götz*-Manuskripts: »*Schicke dir hier in altem Kleid/Ein neues Kindlein wohl bereit*«.
Darmstadt	16. April (- 2./3. Mai)	Zu Fuß nach D. (mit Lottes Brautstrauß am Hut, so an Kestner am 15. 4.).
	26. April	Stammbucheintrag: Zitat aus Hans Sachs, früheste authentische ausdrückliche Nennung.
	2. Mai	Bei der Hochzeit von Herder und Caroline Flachsland.
Frankfurt	7. Mai	An Höpfner: »Ihren Spinoza hat mir M<erck> gegeben. Ich darf ihn doch ein wenig behalten? Ich will nur sehn wie weit ich dem Menschen in seinen Schachten und Erdgängen nachkomme.«
	12. Mai	An Sophie La Roche, Begleitbrief zu 12 Exemplaren von Bd. 1 des von Merck und G. veranstalteten Nachdrucks der *Works of Ossian* (verlegt bei Fleischer in Frankfurt), mit einer von G. radierten Titelvignette (Corpus VI b, Nr. 272).
	Juni	*Götz von Berlichingen mit der eisernen Hand. Ein Schauspiel. 1773* ersch. anonym und ohne Druckort, auf Kosten von G. und Merck gedruckt; zweiter autorisierter Druck: Frankfurt 1774.
		Briefgedicht an F. W. Gotter, mit einem Exemplar des *Götz von Berlichingen*: »*Schicke dir hier den alten Götzen*«.
	~ Juni/Juli	Antwort von Gotter, ebenfalls in Form einer Versepistel, mit dem frühesten eindeutigen Hinweis auf G.s Arbeit an einem *Faust*-Stück am Schluß: »*Schick' mir dafür den Doctor Faust,/ Sobald Dein Kopf ihn ausgebraust.*«

14. Aug. Erster Brief von Lavater, Dank für ein
          Exemplar des *Götz*, das G. ihm durch
          Deinet hatte schicken lassen.

~ Sommer

Satyros oder der vergötterte Waldteufel; zur Datierung vgl. Johanna Fahlmers Aufzeichnung eines Gesprächs mit G. von Anf. Mai 1774 (G. vom *Satyros*: »der war schon vor ihrer Abreise [September 1773] fertig.«).

Anfang Sept. Bekanntschaft mit F. H. Jacobis Frau
              Elisabeth (›Betty‹), die sich vorüber-
              gehend in Frankfurt aufhält. Mit ihr
              entspinnt sich in den folgenden Monaten
              ein immer herzlicher werdender Brief-
              wechsel. – Johanna Fahlmer reist nach
              Düsseldorf und kommt erst im Frühjahr
              wieder nach Frankfurt zurück.

15. Sept. An Kestner, über Wielands *Briefe an einen
           Freund* [gemeint ist J. G. Jacobi] *über das
           Singspiel Alceste* in den Frühjahrsheften
           des *Teutschen Merkur*: »Das ist ein Wind
           und ein Gewäsch <...> Wiel. Und die
           Jackerls haben sich eben prostituirt! <...>
           Sie sollen mich zwingen sie zu achten wie
           ich sie iezt verachte und dann will und
           muss ich sie lieben.«

Sept./
Anfang Okt.

Götter Helden und Wieland. Eine Farce, eine Satire auf Wielands Singspiel *Alceste* von 1773 bzw. seine *Briefe an einen Freund über das Singspiel Alceste* (s. o.); auch J. G. Jacobi wird in der Figur des ›Literators‹ verspottet. Erstdr. März 1774.

Mitte Okt. Besuche: Höpfner und G. F. E. Schönborn,
            letzterer auf der Reise nach Algier, um
            dort seinen Posten als dänischer Konsu-
            latssekretär anzutreten.

G. liest Schönborn sein *Prometheus*-Fragment vor (»zwey Ackte«), desgleichen *Götter Helden und Wieland* und wohl auch *Das Unglück der Jacobis* (vgl. Schönborn an Gerstenberg, 12. 10. 1773), letzteres bekommt auch

Höpfner zu hören (vgl.
Höpfner an R. E. Raspe,
23. 4. 1774). Ob die sog.
›Ode‹ *Prometheus* (»Bedecke
deinen Himmel Zeus«) im
Zusammenhang mit dem
Dramenfragment oder erst
1774/1775 entstanden ist, ist
umstritten. (Zum Erstdruck
s. u. 11.9.1785.)

Anfang Nov.   Am 1. Hochzeit von Goethes Schwester
Cornelia und J. G. Schlosser. Das Paar
verläßt Frankfurt, um nach Emmendingen
zu ziehen.

Am 3. Brief an Betty Jacobi,
u. a. mit *Des Künstlers Erde-
wallen.* Erstdr. Sept 1774 in
*Neueröffnetes moralisch-
politisches Puppenspiel.*

Ende Nov.   G. schickt Druckbogen von Lenz' *Lustspiele nach dem Plautus* (ersch. 1774) an
Betty Jacobi: »Ich habs nicht gemacht
Mamagen, aber ein Junge, den ich liebe wie
meine Seele, und der ein trefflicher Junge
ist.« – Im Brief an Johanna Fahlmer vom
23. ausführlich über das Singspiel *Der
Töpfer* von dem Offenbacher Komponisten J. André (Uraufführung am 29. 10. in
Frankfurt).

25. Dez.

An Kestner: »ein Lustspiel
mit Gesängen [*Erwin und
Elmire*] ist bald fertig«.

Ende des
Jahres

Das später *Mahomets
Gesang* betitelte Gedicht
ersch. u. d. T. *Gesang*, als
Dialog zwischen ›Ali‹ und
›Fatima‹, im Göttinger
›Musenalmanach‹ auf das
Jahr 1774, unterzeichnet
»E. O.«.

1774   Herder: *Älteste Urkunde des Menschengeschlechts,* Bd. 1. Klopstock:
Die deutsche Gelehrtenrepublik.

9. Jan.   Hochzeit von Maximiliane La Roche und
dem zwanzig Jahre älteren Frankfurter
Kaufmann P. A. Brentano mit 6 Kindern
aus erster Ehe. (G. fühlt sich zu der jungen
Frau hingezogen und leistet ihr oft
Gesellschaft, vgl. z. B. Merck an seine

Frau, 29. 1. und 14. 2.; G. an Sophie La Roche, März.)

15.-31. Jan. Sophie La Roche in Frankfurt.

1. Febr.   Beginn der Niederschrift des *Werther*, vgl. an Sophie La Roche, 7. oder 8. 5.: »den fing ich an als Sie weg waren den andern Tag, und an einem fort! Fertig ist er.«

12. Febr. Erster Brief an G. A. Bürger, mit einem Exemplar des *Götz*.

Ende Febr./ P. A. C. de Beaumarchais' *Quatrième mé-*   *Prolog zu den neusten*
Anfang März *moire à consulter contre M. Goezman*, mit   *Offenbarungen Gottes*
dem eingeschobenen *Fragment de mon*   *verteutscht durch Dr. Carl*
voyage d'Espagne erscheint (Anregung für   *Friedrich Bahrdt* gedruckt
G.s *Clavigo*).   durch Merck in Darmstadt, mit dem fingierten Druckort ›Giessen‹.

März   *Götter Helden und Wieland. Eine Farce* ersch. anonym mit dem fingierten Druckort ›Leipzig‹ (von Lenz in Kehl zum Druck befördert, so Lenz selbst in Briefen an Herder vom 30. 9. 1775 und an Wieland vom Juli 1776: »ohne mich hätten sie das Tageslicht nimmer gesehen«; laut *Dichtung und Wahrheit* III 15 gab G., wenn auch widerstrebend, sein Einverständnis). – An Charlotte Kestner geb. Buff: »du bist diese ganze Zeit, vielleicht mehr als iemals <...> mit mir gewesen. Ich lasse es dir ehstens drucken – Es wird gut meine Beste.« (Betr. *Werther*.)

Anfang April Empfehlungsbrief an Höpfner für F. M. Klinger, der in Gießen Jura studieren will: »Er ist eures Beystandes Werth, und er bedarf sein.« (G. unterstützt Klinger finanziell, vgl. Klinger an Lenz, 1775.)

	12. April	Uraufführung des *Götz* in Berlin durch die Kochsche Truppe.
	Mai	Erneute Beschäftigung mit dem Plan eines *Caesar*-Dramas und Arbeit an *Clavigo*, abgeschlossen Ende des Monats; zu beidem vgl. an Schönborn, 1. 6. (- 4. 7.).
Sindlingen bei Höchst	~ 2.- 5. Mai	Bei der Feier der goldenen Hochzeit von J. M. Allesina und seiner Frau Franziska Clara, geb. Brentano.
Frankfurt	~ 5. Mai	Von Johanna Fahlmer für F. H. Jacobi aufgezeichnetes Gespräch mit G.: Sie gibt G. eine Abschrift von Wielands positiver Rezension des *Götz* und seiner souveränen Anzeige von *Götter Helden und Wieland* zu lesen (beides erscheint im Juni-Heft des ›Teutschen Merkur‹). G.: »Nu, Wieland, du bist ein braver Kerl <...> Der Vater: Ton! Der ists just, der mich aufgebracht hat <...> Besser hätt ers nicht machen können <...> Ich bin eben prostituiert.« (usw.)
	28. Mai	Erster von drei überlieferten Briefen an Klopstock: »ich <...> wünsche dass Sie empfinden mögen mit welch wahrem Gefühl meine Seele an Ihnen hängt«.
	1./8./10. Juni	Brief an Schönborn (Briefdatum: 1. 6. - 4. 7.), darin enthusiastisch über die vor kurzem erschienenen Werke von Herder und Klopstock (*Älteste Urkunde des Menschengeschlechts,* Bd. 1 bzw. *Die deutsche Gelehrtenrepublik*).
	4. Juni	An Boie: »Schreiben Sie mir doch wie das Stück *Der Hofmeister* [von Lenz] aufgenommen worden.« (Es war in den Verlagskatalogen mit »von Goethe und Lenz« angezeigt worden.)
	1. Hälfte Juni	An Sophie La Roche, derzeit bei ihrer Tochter Maximiliane Brentano in Frankfurt: »Wenn Sie wüssten was in mir vorgegangen ist eh ich das Haus [der Brentanos, wegen des eifersüchtigen Ehemanns]

mied, sie würden mich nicht rückzulocken dencken«.

	23.-27. Juni	Lavater in Frankfurt, wohnt im Hause Goethe, führt genau Tagebuch. Besuche bei Frl. von Klettenberg. 25.: Der Zeichner G. F. Schmoll, der Lavater begleitet, macht ein Porträt von G. Am 27. notiert Lavater im Tagebuch: »Wir sprachen noch von der Chimie. Goethe hat merkwürdige Versuche, ganz eigne, ganz neuere Chimie <...> will recht darhinter und hinters Zeichnen.«	
Höchst, Wiesbaden, Schwalbach	28. Juni	Aufbruch in Richtung Ems, G. begleitet Lavater und Schmoll. Lavater gibt in seinem Tagebuch u. a. G.s engagiertes Reden über Spinoza wieder.	»Goethe rezitierte viel von seinem *Ewigen Juden*« (Lavaters Tagebuch; früheste Erwähnung des Fragment gebliebenen Epos in Knittelversen).
Nassau, Bad Ems	29./30. Juni	In Nassau Besuch bei Freifrau vom Stein, Mutter des späteren preußischen Staatsmanns.	»Goethe von seinem *Julius Cäsar*. – Rezitierte ganze Stellen aus Voltaire.« (Lavaters Tagebuch)
Frankfurt	4. Juli	Im Brief an Schönborn (begonnen am 1.6.) über Heinses *Laidion*, 1774: »mit der blühendsten Schwärmerey der geilen Grazien geschrieben«.	
	9.-11. Juli	Basedow in Frankfurt; am 12. in Ems.	

Lahn-/Rheinreise, 14. /15. Juli - 12. August 1774

Bad Ems	15.-17./ 18. Juli	»Herrlichs Briefchen von Lenz an Goethen etc.« (Lavaters Tagebuch am 15.; Lavater zitiert den Brief, eine Art Gebet in Versen). 16.: Schmoll zeichnet G.	»zu Basedow, und er las uns einen herrlichen Aufsatz [Fragment] von Goethe *Über das was man ist*« (Lavaters Tagebuch am 15.).
Neuwied	18.-20. Juli	Zu Schiff lahn- und rheinabwärts (Burg Lahneck, Lahnstein, Ehrenbreitstein, Koblenz). Unterbrechung bei Koblenz, G. zu Fuß nach Vallendar.	Laut Lavaters Tagebuch diktiert G. auf dem Schiff bei Schloß Lahneck die Verse »Hoch auf dem alten Turne steht / Des Helden edler Geist« (usw.; später *Geistes-Gruß* betitelt). *Des Künstlers Vergötterung* in Schmolls Stammbuch eingetragen

			(»Auf dem Wasser <...> Gegen Neuwied«).
Über Köln nach Düsseldorf; Elberfeld; Pempelfort	20.-23. Juli	Von Neuwied zu Schiff nach Köln. Lavater bleibt zunächst dort, G. reist weiter mit Schmoll. In Düsseldorf Besuch der Gemäldegalerie. G. will die Brüder Jacobi aufsuchen und verpaßt sie mehrmals (vgl. an Betty Jacobi am 21.). 22.: Besuch bei Jung-Stilling in Elberfeld. Erste Begegnung mit F. H. Jacobi (vgl. G. an dessen Frau Betty am 25.) und Heinse (vgl. Heinse an Klamer Schmidt, 13. 10.). 23.: Bei den Jacobis in Pempelfort. Erste Begegnung mit J. G. Jacobi (vgl. dessen Tagebuch).	
Köln (über Bensberg)	24./25. Juli	Mit den Brüdern Jacobi und Heinse. Besuch des Jagdschlosses Bensberg. Mit F. H. Jacobi Gespräch über Spinoza (vgl. dessen Brief an G. vom 28. 12. 1812). In Köln Besichtigung von Rubens' *Kreuzigung Petri* in der Peterskirche und der Kunstschätze des Jabachschen Hauses, mit einem Bild der Familie Jabach von Le Brun (17. Jh.), frappante emotionale Wirkung dieses Gemäldes auf G., vgl. J. G. Jacobis Tagebuch.	Im Gasthof ›Zum heiligen Geist‹ rezitiert G. die Balladen *Der König von Thule* (Erstdr. mit dem Zusatz »Aus Goethens Dr. *Faust*« in: *Volks- und andere Lieder. In Musik gesetzt von S. Frhr. v. Seckendorf,* 1782) und »Es war ein Buhle frech genung« (Erstdr. in *Claudine von Villa Bella,* 1776; später *Der untreue Knabe* betitelt). Vgl. F. H. Jacobi an G., 28. 12. 1812 und *Dichtung und Wahrheit* III 14.
Neuwied	25./26. Juli		
Bad Ems	26. Juli- 12. Aug.	Am 26. mit Lavater, Basedow und Schmoll über Koblenz nach Ems. Am 2.8. Besuch bei Familie La Roche in Ehrenbreitstein (vgl. an Sophie La Roche, 31. 7.). Aufbruch nach Frankfurt mit Basedow, der dort noch eine Zeitlang bleibt (vgl. an Lavater, Mitte August).	Gedicht »Zwischen Lavater und Basedow«, später *Diné zu Koblenz* betitelt (evtl. schon früher auf dieser Reise, in Ems, entstanden?).

Frankfurt, 13. August 1774-14. Mai 1775

| Frankfurt | Mitte Aug. | Am 13./14. erster Brief an F. H. Jacobi: »Du hast gefühlt dass es mir Wonne war Gegenstand deiner Liebe zu seyn«. | *Clavigo. Ein Trauerspiel von Göthe* ersch. bei Weygand in Leipzig. Erstes unter G.s Namen veröffentlichtes Werk. |

	25. Aug.	Besuch Gotters.	
Langen	27./28. Aug.	Vgl. den Brief an Charlotte Kestner vom 26.-31. 8.	
Frankfurt	Mitte Sept.	G. schickt Vorausexemplare des *Werther* an Sophie La Roche und Kestners.	
	Ende Sept.		Zur Herbstmesse erscheinen anonym bei Weygand in Leipzig: *Die Leiden des jungen Werthers* (macht G. zur internationalen Berühmtheit und wird allgemein ein beispielloser Bucherfolg) und *Neueröffnetes moralisch-politisches Puppenspiel* (Titel für 4 Einzelstücke: 1. als *Prolog* das Gedicht »Auf Adler dich zur Sonne schwing«, 2. *Des Künstlers Erdewallen*, 3. *Jahrmarktsfest zu Plundersweilern. Ein Schönbartspiel* und 4. *Ein Fastnachtsspiel, auch wohl zu tragieren nach Ostern, vom Pater Brey dem falschen Propheten*).
	27.-29. Sept.	Klopstock in Frankfurt (auf dem Weg von Karlsruhe nach Hamburg), wohnt im Goetheschen Haus.	In diesen Tagen fertigt G. eine Silhouette von Klopstock, höchstwahrscheinlich auch schon die Beschreibung seiner Physiognomie; beides in Lavaters *Physiognomische Fragmente*, Bd. 1, 1775 aufgenommen.
Darmstadt	29. Sept.- ~10. Okt.	Merck an Sophie La Roche, 20. 10.: »daß Goethe zwei Male bei mir gewesen ist, daß wir acht ganze Tage zusammen verlebt haben, daß Klopstock bei uns zugesprochen hat, Boie, Werthes usw.«	*An Schwager Kronos* (auf der Rückfahrt von Darmstadt nach Frankfurt?).
Frankfurt	~ Mitte Okt.	Brief an das Ehepaar Kestner, beschwichtigende Antwort auf Kestners pikierte Reaktion auf *Werther* (in den Figuren von Lotte und Albert sieht er sich und seine Frau allzu erkennbar, dabei in ungünstigem Licht dargestellt).	

15./17. Okt.	Boie ist in Frankfurt und trifft mit G. zusammen.	Boies Reisetagebuch: »Sein Dr. *Faust* ist fast fertig.«
28. Okt.	Geburt von Cornelias Tochter Maria Anna Louise.	
Anfang Nov.	An Johanna Fahlmer: »ich zeichne, künstle pp. Und lebe ganz mit Rembrandt.«	
ab 20. Nov.	G. nimmt Unterricht in Ölmalerei bei dem Maler J. A. B. Nothnagel (vgl. an Sophie La Roche).	
21. Nov.	Weiterer beschwörender Brief an Kestner (»*Werther* muss – muss seyn!«); G. berichtet von der begeisterten Aufnahme des Romans bei einzelnen Personen.	
Zweite Hälfte Nov.	An Lavater, auf dessen wiederholte Bitten, an seinen *Physiognomischen Fragmenten* mitzuarbeiten: »Schick mir dein Geschreibe, ich will dadrüber phantasiren«.	G. legt diesem Brief eine Studie über Homerbildnisse und ›Ein Wort über die Nasen‹ bei.
4./5. Dez.		Briefgedichte an Merck: »*Wer nicht richtet, sondern fleisig ist*« und »*Mein altes Evangelium*«.
Erste Hälfte Dez.	Brief an Lavater, feste Zusage zur Mitarbeit bei den *Physiognomischen Fragmenten*.	Dem Brief beigelegte Beiträge: *Lied des Phisiognomischen Zeichners* (= die beiden letzten Strophen von »*Mein altes Evangelium*«) sowie die Aufsätze *Von der Physiognomik überhaupt, Einige Gründe der Verachtung und Verspottung der Physiognomik* und *Von den oft nur scheinbaren Fehlschlüssen der Physiognomisten* (in den 1775 erschienen 1. Bd. von Lavaters *Physiognomischen Fragmenten* aufgenommen).
11./12. Dez.	Die Prinzen Carl August und Constantin von Sachsen-Weimar mit ihren Erziehern C. L. von Knebel und Graf Görtz in Frankfurt, auf der Durchreise nach Paris. Knebel bittet G. zu einer Zusammenkunft mit den Prinzen. Dabei versucht G. u. a.,	

seine Einstellung zu Wieland zu erklären,
vgl. z. B. Carl August an Wieland, um
Neujahr 1775: »J' ai fait la connaissance de
Goethe, qui vous estime fort.« Am 12. ist
Knebel allein bei G.

Mainz   13.-15./   Mit Knebel; erneutes Zusammentreffen
               16. Dez.   mit den weimarischen Prinzen. Versöh-
                          nungsbrief an Wieland, von diesem um-
                          gehend und freundlich beantwortet (diese
                          Briefe sind verloren; vgl. aber an Sophie La
                          Roche, 22. 12.). – Am 13. stirbt Susanne
                          von Klettenberg in Frankfurt (»Gestorben
                          begraben in meiner Abwesenheit, die mir
                          so lieb! so viel war«; an Sophie La Roche,
                          22. 12.).

Frankfurt   23. Dez.   An Boie: »Sie sollen auch einen ganz neu
                          gefertigten Medaillon [von J. P. Melchior]
                          von meiner Nase haben, der ganz wohl
                          geraten ist.«

               28. Dez.   Brief an Jenny von Voigts, die Tochter von
                          Justus Möser; sie hatte im April dessen
                          Patriotische Phantasien herausgegeben:
                          »Ich trag sie mit mir herum, wenn, wo ich
                          sie aufschlage wird mirs ganz wohl«.

               1775   Beginn des nordamerikanischen Unabhängigkeitskriegs. – Lavater:
                          Physiognomische Fragmente, Bd. 1 (ersch. Ende des Jahres).

Im Jan. und März erscheinen
in J. G. Jacobis Zeitschrift
›Iris‹ (Bd. 2) anonym einige
Gedichte G.s im Erstdruck
(vgl. an Jacobi, 1. 12. 1774),
darunter *Maifest* (später
Mailied) und »Kleine Blu-
men, kleine Blätter«, u. d. T.
*Lied, das ein selbst gemaltes
Band begleitete* (später *Mit
einem gemalten Bande*),
Neue Liebe, neues Leben
und *An Belinden* (»Warum
ziehst du mich unwidersteh-
lich«); s. auch unten zu März.

~ Anfang des   G. lernt Anna Elisabeth (›Lili‹) Schöne-
Jahres   mann kennen.

Januar	F. Nicolais *Freuden des jungen Werthers. Leiden und Freuden Werthers des Mannes. Voran und zuletzt ein Gespräch* erscheint.	G. reagiert mit derben Spottversen: *Freuden des jungen Werthers* (»Ein junger Mensch, ich weiß nicht wie«) und mit einem Dialog *Anekdote zu den Freuden des jungen Werthers* (wohl im Februar entstanden).
2. Jan.	Brief an den Verleger Ph. E. Reich, mit einem ersten Manuskriptteil von Lavaters *Physiognomischen Fragmenten*; G. betreut fortan den Druck.	
~ 8. Jan.	Ankunft von F. H. Jacobi, bleibt bis 5. 2.	
~ 18. (-30. Jan.)	Erster Brief an Auguste Gräfin zu Stolberg, Antwort auf deren Brief über *Werther*, in dem sich die Absenderin noch nicht zu erkennen gibt. Der Briefwechsel geht zunächst über die gräflichen Brüder in Göttingen.	
28. Jan.		F. H. Jacobi (mit G.) an seinen Bruder, über *Erwin und Elmire*: »Binnen 8 Tagen soll's fix und fertig seyn.«
30. Jan.		Der Rat der Stadt Leipzig verbietet den Vertrieb des *Werther*.
Februar		Arbeit an *Stella*.
~ Anfang Febr.	*Pätus und Arria*, eine Satire von Merck auf das Verbot des *Werther* in Leipzig.	
2. Febr.	G. in größerer Gesellschaft mit Herzog Carl August von Sachsen-Meiningen zusammen.	Dieser in einem Brief vom 2./4. 2.: »Er sagte mir, daß er jetzt an zwei Stücken arbeite: *Der Tod J. Cäsars*, ein Trauerspiel, und eine Oper [wohl *Erwin und Elmire*].«
~ 10./12. Febr.	An Johanna Fahlmer: »Morgen kommt Jung [Jung-Stilling]«; er wohnt im Goetheschen Haus und bleibt bis 11. 3. (mißglückte Staroperation beim Bürgermeister von Frankfurt, vgl. *Dichtung und Wahrheit* III 16).	
13. Febr.	Brief an Auguste zu Stolberg, darin früheste direkte Anspielung auf G.s	

Bemühungen um Lili Schönemann.
G. deutet an, daß er inzwischen die Iden-
tität seiner Briefpartnerin kenne.

17. Febr. Brief an G. A. Bürger (»lieber Bruder
<...> fühl dass ich dich liebe«), Antwort
auf dessen schwärmerischen Brief vom
6. 2.

24. Febr. F. H. Jacobi erneut in Frankfurt, bleibt bis
2. 3.

März Es erscheint anonym: *Prometheus,
Deukalion und seine Rezensenten*, eine
Satire gegen die Kritiker des *Werther*, mit
Angriffen auf Wieland und den ›Teutschen
Merkur‹. Man hält G. für den Verfasser.

In J. G. Jacobis ›Iris‹ ersch.
*Erwin und Elmire ein
Schauspiel mit Gesang* (darin
»Ein Veilchen auf der Wiese
stand«, später *Das Veilchen*
betitelt) mit den Widmungs-
versen (für Lili Schöne-
mann): »Den kleinen Strauss
den ich dir binde«. Vertont
von J. André.

5./6. März G. M. Kraus an Bertuch am 5.: »Goethe
will oft zu mir kommen und bei mir
zeichnen.« (Kraus hatte 1774 Weimar besucht und dort zahlreiche Porträt- und
Landschaftsbilder gemacht.)

Am 6. an Johanna Fahlmer:
»Hier sind die ersten Bogen
der *Stella*.«

Offenbach 7.-~ 10. März Bei der Familie von J. G. d'Orville, dem
Onkel von Lili Schönemann. – Brief an
Auguste zu Stolberg, die G. jetzt mit ihrem
Vornamen anredet (später auch ›Gustgen‹).

Frankfurt 15. März Versöhnungsbesuch bei P. A. Brentano,
nach der Geburt des ersten Sohnes
(Georg) aus der Ehe mit Maximiliane
(vgl. an Sophie La Roche).

25. März Brief an Herder, darin über Hamanns
*Christiani Zacchaei Telonarchae Prolego-
mena über die neueste Auslegung der
ältesten Urkunden des Menschengeschlechts*, 1774: »haben auch dem was
implicite Krafft in mir ist sehr wohl
gethan.«

(Langen) 29. März Mit Merck zusammen (vgl. an Herder,
1. 4.).

30. März Besuch Klopstocks (auf dem Rückweg
von Karlsruhe nach Hamburg).

Anfang April	An Johanna Fahlmer, über Lili Schöne-mann: »sie war schön wie ein Engel, und ich hatte sie in 4 Tagen nicht gesehn. Und lieber Gott wie viel ist sie noch besser als schön.« – Am 1. erster Eintrag in Diener Seidels Buchführung über G.s Ausgaben.	Am 9. läßt G. in verschiede-nen Zeitungen eine Er-klärung drucken: nicht er, sondern H. L. Wagner sei, nach eigenem Bekunden, der Verfasser von *Prometheus, Deukalion und seine Rezen-senten.* Er schickt sie mit Brief vom 14. 4. an Knebel, mit Brief vom 15. 4. an Klopstock.
~ erste Hälfte April		An Johanna Fahlmer: »habe *Claudinen* aufgegraben.«
~ Ostern (Ostersonn-tag: 16. April)	Inoffizielle Verlobung mit Lili Schöne-mann; eindeutige gleichzeitige Zeugnisse fehlen; vgl. G.s Darstellung in *Dichtung und Wahrheit* IV 17.	
~ 5. Mai	Brief an Herder: »Dem Hafen häuslicher Glückseeligkeit <...> wähnt ich vor kur-zem näher zu kommen, bin aber auf eine leidige Weise wieder hinaus in's weite Meer geworfen <...> Ich geh fort auf we-nige Zeit zu meiner Schwester.« Außerdem bewundernd über zwei neue bibelwissenschaftliche Schriften Herders – »Wenn nur die ganze Lehre Von Christo nicht so ein Scheisding wäre, das mich als Mensch als eingeschränktes bedürftiges Ding rasend macht«.	
~ 9./10. Mai	Ankunft der Grafen Stolberg, etwas früher des Frhrn. von Haugwitz (vgl. die Briefe der beiden Brüder an ihre Schwestern vom 12. 5.).	
Bis 14. Mai	»In Frankfurt haben wir uns alle Werthers Uniform machen lassen, einen blauen Rock mit gelber Weste und Hosen; runde graue Hüte haben wir dazu« (Chr. Stol-berg an seine Schwester Katharina).	

Erste Reise in die Schweiz, 14. Mai bis 22. Juli 1775

Von Frankfurt nach Karlsruhe	14.-16./ 17. Mai	Aufbruch mit Haugwitz und den Brüdern Stolberg; über Darmstadt (15.: Treffen mit Merck), Mannheim, Heidelberg.
Karlsruhe	17.-23. Mai	Beim Markgrafen Carl Friedrich von Baden Wiederbegegnung mit den aus Paris zurückkommenden sachsen-weimarischen Prinzen und ihrer Reisegesellschaft (Knebel, Görtz u. a.) sowie erste Begegnung mit Louise von Hessen-Darmstadt, seit Dezember 1774 Carl Augusts Braut (G. an Johanna Fahlmer am 24.: »Louise ist ein Engel«).
Straßburg	23.-26. Mai	Wiedersehen mit Salzmann, Zusammensein mit Lenz. Am 25. Besuch bei Herzog Carl Friedrich von Sachsen-Meiningen.
Emmendingen	27. Mai - 5. Juni	Vorübergehende Trennung von den Reisegefährten; mit Lenz bei Cornelia.

4.6.: G. schickt *Claudine von Villa Bella* im Manuskript an Knebel, mit der Bitte um Rücksendung (»lesen Sie's unserm Herzog <...> Nicht abgeschrieben!«).

Schaffhausen, Konstanz	6.-8. Juni	Über Freiburg und Neustadt. An Johanna Fahlmer am 7.: »Gehe iezt aus den Rheinfall zu sehen.«
Zürich	9.-15. Juni	G. wohnt bei Lavater; trifft wieder mit Haugwitz und den Stolbergs zusammen. Begegnungen mit J. J. Bodmer, Barbara Schultheß, Pfenninger u. a. Besuch bei dem philosophierenden Bauern Jakob Gujer, genannt Klijogg, einer zeitgenössischen Berühmtheit (vgl. an Sophie La Roche, 12.6.).
Zürichsee, Kloster Maria Einsiedeln	15. Juni	Fahrt auf dem See mit den Reisegefährten und Lavater sowie den Frankfurtern J. L. Passavant, Ph. Ch. Kayser u. a .

Gedichte »Ich saug an meiner Nabelschnur« (später *Auf dem See* betitelt) und »*Wenn ich liebe Lili dich nicht liebte*«, beide in G.s ›Reisetagebuch‹, geführt vom 15.-21. (oder 22.?) Juni.

Von Einsiedeln zum Rigi	16.-18. Juni	In Einsiedeln Trennung von Haugwitz und den Stolbergs, weiter mit J. L. Passavant in Richtung Gotthard, über Schwyz. RTgb 17.: »2 Uhr aufm Lauerzer See <...> ¼ 8 bey der Mutter Gottes zum Schnee«. Am 18. Aufstieg zum Rigi. »um zwölf nach dem kalten Bad oder 3 schwestern Brunn dann die Höhe ¾ 3 Uhr <...> 8 Uhr wieder zurück« (RTgb).	Von der Gotthard-Tour sind zahlreiche Bleistiftzeichnungen überliefert, vom 17.-24. 6. viele eigenh. datiert und lokalisiert, allerdings erst später. Auf den 17. datiert u. a.: Lauerzer See mit den Mythen und »Rigi d 17 Juni 1775 im Ochsen« (Corpus I, Nr. 106 und 110); auf den 18.: Blockhaus im Wald (Corpus I, Nr. 113); RTgb: »gezeichnet die Capellen vom Ochsen aus«.
Vierwaldstättersee; Altdorf/Amsteg; Wassen	19./20. Juni	RTgb 19.: »Auf dem See von Izenach nach Gersau zu Mittag im Wirtsh. am See. Gegen zwey dem Grüdli über wo die 3 Tellen schwuren drauf an der Tellen Platte wo Tell aussprung. Drauf 3 Uhr in Flüely wo er eingeschifft ward. 4 Uhr in Al<t>dorf wo er den Apfel abschoss.«/Am 20. Beginn des Aufstiegs zum Gotthard.	
Göschenen, Andermatt, Gotthardgipfel (Hospiz), Abstieg	21./22./23. Juni	RTgb: »21. halb 7. aufwärts <...> Teufelsbrücke und der Teufel. Schwizen und Matten und Sincken biss ans Urner Loch hinaus u belebung im Thal. an der Matte <...> ab 35 Min auf 4. Schnee, nackter Fels u Moos u Sturmwind u Wolcken <...>«. [nach Absatz:] »eine Stunde aus dem Liviner Thal ins Urseler. Das mag das Drachen Thal genant werden«.	Zeichnungen, eigenh. beschriftet, u. a.: Wasserfall der Reuß im Drachental, »d. 21. J. Drachenthal« (Corpus I, Nr. 118); »d. 22. Juni 1775 bey den Kapuzinern zu oberst auf dem Gotthart mitten in Schnee und Wolken«; »Scheide Blick nach Italien vom Gotthard d. 22. Juni 1775« (Corpus I, Nrn. 121 und 120); »23 Jun Urner Loch«, »23 Jun Teufels Stein«, »23 Jun. Teufels Brücke« (Corpus I, Nrn. 122, 123, 126).
Erstfeld (im Reußtal)	24. Juni		Zeichnung des Dorfs: »Johanni Tag Gerstenfeld« (Corpus I, Nr. 128).
Zürich	26. Juni-6. Juli	Erneuter Besuch bei Bodmer, erneute Begegnung mit Ph. Ch. Kayser. 1. 7.: Widmung in Barbara Schultheß' Exemplar des *Werther*.	

Basel	~ 7.-8./9. Juli	Besuch der öffentlichen Bibliothek (reicher Bestand an Gemälden und Zeichnungen). Besuch bei dem Kupferstecher und Kunstsammler Ch. von Mechel. Begegnungen mit I. Iselin.
Straßburg	~ 12.- ~ 19. Juli	Zusammensein mit Lenz (»Ich habe mit Goethen Göttertage genossen«, schreibt Lenz an Sophie La Roche am 31.), auch mit Salzmann. Persönliche Bekanntschaft mit J. G. Zimmermann, der ihm u. a. eine Silhouette von Charlotte von Stein zeigt; G. liefert eine schriftliche Charakteristik dazu, die Zimmermann an Charlotte weitergibt (mit Brief vom 22. 10.).
Speyer, Heidelberg	19./20. Juli	Vgl. an Sophie La Roche am 26. – Stammbucheintrag: »Sapienti sat Heidelberg d. 20 Jul 1775«.
Darmstadt	21. Juli	G. trifft Merck und das Ehepaar Herder.

13.: *Dritte Wallfahrt nach Erwins Grabe im Juli 1775*, geschrieben auf dem Münster (vgl. Lenz an Caroline Herder).

Frankfurt, 22. Juli bis 30. Oktober 1775

Frankfurt	Juli	Jung-Stilling erneut in Frankfurt, Gast im Goetheschen Hause (bis ~ Anf. Aug., vgl. am 8.8. an Merck).	
	31. Juli	An Lavater: »Hier über die Silhouetten der Fr. v. Stein und Marches. Brankoni« (in Form einer Gegenüberstellung).	
Offenbach	3./4. und 17. Aug.	Im Hause d'Orville, mit Lili Schönemann. Briefe an Auguste zu Stolberg und Lavater. 17.: G. beantwortet einen (verlorenen) Brief von Anna Luisa Karsch (deren Antwort folgt am 4.9.).	
Frankfurt	Sommer		Beitrag über Isaac Newton für Lavaters *Physiognomische Fragmente* (vgl. an Lavater, 9.9.; aufgenommen in Bd. 2, 1776).
	September	In der ›Iris‹ beginnt anonym F. H. Jacobis Roman *Aus Eduard Allwills Papieren* zu erscheinen.	
	~ 2./3. Sept.	J. G. Sulzer auf der Durchreise in Frankfurt, G. besucht ihn.	Briefgedicht an das Ehepaar d'Orville in Offenbach: »*Lieber Herr d'Orville und Frau*« (Datum erschlossen).
Offenbach	10./11. und 16.-18. Sept.	Mit Lili Schönemann bei einer Hochzeit. 16.-18.: Im Hause d'Orville. Vgl. Brief an Auguste zu Stolberg, 14.-19.	
Frankfurt	Ende Sept.	Besuch J. G. Zimmermanns mit Tochter, bis ~ 27.; sie wohnen im Goetheschen Hause (vgl. an Lavater am 28.). Carl August, seit 3.9. Herzog von Sachsen-Weimar, macht auf der Reise nach Karlsruhe (zu seiner Hochzeit mit Prinzessin Louise von Hessen-Darmstadt am 3. 10.) am 22. in Frankfurt Station und lädt G. nach Weimar ein. (An Auguste zu Stolberg am 23.: »Gestern lauter Altessen [Hoheiten].«)	
	3. Okt.	Ch. D. Schubarth schreibt an G.	

7. Okt.   Brief an Merck: »Ich erwarte den Herzog   »Hab viel an *Faust* geschrie-
und Louisen, und gehe mit ihnen nach   ben.«
Weimar.« (Um diese Zeit ist die Lösung
von Lili Schönemann offenbar vollzogen.)

12. Okt.   Herzog Carl August und Herzogin
Louise von Sachsen-Weimar machen auf
der Heimreise in Frankfurt Station.
G. wird von ihnen »in aller Form nach
Weimar eingeladen« (Vater Goethe an
Schönborn, 24. 7. 1776). – »Brief Jungfer
Delph« (Diener Seidels Aus-
gabenbüchlein; Brief nicht überliefert).

Nach Mitte   An Knebel: »Euer junges herzogliches   In der Zeit des Wartens auf
Okt.   Paar verlangte ich sollte sie nach Weimar   eine Nachricht aus Weimar
begleiten, ich richtete mich ein, packte,   intensive Arbeit an *Egmont*
zog meine Reisekleider an, und blieb   (laut *Dichtung und Wahrheit*
sizzen. Durch welch Geschick weis ich   IV 20).
nicht. Kalb [der weimarische Kammer-
junker J. A. A. von K.] kam nicht, an den
man mich verwies«.

18./26. Okt.   Brief an G. A. Bürger. / Brief an F. L.
Stolberg.

28. Okt.   G. bestellt bei Ph. E. Reich Hamanns
Schriften.

30. Okt.   »Zur Heidelberger Reise – 18 Gulden«
(Eintrag von Vater Goethe ins Haushaltungsbuch).

Aufbruch in Richtung Italien,
30. Oktober bis 3. November 1775
Aufbruch nach Weimar

Eberstadt, Weinheim	30. Okt.	Beginn eines Reisetagebuchs (»<…> Ich packte für Norden und ziehe nach Süden, ich sagte zu, und komme nicht, ich sagte ab [Dem. Delph?] und komme! <…> Lili Adieu Lili zum zweitenmal! Das erstemal schied ich noch hoffnungsvoll unsere Schicksaale zu verbinden! Es hat sich entschieden – wir müssen einzeln unsre Rollen ausspielen.«	Reisetagebuch 30. Okt. 1775.
Heidelberg	31. Okt. - 3. Nov.	Nach *Dichtung und Wahrheit* IV 20: G. wohnt bei Demoiselle Delph; ein Eilbote bringt einen Brief des verspätet nach Frankfurt gekommenen weimarischen Kammerherrn von Kalb, der ihn zur Umkehr bewegt.	
Über Frankfurt nach Weimar	3. - 7. Nov.	G. reist mit J. A. A. von Kalb und seinem Diener Ph. Seidel.	

.

Weimar, 7. November 1775 bis 11. September 1779

Weimar	7. Nov.	Ankunft. G. wohnt zunächst bei dem Kammerpräsidenten C. A. von Kalb. Erste Begegnung mit Wieland, vgl. dessen (begeisterte) Briefe an F. H. Jacobi, Lavater u. a. in den folgenden Tagen und Wochen.
	~11. Nov.	Erste Begegnung mit Frau von Stein; bis zum Aufbruch nach Italien Anf. Sept. 1786 schreibt G. ihr mindestens 1600 Briefe bzw. Billetts.
	26. Nov.	Besuch der Brüder Stolberg (bis 4. 12.).
Erfurt	27./28. Nov.	Vgl. F. L. Stolberg an seine Schwester Henriette am 27.

Weimar — Ende Nov./ Anfang Dez.

»Einen Nachmittag las Goethe seinen halbfertigen *Faust* vor <...> Die Herzoginnen waren gewaltig gerührt bei einigen Szenen« (F. L. Stolberg an seine Schwester Henriette, 6. 12.).

Kochberg	6.- ~9. Dez.	G.s erste Visite bei Frau von Stein auf Schloß Kochberg, dem Landsitz der Familie von Stein, dokumentiert durch die Inschrift auf Frau von Steins Schreibtischplatte: »Goethe d. 6. Dez. 75«.
Weimar		

Waldeck (Forsthaus) bei Bürgel — 23.-26./ 27. Dez. — Über Jena. Zu Pferd, mit F. H. von Einsiedel, J. A. A. von Kalb und Bertuch.

Erste Briefe an Carl August, mit den Gedichten »*Holde Lili warst so lang/All meine Lust*« und »*Gehab dich wohl bei den hundert Lichtern*«.

Gotha	27.-29. Dez.	Am Hof von Ernst II., Herzog von Sachsen-Gotha. G. trifft hier das weimarische Herzogspaar samt Gefolge. Kurzes Wiedersehen mit Gotter.
Erfurt	29.-31. Dez.	Mit Carl August, bei C. Th. von Dalberg, dem erzbischöflich-kurmainzischen Statthalter von Erfurt.
Weimar	Herbst/ Winter	Einrichtung des Redoutensaals an der Esplanade für das neugegründete Lieb-

habertheater. G. wird bald zu dessen
Spiritus rector.

Ende des Jahres		Bei Himburg in Berlin erscheinen die beiden ersten Bände von ›Goethes Schriften‹, Raubdrucke von *Werther, Götz, Erwin und Elmire, Clavigo* und *Götter, Helden und Wieland* (Bd. 3: 1776; weitere, erweiterte Auflagen folgen 1777 und 1779). Mit die frühesten von vielen nun folgenden Raubdrucken von G.s Werken.

1776 Amerikanische Unabhängigkeitserklärung (4.7.). – Klinger: *Sturm und Drang*. H. L. Wagner: *Die Kindermörderin*. Lenz: *Die Soldaten*. Herder: *Älteste Urkunde des Menschengeschlechts*, Bd. 2.

Anfang des Jahres		Die Aufsätze *Nach Falkonet und über Falkonet* und *Dritte Wallfahrt nach Erwins Grabe* sowie einige Künstlergedichte erscheinen als *Anhang aus Goethes Brieftasche* zu L. S. Merciers *Neuer Versuch über die Schauspielkunst*, übersetzt von H. L. Wagner.
Januar		*Stella. Ein Schauspiel für Liebende in fünf Akten* ersch. bei Mylius in Berlin. Erstdruck des Gedichts *Jägers Nachtlied* im ›Teutschen Merkur‹.
Stedten (zw. Erfurt und Gotha)	1.-3./4. Jan.	Auf dem Gut der Familie von Keller mit Wieland. G. lernt dort auch das Ehepaar von Bechtolsheim kennen. Wielands Gedicht *An Psyche* [d. i. Julie von Bechtolsheim] besingt dieses Zusammensein; darin über G.: »Ein schöner Hexenmeister es war/Mit einem schwarzen Augen-Paar« usw. Am 2. Brief an Herder, über dessen mögliche Anstellung als General-Superintendent in Weimar: »Heut kann ich dir schon Hoffnung geben <...> ich muss das stifften eh ich scheide.«

| Weimar | 22. Jan. | An Merck: »Ich bin nun in alle Hof- und politische Händel verwickelt und werde fast nicht wieder weg können <...> die Herzogthümer Weimar und Eisenach immer ein Schauplatz, um zu versuchen, wie einem die Weltrolle zu Gesichte stünde.« | |

| | ~Ende Jan. | Besuch H. J. von Lindaus (vgl. an Frau von Stein am 29.), den G. 1775 in der Schweiz kennengelernt hat; bevor er in den amerikanischen Unabhängigkeitskrieg zieht (wo er 1776 umkommt), empfiehlt er G. seinen Pflegesohn Peter im Baumgarten, einen Schweizer Hirtenjungen (vgl. an Scholley, 26. 4. 1779). | Arbeit an *Egmont*? Vgl. an Frau von Stein: »Geht mir auch wie Margreten v. Parma: ich sehe viel voraus das ich nicht ändern kann« (Worte der Regentin im Gespräch mit Machiavell, I 2). |

| | Februar | | Für Lavaters *Physiognomische Fragmente* der Beitrag über *Tierschädel*, mit einleitenden Betrachtungen (u. d. T. ›Eingang‹). |

| | 2. Febr. | Brief an G. A. Bürger, mit einem Exemplar der *Stella* (»Hier was süser Junge das dir soll Liebes und Lebens Wärme in den Schnee bringen«). | |

| Erfurt | 3.-7. Febr. | Mit Carl August (vgl. an Frau von Stein; Wieland an Lavater am 5.). | |

| Weimar | Mitte Febr. | An Johanna Fahlmer am 14.: »Herder hat den Ruf als Generalsuperintendent angenommen.« Am 19.: »Es ist nun wohl nicht anders, ich bleibe hier«. | *Wandrers Nachtlied* an Frau von Stein geschickt, unterschrieben: »Am Hang des Ettersberg, d. 12. Febr. 76«. |

| | Ende Febr. | Am 29. Aufführung von R. Cumberlands *Der Westindier* (1769, dt. von Bode) durch das Weimarer Liebhabertheater. | *Diesseitige Antwort auf Bürgers Anfrage wegen Übersetzung des Homers* ersch. im Februarheft des ›Teutschen Merkur‹ (Ankündigung einiger prominenter Weimaraner, für die Übersetzung der ganzen *Ilias* eine bestimmte Summe auszuwerfen; eine Geldsendung erfolgt durch G. am 20. 4. 1778). |

| Erfurt | 2.-5. März | Mit Carl August bei Dalberg (vgl. an Frau von Stein am 4.). | |

| Weimar | | | |

(Erfurt)	11. März		Vgl. den ersten Eintrag ins Tagebuch (Tgb), das G. nun zu führen beginnt.

16. März — Carl August setzt ein Testament auf, das die Besoldung bzw. lebenslängliche Pension u. a. für G. und Corona Schröter bestimmt; beide sind noch nicht in Amt und Würden. J. A. A. von Kalb an G.s Eltern: »Mit Beibehaltung seiner gänzlichen Freiheit <...> die Dienste ganz zu verlassen, wann er will, wird unser junger edler Fürst in der Voraussetzung, daß Sie unfähig sind, Ihre Einwilligung dazu zu versagen, Ihren Sohn unter dem Titel eines Geheimden Legations-Rats und mit einem Gehalt von 1200 Reichstalern in sein Ministerium ziehen.«

18. März — G. bezieht eine Wohnung im Haus des Hofkassierers König gegenüber dem Gelben Schloß (vgl. Wieland an Merck am 25.).

Weimar/ Auerstädt — 24./25. März — Aufbruch zu einer mehrtägigen Reise nach Leipzig. — *Hans Sachsens poetische Sendung* angefangen (vgl. an Frau von Stein, 24.6.).

Leipzig (über Naumburg) — 25. März – 3. April — Umgang mit Corona Schröter, die G. für das Weimarer Liebhabertheater gewinnen soll (vgl. Briefe an Carl August und Frau von Stein). Wiedersehen u. a. mit Käthchen Schönkopf, seit 1770 verh. Kanne, sowie mit Oeser und Familie (vgl. an Oeser am 6.).

Weimar — 4. April — Lenz ist tags zuvor angekommen, bleibt bis 1. Dezember.

5. April — An Frau von Stein: »darf ich heut früh mit Lenzen kommen <...> Sie werden das kleine wunderliche Ding sehen. Und ihm gut werden.«

14. April — — Als Briefgedicht an Frau von Stein: *»Warum gabst du uns die Tiefen Blicke«.*

22. April — G. kauft Garten und Gartenhaus an der Ilm (›am Stern‹); die Kaufsumme (525 Gulden) bekommt er vom Herzog geschenkt.

	26. April	G. erwirbt das Weimarer Bürgerrecht.	
	27. April		Tgb: »Hans Sachs fertig« (*Erklärung eines alten Holzschnittes, vorstellend Hans Sachsens poetische Sendung*; Erstdruck im Aprilheft des ›Teutschen Merkur‹).
	Mai		*Claudine von Villa Bella* ersch. bei Mylius in Berlin.
Ilmenau und Umgebung	3.-10. Mai	Reise im Auftrag von Carl August; erste Erkundungen wegen des zerstörten und stillgelegten Kupfer- und Silberbergwerks, das wieder in Betrieb genommen werden soll. G. erkundet die Umgebung: Elgersburg, Frauenwald, Hermannstein, Gabelbach, Stützerbach, Finsterberg, Suhl. Vgl. Tgb sowie die Briefe an Carl August und Frau von Stein.	Gedicht *Rastlose Liebe*.
Weimar	18. Mai	An Auguste zu Stolberg, im Gartenhaus: »Ich habe meinen Philipp [Seidel] nach Hause geschickt und will allein hir zum erstenmal schlafen.«	
	Mitte Mai	Am 21. brüske Antwort auf Klopstocks Mahnbrief (vom 8. 5.) wegen Carl Augusts wildem Lebenswandel. (Mit Klopstocks noch schrofferer Antwort vom 29. 5. bricht die Beziehung ab.)	Am 24. Aufführung von *Erwin und Elmire* durch das Liebhabertheater, mit Musik von Herzoginmutter Anna Amalia. G. führt Regie. (Weitere Aufführungen folgen.)
Kurzreise zum Kyffhäuser	28.-31. Mai	Über Kalbsrieth, Allstedt und Tilleda. Tgb 31.: »Kyffhäuser Sachsenburg Fronsdorf Weimar.«	Zeichnungen: ›Kyffhäuserschlucht‹ und ›Kirchenruine auf dem Kyffhäuser‹ (Corpus I, Nr. 138 a/b).
Weimar	11. Juni	Ernennung zum Geheimen Legationsrat und Mitglied des Geheimen Consiliums (Beraterkollegium des Herzogs, höchste Landesbehörde); G. bleibt es bis zu dessen Umwandlung in ein Staatsministerium 1815. G. bekommt das zweithöchste Gehalt in der Landesverwaltung.	
	16. Juni	Erste Begegnung mit dem Berg-Sachverständigen Trebra.	

	24. Juni	Ankunft Klingers. Er bleibt bis Ende September.	
	25. Juni	Amtseinführung und Vereidigung im Geheimen Consilium; Kollegen in diesem Gremium sind zunächst J. F. Frhr. von Fritsch als ›Premier‹ und Ch. F. Schnauß.	
	28./29. Juni	Am 28. erstmals bei einer Sitzung des Geheimen Consiliums. (Bis Jan. 1785 nimmt G. an fast allen Sitzungen teil, die gewöhnlich ein- bis zweimal wöchentlich stattfinden; vgl. etwa an Frau von Stein, 2. 12. 1783.)	Gedicht: »*Hier bildend nach der reinen stillen / Natur*«, am 2. 7. an Frau von Stein geschickt.
	9. Juli	Nachricht von der Verlobung Lili Schönemanns (vgl. an Frau von Stein, 25. 6.-9. 7.).	
	11./13. Juli	Das Gutachten von Trebra und J. F. Mende, das die Wiederaufnahme des Ilmenauer Bergbaus empfiehlt, liegt vor. Tgb 13.: »Früh Eröffn. der [Bergwerks-] Commission.«	
Berka	17. Juli	Besuch bei Lenz, der sich für längere Zeit nach Berka zurückgezogen hat (vgl. Tgb).	
Ilmenau und Umgebung	18. Juli (-14. Aug.)	Mit Carl August, Trebra u. a., in Bergwerksangelegenheiten. Ausflüge in die Umgebung: Manebach, Hermannstein, Stützerbach, Kammerberg, Kickelhahn, Gabelbach. Vgl. Tgb.	In dieser Zeit mehrere Landschaftszeichnungen, darunter: ›Dampfende Täler bei Ilmenau‹ am 22./23. 7. auf dem Kickelhahn und ›Höhle am Hermannstein‹ am 8. 8. (Corpus I, Nr. 145 und 148).
	24. Juli	An Merck: »Wir sind hier und wollen sehn, ob wir das alte Bergwerk wieder in Bewegung setzen <...> Lenz ward endlich gar lieb und gut in unserm Wesen, sitzt jetzt in Wäldern und Bergen allein, so glücklich als er seyn kann. Klinger kann nicht mit mir wandeln, er drückt mich, ich hab's ihm gesagt, darüber er außer sich war«.	
	3. Aug.		Gedicht *Dem Schicksal*, später *Einschränkung* (»Was weiß ich was mir hier gefällt«; vgl. Tgb und an Lavater, 25. 8.).

	8. Aug.		An Frau von Stein, mit dem tags zuvor entstandenen Gedicht »*Ach wie bist du mir,/ Wie bin ich dir geblieben*«; auch über ein angefangenes Stück *Der Falke*, von dem nur wenige Sätze erhalten sind (vgl. noch Tgb 10.-12.8.).
Weimar Ernstthal, Ilmenau, Berka	2.-6. Sept.	Jagdausflug mit Carl August; am 5. Besuch bei Lenz in Berka (vgl. Tgb).	
Weimar	11. Sept.		Gedicht »Tag lang Nacht lang stand mein Schiff befrachtet«; Erstdruck im ›Deutschen Museum‹, Sept. 1777 mit der Überschrift *G. den 11. September 1776* (später: *Seefahrt*).
	16. Sept.	An Merck: »Lenz ist unter uns wie ein krankes Kind, wir wiegen und tänzeln ihn, und geben und lassen ihm von Spielzeug was er will <...> Klinger ist uns ein Splitter im Fleisch seine harte Heterogenität schwürt mit uns, und er wird sich herausschwüren.«	
	21. Sept.	Ch. Kaufmann kommt auf Lavaters Anregung nach Weimar, bleibt bis 9. Okt.; G. ist öfter mit ihm zusammen (vgl. Tgb).	
(Drackendorf)	25. Sept.	Mit Carl August (Tgb: »über Amerbach. Zurück über Jena.«).	
Erfurt	1./2. Okt.	Mit Carl August; Zusammensein mit Dalberg (vgl. Tgb). – Am 1. trifft Herder mit Familie in Weimar ein.	
Weimar	2. Okt.	»Nachts zu Herdern. Mit ihm gessen.« (Tgb)	
Dornburg, Naumburg	16./17. Okt.		An Frau von Stein das Gedicht »*Ich bin eben nirgend geborgen*«, auf der Rückseite eine Zeichnung: ›Dornburger Schlösser‹ (Corpus I) Nr. 151).
Weimar	20. Okt.	Antrittspredigt Herders in der Stadtkirche.	

Jena, Bürgel, Waldeck	24.-26. Okt.	Jagdausflug mit Carl August (vgl. Tgb).	Tgb 26.: »zurück über Jena *Die Geschwister* erfunden« (am 29. ist das kleine Stück bereits fertig, vgl. Tgb).
Weimar	2. Nov.		Briefgedicht an Frau von Stein: *An den Geist des Johannes Sekundus.*
	16. Nov.	Corona Schröter trifft ein (vgl. Tgb).	
	Ende Nov.	Tgb 26.: »Lenzens Eseley.« (Ein nicht bekannt gewordener Vorfall, der Lenz' Ausweisung aus Weimar zum 1. Dez. zur Folge hat. Vgl. Lenz' Briefe Ende Nov. an Herder und J. A. A. von Kalb sowie am 29. Nov. an Carl August.)	Aufführungen durch das Liebhabertheater: Am 21. *Die Geschwister* (G. und Amalie Kotzebue in den Rollen des Liebespaars; der 15jährige August Kotzebue spielt den ›Briefträger‹); am 28.: *Die Mitschuldigen*, mit G. als Alcest (Kotzebue macht diesmal einen Kellner; weitere Aufführungen folgen).
Rippach	2. Dez.	Aufbruch zu einer Reise mit Carl August nach Wörlitz und Dessau zu Leopold III., Fürst von Anhalt-Dessau, und dessen Gemahlin Luise Henriette Wilhelmine.	
Wörlitz (über Leipzig), Dessau, Barby	3.-19. Dez.	In Leipzig Kurzbesuch bei Oeser (vgl. Tgb 3.). Tgb 5.: »Zu Wörliz das Schloß besehn«. An Frau von Stein: »Wir sind bald in die Leute gewohnt sie bald in uns. Wir hezzen uns mit den Sauen herum«. Tgb 15.: »bey Basedow« (in Dessau, hier wohl auch Wiedersehen mit Behrisch).	
Leipzig	20. Dez.	Erneuter Besuch bei Oeser, vgl. Tgb.	
Weimar	21. Dez.	Ankunft Oesers (bleibt bis mindestens 26. 12.).	
	1777	Jung-Stilling, *Heinrich Stillings Jugend* erscheint im Herbst, von G. ohne Wissen des Autors in verkürzter Fassung zum Druck gegeben (vgl. Jung-Stillings Briefe vom 7. und 21. 11. an den Verleger Decker in Berlin).	
	2.-4. Jan.		In Tgb erste Erwähnungen von *Lila* (noch ohne diesen

		Titel); am 3.: »Den 1. Ackt dicktirt.«
30. Jan.		Zum Geburtstag von Herzogin Louise Aufführung der ersten, nicht erhaltenen Fassung von *Lila* (in Tgb: »Sternthal«) durch das Liebhabertheater, mit Musik von Seckendorf.
Mitte Febr.	Am 18. offizielle Gründung des ›Commissorium zu Besorg- und Dirigirung der Illmenauischen Bergwerks-Angelegenheiten‹ (kurz: Bergwerkskommission); G., J. A. A. von Kalb und später J. L. Eckardt werden von Carl August mit dieser Aufgabe betraut.	Tgb 16.: »dicktirt an W. Meister.« (Erste Erwähnung des *Wilhelm Meister*-Romans, d. h. der ersten Fassung *Wilhelm Meisters theatralische Sendung*.)
3. März		Zweite Aufführung von *Lila*, nun unter diesem Titel und vielleicht schon überarbeitet (Tgb notiert Proben am 23., 25. und 27. 2.).
13. März	Wiedersehen mit J. G. Jacobi, der sich eine Zeitlang in Weimar (bei Wieland) aufhält.	
15./16. März		G. beginnt Frau von Stein zu zeichnen, vgl. Tgb und Corpus I, Nr. 291.
um Ostern (Ostersonntag: 30. März)	G. verläßt seine bisherige Stadtwohnung (bei König) und bezieht eine Wohnung im Fürstenhaus, lebt aber überwiegend im Gartenhaus.	
1. April		Tgb: »an *Meistern* [*Wilhelm Meisters theatralische Sendung*] geschrieben.«

Kochberg	14.–16. Juni	Bei Frau von Stein (vgl. Tgb).
Weimar	16. Juni	Tgb: »früh zurück. Brief des Todts m. Schwester. Dunckler zerrissner Tag.« (Cornelia war am 8., einen Monat nach der Geburt ihrer zweiten Tochter gestorben.)
	Ende Juni	Gleim besucht Weimar, begegnet auch G.
Dornburg, mit Abstecher	4./5. Juli	»Nachts auf der Streue mit d. Herzog, Prinzen, Dalberg u 2 Einsiedels vorher

zur Kunitzburg		tolles Disputiren mit Einsied d. jüngern.« (Tgb 4.)	
Kochberg	5.-7. Juli	Vgl. Tgb.	
Weimar	8. Juli		Tgb: »früh an *W. Meister* geschrieben« (*Wilhelm Meisters theatralische Sendung*).
Kochberg, Weißenburg	11.-13. Juli	Bei den Steinschen Söhnen (vgl. an Frau von Stein; sie selbst ist in Pyrmont).	
Weimar	17. Juli		Der Vierzeiler »*Alles gaben Götter die unendlichen/Ihren Lieblingen ganz*« im Brief an Auguste zu Stolberg.
	12. Aug.	Peter im Baumgarten, bisher auf Kosten seines Pflegevaters Lindau in einem Schweizer Erziehungsinstitut, kommt in Weimar an. G. nimmt ihn auf und sorgt für ihn (vgl. an Lavater am 14.).	

Über Kochberg und Ilmenau nach Eisenach und Umgebung, 27. August-9. /10. Oktober 1777

Kochberg	27./28. Aug.	Bei Frau von Stein (vgl. Tgb).	
Ilmenau und Umgebung	28. Aug.-4. Sept.	Mit Carl August. Ausflüge: Martinroda, Manebach, Elgersburg, Stützerbach. Vgl. die Briefe an Frau von Stein sowie Tgb; am 1./2. 9. (Stützerbach): »den Morgen bis Nachm 3 auf der Jagd <...> nach Tische mit den Bauermaidels getanzt, [den Kaufmann] Glasern sündlich geschunden, ausgelassen toll bis gegen 1 Nachts. Gut geschlafen. d. 2. Morgens Possen getrieben.«	
Wilhelmsthal	4.-6. Sept.	Vgl. Tgb.	
Eisenach und Umgebung	6.-13. Sept.	Carl August besucht Eisenach als Landesherr; als jüngster Landesteil genießt es noch einen gewissen Sonderstatus. G. ist auch in amtlicher Funktion dabei: Bis Ende Sept. gibt es mehrere Sitzungen des Geheimen Consiliums sowie Verhandlungen mit den Eisenachischen Landständen vor allem über Steuerangelegenheiten. – G. macht Exkursionen in die Umgebung, jagt mit Carl August, zeichnet (Wartburgmo-	Am 12. an Frau von Stein: »eine komische Oper die Empfindsamen <...> ich hab angefangen Philippen [Seidel] zu dictiren.« (Anfänge von *Der Triumph der Empfindsamkeit*.)

tive). Umgang mit den verschiedensten
Personen, bevorzugt mit der Familie Be-
chtolsheim. Vgl. Tgb und die Briefe an
Frau von Stein.

Wartburg	13. Sept. (-9./10. Okt.)	An Frau von Stein: »der Herzog hat mich veranlasst heraufzuziehen, ich habe mit den Leuten unten, die ganz gute Leute seyn mögen nichts gemein und sie nichts mit mir«.
	14. Sept.	An Frau von Stein: »Diese Wohnung ist das herrlichste was ich erlebt habe, so hoch und froh«.
	21. Sept.	Ankunft von Merck (bleibt bis 28.).
	8. Okt.	Begegnung mit Baron Melchior von Grimm. Vgl. Tgb.

Weimar, 10. Oktober-28. November 1777

Weimar	30. Okt.		Tgb: »Abend an Meister [*Wilhelm Meisters theatralische Sendung*] geschr.« (Vgl. auch an Frau von Stein).
	14. Nov.	Frau von Stein und ihre Familie beziehen die nach G.s Angaben gestaltete neue Wohnung an der Ackerwand.	
	16. Nov.	Briefe an Johanna Fahlmer und G.s Mutter auf die Nachricht von Johannas Verlobung mit G.s Schwager Schlosser (wenige Monate nach Cornelias Tod). – Tgb: »Projeckte zur heimlichen Reise.«	
	28. Nov.	Tgb: »Besorgt ich noch allerley.«	Vielleicht u. a. das Paket, das Seidel laut Ausgabenbuch am 1. 12. abschickt: »Frau Rat Goethe, mit *Faust*«.

Erste Reise in den Harz, 29. November-15. Dezember 1777

G. reist allein (zu Pferd), unter dem Namen Weber, gibt
sich als Maler oder Jurist oder als »ein Reisender überhaupt« aus (vgl. an Frau von Stein am 6./7. 12.). Zweck
und Ziel seiner Reise hat er geheimgehalten. Zu dieser
Reise vgl. Tgb, die Briefe an Frau von Stein von unterwegs

und den Brief an Merck vom 5. 8. 1778, ferner die späten
Beschreibungen aus den zwanziger Jahren in der *Cam-
pagne in Frankreich* und in dem Aufsatz *Über Goethes
Harzreise im Winter.*

Greußen	29. Nov.		
Ilfeld	30. Nov.		
Elbingerode, Baumanns-höhle	1./2. Dez.		Tgb 1.: »Dem Geyer gleich« (Anfang des Gedichts *Harzreise im Winter*).
Wernigerode	3. Dez.	G. besucht incognito den ihm nur aus Briefen bekannten Plessing (vgl. Tgb 3.).	
Goslar und Umgebung (über Ilsenburg)	4.-6./7. Dez.	Tgb 5.: »in Rammelsberg [Erzbergwerk] den ganzen Berg bis ins tiefste befahren«. Tgb 6.: »Nach den [Erz-]Hütten an der Oker. Gesehen die Messing Arbeit und das Hüttenwerck.« (Tgb)	
Clausthal	7.-9. Dez.	G. befährt die Erzgruben und besucht die Silberhütten (vgl. Tgb 8. und 9.).	
Altenau	9. Dez.	Vgl. Tgb.	
Torfhaus, Brockengipfel	10. Dez.	Brockenbesteigung in tiefem Schnee in Begleitung des Försters von Torfhaus (vgl. Tgb).	Kohlezeichnung ›Brocken im Mondlicht‹ (Corpus I, Nr. 190).
Von Clausthal nach Eisenach	11.-16. Dez.	Über Sankt Andreasberg (am 12.; G. fährt in die dortigen Silbergruben ein), Duderstadt, Mühlhausen. Tgb 15.: »gegen 11 in Eisenach fand den Herzog und die Gesellschaft da.«	Tgb 12.: »Nachher geschrieben« (am Gedicht *Harzreise im Winter*?).

Weimar (und Umgebung), 16. Dezember 1777-10. Mai 1778

Weimar	27. Dez.		Arbeit an *Der Triumph der Empfindsamkeit* (vgl. an Frau von Stein).
	1778	Preußische Truppen marschieren am 5. 7. in Böhmen ein (Bayerischer Erbfolgekrieg). – Abschluß von Lavaters *Physiognomischen Fragmenten* mit Bd. IV. Herder gibt den 1. Teil der *Volkslieder* heraus. – Tod Voltaires, Rousseaus und Linnés.	
	Anfang des Jahres	J. G. P. Götze tritt in G.s Dienste.	

2. Jan.	Abschluß des 1. Buchs von *Wilhelm Meisters theatralische Sendung* (vgl. Tgb).

11. Jan. »Eckhof as mit mir. Erzählte die Geschichte seines Lebens« (Tgb); Ekhof, seit 1774 Schauspieldirektor am neugegründeten Hoftheater in Gotha, war auf Einladung Carl Augusts am 8. nach Weimar gekommen, um in der Aufführung von Cumberlands *Westindier* am 13. 1. mitzuwirken. G. spielt den Titelhelden, Ekhof dessen Vater.

17. Jan. »Ward Cristel v Lasberg in der Ilm vor der Flosbrücke unter dem Wehr von meinen Leuten gefunden. sie war Abends vorher ertruncken.« (Das sechzehnjährige Hoffräulein hatte sich aus Liebeskummer ertränkt, angeblich mit einem Exemplar des *Werther* in der Tasche.)

19. Jan. Brief an Frau von Stein, über Arbeiten an einem Gedenkplatz für Christel von Laßberg. (Daraus wird im Lauf des Frühjahrs das sog. Felsentor – auch ›Nadelöhr‹ genannt – mit ›Felsentreppe‹, vgl. Tgb 23. 3. und April Anfang. Damit beginnt die Gestaltung des Parks an der Ilm, nach dem Vorbild des Wörlitzer Parks.)

30. Jan. Zum Geburtstag von Herzogin Louise Aufführung von *Der Triumph der Empfindsamkeit* durch das Liebhabertheater, mit Musik von Seckendorf; G. als Andrason, Corona Schröter als Mandandane; die *Proserpina*-Einlage noch in Prosaform. (Weitere Aufführung am 10. 2.)

Mitte Febr. Tgb 15.: »Aristoph<anes> stud. <iert>«.   Arbeit an der 2. Fassung von *Lila* (vgl. Tgb 12. und 15.)

22.-25. Febr. Besuch Plessings; er ist täglich bei G. (vgl. Tgb).

12. April   »*Egmont* war mir wieder in den Sinn gekommen.« (Tgb)

Ilmenau, Stützerbach	13.-15. April	G. trifft dort Carl August. Tgb 14. (Stützerbach): »Tags über Tohrheiten. Früh in der Glashütte dann [Kaufmann] Glasern geschunden. Abends nach Ilmenau.«
Weimar	17. April	Peter im Baumgarten wird nach Ilmenau gebracht, um dort das Jägerhandwerk zu lernen (Datum nach G.s Ausgabebuch).
Erfurt	21./22. April	Mit Knebel und Prinz Constantin (vgl. Tgb).
Weimar	4. Mai	Dalberg ruft in einem Billett zur Subskription für den Maler Friedrich Müller (›Maler Müller‹) auf, der eine Reise nach Italien plant; die herzogliche Familie, Knebel, Wieland, Dalberg und G. zeichnen mit verschieden hohen Beträgen (vgl. G.s Brief an Knebel, 19. 1. 1780).

Reise nach Leipzig, Wörlitz, Potsdam und Berlin, 10. Mai-1. Juni 1778

G. reist als Begleiter von Carl August, der sich zunächst in Leipzig mit Fürst Leopold von Anhalt-Dessau trifft, um wegen des drohenden Kriegs zwischen Preußen und Österreich (Bayerischer Erbfolgekrieg) zu konferieren. Vgl. zu dieser Reise Tgb und die Briefe an Frau von Stein, ferner den Brief an Merck vom 5. 8.

Leipzig	10.-12./ 13. Mai	Besuch bei Oeser (vgl. Tgb 11.).
Wörlitz; Treuenbrietzen	13./14. Mai	Am 14. noch aus Wörlitz an Frau von Stein, u. a. über seine Eindrücke vom Wörlitzer Park.
Berlin (über Potsdam)	15.-20. Mai	In Potsdam am 15. u. a. Besichtigung von Sanssouci. In Berlin besucht G. u. a. Chodowiecki am 16. und 20., Anton Graff (besuchsweise in Berlin) am 16., J. André am 17. und Anna Luisa Karsch am 18.; er besichtigt u. a. die Porzellanfabrik, die Oper ›Unter den Linden‹ und den Tiergarten. Am 17. mit Carl August zu Tafel bei Prinz Heinrich, dem Bruder Friedrichs des Großen.
Potsdam	20.-22./ 23. Mai	Tgb 20.: »Von Berlin um 10 über Schönhausen auf Tegeln <...> Über

		Charlottenburg nach Zehlendorf. Nachts 11 in Potsdam.« Am 21. erneut nach Sanssouci, Besuch der Gemäldegalerie; am 22. Besichtigung der Garnisonskirche und der Gewehrfabrik. Vgl. Tgb.
Wörlitz	23.-26. Mai	Über Wittenberg.
Dessau	26.-30. Mai	Am 26. Besuch bei Basedow. Am 27. beim Manöver in Aken; G. lernt zahlreiche preußische Militärs kennen.
Allstedt	30./31. Mai	

Weimar (und Umgebung), 1. Juni 1778 - 27. Februar 1779

Weimar	Anfang Juli	Im Ilmpark »Gearbeitet an dem Kloster und Einsiedley zur Herzoginn [Louise] Nahmenstag«. (Betr. das dann sog. ›Louisenkloster‹; Näheres zu den Bau-lichkeiten und zum Fest selbst – am 9.7. – in dem späten Aufsatz *Das Louisenfest*, worin G. diese Bauten zum entscheiden-den Anstoß für die weitere kunstvolle Anlage des Parks erklärt.)
	5. Aug.	Seinem Brief an Merck legt G. das Gedicht *Harzreise im Winter* bei (älteste Fassung).
Allstedt	9.- ~14. Aug.	Mit Carl August, Wedel, dem Fürsten von Dessau (vgl. Tgb und an Frau von Stein).
Weimar		
Eisenach	3.- ~5. Sept.	Zur Jagd mit Carl August (vgl. Anna Amalia an Merck am 4.).
Weimar		
Erfurt	9. Sept.	Bei Dalberg (vgl. an Frau von Stein).
Eisenach, Wilhelmsthal, Wartburg	10.-17./ 18. Sept.	Mit Carl August und Prinz Constantin sowie den Herzögen von Gotha, Meiningen und Coburg-Saalfeld (vgl. Tgb und an Frau von Stein).
Weimar	Mitte/ Ende Sept.	Tgb: »lies meine Büste von Clauern versuchen.«
Jena	22./23. Sept.	Tgb: »in Walchs [Naturalien-]Cabinet, auch bey Griesbach.«

Weimar	5. Okt.		Tgb: »Die Zeither an *Wilh. M.* gedacht und geschrieben.« (*Wilhelm Meisters theatralische Sendung*)
Kochberg	11./12. Okt.	Bei Frau von Stein (vgl. Tgb).	
Weimar	20. Okt.		In Schloß Ettersburg Aufführung von *Das Jahrmarktsfest von Plundersweilern* (2. Fassg.) durch das Liebhabertheater, mit Musik von Herzoginmutter Anna Amalia; G. spielt mehrere Rollen. Wiederholung am 3. 6.
	2. Nov.	Erster Brief an J. F. Krafft (dessen wahre Identität Geheimnis blieb). Er hatte G., dem er unbekannt war, in größter Existenznot um Hilfe gebeten; dieser unterstützt ihn zunächst finanziell bzw. materiell.	
	11. Nov.		Arbeit an *Wilhelm Meisters theatralische Sendung* (vgl. Tgb).
	Dezember	Preußen ersucht Carl August, Rekruten zur Verfügung zu stellen oder selbst in Sachsen-Weimar Rekruten anwerben zu dürfen.	Arbeit an *Egmont* (vgl. Tgb bis 13.).
	Ende Dez.	In Tgb erste Erwähnung der »Zeichen Akad.«, d. h. der Fürstlichen freien Zeichenschule (1774/75 aufgrund einer Initiative von Bertuch gegründet, seit Okt. 1775 mit G. M. Kraus als Direktor; G.s ›Oberaufsicht‹ evtl. seit dieser Zeit bzw. 1779, jedenfalls schon vor seiner Italienreise, vgl. die Aktennotiz von Ch. F. Schnauß vom 14. 11. 1786: »den gnädigsten Auftrag <...> daß ich in Abwesenheit des H geheimen Raths von Göthe, welcher sich bisher mit der Oberaufsicht der Zeichnungsinstitute abgegeben hätte, solche so wie bey der Bibliothek übernehmen <...> sollte«).	Briefgedicht an Frau von Stein: *»Wie einst Titania im Traum und Zauberland«*.
Apolda	30./31. Dez.	Bei der Jagd (vgl. Tgb und an Frau von Stein).	

1779 13. 5.: Friede von Teschen (Ende des Bayerischen Erbfolgekriegs). – James Cook wird auf Hawaii erschlagen (14. 2.). – Lessing: *Nathan der Weise*. Herder: *Volkslieder*, 2. Teil. Uraufführung von Glucks *Iphigénie en Tauride* in Paris (18. 5.)

Weimar	5. Jan.	Carl August überträgt G. die Direktion der Kriegskommission.	

13. Jan. »Die Kriegs Commiss. über nommen Erste Session« (Tgb).

19. Jan. Carl August überträgt G. die Direktion des Landstraßenbaus, am 23. 2. zusätzlich die des ›Stadtpflasterbauwesens‹ (›Wegebaudirektion‹).

3. Febr. Geburt der ersten Tochter des sachsen-weimarischen Herzogspaars, am 4. getauft auf den Namen Louise Auguste Amalie. (Sie stirbt bereits am 24. 3. 1784.)

14. Febr. »früh *Iphigenia* anfangen dictiren.« (Tgb)

21. Febr. Das Geheime Consilium stimmt dafür, sich gegen gewaltsame Anwerbung von Landeskindern durch preußische Husaren mit verstärkter Militärpräsenz zu wehren.

Ende Febr. Als Leiter der Kriegskommission beginnt G. mit der Aushebung von Rekruten (vgl. Tgb 26./27.). Arbeit an *Iphigenie* (vgl. an Frau von Stein am 22. und Tgb am 24.).

Dienstreise im Land, 28. Februar - 12. März 1779

Straßeninspektion, Rekrutenaushebung. In Tgb Notizen über Land und Leute, wirtschaftliche und gesellschaftliche Verhältnisse. Vgl. auch die Briefe an Frau von Stein, Carl August und Knebel.

Jena   28. Febr. - 1./2. März   Arbeit an *Iphigenie* (Tgb 2., Brief an Frau von Stein vom 1.).

Dornburg   2.-4./5. März   G. wohnt im Rokokoschloß.   (Wie oben.)

Apolda   5.-6./7. März   Am 6. an Frau von Stein: »Hier will das Drama [*Iphigenie*] gar nicht fort, es ist verflucht, der König von

			Tauris soll reden als wenn kein Strumpfwürcker in Apolde hungerte.«
Buttstädt; Allstedt, Kalbsrieth	7./8. März 9.-12. März	Vgl. den Brief an Carl August vom 8.	

Weimar (und Umgebung), 13. März - 12. September 1779

Weimar	13. März		G. liest Carl August und Knebel die drei ersten Akte der *Iphigenie* vor (vgl. Tgb).
Ilmenau und Umgebung	16.-20. März	Ausflüge: Stützerbach, Kickelhahn, Martinroda. Rückweg über Wülfershausen. Am 17. Rekrutenaushebung. Vgl. Tgb und Briefe an Frau von Stein.	Tgb 19.: »Allein auf dem Schwalbenstein. d. 4. Ackt der *Iph.* geschrieben.«
Weimar	28. März		»*Iphigenie* geendigt.« (Tgb)
	6. April		Erste Aufführung der *Iphigenie* (Prosafassung) durch das Liebhabertheater, mit Corona Schröter in der Titelrolle, Goethe als Orest, Knebel als Thoas. (Weitere Aufführungen folgen.)
Jena	21.-23. April	Mit Carl August, Wedel und Herder. Am 22. Besuch der naturwissenschaftlichen Sammlungen und der Universitätsbibliothek. Große Tafel mit sämtlichen Professoren. Am 23. in Dornburg. Vgl. Tgb.	
Weimar	27. April	Dem Hofjäger und Unternehmer A. G. Hauptmann wird von Carl August ein Vorschuß von 3000 Reichstalern für den Bau eines Komödienhauses bewilligt.	
	Mai	Krafft siedelt nach Ilmenau über (vgl. G.s Briefe an ihn vom 26. 3. und 22. 5.). Als Gegenleistung für G.s Unterstützung schickt er Berichte über volkswirtschaftliche Zustände, Steuerverwaltung u. ä. in Ilmenau (vgl. etwa G.s Briefe an ihn vom 26. 3. 1779, 6. 12. 1780, 31. 1. und 11. 2. 1781).	

	Mitte Mai	O. May kommt nach Weimar und malt u. a. ein Porträt in Pastell von G. (vgl. Louise von Göchhausen an G.s Mutter am 21.).	Am 14. Brief an Frau von Stein, über eine Sendung von Teilen seiner von dem Raubdrucker Himburg publizierten *Schriften*. – Am 20. Erstaufführung von *Die Laune des Verliebten* durch das Liebhabertheater (auf Schloß Ettersburg) mit G. als Eridon.
	26. Mai		An Frau von Stein: »Mein *Egmont* ruckt doch ob ich gleich den 1. Juni nicht fertig werde.«
Erfurt	29.-30./ 31. Mai	G. trifft mit Merck zusammen, der zu einem längeren Besuch (bis 13. 7.) nach Weimar kommt; Merck wohnt meist in Ettersburg als Gast von Anna Amalia.	
Weimar	Juni		Arbeit an *Egmont* (vgl. Tgb 15., an Frau von Stein am 24.).
	Juni/Juli		Amtliches: <*Erörterungen über das Verfahren der Einziehung rückständiger Steuern*> u. a.
	13. Juli	Abreise Mercks; vgl. Tgb. – Brief an Krafft: G. bittet ihn, sich um die Erziehung von Peter im Baumgarten zu kümmern. Vgl. dazu an Krafft, 9. 9.	
	26. Juli	O. May beginnt sein Goethe-Porträt in Öl; G. läßt sich dabei von Wieland aus dessen noch unfertigem *Oberon* vorlesen (vgl. Tgb; weitere Sitzung am 31.).	
	~Juli/Aug.	Bei einer Geselligkeit in Ettersburg hält G. eine Spottrede auf F. H. Jacobis *Woldemar* (1. Teil, 1779) und nagelt das aufgeschlagene Buch an einen Baum; früheste Erwähnung im Brief Sophie La Roches an Wieland, 12. 9., G. bestätigt das Gerücht im Brief an Lavater vom 7. 5. 1781 (›Kreuzerhöhungsgeschichte‹). Jacobi kehrt G. »auf ewig den Rücken zu«, so an Johanna Schlosser am 10. 11.	
	2. Aug.	G. bezieht ein neues Stadtquartier in der Seifengasse, neben dem Steinschen Haus,	

		wohnt aber weiterhin meist im Garten- haus (vgl. Tgb).
	7. Aug.	Tgb: »aufgeräumt, meine Papiere durchgesehen und alle alten Schaalen verbrannt.«
Kochberg	22.-25. Aug.	Bei Frau von Stein (vgl. Tgb).
Weimar	3. Sept.	Erste Ausstellung der Zeichenschule, zu Carl Augusts Geburtstag (vgl. Tgb).
	5. Sept.	Ernennung zum Geheimen Rat.

Zweite Reise in die Schweiz, mit Herzog Carl August, 12. September 1779 bis 13. Januar 1780

Als weiterer Begleiter des Herzogs reist auch der Kammerherr und Oberforstmeister von Wedel mit (gelegentliches Incognito des Herzogs: ›Oberforstmeister von Wedel‹). Auch die Diener, darunter Ph. Seidel, sind mit von der Partie. Vgl. Tgb und die Briefe an bzw. das Reisetagebuch für Frau von Stein (3.-6.11.).

Gotha, Eisenach	12./13. Sept.	In Gotha Begegnung mit Gotter.
Kassel	14.-16. Sept.	Besichtigung der Sehenswürdigkeiten, Besuch der Gemäldegalerie im Ottoneum, mit Werken u. a. von Rembrandt und Claude Lorrain. Begegnungen mit Georg Forster, am 16. mit ihm Besuch des Antikenkabinetts und der Kunstsammlung im Museum Friedericianum (vgl. Tgb und Forster an F. H. Jacobi, 10. 10.).
Fulda	16./17. Sept.	
Frankfurt	18.-22. Sept.	G. und seine Reisegefährten wohnen in G.s Elternhaus. Wiedersehen mit Merck und andern alten Freunden und Freundinnen.
Eberstadt	22./23. Sept.	Bis hierher in Begleitung von Merck.
Heidelberg	23./24. Sept.	Aufs Schloß.

Eigenhändig datierte und lokalisierte Zeichnung: Heidelberger Schloßruine, mit dem Schloßturm (Corpus I, Nr. 214).

Speyer, Rheinzabern/ Sesenheim	24./25./ 26. Sept.	Am 25. macht G. allein einen Abstecher nach Sesenheim zur Familie Brion; Wiedersehen mit Friederike (vgl. an Frau von Stein am 28.)
Straßburg	26./27. Sept.	G. besucht Lili Schönemann, seit 25. 8. 1778 verh. von Türckheim und Mutter einer knapp zwei Monate alten Tochter (vgl. an Frau von Stein am 28.).
Emmendingen	27.-30. Sept.	Besuch bei G.s Schwager Schlosser und dessen zweiter Frau Johanna, geb. Fahlmer; G. sieht seine beiden Nichten

		Louise und Juliette, letztere zum erstenmal (vgl. an Frau von Stein am 28.). Ausflug ins Höllental bei Freiburg (vgl. an Merck, 17. 10.).
Basel; Moutier	1.-3. Okt.	Am 3. durchs Birstal nach Moutier (vgl. an Frau von Stein).
Biel	4./5. Okt.	Am 5. zur Rousseau-Insel (St. Peter) auf dem Bieler See (vgl. an Frau von Stein am 9.).
Von Ins (Anet) nach Grindelwald	6.-11. Okt.	Über Murten, Bern; Thun; Lauterbrunnen mit Staubbachfall; Tschingelgletscher (vgl. Tgb und an Frau von Stein am 9.).
Gebirgswanderung nach Guttannen	12. Okt.	Grindelwald-Gletscher, Große Scheidegg, Reichenbachfälle, Haslital. Vgl. Seidels Tagebuch.
Von Meiringen nach Thun	13.-15. Okt.	Über Brienz, Interlaken. Vgl. Seidels Tagebuch.

Von Thun aus schickt G. das später *Gesang der Geister über den Wassern* betitelte Gedicht (jetzt noch in Dialogform) an Frau von Stein, vgl. Brief vom 9.-14.

Bern	15.-19./ 20. Okt.	Am 18. Besuch des berühmten Grabmals der Pfarrfrau Maria Magdalena Langhans in Hindelbank von J. A. Nahl (vgl. an Frau von Stein am 20.).
Von Murten nach Moudon	20./21. Okt.	Über Avenches, Payerne; Cheyres (am Lac de Neuchâtel). Vgl. an Frau von Stein.
Lausanne, Vevey	22./23. Okt.	Besuche bei Maria Antonia von Branconi (vgl. an Frau von Stein am 23.).
Von Rolle nach Nyon	24.-26. Okt.	Am 24. über den Jura ins Vallée de Joux, Übernachtung in Le Brassus. Am 25. zum Dent de Vaulion (am Westufer des Lac de Joux; zurück am Ostufer). Am 26. Lac des Rousses, la Dôle, Nyon. Vgl. an Frau von Stein.
Genf	27. Okt. (- 2./3. Nov.)	Über den Aufenthalt insgesamt vgl. an Frau von Stein am 2. 11.; darin u. a.: »Waren in Furney« (d. h. in Schloß Ferney, Voltaires letztem Wohnsitz). Am 28. 10.: Mit Carl August Besuch bei Bonnet (vgl. Carl Augusts Tagebuch). Brief an Lavater, darin u. a. über seine erste Begegnung mit Lavaters Freund Tobler und, sehr kritisch,

über Lavaters noch unveröffentlichtes Werk *Jesus Messias oder Die Zukunft des Herrn. Nach der Offenbarung des Johannis* (im Brief vom 2. 11. korrigiert er sein Urteil).

	2. Nov.	Besuch bei dem Alpenkenner und Geologen Saussure; er bestärkt die Reisenden in ihrem Vorhaben, eine Wanderung in die Savoyer Eisgebirge (Chamonix-Gebiet) zu machen (vgl. an Frau von Stein). Jens Juel vollendet sein am Vortag begonnenes Goethe-Porträt (Kreidezeichnung).	
Bonneville, Cluses	3. Nov.		
Chamonix (Le Prieuré)	4.-5./6. Nov.	Nach Chamonix über Sallanches. Am 5. mit zwei Bergführern Wanderung ins Mer de Glace, über Montenvers.	
Martigny, über den Col de Balme	6.-7./8. Nov.	Am 7. Ausflug zum Wasserfall Pissevache bei Miéville und Besuch in St. Maurice. Vgl. *Briefe aus der Schweiz 1779*.	
Sion, Sierre;	8. Nov.	Vgl. Tgb und *Briefe aus der Schweiz 1779*.	
Leukerbad	9. Nov.		Tgb 9.: »schrieb eine Scene am *Egm. <ont>.*«
Leuk, Brig; Münster	10. Nov. 11. Nov.	G., Carl August und sein Reitknecht setzen die Tour ohne die andern fort, nach Münster mit Pferden und Maulesel (vgl. Tgb und *Briefe aus der Schweiz 1779*).	
Rhone-Gletscher, Furkapaß, Realp	12. Nov.	Mit zwei Bergführern. »viel Schnee, dritte Stunde aufwärts beschweerlicher. am Kreuz <...> Lappländische Ansichten, Grauen der unfruchtbaren Thäler. Abwärts weit tiefrer Schnee« (Tgb).	
Urserental, Gotthard	13. Nov.	An Frau von Stein: »Auf dem Gotthart bey den Capuzinern«.	
Von Andermatt nach Schwyz	14./15. Nov.	Über Göschenen, Amsteg; Vierwaldstätter See. Vgl. Carl Augusts Tagebuch.	
Brunnen, Luzern	16.-17./ 18. Nov.	Brief an Johanna Schlosser.	
Zürich	18. Nov.- 2. Dez.	G. wohnt bei Lavater. Umgang (wie 1775) mit Lavaters Freund(inn)en und andern	

Zürchern, auch Begegnung mit S. Geßner (vgl. Carl August an Herzogin Louise, 29. 11.) sowie wiederum Besuche bei Bodmer (am 20. und 26. 11., vgl. Bodmer an Schinz, 23. und 27. 11.). J. H. Lips macht zwei Porträts von G. (Tusche, Kreide und Tusche). Am 22./23. 11. Ausflug nach Oberrieden und Richterswil.

Winterthur, Konstanz	2.-4. Dez.	Vgl. Carl August an Herzogin Louise. Brief an Lavater (3.-5.) mit detailliertem Plan zu einem Denkmal dieser Reise, das G. für Carl August errichten lassen will (»wie gewiß eine neue Epoche seines und unsers Lebens sich davon anfängt«); Lavater soll Füßli – G. hat bei Lavater Sachen von ihm gesehen – zu einem Entwurf dazu bewegen (Füßli hat abgelehnt).
Schaffhausen	5.-7. Dez.	Lavater kommt überraschend am 6. nach. Am 6. und 7. am Rheinfall (vgl. an Frau von Stein am 7.; darin über Lavater: »er ist die Blüte der Menschheit, das Beste vom besten.«).
Nach Tübingen	8.-10. Dez.	Über die Schwäbische Alb.
Stuttgart	11. (-18. Dez.)	Zuvorkommende Behandlung der Gäste durch Herzog Carl Eugen von Württemberg (vgl. an Frau von Stein am 2.); u. a. macht er mit ihnen einen Besuch in der Militärakademie, der sog. Karlsschule.
	14. Dez.	Bei der Stiftungsfeier der Karlsschule im Neuen Schloß, wo auch die Preisverleihung für die Schüler stattfindet; einer der Preisträger ist der junge Friedrich Schiller.
(Ludwigsburg, Kornwestheim)	15. Dez.	In Kornwestheim Besichtigung der von Ph. M. Hahn konstruierten Rechenmaschine und astronomischen Uhr.
Karlsruhe	18.-20. Dez.	Beim Markgrafen Carl Friedrich von Baden.
Mannheim	21.-23./ 24. Dez.	Begegnungen u. a. mit W. H. von Dalberg, dem Intendanten des am 7. Okt. wiedereröffneten Mannheimer Nationaltheaters, dem Maler Ferdinand Kobell und Iffland.	Am 22. Besuch der Aufführung des *Clavigo* mit Iffland als Carlos (vgl. Iffland an seinen Bruder am 24.).

Frankfurt und Umgebung; wiederholt in Darmstadt	24. Dez.–9./ 10. Jan.	Die Reisenden logieren wieder in G.s Elternhaus. Am 30./31. in Darmstadt und Dieburg, am 1. und vom 4. bis 6. Jan. wieder in Darmstadt, dazwischen in Homburg; vgl. an Frau von Stein, 1. und 3. 1. 1780 (»an den Höfen und in der sogenannten grosen Welt <...> wir <...> frieren und langeweilen <...> Den sogenannten Weltleuten such ich nun abzupassen worinn es ihnen denn eigentlich sizt?« usw.).	Am 29. schickt G. *Jery und Bätely* an Ph. Ch. Kayser mit dem Vorschlag, das Stück zu komponieren (»eine Operette die ich unterweges für Sie gemacht habe«), und mit bereits ziemlich detaillierten Hinweisen zur musikalischen Ausführung.
	1780	Tod Kaiserin Maria Theresias am 29. 11.; ihr Sohn tritt als Joseph II. ihre Nachfolge an.	
	Im Lauf des Jahres	Klauer fertigt mehrere Büsten von G.	
Von Frankfurt nach Weimar	10.–14. Jan.	Über Hanau, Gelnhausen, Fulda, Hünfeld, Eisenach, Gotha, Erfurt.	

Weimar, 14. Januar 1780 bis 2. September 1786

Weimar	20. Jan.		Brief an Ph. Ch. Kayser, wegen der Komposition von *Jery und Bätely*. (Sie kommt nicht zustande.)
	Jan./Febr.		Beginn der erneuten Bearbeitung der *Mitschuldigen*, vgl. an W. H. von Dalberg, 2. 3. (G. schickt ihm das leicht überarbeitete Stück am 10. 4.).
	Anfang Febr.		G. beginnt die *Briefe aus der Schweiz* (›Reisebeschreibung‹, ›Reise‹, ›Schweizerreise‹) zu diktieren; neue Versuche im Zeichnen (vgl. Tgb).
	6. Febr.		Tgb: »früh Reise dickt. Wenig an Wilh.« (*Wilhelm Meisters theatralische Sendung*).
	13. Febr.	Schriftliches Gesuch um Aufnahme in die Weimarer Freimaurerloge ›Amalia‹ bei Fritsch, dem ›Beständigen Meister vom Stuhl‹.	
Gotha	13.-16. Febr.	Mit Carl August und Wedel; Umgang mit der sachsen-gothaischen Herzogsfamilie. Vgl. Tgb.	
Weimar	28. Febr.		An Herzog Ernst II. von Sachsen-Gotha, Dank für die Sendung umfangreicher Materialien zu Herzog Bernhard von Sachsen-Weimar; über sein Projekt einer Bernhard-Biographie. (Es wird nicht verwirklicht; vgl. an Luden, 14. 3. 1807.)
	6. März	An Lavater, u. a. über seine Bewunderung für Dürer. (Lavater hat seine Dürer-Sammlung geschickt, die G. ordnen und möglichst komplettieren soll.) Ferner über eigene Kunstkäufe in der Schweiz, mit der	

Bitte: »wenn du so ein Blatt findest,
worauf die erste schnellste unmittelbarste
Äußerung des Künstler Geistes gedruckt
ist, so laß es ja nicht entwischen wenn du's
um leidlich Geld haben kannst.« Damit
beginnt G. selbst zum Kunstsammler zu
werden.

Groß- rudestedt, Bachstedt	11./12. März	Inspektionsreise mit dem Landkommissar Batty. Vgl. Tgb.	
Weimar	16. März		Tgb: »an *Egmont* geschrieben.«
	23. März	Brief an Wieland anläßlich des eben erschienenen *Oberon*, mit einem Lorbeerkranz: »ein Zeichen das ich dich bitte in seinem primitiven Sinne zu nehmen, da es viel bedeutend ist.«	
	30./31. März		»hatt ich den erfindenden Tag <...> Gute Erfindung *Tasso.*«/»dicktirte an der Schweizer Reise.« (Tgb)
	1. April	Tgb: »kam Crone [Corona Schröter] zu mir und Mine [Probst] <...> kam ♃ Abends und da wir alle nicht mehr verliebt sind und die Lava Oberfläche verkühlt ist, giengs recht munter und artig, nur in die Rizzen darf man noch nicht visitiren, da brennts noch.«	
	3. April	Brief an Merck, u. a. bewundernd über Buffons *Les époques de la nature*, 1778, und Diderots *Jacques le Fataliste*. Ferner, erstmals belegt, die Bitte um Zusendung von Mineralien (erste Anzeichen für eine eigene Sammlung).	
	8. April	J. A. A. von Kalb scheidet aus der Bergwerkskommission aus, G. wird Vorsitzender; er bleibt es bis zur Auf- lösung der Kommission 1813 (seit Ende der 90er Jahre nur noch nominell).	
Leipzig Weimar	22.-25. April	Mit Carl August auf der Messe. Vgl. Tgb.	
Erfurt	2.-6. Mai	Umgang mit Dalberg (vgl. Tgb und an Frau von Stein am 5.).	

Weimar	26. Mai	Eröffnung der Theatersaison im neuen (am 7. 1. mit einer Redoute eingeweihten) ›Comödien- und Redoutenhaus‹ mit Seckendorfs Tragödie *Kalliste*; Mitwirkende: G., Corona Schröter, Knebel u. a.	
Gotha	5.- ~9. Juni	Vgl. an Frau von Stein am 5./6.	
Weimar	Mitte Juni	Oeser kommt am 12. in Weimar an, bleibt bis 28. (vgl. an Knebel am 24.).	Am 14. an Frau von Stein: »Oeser <...> will in Ettersburg eine Dekoration mahlen und ich soll ein Stück machen <...> ich will *die Vögel* [von Aristophanes] nehmen« usw.
	23. Juni	Einführung in die Loge ›Amalia‹ (vgl. Tgb).	
	Juli	G. beginnt mit der Intensivierung seiner mineralogischen Studien und Forschungen; u. a. fängt er an, sich von verschiedenen Seiten Gesteinsproben schicken zu lassen.	
	3. Juli	An Merck: »Durch einen jungen Menschen [J. C. W. Voigt], den wir zum Bergwesen herziehen, lass’ ich eine mineralogische Beschreibung von Weimar, Eisenach und Jena machen.«	An Frau von Stein: »Der erste Ackt der *Vögel* ist nahe fertig«.
(Jena)	6. Juli	Mit dem herzoglichen Hof. Vgl. Tgb.	
	12. Juli		Erste Aufführung von *Jery und Bätely* durch das Liebhabertheater, mit Musik von Seckendorf.
(Jena)	13. Juli	Mit Carl August und Herzog Ernst II. von Sachsen-Gotha. Bei dem Anatomen J. Ch. Loder; Besichtigung verschiedener wissenschaftlicher Einrichtungen (vgl. Tgb und Loder an Fritsch am 26.).	
	Ende Juli	21.-24.: Besuch Behrischs (vgl. an Knebel am 24.).	Abschluß der *Vögel* (vgl. an Knebel am 28.).
	8. Aug.	Besuch J. A. Leisewitz’, bleibt bis ~14./15. 8. (vgl. Leisewitz’ Tagebuch).	
	Mitte Aug.	Besuch F. L. Schröders (Eintrag G.s in dessen Stammbuch am 15.).	Am 18. erste Aufführung der *Vögel* durch das Liebhaber-

theater, mit Musik von
E. W. Wolf; G. spielt den
Treufreund.

26./27. Aug. Besuch Maria Antonia von Branconis
(vgl. Tgb und an Frau von Stein).

**Reise mit Carl August und G. E. J. von Stein in den Thüringer Wald
bis zur Rhön, 5. September-10. Oktober 1780**

Vgl. die Briefe an Frau von Stein.

Ilmenau	5. (–9. Sept.)		
	6. Sept.	G. übernachtet auf dem Kickelhahn; vgl. an Frau von Stein und (am 16. 10.) an Frau von Branconi.	Wohl an diesem Abend schreibt er an die Bretterwand der Jagdhütte auf dem Kickelhahn mit Bleistift das Gedicht »*Über allen Gefilden* [später: *Gipfeln*] *ist Ruh*«. Erster autorisierter Druck 1815.
Stützerbach, Schmalkalden, Zillbach	10.–12. Sept.		An Frau von Stein am 10.: »einige Briefe des grosen Romans geschrieben« (der nicht zustande gekommene ›Roman über das Weltall‹?). Am 11.: »Ich habe <...> mir noch zulezt eine Scene aus einem neuen Trauerspiel [wohl *Tasso*] vorgesagt«.
Kaltennordheim	13.–18. Sept.		Am 15. schickt G. Frau von Stein das später *Meine Göttin* betitelte Gedicht (»Welcher Unsterblichen soll der höchste Preis sein?«).
Ostheim vor der Rhön	18.–22. Sept.	Vgl. an Frau von Stein.	
Meiningen	22. Sept.– 1. Okt.		
Stützerbach, Ilmenau	2.–4. Okt.	Vgl. Knebels Tagebuch.	
Kochberg	4.–10. Okt.	Bei Frau von Stein (bezeugt u. a. durch eine weitere Inschrift G.s auf der Platte von Charlottes Schreibtisch).	

Weimar (und Umgebung), 10. Oktober 1780-14. März 1782

Weimar	Mitte Okt.	Im Brief an Merck vom 11. u. a. ausführlich über seine Passion für die Mineralogie bzw. Geologie, Erwähnung seiner Sammlung von Thüringer ›Stein- und Gebirgarten‹.	Gedicht »*Um Mitternacht wenn die Menschen erst schlafen*«, im Brief an Frau von Stein vom 12.-14.
	Mitte/ Ende Okt.		Tgb: »*Tasso* angefangen zu schreiben.«
Mühlhausen	20.-22. Okt.	Treffen mit Merck (letzte persönliche Begegnung). Vgl. an Frau von Stein am 20., 25. und 29.	
Weimar	November		Intensive Arbeit an *Tasso*, vgl. die Briefe an Frau von Stein.
Kochberg	4.-6. Nov.	Bei Frau von Stein. Vgl. Tgb.	
Weimar	6. Nov.	Freundlicher Mahnbrief an Maler Müller in Rom, seinen Sponsoren irgendwelche Früchte seines Schaffens vorzulegen.	
	3. Dez.	Brief an Ferdinand Kobell, voll Bewunderung für dessen Gemälde, die er für Carl~August geschickt hat. »Ich habe auch für mich eine kleine Zeichensammlung angefangen, wenn Sie mir dazu etwas aus Ihrer Fülle gönnen wollten, würden Sie mich sehr verbinden.« (Dankbrief am~5. 2. 1781 für überschickte Zeichnungen.)	
	14. Dez.		Amtliches: *Betrachtungen über die abzuschaffende Kirchenbuße.*
	16. Dez.		Briefgedicht an Frau von Stein: »*Sag ich's euch geliebte Bäume*«.
	27. Dez.	Brief an Herzog Ernst II. von Sachsen-Gotha, über die bisherigen Resultate seiner geologischen Foschungen in Thüringen, auch über methodische Prinzipien und die Schwierigkeiten der Terminologie und Nomenklatur.	
	1781	Herschel entdeckt den Planeten Uranus. – Kant: *Kritik der reinen Vernunft*. – Tod Lessings (15. 2.).	

Januar

Arbeit an einer Schrift gegen Friedrichs II. *De la littérature allemande* (anonym ersch. Dez. 1780), worin u. a. G.s *Götz von Berlichingen* kritisiert wird; in Briefen und Tgb als ›Literatur‹ oder ›Gespräch‹ bezeichnet (vgl. besonders an Herder, 23. 3., und Herder an Hamann, 11. 5.).

Anfang Jan. Ph. Ch. Kayser kommt in Weimar an (vgl. Tgb am 4.), bleibt bis ~23. 5. (vgl. an Frau von Stein, 23. 5.).

2. Febr.

G.s erste überlieferte Maskenzug-Verse *Ein Zug Lappländer* werden Herzogin Louise überreicht.

4. Febr.

Eigenhändig datiertes Gedicht *»Im Abendrot liegt See und Himmel still«*.

Mitte Febr. Im Brief an Lavater vom 19. erbittet G. »ein Wort aus ganzer Tiefe« über Lavaters Begegnung mit Cagliostro. – Im Brief an Frau von Stein vom 20.: »Mir hätte nicht leicht etwas fatalers begegnen können als daß Lessing gestorben ist. Keine viertelstunde vorher eh die Nachricht kam macht ich einen Plan ihn zu besuchen.«

Am 16. Aufführung des Maskenzugs *Aufzug des Winters*; G. und Frau von Stein sind Partner als ›Schlaf‹ und ›Nacht‹.

Neunheiligen (bei Langensalza)   7.-15. März Mit Carl August bei Graf und Gräfin von Werthern-Beichlingen. Von dort fast täglich z. T. lange Briefe an Frau von Stein, darin mehrfach bewundernd über die Gräfin (Carl Augusts Favoritin).

Weimar   23. März An Frau von Stein: »Hier ist ein Brief an Lenzen [Lenz hatte sich im Februar aus Riga gemeldet], du wirst daraus sehen, was und wie du ihm zu schreiben hast.« Der Brief ist nicht überliefert.

31. März An Frau von Stein über die Schrift des französischen Finanzministers J. Necker *Compte rendu au roi,* 1781, eine Enthüllung der (durch Korruption) zerrütteten Finanzen Frankreichs; vgl. auch am

	2. 4.: »ein ungeheures Vermächtniß für Welt und Nachwelt.« (Necker wird deshalb noch im gleichen Jahr entlassen.)	
17. April		›Übersetzung‹ der *Iphigenie* in rhythmische Prosa (vgl. an Frau von Stein).
19./20./ 23. April		Arbeit an *Tasso* (vgl. an Frau von Stein).
Mai		Amtliches: *Nachricht von dem Ilmenauischen Bergwesen.*
Anfang Mai	Ankunft Toblers am 1. (vgl. an Frau von Stein); er bleibt bis November.	Am 9. an Frau von Stein: »Heute früh lebt *Tasso* in meinem Kopfe und läßt sich durch nichts irren.«
Ende Mai	Ch. Garve in Weimar (vgl. an Ph. E. Reich).	
21. Juni	Brief an Maler Müller mit herber Kritik an dessen übersandten Bildern und entsprechenden Belehrungen, am Ende mit der Aufforderung zur Darlegung seiner Gegenargumente. – Brief an Jenny von Voigts, Dank für die Übersendung von J. Mösers Abhandlung *Über die deutsche Sprache und Literatur*, 1781, worin gegen Friedrich II. (*De la littérature allemande*) argumentiert wird.	
22. Juni	Brief an Lavater, darin u. a. über die grundsätzlichen Unterschiede ihrer religiösen Überzeugungen; ferner über Cagliostro, den G. im Gegensatz zu Lavater schon jetzt als Schwindler erkannt hat.	
23. Juni	G. wird in den Gesellengrad der Loge ›Amalia‹ befördert (auf Gs. Bitte, vgl. an Fritsch, 31. 3).	
Ilmenau	25. Juni (-11. Juli)	Dienstreise mit Eckardt, u. a. Besprechung mit Vertretern von Sachsen-Gotha (Minister von Franckenberg) und Kursachsen über Streitfragen hinsichtlich des Ilmenauer Bergwerks (vgl. G.s Briefe).
	2.-4. Juli	Mit Knebel Ausflug nach Schwarzburg, Blankenburg, Rudolstadt, Döschnitz.

Weimar	4. Aug.		Arbeit an *Tasso* und der ersten Bearbeitung der *Iphigenie* (vgl. Tgb).
	5. Aug.		In Tgb früheste Erwähnung des Singspiels *Die Fischerin*, dessen Arien von Corona Schröter vertont werden.
	9. Aug.	Brief an Maler Müller, dessen Antwort auf G.s Brief vom 21. inzwischen eingetroffen ist (nicht überliefert): »Am sichersten ist es, wir gehen jeder auf seinem Wege fort ‹...› Schreiben und schicken Sie wenn und was Sie mögen«.	
	11. Aug.	Brief an die Mutter, Rechenschaftsbericht über seine Situation in Weimar; entschiedene Erklärung fürs Bleiben.	Tgb: »*Elpenor* angefangen.«
	15./16. Aug.	Anzeige (›Avertissement‹) bzw. erste Nr. des nur handschriftlich verbreiteten ›Tiefurter Journals‹.	
	19. Aug.		Arbeit an *Elpenor* und *Iphigenie* (vgl. Tgb).
	Ende Aug.	Zu G.s Geburtstag am 28. Aufführung von Seckendorfs Schattenspiel mit Musik *Minervens Geburt, Leben und Taten* im Park von Schloß Tiefurt, seit Juli Anna Amalias Sommersitz (vgl. Carl Augusts Bericht darüber im 3. St. des ›Tiefurter Journals‹). – Knebel liest Aischylos' *Eumeniden* in Toblers Übersetzung vor (vgl. Tgb 29.).	G. liest Herzogin Louise die bis dato fertigen Partien (Akt 1 und 2) des *Tasso* vor (vgl. Tgb 25.).
	10. Sept.	Brief an Ph. Ch. Kayser, darin bewundernd über Rousseaus Liedkompositionen, die G. durch Corona Schröter kennengelernt hat (vgl. Tgb 12. 8.). – Tgb: »Niederkunft der Herzogin mit einer todten Prinzess.«	
Erfurt	14.-16. Sept.	Umgang mit Dalberg u. a. (vgl. Tgb und Brief an Frau von Stein vom 15.).	
Weimar	20. Sept.		Briefgedicht an Frau von Stein: »Euch bedaur ich unglückseelge Sterne«, noch in diesem Jahr anonym im handschriftlich verbreiteten ›Tiefurter Journal‹ (6. St.)

			u. d. T. *Nach dem Griechi-schen* (später *Nachtgedan-ken*).
Über Merseburg nach Dessau und Leipzig	22. (-30. Sept.)	Der neunjährige Fritz von Stein darf mitreisen. Vgl. am 21. an Knebel, am 21. und 22. an Frau von Stein.	~22 (in Merseburg): Das später *Der Becher* betitelte Gedicht, alsbald anonym im ›Tiefurter Journal‹ erschienen, u. d. T. *Nach dem Griechischen* (vgl. an Frau von Stein).
Wörlitz, Dessau	23.-25. Sept.		
Leipzig	26.-30. Sept.	Umgang mit Oeser (vgl. an Oeser, 1. Okt.).	
Weimar			
Gotha	3.-11. Okt.	Nähere Bekanntschaft mit F. M. von Grimm, der sich z. Zt. bei Herzog Ernst II. von Sachsen-Gotha aufhält (vgl. an Frau von Stein am 9. und an Carl August am 11.). Am 4. 10. scheidet Knebel aus herzoglichen Diensten aus.	Am 9. Briefgedicht an Frau von Stein: »*Den einzigen Lotte welchen du lieben kanst*«.
Erfurt	12. Okt.	Vgl. an Carl August.	
Kochberg	12.-15. Okt.	Bei Frau von Stein (vgl. Tgb und den Brief an sie vom 15.).	
Weimar	19. Okt.		Anatomische Zeichnungen (vgl. an Frau von Stein am 19. und Corpus I, Nr. 316 und 317).
Jena	28. Okt.- 2. Nov.	G. hört Anatomie (Knochen- und Muskellehre) bei Loder. Knebel verläßt Weimar und kehrt in seine fränkische Heimat zurück. (Vgl. G. an Carl August am 4. 11.)	
Weimar	7. Nov.	G. beginnt in der Zeichenschule einen Kurs über den menschlichen Knochenbau zu halten (vgl. an Carl August am 4.). Abschluß am 16. 1. 1782 (vgl. Tgb).	
	14. Nov.	Brief an Merck, mit J. C. W. Voigts *Mineralogische Reisen durch das Herzog-tum Weimar*, 1781.	Darin auch: »Mein *Gespräch über die deutsche Literatur* will ich noch einmal durchgehen« (s. o. Januar).

	Dezember	Tgb Dez.: »Sorge wegen ♃ allzu kost-spieligen Ausschweifungen« (betr. Carl Augusts Jagdveranstaltungen, vgl. auch an Frau von Stein am 10. und 12./13.).	Entwurf zum *Pantomimischen Ballett* (vgl. an Frau von Stein am 4.).
(Jena)	2. Dez.	Vgl. an Frau von Stein am 1. und 2.	
Erfurt; Gotha; Eisenach, Wilhelmsthal, Barchfeld	7. Dez. 8. Dez. 9.-13. Dez.		Briefe an Frau von Stein; am 7.: »Meinen neuen *Roman über das Weltall* hab ich unterweegs noch durchgedacht« (nicht ausgeführt); am 13.: »Mein *Egmont* ist bald fertig <...> wenn der fatale vierte Ackt nicht wäre«.
Gotha	14.-16. Dez.	Vgl. Tgb.	
Weimar	20./24. Dez.		An Frau von Stein: »Meine Verse [*Das Neueste von Plundersweilern*] zu der Zeichnung [von G. M. Kraus] sind bald fertig.« G., in der Rolle des Marktschreiers, trägt die Moritat bei Anna Amalia am 24. vor.

1782 Schillers *Die Räuber* im Mannheimer Nationaltheater am 13. 1. mit grandiosem Erfolg uraufgeführt (mit Iffland als Franz Moor). Herder: *Vom Geist der Ebräischen Poesie* (1. Teil; Abschluß 1783). Musäus: *Volksmärchen der Deutschen* (bis 1787). Mozart: *Die Entführung aus dem Serail* (uraufgeführt in Wien).

Ende Jan.	Am 27. Tod des Hofschreiners und Theatermeisters J. M. Mieding.	Am 30. Aufführung von *Pantomimisches Ballett, untermischt mit Gesang und Gespräch* (mit Musik von J. Schubert) durch das Liebhabertheater; G. spielt den Zauberer (vgl. Tgb und Louise von Göchhausen an Merck, 11. 2.).
Februar		Arbeit an dem Gedicht *Auf Miedings Tod* (vgl. Carl August an Knebel am 8.).
Anfang Febr.	Am 5. Aufnahme Carl Augusts in die Freimaurerloge ›Amalia‹.	Am 1.: Die Maskenzug-Dichtung *Die weiblichen Tugenden* wird Herzogin

Louise auf der Redoute überreicht (vgl. an Knebel, 3. 2.). Tgb 2.: »Mittag bey d Herzoginn Mutter den *Aufzug der 4 Weltalter* arrangirt.« Aufführung bei der Karnevals-Redoute am 12. (vgl. Tgb).

19. Febr.	Bei Herzogin Louise Vorlesung des niederdeutschen Tierepos *Reynke de vos* (1498), wahrscheinlich in Gottscheds Prosa-Übersetzung von 1752 (vgl. Tgb und an J. G. Breitkopf am 20.).	
20. Febr.	Brief an G. A. Bürger, wegen dessen beruflichen Problemen (an ihn vgl. bereits am 30. 5. 1781); G. rät ihm, seine Tätigkeit als Justizbeamter aufzugeben und die akademische Laufbahn einzuschlagen.	
Ende Febr.	G. liest kunsttheoretische Schriften von A. R. Mengs; vgl. seine bewundernden Äußerungen im Brief an Knebel vom 26. 2.	
2./4. März	G., Carl August und Loder werden am 2. in der Loge ›Amalia‹ zu ›Meistern‹ befördert. – Am 4. vorläufig letzter Brief an Auguste zu Stolberg.	Am 2. schickt G. Frau von Stein *Nouveau Théatre Allemand, publié par Friedel et de Bonneville*, 1782; darin von G.: *Clavigo*; ferner eine kurze Notiz über den Autor und seine Werke.
10.-14. März	Der Schweizer Historiker Johannes von Müller in Weimar (bei Herder); Bekanntschaft mit G. (vgl. Müllers Brief an Gleim vom 25.).	

Verschiedene Dienstreisen im Land, mit kurzen Zwischenaufenthalten in Weimar; 14. März-18. Mai 1782

Jena; Dornburg	14./15. März 16.-18. März	Rekrutenaushebung (vgl. an Knebel, 21. 2.).	Abschluß von *Auf Miedings Tod* (vgl. an Frau von Stein am 16.). Ersch. noch im März im ›Tiefurter Journal‹.
Weimar			
Buttstädt	20. März		An Frau von Stein: »Nun will ich <...> einen alten Ge-

schichtschreiber durchlesen
damit *Egmont* endlich lebendig werde <...> Heute
früh hab ich auch an *Wilhelm
Meistern* gedacht«.

Kalbsrieth (und Allstedt)	21.-23. März		
Groß-Rudestedt	24. März		
Weimar			
Gotha	29. März- 2. April	Beginn der Reise an die thüringischen Höfe im Auftrag Carl Augusts. Vgl. die fast täglichen Briefe an Frau von Stein.	
Eisenach	2.-4. April		
Von Eisenach nach Meiningen	5.-12. April	Über Creuzburg, Gerstungen (5./6.); Tiefenort (6./7.); Barchfeld (8.); Kaltennordheim (9.); Ostheim (10./11.). Im Brief an Frau von Stein vom 6./7. scharf kritisch über Lavaters *Pontius Pilatus* Teil 1, 1782) bzw. dessen religiöse Überzeugung und sein Wesen überhaupt (»Verzeih meine Invecktiven, so offt er seine Anfälle auf unser Reich erneuert, so offt müssen wir uns wenigstens protestando verwahren.«).	
Barchfeld	13.-15. April		
Ilmenau	16.-18. April		An Knebel am 17.: »ich bin nun auch in den Geschmack der Inschrifften/*Epigramms* gekommen«.
Weimar	22. April	Brief an Herzog Ernst II. von Sachsen-Gotha; G. wirbt um Unterstützung für W. Tischbein. (Mit einem Stipendium von 100 Dukaten bricht Tischbein im Okt. nach Italien auf.)	
	Ende April/ Anfang Mai	Abbé Raynal in Weimar (vgl. an Frau von Stein am 24.4., an Knebel am 5.5.).	Beilage zum Brief an Knebel vom 5.5.: Die Epigramme *Einsamkeit, Erwählter Fels* und *Ländliches Glück.*
Erfurt; Gotha; Meiningen	8. Mai 9. Mai 10.-12. Mai	Weitere Reise an die thüringischen Höfe in politischer Mission. Vgl. Tgb und die Briefe an Frau von Stein; am 9.: »Mama [die Oberhofmeisterin Juliane von Buch-	

wald] hat mir die neue schöne Genver
Edition von Rousseau geschenckt, die
Confessions [bis dato unveröffentlicht]
sind dabey.«

Coburg	13.-15. Mai	Über Hildburghausen. Am 15. Besuch bei M. A. von Thümmel.
Sonneberg	16./17. Mai	
Kochberg	18. Mai	

Weimar, 19. Mai 1782-6. September 1783

Weimar	Ende Mai	G. erhält die Nachricht vom Tod seines Vaters (am 25.).	
	2. Juni	G. zieht in das Haus am Frauenplan, wo er zunächst zur Miete wohnt; das Gartenhaus behält er bei.	
	3. Juni	G. erhält sein Adelsdiplom von Joseph II., ausgestellt auf den 4. Mai.	
	6. Juni	Entlassung des Kammerpräsidenten J. A. A. von Kalb.	
	11./13. Juni	Reskript Carl Augusts vom 11.: G. soll sich mit den Geschäften der Kammer (Finanzbehörde) vertraut machen und an den Sitzungen des Kammerkollegiums teilnehmen, das ihm Zugang zu allen Vorgängen zu gewähren hat. G. fällt damit de facto die Kammerdirektion zu (vgl. an Carl August, 27.-29. 5. 1787).	Am 13. letzter Eintrag ins laufende Tagebuch für mehrere Jahre.
	Mitte/ Ende Juni		Arbeit an *Wilhelm Meisters theatralische Sendung*, vgl. die Briefe an Frau von Stein vom 23., 24. und 27.; am 30.: »mein zweites Buch im ganzen zu Stande«.
	1. Juli		An Frau von Stein: »War am *Wilhelm* fleisig.«
	Mitte Juli		Erstdruck von *Die Fischerin* (von Anna Amalia finanzierter Privatdruck); beginnt mit der von Dortchen gesungenen Ballade »Wer reitet so spät durch Nacht

			und Wind« (später *Der Erlkönig* betitelt).
	22. Juli		Erste Aufführung von *Die Fischerin* durch das Liebhabertheater im Tiefurter Park an der Ilm, mit Musik von Corona Schröter, die auch das Dortchen spielt (vgl. an Knebel am 27.).
	29. Juli	An Lavater: »Da ich zwar kein Widerkrist, kein Unkrist aber doch ein dezidirter Nichtkrist bin, so haben mir dein *Pilatus* und so weiter widrige Eindrücke gemacht«. (Vgl. an Lavater Anf. Juli und 9. 8., hier mit einer Darlegung ihrer unvereinbaren Glaubensrichtungen.)	
	9./10. Aug.	An Frau von Stein am 9.: »Cervantes hält mich iezo über den Ackten wie ein Korckwamms den Schwimmenden.«	An Frau von Stein am 10., über die Arbeit an *Wilhelm Meisters theatralische Sendung*.
	29. Aug.		An Frau von Stein: »Das zweyte Buch *Wilhelm Meisters* ist balde fertig.«
(Jena)	9. Sept.	Vgl. an Frau von Stein.	
Kochberg	15./16. Sept.	Bei Frau von Stein (vgl. an sie am 17.).	
Weimar			
Oberhasel, Kochberg	29./30. Sept.	Mit Frau von Stein, Begegnung mit deren Freundin Louise von Lengefeld und deren Töchtern Caroline und Charlotte (vgl. Frau von Stein an Louise von Lengefeld).	
Weimar	2. Okt.	G. nimmt mit einem Brief die Beziehung zu F. H. Jacobi wieder auf, Jacobi antwortet höflich am 17.	
	23. Okt.	An Frau von Stein: »Oeser ist hier« (vgl. auch an Knebel, 21. 11.).	
	Mitte Nov.	Brief an F. H. Jacobi am 17., mit der *Iphigenie*; enthusiastischer Dank Jacobis am 22.	An Frau von Stein am 12.: »heute früh das dritte Buch meines W. glücklich beschlossen«. (*Wilhelm Meisters theatralische Sendung*; darin das Gedicht »*Heiß mich nicht reden*«.)

	10. Dez.	Bei einer Sitzung der Loge ›Amalia‹ erhalten Carl August und G. die höheren und höchsten Weihen in der Freimaurer-Hierarchie.
Erfurt, Neunheiligen	11.-13. Dez.	Vgl. an Frau von Stein.
Weimar		
Dessau	20.-23./ 24. Dez.	Mit Carl August (vgl. an Frau von Stein am 24.).
Leipzig	24. Dez.- 3. Jan.	Umgang mit Oeser; neues Interesse für Leipzig. Vgl. die Briefe an Frau von Stein.

1783 Am 5. 6. erster öffentlicher Aufstieg eines unbemannten Heißluftballons der Brüder Montgolfier; am 27. 8. erster Aufstieg eines mit Wasserstoff (›inflammablem Gas‹) gefüllten Ballons; Konstruktion von J. A. C. Charles und den Brüdern J. und N. Robert. Erster mit zwei Passagieren bemannter Flug mit einem Heißluftballon der Brüder Montgolfier.

Weimar	Januar	G. versucht sich wieder im Zeichnen und Malen (vgl. an Frau von Stein am 26. und an Oeser am 30.).
	3. Febr.	Geburt des Erbprinzen Carl Friedrich.
	11. Febr.	Beitrittserklärung G.s zum Illuminatenorden (einen Tag nach Carl August). Auch Herder, Fritsch, Musäus und Loder zählen zu den Mitgliedern.
Jena	15./16. Febr.	Mit Carl August und Herzog Carl Eugen von Württemberg. Vgl. am 17. an Merck.

Weimar Anfang März	Umarbeitung der vorliegenden Partien von *Elpenor*; Akt 1 und 2 werden fertig (vgl. an Frau von Stein am 1., 2. und 5., an Knebel am 3.). – Außerdem im Brief an Knebel: »Der Aufsatz im Tiefurter Journale dessen du erwehnest ist nicht von mir <...> Ich kann nicht leugnen daß der Verfasser <...> mit mir über diese Gegenstände oft gesprochen habe.« (Betr. das u. d. T. *Die Natur* bekannte Fragment; als Verfasser gilt Tobler, nach Aussage Frau

			von Steins im Brief an Knebel vom 28. 3. 1783; s. auch unten 23./24. 5. 1828).
	15. März	Brief an Ph. Ch. Kayser, mit nüchterner Beurteilung des Freimaurer-Wesens (Kayser ist ebenfalls Freimaurer).	
	Anfang April		Amtliches: Über die Geschichte der Steuererhebung im Herzogtum.
Ilmenau	14.-18. April	Mit Carl August und Gefolge sowie Fritz von Stein. Vgl. die Briefe an Frau von Stein.	
Weimar	Ende April/ Anfang Mai	Bekanntschaft mit dem Göttinger Naturforscher Blumenbach, der auf der Reise in die Schweiz mit Frau und Nichte (Therese Heyne) in Weimar vom 28. 4. bis 2. 5. Station macht (vgl. Therese Heyne an ihre Eltern, 1./2. 5., und Blumenbach an Ch. G. Heyne am 4. 5.; zwischen G. und Blumenbach entwickelt sich ein vor allem wissenschaftlicher Briefwechsel und ein freundschaftliches Verhältnis mit gelegentlichen Besuchen Blumenbachs bei G.).	An Kestner am 2. 5.: »Ich habe <...> meinen *Werther* wieder vorgenommen <...> hoffe Ihr werdet zufrieden seyn.« (Vgl. bereits an Knebel, 21. 11. 1782.)
Jena	6.-~10. Mai	»zur Besorgung einiger Wasser und Wegebau Geschäffte« (an Fritsch am 6.).	
Weimar	24./25. Mai	Goethe nimmt Fritz von Stein zu sich, um sich seiner Erziehung zu widmen (vgl. an Frau von Stein; Ende 1786, also bald nach G.s Aufbruch nach Italien, holt sie ihren Sohn wieder zurück, vgl. G.s Brief an sie vom 29. 12. 1786).	
Jena	28.-31. Mai	Mit Fritz von Stein (vgl. an Frau von Stein).	
Weimar	1. Juni	Matthisson besucht Weimar, bleibt bis 12. (nach dessen Tagebuch).	
Erfurt; Gotha	12. Juni 13./14. Juni	Vgl. an Frau von Stein. In Erfurt Zusammensein mit Dalberg.	
Wilhelmsthal	15.-19. Juni	Mit Carl August; man erwartet hier dessen Bruder Constantin, um ihn – nach Bereinigung seiner peinlichen Liebesaffären – nach Hause zu bringen (vgl. an Frau von Stein am 16. und 18.).	Arbeit an *Wilhelm Meisters theatralische Sendung* (vgl. an Frau von Stein am 18.).

Weimar	3. Juli		An Knebel: »Das vierte Buch [von *Wilhelm Meisters theatralische Sendung*] ist zur Hälfte fertig.«
	18.-23. Juli	Oeser in Weimar (vgl. an Frau von Stein am 22., an Oeser am 24.).	
	29. Aug.	G. schlägt Carl August vor, Ch. G. Voigt (anstelle des ausgeschiedenen Eckardt) und dessen Bruder J. C. W. Voigt (als ›Bergsekretär‹) in die Bergwerks-Kommission aufzunehmen. Wird am 22. Sept. genehmigt.	
Ilmenau	30. Aug.- 3. Sept.	Vgl. die Briefe an Frau von Stein vom 30. 8. und an Krafft vom 3. 9.	Gedicht »Anmutig Tal, du immergrüner Hain«, im Erstdruck 1815 mit der Überschrift *An den Herzog Carl August, Ilmenau, 3. 9. 1783*. Vgl. an Frau von Stein am 30. 8., noch von Weimar aus: »Wenn es möglich ist schreibe ich dem Herzog ein Gedicht auf seinen Geburtstag.«
Weimar			

Zweite Reise in den Harz, 6. September - 6. Oktober 1783

		Mit Fritz von Stein. Vgl. die Briefe an Frau von Stein.
Langenstein	~8.-13. Sept.	Bei Frau von Branconi. Am 11./12. Ausflug: Roßtrappe, Blankenburg; Baumannshöhle, Rübeland.
Halberstadt	13.-15. Sept.	Besuch bei Gleim am 14. (vgl. Gleim an Herder); Begegnung mit dem Herzog von Braunschweig (Bruder Anna Amalias), vgl. Louise von Göchhausen an Knebel, 10. 11.
Clausthal-Zellerfeld	18. (- ~26. Sept.)	Zu Gast bei Trebra.
(Brocken; über Schierke und Elend nach Andreasberg)	21./22. Sept.	Exkursion mit Trebra. Entdeckung eines geologisch bedeutsamen Gesteins an der Rehberger Klippe (vgl. an Trebra, 27. 10. und 3. 11. 1812, ferner Trebras auf G.s Bitte verfaßte Erinnerungen von Januar 1813).

Göttingen	26. (- ~29. Sept.)	Besuche u. a. bei Michaelis und Schlözer (vgl. Caroline Michaelis – sie ist nicht dabei – an Louise Gotter am 30.).
	27. Sept.	Mit einigen anderen – »illüstren« – Personen hört G. ein physikalisches Privatkolleg bei Lichtenberg (vgl. Lichtenberg an J. A. Schernhagen am 29.).
Kassel	~29. Sept.- 5. Okt.	Bekanntschaft mit Soemmering, der mit G. – zunächst mißlingende – Ballon-Experimente durchführt; Wiedersehen mit Forster (vgl. Forster an F. H. Jacobi am 13. 11. 1783 und Soemmering an Merck am 8. 5. 1784). Besuch der Gemäldegalerie am 1. 10.
Gotha	6. Okt.	

Weimar, 6. Oktober 1783 - 1. Juni 1784

Weimar	Ende Okt. / Anfang Nov.	Carl August fordert von seinen Räten – aus aktuellem Anlaß – eine Stellungnahme zur Frage, ob man die Todesstrafe für Kindsmord abschaffen soll. G. verfaßt dazu einen Aufsatz (nicht überliefert). Sein Votum vom 4. 11.: »daß auch nach meiner Meinung räthlicher seyn mögte die Todtesstrafe beyzubehalten.« (Die Kindesmörderin Anna Catharina Höhne wird am 28. 11. in Weimar öffentlich hingerichtet.)	
	12. Nov.	An F. H. Jacobi: »Von meinem Leben ist es wieder ein schönes Glück daß die leidigen Wolcken die Herdern solange von mir getrennt haben, endlich, und wie ich überzeugt bin auf immer sich verziehen mußten.«	Abschluß des 4. Buchs von *Wilhelm Meisters theatralische Sendung* (vgl. an Frau von Stein), darin die Gedichte: »Kennst du das Land« (später u. d. T. *Mignon*), »Was hör ich draußen vor dem Tor« (später u. d. T. *Der Sänger*), »Wer sich der Einsamkeit ergibt« und »Wer nie sein Brot mit Tränen aß« (später u. d. T. *Harfenspieler*).
	Dezember	Lektüre des 1. Teils von F. H. Jacobis *Über die Lehre des Spinoza*, vom Autor in einem handschriftlichen Exemplar an	

Herder geschickt (vgl. G. an Herder, Ende
Dez.).

27. Dez. An Knebel, über die vorläufig vergeblichen
Versuche des Apothekers W. H. S. Buch-
holz, einen Ballon steigen zu lassen: »Ich
habe nun selbst in meinem Herzen beschlossen, stille anzugehen, und hoffe auf
die Montgolfiers Art eine ungeheure Ku-
gel gewiß in die Lufft zu jagen.« Vgl. auch
an Lavater, Ende Dez.: »Ergözen dich
nicht auch die Luftfahrer? Ich mag den
Menschen gar zu gerne so etwas gönnen.
Beyden dem Erfinder und Zuschauer.«

Ende Dez.   Das Gedicht »Edel sei der
                                                   Mensch« (später u. d. T.
                                                   Das Göttliche) im ›Tiefurter
                                                   Journal‹ Nr. 40 veröffentlicht.

1784 Kant: *Beantwortung der Frage: Was ist Aufklärung?* Schiller: *Kabale und
Liebe*. Uraufführung von Beaumarchais' *La folle journée ou le mariage de
Figaro* in Paris. – Cagliostro gründet die Ägyptische Loge ›Sagesse
triomphant‹ in Lyon.

Januar J. Bellomos ›Deutsche Schauspielergesell-
schaft‹, als ständige Truppe für Weimar
engagiert, beginnt im ›Redouten- und
Comödienhaus‹ mit regelmäßigen
Vorstellungen. Das bedeutet praktisch das
Ende des Liebhabertheaters.

18. Jan.   An Frau von Stein: »Ich habe
                                                   heut früh an meiner Abhand-
                                                   lung über den *Granit* dick-
                                                   tirt«, wohl das Fragment
                                                   <*Granit I*> (»Da wir von de-
                                                   nen Gebürgs-Lagen reden«).

30. Jan.   Aufführung des Maskenzugs
                                                   Planetentanz.

8. Febr. Tod von F. H. Jacobis Frau Betty.

13. Febr. Treffen des Illuminaten-Ordens bei G.
(Ab 1785 läßt G. seine Mitgliedschaft ru-
hen.)

Ilmenau 21.-27./ Am 24. feierliche Wiedereröffnung des   G. hält seine *Rede bei Eröff-*
         28. Febr. Bergwerks.   *nung des neuen Bergbaus zu*
                                                                Ilmenau.

Weimar		
Jena	29. Febr.- 3./4. März	Organisierung von Hilfsmaßnahmen nach einer Überschwemmung.
Weimar		
(Jena)	7. März	Vgl. an Frau von Stein am 7. und 8.
Jena	27./28. März	An Herder: »muß ich dich auf das eiligste mit einem Glücke bekannt machen, das mir zugestoßen ist. Ich habe gefunden – weder Gold noch Silber, aber was mir eine unsägliche Freude macht – das os inter-maxillare [den Zwischenkieferknochen] am Menschen! <...> es ist wie der Schlußstein zum Menschen«.

Weimar	1. April		Amtliches: Bericht der Wegebaudirektion an Carl August über Chausseebauten nach Erfurt und Jena.
Jena	12.-15. April	Weitere Untersuchungen mit Loder zum Zwischenkieferknochen (vgl. an Frau von Stein am 13.).	
Weimar	19. April	Brief an Herzog Ernst II. von Sachsen-Gotha: Über W. Tischbein und seine aus Rom geschickten Gemälde, mit der Bitte um weitere Unterstützung für den Künstler.	
	Frühjahr	Die von Carl August angekaufte Biblio-thek des Göttinger Professors Ch. W. Büttner ist von Göttingen nach Weimar transportiert worden: »Sie steht ganz in einem großen Saal des Jenaischen Schlosses. Es ist ein unglaublicher Schatz wegen ihrer Brauchbarkeit« (an Merck, 23. 4.).	Arbeit am Aufsatz über den *Zwischenkieferknochen* (vgl. an Frau von Stein am 7. 5.).
Jena	29. April- 1. Mai	Besichtigung der Hochwasserschäden.	
Weimar			
Jena	7.-9. Mai	Einleitung vorbeugender Maßnahmen ge-gen Überschwemmungen. – Gespräche mit Loder, besonders über den Zwischenkieferknochen (vgl. an Frau von Stein am 7.).	
Weimar	27. Mai	Die Brüder Stolberg, mit Ehefrauen, machen auf dem Weg nach Karlsbad einige	

Tage in Weimar Station (vgl. an Frau
von Stein, 2. und 5.6.; F. L. Stolberg an
Voß, 2.6.).

1. Juni Erfolgreiches Ballon-Experiment in G.s
Garten (vgl. Louise von Stolbergs
Tagebuch). G. an Soemmering am 9.:
»haben wir einen Ballon auf Montgolfie-
rische Art steigen lassen, 42 Fuß hoch und
20 im größten Durchschnitt« usw.

Dienstreise nach Eisenach; Tour durch den Thüringer Wald, 2. Juni-18. Juli 1784

Zur Tagung des Stände-Ausschusses (Ver-
handlungen über Ausgabenverteilung und
Steuerfragen; Ergebnis ist u. a. die von
G. angestrebte drastische Reduktion des
Militärs). – Geologische und anatomische
Studien. Vgl. die Briefe vor allem an Frau
von Stein. G. reist in Begleitung von Fritz
von Stein.

Gotha   2.-5./6. Juni An Frau von Stein am 5. bewundernd über
Voltaires noch ungedruckte Schrift *La vie
privée du Roi de Prusse*: »wenn der Welt
über Könige und Fürsten die Augen
aufgehen könnten und sollten so wären
diese Blätter wieder eine köstliche Salbe.
Allein man wird sie lesen <...>, sie bey
Seite legen und ihnen wieder zu Füssen
fallen.« (Vgl. auch am 7. und 17. sowie an
das Ehepaar Herder am 20.)

Eisenach   6. Juni
(-10. Juli)

(Creuzburg)   14. Juni   An Frau von Stein: »Am
Wilhelm habe ich hier und da
eingeschaltet und am Style
gekünstelt daß er recht
natürlich werde und habe
nun den Schluß des [5.]
Buchs recht gegenwärtig.«

17. Juni An Frau von Stein: »Meine FelsenSpeku-
lationen gehen sehr gut. Ich sehe gar viel
mehr als andre <...> weil ich einige
Grundgeseze der Bildung entdeckt habe«.

23./24. Juni | Briefgedichte (›Inschriften‹, Epigramme) an Frau von Stein: »*Was ich leugnend gestehe*« und »*Felsen sollten nicht Felsen und Wüsten Wüsten nicht bleiben*«.

Anfang Juli Am 6. Übertragung der Aufsicht über das Steuerwesen im Amt Ilmenau an G. und Regierungsrat Hetzer (Ilmenauer Steuerkommission). G. bleibt Mitglied dieser Kommission bis zu deren offizieller Auflösung am 2. 1. 1818.

An Frau von Stein am 9.: »Der Prinz Heinrich [von Preußen] war sehr gnädig hier. Ich habe einige Beyträge zu meinem 5 ten Teil [von *Wilhelm Meisters theatralische Sendung*] im Fluge geschossen«.

Durch den Thüringer Wald bis Kochberg

10.-18. Juli Mit Fritz von Stein und J. C. W. Voigt (vgl. Voigts Reisebriefe; an Merck am 6. 8.: »Ich war auch auf dem Inselsberg eine Tour die mir vieles aufgeklärt hat«).

Weimar, 19. Juli - 7. August 1784

Weimar 20. Juli Wiedersehen mit Knebel, der seit dem 15. 7. wieder in Weimar ist und vorläufig bei G. wohnt (vgl. Knebels Tagebuch am 22.).

Jena 24.-26. Juli

Mit einem Brief an Frau von Stein schickt G. drei Stanzen: 1) »Doch denke niemand daß mit vielem Sinnen« (in das Fragment gebliebene Epos *Die Geheimnisse* aufgenommen); 2) »Denn was der Mensch in seinen Erdeschranken« (später *Für ewig* betitelt); 3) »*Wohin er auch die Blicke kehrt und wendet*«.

Weimar

Jena 1./2. Aug. Vgl. Knebels Tagebuch.

Weimar

Dritte Reise in den Harz, 7. August - 15. September 1784
(mit längerem dienstlichen Aufenthalt in Braunschweig)

Hauptzweck der Reise für G. sind geologische Forschungen; er nimmt dazu als Zeichner G. M. Kraus mit. Vgl. die Briefe an Frau von Stein (aus Braunschweig in französischer Sprache).

Harzreise 1784 vom 8 Aug - 10 Sept mit Krause (geologische Notizen in Tagebuchform).

Dingelstedt	8. Aug.		Gedicht »Der Morgen kam« an das Ehepaar Herder geschickt, als ›Eingang‹ zu *Die Geheimnisse* deklariert, aber 1787 als *Zueignung* für Bd. 1 der *Schriften* verwendet.
Lauterberg, Osterrode	9./10. Aug.		
Clausthal-Zellerfeld; Goslar	10.-14./ 15. Aug. 15./16. Aug.	Umgang mit Trebra (vgl. Trebra an G. am 21.).	An Frau von Stein am 14.: »Die Operette [*Scherz, List und Rache*] ist auch bald fertig«.
Braunschweig	~16. (– 31. Aug.)	Als ›Geheimsekretär‹ Carl Augusts bei geheimen Verhandlungen mit dem Herzog von Braunschweig über einen Zusammenschluß der deutschen Mittel- und Kleinstaaten (›Fürstenbund‹) gegen Expansionspläne Kaiser Josephs II. und zugleich gegen Friedrich den Großen. Begegnungen u. a. mit der Mutter des Gastgebers (Schwester Friedrichs des Großen und Großmutter Carl Augusts). Vgl. die Briefe an Frau von Stein.	
(Salzdahlum)	23. Aug.	Besuch des Lustschlosses der Herzöge von Braunschweig mit bedeutender Gemäldegalerie.	
	Ende Aug.		Arbeit an *Die Geheimnisse* (vgl. an Frau von Stein am 30.). G.s Brief vom 24. an Frau von Stein schließt mit der Stanze »Gewiss ich waere schon so ferne ferne«, bestimmt für *Die Geheimnisse*, aber in das 1789 in den *Schriften* publizierte Fragment nicht aufgenommen.

Goslar	1. Sept.	
Tour auf den Brocken	2.-4. Sept.	Durchs Okertal über Arendsberg (oder Adenberg?), Quitschenberg. Übernachtung auf dem Brocken vom 3. auf den 4.; Zeichnung des ›Arendsklint‹ von G. M. Kraus.
Nach Elend	4./5. Sept.	Über Schierke.
Von Elend nach Blankenburg	5.-12. Sept.	Durchs Bodetal, Königshütte nach Elbingerode (vgl. von dort am 6. an Frau von Stein und Herder); über Susenburg, Rübeland nach Wendefurt; über Treseburg bodeabwärts, Roßtrappe nach Thale; von Thale über die Roßtrappe, Rübeland nach Blankenburg.

Gesonderte Notiz: »Der Granit des Budetals unter dem Roßtrapp wird <...> in rhombische Säulen geteilt« usf., verdeutlicht durch eigenhändige Skizzen.

Langenstein; über Allstedt nach Weimar	12.-15. Sept.	An Frau von Stein am 30. 8.: »j'irai voir la fee de Langenstein [Frau von Branconi]«; am 16. 9.: »In Langenstein war ich zwei Tage«.

Weimar, 15. September 1784 - 22. Juni 1785

Weimar	17. Sept.	Im Brief an Frau von Stein begeistert über Hamanns *Golgatha und Scheblimini*, 1784, und Oesers eben entstehende Deckengemälde im Wittumspalais, der Stadtwohnung Anna Amalias.
	18. Sept.	Ankunft F. H. Jacobis mit seiner Schwester Charlotte (vgl. an Frau von Stein am 19.); sie sind G.s Gäste, bleiben bis 29.
(Jena)	19. Sept.	Besuch bei Knebel, der inzwischen in Jena (im Schloß) wohnt (vgl. Knebel an seine Schwester Henriette).
	25. Sept.	Ankunft M. Claudius' (vgl. an Frau von Stein), bleibt bis 29., als Gast von Herder.
(Jena)	27. Sept.	Mit einer größeren Gesellschaft zu Knebel (vgl. Knebels Tagebuch).
	Oktober	Carl August ist bis Jahresende auf Reisen, wiederum in Sachen Fürstenbund.
Kochberg	2.-3./4. Okt.	Bei Frau von Stein, mit Fritz von Stein, den G. auch nach Ilmenau mitnimmt (vgl. an Frau von Stein, 28. 9.).

Ilmenau	4.-14./ 15. Okt.	In Bergwerksangelegenheiten (vgl. den Bericht an Carl August vom 18. 10.).	
Weimar	Mitte Okt.	Schlözer in Weimar (vgl. an Carl August am 18.).	An Frau von Stein am 16.: »*Wilhelms* fünftes Buch ist fertig.« (*Wilhelm Meisters theatralische Sendung*)
	30./31. Okt.		Dem Jenaer Anatomen Loder schickt G. seine Schrift über den *Zwischenkieferknochen* zur Prüfung; Loder schickt sie tags darauf ›in anatomischer Begeisterung‹ zurück. – Arbeit am 6. Buch von *Wilhelm Meisters theatralische Sendung* (vgl. an Frau von Stein am 31.).
(Jena)	7. Nov.	Vgl. Knebels Tagebuch.	
	11. Nov.	An Knebel: »Jakobi hat mir alle Wercke des Hemsterhuis geschickt. Sie freuen mich sehr. Ich lese mit der Fr<au> von Stein die *Ethick* des Spinoza. Ich fühle mich ihm sehr nahe obgleich sein Geist viel tiefer und reiner ist als der meinige.«	
	17. Nov.	Brief an Knebel, mit der Schrift über den *Zwischenkieferknochen* und grundsätzlichen Äußerungen über seine Auffassung von den Lebewesen und ihrem Zusammenhang in »einer grosen Harmonie«.	
Jena	18.-20. Nov.	Vgl. Knebels Tagebuch; über Dienstgeschäfte vgl. an Carl August am 26.	
Weimar	Ende Nov.	An Herder, Dank für dessen *Blumen, aus der griechischen Anthologie gesammlet* (Übersetzung antiker Epigramme).	Am 22. Brief an Frau von Stein mit dem Epigramm »*Du verachtest den Armen*« und einer Anspielung auf das Epigramm *Warnung* (»Wecke den Amor nicht auf«).
	Dezember	Elisa von der Recke in Weimar, bleibt bis Anfang Januar 1785 (vgl. an Carl August am 6. und 26. 12.).	
	19. Dez.		G. schickt eine Prachthandschrift von *Versuch aus der vergleichenden Knochenlehre daß der Zwischen-*

*knochen der obern Kinnlade
dem Menschen mit den übrigen Tieren gemein sei* mit
lateinischer Übersetzung
(von Loder) und Zeichnun-
gen von J. Ch. W. Waitz an
Merck, der das Opus über
Soemmering an den
berühmten holländischen
Anatomen P. Camper
weiterleiten soll.

26. Dez. Brief an Carl August: Eindringliche Mah-
nung – aufgrund von Klagen aus der Be-
völkerung –, die am Ettersberg zu Jagd-
zwecken angesiedelten Wildschweine, die
großen Schaden anrichten, wieder zu
entfernen. (Am selben Tag hört Carl
August am Darmstädter Hof Schiller den
1. Akt von *Don Carlos* vortragen und
verleiht ihm den Titel eines Weimarischen
Rats.)

Winter   *Studie nach Spinoza*; erst
1784/1785   posthum publiziert.

1785 Halsbandaffäre in Paris. Im Juli Gründung eines Fürstenbundes, zunächst
zwischen Preußen, Kursachsen und Hannover; Beitritt Sachsen-Weimars
am 28. 8. – Am 1. 1. überquert J.-P. Blanchard in einem Ballon den Är-
melkanal. – Schiller: *Die Schaubühne als moralische Anstalt.*

Erste botanische (besonders mikroskopi-   Mozart vertont *Ein Veilchen*
sche) Studien, Versuche mit Samen (vgl.   *auf der Wiese stand* (aus
etwa an Frau von Stein am 27. 1., 8. 3. und   *Erwin und Elmire*).
1. 4.; an Knebel am 2. 4. und 18. 11.).

6. Jan. An Knebel: »in der Mineralogie <…> seit
meinem Ilmenauer Aufenthalt nichts
gethan <…> In den andern Theilen der
Naturlehre treibe ich mich mit Herdern
durch disputiren immer weiter. Er ist fleisig an seinem zweyten Theile [von *Ideen
zur Philosophie der Geschichte der
Menschheit*].«

Jena   8.-10. Jan. Bei Knebel, Begegnungen mit Büttner und
Loder (vgl. Knebels Tagebuch).

Weimar   12. Jan. Brief an F. H. Jacobi, u. a. über sein inten-
sives Spinoza-Studium und seine jetzt auf

alle ›Naturreiche‹ sich erstreckenden naturkundlichen Forschungen.

Februar Ab jetzt nur noch vereinzelt Teilnahme an Sitzungen des Geheimen Consiliums, u. a. wohl wegen verstärkter Beanspruchung durch die Arbeit in den Kommissionen.

13. Febr. An Frau von Stein: »Brief mit dem ich Franckenberg für den Figaro dancke« (Beaumarchais' *La folle journée ou le mariage de Figaro*). – An Merck, den G.s Schrift über den *Zwischenkieferknochen* nicht überzeugt hat: »Sömmr<ring> <...> will mir's gar ausreden. Ohe!«

24. Febr.   Amtliches: *Erste Nachricht von dem Fortgange des neuen Bergbaues zu Ilmenau.*

Jena **6.-12. März** Dienstgeschäfte; Naturstudien mit Knebel (vgl. an Frau von Stein).

Weimar **28. März**   An Knebel: »Auch bin ich wieder fleisig an meinem grosen Gedichte [*Die Geheimnisse*] gewesen«.

5. April An Frau von Stein: »Wirst du in die Oper gehen können?« (Erstaufführung von Mozarts *Entführung aus dem Serail* in Weimar.)

25. April   Brief an Ph. Ch. Kayser, Antwort auf dessen Fragen zu dem Singspieltext *Scherz, List und Rache*, den G. ihm zur Komposition zugeschickt hat.

Jena **25.-27. April** Vgl. an Frau von Stein am 24. (»Morgen will ich nach Jena gehen, wegen der Wasserbaue und andrer Dinge willen«) und Knebels Tagebuch.

Weimar **Mai** Beschäftigung mit Geologie, Ordnung der Gesteinssammlungen (vgl. an Knebel am 5. und 8.).

Jena **25.-~29. Mai** Mit Fritz von Stein. Vgl. Knebels Tagebuch.

Weimar

Ilmenau	2. (-16. Juni)	Mit Knebel, Fritz von Stein und den Brüdern J. C. W. und Ch. G. Voigt. Besichtigung der Bergwerksanlagen, Verwaltungsgeschäfte. Vgl. die Briefe an Frau von Stein und Knebels Tagebuch.	

| | 7./9. Juni | Am 9. Brief an F. H. Jacobi, aus Anlaß von dessen zweitem Entwurf der Schrift über Spinoza; G. skizziert sein Verständnis von Spinozas Gottesauffassung (»so mögte ich ihn theissimum ia christianissimum nennen«) und deutet seine eigene an (»Hier bin ich auf und unter Bergen, suche das göttliche in herbis et lapidibus«). | Am 7. an Frau von Stein (aus Elgersburg): »Ich habe wieder einige Capitel an *Willhelmen* dictirt [*Wilhelm Meisters theatralische Sendung*] und etwas an meiner Gebürgs-Lehre geschrieben«, wohl u. a. <*Granit II*> (»Der Granit war in den ältsten Zeiten schon«). |

Weimar

Jena	22./23. Juni	G. lernt den jungen pflanzenkundigen F. G. Dietrich kennen und nimmt ihn mit nach Karlsbad.

Reise nach Karlsbad, durchs Fichtelgebirge, 23. Juni – 21. August 1785

		Mit Knebel (bis 28. 7.) und F. G. Dietrich. Vgl. Knebels Tagebuch, Briefe an Frau von Stein und Fritz von Stein.	Geologisches Tagebuch (23. 6. - 4. 7.).
Neustadt a. d. Orla	23.-29. Juni	Unfreiwilliger Aufenthalt, weil G. ernstlich krank wird; »daß ich *Hamlet* viel studirt habe« (an Frau von Stein am 27.).	
Hof	29./30. Juni		
Wunsiedel	30. Juni - 3./4. Juli	Am 1. 7. auf den Seeberg und Ochsenkopf, am 3. 7. zur Luisenburg.	
Zwota	4./5. Juli		
Karlsbad	5. Juli (-16. Aug.)	G.s erste Bade- und Trinkkur. Auch Frau von Stein (bis Anf. Aug.), Herders u. a. Weimarer sind da. Umgang u. a. mit den Brüdern Stanlislas und Jan Potocki, Elisa von der Recke, W. von Edelsheim (vgl. an	

		Carl August am 15.8.). J. F. A. Darbes malt ein Porträt von G.	
	7. Juli	Knebels Tagebuch: »Beim Steinschneider Müller«. (Einziges authentisches Zeugnis dafür, daß Joseph Müller schon damals in G.s Gesichtskreis tritt.)	
	26. Juli		Das *Bänkelsängerlied* zum Geburtstag des Grafen Moritz von Brühl wird von dessen Sohn Carl (damals 13jährig) vorgetragen.
	12. Aug.		Gedicht für Christine von Brühl: »*Auf den Auen wandlen wir*«.
Joachimsthal; Johann- georgenstadt; Schneeberg	16.-18. Aug. 18./19. Aug. 19.-20./ 21. Aug.	Am 1.9. an Knebel (der am 28.7. zu einer mehrmonatigen Reise aufgebrochen war): »In Joachimsthal bin ich nicht eingefahren, hingegen habe ich mich viel in Joh. Georgenstadt umgesehn. In Schneeberg ist wieder verboten Fremde unter die Erde zu lassen.«	Geologisch-bergbauliche Notizen.

Weimar, 22. August 1785 - 24. Juli 1786

Weimar	26. Aug.	Brief an G. Th. Weber, Amtmann von Jena, mit der Bitte um Überlassung der Hinterlassenschaft des am 23.7. verstorbenen, seit wenigen Monaten in Jena lebenden Krafft (»Seine Umstände waren mir allein bekannt« usf.).	
	28. Aug.	Sachsen-Weimar tritt dem Fürstenbund bei (vgl. das Beratungsprotokoll des Geheimen Consiliums).	
	8. Sept.	Brief an Frau von Stein: Über Neckers jetzt in deutscher Übersetzung erschienene Rechtfertigungsschrift *De l'administration des finances de la France*, 3 Bde., 1784.	Ferner: »An Wilhelm ist auch geschrieben worden« (*Wilhelm Meisters theatralische Sendung*).
(Jena)	9. Sept.	Vgl. an Frau von Stein am 8.	
	11. Sept.		An Frau von Stein: »Jakobi macht mir einen tollen Streich. In seinem Gespräche mit Lessing [in der nun

gedruckten Schrift *Über die
Lehre des Spinoza in Briefen
an den Herrn Moses Men-
delssohn*] kommt doch das
Gedicht *Prometheus* vor, ietzt
da er seine Götterlehre druk-
ken lässt, setzt er das andre
Gedicht: *edel sey der Mensch!*
mit meinem Nahmen voraus,
damit ia iedermann sehe
daß der *Prometheus* von mir
ist.«

	vor 14./15. Sept.	Besuch Forsters mit seiner Frau Therese geb. Heyne (vgl. an Frau von Stein am 16. sowie Forster an F. L. W. Meyer am 14./15. und an Ch. G. Heyne am 19.).
	19.-27. Sept.	Besuch der Fürstin Gallitzin; in ihrer Begleitung auch Hemsterhuis und F. von Fürstenberg.
Jena	27.-30. Sept.	Vgl. an Frau von Stein am 1. 10.
Weimar	18.-20. Okt.	Fürstin Gallitzin erneut in Weimar (vgl. an Frau von Stein am 18. und an F. H. Jacobi am 21.).
	21. Okt.	Brief an F. H. Jacobi, über dessen *Spinoza-Schrift*. Betonung der Nähe seiner eigenen Vorstellungsart von Gott und Natur zu der Spinozas.

Ilmenau, über   6.-12. Nov.   Briefe an Frau von Stein; am 9: »Ich lese im
Stadt Ilm   Linné fort« (*Philosophia botanica*, 1751).

Briefe an Frau von Stein; am
7.: »unterweegs <...> auch
eine alte Operette wieder
vorgenommen« (*Die unglei-
chen Hausgenossen*); am 11.:
»Heut hab ich endlich das
sechste Buch [von *Wilhelm
Meisters Theatralische
Sendung*] geendigt.« – Am
11. Amtliches zum Ilme-
nauer Bergbau: *Verzeichnis
deren Arbeiten, welche <...>
noch zurück sind.*

Gotha	12.-15./16. Nov.	Briefe an Frau von Stein.
Weimar	24. Nov.	

Amtliches: Votum gegen eine
von Carl August gewünschte

		Vereinfachung der Form von Kanzleischreiben.
	Herbst	Erste Niederschriften über Botanica: *Beschreibung eines großen Faltenschwammes* und *Einige Bemerkungen über die sogenannte Tremella* (erst posthum publiziert).
	9. Dez.	An Frau von Stein: »Gestern Abend hab ich den Plan auf alle 6 folgende Bücher *Wilhelms* aufgeschrieben« (*Wilhelm Meisters theatralische Sendung*).
Jena	11.-15. Dez.	Briefe an Frau von Stein.
Weimar		
Gotha	17.-20. Dez.	
Weimar	30. Dez.	E. G. Hetzer scheidet aus der Ilmenauer Steuerkommission aus, sein Nachfolger wird Ch. G. Voigt.

1786 Tod Friedrichs des Großen (17. 8.); sein Neffe wird als Friedrich Wilhelm II. neuer König von Preußen. – Cagliostro wird aus Paris ausgewiesen. – Tod von Moses Mendelssohn; posthum: *Moses Mendelssohn an die Freunde Lessings. Ein Anhang zu Herrn Jacobis Briefwechsel über die Lehre des Spinoza*, hg. von J. Engel. G. A. Bürger: *Wunderbare Reisen des Freiherrn von Münchhausen*. Mozart: Uraufführung von *Figaros Hochzeit* in Wien (1. 5.).

(Jena)	10. Jan.	Vgl. an Frau von Stein.
	23. Jan.	Längster und eingehendster von rund einem Dutzend Briefen 1785-1787 an Ph. Ch. Kayser über die Komposition von *Scherz, List und Rache*, die dieser nach und nach an G. schickt. In diesem Brief auch Einzelheiten über die singspielgerechte Umarbeitung von *Erwin und Elmire* und *Claudine von Villa Bella*, die Kayser ebenfalls komponieren soll.
Gotha	24.-29. Jan.	

Weimar	Februar	Zeichen- und Malstudien (vgl. an Frau von Stein am 19. und 26.).	
	Mitte März		Arbeit an *Wilhelm Meisters theatralische Sendung* (7. Buch) und *Die ungleichen Hausgenossen* (vgl. an Frau von Stein, 13. und 21. 3.; 13. 4.).
Jena	24.-26./ 27. März	Vgl. an Frau von Stein am 24. und Knebels Tagebuch. (Knebel ist seit 28. 2. wieder zurück; er wohnt nach wie vor im Jenaer Schloß, kommt aber häufig nach Weimar.)	
Weimar	13. April	An Frau von Stein: »Die Oliva sollst du haben«, d. h. die jetzt auch in Deutschland kursierende Verteidigungsschrift von Marie Le Guay d'Oliva, die sich in der Halsbandaffäre als Königin Marie Antoinette auszugeben hatte.	Vgl. dazu das Gedicht »Alle schöne Sünderinnen« (Entstehungsdatum ungewiß, Erstdr. 1815 u. d. T. *Neue Heilige*).
Jena	25.-28./ 29. April	Umgang mit Knebel und Batsch sowie mit Professoren der Universität; erste Begegnung mit F. A. Wolf, Professor der klassischen Philologie in Halle (revolutionierte die Homerforschung; s. u.). Vgl. an Frau von Stein und Knebels Tagebuch.	
Weimar	~29. April	An Herder, über die Bestätigung seiner Entdeckung des Zwischenkieferknochens beim Menschen durch F. Vicq-d'Azyr, der unabhängig von G. zum gleichen Resultat gekommen war.	
	30. April	Promemoria an Carl August über das ›Unwesen‹ der studentischen Landsmannschaften in Jena und Vorschläge zu ihrer allmählichen Zurückdrängung (unter Einbeziehung von Vorschlägen der Professoren sowie Voten der Geheimen Räte).	
Ilmenau	1.-~6./7. Mai	Mit Carl August und Wedel. Vgl. an Knebel, 30. 4., an Frau von Stein, 2., 4. und 5. 5.	
	5. Mai	Brief an F. H. Jacobi: Über die grundsätzlichen Unterschiede ihres Gottesglaubens, anläßlich der Gegenschrift *Friedrich Heinrich Jacobi wider Mendelssohns Beschuldigung betreffend über die Lehre des Spinoza*.	Brief an Ph. Ch. Kayser, der die letzte Partie seiner Komposition von *Scherz, List und Rache* geschickt hat.

Weimar

Jena	19.-26. Mai	An Frau von Stein am 21.: »Ich habe einige Geschäffte besorgt und den Wissenschaften obgelegen. Algebra ist angefangen worden«. (Zu letzterem am 25.: »ich werde es zu meinem Wesen nicht brauchen können.«)	An Frau von Stein am 23.: »Ich habe an *Wilhelm* [*Wilhelm Meisters theatralische Sendung*] geschrieben und dencke nun bald auch dieses [7.] Buch soll glücken«.
Weimar	Juni		Vorbereitung der *Schriften*, G.s erster autorisierter Werkausgabe: Zusammenstellung der *Gedichte* unter ›Rubriken‹, Revision von *Triumph der Empfindsamkeit*, Umarbeitung des *Werther*, Beginn der Versbearbeitung der *Iphigenie* (vgl. an Frau von Stein am 15., 16. und 25.).
Jena	3.-6. Juni	Vgl. Briefe an Frau von Stein und Knebels Tagebuch.	
Weimar	Anfang/Mitte Juni	Brief an Frau von Stein: Über seine Lektüre von J. V. Andreäs *Chymische Hochzeit*, 1616, Neuausgabe 1781.	In diesem Brief das Gedicht: »*Woher sind wir gebohren*«.
Ilmenau	12.-17. Juni	Mit Ch. G. Voigt, in Bergwerksangelegenheiten. Am 15. an Frau von Stein über seine Naturstudien: »So viel neues ich finde <...> es passt alles <...> weil ich kein System habe und nichts will als die Wahrheit um ihrer selbst willen.«	
Gotha	17.-20. Juni	Prinz August von Gotha an Herder am 19.: »Wir haben in Schnepfenthal und Reinhardsbrunn einen recht schönen <...> Tag zugebracht« usw.	
Weimar	Ende Juni		Briefwechsel mit Bertuch (als Vermittler) und Göschen wegen des Verlags der *Schriften*.
	Juni/Juli	Moritz und Christine von Brühl in Weimar.	
	9.-12. Juli	Brief an Frau von Stein am 9./10., u. a. über seine Erkenntnisse im ›Pflanzenwesen‹: »das ungeheure Reich simplificirt sich mir in der Seele <...> es	Am 12. an Soemmering: »Von Herrn Prof. Camper habe ich einen sehr interessanten Brief erhalten.« (Der nicht

		ist ein Gewahrwerden der wesentlichen Form, mit der die Natur gleichsam nur immer spielt«.	überlieferte Brief war Campers Antwort auf G.s *Zwischenknochen*-Aufsatz; über den für G. enttäuschenden Inhalt des Briefs vgl. *Principes de Philosophie Zoologique*, 1830.)

Jena	17./18. Juli	Vgl. Knebels Tagebuch.
Weimar	18. Juli	Geburt von Prinzessin Caroline. Ankunft Lavaters (bleibt bis 20.).
	21. Juli	An Frau von Stein über Lavater: »Er hat bey mir gewohnt. Kein herzlich, vertraulich Wort ist unter uns gewechselt worden <...> Ich habe auch unter s e i n e Existenz einen grosen Strich gemacht und weis nun was mir per Saldo von ihm übrig bleibt.« Vgl. auch Lavater an Spalding, August 1786.
Jena	24./25. Juli	Vgl. an Frau von Stein am 21.

Reise nach Karlsbad, 25. Juli–2. September 1786

Von Weimar nach Karlsbad	25.-27. Juli	G. reist mit Sekretär Ch. G. K. Vogel.	
Karlsbad	27. Juli (-2. Sept.)	Ebenfalls in Karlsbad: Frau von Stein (bis 14. 8.), Carl August (13.-28. 8.), Herders.	Vorbereitung der *Schriften*, insbesondere Abschluß der 2. Fassung des *Werther* und Arbeit an der Versfassung der *Iphigenie* unter Mithilfe Herders (vgl. die Briefe an Frau von Stein ab 22. 8.).
(Schneeberg)	14.-16./ 17. Aug.	G. begleitet Frau von Stein bis Schneeberg, dort am 16. Einfahrt in die Gruben.	
	2. Sept.	Abschiedsbriefe an Frau von Stein, Fritz von Stein, das Ehepaar Herder und Carl August, den G. »um einen unbestimmten Urlaub« bittet. Zuvor nur allgemeine Ankündigungen einer längeren Reise, ohne Angabe von Ziel und Dauer.	Letzte schriftliche Aufträge an Ph. Seidel (der als einziger von G.s Reiseziel Rom unterrichtet wird), u. a. wegen Betreuung des Drucks der *Schriften* und Besorgung der Korrespondenz mit dem Verleger Göschen.

Reise nach Italien, 3. September 1786 bis 18. Juni 1788

G. reist allein, ohne Diener, unter dem Incognito Johann Philipp Moeller aus Leipzig, Beruf: Maler. Als Reiseführer benützt er vor allem J. J. Volkmann, *Historisch-kritische Nachrichten von Italien*, 3 Bde., 1770-71. – Quellen: Briefe, längere Tagebuchaufzeichnungen, Gesprächsberichte; zahlreiche, meist undatierte Notizen verschiedensten Inhalts, dabei auch morphologische und geologische Beobachtungen sowie einige Beobachtungen über Farben in der Atmosphäre. Vgl. ferner die autobiographische *Italienische Reise*, ersch. in 3 Etappen 1816 (bis zum Aufbruch nach Neapel), 1817 (Neapel und Sizilien) und 1829 (*Zweiter römischer Aufenthalt*). G. benutzte bei der Abfassung seine authentischen Aufzeichnungen und Briefe.

Umarbeitungen und Fertigstellung von Unvollendetem für die *Schriften*; neben Ph. Seidel kümmert sich auch Herder um Redaktion und Drucklegung. – Verschiedene neue poetische Projekte. – Zahlreiche Zeichnungen, vgl. vor allem Corpus II (Landschaften) und III (Antiken- und Anatomie-Studien, Architektur und Perspektive).

Von Karlsbad nach Rom, 3. September-29. Oktober 1786

	Vgl. vor allem das *Reise-Tagebuch* (RTgb).		*Reise-Tagebuch 1786*, 3. 9.-30. 10. 1786, für Frau von Stein, vgl. am 9. 9.: »ich widme es dir«. Mit 15 (meist) eigenh. numerierten und beschrifteten Zeichnungen.
	September		*Reise-Tagebuch. Erstes Stück / Von Carlsbad auf den Brenner in Tyrol <...> zurückgelegt vom 3. Sept. bis den 8 ten 1786*, mit genauem Verzeichnis der Stationen nebst Entfernungen und Zeitangaben.
Nach Regensburg	3./4. Sept.	»früh 3 Uhr stahl ich mich aus dem Carlsbad weg« (RTgb). Über Zwota und Weiden.	Zeichnung: *Posthaus Zwota* (Corpus II, Nr. 1).
Regensburg	4./5. Sept.		Zwei Zeichnungen von der Donau (Corpus II, Nr. 5).
München	6./7. Sept.	Besuch der kurfürstlichen Gemäldegalerie (Erwähnung von Rubens-Skizzen und –	

am 19. 10. – Dürerbildern), des Antiken-
und Naturalienkabinetts.

Nach Mittenwald	7./8. Sept.	Über Kochelsee, Walchensee.	Drei Zeichnungen von Ko- chelsee- und Walchenseeufer (Corpus II, Nr. 7 und 9).
Innsbruck, Brenner	8./9. Sept.		Einzelne ›Noten‹ fürs RTgb: *Gedancken über die Witte- rung*; *Über Polhöhe, Clima pp.*; *Über Pflanzen, Früchte pp.*; *Von Gebürgen und Steinarten*; *Menschen*. Drei Zeichnungen: *Cirl*; *gegen den Brenner*; *Brenner* (Corpus II, Nr. 10, 11 und 12 die Rückseite).
Sterzing, Brixen, Bozen, Trient	9./10. Sept.		*Reise-Tagebuch / Zweytes Stück. Vom Brenner in Tyrol bis Verona 1786 <....> vom 9. Sept. bis d. 14. S.*, wie- derum mit Stationenver- zeichnis nebst Entfernungen und Zeitangaben.
Trient, Rovereto; Torbole	11. Sept. 12. Sept.		Zeichnungen: *Roveredo*; *Lago di Garda* (zwei An- sichten), *Hafen von Torbole* (Corpus II, Nr. 12-15).
Malcesine nach Verona	13. Sept. 14. Sept.	Von Torbole auf dem Gardasee; von Malcesine bis Bardolino auf dem Garda- see, dann mit Maultieren.	Zeichnung: Kastell von Mal- cesine (Corpus II, Nr. 16). ›Noten‹ zum Abschluß des 2. Stücks vom RTgb: *Witte- rung*; *Gebirge und Berg- arten*; *Menschen*.
Verona	14.-19. Sept.	Antikes Amphitheater, Museum Maffeia- num (Lapidarium mit Antiken), Gärten, Palazzi. In Gemäldesammlungen u. a. Bil- der von Tintoretto und Veronese. Am 18. erste Briefe von unterwegs: an Frau von Stein, Carl August, das Ehepaar Herder, Ch. G. Voigt und Ph. Seidel. G. verrät noch nicht, wo er ist.	*Reise-Tagebuch / Drittes Stück. Verona, Vicenza, Padua 1786*, mit dem »Vergleichungskreis der italiänischen und teutschen Uhr«.
Vicenza	19.-26. Sept.	Großer Eindruck der Bauten Palladios: Teatro Olimpico, Basilica, Rotonda (am 20.), Villa Valmarana (am 24.). Am 21. Be- such bei dem Baumeister O. B. Scamozzi	RTgb am 22.: »Ich war lang willens Verona oder Vicenz dem Mignon [im *Wilhelm Meister*] zum Vaterland zu

und dem Botaniker A. Turra; am 22. bei einer Versammlung der ›Akademie der Olympier‹, einer gelehrten und schöngeistigen Gesellschaft.

geben. Aber es ist ohne Zweifel Vicenz, ich muß auch darum einige Tage länger hier bleiben.« – Zwei Zeichnungen (vom 24.): *Aus den Arabesquen des Tiepolo* (Fresken in der Villa Valmarana; Corpus II, Nr. 20).

| Padua | 26.-28. Sept. | Besuch u. a. des Observatoriums, der Universität, der Kirchen S. Antonio (Gemälde von Tiepolo) nebst Scuola die S. Antonio (Fresken von Tizian), Santa Giustina (Gemälde von Veronese), Eremitani (Fresken von Mantegna) sowie des Botanischen Gartens (RTgb am 27.: »Schöne Bestätigungen meiner Botanischen Ideen«). Kauf von Palladios *I Quattro Libri dell'Architettura*. | |

| Venedig | 28. Sept. (-14. Okt.) | Auf der Brenta von Padua nach Venedig. – Bevorzugtes Interesse wiederum für Palladios Bauten, daneben theoretische Beschäftigung mit der Baukunst (Lektüre von Palladios Architekturwerk und der Schriften Vitruvs, die G. in Venedig erwirbt). Neben der Stadt und ihren berühmten Sehenswürdigkeiten (darunter auch Gemälde und Fresken von Tintoretto, Tizian, Veronese und Tiepolo) studiert G. die Lebensart der Venezianer. Theater- und Opernbesuche (u. a. Gozzi und Goldoni), Kirchenmusiken, Antikensammlungen (Abgüsse). Einzelne naturkundliche Beobachtungen (Strandflora, Meerestiere, Mineralien). | *Reise-Tagebuch / Viertes Stück. Venedig 1786.* – Arbeit an *Iphigenie* (Versfassung). – Zeichnung: *Avvocato Reccaini* (Corpus Va, Nr. 119), der Beschreibung einer Gerichtsverhandlung zugeordnet (vgl. RTgb 3. und 4. 10.). |

| | Anfang Okt. | Am 6. erstmals am Meer (am Lido; vgl. RTgb). | Zeichnung: *Venedig* (Corpus II, Nr. 22) (vgl. RTgb 1.). |

| nach Ferrara | 14.-16. Okt. | An der Küste und auf dem Po. RTgb Ferrara am 16.: »Ariosts Grabmal <...> Statt Taßos Gefängniß zeigen sie [im Ospedale di Sant' Anna] einen Holzstall oder Gewölbe wo er gewiß nicht aufbewahrt worden ist.« | *Reise-Tagebuch von Venedig <...> nach Rom. Fünftes Stück 1786.* |

| Cento | 17./18. Okt. | RTgb: »schreib ich dir heute aus Guercins Vaterstadt.« Bewundernd über mehrere dort gesehene Gemälde Guercinos. | |

Bologna	18.-21. Okt.	Tiefer Eindruck von Raffaels Gemälde *Die heilige Cäcilie* und Guido Renis *Pietà e Santi*. Am 20. im RTgb über die geologisch-mineralogische Beschaffenheit der Gegend.	RTgb am 18.: »Heute früh hatt ich das Glück von Cento herüberfahrend, zwischen Schlaf und Wachen den Plan zur *Iphigenie auf Delphos* rein zu finden« (nicht ausgeführter Dramenplan).
Loiano; Giredo	21. Okt. 22./23. Okt.		Auf der Fahrt konzipiert G. im Kopf das Epos *Der ewige Jude*, vgl. RTgb 22.; ebd.: »Sagt ich dir schon daß ich einen Plan zu einem Trauerspiel Ulysses auf Phäa gemacht habe?« (Später: *Nausikaa*; beides bleibt Fragment.)
Florenz, Arezzo	23./24. Okt.	»Die Begierde nach Rom zu kommen war so groß <...> daß kein Bleibens mehr war, und ich mich nur drey Stunden in Florenz aufhielt« (an den ›Freundeskreis in Weimar‹, 1. 11.).	
Perugia	25. Okt.		
Assisi, Foligno	26. Okt.	In Assisi besichtigt G. nur den ehemaligen römischen Minervatempel (Kirche Santa Maria sopra Minerva) und läßt die Grabeskirche San Francesco mit den Fresken von Cimabue, Giotto u. a. »links liegen« (so RTgb).	
Spoleto, Terni	27. Okt.	RTgb: »Spoleto <...> war auf dem Aquedukt <...> das dritte Werck der Alten das ich sehe«.	
Città Castellana	28. Okt.		

Rom, 29. Oktober 1786-21. Februar 1787

Rom	29. Okt.	Ankunft an der Porta del Popolo. G. steigt im Albergo dell'Orso ab. RTgb: »Mein zweytes Wort soll an dich [Frau von Stein] gerichtet seyn, nachdem ich dem Himmel herzlich gedankt habe daß er mich hierher gebracht hat <...> Tischbein war bey mir.«

30. Okt.   G. zieht zu W. Tischbein, in dessen
           Wohnung am Corso ›incontro del Palazzo
           Rondanini‹; weitere Hausgenossen: die
           Maler F. Bury und J. G. Schütz.

31. Okt.   Laut Ausgabenbuch war G. auf dem
           Kapitol (im Kapitolinischen Museum?)
           und in der Villa Borghese.

1. Nov.   An den ›Freundeskreis in Weimar‹: »Die
(Aller-   merkwürdigsten Ruinen des alten Roms,
heiligen) St. Peter, die Plätze, den Papst und die
           Kardinäle in der Pauls Capelle [im
           Vatikanischen Palast] am heutigen Feste,
           die Villa Borghese habe ich gesehen und
           nun soll täglich etwas neues vorgenom-
           men werden.«

2. Nov.   Besuch eines vom Papst zelebrierten Got-
           tesdienstes zu Allerseelen »in seiner
           Hauskapelle auf dem Quirinal«. Laut *Ita-
           lienische Reise* (Rom, 3. Nov.) will G. be-
           reits an diesem Tag, beim Betrachten der
           Kunstschätze des Quirinalspalasts,
           J. H. Meyer kennengelernt haben.

3. Nov.   An Carl August: »verzeihen Sie das
           Geheimniß und die gleichsam unter-
           irdische Reise hierher <...> Gemälde und
           Statuen zu sehen hilft mir des Hofrath
           Reifenstein lange Pracktick und Tisch-
           beins Künstler Auge.«

4.-6. Nov. Laut Ausgabenbuch u. a. im Museo Pio
           Clementino im Vatikan. (G. wird es, wie
           auch andere wichtige Kunstsachen, noch
           öfter besuchen.)

7. Nov.   An den ›Freundeskreis in Weimar‹, u. a.
           bewundernd über das Pantheon (»die Ro-
           tonde«) und den *Apoll von Belvedere* im
           Vatikan; ferner: »Die Logen von Raphael
           und die großen Gemählde der Schule von
           Athen pp [Raffaels Fresken in den ›Stan-
           zen‹ im Vatikan] hab ich nur erst einmal
           gesehn <...> Bey Angelika Kaufmann bin
           ich zweymal gewesen <...>
           An Trippeln hab ich einen sehr braven
           Künstler kennen lernen <...> nenn ich nur
           noch das Colisee und die Bäder des
           Diokletians«.

8./9. Nov. Laut Ausgabenbuch war G. am 8. in der
Villa Albani (ebenso am 4. 2. 1787) und hat
am 9. erneut (und nicht zum letzten Mal)
Raffaels Fresken in den Vatikanischen
›Stanzen‹ besichtigt.

10./11. Nov. An das Ehepaar Herder: »Heute [am 10.]
war ich bey der Pyramide des Cestius und
Abends auf dem Palatin <…> neulich auf
den Ruinen des Neronischen Pallasts
[Domus Aurea] <…> die Reste der großen
Wasserleitung [Aqua Claudia] sind höchst
ehrwürdig«; ferner über den Besuch der
Via Appia antica (Grabmal der Cecilia
Metella u. a.), der Egeria-Grotte und des
Circus Maxentius (»Rennbahn des
Caracalla«) am 11.

Frascati; ~13.-15. Nov. Mit Freunden, in der Villa von Reiffen- Landschaftszeichnungen,
Grottaferrata 15./16. Nov. stein. Laut Ausgabenbuch am 14. Besuch vgl. Corpus II, Nr. 25-31, die
der Villen Mondragone (mit Antinous- erste eigenh. beschriftet:
Kopf), Aldobrandini und Falconieri; vgl. »Monte Porcio wo des Cato
auch an J. H. Meyer, 27. 4. 1789: »Dome- Landgut gestanden hinter
nichins Exorcismus in Grotta Ferrata« Frascati« (vgl. auch Tgb, an
(Fresken in der dortigen Basilika). Frau von Stein am 15. sowie
Italienische Reise, 15. No-
vember).

Rom 17. Nov. Brief an Wieland: G. empfiehlt den
mittellosen, derzeit ebenfalls in Rom
lebenden A. L. Hirt als Mitarbeiter für den
›Teutschen Merkur‹; ferner über seine
Lektüre von Wielands Übersetzung der
Satiren des Horaz, 1786.

17./18. Nov. An Frau von Stein: »was ich gesehn habe
<…> Frescogemählde von Domenichin in
Andrea della Valle, desgleichen von den
Carrache in der Gallerie [im Palazzo]
Farnese <…> in der [Villa] Farnesina die
Geschichte der Psyche [Freskenzyklus
von Raffael und Schülern] <…> auf Pietro
in Montorio die Verklärung [Christi] von
Rafael«. Zu einer erneuten Betrachtung
der Raffael-Fresken in der Villa Farnesina
vgl. Italienische Reise, 15. Juli 1787.

(Frascati) 20. Nov. Laut Ausgabenbuch u. a. in den Caracalla-
Thermen; Tagesausflug nach Frascati. –
K. Ph. Moritz an Campe (?) über seine

Bekanntschaft mit G. (u. a.: »vor ein paar Tagen in der Gesellschaft des Herrn von Goethe <...> einen Spaziergang nach der Villa Pamfili«).

22.-28. Nov.   Mehrmals in der Sixtinischen Kapelle (Fresken von Michelangelo); Petersdom, Kirche Santa Cecilia in Trastevere; Galleria Doria (mit Werken u. a. von Claude Lorrain und Annibale Carracci); Galleria Borghese (im Palazzo B.); ferner ›Loggien‹ im Vatikan (nach neuerer Auffassung nicht von Raffael selbst, sondern von seiner Werkstatt ausgemalt), Villa Pamfilj; Monte Mario, Villa Melini, Villa Madama (vgl. Ausgabenbuch vom 23. und 26. und die Briefe an den ›Freundes-kreis in Weimar‹ vom 22. 11. und 2. 12.).

(Fiumicino)   29. Nov.   Ausflug ans Meer mit Freunden (vgl. Ausgabenbuch). K. Ph. Moritz stürzt mit seinem Pferd und bricht sich den Arm (vgl. Tagebuch von F. Münter, 29. und 30. 11.). G. organisiert einen Wachdienst und besucht ihn mehrere Wochen lang täglich (vgl. Moritz an Campe, 20. 1. 1787), dabei laut *Italienische Reise*, 10. Januar 1787, Gespräche über Verslehre, anläßlich G.s Versbearbeitung seiner *Iphigenie* und K. Ph. Moritz' *Versuch einer deutschen Prosodie*, 1786.

2. Dez.   Brief an das Ehepaar Herder (2./9.), u. a. über sein neues Interesse für »römische Alterthümer <...> Münzen pp von denen ich sonst gar nichts wissen mochte«. Ferner über sein Incognito: »ich gehe absolut zu niemanden ausser zu Künstlern <...> einen Pr. <inz> Lichtenstein hab ich allein ausgenommen, der mir denn auch mit viel Gefälligkeit verschafft hat Dinge zu sehn die man gewöhnlich nicht sieht« (wohl Fürst Philipp Joseph Liechtenstein). Brief an Frau von Stein, u. a. über seine Bemühungen, in Ton zu arbeiten und Wachsmalerei zu lernen.

»Alle Morgen eh ich aufstehe wird an der *Iphigenie* geschrieben«.

3.-8. Dez.   Besichtigungen laut Tgb: San Pietro in Vincoli mit der Kolossalstatue des sitzen-den Moses von Michelangelo; ein Fresko von Daniel da Volterra (Kreuzabnahme) in Trinità dei Monti; ›Stanzen‹ von Raffael, Sakristei im Petersdom (mit Gemälden von Giotto); die Palazzi Corsini und Colonna (mit Galerie; über einen weiteren Besuch der Galerie Colonna mit Hackert vgl. *Italienische Reise*, 27. Juni 1787: »wo Poußins, Claudes [Claude Lorrains], Salvator Rosas Arbeiten zusammenhängen«), Kolosseum, Villa Mattei (heute: Villa Celimontana), SS. Giovanni e Paolo, das damals noch nicht freigelegte Forum (»Campo Vaccino«); S. Paolo fuori le mura, S. Paolo alle tre Fontane, Grabmal der Cecilia Metella (»Capo di Bove«) an der Via Appia; Filippo Neris Ordenskirche (Chiesa Nuova, eigentl. Santa Maria in Vallicella) nebst dem Oratorio dei Filippini. Laut Ausgabenbuch im Palazzo Rondanini (»schöne Medusenmaske«).

9. Dez. W. Tischbein an Lavater: »Ich habe sein Portrait angefangen, und werde es in Lebensgröse machen« (das berühmteste aller Goethe-Bildnisse *Goethe in der Campagna*; vollendet Sommer 1788).

13. Dez. *Italienische Reise*: »Heute früh fielen mir Winkelmanns Briefe, die er aus Italien schrieb in die Hand« usw. (*Johann Winckelmanns Briefe an Einen seiner vertrautesten Freunde in den Jahren 1756 bis 1768*, 2 Bde., 1781).

13.-16. Dez. Brief an Frau von Stein: »Du willst mir schweigen? du willst die Zeugniße deiner Liebe zurücknehmen? <...> Ich fahre fort dir zu schreiben«, u. a. über K. Ph. Moritz (»Er ist wie ein jüngerer Bruder von mir«).

20./23. Dez. Brief an Frau von Stein: »Ich suche einen guten Abguß [der *Medusa Rondanini*] um dir das mögliche mitzubringen, aber es ist der Zauber des Marmors nicht übergeblieben <...> Wir haben einen Colossalen JupiterKopf gekauft [*Zeus von Otricoli*], er steht in meiner Stube«. Ferner: »Ließ doch *Anton Reiser ein psychologischer Roman* von Moritz

[Teil 1-3, 1785/86], das Buch ist mir in
vielem Sinne werth.«

24./25. Dez.   Bei verschiedenen kirchlichen Feierlichkeiten zum Christfest (vgl. an Fritz von
Stein und an Herder am 29.).

29./30. Dez.   Laut Ausgabenbuch in der Villa   An Herder: »Endlich kann
Aldobrandini und Villa Ruspoli.   ich <...> melden daß meine
Iphigenie fertig ist«.

1787   Kriegserklärung der Türkei an Rußland (24.8.). Einfall des preußischen
Heers in den Niederlanden im September. – Mozart: Uraufführung von
Don Giovanni in Prag (29. 10.). Heinse: *Ardinghello*. Bernardin de
St.-Pierre: *Paul et Virginie*. Schiller: *Don Carlos*. Am 21. Juli kommt
Schiller in Weimar an.

Carl August, ab 25. Sept. preußischer Ge-
neralmajor, reist im Okt. ins preußische
Hauptquartier in die Niederlande und
kommt erst, nach längerem Aufenthalt in
Mainz, im Februar 1788 wieder nach
Weimar. – G. wird vom österreichischen
Geheimdienst observiert, vgl. die Berichte
Kardinal Graf Herzans an Fürst Kaunitz
vom 3. und 24. März.

3. Jan.   G. sieht eine Aufführung von Goldonis *La
Locandiera* (vgl. an Fritz von Stein am 4.).

4. Jan.   Aufnahme in die literarische Gesellschaft
›Arcadia‹; G. bekommt den Namen
Megalio Melpomenio (vgl. an Fritz von
Stein und *Italienische Reise, Zweiter
römischer Aufenthalt*, »Aufnahme in die
Gesellschaft der Arkadier«).

~5./6. Jan.   G. bekommt einen ersten Brief von Carl
August nach Italien: Er gewährt G. Urlaub
auf unbestimmte Zeit (Brief nicht überliefert, vgl. aber z. B. G.s Antwort vom 13.-
20.).

6. Jan.   Brief an den ›Freundeskreis in Weimar‹:
Über seine Lektüre von Winckelmanns
Geschichte der Kunst des Altertums (vgl.
bereits an das Ehepaar Herder, 2. 12. 1786)
sowie Erwähnung seiner Bekanntschaft
mit Abbate Monti (dessen Trauerspiel
Aristodem sieht G. am 15., vgl. an Frau von
Stein am 18.). – Brief an Frau von Stein (sie

hat das ihr gewidmete *Reise-Tagebuch*
noch immer nicht bekommen, vgl. dann
erst G.s Brief an sie vom 17.-20. 1.):
»Heute früh erhielt ich deinen bitter süßen
Brief vom 18 ten December <...> Ich kann
zu den Schmerzen die ich dir verursacht
nichts sagen als: vergib!« usw. Ferner:
»Seit gestern hab ich einen kolossalen
Junokopf [*Juno Ludovisi*] in dem Zimmer
oder vielmehr nur den Vordertheil, die
Maske davon. Es war dies meine erste
Liebschafft in Rom«. (Besuch der Villa
Ludovisi laut Ausgabenbuch am
9. 12. 1786).

9. bzw.   Laut Ausgabenbuch in der Engelsburg
10. Jan.   bzw. auf dem Kapitol (im Kapitolinischen
Museum?).

13. Jan.   Brief an Carl August; darin u. a. nicht   An Herder: »Hier mein lie-
namentliche, aber erste einigermaßen   ber <...> die *Iphigenie*, dir
gesicherte Erwähnung von J. H. Meyer   gewiedmet und geweyht«. –
(als einem möglichen Nachfolger für G. M.   Im Brief an Göschen u. a.
Kraus bei der Weimarer Zeichenschule).   Ankündigung von Kupfer-
An den ›Freundeskreis in Weimar‹, u. a.   platten für die *Schriften*,
über seine Begeisterung für die *Minerva*   gestochen von dem ebenfalls
Giustiniani.   zur Zeit in Rom lebenden
                                      Kupferstecher J. H. Lips.

18. Jan.   Brief an Frau von Stein; darin u. a. erste   Ferner: »Ich habe Hoffnung
Erwähnung des berühmten sog. *Herkules*   *Egmont, Taßo, Faust* zu
Farnese, dessen Abtransport nach Neapel   endigen, und neue
bevorstehe. Vgl. auch an Carl August, 6. 7. Gedancken genug zum
                                        Wilhelm« (*Wilhelm Meister*).

22. Jan.   Laut Ausgabenbuch u. a. im Palazzo Giustiniani (mit der *Minerva Giustiniani*).

25. Jan.   An Frau von Stein: »Die Gemmen hab ich   Brief und Paket an Herder,
in Schwefelabdrücken ziemlich studirt,   mit verschiedenen Sachen für
nun muß ich mich noch auf die Münzen   die erste Lieferung (Bd. 1-4)
werfen«.   der *Schriften*.

1. Febr.   An Frau von Stein: »Nun kann ich auch
fröhlicher an das Werck gehen [vertieftes
Studium der Kunstwerke und Altertümer
Roms], denn ich habe einen Brief von dir in
welchem du mir sagst, daß du mich liebst«.

2. Febr.   Ausgabenbuch: »Stanze die Raffaelle.
Horto botanico.« Im Kloster S. Onofrio

mit Tassos Grab und Büste: »Das Gesicht
ist von Wachs und soll über seinen Leich-
nam gegossen seyn« (an Frau von Stein).

3. Febr. Ausgabenbuch : »Meyer per disegni [für
Zeichnungen].« (Frühestes authentisches
Vorkommen von J. H. Meyers Namen.)

~7./10. Febr. An Frau von Stein: »Tischbein bringt mich
im Zeichnen seit zwey Tagen fast jede
Stunde weiter«.

13./17. Febr. An Frau von Stein: »Deine Briefe werden
alle gleich verbrannt, wie wohl ungern.
Doch dein Wille geschehe.«

~19. Febr. Maler Müller an Heinse, 17. 4.: »ich sah
ihn [G.] nicht als nur in den lezten Tagen
seines Hierseyns da traffen wir uns auf der
Villa Medicis und sprachen auf einige
Augenblicke mit einander.«

19./20. Febr. An Frau von Stein: »Sage Herdern: daß
sich meine botanische Hypothesen
durchaus bekräftigen«.

21. Febr. An Frau von Stein: »du weist nicht welche
(Ascher- Gewalt ich mir angethan habe und anthue
mittwoch) und daß der Gedancke dich nicht zu
besitzen mich doch im Grunde <...>
aufreibt und aufzehrt. Ich mag meiner
Liebe zu dir Formen geben welche ich will,
immer immer – Verzeih mir daß ich dir
wieder einmal sage was so lange stockt und
verstummt.«

Reise nach Neapel und Sizilien, 22. Februar - 6. Juni 1787

Mit Tischbein. G. benutzt als Reiseführer
J. H. Riedesels *Reise durch Sicilien und
Großgriechenland*, 1771; vgl. *Italienische
Reise* unter »Girgent, Donnerstag den
26. April 1787«. Knappste Tgb-Notizen
für Sizilien (Daten, Orte) vom 29. März
bis 30. April. Im übrigen vgl. in der
Hauptsache den zweiten Teil der
Italienischen Reise; die authentischen
Quellen – Briefe, Aufzeichnungen – hat
G. nach Abschluß dieses zweiten Teils
größtenteils vernichtet.

Auf der Via Appia	22.-25. Febr.	Ariccia, Velletri; Pontinische Sümpfe, Terracina, Fondi; Formia (Mola di Gaeta), S. Agata (bei Sessa in der Campagna).	Vom 22. eigenh. datierte Landschaftszeichnung (Corpus II, Nr. 66 Vorderseite).
Neapel	25. Febr. (-29. März)		Landschaftszeichnungen, vgl. Corpus II, Nr. 84-130 (öfter jedoch mit unsicherer Zuschreibung, Lokalisierung bzw. Datierung).
	27. Febr.	*Italienische Reise*: »Abends in die Grotte des Pausilipp« (Grotta Vecchia).	
	28. Febr.	Bei Ph. Hackert in dessen Stadtwohnung, erste persönliche Begegnung.	
	März	Bekanntschaft mit dem Staatsrechtler G. Filangieri, der G. auf Vicos *Principe di una scienza nuova d'intorno alla commune natura delle nazioni* (1725, 1744) aufmerksam macht ; durch W. Tischbein Bekanntschaft mit Kniep (vgl. *Italienische Reise*, 13. und 19. März).	
(Pozzuoli)	1. März	In Gesellschaft von Fürst Ch. A. von Waldeck u. a.	
	3./6. März	An Seidel: »den Vesuv schon bestiegen«, laut *Italienische Reise* am 2.; ebenda unter dem 6. über eine weitere Vesuvbesteigung, mit W. Tischbein und zwei Führern.	
	7. März	*Italienische Reise*: »Und so hat mir diese Woche Tischbein redlich einen großen Teil der Kunstschätze von Neapel gezeigt«.	
	9. März	Besuch des Palazzo Reale von Capodimonte mit der Kunstsammlung der Farnese. – Erste Begegnung mit Filangieris Schwester, Fürstin Satriano (›die Prinzessin‹, ›das Prinzeßchen‹); Schilderung einer größeren Tafel in ihrem Palazzo in der *Italienischen Reise* unter dem 12. März.	
(Pompeji)	11. März		
Caserta	14.-16./ 17. März	Bei Hackert; am 16. in Santa Maria Capua vetere.	
Neapel	~Mitte März	Bekanntschaft mit Sir Hamilton und seiner Geliebten (später: Ehefrau) Emma Lyon oder Harte, die ihre ›Attitüden‹	

		vorführt (vgl. *Italienische Reise* unter dem 16. und 22. März).	
(Hercula-neum, Portici)	18. März	Im Museum von Portici die Grabungs-funde aus Herculaneum.	
	19. März	Zum dritten Mal auf den Vesuv, bei ausströmender Lava; vgl. *Italienische Reise*, 20. März.	*Eilige Anmerckungen über den Vesuv d. 19. März 1787* (Beilage zu einem nicht überlieferten Brief an Frau von Stein vom 20.).
(Salerno, Paestum)	23.-24./ 25. März	Vgl. am 23. an Ch. G. Voigt. – »Von heute an leben und reisen wir [G. und Kniep] zusammen, ohne daß er weiter für etwas sorgte als zu zeichnen« (*Italienische Reise*, 23. März; ebenda auch über den ersten ›lästigen ja furchtbaren‹ Eindruck, das für ihn ›völlig Fremde‹ der drei dorischen Tempel in Paestum).	
	25. März	*Italienische Reise* »zum 25. März ‹...› daß ich mit der Urpflanze bald zu Stande bin«.	
Überfahrt nach Sizilien	28.-31. März	Mit Kniep als Landschaftszeichner; während der Überfahrt schreibt dieser für G. ›das Mechanische‹ des Aquarellierens auf (*Italienische Reise*, 3. April).	G., seekrank, beginnt mit der Weiterarbeit an *Tasso* für die *Schriften* (Versbearbeitung der beiden bis dahin fertigen Akte und Konzept des Gesamtplans, vgl. *Italieni-sche Reise*, 30. und 31. März und 1. April).
Palermo	1. (-18. April)	(Datum der Landung nach Tgb).	
	6. April (Karfreitag)	In der Wallfahrtskirche der hl. Rosalie auf dem Monte Pellegrino.	
	8. April	Einladung beim Vizekönig im Palazzo Reale.	
(Bagheria)	9. April	Villa Palagonia (Tgb). Vgl. neben *Italienische Reise* auch die authentischen Notizen *Elemente der Tollheit des Prinzen Pallagonia*.	
(Monreale)	10. April	Benediktinerabtei San Martino (Tgb).	
	12./15. April	Besichtigung der vom Principe di Torremuzza angelegten bedeutenden Sammlung antiker sizilischer Münzen (vgl. *Italienische Reise*, 12. April;	Der Kauf von Homers Werken (laut Ausgabenbuch am 15.) deutet auf die Beschäftigung mit dem Plan

Beginn von G.s Interesse für Münzen und Medaillen; er erwirbt mit der Zeit eine ansehnliche Sammlung). | des *Nausikaa*-Dramas (vgl. *Italienische Reise*, 7. April).

~16./ 17. April Besuch bei der Familie Cagliostros, eigentlich Balsamo, in Begleitung eines sachkundigen Italieners. G. gibt sich als Engländer namens Wilton aus. In der *Italienischen Reise* unter dem 13. und 14. April; zur Datierung vgl. den Brief der Mutter Balsamo, den sie G. für ihren Sohn mitgibt, abgedruckt in G.s Aufsatz *Des Joseph Balsamo, genannt Cagliostro, Stammbaum*, 1792. Vgl. auch Frau von Stein an Charlotte von Lengefeld, 1.6.: »Goethe hat des Cagliostro Mutter und Schwester kennen lernen, eine ehrbare arme Familie«.

17. April *Italienische Reise*: »ob ich nicht unter dieser Schar [Pflanzen in der Villa Giulia] die Urpflanze entdecken könnte?«

Brief an Fritz von Stein: »als wir nach einer beschwerlichen Überfahrt [s. o. 28.-31. 3.] am Ufer des Meeres die Gärten des Alcinous fanden« (im ›öffentlichen Garten‹, der Villa Giulia oder Flora in Palermo, vgl. *Italienische Reise*, 3. und 7. April; am 16. April: »den Plan der *Nausikaa* weiter durchzudenken« usf.; die Weiterarbeit, so unter dem 17. April, sei durch die Suche nach der ›Urpflanze‹ gestört worden).

18. April Aufbruch aus Palermo zu einer Reise quer durch Sizilien. An Ph. Seidel, 15. 5.: »Von Palermo auf Girgenti und von da auf Messina habe ich die Reise zu Pferde gemacht«.

Alcamo   18. (-21. April) Vgl. *Italienische Reise*, Tgb und Reisenotiz.

(Segesta)   20. April Besichtigung des unvollendeten dorischen Tempels. | Längere Notiz: *Tempel zu Segeste*, ausgeführt in der *Italienischen Reise*.

Castelvetrano; Sciacca   21. April 22./23. April Vgl. *Italienische Reise* und Tgb.

Agrigent (Girgenti)	23.-27./ 28. April	Außer den dorischen Tempeln bzw. Tempelruinen (Tempel der Concordia, Juno-, Jupiter-, Herkules-, Äskulap-tempel) besucht G. das Grabmal des Theron, die normannische Kirche S. Biagio (*Italienische Reise*, 26. April: »die Reste eines kleinen Tempels, als christliche Kapelle erhalten«), bewundert den Hippolytos-Sarkophag im Dom u. a.	
Caltanisetta, Enna (›Castro-giovanni‹)	28./29./ 30. April	Vgl. Tgb: »28 Von Girgent./29/30 von Caltanisette«.	
Catania	1.-6. Mai	Beim Prinzen Biscari, Besichtigung seiner Sammlungen (Antiken, Münzen, Gemmen u. a.), Klosterkirche S. Nicolò. Besteigung des zum Ätna-Massiv gehörenden Monte Rosso.	
Taormina	6.-8. Mai	Antikes Amphitheater, mit berühmtem Panorama.	*Italienische Reise*, 7. <8.> Mai: »den Plan zur *Nausikaa* weiter denkend, eine drama-tische Konzentration der *Odyssee*« (ausgeführt im fol-genden Abschnitt »Aus der Erinnerung«).
Messina	8.-11. Mai	*Italienische Reise*, 10. Mai: »gleich beim Eintritt den fürchterlichsten Begriff einer zerstörten Stadt« (Erdbeben vom 5. 2. 1783).	
Überfahrt nach Neapel	11.-14. Mai	An Ph. Seidel am 15.: »gestern da ich vom Schiffe stieg <...> nach einer vierthalb-tägigen Fahrt hier angekommen.« An Carl August am 28.: »Die Sirenenfelsen hinter Capri <...> an denen wir beynahe <...> bey völlig heitrem Himmel, und voll-kommner Meeres Stille, eben durch diese Meerstille zu Grunde gegangen wären.«	Ferner im Brief an Seidel: »Was ich machen kann wird man vielleicht aus einem Stück sehen, das ich auf dieser Reise erfunden und angefangen habe« (*Nausi-kaa*).
Neapel	14. Mai (-3. Juni)		
(Paestum)	16. Mai	Vgl. an Frau von Stein am 25.: »von meiner Reise auf Pest« und *Italienische Reise*, 17. Mai, »An Herder«: »die letzte und fast möcht' ich sagen herrlichste Idee, die ich nun nordwärts vollständig mitnehme«.	

(Pozzuoli)	19. Mai	Tempel des Jupiter Serapis (Datum nach *Architektonisch-naturhistorisches Problem*, 1823).	Fragment aus Tagebuch-notizen über die angefresse-nen Säulen des Tempels, später ausgeführt in *Archi-tektonisch-naturhistorisches Problem*.

23. bzw. Besuch einer Oper von Cimarosa bzw.
24. Mai einer Aufführung der Commedia dell' arte, vgl. an Frau von Stein am 25.: »gestern hat mich der wahre Pulcinell (das heist der lebendige und originale) aufs beste unter-halten«.

28. Mai Antwort auf mehrere Briefe von Carl Au-gust; u. a. bittet G., ihn von der Leitung der Kammer zu entbinden. (»Ich habe so ein großes und schönes Stück Welt gesehn, und das Resultat ist: daß ich nur mit Ihnen und in dem Ihrigen leben mag. Kann ich es, weniger von Detail überhäuft, zu dem ich nicht gebohren bin; so kann ich zu Ihrer und zu vieler Menschen Freude leben«.)

1. Juni An Frau von Stein: »wird man hier immer fauler und fauler. Seit meiner Rückkunft von Pest hab ich ausser dem Museum von Portici nichts gesehn <...> das α und ω aller AntiquitätenSammlungen«. – »Der Vesuv <...> floß endlich d. 1. Juni von einer starcken Lava über <...> ein großer Anblick« (an Frau von Stein, 8. 6.).

Rückreise 3.-6. Juni
nach Rom

Rom, 6. Juni 1787- 23. April 1788

Rom   Fortsetzung der botanischen Studien durch intensive empirische Forschungen, vgl. den Abschnitt »Störende Natur-Betrachtungen« in der *Italienischen Reise*.

Juni Angelika Kauffmann malt ein Porträt von G. (*Italienische Reise*, 27. Juni: »Es ist im-mer ein hübscher Bursche, aber keine Spur von mir«).

8. Juni Brief an Frau von Stein: »Vorgestern <...> bin ich wieder hier angekommen«. Ferner

über seine in Neapel und Sizilien ver-
tieften botanischen Beobachtungen und
Ideen: »Die Urpflanze <...> Mit diesem
Modell und dem Schlüssel dazu, kann man
alsdann noch Pflanzen ins unendliche
erfinden <...> Dasselbe Gesetz wird sich
auf alles übrige lebendige anwenden
laßen«.

Tivoli	11.-~23. Juni	An Frau von Stein am 9. (Samstag): »Montag geht es nach Tivoli.« Hackert, zu der Zeit ebenfalls in Tivoli, unterweist G. im Landschaftszeichnen.	
Albano, Castel Gandolfo, Frascati	~24.-26. Juni ?	»Auf den Gebirgen aber, Albano, Castello, Frascati, wo ich vergangene Woche 3 Tage zubrachte« (*Italienische Reise*, Ende Juni).	
Rom	29. (Peter und Paul)/30. Juni	Illumination der Kuppel des Petersdoms und Feuerwerk auf der Engelsburg, vgl. *Italienische Reise* sowie den Brief an Herders Kinder und Fritz von Stein am 30.	An Frau von Stein am 30.: »Gestern <...> in der Villa Borghese <...> machte ich Anstalten *Egmont* zu endigen«. Zuvor über Magnetismus und »die Hexen Epoche in der Geschichte« (deutet auf gedankliche Beschäftigung mit *Faust*; etwa »Walpurgisnacht«, »Hexenküche«?).
	2. Juli	W. Tischbein verläßt Rom, geht nach Neapel.	
	5. Juli	*Italienische Reise*: »Moritz, einige Landsleute im Hause [Bury, Schütz], ein wackerer Schweitzer [J. H. Meyer] sind mein gewöhnlicher Umgang. Zu Angelika [Kauffmann] und Rat Reifenstein geh ich auch«.	
	14. Juli	An Ph. Ch. Kayser: »In der komischen Oper <...> Cimarosa unterhält uns noch und lockt uns ohngeachtet der Hitze ins Theater.«	»Ich arbeite an *Egmont*«.
	17. Juli	*Italienische Reise*: »bei Albacini, dem Restaurator antiker Statuen <...> ein Torso eines sitzenden Apolls <...> hat an Schönheit vielleicht nicht seines gleichen« (gilt heute als ruhender Dionysos, wohl	

ein griechisches Original aus dem 3. Jh.
v. Chr.; vgl. noch einmal am 20.).

~18. Juli   Laut *Italienische Reise* liest Abbate Casti
             bei Graf Fries aus seinen *Novelle galanti*.

22. Juli   Laut *Italienische Reise* im Palazzo Barbe-
             rini, dort u. a. Betrachtung von Raffaels
             Bildnis seiner Geliebten, der sog. Forna-
             rina; ferner Besuch bei J. B. d'Agincourt.

25. Juli   Laut *Italienische Reise* in der Gemmen-
             sammlung des Prinzen von Piombino.

31. Juli   *Italienische Reise*: »Ein neues Intermezz
             L'Impresario in angustie [von Cimarosa]
             ist ganz fürtrefflich«.

11. Aug.   Brief an Carl August: »Jetzt werden   Ferner: »Noch eine andre
             Architectur und Perspecktiv, Komposi-   Epoche dencke ich mit
             tion und Farbengebung der Landschaft   Ostern zu schließen: meine
             getrieben« (Kurs in perspektivischem   erste (oder eigentlich meine
             Zeichnen bei M. von Verschaffelt, vgl.   zweyte) Schriftsteller-
             Italienische Reise).   Epoche. *Egmont* ist fertig,
                                                           und ich hoffe biß Neujahr
                                                           den *Tasso*, biß Ostern *Faust*
                                                           ausgearbeitet zu haben«.

Mitte Aug.   Laut *Italienische Reise* (unter dem   Am 14. an Ph. Ch. Kayser:
             18. August) mit Angelika Kauffmann im   »Ich habe nichts weniger vor:
             Palazzo Borghese (»die Gemälde des   als die famose Halsbands
             Prinzen Aldobrandini, besonders einen   Geschichte des Card. Rohan,
             trefflichen Leonard da Vinci zu sehen«).   zur Opera Buffa zu machen«
                                                           usw. (wird dann zum Lust-
                                                           spiel *Der Groß-Cophta*; vgl.
                                                           auch an Bertuch, 27. 10.).

17. Aug.   Eigenh. datierte Zeichnung:
                                                           Platz vor dem Kapitol (Cor-
                                                           pus III, Nr. 42); vgl.
                                                           Italienische Reise, 18. Au-
                                                           gust: »Skizze <...> Es ist die
                                                           ohngefähre Idee wenn man
                                                           von hinten das Capitol her-
                                                           aufkommt.« (Vgl. hierzu in
                                                           Weimarische Pinakothek,
                                                           1821, »Seiten-Ansicht des
                                                           Capitols«.)

18. Aug.   Brief an Knebel, u. a. über seine botani-   Ferner über seine Zeichnung
             schen Entdeckungen (›Harmonia   einer durchgewachsenen
             Plantarum‹).   Nelke (Corpus V b, Nr. 67).

	22. Aug.	Bei R. von Worthley sieht G. erstmals Zeichnungen vom Parthenon-Fries des Phidias (vgl. *Italienische Reise*, 23. August).	
	23. oder 24. Aug.		An Frau von Stein: »wie gut es mir mit dem modelliren geht <…> Ich habe ein Prinzip gefunden das mich <…> durch die Labyrinthe der Menschen Bildung durchführen wird.«
	Mitte/Ende Aug.	Trippel arbeitet an seiner Goethe-Büste, im Auftrag des Fürsten Ch. von Waldeck (vgl. *Italienische Reise*, 23. und 28. August); Anf. Nov. in Marmor vollendet (so Trippel am 18.11. an seinen Auftraggeber).	
	28. Aug.	Herders Schrift *Gott. Einige Gespräche* trifft zu G.s Geburtstag ein (vgl. *Italienische Reise* und Caroline Herder an ihren Mann, 25.8.1788).	Dankgedicht an Carl August (datiert): *Du sorgest freundlich*.
	Ab August	Gespräche mit K. Ph. Moritz über dessen neue Buchprojekte, beide 1791 erschienen: *Anthousa oder Roms Alterthümer* und *Götterlehre oder Mythologische Dichtungen der Alten* (vgl. Moritz an J. H. Campe, 1.9. sowie *Italienische Reise*, 18. August und »Bericht August«).	
	Anfang Sept.		Absendung des fertigen *Egmont* nach Weimar (vgl. Brief an Ph. Ch. Kayser, 11.9.).
(Frascati)	7.-9. Sept.	Vgl. *Italienische Reise*, 6. und 12. September.	
	17. Sept.	An den ›Freundeskreis in Weimar‹, faszinierte Schilderung der Zeichnungen des Franzosen L. F. Cassas von seiner Reise in die Türkei, nach Syrien, Palästina und Ägypten.	
	22. Sept.	*Italienische Reise*: »Ich habe mir eine Sammlung von 200 der besten Antiken-Gemmen-Abdrücke angeschafft«.	Bd. 1-4 der *Schriften* trifft ein, u. a. mit dem Erstdruck von *Die Mitschuldigen* (3. Fassung) und *Iphigenie auf Tauris* (Versfassung).

	~Ende Sept.	Lektüre von Lavaters *Nathanael. Oder die eben so gewisse, als unerweisliche Göttlichkeit des Christentums. Für Nathanaele* <...>, 1786, mit einer langen, eindeutig auf G. gemünzten Widmung »An einen Nathanael, Dessen Stunde noch nicht gekommen ist«. Eine kurze grimmige Reaktion G.s, undatiert, ist im Nachlaß überliefert (»du kommst mit deiner Saalbaderey an den unrechten« usw.); vgl. auch *Italienische Reise,* 5. Oktober.	Laut *Italienische Reise,* 28. September, schreibt G., motiviert durch Gespräche mit K. Ph. Moritz, erstmals etwas zu seinem ›Pflanzensystem‹ nieder. Vgl. die aus Italien überlieferten botanischen Notizen.
Frascati	25. Sept. (-4. Okt.)	Mit Reiffenstein und J. G. Schütz (vgl. *Italienische Reise,* 22. und 28. September und »Bericht September« sowie Brief an Knebel, 3. 10.).	Landschaftszeichnen.
(Albano)	27. Sept.		
	3. Okt.	Brief an Knebel; über seine Methode, in der bildenden Kunst weiter zu kommen (»Glücklicherweise hab ich auch eine Combination der Kunst mit meiner Vorstellungs Art der Natur gefunden«). Ferner über seine ›allgemeine Formel‹ für die Pflanzenwelt.	
Albano	4.-6. Okt.		
Castel Gandolfo	6.-21./ 22. Okt.	Vgl. *Italienische Reise.* Neigung zu einer jungen Mailänderin (Maddalena Riggi, vgl. Angelika Kauffmann an G., 1. 11. 1788).	
Rom	Ende Okt.	»Gegen Ende Oktobers kam ich wieder in die Stadt und da ging eine neue Epoche an. Die Menschengestalt zog nunmehr meine Blicke auf sich <...> Ich begab mich in die Schule [Anatomiezeichnen bei J. H. Meyer]« (an Carl August, 25. 1. 1788). – Am 27. an Fritsch: »Um den römischen Staat <...> habe ich mich noch wenig bekümmert. Es ist ein betrübter Anblick um eine schlimme Administration« usw.	Am 27. Brief an Göschen mit herber Kritik an Ausstattung und Textqualität der *Schriften.* Über Zeichnungen Angelika Kauffmanns für diese Ausgabe: zu *Egmont* (»Hr. Lips hat sie auch bereits gestochen«) und zu *Iphigenie.*
	November	Laut *Italienische Reise,* »Bericht November«, Besuch des Museo Pio Clementino und des Kapitolinischen Museums bei Fackelbeleuchtung.	Umarbeitung von *Claudine von Villa Bella* und *Erwin und Elmire* (vgl. an Carl August, 25. 1. 1788).
	Anfang Nov.	Ankunft Ph. Ch. Kaysers (vgl. an Seidel, 10. 11.). Er bringt die Partitur zu *Scherz,*	

List und Rache mit (vgl. an Carl August
am 17.).

17. Nov. Brief an Carl August, u. a. mit Spekula-
tionen zur politischen Lage in Europa
(»Ich lese fleisig die Zeitungen«), ferner
über Ph. Ch. Kayser: »Durch ihn genieße
ich auch erst die hiesige Musik«.

November/
Dezember

Zeichnungen: Kopfstudien,
Corpus III, Nr. 138-220
(nicht eindeutig datierbar,
vgl. aber an Carl August,
29. 12. 1787 und 25. 1. 1788).

Anfang Dez. Laut *Italienische Reise*, Bericht Dezember,
erneute Besichtigung wichtiger Sehens-
würdigkeiten; herausgehoben sind die
Fresken »Christus und seine Apostel
<...> nach Zeichnungen Raphaels« in SS.
Vincenzo e Anastasio [bei G. irrtümlich: in
S. Paolo alle tre Fontane], S. Paolo fuori le
mura, die Aqua (Fontana) Paola und
Raffaels *Transfiguration* in S. Pietro in
Montorio.

7./8. Dez.

An Carl August: »*Claudine*
und *Egmont* halten mich
länger auf als ich dachte
<...> [Kayser] komponirt
alles was an Musick zum
Egmont nötig ist«.

Albaner Berge 11.-15. Dez. Wanderung mit Ph. Ch. Kayser und Bury:
Frascati (dort u. a. Besichtigung des
Kolossal-Brustbilds des Antinous in
der Villa Mondragone), Monte Cavo,
Rocca di Papa, Albano, Ariccia, Genzano,
Nemi-See, Castel Gandolfo, Marino
(vgl. *Italienische Reise* und an Knebel
am 21.).

Rom 18. Dez. An Fritz von Stein: »Ich gehe wenn es
Nacht wird, vier Tage in der Woche in eine
Perspektivstunde <...> Auch habe ich
<...> einen jungen Maler [Bury], der recht
geschickt und gut ist, mit dem ich allerlei
zeichne«.

29. Dez. Brief an Carl August: u. a. über die
Schwierigkeiten und Risiken, in Rom

An Seidel: »sage ihm [Ber-
tuch]: ich werde Carnevals

eine Geliebte zu haben, sowie über die verbreitete Homosexualität unter Männern.

Masken zeichnen lassen u. sie ihm mit der Beschreibung schicken.« (Erster Hinweis auf die Idee zu *Das römische Carneval*).

1788 Bündnis Österreichs mit Rußland gegen die Türkei. Tripelallianz Preußen-Holland-Großbritannien. ›Wöllnersches Religionsedikt‹ als Wendung zur Gegenaufklärung in Preußen (9.7.). In Frankreich am 8.8. Einberufung der Generalstände auf 1.5.1789. – Sieyès: *Was ist der dritte Stand?* Kant: *Kritik der praktischen Vernunft.* Schiller: *Geschichte des Abfalls der vereinigten Niederlande.* K. Ph. Moritz: *Über die bildende Nachahmung des Schönen.* – Tod Hamanns (21.6.).

G. läßt von Schreiber Vogel ein Verzeichnis seiner Bücher erstellen.

Januar   Fortsetzung des Zeichenkurses zur menschlichen Gestalt: »Schlüsselbein, Brust und so weiter« (an Carl August am 25.).

Vgl. die entsprechenden Zeichnungen Corpus III, Nr. 221 ff. – G. schickt die Umarbeitung von *Erwin und Elmire* und die beiden ersten Akte der Umarbeitung von *Claudine von Villa Bella* an Herder, vgl. Brieftabelle, 12. und 26. sowie am 26. an Frau von Stein (darin auch das in Italien entstandene Lied »*Cupido, loser, eigensinniger Knabe*«, in *Italienische Reise* an den Anfang von »Bericht Januar« 1788 gestellt).

25.Jan.   Brief an Carl August, u. a. über den Abschluß seines Zeichenkurses zur menschlichen Gestalt: »ich habe gestern die Hand, als den letzten Theil <...> absolvirt. <...> Diesen Cursum habe ich an der Hand eines Schweitzers, Nahmens Meyer, eines gar verständigen und guten Künstlers, gemacht, und <...> Büry <...> hat mir nicht wenig geholfen.«

Vgl. die entsprechenden Zeichnungen Corpus III, Nr. 243-248.

26.Jan.   Offizieller Beginn des Karnevals (der bis zum 5.2. dauert), vgl. an Ch. G. Voigt am 27.; G. stürzt sich diesmal ins Treiben, vgl. an Fritz von Stein, 16.2., und Bury an G., 8.8.1789 sowie G.s Aufsatz *Das Römische Carneval* (s. u.).

Anfang Febr.	Laut *Italienische Reise*, 9. Februar, Lektüre von Leonardo da Vincis *Trattato della pittura*.	Am 9. an Göschen: »Heute geht der letzte Ackt *Claudinens* an H. Herder ab <...> Die *Vermischte Gedichte* zum letzten Bande [der *Schriften*] habe ich auch schon gesammelt und meist zusammengeschrieben«.
16. Febr.	Brief an Carl August: u. a. deutliche Anspielung auf erotische Erlebnisse etwa seit Mitte/Ende Januar (Antwort auf einen Brief, in dem Carl August offenbar von seiner inzwischen kurierten venerischen Erkrankung spricht).	Ferner über die Arbeit an den *Schriften*: »*Lila, Jeri* <...> in bester Ordnung <...> Nun steht mir fast nichts als der Hügel *Tasso* und der Berg *Faustus* vor der Nase«. – An Fritz von Stein: »Grab <...> Vor einigen Abenden, da ich traurige Gedanken hatte, zeichnete ich meines bei der Pyramide des Cestius«; vgl. Corpus II, Nr. 332.
22. Febr.		*Italienische Reise*, Korrespondenz: »Ein Gedicht: *Amor als Landschaftsmaler* schick ich dir ehstens«.
Ende Febr.	Lektüre: »die neue Ausgabe von [A. R.] Mengsens Schriften« (*Italienische Reise*, 1. März).	Laut *Italienische Reise*, 1. März, Arbeit an *Faust*, u. a. »eine neue Szene« (»Hexenküche«?). »Auch ist der Plan von *Tasso* in Ordnung«.
Ende Febr./ Anfang März	Besuch mehrerer Aufführungen alter Musik (Morales, Palestrina u. a.); mit Ph. Ch. Kayser Studium der Psalmen von B. Marcello (*Estro poetico-armonico*). Vgl. *Italienische Reise*, 1. und 14. März. Besichtigung des (angeblichen) Schädels von Raffael in der Accademia in S. Luca (vgl. *Italienische Reise*, 7. März).	
14. März	Besuch der sog. Villa Raffaels (vgl. *Italienische Reise*).	»Ferner habe ich diese Woche einen Fuß modellirt, nach vorgängigem Studio der Knochen und Muskeln« (*Italienische Reise*).
17./18. März	Brief an Carl August, nach endgültiger Festlegung seiner Abreise aus Rom im	

April; am 17. inbesondre über seine künf-
tige (äußere) Stellung in Weimar: »daß Sie
mir, nach meiner Ankunft <...> den
Urlaub gönnen wollten, den Sie dem
Abwesenden schon gegeben haben [zur
Verarbeitung der Reise-Früchte und
Fertigstellung der *Schriften*] <...> ich
habe mich in dieser anderthalbjährigen
Einsamkeit selbst wiedergefunden; aber
als was? – Als Künstler!« Beifall zur Wahl
von J. Ch. Schmidt zum künftigen Kam-
merpräsidenten (G. wird am 11.4. offiziell
von seiner Tätigkeit im Finanzressort
entbunden). Am 18. u. a. über Reiffen-
steins Abschiedsgeschenk, »Original
Radirungen von Claude Lorrain. Sie sind
unschätzbar wie alles von seiner Hand.«

17.-23. März   G. nimmt teil an den kirchlichen Feier-
(Oster-   lichkeiten der Karwoche, ist besonders
sonntag)   beeindruckt von den Vokalmusik-
Aufführungen in der Sixtinischen Kapelle.
Über die Ostermesse im Petersdom
vgl. an Schnauß, 24. 3. und an Carl August,
2. 4.

Ende März   Beginn der Lektüre von P. Serassi, *La vita
di Torquato Tasso*, 1785 (vgl. an Carl
August am 28.).

11. April   *Italienische Reise*: »in der französischen
Akademie, wo die Abgüsse der besten
Statuen des Altertums beisammenstehn
<...> zum Abschied <...> selbst vor-
bereitet steht man wie vernichtet.«

Mitte April   Letzte Besichtigungen, u. a. Cloaca
Massima und Katakomben bei S. Seba-
stiano an der Via Appia, letztere rasch ab-
gebrochen, vgl. *Italienische Reise*,
»Bericht April«.

Von Rom nach Weimar, 24. April - 18. Juni 1788

Mit Ph. Ch. Kayser; dessen Ausgabebuch
ist Hauptquelle für Stationen, Daten und
auch Besichtigungen.

Notizheft mit undatierten
und ungeordneten Notaten:
u. a. knappe Bemerkungen
zu einzelnen unterwegs
besichtigten Kunstwerken,

			Naturwissenschaftliches (meist zur Botanik), wenig zu *Tasso* und *Wilhelm Meister*.
Von Viterbo nach S. Quirico d'Orcia	24.-26. April		
Siena	27.-29. April		
Florenz	29. April- 11. Mai	Am 6. an Carl August: »Ich habe fast alles gesehen, was Florenz an Kunstsachen enthält <...> Die Medicäische Venus übertrifft alle Erwartung <...> An Gemälden treffliche Sachen. Besonders habe ich mich an die ältern Meister gehalten«.	Arbeit an *Tasso* (so im ursprünglich geplanten Schlußteil der *Italienischen Reise*).
Bologna	11.-17. Mai		
Parma	18.-21. Mai	Nach Parma über Modena.	
Mailand	22. (-28. Mai)	Über Piacenza.	
	23. Mai	An Carl August: »Wir waren am 22. Abends hier <...> Der Abschied aus Rom hat mich mehr gekostet als es für meine Jahre recht und billig ist, indessen habe ich mein Gemüt nicht zwingen können <...> ist das Abendmahl des Leonard da Vinci noch ein rechter Schlußstein in das Gewölb der Kunstbegriffe.«	
	24. Mai	In der Bibliotheca und Pinacoteca Ambrosiana, dort Gemälde von Leonardo da Vinci, Giulio Romano u. a.	An Knebel: »Jetzt bin ich <...> an *Tasso* <...> Die ersten Ackte müßen fast ganz aufgeopfert werden.«
Vom Comer See nach Chur	29.-31. Mai	Über Chiavenna, Splügenpaß.	
Von Vaduz nach Fußach	1.-2. Juni		
Konstanz	3.-10. Juni	Zusammensein mit Barbara Schultheß (vgl. an Carl August am 23. 5.: »die gute Schultheß von Zürch <...> welche ich sprechen und begrüßen muß, ohne den Kreis des Propheten [Lavaters] zu berühren«).	

Von Biberach nach Gunzen- hausen	10.-13. Juni	Über Ulm, Giengen.
Nürnberg	13.-16. Juni	Besichtigung von Kirchen, der Burg und des Rathauses.
Von Coburg nach Weimar	16.-18. Juni	Über Saalfeld, Jena.

Weimar, 18. Juni 1788 bis 13. März 1790

G. bewohnt zunächst wieder sein voriges Quartier am
Frauenplan.

Dienstliche Obliegenheiten: G. ist nach wie vor Mitglied
des Geh. Consiliums (in der Regel aber nicht bei den Sitzungen), der Bergwerkskommission und der Ilmenauer
Steuerkommission; er ist nicht mehr beim Wegebau, in
der Militär- und der Finanzverwaltung tätig. Im Lauf der
Jahre übernimmt er Verwaltungsaufgaben hauptsächlich
im kulturellen und wissenschaftlichen Bereich.

Weimar	18. Juni	Herder an Knebel am 22.: »Er ist seit dem 18. abends um zehn Uhr mit dem Vollmonde hier«.
	~19. Juni	Kühler Empfang durch Frau von Stein, vgl. G.s Brief an sie vom 1. 6. 1789.
	Juli	Bd. 5 der *Schriften* ersch. (vgl. an Göschen, ~Mitte Juli), u. a. mit dem Erstdruck von *Egmont*.
	Vor 11. Juli?	G. lernt Christiane Vulpius kennen, als sie ihm (laut Riemer) im Ilmpark eine Bitt-schrift für ihren Bruder Christian August überreicht. (Ungefähre Datierung nach G.s Brief an Vulpius vom 11., in den ›Postrech-nungen‹ verzeichnet, aber nicht überliefert.)
	12./13. Juli	Nach eigenem Bekunden Beginn des Liebesverhältnisses mit Christiane Vulpius, vgl. an Schiller, 13. od. 14. 7. 1796: »Heute erlebe ich auch eine eigne Epoche, mein Ehstand ist eben 8 Jahre und die franzö<si>sche Revolution 7 Jahre alt«; vgl. auch Christiane an G. am 18. 7. 1810 und G. an Christiane am 16. 7. 1813.
	~22. Juli	Frau von Stein geht für mehrere Wochen nach Kochberg (vgl. G.s Billett an sie vom 22.).
	August	Arbeit an *Tasso* (vgl. an Frau von Stein am 12.) und an der Niederschrift der botani-schen Ideen, vgl. Caroline Herder an ihren Mann am 17.

(die nachgelassenen Frag-
mente *Einleitung* und
<*Gesetze der Pflanzenbil-
dung*>?).

Anfang Aug.   G. bekommt Mercks verzweifelten
Hilferuf vom 3.8. (mit der Anrede »Sie«);
Merck bittet um Unterstützung in seiner
katastrophalen finanziellen Lage (er hatte
sich mit einer 1787 gegründeten Baum-
wollspinnerei übernommen): »Vielleicht
wäre der Herzog und die Herzogin
Mutter geneigt, Etwas für mich zu thun.«
G. erkundigt sich zunächst (am 8.8.) bei
Soemmering, vor allem nach Mercks
»Gesundheits und Gemüths Um-
stände<n>«.

6. Aug.   Abreise Herders nach Italien (in Begleitung J.F.H. von Dalbergs).

15. Aug.   Abreise Anna Amalias nach Italien; zu ihrer Begleitung gehört auch Ph. Ch. Kayser,
der sich aber bald wieder von der Gesellschaft trennt und nach Zürich geht (vgl. G.
an Kaysers Schwester Dorothea, 9.9.).

31. Aug.   An Frau von Stein; G. bittet
um seine Briefe aus Italien:
»ich will nach und nach
etwas daraus zusammen-
schreiben«, nämlich für
Wielands ›Teutschen Merkur‹
(vgl. auch an Wieland selbst
Ende Aug.).

Kochberg   5. (-8. Sept.)   Besuch bei Frau von Stein, mit Fritz
von Stein, Sophie von Schardt und
Caroline Herder (vgl. diese an ihren Mann
am 12.).

(Rudolstadt)   7. Sept.   Bei der Familie von Lengefeld erste
persönliche Begegnung mit Schiller (der
seit Ende Juli 1787 mit Unterbrechungen
in der ehemaligen Wohnung Charlotte von
Kalbs am Frauenplan in Weimar wohnt;
vgl. dessen ausführliche Schilderung im
Brief an Körner vom 12.).

Weimar   9. Sept.   Brief an F. H. Jacobi, der G. um Empfehlung eines Sekretärs und Hauslehrers

gebeten hat; G. nennt ihm, mit Vorbehalt,
Ch. A. Vulpius (u. a.: »Ich habe mich
seiner vor einigen Jahren angenommen, in
meiner Abwesenheit [Italienaufenthalt]
verlohr er jede Unterstützung und ging
<...> nach Nürnberg«).

Gotha	10.-18. Sept.	Bei der Gothaischen herzoglichen Familie (vgl. Caroline Herder an ihren Mann am 11. und G. an Carl August am 19.).	»*Künstlers Apotheose* <...> ist in Gotha fertig geworden« (an Carl August am 19.).
Weimar	20. Sept.		Schillers Rezension von *Egmont* ersch. in der ALZ (wie üblich anonym; vgl. G. an Carl August, 1. 10.).
	22. Sept.	Carl August bürgt Bankier Willemer in Frankfurt für 4000 Gulden, die dieser Merck auf zwei Jahre vorschießt (vgl. G. an Carl August am 19. und 23.).	An Herder: »Mein achter Band [für die *Schriften*] ist in Ordnung <...> Nun bin ich an *Tasso*, der auch vorrückt.«
(Jena)	23. Sept.	Mit Erbprinz Carl Friedrich, dessen Erzieher Ridel und August Herder (vgl. an Carl August).	
Ilmenau	24.-26. Sept.	G. inspiziert die Maßnahmen zur Beseitigung des Wassers in den Bergwerksstollen (vgl. an Carl August, 1. 10.).	
Weimar	Oktober		Im ›Teutschen Merkur‹ erscheinen unter dem Obertitel *Auszüge aus einem Reisejournal*: *1. Rosaliens Heiligtum*, *2. Zur Theorie der bildenden Künste*, *3. Stundenmaß der Italiener*.
	12. Okt.	Besuch des Schweizer Historikers Johannes von Müller.	
Jena	14.-20. Okt.	Vgl. Knebels Tagebuch.	
Weimar	25. Okt.	Brief an Knebel; u. a. Dank für die Werke der römischen Elegiker Catull, Tibull und Properz (»das Kleeblatt der Dichter«).	Ferner: »*Tasso* hat einen Stillstand gemacht. Der achte Band [der *Schriften*] ist indess auf dem Sprung.«
	31. Okt.		G. schickt F. H. Jacobi das Gedicht *Morgenklagen* (»ein Erotikon«).

November

Fortsetzung der Aufsatzserie
Auszüge aus einem Reise-
journal im ›Teutschen Merkur‹ mit: *4. Frauenrollen auf*
dem römischen Theater
durch Männer gespielt,
5. Neapel, 6. Plinius Natur-
geschichte drittes Buch, fünf-
tes Kapitel.

	8. Nov.	An Herzog Ernst II. von Gotha; u. a. Dank für den »ansehnlichen Beitrag« zur Unterstützung der Familie Balsamo. (G. schickt anonym einen Betrag von »400 Livres de France«, quittiert von der Schwester am 12. 11. 1788, so WA I 31, S. 301; weiteres s. in G.s Darstellung *Des Joseph Balsamo, genannt Cagliostro, Stammbaum,* 1792).
Jena	9. (-21. Nov.)	G. hört bei Loder Vorlesungen über Muskellehre und beschäftigt sich ernsthafter mit Numismatik, vgl. an Fritz von Stein am 18.; vgl. ferner an Carl August am 16. und Knebels Tagebuch.
	10. Nov.	Brief an Merck (mit Absendeort Weimar): »Schreibe mir manchmal, vertraue mir deine Zustände und glaube daß du mir auch mit Klagen nicht lästig bist.« (Merck hatte sich in einem Brief vom 18. 10. für G.s Hilfe bedankt und seinen depressiven Zustand beschrieben.)
(Dracken-dorf)	13. Nov.	Mit Knebel Besuch beim sachsen-gothaischen Vizekanzler A. F. C. von Ziegesar auf dessen Rittergut, vgl. an Carl August am 16. (»Die großgewachsnen Mädchen haben uns sehr in die Augen gestochen«).
Weimar	26. Nov.	Empfehlungsbrief für Ch. A. Vulpius an den Erlanger Theologieprofessor W. F. Hufnagel (mit Einschluß von Brief und Geld für Vulpius).
Gotha	30. Nov.-4. Dez.	Mit Carl August.
Weimar	5. Dez.	K. Ph. Moritz trifft ein, wohnt bei G. (vgl. Moritz an A. Macco am 6.); bleibt bis

1. 2. 1789. – Teilnehmender Brief an F. L.
Graf zu Stolberg, dessen Frau Agnes am
15. 11. gestorben war (»es wird selten gefunden was du an ihr hattest«).

9. Dez.   Promemoria an das Geheime Consilium:
Empfehlung Schillers für eine Ge-
schichtsprofessur in Jena, nach Beratung
mit Carl August und dem Herzog von
Gotha.

~Ende 1788/   G. studiert Kants *Kritik der*
Anfang 1789   *reinen Vernunft*, vgl. Wieland an
Reinhold am 18. 2. 1789 (»seit einiger
Zeit«).

1788/1789   Mehrere Porträtzeichnun-
                                             gen von Christiane, vgl.
                                             Corpus IV b, Nr. 34-42 und
                                             Nr. 65.

1789   Beginn der Französischen Revolution: Die Vertreter des dritten Standes
erklären sich auf der von Ludwig XVI. einberufenen Versammlung der
Generalstände in Versailles am 17. 6. zur Nationalversammlung; Sturm
auf die Bastille am 14. 7.; Aufhebung der Feudalrechte am 4. 8.; Erklärung
der Menschenrechte am 26. 8. Der französische Adel beginnt zu emi-
grieren. – In Paris wird das ›Journal des Débats‹ gegründet.

Januar   Arbeit an *Tasso* (vgl. Caroline
                                             Herder an ihren Mann am 9.).

21. Jan.   Schiller zum Professor extraordinarius in
Jena ernannt.

31. Jan.   G. wird Taufpate beim dritten Kind von
Peter im Baumgarten, der am 20. 2. 1786 in
Berka a. d. Ilm die Tochter des dortigen
Pfarrers geheiratet hatte. (Beim vierten
Kind, geb. am 28. 8. 1790, ist J. H. Lips
Taufpate, der Vater wird im Kirchenbuch
als »Kupferstecher in Berka« bezeichnet.)

Februar   Bd. 8 der *Schriften* ersch. –
                                             Unter dem Titel *Fortsetzung*
                                             der Auszüge aus dem
                                             Taschenbuche eines Reisen-
                                             den ersch. im ›Teutschen
                                             Merkur‹: *7. Einfache Nach-*
                                             ahmung der Natur, Manier,
                                             Stil. 8. Von Arabesken. 9. Na-
                                             turlehre. – Arbeit an *Tasso*

(vgl. an Knebel am 5., 12., 17. und 20.).

Anfang Febr. Am 10. wird G. von der Königl. Akademie der Künste in Berlin zum Ehrenmitglied ernannt (Dankbrief am 27. 2.).

Am 2. an F. H. Jacobi: »Ich habe diese Zeit her nichts zu Stande gebracht als eine Beschreibung des *römischen Carnevals.*« – Am 4. schickt G. an Knebel seine Besprechung von K. Ph. Moritz' Schrift *Über die bildende Nachahmung des Schönen.*

14. Febr. Aufführung von Schillers *Die Verschwörung des Fiesko zu Genua* in Weimar durch die Bellomosche Truppe.

19. Febr. G. schlägt Carl August brieflich Ph. Seidel für die freiwerdende Stelle eines Sekretärs beim Rentamt in Weimar vor (mit Erfolg).

März

Abschluß der italienischen Aufsatzserie im ›Teutschen Merkur‹ unter dem Titel *Fortgesetzte Auszüge aus dem Taschenbuche des Herrn****, mit *Volksgesang* und *10. Naturlehre. Antwort.*

8. März Caroline Herder an ihren Mann: »Ich habe nun das Geheimnis von der Stein selbst, warum sie mit Goethe nicht mehr recht gut sein will. Er hat die junge Vulpius zu seinem Clärchen, und läßt sie oft zu sich kommen etc. Sie verdenkt ihm dies sehr.«

23. März Brief an Lips: Angebot, als Lehrer an die Zeichenschule nach Weimar zu kommen. Schreiben Carl Augusts an G., Kammerpräsident Schmidt, O. J. M. von Wedel und Ch. G. Voigt, die er zu Mitgliedern der neu zu gründenden Schloßbaukommission beruft.

6. April Brief an Carl August, u. a. über Maßnahmen gegen eine geplante neue Freimaurerloge in Jena (vgl. hierzu auch Bertuch an G. Hufeland, 12. 4.).

Ferner: »*Tasso* <...> Ich habe noch drey Scenen zu schreiben <...> die Erotica [des Properz] <...> daß ich ihnen im Stillen ergeben bin. Ein

Paar neue Gedichte sind dieser Tage zu Stande gekom-
men« (zu den *Römischen
Elegien*); Ankündigung von
Elegien zum Thema Ge-
schlechtskrankheiten, vgl.
»Eines ist mir verdrießlich«
(*Römische Elegie* XVIII) und
*»Zwei gefährliche Schlan-
gen«* (von G. nicht veröffentlicht).

23. April	Der Musiker J. F. Reichardt besucht G., ist dessen Gast bis 5. 5. (vgl. Caroline Herder an ihren Mann, 24. 4. und 1. 5.). An Göschen: »Vulpius <...> Er ist von guter Art und nicht ohne Talente; können Sie ihm, da er sich in Leipzig aufzuhalten gedenkt, Arbeit verschaffen, ihm durch Empfehlung oder sonst nützlich sein, so werden Sie mich verbinden.« (Am 20. 9. 1789 Dank für dessen Verwendung für Vulpius, der am 14. 9. in Leipzig ange-kommen ist. 1790 kommt Vulpius wieder nach Weimar zurück.)	Reichardt bringt bei G. seine Vertonung von *Claudine von Villa Bella* zu Gehör.
~24./25. April	Besuch G. A. Bürgers, von diesem glos-siert in einem Gedicht mit dem Fazit: »vor dem hölzernen Minister/Kriegt ich den Künstler nicht zu sehn.« Vgl. auch G. an Bürger am 19. 6.	
Mai		*Das Römische Carneval* ersch. bei Unger, mit 20 handkolorierten Bildtafeln, radiert von G. M. Kraus nach Zeichnungen von J. G. Schütz (vgl. an Carl August am 12.).
8. Mai		An Knebel: »Indessen ist ein Nagelneues Erotikon ange-langt« (d. h. eine der *Römi-schen Elegien*).
10. Mai	An Herder: dringender Rat, über den Ruf nach Göttingen erst nach der Rückkehr aus Italien zu entscheiden.	An Carl August: Ankündi-gung eines »Lobgedichts« auf ihn, wohl *»Klein ist unter den Fürsten«* (als späterer Einschub in die

Venezianischen Epigramme
aufgenommen).

	~10./12. Mai	Lektüre: Saint-Simons *Mémoires complets et authentiques sur le siècle de Louis XIV* (vgl. an Carl August am 12.).

Jena   ~16./17. Mai   Vgl. an Knebel am 17.

Weimar   20. Mai   G. begleitet Erbprinz Carl Friedrich, dessen Erzieher Ridel und August Herder nach Belvedere, wo sie bis 4. 6. bleiben (an Carl August am 10. 5.: »Es ist ein sehnlicher Wunsch des Kindes«). In dieser Zeit (am 26. 5.) hält Schiller mit bravourösem Erfolg seine Antrittsvorlesung in Jena: *Was heißt und zu welchem Ende studiert man Universalgeschichte?*
Brief an Anna Amalia: Aufforderung an die herzogliche Familie, Herder durch finanzielle Zuwendungen in Weimar zu halten.

Anfang Juni   Ankunft des Hamburger Baumeisters Arens, der beim Wiederaufbau des Schlosses mitwirken soll (vgl. an Ridel); er bleibt zunächst bis 18. 6.

8. Juni   Vorläufig letzter (überlieferter) Brief an Frau von Stein (nach Wiesbaden, wo sie seit Anfang Mai weilt; Rückkehr am 5. 7.); nach einem Brief voller Vorwürfe vom 1. 6. (»die Art wie du mich bißher behandelt hast, kann ich nicht erdulden« usw.) wohl letzter – vergeblicher – Versuch, die Freundschaft wiederzubeleben: »Hilf mir selbst, daß das Verhältniß [zu Christiane Vulpius] das dir zuwider ist nicht ausarte <...> Schencke mir dein Vertrauen wieder« usw.

Ferner: »*Tasso* ist beynahe fertig.«

Juli   Im ›Teutschen Merkur‹ erscheint G.s empfehlende Besprechung von K. Ph. Moritz' Schrift *Über die bildende Nachahmung des Schönen.*

9. Juli   Herder kehrt aus Italien zurück.

Jena   10.-13. Juli   Vgl. Knebels Tagebuch.

Weimar

Eisenach, Wilhelmsthal, Ruhla, Gotha	~23. Juli (-17. Aug.)	Mit dem Erbprinzen Carl Friedrich, Ridel und August Herder zu dem ebenfalls in Wilhelmsthal weilenden Carl August (vgl. an C. Ch. von Herda am 20. 7.; an Herder, Ende Juli, 2. und 10. Aug.).	Aufführung von *Claudine von Villa Bella* in Berlin in~Reichardts Vertonung, am 29. 7. bei Hof, am 3. 8. im Nationaltheater (vgl. an Reichardt, 15. und 29. 6.).
	31. Juli		An Herder: »*Tasso* <...> Seit zwey Tagen darf ich erst sagen er sey fertig <...> Einige Erotica [*Römische Elegien*] sind gearbeitet worden.«
Weimar	nach 18. Aug.	Herder entschließt sich, in Weimar zu bleiben, nachdem seine Forderungen im wesentlichen erfüllt werden.	
	21. Aug.	An J. H. Meyer: Dringendes Angebot, im Einvernehmen mit Carl August, in zwei Jahren nach Weimar zu kommen; noch ohne präzise Bedingungen, doch bei sofortiger Aussetzung einer bestimmten Geldsumme.	
	24. Aug.	Carl August ernennt Herder zum Vizepräsidenten des Konsistoriums.	
	27. Aug.		G. schickt die beiden letzten Akte von *Tasso* an Göschen.
	16. Sept.	Besuch des berühmten Mineralogen und Montanisten A. G. Werner (vgl. an Herder und Knebels Tagebuch).	
Jena	17.-27. Sept.	Mit A. G. Werner und Knebel, vgl. dessen Tagebuch und G. an Ch. G. Voigt am 19.: »Mit Herrn Werner haben wir einige angenehme Stunden zugebracht, ich habe nun den ganzen Umfang seiner Meynung über die Vulkane gefaßt« (usw.). Am 25., 26. und 27. Ausflüge nach Lobeda, Burgau und Dornburg.	Knebel an Louise von Imhoff am 19.: »Heute hat mir Goethe die ersten Szenen seines *Faust* vorgelesen, so wie sie zum Druck bereit liegen«.
Weimar			
Aschersleben	29. Sept.- 8. Okt.	Mit Herzogin Louise, zu Carl August in die Garnison.	
Weimar			
Leipzig	10.-14. Okt.	Vgl. Herder an Knebel.	

Weimar	24. Okt.	Carl August beauftragt G. durch ein Reskript, im Fürstengarten in Jena die Anlage eines Botanischen Gartens zu organisieren.	
	November		Weitere Gedichte für die *Römischen Elegien* entstehen (vgl. an Carl August am 20.).
	~Anfang Nov.		Abschluß der Einrichtung von *Faust. Ein Fragment* für Bd. 7 der *Schriften* und damit Abschluß der redaktionellen Arbeit an dieser Ausgabe insgesamt (vgl. an Reichardt am 2. und an Carl August am 5.).
(Jena)	4. Nov.	Vgl. an Carl August am 5.	
	Mitte Nov.	Am 13. Ankunft von Lips (vgl. Knebels Tagebuch und G. an Carl August am 20.).	Im Intelligenzblatt der ALZ vom 11. wird für Ostern eine Schrift von Ch. C. Sprengel angekündigt: *Versuch, die Konstruktion der Blumen zu erklären*, für G. der entscheidende Anstoß zur Niederschrift und Publikation von *Versuch die Metamorphose der Pflanzen zu erklären*, vgl. an Carl August, 20. 11.
	~Ende Nov.	Besuch Reichardts (vgl. G.s Brief an ihn vom 10. 12.). – Umzug vom Frauenplan ins Jägerhaus (Marienstr. 3, vor dem Frauentor); Carl August hat dort sowohl G. wie auch der hochschwangeren Christiane Vulpius je eine Wohnung zur Verfügung gestellt (vgl. an Carl August am 20. 11. und an Anna Amalia am 14. 12.).	
	Dezember		Im ›Teutschen Merkur‹ erscheint anonym der Aufsatz *Über Christus und die zwölf Apostel nach Raffael von Marc-Anton gestochen und von Herrn Prof. Langer in Düsseldorf kopiert*

Erfurt	1./2. Dez.	Mit Carl August und Wedel, zu Dalberg.	
Weimar	2. Dez.		
(Jena)	4. Dez.	Vgl. Knebels Tagebuch.	
	Mitte Dez.	Am 14. wohl letzter Brief an Merck, bei den Postsendungen notiert, nicht überliefert.	Im Brief an Reichardt vom 10. über den Plan zum Libretto *Der Cophta* (auch *Die Mystifizierten*), das Reichardt komponieren soll: »dann [im neuen Jahr] soll mich nichts mehr abhalten den famosen Conte auszustatten« (Vorstufen von *Der Groß-Cophta*).
Jena	20.-25. Dez.	Vgl. Charlotte von Lengefeld an Schiller am 20.	G. bespricht mit dem Botaniker Batsch seine Schrift über die *Metamorphose der Pflanzen* (vgl. an Batsch am 18. und an Knebel am 22.).
Weimar	25. Dez.	Geburt von G.s und Christiane Vulpius' Sohn August.	
	Ende Dez.	Besuch W. von Humboldts in Weimar, erste persönliche Begegnungen (vgl. Humboldt an F. H. Jacobi, 20. 6. 1790, und Charlotte von Lengefeld an Schiller, 29. 12.).	

1790 In Frankreich Verstaatlichung der Kirchen- und Emigrantengüter. Tod Kaiser Josephs II.; sein Nachfolger: Leopold II. Die Konvention von Reichenbach (27. 7.) wendet den drohenden Krieg zwischen Preußen und Österreich ab. Der Prozeß gegen Cagliostro in Rom endet mit dem Todesurteil (1791 umgewandelt in lebenslängliche Gefangenschaft). – Kant: *Kritik der Urteilskraft*. Mozart: *Così fan tutte* (Uraufführung am 26. 1. in Wien). K. Ph. Moritz: *Anton Reiser*, 4. (und letzter) Teil.

	Januar		Abschluß von *Versuch die Metamorphose der Pflanzen zu erklären* (vgl. an Carl August, 6. 2.); erscheint wohl um Ostern bei C. W. Ettinger in Gotha. G.s erste naturwissenschaftliche Publikation.
	Anfang Jan.	Lips beginnt seine Tätigkeit als Lehrer an der Zeichenschule (vgl. an Schnauß am 2.; er bleibt bis 1794 in Weimar).	

Erfurt;	~18. Jan.	Mit Arens, vgl. an Carl August, 6. 2.; Tgb	
Gotha	19.-21. Jan.	für Januar: »War ich in Gotha und Erfurt.«	
Weimar	Februar		Vermutlich: <*Bemerkungen zur Sammlung Priapeia*> und <*Bemerkungen zu Augustins <›De civitate dei‹*>; erst posthum publiziert.
	Anfang Febr.	Am 8. Besuch J. Gaudenz von Salis-Seewis (vgl. dessen Tgb).	Am 6. an Carl August: »Gestern ist das erste Eroticon in diesem Jahre zu Papier gekommen« (d. h. eine der *Römischen Elegien*).
Ilmenau	18. oder 19.-26. Febr.	In Bergwerksangelegenheiten, mit Ch. G. Voigt und Fritz von Stein als Protokollant. In dieser Zeit (am 22.) Hochzeit von Schiller und Charlotte von Lengefeld.	
Weimar	28. Febr.		An Reichardt: »Ihre Bearbeitung von *Elmiren* freut mich sehr und wünschte Sie hier bey mir schon am Claviere zu sehen.«
	3. März	An F. H. Jacobi: »Daß die Französische Revolution auch für mich eine Revolution war kannst du dencken.«	
Jena	10.-12. März	G. ist bereits im Aufbruch nach Italien. Zuvor soll er im Auftrag Carl Augusts einen Fall von Tätlichkeiten des Militärs gegen Studenten klären, um gegebenenfalls »denen Studiosis die erwartete Satisfaction, durch Bestrafung der Soldaten zu verschaffen«, was schließlich auch geschieht (vgl. besonders an Fritsch, 12. 3.).	
	12. März	Brief an Herder: G. bittet ihn, sich während seiner Abwesenheit notfalls um Christiane und seinen kleinen Sohn zu kümmern.	

Reise nach Venedig, 13. März bis 18. Juni 1790

G. reist mit Diener Götze der Herzoginmutter Anna
Amalia entgegen; er führt ein meist lakonisches und sehr
lückenhaftes Tagebuch; ergänzend: Götzes hauptsächlich
in Venedig sorgfältige Aufzeichnungen (bis 26. April). Ab
7. Mai vgl. auch das Tagebuch von Anna Amalias Hof-
dame Louise von Göchhausen.

Von Gräfen- thal nach Nürnberg	13.-15./ 16. März	Aufbruch von Jena aus. Über Bamberg. Götzes Tagebuch: »In Nürnberg sahen wir die noch übrigen prächtigen Gemählde des Albrecht Dürers« (in der Sebalduskir- che und im Rathaus).
Augsburg	16.-18./ 19. März	
Von Stötten nach Innsbruck	19.-21./ 22. März	Über Dirschenbach. In Innsbruck Besuch von Schloß Ambras (vgl. Tgb).
Von Brixen nach Rovereto	22.-24./ 25. März	Über Trient.
Verona	25.-28. März	In Tgb u. a. kritische Bemerkungen über mittelalterliche Bauwerke und Skulpturen, darunter »die große Thür in St. Zenone«.
Vicenza, Padua	28.-30. März	
Venedig	31. März (-22. Mai)	G. erwartet hier Anna Amalia. Götze notiert in seinem Tagebuch bis 26. 4. fast tägliche Besuche von mehreren Kirchen, Scuole u. a., zwecks Studium der dortigen Gemälde, vor allem von Tintoretto, Vero- nese und Tizian (vgl. an Caroline Herder am 4. 5.).

3. April   An Carl August: »ich erneuere mir sachte
den Begriff dieser seltsamen Stadt und
gehe das merckwürdigste darin durch
<...> Übrigens muß ich im Vertrauen
gestehen, daß meiner Liebe für Italien
durch diese Reise ein tödtlicher Stos
versetzt wird <...> meine Neigung zu
dem zurückgelaßnen Erotio [Christiane]

An Herder: »Meine *Elegien*
sind wohl zu Ende; es ist
gleichsam keine Spur dieser
Ader mehr in mir. Dagegen
bring' ich Euch ein Buch
Epigramme mit, die, hoff'
ich, nach dem Leben
schmecken sollen« (Zyklus

und zu dem kleinen Geschöpf in den
Windeln, die ich Ihnen beyde <...>
bestens empfehle.«

der *Venezianischen Epi-
gramme*).

6. April   In Tgb über den Besuch von S. Giorgio dei
Greci und die dortigen Gemälde der
›neugriechischen‹ (d. h. byzantinischen)
Schule. Im Zusammenhang damit Reflexionen über Ikonen und die Entwicklung
der Malerei. Besuch der Restaurierungs-
Werkstatt in SS. Giovanni e Paolo.

Die Tgb-Notizen sind Vor-
stufe zu einem wohl noch in
Italien diktierten Aufsatz,
den G. erst 1825, in erweiter-
ter Form, u. d. T. *Ältere Gemälde. Neuere Restauratio-
nen in Venedig* veröffentlicht.

(Murano)   15. April   Vgl. Götzes Tagebuch.

G. legt einem Brief an Herder
»ein Blatt *Epigramme*« bei;
ebenso am 23. an Knebel und
am 30. an Charlotte von Kalb.

Mitte April

Verlagsanzeige von Göschen
über den Abschluß der Ausgabe von *Goethe's Schriften*
im Intelligenzblatt des ›Journals des Luxus und der Moden‹ (Nr. 5). Die 1790 als
letzte erschienenen Bände 6
und 7 enthalten u. a. die
Erstdrucke von *Tasso* und
Faust. Ein Fragment.

22. April   Auf dem Lido; vgl. an Caroline Herder,
4. 5.: »Durch einen sonderbar glücklichen
Zufall, daß Götze zum Scherz auf dem
Judenkirchhof ein Stück Thierschädel
aufhebt <...> bin ich einen großen Schritt
in der Erklärung der Thierbildung
vorwärts gekommen.« (Betrifft die Entdeckung, daß die Schädelknochen, und
nach G.s Meinung sogar die Gesichtskno-
chen, Umbildungen von Wirbelknochen
seien, vgl. die späten Aufsätze *Bedeutende
Fördernis durch ein einziges geistreiches
Wort*, 1823 und *Das Schädelgerüst aus sechs
Wirbelknochen auferbaut*, 1824.)

Anfang Mai   5. bzw. 6.: Ankunft J. H. Meyers bzw.
Anna Amalias mit ihrem Gefolge sowie
Burys (vgl. an Caroline Herder).

Am 4. an Caroline Herder:
»Das Büchlein ist schon
auf 100 *Epigramme* ange-
wachsen.«

Rückreise   22. Mai   Mit Anna Amalia und Bury; »Meyer ist
(-18. Juni)   nach der Schweiz« (an das Ehepaar Herder
am 28.).

Padua	23./24. Mai	Vgl. Tgb.
Vicenza	24.-25./ 26. Mai	Vgl. Tgb.
Verona	26.-27./ 28. Mai	
Mantua	28.-30. Mai	U. a. im Palazzo del Te (vgl. Louise von Göchhausens Tagebuch), von Giulio Romano erbaut und ausgemalt. Am 28. an das Ehepaar Herder: »Für die Gesinnungen gegen meine Zurückgelaßnen [Christiane und August] danke ich Euch von Herzen; sie liegen mir sehr nahe und ich gestehe gern, daß ich das Mädchen leidenschaftlich liebe. Wie sehr ich an sie geknüpft bin, habe ich erst auf dieser Reise gefühlt.«
Verona	30.-31. Mai	Weiterreise ohne Bury, der in Italien bleibt (vgl. an das Ehepaar Herder am 28.).
Von Rovereto nach Dietfurt	1.-12. Juni	Über Bozen, Sterzing, Innsbruck, Kaufbeuren, Augsburg.
Nürnberg	12.-14./ 15. Juni	Zusammentreffen mit Knebel (seit April in seiner Heimatstadt Ansbach) und dessen Schwester Henriette (vgl. an Knebel, 9.7.). Besichtigungen: Rathaus, Sebaldusgrab von Peter Vischer d. Ä., Burg u. a., vgl. Louise von Göchhausens Tagebuch.
Von Bayreuth nach Weimar	15.-18. Juni	Über Hof.

Weimar, 18. Juni 1790 bis 7. August 1792

Weimar	9. Juli		An Knebel: »Mein Libellus Epigrammatum [*Venezianische Epigramme*] ist zusammengeschrieben«.
	12. Juli	Besuch des Altphilologen Ch. G. Heyne (vgl. dessen Brief an F. L. W. Meyer am 15.).	

Reise nach Schlesien (mit Ausflug nach Polen), 26. Juli – 6. Oktober 1790

Bei dem preußischen Truppenaufmarsch in Schlesien (Demonstration gegen Österreich) ist auch Carl August als preußischer Generalmajor dabei. G. folgt seiner Einladung, die auf G.s eigenen Wunsch erfolgt ist (vgl. an Carl August, 28. 2. und 22. 6.). Er wird begleitet von Diener Götze, dessen Notizbuch mit den Poststationen und Ausgaben erhalten ist.

Das <*Notizbuch von der schlesischen Reise*> enthält zahlreiche, häufig undatierte Notate auch zu Bergbau, Geologie, Zoologie und Botanik, ferner mehrere Gedichte, Distichen bzw. Epigramme, u. a. poetische Entwürfe.

Gera, Rochlitz, Nossen	26./27. Juli	Vgl. an das Ehepaar Herder am 30.	
Dresden	28.-30. Juli	An das Ehepaar Herder: »Ich <...> erquickte mich an der Gallerie, den Antiken und Gipsen; sah <...> Körners <...> Casanova [den Bruder des berühmten Giacomo], Adelung pp. und gehe nun heute den 30. Nachts wieder ab, um über die Stolpischen Basalte nach Schlesien zu eilen.«	
Lauban	31. Juli	Über Stolpen, Bautzen, Görlitz.	
Landeshut	1. Aug.		
Zirlau	2.-9. Aug.	(In Zirlau liegt noch Carl August mit seiner Brigade Kavallerie.)	
Breslau	10.-26. Aug.	Laut Notizbuch Bekanntschaft u. a. mit J. T. Hermes, J. C. F. Manso; Wiederbegegnung mit Ch. Garve, vgl. dieser an Ch. F. Weiße, 10. 10. (beides eventuell erst bei dem folgenden Aufenthalt in Breslau,	Am 21. an Herder, mit dem Epigramm »Grün ist der Boden der Wohnung <...>/ Kriegerisch reiten wir aus <...>/Aber es zeigt sich kein

		s. u.). G. sieht den preußischen König Friedrich Wilhelm II. (vgl. an das Ehepaar Herder, 10./12.) und lernt den Oberberg-richter C. F. von Schuckmann kennen, vgl. dieser an Reichardt am 11. und 18.).	Feind – und keine Feindin!« (usw.)
Frankenstein	26. Aug.	An Racknitz: »Heute geh ich nach der Grafschaft Glatz auf etwa sechs Tage«.	
Landeck	27. Aug.		
Gebiet nördl. von Glatz	28.-30. Aug.	Notizbuch: »Neuheide <...> Leyer Dör-fel Von Wünschelberg auf die Heuscheuer den Leyersteig herauf <...> Adersbach«.	
Landeshut	31. Aug.	Brief an Fritz von Stein: »Ich schreibe dir von einem Orte, der, wenn du ihn auf der Karte suchst, nah an der böhmischen Gränze liegt.«	Ebenda: »hab' ich angefan-gen, meine Abhandlung über die Bildung der Thiere [*Versuch über die Gestalt der Tiere*, mit dem »Vorschlag zu einem osteologischen Typus«] zu schreiben, und <...> eine komische Oper zu dichten.« (Vielleicht die Bearbeitung von Anfossis Oper *La Maga Circe*, s. u.)
Breslau	1.-3. Sept.		
Reise nach Krakau	4. (-10. Sept.)	Mit Carl August und F. W. von Reden, Direktor der schlesischen Bergwerke.	
Tarnowitz	4. Sept.	Besuch der Friedrichsgrube (Blei- und Silberbergbau; vgl. an Ch. G. Voigt am 12.).	Gedicht »*Fern von gebilde-ten Menschen, am Ende des Reiches*« ins Gästebuch der Knappschaft zu Tarnowitz. Im Notizbuch Verse zu *Circe*, mit dem Vermerk »auf der Reise nach Krakau«.
Krakau, Wielicka, Czenstoch-owa	5.-10. Sept.	Vgl. an das Ehepaar Herder am 11.	
Breslau, Riesengebirge	10.-19. Sept.	Weitere Begegnungen mit Schuckmann, vgl. dieser an Reichardt am 26.: »Ein Mädchen gefiel ihm hier [Henriette Eleonore Auguste Freiin von Lüttwitz, später die zweite Frau von Schuckmann]; die Freundin meiner Seligen«. – Notiz-buch: »Riesengebirge über die Schnee-kupp nach Breslau d. 15 Sept.«	

Landeshut bis Schmiedefeld	20.-25. Sept.	Über Warmbrunn, Lauban.
Dresden	25. Sept.-3. Okt.	Umgang mit Körner, Wiedersehen mit den Schwestern Minna Körner geb. Stock und Dora Stock (vgl. Körner an Schiller, 6. 10.). Bekanntschaft mit dem Zeichner und Radierer J. H. Ramberg (vgl. Körner an Schiller, 1. 2. 1791). – Besuch des Naturalienkabinetts (vgl. an Knebel, 1. 1. 1791).
Jena/Weimar	6. Okt.	Vgl. Schiller an seine Frau und Caroline von Beulwitz am 8.

Weimar, 6. Oktober 1790 – 7. August 1792

Jena	10.-12. Okt.	Mit Fritz von Stein (vgl. Färbers Kalender). G. begutachtet die wasserbaulichen Maßnahmen zur Regulierung der Saale (vgl. an J. Ch. Schmidt am 14.)	
Weimar	21. Okt.	G. übernimmt die Leitung der neugegründeten Wasserbaukommission (bisher Teilgebiet des Wegebaus) und behält sie bis zur Auflösung der Kommission 1803.	
	25. Okt.	Brief an Reichardt: »Kants Buch [*Kritik der Urteilskraft*] hat mich sehr gefreut und mich zu seinen früheren Sachen gelockt. Der teleologische Theil hat mich fast noch mehr als der ästhetische interessirt.«	»Ich arbeite an meinem anatomischen Werkchen« (*Versuch über die Gestalt der Tiere*; die Arbeit daran wird alsbald unterbrochen, vgl. an Knebel, 1. 1. 1791).
Jena	27. Okt. (-7. Nov.)	Mit Lips (vgl. Färbers Kalender). Sie hören Loders Vorlesungen über Muskellehre, vgl. Loder an Knebel, 28. 2. 1791.	
	31. Okt.	Erster Besuch bei Schiller; Gespräch über Kant (vgl. Schiller an Körner, 1. 11.; darin auch über Christiane: »Sein Mädchen ist eine ziemlich berüchtigte Mlle Vulpius, die ein Kind von ihm hat« usw.).	
Weimar	8. Nov.		
(Erfurt)	23. Nov.	Bei Dalberg Begegnung mit Caroline von Dacheröden, vgl. diese an ihren Bräutigam W. von Humboldt, 24. 11. und 19. 12.; im zweiten Brief u. a.: »Die Weimaraner plagen <...> ihn auch. Was für ein Lärm	

über das Kind ist [G.s und Christianes
Sohn August], ist unglaublich.«

~Ende 1790/ 1791?

Das Fragment *Metamor-
phose der Pflanzen. Zweiter
Versuch* (eine Randnotiz
darin weist auf Kants *Kritik
der Urteilskraft* hin, s. o.; vgl.
auch an Knebel, 9.7.1790).

1791 Vereitelter Fluchtversuch des französischen Königs Ludwig XVI. (Juni); in
Frankreich tritt die neue Verfassung in Kraft (3.9.). – Herder: 4. (letzter)
Bd. der *Ideen zur Philosophie der Geschichte der Menschheit*. Schiller:
Geschichte des dreißigjährigen Kriegs. Mozart: *Die Zauberflöte* (Urauf-
führung in Wien am 30.9.). Tod Mozarts (5.12.).

Charles Gore läßt sich mit seinen Töchtern
Elise und Emily in Weimar nieder (vgl. in
Philipp Hackert unter ›Nachträge‹ den
Abschnitt ›Charles Gore‹).

Januar

Carl Augusts Pläne für eine Neugestaltung des Theaters in Weimar werden kon-
kret, vgl. Tgb 8.1. und G. an Racknitz,
10.1. (u. a.: »Bellomo verläßt den hiesigen
Ort und es wird sich eine neue Truppe hier
etabliren«).

Anfang Jan.

G. liest K. Ph. Moritz' *Götterlehre oder
mythologische Dichtungen der Alten*,
1791; vgl. Tgb vom 3.).

Am 1. an Knebel: »habe ich,
in diesen letzten Tagen,
Wilhelm Meister wieder
vorgenommen«. Vgl. auch
Tgb 3.-11.1.

Mitte Jan.

Lips porträtiert G. (Kreidezeichnung; vgl.
13., 14. und 16.; von Lips selbst in Kupfer
gestochen, vgl. an F. H. Jacobi, 20.3.).
Schillers Rezension *Über Bürgers Gedichte* erscheint in der ALZ vom 15. und
17.1.
Schreiben Carl Augusts an Kirms am 17.:
Er beauftragt ihn mit der Geschäfts-
führung des künftigen Theaters, dessen
Direktion er G. übertragen habe.

Februar

Arbeit an *Der Groß-Cophta*
(vgl. Herder an Knebel am 6.).

24. Febr.

Amtliches: *Vierte Nachricht
von dem Fortgang des neuen
Bergbaues zu Ilmenau*, mit-

			unterzeichnet von Ch. G. Voigt.
Jena	4.-6. März	Vgl. Herder an Knebel am 6.	
Weimar			
(Jena)	11. März	Vgl. Färbers Kalender.	
	30./31. März	G. entleiht aus der Weimarer Bibliothek *Reineke der Fuchs <...> ins Hochdeutsche übersetzt von <...> Gottscheden*, 1752.	Am 31. Erstaufführung des *Egmont* in Weimar, noch durch die Bellomosche Truppe.
	20.-25. April	Besuch F. L. Schröders (G. hatte ihn bereits wegen des neuen Theaters um Rat gefragt, vgl. seinen Brief an ihn vom 6.4.).	Am 25. schreibt G. in Schröders Stammbuch die Verse »*Viele sahn dich mit Wonne*«.
	7. Mai		G.s Prolog »*Der Anfang ist an allen Sachen schwer*« leitet die erste Vorstellung des Weimarer Hoftheaters ein (Ifflands *Die Jäger*).
	14. Mai	An Knebel, über seine derzeit wichtigsten Dienstgeschäfte, den Wiederaufbau des Schlosses und die Organisation des Hoftheaters.	
	17./18. Mai	Brief an Carl August am 17., Nachschrift vom 18.: »Noch kann ich mit lebhafter Freude melden, daß ich seit gestern [!] die Phänomene der Farben wie sie das Prisma, der Regenbogen <...> zeigen auf das einfachste Principium reducirt habe.« G. beginnt mit dem Studium von Werken über Farben, Licht und Optik.	Im Brief vom 17.: »Die Theorie der blauen Farbe (*Über das Blau*) habe ich auch in diesen Tagen geschrieben«. Vgl. auch den kurz zuvor geschriebenen Brief an J. H. Voigt.
	30. Mai	Brief an Reichardt (inzwischen, zunächst vorübergehend, in Giebichenstein bei Halle ansässig), u. a. über einen nicht genau datierbaren Besuch von K. Ph. Moritz (»einige sehr vergnügte Tage«). In den Postsendungen vermerkter, nicht überlieferter Brief an Forster, vermutlich Dank für dessen Übersetzung von Kalidasas *Sakuntala* (nach der englischen Übersetzung von W. Jones).	Ferner: Dank für die Partitur von *Erwin und Elmire* sowie Erwähnung seines neuen naturwissenschaftlichen Forschungsschwerpunkts: »eine neue Theorie des Lichts, des Schattens und der Farben. Ich habe schon angefangen sie zu schreiben« (*Beiträge zur Optik*).
	Juni	Das Weimarer Hoftheater spielt erstmals am 13. in Bad Lauchstädt (während G.s Aufenthalt in Ilmenau).	In der von K. Ph. Moritz herausgegebenen ›Deutschen Monatsschrift‹

			erscheinen einige *Venezianische Epigramme* und der Theaterprolog »*Der Anfang ist an allen Sachen schwer*«.
	1. Juni	Brief an F. H. Jacobi, Resümee seiner derzeitigen Aktivitäten und Interessen, die fast allen Gebieten der Naturforschung gälten.	Am Schluß des Briefs das Epigramm »*Will ich die Blumen des frühen, die Früchte des späten Jahres*« (preist die *Sakuntala* des Kalidasa, ersch. im Juliheft von K. Ph. Moritz' ›Deutscher Monatsschrift‹).
Ilmenau	~5.-16. Juni	Mit Ch. G. Voigt beim ersten ›Gewerkentag‹, der Versammlung der Anteilseigner bzw. ihrer Vertreter; Beschlüsse zu notwendigen Maßnahmen für den Ausbau des Bergwerks.	Vgl. den auf 1. 7. datierten Bericht über den Gewerkentag in *Fünfte Nachricht von dem neuen Bergbau zu Ilmenau*, mit G.s Ansprache und Schlußwort vom 7. bzw. 11. 6.
	27. Juni	Selbstmord Mercks.	
	1. Juli	An Carl August, u. a. über seine prismatischen Versuche sowie sein Projekt einer gelehrten Gesellschaft (s. u. die ›Freitagsgesellschaft‹).	
Wilhelmsthal, Eisenach	11.-~18. Juli	In Gesellschaft von Carl August und Herzogin Louise. (Vgl. Knebels Tagebuch.)	
Gotha	18.-30. Juli	Umgang mit der herzoglichen Familie. Optische Experimente (vgl. an Fritz von Stein, 6. 8., und Prinz August von Gotha an Herder, 28. 7.).	
Weimar	August		Im ›Neuen Teutschen Merkur‹ ersch. anonym ‹*Schwerins Tod. Gemalt von Frisch, gestochen von Berger*›.
	6. Aug.		An Fritz von Stein: »Der dritte Akt meines Lustspiels [*Der Groß-Cophta*] ist auch geschrieben«.
	Ende Aug.	Briefverzeichnis, 22.: »Maynz Forster Danck für die Reisen [*Ansichten vom Niederrhein*, 1. Teil, 1791]«.	Mit Datum vom 28.: *Ankündigung eines Werks über die Farben [Beiträge zur Optik.*

Erstes Stück] vom Herrn Geheimen Rat von Goethe; ersch. im Sept. im Intelligenzblatt des ›Journals des Luxus und der Moden‹.

5. Sept. Absendung der drei ersten Akte des *Groß-Cophta* an den Verleger Unger (der Schluß folgt am 26., vgl. Briefverzeichnis).

9. Sept. Erste Sitzung der ›Freitagsgesellschaft‹ im Wittumspalais. (Mitglieder u. a.: Ch. G. Voigt, Herder, Wieland, Knebel, Bertuch, J. H. Meyer, Böttiger, Ch. W. Hufeland; auch Gäste werden geladen, darunter W. von Humboldt.) Vgl. G.s Protokoll und Eröffnungsansprache.

Anfang Okt. Am 3. tritt Böttiger sein Amt als Direktor des Gymnasiums in Weimar an (vgl. Böttiger, *Biographische Skizze*, 1837). Am 1.: Eröffnung der Winterspielzeit in Weimar mit dem Prolog »*Wenn man von einem Orte sich entfernt*«. – Am 5. an Knebel: »arbeite ich schon am zweyten Stücke« (der *Beiträge zur Optik*).

Mitte Okt. Am 13. erste Aufführung von Mozarts *Die Entführung aus dem Serail* im Weimarer Hoftheater.
Christiane kommt am 14. mit einem toten Knaben nieder. *Beiträge zur Optik. Erstes Stück* ersch. mit 27 Tafeln auf Spielkartenblättern in Bertuchs Industrie-Comptoir (vgl. an Knebel und Soemmering am 12.).

21. Okt. Am 21. zweite Sitzung der ›Freitagsgesellschaft‹. Vgl. G.s Protokoll.

Ende Okt. Knebels Schwester Henriette wird Erzieherin von Prinzessin Caroline von Sachsen-Weimar. Am 24. Aufführung von *Die theatralischen Abenteuer* (Cimarosas Oper *L' impresario in angustie* in G.s Textbearbeitung).

November J. H. Meyer trifft in Weimar ein, bezieht die Wohnung über G. im Jägerhaus (vgl. an Reichardt am 17.; Meyer wird nicht nur G.s intimster Freund, sondern auch sein Orakel auf dem Gebiet der bildenden Kunst).

4. Nov. Sitzung der ›Freitagsgesellschaft‹ (Bericht Böttigers in *Literarische Zustände und Zeitgenossen*).

12. Nov.	Ch. G. Voigt wird offiziell zum Mitglied des Geheimen Consiliums ernannt.
17. Nov.	An Reichardt, mit einer Einladung nach Weimar; ferner: »wenn ich mich nicht sehr irre so wird die Neutonische Hypothese von diverser Refrangibilität der Lichtstrahlen, von ihrer Spaltung in sieben, oder Gott weiß wie viel, bunte einfache Strahlen wie eine alte Mauer zusammenfallen, wenn ich nur erst ihr Fundament werde untergraben haben <...> Lassen Sie uns die Akustik gemeinsam angreifen!«
29. Nov.	Erste Aufführung von Shakespeares *König Johann* (in Eschenburgs Übersetzung) im Weimarer Hoftheater mit Christiane Neumann als Arthur.
17. Dez.	Uraufführung des *Groß-Cophta* im Weimarer Hoftheater.
31. Dez.	*Epilog. Gesprochen von Demoiselle Neumann <...> Den letzten Dezember 1791* (»Sie haben uns herausgeschickt«).
1792	Beginn des ersten Koalitionskriegs (bis 1797). Preußisch-österreichischer Schutzvertrag (7. 2.). Tod Kaiser Leopolds II. (1. 3.), sein Nachfolger: Franz II. Kriegserklärung Frankreichs an Österreich (20. 4.). In Frankreich Amtsenthebung Ludwigs XVI. (10. 8.), er wird mit seiner Familie gefangengesetzt; Septembermorde (2.-6. 9.), neue Emigrantenwelle. Scheitern der Invasion der Alliierten – Preußen und Österreich – in Frankreich (Valmy 20. 9.). Regierung des Nationalkonvents (21. 9.), Frankreich wird zur Republik erklärt. Französische Besetzung von Worms, Speyer, Mainz (21. 10.) und Frankfurt (22. 10.); Besetzung Belgiens, Annexion Savoyens. – Claude Chappe erfindet den optischen Telegrafen. – Tod von Lenz (24. 5.)
Januar	Entwurf eines Votums, worin G. die Eingabe einer Studentengruppe, die studentische Duelle abschaffen und statt dessen studentische Ehrengerichte einführen will, grundsätzlich befürwortet und gleichzeitig dringend empfiehlt: »Man zerstöre alle geheime Verbindungen«. (Das Geheime Consilium entscheidet gegen die studentischen Reformvorschläge.)

30. Jan. Erste Aufführung von Mozarts *Don Giovanni* durch das Weimarer Hoftheater.

28. Febr. Erste Aufführung von Schillers *Don Carlos* durch das Weimarer Hoftheater.

Ende März In der ›Freitagsgesellschaft‹ vom 23. referiert G. den Inhalt seiner noch ungedruckten Schrift *Des Joseph Balsamo, genannt Cagliostro, Stammbaum. Mit einigen Nachrichten von seiner in Palermo noch lebenden Familie* (vgl. Böttigers Bericht in *Literarische Zustände und Zeitgenossen*).

Der Groß-Cophta ersch. als Einzeldruck bei Unger in Berlin (vgl. an F. H. Jacobi, 2. 4.).

Jena   4.-10. April Mit Ch. G. Voigt in Dienstgeschäften (vgl. an Carl August am 18.).

Weimar 16. April An F. H. Jacobi: »Christian Stolberg war einige Tage hier, er hat uns seine Gattin hier gelassen die er in einigen Wochen wieder abholen wird.«

18. April An Carl August: »Meyer <...> hat meine kleine Familie (welches nicht eben eine heilige Familie ist) portraitirt [Rundbild, Aquarell: Christiane mit August auf dem Schoß] <...> Das Licht und Farbenwesen verschlingt immer mehr meine Gedankensfähigkeit«.

28. April Aufführung von Schillers *Die Räuber* im Weimarer Hoftheater.

Eigenhändige, datierte Niederschrift von *Der Versuch als Vermittler von Objekt und Subjekt* (noch ohne Titel).

~Ende April/ Anfang Mai

Weitere (methodologische) Notizen: *<Reine Begriffe>, <Warnung>, <Versuche mit Leuchtsteinen>* (der letzte datiert: »d. 2. Mai«). *Beiträge zur Optik. Zweites Stück* ersch.

11. Mai Brief an Lichtenberg, mit *Beiträge zur Optik* (darin Erwähnung Lichtenbergs im 2. Stück, § 28) und ›kleinen überzogenen Gestellen‹ zu optischen Versuchen: »Wenn Ew. Wohlgeb. sie in Ihrem Musäo aufzustellen für werth halten, so wird es mir zum größten Vergnügen gereichen.«

Jena	27.-30. Mai	Mit J. H. Meyer (vgl. Knebels Tagebuch).	

Weimar	11. Juni		Zum Abschluß der Spielzeit in Weimar: *Epilog. Gesprochen den 11. Juni 1792* (»In diesen letzten Stunden«).

| | 22. Juni | Carl August bricht zu seinem Regiment nach Koblenz auf. |

| | 25. Juni | Brief an Forster: Dank und Lob für Teil 2 der *Ansichten vom Niederrhein*. |

| | ~Ende Juni | G. zieht mit Christiane, August und J. H. Meyer vom Jägerhaus in das Haus am Frauenplan um, das Carl August für ihn gekauft hat und das er bis zu seinem Tod bewohnt. (Förmlicher Eigentümer wird G. erst Anfang 1807, vgl. G. an Carl August, Ende Dez. 1806, und Carl August an G., 12. 1. 1807.) | Bd. 1 von *Goethes Neue Schriften* ersch. bei Unger in Berlin; darin: *Der Groß-Cophta* sowie der Erstdruck von *Des Joseph Balsamo, genannt Cagliostro, Stammbaum* <...> (mit einem von Peter im Baumgarten gestochenen Kupfer des Stammbaums), vgl. an Forster am 25. |

| | 2. Juli | An Soemmering, über das Prinzip seiner Farbenstudien: »Mir scheint wenigstens für den Augenblick, daß sich alles gut verbindet, wenn man auch in dieser Lehre zum Versuch den Begriff der Polarität zum Leitfaden nimmt und die Formel von activ und passiv einstweilen hypothetisch ausspricht.« |

| | 19.-23. Juli | Auszug von etwa 300 Studenten aus Jena, über Weimar in Richtung Erfurt (Protestaktion, u. a. gegen erneute Verlegung von Militär nach Jena, nach vorangegangenen Studentenunruhen); nach einigen unbedeutenden Zugeständnissen von seiten des Geheimen Consiliums ziehen sie am 23. wieder nach Jena zurück. G. nimmt an den tagelangen Beratungen des Geheimen Consiliums teil, vgl. u. a. seinen Bericht vom 19. 7. und seinen Brief an Dalberg vom gleichen Tag. |

| | 1. Aug. | | *Herzogliches Hoftheater zu Weimar* (ersch. im ›Theater-Kalender‹ auf das Jahr 1793 hg. von H. A. O. Reichard). |

Beim Feldzug in Frankreich (Champagne),
8. August bis 16. Dezember 1792

G. begleitet Carl August, auf dessen Wunsch. Er reist mit
Diener Götze im eigenen Reisewagen (mit kriegsbe-
dingten Unterbrechungen). Zu den Stationen des
Marschs mit der Armee vgl. G.s knappe Tgb-Notizen
(27. 8.-29. 10.); weitere authentische Quellen, neben G.s
Briefen: Götzes Ausgabenbuch und das Tagebuch von
Carl Augusts Kammerdiener J. C. Wagner. Vgl. ferner die
späte autobiographische Schrift *Campagne in Frankreich*,
1822. – Während G.s Abwesenheit dirigiert J. H. Meyer
die Umbauarbeiten im Haus am Frauenplan (vgl. Briefe
an ihn von unterwegs sowie an Knebel, 27. 9.).

Von Erfurt nach Sal- münster	8.-11. Aug.	Über Gotha, Vacha. Aus Erfurt erster überlieferter Brief an Christiane.
Frankfurt	12.-20. Aug.	Am 18. an F. H. Jacobi: »Gegen mein mütterlich Hauß, Bette, Küche und Keller wird Zelt und Marquetenterey übel abstechen, besonders da mir weder am Todte der Aristocratischen noch Demo-cratischen Sünder im mindesten etwas ge-legen ist.«
Mainz	20.-21./ 22. Aug.	Laut *Campagne in Frankreich* Zusam-mensein mit Soemmering, Forster u. a., Bekanntschaft mit L. F. Huber (vgl. dessen Brief an Körner vom 24.).
Kirchberg	22. Aug.	
Trier	23.-26. Aug.	Vgl. L. H. G. von Fritschs *Journal von den Jahren 1792-96 während des Französi-schen Revolutions-Krieges*; Briefe an Christiane und J. H. Meyer.
Luxemburg	26./27. Aug.	
Praucourt bei Longwy	27.-29. Aug.	An Ch. G. Voigt: »bin ich endlich im Lager bey Longwy [bei Carl August und seinem Regiment] einige Tage nach Übergabe dieser Festung angelangt <...> es regnet unaufhörlich.« Vgl. die Briefe an Chri-stiane und J. H. Meyer vom 28. 8.
Pillon	29./30. Aug.	

Lager bei Verdun	30. Aug.-6. Sept.	Am 2. an Christiane: »Die Stadt [Verdun] wollte sich nicht ergeben und ist gestern Nacht beschoßen worden. Es ist ein schrecklicher Anblick <...> Heute wird sie sich ergeben und die Armee weiter gegen Paris gehen«.	
Jardin Fontaine;	6.-10./ 11. Sept.		
Malancourt	11./12. Sept.		
Landres	12.-17./ 18. Sept.		Laut *Campagne in Frankreich* diktiert G. dem Kanzlisten Vogel Überlegungen zu künftigen chromatischen Versuchen »und zeichnete nachher die Figuren darneben.«
Vaux les Mouron bis Somme-Tourbe	18.-19. Sept.	Über Massiges.	
Nähe Valmy	20.-22. Sept.	Tgb 20.: »Marsch bis an die Chaussée [nach Paris]. Kannonade. Nachts unter fr. Himmel; übel Wetter.« Tgb 21: »Abends changierte die Armee die Stellung«.	
Hans	23.-29. Sept.	Tgb 23: »Ward die Stellung nur wenig verändert. Hauptquartier Hans.« Am 27. an Knebel: »dieses Musterstück von Feldzug giebt mir auf viele Zeit zu dencken. Es ist mir sehr lieb daß ich das alles mit Augen gesehen habe und daß ich, wenn von dieser wichtigen Epoche die Rede ist sagen kann: et quorum pars minima fui [›und wovon ich ein winziger Teil war‹; abgewandeltes Zitat nach Vergil, Aeneis II 5: Aeneas beginnt seinen Bericht vom Untergang Trojas] <...> Entsetzliches Wetter, Mangel an Brod das langsam nachkommt«.	
Über Grandpré Richtung Verdun	29. Sept.-9. Okt.	Beginn des Rückzugs. Über Grandpré, Buzancy, Sivry-sur Meuse, Dun-sur-Meuse, Consenvoy.	
Verdun	9.-10./ 11. Okt.	Vgl. Briefe an Ch. G. Voigt, J. H. Meyer und Christiane. Unvermutet rascher Aufbruch, weil das eben erst von den	

Alliierten eroberte Verdun am 11. wieder
den Franzosen übergeben werden soll.

Spincour bis Arlon	11.-13. Okt.	Über Longwy.

Luxemburg	13. (-21. Okt.)	Am 15. an Ch. G. Voigt: »Dieser Feldzug wird als eine der unglücklichsten Unternehmungen in den Jahrbüchern der Welt eine traurige Gestalt machen.«

	16. Okt.	An das Ehepaar Herder: »Ich eile nach meinen mütterlichen Fleischtöpfen, um dort wie von einem bösen Traum zu erwachen, der mich zwischen Koth und Noth, Mangel und Sorge, Gefahr und Qual, zwischen Trümmern, Leichen, Äsern und Scheishaufen gefangen hielt.«	Auf der Rückseite des Briefs Zeichnung eines Freiheitsbaums in bedeutsamer Landschaft. Inschrift: ›Cette terre est libre‹ (Corpus VI b, Nr. 137).

Mertert	21. Okt.	Über Grevenmacher.

Trier, über Igel	22. Okt.- 1. Nov.	J. C. Wagners Tagebuch: »In dem letzten Luxemburgischen Dorfe, nahe an der Trierischen Genze, namens Igel <...> ein Epitaphium eines römischen Commissairs <...> Herr Geh. Rat von Goethe verweilte lange dabei.« Vgl. den kurzen Hinweis im Brief an J. H. Meyer vom 28. 10.; laut *Campagne in Frankreich* macht sich G. an Ort und Stelle Notizen, vgl. den späten Aufsatz *Das römische Denkmal in Igel und seine Bildwerke*, 1829. – Während seines durch das Vorrücken der Franzosen erzwungenen Aufenthalts zeigt ihm der junge Historiker J. H. Wyttenbach die Sehenswürdigkeiten von Trier, vgl. G.s Brief an ihn vom 5. 12.; ferner: L. H. G. von Fritschs *Journal* (s. o. 23.-26. Aug.).

Auf der Mosel nach Koblenz	1.-5. Nov.	In einem Mietboot, mit Götze. Über Traben-Trarbach. Vgl. den Brief an Christiane vom 4.

Auf dem Rhein nach Düsseldorf	5./6. Nov.	Über Bonn.

Düsseldorf, Pempelfort	6. Nov. (-3./ 4. Dez.)	Bei F. H. Jacobi und seiner Familie; auch W. Heinse ist anwesend. (Vgl. Lotte Jacobi an ihren Bruder Johann Georg, 6. 12. 1792; F. H. Jacobi an Johanna Schlosser, 10. 12. 1792 sowie den Entwurf eines	Laut *Campagne in Frankreich* liest G. sein vermutlich eben erst entstandenes Romanfragment *Reise der Söhne Megaprazons* vor und

		Briefs an G., Nov. 1815; Helene Jacobi an Gräfin Sophie Stolberg, Dez. 1792.) In Düsseldorf Bekanntschaft mit J. P. Langer, dem Direktor der Düsseldorfer Kunstakademie, vgl. dieser an G., 29. 3. 1797.	verbrennt die während des Feldzugs niedergeschriebenen ›poetischen Tagesbefehle, satyrischen Ordres du jour‹.
	14. Nov.	An J. H. Meyer: »Seit acht Tagen befinde ich mich hier bey meinem Freunde Jakobi und fange erst wieder an das Leben zu fühlen. Die [Gemälde-]Gallerie macht mir großes Vergnügen«.	
Duisburg	4./5. Dez.	Besuch bei Plessing (vgl. an F. H. Jacobi am 10.).	
Münster	6.-10. Dez.	Bei der Fürstin Gallitzin; Umgang mit deren Freunden (F. von Fürstenberg u. a.). Vgl. an F. H. Jacobi, 10. 12. 1792 und 1. 2. 1793. Die Fürstin gibt G. die Gemmensammlung des verstorbenen Hemsterhuis mit.	Gedicht *Der neue Amor* (Erstdruck in Schillers ›Musenalmanach für das Jahr 1798‹).
Warendorf bis Lichtenau	10.-12. Dez.	Über Neuenkirchen.	
Kassel	13./14. Dez.	Besuch der Gemäldegalerie und des Museum Fridericianum. (Vgl. an Reinhard, 14. 11. 1812.)	
Lüderbach; Gotha	14. Dez. 15./16. Dez.	Vgl. Herzogin von Gotha an Breithaupt am 16.	

Weimar, 16. Dezember 1792 bis 12. Mai 1793

Weimar

24. Dez. Zu offizieller Verwendung bestimmter
Brief an die Mutter: Ablehnung der ange-
botenen Stelle als Ratsherr in Frankfurt.

27. Dez. Carl August an G.: Auftrag, den Bau des
seit längerem geplanten ›Römischen Hauses‹ im Ilmpark zu organisieren und zu
überwachen.

25./31. Dez. An F. H. Jacobi: »Mein Vorhauß und
meine Treppen [nach G.s Entwürfen, vgl.
Corpus IV b, Nr. 77-82] sind gut gerathen,
mein Hauß übrigens noch ziemlich
unwohnbar.«

1793 Hinrichtung des französischen Königs Ludwigs XVI. (21. 1.); danach
treten weitere Staaten der Koalition gegen Frankreich bei (das römisch-
deutsche Reich, Großbritannien, Holland, Spanien u. a.). In Frankreich
Errichtung des Revolutionstribunals (10. 3.), Schaffung des Wohlfahrts-
ausschusses (6. 4.), seit Juli unter der Führung von Robespierre; Einführung der allgemeinen Wehrpflicht (levée en masse) am 23. 8.; am 5. 9.
stimmt der Nationalkonvent systematischen staatlichen Terrormaß-
nahmen zu; am 10. 10. übernimmt der Wohlfahrtsausschuß die Funktionen der Revolutionsregierung; Hinrichtung von Königin Marie Antoinette (16. 10.); am 24. 10. Einführung des republikanischen Kalenders,
beginnend mit dem 22. 9. 1792 (erster Tag der Republik). – J. H. Voß
beendet seine Homer-Übersetzung mit der *Ilias* und einer Überarbeitung
der *Odyssee* (zuerst 1781 erschienen). Schiller: *Über Anmut und Würde.*
Jean Paul: *Die unsichtbare Loge.*

Revolutionsdrama *Die Auf-
geregten* (nicht vollendet).

1. Febr. An F. H. Jacobi: »Seit einigen Tagen habe
ich gleichsam zum erstenmal im Plato
gelesen und zwar das *Gastmal, Phädrus*
und die *Apologie*.«

Knebels Tagebuch: »Bey
Herders. Vorlesung von
Göthes [noch unvollende-
tem] *Reinike Fuchs*«.

3. März

Knebels Tagebuch: »bey
Herzogin Mutter Goethe
Vorlesung. 7 ten und 8 ten
Gesang von *Reineke.*«
(Am 20. 3. »bey Gores <…>
bis zum 10ten Buch«.)

12. März In einem Brief an Fritsch letzte
Erwähnung von Peter im Baumgarten.

(Letzter überlieferter Brief Peters an G.:
12. 2. 1794 aus Leipzig.)

Frühjahr

Wiederaufnahme der Arbeit
an *Wilhelm Meister*, jetzt
u. d. T. *Wilhelm Meisters
Lehrjahre* (laut Rechnung
für die Abschrift des Manuskripts).

April

(Vorläufiger) Abschluß von
Reineke Fuchs (vgl. Herder
an Gleim am 12.) – Amt-
liches: *Sechste Nachricht von
dem Bergbaue zu Ilmenau*
(mit Ch. G. Voigt).

16. April Ankunft von F. H. Jacobis Sohn Max, der
in Jena Medizin studieren will (bleibt bis
23. 4. G.s Gast; vgl. an Jacobi am 17.).

Mitte April

Niederschrift der Revolu-
tionskomödie *Der Bürger-
general* in knapp drei Tagen
(so an das Ehepaar Herder
am 7. 6.), angeregt durch
J. Ch. Beck als Schnaps in
Anton-Walls *Die beiden
Billets* (am 16. 4.; Rechnung
für die Abschrift des Manuskripts: 27. 4.).

Jena   27.-30. April Mit J. H. Meyer (vgl. Färbers Kalender).

Weimar   2. Mai

Uraufführung von *Der
Bürgergeneral* in Weimar.

Bei der Belagerung von Mainz
(im Feldlager Marienborn),
Frankfurt; 12. Mai bis 23. August 1793

G. reist auf Vorschlag Carl Augusts (vgl. dessen Briefe an
G. vom 18. 2. und 24. 3.), begleitet von Diener Götze.
Spärliche Notizen G.s vom 26.-31. 5. Vgl. die späte
autobiographische Schrift *Belagerung von Mainz*, 1822.

Erfurt	12./13. Mai	Vgl. Caroline Herder an F. H. Jacobi am 12. – In Erfurt bei Dalberg (vgl. an Kirms am 15.).
Gotha	~13.-15. Mai	Prinz August von Sachsen-Gotha am 15. an Herder: »Goethe ist bei mir abgestiegen <...> Wir haben schon viel Tollheiten geredet«.
Eisenach	15./16. Mai	Besuch bei Julie von Bechtolsheim.
Frankfurt	17.-27. Mai	Vgl. die Briefe an Christiane vom 17. und an F. H. Jacobi vom 26.; Umgang u. a. mit Soemmering. Bekanntschaft mit J. I. Gerning, vgl. dessen Tagebuch vom Juni.
Ober-Olm	27./28. Mai	Vgl. an Christiane am 29.
Lager bei Marienborn (vor Mainz)	28. Mai (-25. Juli)	Bei der Belagerungsarmee bzw. Carl August und seinem Regiment. Laut G.s Notizen sieht G. u. a. Prinz Maximilian von Pfalz-Zweibrücken, später König von Bayern, General Kalckreuth, den Freiherrn vom Stein und die Prinzessinnen von Mecklenburg, Luise (später Königin von Preußen) und Friederike (in dritter Ehe: Herzogin von Cumberland). Am 29. an Christiane: »Man schießt Tag und Nacht.«
	2. Juni	Offizieller Kriegsbericht: *Ausfall der Franzosen auf Marienborn*, dem Brief an Herder beigelegt (später in *Belagerung von Mainz* übernommen).
	7. Juni	Brief an Herder, u. a. mit scharfen Äußerungen gegen Lavater, der inzwischen Weimar und Jena besucht hat (ebenso am 7. 7. an F. H. Jacobi), sowie gegen Kants

		Die Religion innerhalb der Grenzen der bloßen Vernunft, 1. Stück, 1793.	
(Rheingau)	9. Juni	Rüdesheim, Bingen. Vgl. an Herder am 15. 6.	
	15. Juni	Brief an Herder: Über Carl Augusts positive Reaktion auf Herders *Briefe zur Beförderung der Humanität* (Teil 1 und 2).	»Ich <…> corrigire an *Reinecke* und schreibe optische Sätze«, wohl: *Betrachtungen über die Farben*, geschrieben vor Mainz im Juni 1793/Juli/ unterwegs im August. Vgl. auch an Knebel, 2. 7.
	19. Juni	Beginn des Bombardements von Mainz (vgl. an Meyer am 22.)	
	Ende Juni		*Der Bürgergeneral* erscheint als Einzeldruck bei Unger in Berlin (vgl. G.s Mutter an G. am 25.).
	Anfang Juli	G. erfährt vom Tod K. Ph. Moritz' (26. 6.), wohl durch einen Brief Ungers vom 29. 6. (vgl. an Christiane am 10.).	
	3. Juli	An Ch. G. Voigt: »Die Hälfte der schönen und wohlgelegnen Stadt mag nun wohl schon verbrannt seyn der Erfolg muß diesen grimmigen Entschluß rechtfertigen. Die Situation der emigrirten Maynzer ist die traurigste von der Welt.«	
	5. Juli	Tod von Cornelias zweiter Tochter Juliette (geb. im Mai 1777; vgl. an F. H. Jacobi am 7. und 19.).	
(Klein-Winternheim, Weisenau)	15. Juli	Laut *Belagerung von Mainz*: Besuch bei Gore und G. M. Kraus, die sich auf der Suche nach entsprechenden Motiven ebenfalls auf dem Kriegsschauplatz aufhalten; in Weisenau Besuch des Friedhofs »in Jagd auf pathologische Knochen« (vgl. auch Loder an Knebel, 26. 11.).	*Newtonische Lehre*. *Maratische Lehre* und *Resultate meiner Erfahrungen*, unterschrieben: »Lager bei Marienborn, den 15. Juli 1793. Goethe«. Mit Brief vom 19. an F. H. Jacobi geschickt.
	19. Juli		An F. H. Jacobi: »ich lege ein Gedicht bey«, wohl: *Das Wiedersehen*, auch in Gernings Tagebuch vom

			12. 8. erwähnt; Erstdruck in Voß' ›Musenalmanach für das Jahr 1796‹.
	21. Juli		*Einige allgemeine chromatische Sätze*, am Schluß: »Lager bei Marienborn den 21. Juli 1793«.
	22. Juli	Waffenstillstand. Kapitulation, Übergabe der Stadt an die Belagerer.	
	24. Juli		G. schickt F. H. Jacobi die Schrift *Von den farbigen Schatten* zur Korrektur.
Mainz	26./27. Juli	In Briefen vom 27. an Ch. G. Voigt und an F. H. Jacobi über den Zustand der Stadt, den Auszug der Franzosen und der von der Bevölkerung angegriffenen ›Klubbisten‹ (»Das Unheil das diese Menschen angestiftet haben ist groß.«). An Ch. G. Voigt: »Sollte Reinhold [Philosophieprofessor in Jena] nicht bleiben so wird sich Rath finden. Auf Magister Fichte haben Sie ja ein Auge.«	
Schwalbach, Wiesbaden	~28.-31. Juli	Vgl. an Christiane, 1. 8.	
Mainz	1. Aug.		
Mannheim	~2./3. Aug.	Vgl. Carl August an seine Mutter Anna Amalia am 10.; Begegnung mit Caroline Jagemann (vgl. diese an ihre Eltern am 9.).	
Heidelberg	~4.-8. Aug.	Zusammensein mit Schlosser (vgl. an F. H. Jacobi am 11.).	
Frankfurt	~9. (- 21. Aug.)	Vgl. an Christiane am 9.; Umgang u. a. mit der Familie von Bankier Bethmann, Soemmering und Gerning, vgl. dessen Tagebuch, darin vermerkt auch gemeinsame Besuche privater Kunstsammlungen (bei Grambs, Städel, Neufville) und der Aufführung von Mozarts *Zauberflöte*.	
	11./19. Aug.	Am 19. an F. H. Jacobi: »Hab ich dir schon gesagt wie sehr ich Leid um den armen Moriz getragen habe? Ich verliere einen guten Gesellen an ihm.«	Am 11. Brief an Lichtenberg, mit dem Manuskript der Schrift *Von den farbigen Schatten*.

Weimar, 23. August 1793 bis 30. Juli 1797

	August		Aufsatz *Von den achromati-schen Gläsern.*
Weimar	23. Aug.	»Goethe <…> gestern angekommen« (Knebels Tagebuch, 24. 8.).	
	September		Arbeit an *Reineke Fuchs* (vgl. an F. H. Jacobi am 9. und an Wieland am 26.).
Jena	zwischen 4. und 8. Sept.	An F. H. Jacobi am 9., über einen Besuch bei dessen in Jena studierendem Sohn Max.	
Weimar	8. Sept.	Vgl. Knebels Tagebuch.	
	~September/ Oktober?		*<Über Newtons Hypothese der diversen Refrangibilität>* und *Über die Farbener-scheinungen, die wir bei Gelegenheit der Refraktion gewahr werden*; beides erst posthum publiziert.
Jena	27. Sept.- 9. Okt.	Mit Knebel und J. H. Meyer, später auch Anna Amalia und Herder (vgl. Knebels Tagebuch). Begegnung mit H. Ph. C. Henke, vgl. dessen Tagebuch.	Datierte Notizen (4.-7.): *Ver-suche mit der Berlinerblau-Lauge und den Metallkalken.*
Weimar	15. Okt.		*Prolog zu dem Schauspiel der Krieg von Goldoni* auf dem Weimarer Theater gespro-chen.
	~20. Okt.	Brief an Lichtenberg, Antwort auf dessen Brief vom 7. 10., worin dieser ausführlich auf G.s Schrift *Von den farbigen Schatten* eingeht. (Vgl. an Knebel, vor 29. 12.: »ich wünschte sehr daß dieser Mann meiner Unternehmung Freund bliebe wenn er auch sich von meiner Meynung nicht überreden konnte.«)	
	23. Okt.	Brief an Fritz von Stein, seit kurzem zur weiteren Ausbildung in Hamburg: u. a. kritisch über wohlhabende Revolutions-freunde wie den Hamburger Handels-herrn G. H. Sieveking.	

18. Nov. Brief an F. H. Jacobi: »Um etwas un-   *»Reinecke Fuchs* naht sich
          endliches zu unternehmen habe ich mich   der Druckerpreße.«
          an den Homer gemacht.«

19. Nov. Ankunft von Gerning, vgl. dessen Tage-
          buch (3.6.1794); bleibt bis 6.12. (Eintrag
          G.s in Gernings Stammbuch an diesem
          Tag).

21. Nov. Geburt der Tochter Caroline; sie stirbt
          bereits am 3.12. (vgl. Ch. G. Voigt an G. an
          diesem Tag).

gegen   Amtliches: <*Münzgutach-*
Ende Nov.   *ten*>.

Ilmenau   9.-13. Dez. Mit Ch. G. Voigt, bei der zweiten   Amtliches: <*Ansprache auf*
          Versammlung der Anteilseigner am   *dem Gewerkentag zu*
          Bergbau.   *Ilmenau am 9. Dezember*
                                                          1793>

Weimar   16. Dez. Carl August kommt nach eineinhalb-
          jähriger Abwesenheit (Teilnahme am Ko-
          alitionskrieg) vorübergehend zurück.

27. Dez. Tod von E. J. von Stein, Charlottes
          Ehemann.

29. Dez.   G. schickt das Manuskript
                                                         des Aufsatzes *Versuch die*
                                                         Elemente der Farbenlehre zu
                                                         entdecken mit einem kurzen
                                                         Begleitschreiben an Lichten-
                                                         berg.

1794 Hinrichtung Dantons (5.4.), fast unumschränkte Herrschaft Robespier-
          res; Frankreich erobert die österreichischen Niederlande (Sieg bei Fleurus
          am 26.6.). Sturz und Hinrichtung Robespierres (27./28.7.). – Tod Georg
          Forsters.

                                                         Wohl: *Versuch einer allge-*
                                                         meinen Knochenlehre und
                                                         Versuch einer allgemeinen
                                                         Vergleichungslehre u. a.
                                                         Niederschriften zur ver-
                                                         gleichenden Anatomie (erst
                                                         posthum publiziert).

Januar   Fichte erhält einen Ruf nach Jena als a. o.
          Professor für Philosophie (als Nachfolger
          Reinholds).

(Jena)   2. Jan. Vgl. Knebels Tagebuch.

	16. Jan.	Erste Aufführung von Mozarts *Zauber-flöte* in Weimar, von G. inszeniert; Louise Rudorff (später mit Knebel verheiratet) singt die Pamina.
	Februar	G.s Mutter schickt den von J. W. Liebholdt geschriebenen Katalog der Bibliothek von G.s Vater, die versteigert werden soll; vgl. ihren Brief an G. vom 6. 2. (nicht: 6. 1.).
	5. Febr.	Carl August nimmt seinen Abschied aus der preußischen Armee.
Jena	5.–9. Febr.	Vgl. Färbers Kalender. Besprechung mit Batsch über den projektierten Botanischen Garten in Jena (vgl. an diesen am 3.).
Weimar	17. Febr.	An Soemmering: »So hat der arme Forster [am 10. 1. verarmt in Paris gestorben] denn doch auch seine Irrthümer mit dem Leben büßen müssen. <...> Ich habe ihn herzlich bedauert.«

20. Febr. Carl August setzt, gemäß G.s Vorschlägen vom 11. 2., eine Kommission für den Botanischen Garten in Jena ein, bestehend aus G. und Ch. G. Voigt. Batsch wird zum Direktor auf Lebenszeit ernannt.

Amtliches: Siebente Nachricht von dem Bergbaue zu Ilmenau (mit Ch. G. Voigt).

| | Anfang/ Mitte März | Charlotte von Kalb in Weimar (seit Ende Februar), Begegnungen mit G., vgl. ihre Briefe an G. von Ende Febr. und 15. 3. (aus Walthershausen b. Meiningen) und G. an sie, 29. 4. |

Jena 9.–13. März Besprechung mit Batsch über den Botanischen Garten (vgl. an diesen am 26. 2.). Am 9. bei W. von Humboldt und seiner Frau Caroline (sie wohnen seit Februar in Jena), dabei auch erste Begegnung mit A. von Humboldt. (Beginn der Freundschaft vor allem mit W. von Humboldt, der G. auch nach seinem Abschied aus Jena immer wieder besucht; interessanter Briefwechsel.)

Weimar Ende März Mit Brief vom 27. überschickt Jean Paul (dem »Verfasser des *Tasso*«, der »wie ein guter Genius« über sein Herz walte) seinen Roman *Die unsichtbare Loge*. Von einer Antwort G.s ist nichts bekannt. –

Am 22. Anzeige im Intelligenzblatt der ALZ (Nr. 28) über die ›Anlage der neuen botanischen Anstalt im Fürstengarten zu Jena‹.

Auf Fürsprache G.s wird sein Diener
P. Götze als Kondukteur beim Wegebau
angestellt (vgl. an Carl August am 20. und
Ch. G. Voigt an G., Ende März).

6. April Im Intelligenzblatt Nr. 32 der ALZ
erscheint auf Anordnung Carl Augusts
eine von G. und Ch. G. Voigt (mit)verfaßte
›Berichtigung‹ zu dem am 19. 3. in Nr. 26
gedruckten respektvollen Nachruf auf
Forster; sie soll die offizielle, ablehnende
Haltung des Landes bzw. seines Souveräns
gegenüber dem Anhänger der Französischen Revolution bekunden.

26. April Brief an F. H. Jacobi, verspäteter Dank für
die Übersendung der im Jan. erschienenen
Neufassung von *Woldemar* bzw. für die
seitenlange – für G. ›überraschende‹ –
Widmung an ihn (mit einer Charakterisierung ihrer Freundschaft).

Jena 20.-22. Mai Vgl. Färbers Kalender. Erste Begegnung
mit Fichte (vgl. dieser an seine Frau am 20.).

Weimar 23. Mai G. schickt Fichtes Programmschrift *Über
den Begriff der Wissenschaftslehre oder die
sogenannte Philosophie* an F. H. Jacobi.
(Fichte hält an diesem Tag seine erste Vorlesung in Jena.)

~Mai Brief an Herder: Dank für dessen Über-
tragung der lateinischen Gedichte von
Jakob Balde.
An Knebel: »Hier die Robespierrische
Rede zurück.« (Vermutlich die Rede vom
7. 5. 1794 (18. Floréal II), in der es um die
Zelebrierung des ›Kults des höchsten
Wesens‹ geht.)

Im Brief an Herder ferner:
»ich <...> komme in Ver-
suchung dir das erste Buch
meines Romans [*Wilhelm
Meisters Lehrjahre*] zu
schicken, das nun um-
geschrieben noch manches
Federstrichs bedarf«.

Juni

Reineke Fuchs ersch. als
Bd. 2 der *Neuen Schriften* bei
Unger in Berlin.

1. Juni Besuch W. von Humboldts, vgl. dessen
Tagebuch.

5. und 6. Juni Erste Begegnungen mit Voß, in größerer
Gesellschaft; nach Voß' Brief an seine Frau
vom 6. spricht man viel über seine Homer-
übersetzung, aus der er auch vorliest. Vgl.
auch G. an J. H. Meyer am 9.

	9. Juni	Brief an Lichtenberg mit *Reineke Fuchs* und der Bitte um Bemerkungen (seien es auch ›Rektifikation und Widerspruch‹) zu seinem *Versuch die Elemente der Farben-lehre zu entdecken* (Lichtenberg hatte sie im Brief vom 18.4., »wills der Himmel«, in Aussicht gestellt; der Himmel wollte nicht, und in dem noch folgenden spär-lichen Briefwechsel ist nicht mehr von Optik die Rede).
Jena	13.-16. Juni	Vgl. Knebels Tagebuch. Umgang mit Fichte (vgl. an Charlotte von Kalb am 28.).
Weimar	18. Juni	Carl August macht G. das Haus am Frau-enplan durch eine Urkunde zum Ge-schenk.
	24. Juni	Erster überlieferter Brief G.s an Schiller, der G. mit Brief vom 13.6. zur Mitarbeit an seiner neuen Zeitschrift ›Die Horen‹ eingeladen hatte; G. sagt zu. – Brief an Fichte: Antwort auf dessen Brief vom 21.6., Dank für die »übersendeten ersten Bogen der *Wissenschaftslehre*«.
	28. Juni	Unterredung mit Fichte (zusammen mit Ch. G. Voigt und Knebel), der sich im Brief vom 24.6. an G. über politische Ver-leumdungen und Zumutungen von seiten Dritter (vgl. auch Voigt an G. am 15.) be-klagt hatte; vgl. Knebels Tagebuch und Ch. G. Voigt an G. Hufeland am 29.: »Ich hoffe, er [Fichte] soll mit uns zufrieden sein«.
	5. Juli	Datiertes Protokoll (‹*Blen-dendes Bild*›) über Versuche mit Blendungsnachbildern im Auge: Entdeckung der entscheidenden Rolle des Auges bei der Farbwahr-nehmung (später ›physiolo-gische Farben‹); vgl. auch an J. H. Meyer am 7.
	7. Juli	An J. H. Meyer: »Der erste Band meines Romans [Buch 1 und 2 der *Lehrjahre*] wird auf Michael fertig seyn«.

Erfurt	vor Mitte Juli	Vgl. an Soemmering am 16., an J. H. Meyer am 17.
Weimar	17. Juli	Brief von Voß an G. mit kritischen (von G. erbetenen) Bemerkungen zu den Hexametern in *Reineke Fuchs*.
Jena	20.-23. Juli	Vgl. Färbers Kalender. Gespräch mit Schiller, im Anschluß an eine Sitzung der ›Naturforschenden Gesellschaft‹, über grundlegende Fragen der Naturerkenntnis und besonders die Metamorphose bzw. die ›Urpflanze‹ (so in G.s späterer auto- biographischer Schrift *Glückliches Ereig- nis*, 1817); am 22. mit Schiller und Frau bei W. und Caroline von Humboldt. Vgl. Schiller an Körner, 1.9.: »Wir hatten vor sechs Wochen über Kunst und Kunst- theorie ein langes und breites gesprochen« usw. Vgl. ferner G. an Schiller am 25.7. und schließlich am 27.8.: »wie ich von jenen Tagen an auch eine Epoche rechne«.
Weimar	~Ende Juli (?)	Brief an Lichtenberg, Dank für die 1. Lie- ferung von dessen *Ausführliche Erklärung der Hogarthischen Kupferstiche, mit ver- kleinerten aber vollständigen Copien der- selben von E. Riepenhausen*, 1794 (vgl. Lichtenbergs Brief an G. vom 18.4.).
Wörlitz; Dessau	26.-31. Juli 1./2. Aug.	Reise mit Carl August. Vgl. G.s Briefe an Christiane.
Dresden (über Leipzig), Dessau	2.-11. Aug.	Besuch der Gemäldegalerie (vgl. an F. H. Jacobi, 8.9.). Umgang mit Körner und J. H. Meyer, der zu Studienzwecken einige Zeit in Dresden weilt. An Christiane am 10. aus Dresden: »Morgen <...> gehen wir von hier wieder ab <...> wieder auf Dessau«. An Charlotte von Kalb am 29.: »war ich in Dresden, Dessau, Leipzig«.
Weimar	12. Aug.	Vgl. Sophie von Schardt an Fritz von Stein am 13.
	27. Aug.	Brief an Schiller, Dank für dessen Brief vom 23., »in welchem Sie, mit freund- schaftlicher Hand, die Summe meiner Existenz ziehen und mich, durch Ihre Theilnahme, zu einem emsigern und lebhafteren Gebrauch meiner Kräfte auf-

muntern.« Bekräftigung des Wunsches
nach künftiger enger Zusammenarbeit
und Gemeinschaft, die bis zu Schillers Tod
(1805) insbesondre in gemeinschaftlichen
literarischen Projekten, einschließlich der
Arbeit fürs Theater, realisiert wird.
Dokument des intensiven geistigen Aus-
tauschs der Freunde ist ihr umfangreicher
Briefwechsel (über 1000 Nrn.), den G.
1828/29 noch selbst veröffentlicht.

30. Aug.		G. schickt Schiller seinen (schon früher entstandenen?) Aufsatz *In wiefern die Idee: Schönheit sei Vollkommenheit mit Freiheit, auf organische Naturen angewendet werden könne«* (erst posthum publiziert).
14.-27. Sept.	Schiller bei G. zu Gast, vgl. Schillers Briefe an seine Frau (Freitag, 26.: »werde Sonnabend Mittag wieder in Jena eintreffen«), an Körner am 22. 9. und 9. 10., an Cotta am 2. 10.; G. an Meyer, 22. 9. und an Schiller am 1. 10.	
7. Okt.		Christiane Becker-Neumann spricht den *Prolog zum Lustspiel ›Alte und neue Zeit‹, von Iffland* zur Eröffnung der Winterspielzeit des Weimarer Theaters.
24. Okt.		Erste Aufführung von Cimarosas Oper *Die vereitelten Ränke* in Weimar; Erstdruck 1794 als Textbuch (anonym): *Gesänge aus der Oper: Die vereitelten Ränke. Nach dem Italienischen frei bearbeitet.* (G.s Autorschaft umstritten, eventuell Gemeinschaftsarbeit mit Vulpius.)
26. Okt.	Brief an Schiller: überschwengliche Zustimmung zu Schillers *Über die ästhetische Erziehung des Menschen* (Brief 1-9, im Manuskript übersandt).	G. schickt die *Römischen Elegien* für die ›Horen‹ mit und spricht von der Arbeit am 3. Buch der *Lehrjahre*.

28./31.Okt. Laut Böttiger, *Literarische Zustände und Zeitgenossen*, beginnt G. am 31., wohl im Rahmen der ›Freitagsgesellschaft‹, die *Ilias* in Voß' Übersetzung vorzulesen; Böttiger berichtet ebenda noch über Sitzungen vom 7. und 14.11.; vgl. auch seinen Brief vom 23.4.1795 an F. A. Wolf.

Am 28. an Schiller: »Meine *erste Epistel* liegt bey« (ersch. im 1. St. der ›Horen‹ Ende Jan. 1795).

Jena 2.-6.Nov. Vgl. Färbers Kalender. Mit Meyer. Umgang mit Schiller und W. von Humboldt und deren Frauen, auch Max Jacobi (vgl. G. an Schiller am 1., Humboldts Tagebuch und F. H. Jacobi an G., 16.12.). Bei Schiller erste Begegnung mit Hölderlin, der nicht weiß, wem er vorgestellt wird, vgl. Hölderlin an Neuffer, Nov. (Weitere Begegnungen Ende Dez./Anf. Jan. in Weimar, am 18.1.1795 in Jena, vgl. Hölderlin an Neuffer, 19.1.1795.)

Weimar 21./22.Nov. W. von Humboldt, Tagebuch vom 21.: »Abends in der Homers-Gesellschaft bei Goethe« (Vorlesung der *Ilias*, s. oben).

Am 22. erste Aufführung der Oper *Circe* von Anfossi, von G. übersetzt bzw. bearbeitet; Erstdruck 1794 als Textbuch (anonym): *Gesänge aus der Oper: Circe.*

27.Nov.

G. schickt den Anfang der *Unterhaltungen deutscher Ausgewanderten* an Schiller (ersch. im 1. St. der ›Horen‹ Ende Jan. 1795).

6.Dez.

Brief an Schiller: Bitte um Anonymität seiner sämtlichen Beiträge in den ›Horen‹; G. schickt die Druckbogen von Buch 1 der *Lehrjahre* mit (dazu Schiller am 9.). Von jetzt an begleitet Schiller die noch entstehenden Bücher mit seiner produktiven Kritik, teils im Gespräch, häufig in Briefen.

Jena 17.-19.Dez. Vgl. Färbers Kalender. Mit J. H. Meyer. Umgang mit Schiller und W. von Humboldt (vgl. dessen Tagebuch) und deren Frauen; Begegnung mit A. von Humboldt (vgl. dieser an R. von Haeften am 19.).

Weimar	23. Dez.		An Schiller, mit der *Zweiten Epistel* (ersch. im 2. St. der ›Horen‹ Anf. März 1795).
	25. Dez.		An Schiller: »Mein drittes Buch [*Lehrjahre*] ist fertig«.
	27.-29. Dez.	Brief an F. H. Jacobi: »Max [Jacobi] <…> bleibt die Feyertage hier <…> meine optischen Studien<…> gehen immer gleichen Schritt mit meinen übrigen Arbeiten«.	
	Ende Dez.	G. erfährt von der Erfindung achromatischer Gläser für Fernrohre, vgl. an Prinz August von Gotha am 30. Charlotte von Kalb zieht nach Weimar.	

	1795	Am 5. 4. Friede von Basel zwischen Frankreich und Preußen (Preußen schert aus der Allianz gegen Frankreich aus, Frankreich behält das linke Rheinufer). Sept.: Neue Verfassung in Frankreich, Regierung des Direktoriums (bis 1799).	
	Januar		Bd. 1 der *Lehrjahre* ersch. (als Bd. 3 der *Neuen Schriften*); enthält Buch 1 und 2 sowie drei Musikbeilagen: Reichardts Vertonungen von *Was hör ich draußen vor dem Tor*; *Wer nie sein Brot mit Tränen aß* und *Wer sich der Einsamkeit ergibt*, auf G.s Wunsch ohne Nennung des Komponisten (vgl. Unger an G., 29. 11. 1794).
	Anfang Jan.	Ab 2. sind wieder regelmäßigere Sitzungen der ›Freitagsgesellschaft‹ nachgewiesen (vgl. Knebels Tagebuch, 2. und 23. 1. sowie 20. 3.; G. an Schiller, 28. 2.).	Am 10. an Schiller die Fortsetzung der *Unterhaltungen deutscher Ausgewanderten* (die vier ersten Novellen; ersch. im 2. St. der ›Horen‹ Anf. März).
Jena	11.-23. Jan.	Vgl. Färbers Kalender. Mit J. H. Meyer. Zusammen mit ihm und den Brüdern Humboldt hört G. Vorlesungen über Bänderlehre bei Loder (vgl. dieser an Bertuch am 14.).	G. diktiert Max Jacobi *Erster Entwurf einer allgemeinen Einleitung in die Vergleichende Anatomie* (vgl. an F. H. Jacobi, 2. 2.).
Weimar	11. Febr.		G. schickt Schiller Buch 4 der *Lehrjahre* zur kritischen

			Durchsicht (vgl. Schiller an G. am 22., G. an Schiller am 25.).
Jena	11.-13. Febr.	Mit Carl August. Unterredungen mit Schiller (vgl. an ihn am 18.).	
Weimar	18. Febr.		An Schiller: »habe ich schon das Schema zum 5ten und 6ten Buche [der *Lehrjahre*] ausgearbeitet.«
	März	G. beginnt diverse Monatsschriften systematisch durchzugehen und zu einigen Beiträgen knappe Bemerkungen zu machen; vgl. an Schiller am 11.3.: »Wenn wirs nur einmal ein halb Jahr haben, so können wir unsre Collegen schon übersehen.«	
	18. März		An Schiller: »Vorige Woche <...> Ich bekam Lust das religiose Buch meines Romans auszuarbeiten« (die *Bekenntnisse einer schönen Seele*, Buch 6 der *Lehrjahre*).
	19. März	Abschiedsbesuch von Max Jacobi, der Jena verläßt (vgl. seinen Brief an G. vom 13. und G. an F. H. Jacobi, 27. 2. und 11.3.).	G. schickt Schiller die sog. ›Prokurator-Novelle‹ für die *Unterhaltungen deutscher Ausgewanderten* zur Durchsicht. Sie ersch. als 3. Fortsetzung im 4. St. der ›Horen‹ im April.
	Mitte März	Besuch des dänischen Schriftstellers Jens Baggesen, erste persönliche Begegnung (vgl. Baggesen an K. L. Reinhold am 22.).	
	22. März	Besuch W. von Humboldts (vgl. dieser an G. am 23.).	
	März/April		*Literarischer Sansculottismus* (Streitschrift gegen einen Aufsatz im Märzheft des ›Berlinischen Archivs der Zeit‹); ersch. Anf. Juni im 5. St. der ›Horen‹.
Jena	29. März (-2. Mai)	Vgl. Färbers Kalender. Mit J. H. Meyer. Umgang: Schiller (vgl. dieser an Körner,	Schiller an Körner, 10.4.: »Er ist jetzt mit einem

10.4. und G. an Schiller, 3.5.), W. von Humboldt, deren Frauen, A. von Humboldt (vgl. dieser an G., 21.5.). Bei Schiller auch weitere Begegnungen mit Hölderlin (vgl. dieser an Neuffer, 28.4.). Besuch des Jenaer Philosophen Niethammer (vgl. dieser an G., 20.5.). – Dienstgeschäfte: Botanischer Garten (vgl. an Ch. G. Voigt, 11.4.), Saaleregulierung (vgl. an J. G. Vent, 17.4.).

Trauerspiel <...> beschäftigt <...> *die Befreiung des Prometheus.*« In einer Gesellschaft hört G. das von Zelter vertonte Gedicht von Friederike Bruns »Ich denke dein« und ist »tief gerührt von der Komposition« (D. Veit an Rahel Levin, 4./6.6.; ähnlich G. selbst am 13.6.1796 an Friederike Helene Unger, s. u.); sie regt ihn an zum Gedicht *Nähe des Geliebten* (Erstdruck im Arienbuch zu *Claudine von Villa bella* 1795, dann in Schillers ›Musenalmanach für das Jahr 1796‹).

10. April An Ch. G. Voigt, auf dessen Mitteilung vom 9., man (d. h. Studenten) habe bei Fichte wieder die Fenster eingeworfen: »Sie haben also das a b s o l u t e I c h in großer Verlegenheit gesehen und freilich ist es von den Nicht Ichs, die man doch g e s e t z t hat, sehr unhöflich durch die Scheiben zu f l i e g e n.«

Datierte Niederschrift: *Der Descartische Versuch mit der Glaskugel.*

~24. April Erste Begegnung mit Verleger Cotta bei Schiller (vgl. dieser an Ch. J. Zahn, 4.5.)

Weimar **(vor) Mitte Mai** G. schickt seiner Mutter die Vollmacht zum Verkauf des elterlichen Hauses am Hirschgraben, vgl. an Ch. G. Voigt, ~13.; sie dankt im Brief vom 16. (Mitte Juli zieht sie in eine Mietwohnung am Roßmarkt).

Bd. 2 der *Lehrjahre* erscheint als Bd. 4 der *Neuen Schriften* (mit Buch 3 und 4 und zwei Musikbeilagen: Reichardts Vertonung von *Kennst du das Land* und *Nur wer die Sehnsucht kennt*, diesmal mit Nennung des Komponisten); mit Brief vom 16. an Schiller geschickt, darin auch: »Ich suche nun das fünfte Buch in Ordnung zu bringen <...> das sechste schon fertig«.

16. Mai Besuch W. von Humboldts (vgl. an Schiller am 17.).

17. Mai   An Schiller, über F. A. Wolfs *Prolegomena ad Homerum*: »ist interessant genug, hat mich aber schlecht erbaut.« In der nächsten Zeit Beschäftigung mit Wolfs These, die Homerischen Epen stammten von mehreren Verfassern (vgl. eine Aufzeichnung Böttigers wohl vom 29. 5.).

~22.-28. Mai   Besuch F. A. Wolfs, begleitet von W. von Humboldt (vgl. dieser an G., ~21. 5.; Wolf an G., 22. 6.; zwischen F. A. Wolf und G. entwickelt sich ein zeitweise reger Briefwechsel und eine freundschaftliche Beziehung; bis zu Wolfs Umzug nach Berlin 1807 gibt es häufigere wechselseitige Besuche). Am 28. außer Wolf auch Wieland und Böttiger bei G., vgl. die ausführliche Aufzeichnung des letzteren über den Verlauf der gelehrten Unterhaltung.

Ende Mai   Der Maler J. F. A. Tischbein (›Leipziger Tischbein‹) kommt für einige Monate nach Weimar und porträtiert die Weimarer Gesellschaft; G. nimmt kaum Notiz von ihm, so Tischbeins Frau Sophie im Brief an A. W. Schlegel vom 14. 12., weil er in ihrem Mann eine Konkurrenz für seinen Protégé J. H. Meyer gefürchtet habe.

Am 30. Aufführung von *Claudine von Villa bella* auf dem Weimarer Theater, in Vulpius' Bearbeitung mit der Musik von Reichardt (vgl. D. Veit an Rahel Levin, 4./6. 6.).

Jena   31. Mai-3. Juni   Umgang: Schiller, W. von Humboldt (vgl. dieser an F. A. Wolf, 3. 6.).

Weimar   Anfang Juni   Besucher: W. von Humboldt vom 3.- ~6./7.; Chladni und Baggesen am 5. (vgl. Knebels Tagebuch).

Amtliches: Von Carl August angefordertes Gutachten zur Verbesserung der akademischen Disziplin in Jena.

Mitte Juni   Am 18. an Schiller, über Jean Paul bzw. dessen *Hesperus*: »es ist wirklich schade um den Menschen, er scheint sehr isoliert zu leben und kann deswegen bei manchen guten Partien seiner Individualität nicht zu Reinigung seines Geschmacks kommen.« Vgl. auch am 15. 12. an Schiller, über den Erfolg des Romans beim Weimarer Publikum. – Erster Brief an A. von Humboldt, Dank für dessen mit Brief vom 21. 5. überschickte Schriften.

Am 11. an Schiller: »hier die Hälfte des fünften Buches« (der *Lehrjahre*); dazu Schiller am 15.

27. Juni

G. schickt Schiller die vierte Fortsetzung der *Unterhal-*

tungen deutscher Ausgewan-
derten (ersch. im Juli im 7. St.
der ›Horen‹).

Jena	29. Juni (-2. Juli)	Vgl. am 2.7. an Christiane. Umgang: Schiller und W. von Humboldt; dieser verläßt Jena noch im Juli, um nach Berlin zu gehen. – Dienstliches: Botanischer Garten (vgl. an Batsch, 1.7.).	Das 6. St. der ›Horen‹ ersch., darin von G. (anonym) die *Römischen Elegien,* u. d. T. *Elegien. Erste bis zwanzigste* *Elegie.*
	1. Juli	Brief an Voß, u. a. über seine Bewunde- rung von Voß' *Luise, ein ländliches Ge- dicht in drei Idyllen* (1795 erstmals in Buchform ersch., die ›Idyllen‹ zuvor ein- zeln 1782 und 1784 in Voß' ›Musenalma- nach‹ bzw. dem ›Teutschen Merkur‹).	Für Voß' ›Musenalmanach‹ für das Jahr 1796‹ legt G. die Gedichte *Das Wiedersehn* und *Die Liebesgötter auf* *dem Markte* (»Von allen schönen Waren«) bei, letzte- res ein Lied in dem unvoll- endeten Libretto *Der Zau- berflöte zweiter Teil,* an dem G. also wohl gerade arbeitet.

Reise nach Karlsbad, 2. Juli - 11. August 1795

	Juli		Reisetagebuch vom 1.-4.7.
Schleiz	2. Juli		
Adorf	3. Juli		
Karlsbad	4. Juli - ~8. Aug.	Vgl. an Schiller, 8.7. – Brunnenkur. Bekanntschaft mit Friederike Brun, Rahel Levin, Friederike Unzelmann, Marianne Meyer, Sara Wulf u. a., vgl. Friederike Bruns Tagebuch. An Christiane am 19.7.: »Die Cur schlägt sehr gut ein obgleich das Wetter ganz abscheulich ist <...> es werden viel Äugelchen gemacht die dir aber keinen Abbruch thun«.	Im Brief an Schiller vom 8.7. u. a. über seine Absicht, ein *Märchen* zu schreiben.
Jena	11. Aug.	Vgl. Schiller an Körner am 17.; Besuch bei Schiller (vgl. dieser an G. am 17.).	

Weimar (und Jena), 11. August 1795-30. Juli 1797

	Mitte Aug.	Am 19. schickt Ch. G. Voigt Bücher – italienische Biographien italienischer Künstler –, die er für G. nach dessen Angaben auf einer Auktion ersteigert hat,	Am 17. bzw. 18. an Schiller die *Venezianischen Epi- gramme* für dessen ›Musenalmanach für das Jahr

darunter Cellinis Autobiographie *Vita di Benvenuto Cellini.*

1796‹ bzw. den ›Hymnus‹ *Auf die Geburt des Apollo* (Übersetzung aus dem Griechischen), ersch. im Sept. im 9. St. der ›Horen‹.

21. Aug.

An Schiller den Schluß der *Unterhaltungen deutscher Ausgewanderten* (ersch. im Sept. im 9. St. der ›Horen‹).

(Jena)   24. Aug.

G. bringt Schiller einen ersten Teil des *Märchens* (vgl. an Schiller am 22. und 25.).

Ilmenau   25. oder 26. Aug.-6. Sept.
Vgl. an Schiller, 24. oder 25. 8. Mit Ch. G. Voigt (bis 30. 8.) und dem kleinen August. Am 2. 9. besorgter Brief an Ch. G. Voigt über die Schwierigkeiten und vor allem den unbefriedigenden Ertrag des Ilmenauer Bergwerks.

Weimar   14. Sept.
Brief an Schiller: Über seine vorbereitenden Forschungen und Studien zur geplanten Italienreise mit J. H. Meyer.

23. Sept.

An Schiller: »Das *Märchen* ist fertig«; ersch. Anf. Nov. im 10. St. der ›Horen‹.

Oktober   J. L. Geist tritt in G.s Dienste (als Nachfolger von Sutor).

Übersetzung von Mme. de Staëls *Essai sur les fictions,* 1795, vgl. an Schiller am 6./10. und 13.; ersch. u. d. T. *Versuch über die Dichtungen* im 2. St. der ›Horen‹ 1796.

Anfang Okt. Am 2. bricht J. H. Meyer nach Italien auf.

Am 3. an Schiller: »der Schluß des 6 ten Buches meines Romans [*Lehrjahre*] geht Montags ab <…> Im folgenden rollt der Stein den Berg hinab und das meiste ist schon geschrieben und fertig.«

(Jena)   5. Okt. Vgl. Schiller an W. von Humboldt.

Eisenach   11.-20. Okt.
Vgl. an Schiller am 10. Auf dem Weg nach Frankfurt, wo G. nach Carl Augusts Wunsch (vgl. dieser an G., 9. 8. und 3. 10.) die politische und militärische Lage beobachten soll. G. fährt nicht weiter, vgl. am

Am 16. an Schiller: »Ich bin mit Herz, Sinn und Gedancken nur an dem Roman« (7. und 8. Buch der *Lehrjahre*).

13. an Schiller: »Die Oesterreicher sind
wieder über den Mayn herüber und um-
geben Franckfurt <...> In ein solches
Gewirre möchte ich <...> mich nicht
hineinbegeben«.

Gotha   20.-22. Okt.   Umgang vor allem mit Prinz August von
Sachsen-Gotha.

Weimar   25. Okt.

An Schiller, über die
Möglichkeit, aus seinen
›italienischen Collectaneen‹
ein ›wundersames Werk‹
zusammenzustellen; der Plan
eines großen Werks über Italien, gemeinsam mit J. H.
Meyer, kommt über umfang-
reiche Entwürfe, Exzerpte
und Notizen nicht hinaus
(posthum publiziert u. d. T.
<*Vorbereitung zur zweiten
Reise nach Italien*>); vgl. dazu
auch den Briefwechsel mit
J. H. Meyer während dessen
Aufenthalt in Italien von Ende
1795 - Anf. Juni 1797.

30. Okt.   Christiane kommt mit ihrem vierten Kind
(einem Jungen) nieder; es stirbt am 16. 11.
(vgl. an J. H. Meyer an diesem Tag). – Zu-
rechtweisender Brief an Caroline Herder;
sie hat G. dringend um Vermittlung bei
Carl August wegen Übernahme der Kosten für das Studium ihrer Kinder gebeten
(wichtige Voraussetzung bei Herders
Bleibeverhandlungen 1789; G. rügt, daß
Herders ohne jeweilige vorherige Ab-
sprache mit dem Herzog bedingungslose
Übernahme sämtlicher – bereits entstan-
dener – Kosten erwarten).

November   Lebhaftes Interesse für Baukunst, vgl. an   Aufsatz *Baukunst 1795* (vgl.
J. H. Meyer, 16. 11. und 30. 12.   Schiller an W. von Humboldt
am 9.; erst posthum veröf-
fentlicht).

Jena   5.-11. Nov.   Vgl. Schillers Kalender. An Christiane
am 9.: »Abends bin ich bei Schillern«.
Dienstgeschäfte: Inspektion der Saaleregulierung (vgl. an Ch. G. Voigt, ~9.).

Weimar	Mitte Nov.	Am 20. an Schnauß: Vorschlag, für den in Italien weilenden J. H. Meyer bei Carl August den Professortitel zu erbitten »und ihn in dem neuen Adreßkalender unter die Lehrer an der Zeichenschule, nach Professor Kestner« zu setzen. Der Vorstoß hat Erfolg, vgl. an J. H. Meyer, 30. 12.	Bd. 3 der *Lehrjahre* (Buch 5 und 6, als Bd. 5 der *Neuen Schriften*) ersch.

27. Nov.   An Schiller: »daß Lichtenberg <...> in seiner neuen Ausgabe von Erxlebens Compendio [6., von Lichtenberg bearb. Aufl. von *Anfangsgründe der Naturlehre*, 1793], meiner Versuche [*Beiträge zur Optik*] auch nicht einmal erwähnt«.

24. Nov.   Anstellungsurkunde für P. Götze, dem die Wasserbaukommission die Aufsicht über den Saaleuferbau überträgt.

27./29. Nov.   Im Brief an Schiller vom 29. über dessen noch unvollendete Abhandlung *Über die sentimentalischen Dichter*.

In der Sitzung der ›Freitagsgesellschaft‹ vom 27. (vgl. Knebels Tagebuch) wohl G.s Vortrag *Über die verschiedenen Zweige der hiesigen Tätigkeit* (vgl. an W. von Humboldt, 3. 12. und an bzw. von Ch. G. Voigt, ~24.-26. 11.).

Ende Nov./ Dez.   G. korrigiert Knebels Übersetzung von Elegien des Properz zur Veröffentlichung in den ›Horen‹, wo sie 1796 sukzessiv erscheinen. Vgl. den Briefwechsel mit Schiller (auch noch im Febr. 1796), der ebenfalls mitredigiert.

Arbeit an Buch 7 und 8 der *Lehrjahre* (vgl. an Schiller am 29. 11., 15., 23. und 30. 12.). – Beginn der Niederschrift von *Plato als Mitgenosse einer christlichen Offenbarung* (Streitschrift gegen F. L. Stolbergs Vorrede zu *Auserlesene Gespräche des Plato*, 1795, vgl. an Schiller, 21. 11. und an W. von Humboldt, 3. 12.).

7. Dez.   Brief an Lichtenberg: Dank für die Lieferungen von dessen *Hogarth*; G. seinerseits schickt Bände seiner *Lehrjahre*; Bitte um Cellinis *Due trattati <...> uno dell'orificeria e l'altro della scultura* aus der Göttinger Bibliothek, von Lichtenberg mit Brief vom 15. 1. 1796 übersandt.

20. Dez.   Carl August an G.: »Ich hoffe, du wirst das
           Verlangen wieder zurücknehmen, dich von
           diesem Geschäfte [Direktion des Weima-
           rer Hoftheaters] befreyt zu wissen« usw.
           Vgl. bereits Carl August an G., 1. 9.

21. Dez.   Brief an Reichardt, Antwort auf dessen
           Brief vom 5. 12., worin er einen Besuch in
           Weimar nach Weihnachten vorschlägt, was
           G. als ungünstigen Termin ablehnt. Aner-
           kennend über Reichardts Kompositionen
           der Lieder in den *Lehrjahren*.

Ende Dez.

Im Brief vom 23. an Schiller
erstmals konkreter Vorschlag
zum Gemeinschaftswerk der
Xenien, polemischen Distichen auf literarische Zeitschriften, nach Schillers Vorschlag im Brief vom 29. 12.
auch auf einzelne Werke und
Autoren. Am 26. schickt
G. die 14 ersten *Xenien* an
Schiller. – Schillers ›Musenalmanach für das Jahr 1796‹
ersch., darin Erstdrucke von
G.: *Venezianische Epi-
gramme*, u. d. T. *Epigramme.
Venedig 1790*, und mehrere
Einzelgedichte, darunter
Meeresstille und *Glückliche
Fahrt* und zwei *Kophtische
Lieder* (»Lasset Gelehrte sich
zanken« und »Geh! gehor-
che meinen Winken«) mit
den Vertonungen von Rei-
chardt.

~1795/1796

Dramenfragment *Das
Mädchen von Oberkirch*.

1796   Beginn des französischen Feldzugs in Oberitalien unter General Napo-
       leon Bonaparte. 5. 8.: Neutralitätsvertrag zwischen Frankreich und
       Preußen, dem sich am 29. 12. Kursachsen und die thüringischen Her-
       zogtümer anschließen. – Jean Paul: *Leben des Quintus Fixlein* und *Blu-
       men-, Frucht- und Dornenstücke oder Ehestand, Tod und Hochzeit des
       Armenadvokaten Siebenkäs*.

~1796

Entwürfe, Skizzen: *Morphologie*; Vorarbeiten zu einer

			Physiologie der Pflanzen; *Allgemeines Schema zur ganzen Abhandlung der Morphologie. – Vorträge, über die drei ersten Kapitel des Entwurfs einer allgemeinen Einleitung in die vergleichende Anatomie, ausgehend von der Osteologie. 1796* (publiziert erst 1820 in *Zur Morphologie* I 3).
	3. Jan.		Amtliches: Bericht der Ilmenauer Steuerkommission über die Ergebnisse der Steuerrevision.
Jena	3.-17. Jan.	Vgl. Tgb. Zusammenkünfte mit Schiller; auch Begegnungen mit dem Chemiker J. F. A. Göttling, Loder u. a. – A. W. Schlegels Rezension der ›Horen‹ ersch. in der ALZ vom 4.-6. 1. (an J. H. Meyer, 22. 1.: »das Elogium des poetischen Teils der Horen«).	Arbeit an den *Xenien* mit Schiller (vgl. dieser an W. von Humboldt, 4. 1.) sowie am 7. Buch der *Lehrjahre* (vgl. bes. Tgb vom 14.).
Weimar	22. Jan.	Brief an J. H. Meyer; über den Schloßbau in Weimar: »Des Bauens und Anlegens aus dem Stegreife und ohne Riß und Plan ist kein Ende, man fürchtet sich vor einer großen Idee, die auszuführen und vor einer großen Summe, die auszugeben ist« usw.	Am Schluß des Briefs 3 *Xenien* (*Der Teleolog*; *Der Antiquar*; *Der Kenner*).
	24. Jan.		Exposé über die geplante und angefangene Fortsetzung *Der Zauberflöte zweiter Teil* im Brief an P. Wranitzky, Komponist und Orchesterdirigent der Wiener Hofoper, der Interesse an einem G.schen Libretto bekundet hatte. (Das Projekt stößt in Wien auf Ablehnung, vgl. Wranitzky an G., 6. 2.)
	30. Jan.	Brief an Schiller: »daß die Monatsschriften Deutschland und Frankreich Einen Verfasser haben [nämlich Reichardt; er hatte sich in ›Deutschland‹ unfreundlich über einige Beiträge in den ›Horen‹, darunter	»Die Disticha [*Xenien*] nehmen täglich zu sie steigen nunmehr gegen zweihundert. <...> Ich habe die Abhandlung Cellini's über

G.s *Unterhaltungen deutscher Ausgewan-* die Goldschmieds- und
derten, geäußert] <...> Wir kennen diesen Bildhauerarbeit [*Due trat-*
falschen Freund schon lange und haben *tati*] von Göttingen erhalten
ihm bloß seine allgemeinen Unarten <...> wird dadurch die
[wohl: seine Sympathie für die Französi- kleine Biographie [über
sche Revolution] nachgesehen weil er sei- Cellini] wahrscheinlich
nen besondern Tribut [seine Vertonungen befördert werden.« (Von G.
G.scher Gedichte] regelmäßig abtrug im Brief an Schiller vom
<...> ein Dutzend Disticha [*Xenien*] sind 17. 8. 1795 für die ›Horen‹
ihm schon gewidmet«. versprochen.)

8. Febr.   An J. H. Meyer: »des *Cellini*
                                                Lebensbeschreibung <...> es
                                                scheint mir unmöglich einen
                                                Auszug daraus zu machen
                                                <...> Ich will nun den Ver-
                                                such einer Übersetzung
                                                machen« (G. liefert die
                                                Übersetzung sukzessive für
                                                die ›Horen‹, wo sie vom 4. St.
                                                1796 bis zum 6. St. 1797 in
                                                Fortsetzungen und nicht
                                                vollständig erscheint.)

12. Febr.   G. schickt Schiller einen Teil
                                                der bereits mehr oder minder
                                                redigierten Aufzeichnungen
                                                von der Reise in die Schweiz
                                                1779; ersch. im 8. St. der
                                                ›Horen‹ u. d. T. *Briefe auf*
                                                einer Reise nach dem Gott-
                                                hard (später: *Briefe aus der*
                                                Schweiz. Zweite Abteilung).

Jena   16. Febr. Vgl. Tgb. Häufige Zusammenkünfte mit   Arbeit an *Cellini* (vgl. Tgb
          (-16. März) Schiller; ferner Umgang mit Loder, dem   bes. 24. 2. und 14. 3.). Ab
                     Theologen und Orientalisten Paulus, dem   Ende Febr. Arbeit an Buch 7
                     Historiker Woltmann u. a.   und 8 der *Lehrjahre* (in Tgb
                                                                 »Roman«).

          18. Febr.   Tgb: »fing an zu diktieren an
                                                                 Werthers Reise (ersch. erst
                                                                 1808 in Bd. 11 der ersten
                                                                 Werke-Ausgabe bei Cotta
                                                                 u. d. T. *Briefe aus der*
                                                                 Schweiz. Erste Abteilung).

          Anfang März Bei anatomischen Demonstrationen durch
                       Loder, vgl. Tgb 1. und 3.; am 5.: »das Auge
                       und das Os intermaxillare«.

Weimar	23. März	Schiller bis 20. April bei G. zu Gast, zur Verstärkung der ›Sozietät‹ für Iffland (vgl. Schiller an W. von Humboldt am 21.).	
	25. März	Ankunft Ifflands (vgl. Tgb) zu einem einmonatigen Gastspiel auf dem Weimarer Theater, in zahlreichen Rollen (vgl. an J. H. Meyer, 18. 4.).	
	5. April	Besuch Lerses (vgl. Tgb), der sich mit seinem Zögling Graf M. von Fries einige Zeit in Weimar aufhält.	
(Jena)	10. April	Mit Iffland und Knebel (vgl. Knebels Tagebuch).	
	16. April	Aufführung der *Räuber* mit Iffland als Franz Moor (vgl. an Kirms, 9. 6. 1797).	
	25. April		Ifflands Abschiedsvorstellung: *Egmont* in Schillers Bearbeitung, mit Iffland in der Titelrolle.
Jena	28. April (-8. Juni)	Viel bei Schiller. Umgang mit Körners (aus Dresden), Ch. W. und G. Hufeland, Paulus, Loder u. a.; Ausflüge in die Umgebung, u. a. nach Dornburg und Lobeda. Vgl. Tgb. – Dienstgeschäfte: Wasserbau (vgl. an Ch. G. Voigt, 10. 5.).	Arbeit an *Cellini* (vgl. Tgb 29. 4.-2. 5.).
	10. Mai		An Christiane: »mit dem Roman [*Lehrjahre* Buch 7 und 8] will es auch nicht recht fort«.
	12.-14. Mai		Elegie *Alexis und Dora* (vgl. Tgb).
	15. Mai	Tgb: »Abend [bei Gottlieb] Hufeland. Zelters Lieder« (von Hufelands Frau vorgetragen).	
(Weimar)	20. Mai	Vgl. Tgb und an Schiller. Brief an J. H. Meyer: Über A. W. Schlegel, der seit kurzem in Jena ansässig ist (als Mitarbeiter an den ›Horen‹ und der ALZ) und den G. jetzt kennengelernt hat; ferner erneut kritische Bemerkungen zum Schloßbau.	An Schiller: »Hier einige *Xenien*«.
	Ende Mai	Wegen des Vormarsches der Franzosen in Oberitalien (unter Napoleon Bonaparte)	Arbeit an *Cellini* (vgl. Tgb 26.-29.). Weiterarbeit an den

	gibt G. es vorläufig auf, J. H. Meyer demnächst nach Italien zu folgen (vgl. an W. von Humboldt am 27. und an Ch. G. Voigt am 31.).	*Lehrjahren* Buch 7 und 8 (bis 3.6.; vgl. Tgb ab 28.). Weitere *Xenien* (vgl. Schiller an Körner, 6.6.).
13. Juni	Brief an Friederike Helene Unger, Dank für Zelters *Zwölf Lieder am Klavier zu singen* (1796, darunter einige Vertonungen von Gedichten in den *Lehrjahren*), die sie G. mit Brief vom 3.5. auf Zelters Bitte geschickt hatte; er, G., werde weitere ›Lieder‹ am liebsten von Zelter vertonen lassen (»sagen sie ihm daß ich sehr wünschte ihn persönlich zu kennen«).	
14. Juni	Im Brief an Schiller positiv über den 7., kritisch über den 8. Teil von Herders *Briefe zur Beförderung der Humanität*: »Eine gewisse Zurückhaltung <…> ein kärgliches Verteilen von Lob und Tadel macht besonders das was er von deutscher Literatur sagt äußerst mager.« (Vgl. Schillers Antwort vom 18. und G. an J. H. Meyer am 20.)	
16. Juni	Tgb: »Bohnen und Kreßen unter die farbigen Gläser.« Beginn der »Versuche über die Einwirkung des Lichts auf das Wachstum der Pflanzen«, die G. in den folgenden Monaten anstellt; er hält die Versuchsergebnisse fest, z. T. in Tabellen.	G. schickt das 7. Buch der *Lehrjahre* an Verleger Unger (vgl. Tgb).
17. Juni	Tgb: »Knebel und Richter von Hof [d. h. Jean Paul] zu Tisch.« Erste persönliche Begegnung, vgl. Jean Pauls Schilderung im Brief an Ch. Otto am 17.; ferner G. an Meyer am 20. und an Schiller am 21. (»Richter ist ein so kompliziertes Wesen, daß ich mir die Zeit nicht nehmen kann Ihnen meine Meinung über ihn zu sagen« usw.). Weitere Besuche, wiederum mit Knebel, am 23. und 30. (vgl. Knebels Tagebuch).	Arbeit am 8. Buch der *Lehrjahre* (vgl. Tgb), ebenso in den folgenden Tagen (vgl. an Schiller am 18. und am 21./ 22.6.).
20. Juni	Brief an Schiller: Zelter soll als Komponist für den ›Musenalmanach‹ angeheuert werden, um Reichardt zu verdrängen.	»*Xenien* habe ich wieder einige Dutzend«.
26. Juni		Tgb: »Roman [*Lehrjahre*] fertig.« G. schickt das 8. und letzte Buch an Schiller (am 26.8. an Unger zum Druck).

	Juli	Beschäftigung mit Fragen des Ilmenauer Bergwerks, Sitzungen deshalb (vgl. Tgb 2.-6., 15. und 25.; Briefwechsel mit Ch. G. Voigt bis 15.).	Amtliches: Vortrag und Berichte zu den Bergwerks-sitzungen. Arbeit an *Cellini* (vgl. Tgb 4.-16.).

»habe ich eine bürgerliche Idylle im Sinn, weil ich doch so etwas auch muß gemacht haben« (in einem kassierten Stück des Briefs an Schiller vom 2./7.; → *Hermann und Dorothea*).

	12. Juli		Im Brief an Schiller über eine mögliche Fortsetzung von *Wilhelm Meisters Lehrjahre*, später realisiert in *Wilhelm Meisters Wanderjahre*.
Jena	16.-19. Juli	Vgl. Tgb. Umgang mit Schiller u. a., am 17. Besuch bei A. W. und Caroline Schlegel (vgl. diese an Luise Gotter am 18.).	
Weimar	26. Juli	An Schiller: Parteinahme für Kant, der sich in seiner Schrift *Von einem neuerdings erhobenen vornehmen Ton in der Philoso-phie* kritisch über den Stolberg-Kreis, Herder, F. H. Jacobi u. a. äußert.	
	30. Juli	An Schiller: »In meinen Beobachtungen über Pflanzen und Insekten habe ich fort-gefahren und bin ganz glücklich darinne gewesen.«	Beginn von Beobachtungs-protokollen über Insek-tenmetamorphose, zusammengefaßt u. d. T. *Entomologische Studien*, mit der datierten Niederschrift *Beobachtungen, über die Entwickelung der Flügel des Schmetterlings Phalaena grossularia* (vgl. auch Tgb); G. schickt sie mit Brief vom 6. 8. an Schiller (»das schön-ste Phänomen, das ich in der organischen Natur kenne«).
	Ende Juli/ Anfang Aug.	F. Schlegel siedelt nach Jena über (bleibt zunächst bis Juli 1794).	
	5./8. Aug.	An J. H. Meyer am 8.: »das Römische Haus wird mit jedem Tag unrömischer« usw.	An J. H. Meyer am 5.: Über die Idee einer kommentie-renden und ›kontroversie-

			renden‹ Übertragung von Diderots *Essais sur la peinture* (s. u. *Diderots Versuch über die Malerei*).
	10. Aug.		G. schickt Schiller das Gedicht *Der Chinese in Rom* (ersch. im ›Musenalmanach für das Jahr 1797‹).
Jena (-5. Okt.)	18. Aug.	Vgl. Tgb. Umgang mit Schiller, dem Ehepaar Wolzogen, Loder, Paulus, Woltmann u. a.	
	21. Aug.	Tgb: »Beobachtungen an Raupen angefangen.«	
	28. Aug.	Brief an Soemmerring: Ausführliche Kritik (mit Verbesserungsvorschlägen) an ›Titel‹ und ›Methode‹ von dessen Schrift *Über das Organ der Seele* (1796).	
	September		Beginn der Arbeit an *Hermann und Dorothea*, vorläufig als ›Idylle‹ bezeichnet (vgl. Tgb 9.-19. und Schiller an Körner, 28. 10.). Weiterarbeit an *Cellini* (vgl. an Christiane am 4.).
(Weimar)	1. Sept.	Vgl. Tgb.	
	4. Sept.	Brief an Christiane: »Die Raupen <…> beschäftigen mich in den übrigen Stunden, und das Licht, das auch wieder zur Sprache kommt, nimmt noch einen Theil weg.« (›Raupendemonstration‹ am 18.9., vgl. an G. Hufeland, 17.9.).	Um diese Zeit die Aufzeichnung *Punkte zur Beobachtung der Metamorphose der Raupe* bei den *Entomologischen Studien* angefangen? (Fortgesetzt mindestens bis 23. Dez.)
	7. Sept.	An Frau von Stein: »Erlauben Sie auch ferner meinem armen Jungen, daß er sich Ihrer Gegenwart erfreuen und sich an Ihrem Anblick bilden dürfe. Ich kann nicht ohne Rührung daran dencken daß Sie ihm so wohl wollen.«	
	vor 11. Sept.		An J. H. Meyer: »Lassen Sie uns unsern Hauptplan [Werk über Italien] nicht aufgeben! ich arbeite ihm durch Beobachtung, Betrachtung und

besonders durch Schemati-
sierung immer entgegen.«
(→ <*Vorbereitung zur zweiten Reise nach Italien*>)

Mitte Sept. Brief an Iffland, den man gerne von
Mannheim nach Weimar ziehen würde. –
Besuch bei Novalis' Braut Sophie von
Kühn und ihrer Schwester Friederike von
Mandelsloh, vgl. diese an Novalis am 16. 9.

25. Sept. Tgb: »Morphologie«. (Erstes Vorkommen
dieses Begriffs bei G.; vgl. unten 12. 11.)

29. Sept.   Der ›Musenalmanach für das
Jahr 1797‹ (sog. Xenien-
Almanach) erscheint (dabei
als besonderes Heft: *Melodien zum Schillerschen Musenalmanach* von Zelter).;
die von G. und Schiller gemeinsam verfaßten Disti-
chen sind getrennt in *Tabulae
votivae* (u. a. Gruppen) und
die eigentlichen, polemi-
schen *Xenien*. (2. Aufl. dieses
Almanachs Dez. 1796,
3. Aufl. Jan. 1797.)

Oktober   Bd. 4 der *Lehrjahre* mit Buch
7 und 8 ersch. (als Bd. 6 der
Neuen Schriften).

Weimar 6./7. Okt. Carl August regelt mit G. die Unterstützung des Studiums der Herderschen
Kinder, vgl. Carl August an G., 3. Okt.
und Mitte Okt.; zunächst wird August
Herder das Studium der Bergwissen-
schaften ermöglicht.

Mitte Okt. Am 15. an Schiller: »Gestern ist meine   Am 15. an Schiller: »Ein Heft
Freitagsgesellschaft wieder angegangen,   *Cellini* <...> kommt bald«
ich werde sie aber wohl nur alle 14 Tage   (vgl. Tgb 16.-19. und 25.-
halten«. (Sie ist vermutlich in den nächsten 27. 10.).
Wochen endgültig eingeschlafen; vgl. auch
G.s Darstellung in *Tag- und Jahreshefte
1796*). – Am 17. an F. H. Jacobi: »Du
würdest mich nicht mehr als einen so
steifen Realisten finden, es bringt mir
großen Vorteil daß ich mit den andern
Arten zu denken etwas bekannter ge-

worden bin, die ich, ob sie gleich nicht die
meinigen werden können, dennoch als
Supplement meiner Einseitigkeit zum
praktischen Gebrauch äußerst bedarf.« –
Am 18. an Schiller: »Auch werden Fische
und Vögel anatomirt« (vgl. Tgb 25.: »Fisch
Anatomie«).

22./23. Okt. Bruch eines Stollens und Ersaufen eines
Schachts im Ilmenauer Bergwerk.

26. Okt. An Schiller: »Ich habe diese Tage angefangen die Eingeweide der Tiere näher zu
betrachten«.

Ilmenau 30. Okt.- Mit Söhnchen August. Vgl. Tgb; 3.-5.:
9. Nov. »Die Angelegenheiten wegen des im Stol-
len entstandenen Bruches besorgt.« Nä-
heres in Briefen an Ch. G. Voigt.

Weimar Mitte Nov. Am 12. an Schiller: »Duch die unmittel-   Am 15. an Schiller: »Die drei
bare Berührung mit den Gebürgen und   ersten Gesänge meines epi-
durch das Voigtische Mineraliencabinet,   schen Gedichts [*Hermann
bin ich diese Zeit her wieder in das Stein-   *und Dorothea*] sind fleißig
reich geführt worden <...> diese   durchgearbeitet, und aber-
Betrachtungen <...> ohne welche denn   mals abgeschrieben.«
doch die berühmte *Morphologie* nicht
vollständig werden würde.«

26. Nov. Besuch W. von Humboldts (seit dem
1. Nov. wieder in Jena) und Frau Caroline
(vgl. an Schiller am 30.).

30. Nov. Im Brief an Schiller (und weiteren Briefen
der nächsten Zeit) bewundernd über Mme.
de Staëls neues Werk *De l'influence des
passions sur le bonheur des individus et des
nations*, 1796.

Dezember   Arbeit an den ›Optica‹
                                                                              (→ *Farbenlehre*), vgl. an
                                                                              Schiller am 14., 16. und 21.;
                                                                              Tgb 18.-20.; an Knebel, Mitte
                                                                              Dez.

7. Dez.   An Schiller: »Sie finden auch
                                                                              wieder eine Elegie [*Her-
                                                                              mann und Dorothea*] <...>
                                                                              Indem ich darin mein neues
                                                                              Gedicht [das E p o s *Her-
                                                                              mann und Dorothea*] ankün-
                                                                              dige, gedenke ich damit auch

ein neues Buch *Elegien* an-
zufangen.«

ab Mitte Dez.		Max Jacobi für mehrere Monate zu Gast bei G. (vgl. an Schiller am 17.; an F. H. Jacobi am 26.).

19. Dez. Besuch A. W. und Caroline Schlegels (vgl. diese an Luise Gotter am 25.).

21. Dez. An Schiller, u. a. über seine optischen Studien mit Knebel; ferner: »Meine Fisch und Wurmanatomie hat mir in diesen Tagen auch wieder einige sehr fruchtbare Ideen erregt.«

26. Dez. Brief an Lichtenberg (der letzte der Korrespondenz), mit dem letzten Bd. der *Lehrjahre* und Dank für den Schluß von dessen *Hogarth* (dabei vorsichtige Charakterisierung dieses Werks). »Von manchem möchte ich Sie unterhalten und Sie über manches fragen; aber das Unreife ist für das Gespräch und nicht für den Briefwechsel«.

27. Dez. An Schiller, über eine angemessene Reaktion auf Reichardts *Erklärung des Herausgebers an das Publikum, über die Xenien im Schillerschen Musenalmanach* im 10. Stück seiner Zeitschrift ›Deutschland‹ (Reichardt war in den *Xenien* besonders attackiert worden).

Rippach   28./29. Dez. Mit Carl August, auf dem Weg nach Leipzig und Dessau. Vgl. Tgb.

Leipzig   29. Dez.
(-2. Jan.)

1797   2. 2.: Die Franzosen unter General Napoleon Bonaparte erobern Mantua und rücken im März bis in die Nähe von Wien vor. 18. 4.: Präliminarfriede von Leoben zwischen Österreich und Frankreich. Mai-Juli: Gründung der ›Cisalpinischen Republik‹ in Oberitalien. 4. 9.: Staatsstreich vom 18. Fructidor in Paris. 17. 10.: Friede von Campo Formio (Österreich tritt linksrheinische Gebiete an Frankreich ab und erhält dafür Venedig). 16. 11.: Friedrich Wilhelm III. wird König von Preußen. – Kant: *Metaphysik der Sitten*. Ch. W. Hufeland: *Die Kunst das menschliche Leben zu verlängern*. Tieck: *Der gestiefelte Kater*. Wackenroder: *Herzensergießungen eines kunstliebenden Klosterbruders*. Hölderlin: *Hyperion* (1797-99).

	1. Jan.	An Schiller: »wir <...> haben der Zeit eine Menge Menschen gesehen <...> einige recht interessante <...> alte Freunde und Bekannte habe ich auch wieder gesehen [darunter Lerse, Oeser, Ch. F. Weiße], so wie einige vorzügliche Kunstwerke«. (Zu letzterem vgl. an J. H. Meyer am 19.)	
Dessau	2.-6. Jan.	Umgang mit der anhalt-dessauischen Herzogsfamilie, Wiedersehen mit Behrisch. Besuch der 1795 gegründeten ›Chalkographischen Gesellschaft‹ (Tgb 3.: »das neue Kupferstecher Institut im kleinen Schlosse«), Besichtigung eines Gemäldes von Angelika Kauffmann [*Amor und Psyche*] im Schlößchen Luisium (vgl. Tgb 5. und an Angelika am 18.).	
Leipzig	6.-10. Jan.		Tgb: »das Schema zum Schluß des epischen Gedichts [*Hermann und Dorothea*] ward in diesen Tagen fertig.«
Weimar	10. Jan.	Tgb: »Abends um 11 Uhr in Weimar.«	
(Jena)	13. Jan.	Mit Knebel und Max Jacobi. G. spricht mit Schiller, den Humboldts u. a.	
	Mitte Jan.	Tgb 14.: »Die Gemmen [der Hemsterhuis-Gallitzinschen Sammlung] wurden abgegossen« (vor der Rückgabe am 6. 2.; vgl. auch an J. H. Meyer, 4. 5. 1796). – Am 19. Brief an Jung-Stilling, der G. um Hilfe für einige bedürftige Personen gebeten hatte (»Sie haben mir nach so langer Zeit durch Ihren Brief und das darinn geschenkte Vertrauen eine große Freude gemacht«).	Am 16. Brief an Verleger Vieweg: G. bietet ihm das noch nicht vollendete Epos *Hermann und Dorothea* an; Bedingung: Das Honorarangebot muß G.s nicht genannter Forderung entsprechen (sie steht in einem versiegelten, bei Böttiger hinterlegten Billett; Böttiger hatte die Beziehung zwischen G. und Vieweg gestiftet). — Arbeit an *Cellini*, vgl. Tgb 16.-18. (am 1. 2. an Schiller ein Stück Fortsetzung für die ›Horen‹).
	Ende Jan.	Am 27. Besuch des Astronomen F. X. von Zach, vgl. Tgb. – Tgb 28.: »Contrackt [der Theaterdirektion] mit Mlle Jagemann.« (Vgl. an Carl August am 27.; an Schiller am 29.: »sie ist als Hofsängerin angenommen	Am 30. Brief an Vieweg, der genau die von G. geforderte Summe für den Verlag von *Hermann und Dorothea* geboten hat (s. o.): »ich über-

und wird in den Opern manchmal singen,   lasse Ihnen, mit Vergnügen,
wodurch denn unsere Bühne ein ganz   das benannte Gedicht«.
neues Leben erhält.«)

Februar   Arbeit an Farbentafeln für die optischen
Studien, fortgesetztes Studium der Meta-
morphose der Insekten, dazu Lektüre von
Swammerdams *Biblia naturae, sive
Historia insectorum* (vgl. Tgb 25. und 28.).

Anfang Febr.   Am 1. an Schiller für die Horen: 1. (auf   Tgb 7.: »Abends einiges über
dessen Bitte im Brief vom 17.1.) einige in   die Metamorphose der
seinem Besitz befindliche Manuskripte   Insecten dictirt« (*Entomolo-*
von Lenz (dazu Schiller am 2.2.), 2. einen   *gische Studien*).
von Bury überschickten Aufsatz von
Maler Müller: *Schreiben Herrn Müllers
Mahlers in Rom über die Ankündigung
des Herrn Fernow von der Ausstellung
des Herrn Profeßor Carstens in Rom*, der
im 3. und 4. St. der ›Horen‹ erscheint; von
Lenz erscheint im 4. und 5. St.: *Der
Waldbruder, ein Pendant zu Werthers
Leiden*, im ›Musenalmanach für das Jahr
1798‹ das Gedicht *Die Liebe auf dem
Lande* und *Tantalus. Ein Dramolet, auf
dem Olymp*.

Jena   12./13. Febr.   Mit Ch. G. Voigt. Vgl. Tgb. Gespräche mit
Schiller und W. von Humboldt (vgl. dieser
an Brinckmann, 13.2.).

Weimar   18. Febr.   Tgb: »Vorstellung. Mademoiselle Jage-   Arbeit an *Hermann und Do-*
mann erschien das erstemal« (in der   *rothea* (›vierter Gesang‹), vgl.
Titelrolle von Wranitzkys Oper *Oberon*).   an Schiller.

Jena   20. Febr.   Vgl. Tgb. Umgang vor allem mit Schiller
(–31. März)   und den Brüdern Humboldt, auch mit
A. W. und F. Schlegel. Gespräche über
Fichtes *Versuch einer neuen Darstellung
der Wissenschaftslehre*, 1797 (Tgb 14., 16.
und 19.3.) – Lektüre (u. a.): G. Rollenha-
gen, *Der Frösche und Mäuse wunderselt-
same Hofhaltung; sonst Froschmäusler genannt*, 1683 (vgl. Tgb 1. und 10.3.);
F. Schlegel, *Die Griechen und Römer.
Historische und kritische Versuche über
das klassische Altertum*, 1797 (Tgb 13., 15.
und 20.3.).

März   Intensive Arbeit an *Hermann und Dorothea*; W. von

Humboldt berät G. in metri-
schen Fragen (vgl. Tgb am 6.).

Anfang März   An Carl August, über A. von Humboldt:
              »Ein wahres Cornu Copiae der Natur-
              wissenschaften. Sein Umgang ist äußerst
              interessant und lehrreich. Man könnte in
              8 Tagen nicht aus Büchern herauslesen was
              er einem in einer Stunde vorträgt.«

Mitte März   Am 19. Tod von Novalis' Braut, der   Tgb 15.: »das Gedicht [Her-
              fünfzehnjährigen Sophie von Kühn.   mann und Dorothea]
                                                           geendigt.« (Überarbeitung
                                                           bis Ende April.)

Ende März   Am 28. Brief an Knebel, Zusammen-   Tgb 23.: »Neue Idee zu einem
              fassung der letzten Wochen: »es hat sich   epischen Gedichte. Nach-
              diesmal alles so gedrängt, daß mich die   mittag zu Schiller, darüber
              Mannigfaltigkeit der Existenz und die   gesprochen.« (Die Jagd,
              Anforderungen des Tages fast betäubt   nicht ausgeführt; Stoff der
              haben <...> Schiller ist fleißig an seinem   späten Novelle.) – Auf 30.
              Wallenstein, der ältere Humboldt arbeitet   datierte Niederschrift: Ein-
              an der Übersetzung des Agamemnon von   geweide des Frosches.
              Aeschylus, der ältere Schlegel an einer des
              Julius Cäsar von Shäkespear <...> Dabei
              bringt noch die Gegenwart des jüngern
              von Humboldt, die allein hinreichte eine
              ganze Lebensepoche interessant auszu-
              füllen, alles in Bewegung was nur
              chemisch, physisch und physiologisch
              interessant sein kann <...> Unglaublich
              aber ist's was für ein Treiben die wissen-
              schaftlichen Dinge herumpeitscht und
              mit welcher Schnelligkeit die jungen
              Leute das, was sich erwerben läßt, er-
              greifen.«

Weimar   April   W. von Wolzogen, Schillers Schwager, tritt
                      als Kammerrat in weimarische Dienste.
                      Mit ihm kommt auch seine Frau Caroline
                      (geb. von Lengefeld, gesch. von Beulwitz)
                      nach Weimar.

              2. April Besuch W. von Humboldts, bleibt bis zum   G. gibt ihm das Fragment
                        9. (vgl. Tgb).   von Der gelöste Prometheus
                                                                  und erzählt ihm in großen
                                                                  Zügen die Handlung seines
                                                                  geplanten Epos Die Jagd (vgl.
                                                                  Humboldt an seine Frau am
                                                                  3. und 7.).

	12. April		An Schiller: »Hier folgt *Cellini*« [vorletzte Fortsetzung]; ferner über die Idee zu einem bibelkritischen Aufsatz »über den Zug der Kinder Israel durch die Wüsten«. Vgl. dazu Tgb 9.-13. 4. und 2. 5. (→ *Israel in der Wüste* in den *Noten und Abhandlungen* zum *Divan*).
	Mitte April	Mit Graf M. von Fries trifft auch Lerse in Weimar ein; während seines Aufenthalts bis ~Anfang Mai mehrere Begegnungen (Besuche Lerses am 16. 4., 4. und 5. 5. im Tgb vermerkt).	*Hermann und Dorothea* I-IV gehen zum Druck (vgl. an Schiller am 15.).
	19. April	Brief an Schiller: »Ich studiere jetzt in großer Eile das *alte Testament* und *Homer*, lese zugleich Eichhorns *Einleitung ins erste* [d. h. das *Alte Testament*] und Wolfs *Prolegomena* [*ad Homerum*]«, ebenso weitere bibelwissenschaftliche Literatur. Besuch A. von Humboldts, bleibt bis 25. 4. G.s Gast.	In diesem Brief beginnt der Gedankenaustausch mit Schiller über die Gattungskriterien von Epos und Drama (vgl. besonders im April und Dez. 1797), dabei anfangs auch wiederholte Erwähnung von *Die Jagd* (vgl. besonders G.s Brief vom 28. 4.).
	27. April	Tgb: »Aristoteles *Poetik. Choephoren* des Äschylus.«	
	28. April	Brief an Schiller: Über F. Schlegels Abhandlung *Über die Homerische Poesie*, 1796, und Aristoteles' *Poetik*.	»Ich habe indessen über unsere bisherigen Verhandlungen einen kleinen Aufsatz aus Ihren Briefen gemacht« (→ *Über epische und dramatische Dichtung*).
Jena	29./30. April	Umgang mit Schiller und A. von Humboldt, vgl. Tgb.	
	Mai	Dienstgeschäfte: Ilmenauer Bergwerk (vgl. Tgb am 2., an Ch. G. Voigt am 4.), Schloßbau (vgl. Tgb 8. und 14.).	Amtliches: Gutachten *Zum Schloßbau. 1797*, datiert auf 16. 5.
Weimar	11. Mai		Datierte Niederschrift *Anatomie der Schnecke* (vgl. dazu auch Tgb 9. bis 12.).
Jena	19. Mai (-16. Juni)	Vgl. Tgb. Umgang: Schiller (mit ihm u. a. über dessen im Entstehen begriffenen *Wallenstein*), A. von Humboldt, Ch. W.	Idee zu einem Stück *Die Danaiden*, angeregt durch Aischylos' *Die Schutz-*

und G. Hufeland, Woltmann, Loder; ferner Begegnungen mit den Brüdern Schlegel, Fichte u. a. – Zwist Schillers mit den Brüdern Schlegel wegen Friedrichs Kritik an den ›Horen‹ in Reichardts ›Deutschland‹ (vgl. Tgb 29. und 30. 5. und 2. 6.). – Lektüre: Aischylos' *Die Schutzflehenden*; Plinius' *Naturalis historia*; Petrarca (*Von der Arzney beyder Glück*, 1532); Properz, Tibull, Cornelius Gallus; A. H. L. Heeren, *Ideen über die Politik, den Verkehr und den Handel der vornehmsten Völker der alten Welt*, 2 Teile (1793-1796), u. a.

flehenden (vgl. Tgb 21. 5.; an Zelter, 29. 5. 1801).

	Ende Mai		Es entstehen: *Der neue Pausias und sein Blumenmädchen* und *An Mignon* (»Über Tal und Fluß getragen«), vgl. Tgb 22. und 28.; am 28. an Schiller die Ballade *Der Schatzgräber*. – Arbeit an *Cellini*, am letzten Gesang von *Hermann und Dorothea* und an *Israel in der Wüste* (vgl. Tgb).
(Dornburg)	1./2. Juni	Mit Christiane und August.	
	4./5. Juni		Ballade *Die Braut von Korinth* und *Oberons <und Titanias> goldene Hochzeit* (für Schillers ›Musenalmanach‹ gedacht, dann aber in die *Walpurgisnacht*-Szene von *Faust I* aufgenommen). Vgl. Tgb.
	6. Juni		Ballade *Der Gott und die Bajadere* (am 9. beendet; vgl. Tgb).
	7. Juni		Tgb: »Schluß des epischen Gedichtes.« (*Hermann und Dorothea*; am folgenden Tag zum Druck an Vieweg geschickt, vgl. Tgb bzw. Briefverzeichnis).
	10. Juni	Besuch bei dem durchreisenden Lord Bristol, auf dessen Wunsch; vgl. an Carl August am 12.	*Lord Bristol, Bischof von Derry* (auf 10. datiert, nach Tgb wohl erst am 11. niedergeschrieben).

	13. Juni		Letzte Fortsetzung von *Cellini* an Schiller.
	14./15. Juni		*Amlets Geschichte, nach dem Saxo Grammaticus* (vgl. an Schiller am 14.) und Entwurf *Zur Geschichte der Peterskirche nach Bonanni* (Weiterarbeit daran am 18., vgl. Tgb und an Schiller am 21.).
Weimar	19. Juni	Mit Knebel erster Besuch bei Wieland in dessen neuem Domizil in Oßmannstedt (vgl. Tgb; an Schiller am 21.).	
	Ende Juni	Am 28. an Schiller, kritisch über Hölderlins Gedichte *Der Wanderer* und *An den Äther*, die Schiller geschickt hatte, ohne den Autor zu nennen. (Vgl. auch am 1.7. an Schiller.)	Wiederaufnahme der Arbeit an *Faust*, (vgl. Tgb 22.-26. und den Briefwechsel mit Schiller vom 22.6. bis 5.7.); Tgb 24.: »*Zueignung an Faust.*«
	Ende Juni/ Juli	Knebel verläßt Weimar; er strebt – erfolglos – das Amt eines Kreisdirektors in Bayreuth an. – Hirt bis ~Mitte Juli in Weimar bzw. Jena. Häufige Zusammenkünfte, Gespräche über Baukunst und Kunsttheorie (vgl. Tgb ab 28.6., besonders 30.6. und 6.7.; ferner an Schiller am 1. und 5.7., an J. H. Meyer am 14.7.). F. Schlegel verläßt Jena, geht nach Berlin (bis Sept. 1799).	
	2. Juli	Tgb: »Zu Hause. Briefe verbrannt.« Zu diesem Akt vgl. an Rochlitz, 4.4.1819, und *Tag- und Jahreshefte 1797*.	Arbeit an dem Aufsatz *Über Laokoon*, Weiterarbeit bis zum 5.7., vgl. Tgb.; am 8.7. an Schiller geschickt.
	5. Juli		An Schiller: »*Faust* ist die Zeit zurückgelegt worden <...> doch habe ich das Ganze als Schema und Übersicht sehr umständlich durchgeführt.«
	7. Juli	Tgb: »Kam Meyers Brief von Stäfa.« (J. H. Meyer war in Florenz schwer erkrankt und in seine Heimat gereist, weshalb G. die geplante Italienreise endgültig aufgibt und sich statt dessen mit Meyer in der Schweiz trifft, vgl. seinen Brief an ihn von diesem Tag.)	

9. Juli   Tgb: »Briefe verbrannt.« (Vgl. Hüsgen an
           Gerning, 15. 8.: »alle Briefe durchs Feuer
           zu vernichten, darunter ihn diejenigen des
           Selbsttöters Merck wegen ihres Geistes-
           inhalts zwei Tage Überwindung koste-
           ten.«)

Mitte Juli   11.-18.: Schiller bei G. zu Gast (vgl. Tgb).   Brief an Böttiger am 19.: Er
                                                              werde demnächst u. a. den
                                                              »berühmten Wasserträger«
                                                              vortragen (die Ballade *Der
                                                              Zauberlehrling*).

22. Juli   An Schiller: »Rath [A. W.] Schlegel verläßt
            mich eben, es schien blos, daß sein Wunsch
            Ihnen wieder näher zu werden ihn diesmal
            hierher geführt habe.«

24. Juli   G. macht sein Testament, zugunsten von
            Christiane und August (vgl. an Carl
            August am 22.).

28. Juli   Auf G.s Vorschlag wird bei Carl August
            die Einrichtung einer Theaterkommission
            beantragt. Am 1. 8. wird sie durch ein
            Schreiben des Herzogs gegründet; G. ist
            der Leiter, Kirms und G. L. von Luck
            werden als Mitglieder eingesetzt.

Ende Juli   Marianne Meyer in Weimar, vgl. an
             Schiller am 26. sowie ihren Brief an G.
             vom 28. 9. (»wie ich neben Ihnen auf dem
             Sopha im innersten Heiligthume mich be-
             fand« usf.).

Sommer   W. von Wolzogen wird Mitglied der
          Schloßbaukommission; vgl. Ch. G. Voigt
          an G., 11. 8. und G. an Ch. G. Voigt, 24. 8.).

Dritte Reise in die Schweiz,
30. Juli bis 20. November 1797

G. reist J. H. Meyer entgegen, begleitet von seinem Schreiber Geist. Christiane und August kommen mit bis Frankfurt. Bis zum Bekanntwerden des Friedens von Campo Formio (17. 10.) werden immer wieder Kampfhandlungen befürchtet. – Ausführliches Reisetagebuch (RTgb), Briefe (insbesondere an Schiller, Carl August, Ch. G. Voigt, Christiane).

G. legt ›Reiseakten‹ an, bestehend aus seinen Tagebuchaufzeichnungen und Briefen, Notaten verschiedener Art, Theaterzetteln, Zeitungen, Predigten, Preislisten u. a. (vgl. an Schiller, 22. 8. und 25. 9.; Tgb 10.-12. 10.: »Abschrift des Tagebuchs.«; → *Aus einer Reise in die Schweiz*).

Von Weimar nach Frankfurt	30. Juli- 3. Aug.	Über Erfurt, Marksuhl, Fulda, Gelnhausen (vgl. RTgb).

Frankfurt   3. (-25. Aug.)   Mutter Goethe sieht erstmals Christiane und August. – Umgang mit zahlreichen Personen, darunter Riese, Horn, Städel, M. Bethmann, Familie Stock und vor allem Soemmering, der ihn mit seinen sinnesphysiologischen Arbeiten bekannt macht (vgl. RTgb 3. und 4. und Brief an Soemmering vom 4.).

8./9./10. Aug.   Am 9. an Schiller: »Ich will nun alles was mir in diesen acht Tagen vorgekommen ist so gut als möglich zurecht stellen, an Frankfurth selbst als einer vielumfassenden Stadt meine Schemata probieren <...> Das Theater habe ich einigemal besucht und zu dessen Beurteilung mir auch einen methodischen Entwurf gemacht« usw. Vgl. auch tags darauf an J. H. Meyer »über die Methode der Beobachtung auf Reisen« und das Vorhaben, »ein Schema und eine bequemere Form eines Tagebuches auszudenken«.

Beilage zum Brief an Carl August vom 8.: *Italienische Zeitungen* (kurze kommentierende Inhaltsangaben von politischen Artikeln aus Juli-Nrn. meist oberitalienischer Zeitungen). – Auf 9. 8. datierte Notiz *Über Heinrich Füßlis Arbeiten*; erst posthum publiziert.

11. Aug.   Besuch bei Sophie La Roche (über sie sehr kritisch in einem Briefkonzept an Schiller vom 12.).

17./18./ 19. Aug.   Am 17. Besuch bei dem Theatermaler Fuentes, dessen Bühnendekoration G. in Salieris Oper *Palmira* bewundert hat (vgl.

RTgb 18.: »Aufsätze über die öffentlichen und Privatgebäude der Stadt, wie auch

		an Schiller am 14.; erneut bei Fuentes am 22.). Vgl. RTgb. An Ch. G. Voigt am 17.: »Am liebsten aber höre ich diejenigen Personen sprechen die <...> viele der Hauptpersonen des gegenwärtigen Kriegsdramas kennen gelernt, auch besonders mit den Franzosen mancherley zu schaffen gehabt haben«.	über das natürliche in Kunstwerken.« Letzteres (am 19. fertiggestellt) ersch. 1798 im 1. St. von G.s neuer Zeitschrift *Propyläen* u. d. T. *Über Wahrheit und Wahrscheinlichkeit der Kunstwerke.* – Auf 19. datierte Niederschrift: *Zur Erinnerung des Städelschen Cabinets* (erst posthum publiziert).
	22./23. Aug.	Besuch Hölderlins am 22. (vgl. RTgb und an Schiller am 23.).	Arbeit an *Rezension einer Anzahl französischer satirischer Kupferstiche* (vgl. RTgb 23. und an Schiller am 24.).
Heidelberg	25.-27. Aug.	Besuch bei Demoiselle Delph am 25. (vgl. RTgb).	
Heilbronn	27.-29. Aug.	Am 28. zum Wartberg und nach Weinsberg (vgl. RTgb).	
Stuttgart (über Ludwigsburg)	29. Aug. (-6. Sept.)	G.s Cicerone ist der von Schiller empfohlene Kaufmann Rapp. G. besucht mehrere Künstler, darunter Thouret (vgl. RTgb 2. 9.) und vor allem Dannecker, mit dem er häufig zusammen ist. Er besichtigt u. a. die Restaurierungsarbeiten am Neuen Schloß (vgl. an Schiller, 30. 8.) und die Theaterkulissen (vgl. RTgb 5. 9.), auf der Suche nach Anregungen für den Weimarer Schloßbau bzw. das Theater (vgl. RTgb 4. 9. und an Carl August, 12. 9.). Am 31. in einer Aufführung von Schillers *Don Carlos* (vernichtendes Urteil darüber in RTgb).	Am 31. 8. an Schiller über ›Gespräche in Liedern‹ und ein angefangenes Gedicht dieses ›poetischen Genres‹ (*Der Junggesell und der Mühlbach*). – Niederschrift: *Vorteile, die ein junger Maler haben könnte, der sich zuerst bei einem Bildhauer in die Lehre gäbe* (posthum in *Ausg. letzter Hand* publiziert).
(Hohenheim)	1. Sept.	Mit Dannecker. In RTgb überwiegend kritisch über das Schloß und vor allem den Schloßpark (von Herzog Carl Eugen und seiner Mätresse Franziska von Hohenheim entworfen); jedoch: »Schöne gemahlte Fensterscheiben an einigen Orten«.	Vgl. in *Aus einer Reise in die Schweiz* den Abschnitt »Einiges über Glasmalerei« (nach den ›Reiseakten‹).
	2. Sept.	Besuch bei dem Musiker Zumsteeg (vgl. RTgb).	
(Neckarrems)	3. Sept.	Besuch im Lager der kaiserlichen Armee (vgl. RTgb).	

Tübingen	7. (-16. Sept.)	G. wohnt bei Cotta (vgl. an Schiller am 12.); eine ›literarische Verbindung‹ mit G. spricht der Verleger nur vorsichtig an (vgl. Cotta an Schiller, 3. 10.). – Bekanntschaft mit zahlreichen Professoren der Universität, am wichtigsten für G. die mit dem Anatomen C. F. Kielmeyer (s. u.). Besichtigung von Schloß, Stiftskirche u. a. An Christiane am 11./12.: »die Stadt selbst ist abscheulich, allein man darf nur wenige Schritte tun um die schönste Gegend zu sehen.«

9. Sept. G. liest Kants *Verkündigung eines nahen Abschlusses eines Traktats zum ewigen Frieden in der Philosophie* (vgl. RTgb und an Schiller am 11. od. 12.).

10. Sept. RTgb: »mit Professor Kielmeyer ‹...› über Anatomie und Physiologie organischer Naturen ‹...› Er trug mir verschiedene Gedanken vor, wie er die Gesetze der organischen Natur an allgemeine physische Gesetze anzuknüpfen geneigt ist, z. B. der Polarität« usw.; Kielmeyer zeigt G. Briefe Cuviers mit ›meisterhaften naturhistorischen und anatomischen Zeichnungen‹.

11. Sept. RTgb: »In der Kirche, Besichtigung der farbigen Fenster im Chor. Aufsatz darüber ‹...› Abends die Nachricht von der erklärten Fehde des Directoriums mit dem Rathe der 500.« Gemeint ist der Staatsstreich vom 4. 9. (›18. Fructidor‹, unter Beteiligung Napoleon Bonapartes) zur Eindämmung des Einflusses der Royalisten im Parlament; vgl. auch RTgb am 12. 9. und Cotta an G., 7. 12.: »Unterredung aus Anlas des Siegs der 3 Directoren über Carnot p.«).

Vgl. in *Aus einer Reise in die Schweiz* den Abschnitt »Über Glasmalerei. Fortsetzung« (aus den ›Reiseakten‹). G. schickt Schiller *Der Edelknabe und die Müllerin/ nach dem altenglischen*; dazu: »es folgen auf diese Introduction noch drey Lieder in deutscher, französischer und spanischer Art [*Der Junggesell und der Mühlbach, Der Müllerin Verrat, Der Müllerin Reue*], die zusammen einen kleinen Roman ausmachen.« Erstdruck in Schillers ›Musenalmanach auf das Jahr 1799‹.

Tuttlingen 16./17. Sept. Vgl. RTgb.

Schaffhausen	17.-19. Sept.	Am 18. am Rheinfall.	Vgl. die z. T. stichwortartige, aber lange und ausführliche Beschreibung der Sehenswürdigkeit im RTgb (übernommen in *Aus einer Reise in die Schweiz*).
Zürich	19.-21. Sept.	Am 19. Besuch bei Barbara Schultheß; sie berichtet den Freunden von G.s Animosität gegen Lavater (vgl. G. Geßners Tagebuch; Lavater an Meta Post am 21.: »Goethe ist bei uns – ohne daß wir uns sahen.«). RTgb 20.: »Auf dem Rückweg begegnete ich dem Kranich [Lavater; offenbar weicht G. ihm aus]. Gegen 4 Uhr kam Herr [J. H.] Meyer <...> Abends bey Tische fand ich Herrn Hofrat [Johannes von] Müller«.	RTgb 19.: »Der Baum und der Epheu [unterwegs] Anlaß zur Elegie« (*Amyntas*).
Stäfa	21.-28. Sept.	Zu Schiff auf dem Zürichsee, mit J. H. Meyer und Geist. Logis bei Meyers Familie (vgl. an Christiane am 23.).	
Tour auf den Gotthard, zurück nach Stäfa	28. Sept.-8. Okt.	Mit J. H. Meyer und Geist. An Schiller. 17. 10.: »daß wir von Richterswyl auf Einsiedeln, und von da auf Schwitz und Brunnen gingen, von da fuhren wir auf dem [Vierwaldstätter] See bis Flüele [RTgb 30. 9.: »wir stiegen aus in Tells Capelle«], gingen von da nach Altorf und bestiegen den Gotthart [am 3. 10.] und kamen wieder zurück. In Flüele setzten wir uns abermals ein und fuhren bis Beckersrieth, im Kanton Unterwalden, gingen zu Fuß auf Stanz und Stanz-Stade, von da schifften wir über auf Küßnacht, gingen auf Immisen [Immensee], schifften auf Zug, wanderten auf Horgen und schifften wieder nach Stäfa herüber.« G. sammelt viele Mineralien (vgl. an Ch. G. Voigt, 17. 10.).	Gedicht *Am 1. Oktober 1797* (später *Schweizeralpe*).
Stäfa	8.-21. Okt.	J. H. Meyer liest seine kunstgeschichtlichen Aufzeichnungen aus Italien vor; intensive Gespräche über kunsttheoretische Fragen (vgl. bes. an Schiller am 14. und Briefkonzept vom 25.). Meyers Aquarellkopie der *Aldobrandinischen Hochzeit* kommt am 17. aus Rom an (vgl. RTgb). – G. liest A. Tschudis *Chronicon*	RTgb 13.: »Dictirt den Entwurf zu einer Abhandlung *über die Gegenstände der bildenden Kunst*« (erst posthum publiziert). Am 14. an Schiller über den Plan zu einem *Tell*-Epos.

helveticum (aus dem 16. Jh.), »wegen der Tellischen Geschichte« (RTgb 9.).

Zürich	21.-26. Okt.	Am 22. und 23. Besuche bei Barbara Schultheß, Lavaters Bruder u. a. (vgl. RTgb); Lavater will G. in seinem Logis aufsuchen, trifft ihn aber nicht an; am 14. 11. an Hotze: »Goethe sah ich nur von ferne – er will in keinem Verhältnisse mehr mit mir stehen.« – RTgb 24.: »das Bild von Füßli im Rathhause« (*Der Schwur der drei Eidgenossen*).	Am 25. an Böttiger, über seine besondere Vorliebe für die junge, am 22. 9. verstorbene Schauspielerin Christiane Becker-Neumann: »Die Nachricht von ihrem Tode überraschte mich in den formlosen Gebirgen <...> ich wünschte, daß mir etwas zu ihrem Andenken gelänge.« (→ *Euphrosyne*)
Von Schaffhausen nach Nürnberg	26. Okt.- 6. Nov.	Vor Schaffhausen noch einmal zum Rheinfall (26. 10.); über Tuttlingen und Balingen nach Tübingen (dort vom 29. 10. bis 1. 11., dabei Wiedersehen mit Cotta, vgl. G.s Brief an ihn vom 6. 11.); über Stuttgart, Schwäbisch Gmünd, Ellwangen, Großenried, Schwabach nach Nürnberg.	Schillers ›Musenalmanach für das Jahr 1798‹ ersch., sog. Balladenalmanach; darin von G. u. a.: *Der neue Pausias und sein Blumenmädchen, Der Zauberlehrling, Der Schatzgräber, Die Braut von Korinth, Der Gott und die Bajadere, Legende, Erinnerung* (später *Nachgefühl*); von Schiller u. a. *Der Ring des Polykrates, Der Handschuh, Der Taucher, Die Kraniche des Ibykus. – Hermann und Dorothea* erscheint bei Vieweg in Berlin (in zwei Versionen: als *Taschenbuch für 1798* und ohne Kalender und Kupferstiche).
Nürnberg	6.-15. Nov.	Brief an Schiller am 10.: »Wir haben <...> Knebeln hier angetroffen <...> Die Stadt bietet mancherley interessantes an, alte Kunstwercke, mechanische Arbeiten, so wie sich auch über politische Verhältnisse manche Betrachtungen machen lassen.«	»Ich <...> sende ein Gedicht. Es ist das vierte zu Ehren der schönen Müllerinn (*Reue*, später *Der Müllerin Reue*). Das dritte ist noch nicht fertig; es wird den Titel haben *Verrath* (dann *Der Müllerin Verrat*).
Von Nürnberg nach Weimar	15.-20. Nov.	Über Erlangen, Breitengüßbach, Kronach, Gräfenthal, Uhlstädt (vgl. RTgb). G. macht in Jena kurz Station, um Schiller zu begrüßen.	

Weimar, 20. November 1797 bis 22. März 1832

Weimar

9. Dez. Carl August gründet eine Kommission für die Weimarer Bibliothek und beauftragt damit Ch. G. Voigt und G.; auch das Münzkabinett wird ihrer Aufsicht unterstellt.

16. Dez. Brief an A. W. Schlegel: Dank für dessen Besprechung von *Hermann und Dorothea* in der ALZ (11.-13. Dez.) sowie für den 2. Teil seiner Shakespeare-Übersetzung.

23. Dez. Brief an Schiller: Wiederaufnahme der Überlegungen zu den Gattungskriterien von Epos und Drama im Briefwechsel mit Schiller, laut Brief an ihn vom 20. 12. angeregt durch die Schlegelsche Rezension (s. o.).

G. schickt den Aufsatz *Über epische und dramatische Dichtung* mit (erst 1827 publiziert, s. u.). Außerdem über ein mögliches (tragisches oder episches) Sujet *Der Tod des Achills.* (→ *Achilleis*; vgl. auch am 27. an Schiller).

30. Dez. An Schiller, über Mozarts *Don Giovanni*, anläßlich der Weimarer Aufführung vom 27.: »steht <...> dieses Stück ganz isoliert und durch Mozarts Tod ist alle Aussicht auf etwas ähnliches vereitelt.«

1798 Die Franzosen besetzen Rom und setzen den Papst ab, der Kirchenstaat wird in eine ›Römische Republik‹ umgewandelt (Februar); desgleichen die Schweiz in eine ›Helvetische Republik‹ (Einnahme von Bern am 6. 3.). – Cottas Tageszeitung ›Neueste Weltkunde‹ beginnt in Tübingen zu erscheinen; seit 9. 9.: ›Allgemeine Zeitung‹ (jetzt in Stuttgart).

Januar

Vorarbeiten für die *Farbenlehre*: Ordnung der ›Materialien‹ in Rubriken, Studium einschlägiger Literatur; vgl. Tgb und besonders den Briefwechsel mit Schiller, vor allem über Methodenfragen.

Anfang Jan. G. besucht (mit Familie) eine in Weimar gastierende Tierschau mit Elefanten, Papageien u. a. (vgl. Tgb und an Knebel am 2.).

1. Jan. Tgb: »Früh Schellings Idee« (*Ideen zu einer Philosophie der Natur*, 1797; Anregung für die jetzigen Überlegungen zur Methode wissenschaftlicher Forschung, vgl. z. B. an Schiller am 6. 1. und 21./26. 2.).

6. Jan. An Schiller: »Das günstige Zusammentreffen unserer beiden Naturen hat uns schon manchen Vorteil verschafft <...> haben Sie mich von der allzustrengen Beobachtung der äußern Dinge und ihrer Verhältnisse auf mich selbst zurückgeführt <...> Sie haben mir eine zweite Jugend verschafft und mich wieder zum Dichter gemacht, welches zu sein ich so gut als aufgehört hatte.«

10. Jan. Brief an Schiller, u. a. kritisch über Cottas ›Neueste Weltkunde‹, die ihm der Verleger gratis zuschickt.

G. schickt *Der Versuch als Vermittler von Objekt und Subjekt* mit (vgl. Schiller am 12.).

Mitte Jan. Am 18. Brief an den Jenaer Mineralogen J. G. Lenz, Dank für die Aufnahme als Ehrenmitglied in die Mineralogische Gesellschaft (Diplom vom 8. 12. 1797).

Am 13. Aufführung von *Die theatralischen Abenteuer* in einer neuen Bearbeitung durch Vulpius (mit Gedichten G.s und Gesangsnummern aus Mozarts Singspiel *Der Schauspieldirektor*). – Am 17. schickt G. ›Das reine Phänomen‹ an Schiller, der im Brief vom 19. diesen und den zuvor geschickten Aufsatz an Kants Kategorien prüft.

Ende Jan. Am 26. an Schiller, u. a. ausführlich über E. Darwins Lehrgedicht *The botanic garden*, 1788 (»mit wahnsinnig allegorischen Kupfern, von Füßli, verziert«).

Am 26.: Maskenzug (unter G.s Regie) zum Geburtstag von Herzogin Louise (am 30.), wobei ihr G.s Stanzen *Der lang ersehnte Friede nahet wieder* überreicht werden (vgl. an Schiller).

Jan./Febr. Dienstgeschäfte im Rahmen der neugegründeten Kommission für die Weimarer Bibliothek, der Schloßbau- und der Theaterkommission.

Februar

Vorbereitende Arbeiten zur *Farbenlehre* (vgl. Briefwechsel mit Schiller, auch Tgb), im

Brief an Schiller vom 3. noch
als ›Aufsatz‹ bezeichnet;
ebenda aber auch über seine
»große Lust« zu einer *Ge-schichte* der *Farbenlehre*.

9. Febr.   Knebel heiratet die Schauspielerin und
Sängerin Louise Rudorff; er adoptiert
deren zweijährigen Sohn, der aus ihrer
Liaison mit Carl August stammt. Die
Familie lebt zunächst in Ilmenau (vgl. G.s
Briefe an Knebel vom 12. 1., 1. und 26. 2.).

Mitte Febr.   Am 16. Brief an Falk, seit kurzem in   Im Brief an Schiller vom 14.
Weimar ansässig: Sein Lustspiel (*Othas*)   über seine ›dreifache Eintei-
eigne sich, bei vielen Verdiensten, wegen   lung‹ der Farben (in einem
Handlungsarmut nicht für die Auf-   nicht überlieferten Entwurf;
führung; er würde sich aber von Falks   nach dem Brief vom 17. an
kompetenten Freunden (das waren z. B.   Schiller handelt es sich be-
Herder, Wieland, Böttiger) auch eines   reits um die dann im *Didak-*
besseren belehren lassen. – Am 18. Besuch   *tischen Teil* der *Farbenlehre*
des schwedischen Diplomaten und Dich-   verwendete Einteilung in
ters C. G. von Brinckmann, Freund W. von   »physiologische«, »physi-
Humboldts (weitere Besuche am 20. und   sche« und »chemische« Far-
22.; vgl. an Schiller, 18. und 21.).   ben).

24. Febr.   An A. W. Schlegel: »Die *Zauberflöte* hat
wieder viele Zuschauer aus der Nachbar-
schaft herbei gelockt« (Aufführungen von
Mozarts Oper am 19., 21. und 24. 2.).

März   Schiller wird zum ordentlichen Professor   Überarbeitung von *Cellini*
in Jena ernannt (ohne Lehrverpflichtung).   für die Einzelveröffentli-
                                              chung, Studium der floren-
                                              tinischen Geschichte für den
                                              ›Anhang‹ dazu (vgl. Tgb ab
                                              5. 3. und an Schiller, 3. und
                                              7. 3.).

3. März   In der Aufführung von Mozarts *Così fan
tutte*.

8./11. März   Ankauf eines Guts in Oberroßla
(zwischen Apolda und Oßmannstedt), vgl.
Tgb und an Schiller am 10.; am 11. erster
Besuch des Guts. (Am 5. 6. 1801 bekommt
G. seinen ›Lehnsbrief‹ und ist damit im
Besitz eines ›Erblehens‹.)

17. März   G. besucht die erste Weimarer Aufführung
von Kotzebues Schauspiel *Die Corsen*.

Vgl. auch seinen Brief an Kotzebues
Mutter.

Jena	20. März (-6. April)	Vgl. Tgb. G. geht mit Schiller dessen noch unvollendeten *Wallenstein* durch; Gepräche über ›das Epische‹ und ›das Dramatische‹ u. a. ästhetische Themen (Tgb 23., 27. und 28. 3.). Sonstiger Umgang: Loder, Niethammer, A. W. Schlegel u. a.	
	23. März		Tgb: »zu Schiller <...> über Episches und Dramatisches. *Weissagungen des Bakis*.« An J. H. Meyer: »Meine beiden epischen Gegenstände, sowohl *Tell* als *Achill*, haben Schillers großen Beifall.«
	26./27. März	Lektüre: Euripides' *Hekuba*, *Iphigenie in Aulis*, *Die Phönizierinnen* (vgl. Tgb).	Aufsatz *Betrachtungen über eine Sammlung krankhaften Elfenbeins*; publiziert erst 1823 in *Zur Morphologie* II 1).
	28. März		Brief von Schiller an Cotta, in G.s Auftrag: Angebot zum Verlag eines Gemeinschaftswerks von J. H. Meyer und G. »über ihre Kunsterfahrungen in einer Suite von kleinen Bändchen«. (→ *Propyläen*). Cotta sagt am 10. 4. zu.
	Ende März/ Anfang April	Intensives Studium der *Ilias*, Lektüre von Homer-Literatur. Am 29. 3. Besuch A. W. Schlegels und Novalis' (vgl. Tgb; erste persönliche Begegnung mit letzterem). Am 1. 4. Besuch Fichtes.	Tgb 31.: »Schema zur *Äneis*« (Vorarbeit für die *Achilleis*). Ältestes Schema zur *Achilleis* auf 31. März datiert.
	~4. April	An Schiller: »Ich muß doch noch einmal wegen Schlegels anfragen <...> Haben Sie, auch für die Zukunft seine Verbannung fest beschlossen, so lassen wir alles ruhen und ich werde mich darnach benehmen <...> wünscht ich Ihre Gesinnungen zu vernehmen, weil man von mir immer eine Mittlerschaft erwartet.«	
Weimar	8. April (Ostersonntag)	G. verpachtet sein Gut in Oberroßla (vgl. Tgb; am 13.: »das Gut besehen«).	

	9. April		Tgb: »*Faust* wieder vor-genommen.« (Im Tgb fast täglich vermerkt bis zum 21.)

	24. April-5. Mai	Zweites Gastspiel Ifflands, der in acht Rollen auftritt. Vgl. Tgb und an Schiller am 25., 27. und 28.4. – Tgb 5.5.: »Magnetische Versuche.« Vgl. auch an Knebel, 15.5.	Im Brief an Schiller vom 5.5. über die Arbeit an *Faust*: »das alte <...> Manuskript ist abgeschrieben und die Teile sind in abgesonderten Lagen, nach den Nummern eines ausführlichen Schema's hinter einander gelegt« usw. Tgb 5.: »*Zauberflöte zweyter Theil* arrangirt und zusam-mengeschrieben.« (Weiterar-beit daran bis 10.5., vgl. Tgb).

	Mitte Mai	Brief an Schiller am 16.: »Ich bin mehr als jemals von der Einheit und Unteilbarkeit des Gedichts [*Ilias*] überzeugt«.	Vom 11.-21. macht G. als Vorarbeit für die *Achilleis* ein Schema der *Ilias*, vgl. Tgb und an Schiller am 12. und 16. (u. d. T. *Ilias* publiziert erst 1821 in *Kunst und Altertum* III 2).

Jena	20. (-31. Mai)	Vgl. Tgb. An Christiane am 25.: »Abends bin ich bei Schiller im Garten«. Gespräche mit ihm über die *Ilias*, über gattungstheo-retische Fragen u. ä., gemeinsame Lektüre von W. von Humboldts Abhandlung *Über Goethes Hermann und Dorothea* (im Ma-nuskript). Vgl. auch Schiller an Körner am 25.; G. dankt Humboldt im Brief von Ende Juni/16. Juli.	Konkrete Konzipierung des neuen kunsttheoretischen Projekts, vgl. Tgb ab 22. (Schema), ab 24. *Propyläen* genannt und als »Zeitschrift« bezeichnet. Vom 24.-27. Arbeit an der »Einleitung« (Abschluß am 11.8.).

	27.-30. Mai	Am 28. bei Schiller erste persönliche Begegnung mit Schelling. Weitere Treffen am 29. und 30.; Tgb 30.: »Abends bei Hrn. Prof. Fichte.«	Brief an Cotta: Angebot und Beschreibung des Projekts der *Propyläen*; von Schiller mit Brief vom 29. an Cotta geschickt.

	Juni	Das letzte Stück der ›Horen‹ erscheint.	

Weimar	3. Juni	Tgb: »Abends Thouret und Heideloff.« (Beide arbeiten jetzt am Weimarer Schloßbau, Thouret als leitender Archi-tekt.)	

Jena	4. (-21. Juni)	Vgl. Tgb. Umgang: Schiller (fast täglich); G. Hufeland, Paulus, Niethammer, Loder, Frommann (erste Begegnung wohl am 11.	

bei Schiller) u. a. – Beschäftigung mit magnetischen Phänomenen (vgl. Tgb am 9., 19. und 20.). – Lektüre: Rétif de la Bretonnes Autobiographie *Monsieur Nicolas ou le Cœur humain dévoilée* (T. 1-4, 1794-96). Schelling: *Von der Weltseele*, 1798. Laplace: *Exposition du système du monde*, 1796.

	7. Juni	Tgb: »*Laokoon* in Ordnung.« Erstdruck 1798 in *Propyläen*, 1. St.

Mitte Juni Tgb 18.: »Nachmittags bei Prof. Fichte«. Brief an A. W. Schlegel: Dank für das am 9. 5. übersandte 1. Stück des ›Athenäum‹, u. a. mit F. Schlegels Aufsatz *Über Goethes Meister* und Novalis' *Blütenstaub*-Fragmenten, worin G. als ›wahrer Statthalter des poetischen Geistes auf Erden‹ bezeichnet wird. Bitte, auch in Schillers Namen, Gedichte für dessen ›Musenalmanach‹ zu schicken. (Im Brief vom 28. macht Schiller ein minimales Zugeständnis.)

Sechs angefangene oder neue Gedichte: *Euphrosyne, Sängerwürde* (später: *Deutscher Parnaß*), *Die Musageten, Das Blümlein Wunderschön, Der Müllerin Verrat, Die Metamorphose der Pflanzen* (vgl. Tgb 12.-17.). Alle erstmals gedruckt in Schillers ›Musenalmanach für das Jahr 1799‹.

21. Juni Tgb: »Schlegels griechische Dichtkunst.« (F. Schlegel hatte G. mit Brief vom 3. 6. seine *Geschichte der Poesie der Griechen und Römer*, 1798, übersandt.) – Brief an Ch. G. Voigt: Entschiedene Befürwortung der Berufung Schellings nach Jena.

Oberroßla 21.-23. Juni Am 22. an Wieland im benachbarten Oßmannstedt: »daß ich in Oberroßla angelangt bin, um von meiner Hufe und dem Zugehörigen Besitz zu nehmen.« G. bittet ihn zum Essen, um »mir nach langer Zeit ein fröhliches Wiedersehen zu verschaffen.«

Weimar Ende Juni Besuch Marianne Meyers (vgl. Tgb).

Am 24. schickt G. an Schiller sein *Elpenor*-Fragment, ohne sich ausdrücklich als Autor zu nennen (vgl. Schillers Antwort vom 25.). Am 30. an Schiller über das geplante *Tell*-Epos; G. schickt mit »das älteste was mir von Gedichten übrig geblieben ist.

Völlig 30 Jahr alt.« (Wohl das
im ›Musenalmanach für das
Jahr 1799‹ abgedruckte *An
meine Lieder*, später *Am
Flusse*.)

Juli   Dienstgeschäfte: Schloßbau; Planung des
Theaterumbaus; Architekt Thouret wird
auch zu dieser Aufgabe herangezogen (vgl.
Tgb ab 5.; Baubeginn am 16.). – Besuche
des Pachtguts Oberroßla am 2./3. und am
17., vgl. Tgb.

Weimar   5. Juli   Brief an Schelling mit dem Dokument für
seine Berufung nach Jena als unbesoldeter
außerordentlicher Professor.

Jena   6.-9. Juli   Mit Christiane und August. Am 7. Besuch
F. A. Wolfs. Vgl. Tgb.

Weimar   Mitte Juli   Brief an Tieck, der G. mit Brief vom 10.6.   Arbeit an den *Propyläen* (bis
seinen Roman *Franz Sternbalds Wande-*   Ende des Monats). – Tgb 13.:
rungen (1798, 1. Teil) zugeschickt hatte: »Das Schema der dualisti-
»Mit Freund Sternbald bin ich so wie mit   schen Naturwirkungen auf-
dem Klosterbruder [W. H. Wackenroders   gestellt.« Vgl. an Schiller am
Herzensergießungen eines kunstliebenden   14. über die Einteilung in
Klosterbruders, 1797 von Tieck ohne   »Magnetische, elektrische,
Verfassernamen herausgegeben] in allge-   galvanische, chromatische
meiner Übereinstimmung so wie wegen   und sonore«.
des besondern im Gegensatz.«

Ende Juli   Im Brief an Schiller vom 25. nimmt G. die   Am 25. erste Manuskriptsen-
Brüder Schlegel in Schutz, deren neue   dung der *Propyläen* an Cotta.
Zeitschrift ›Athenäum‹ Schiller im Brief   Tgb 27.: »Einleitung zu den
vom 23. kurz, aber scharf kritisiert hatte;   *Propyläen*, verschiedenes
ausführlich dann in seiner Antwort   dasselbe Geschäft betreffend.
vom 27.   *Weissagungen des Bakis*.« –
Tgb 30.: »Tabelle physischer
Wirkungen.« Tgb 31.: »Phy-
sikalischer Aufsatz über die
verschiednen *physischen
Wirkungen*.«

August   Dienstgeschäfte: Schloßbau, Theaterbau.   Korrespondenz mit Cotta
wegen der *Propyläen*.

Jena   1.-16. Aug.   Vgl. Tgb; am 1.: »Bei <...> Schiller, über   Tgb 11.: »Einleitung (zu den
literarische und poetische Angelegen-   *Propyläen*) geendigt. *Diderot
heiten, besonders die Schlegels betref-   über die Malerei*.«
fend.«

Oberroßla   16.-18. Aug.   Vgl. Tgb.

Weimar	vor 2. Sept.	Besuch Jean Pauls, der für einige Monate in Weimar lebt (vgl. dieser am 2. an Ch. Otto, und G. an Schiller am 6.).	
	10.–15. Sept.	Schiller bei G. zu Gast (vgl. Tgb). Er besichtigt das im Umbau befindliche Theater, G. beredet ihn, zu dessen Eröffnung *Wallensteins Lager* zu liefern (vgl. Schiller an G. am 18.).	
Oberroßla	18.–20. Sept.	Vgl. Tgb.	
Jena	22. Sept.– 1. Okt.	Vgl. Tgb. G. drängt Schiller zur Fertigstellung von *Wallensteins Lager*. Sonstiger Umgang: Loder und Griesbach.	Arbeit an den *Propyläen* und *Diderots Versuch über die Malerei*. Ferner: *Weimarischer neudekorierter Theatersaal. Dramatische Bearbeitung der Wallensteinischen Geschichte durch Schiller* (vgl. Tgb 26. und 27.; ersch. in Cottas AZ am 12. 10.).
	Oktober		Das 1. Stück der *Propyläen* erscheint (vgl. Cotta an G. am 17.), u. a. mit G.s *Einleitung*, dem Aufsatz *Über Laokoon*, dem ›Gespräch‹ *Über Wahrheit und Wahrscheinlichkeit der Kunstwerke* und dem Anfang der Abhandlung *Über die Gegenstände der bildenden Kunst* von J. H. Meyer und G.
Weimar	5./6. Okt.	Schelling kommt in Jena an. Etwa zu gleicher Zeit auch A. W. Schlegel (mit Frau Caroline), jetzt als Honorarprofessor.	Am 6. an Schiller: »Übrigens ist eine Vorrezension der Aufführung, so wie des Effekts den das Stück gemacht hat, schematisiert [*Eröffnung des Weimarischen Theaters*] <...> Da ich mich einmal auf das Element der Unverschämtheit begeben habe, so wollen wir sehen wer es mit uns aufnimmt.«
	12. Okt.	Eröffnung des umgebauten Theaters in Anwesenheit Schillers, mit Kotzebues *Die Korsen*, danach Schillers *Prolog* (»Der scherzenden, der ernsten Maske	

Spiel«) und Uraufführung von *Wallen-*
steins Lager, von G. inszeniert.

Jena	14.-22. Okt.	Mit J. H. Meyer. Bei Schiller und Loder.	Ausarbeitung von *Eröffnung des Weimarischen Theaters*; laut Brief an Schiller am 19. an die AZ geschickt (ersch. dort am 7. 11.).
Weimar	29. Okt.	Tgb: »Fernere Besorgung des Schloßbaus vor Prof. Thourets Abreise.«	
Oberroßla	2.-6. Nov.	G. kümmert sich um sein Pachtgut. Am 4. Besuch bei Wieland in Oßmannstedt.	
Weimar			
Jena	11. (-29. Nov.)	Vgl. Tgb. Umgang: Schiller, A. W. und Caroline Schlegel, Schelling, G. Hufeland u. a. – Interesse an H. Walpoles Roman *Die Burg von Otranto* (vgl. Tgb 19., 21. und 23. 11. sowie an A. W. Schlegel, 15. 12.).	Arbeit an der *Farbenlehre*, unter Anteilnahme Schillers, bis ~Mitte Nov. (vgl. Tgb und an J. H. Meyer am 15.); außerdem an *Diderots Versuch über die Malerei. Übersetzt und mit Anmerkungen begleitet* (vgl. Tgb 16.-21.).
	12. Nov.	Tgb: »Erste Bogen von Schellings Naturphilosophie für Vorlesungen« (*Erster Entwurf eines Systems der Naturphilosophie*).	
	16. Nov.	An G. Hufeland, Mitherausgeber der ALZ, mit der Bitte um eine ›der Arbeit und der Person gemäße, geneigte‹ Rezension von Knebels jetzt als Buch erschienener Übersetzung *Elegien von Properz*. G. schlägt A. W. Schlegel als Rezensenten vor, mit Erfolg (vgl. G. an ihn am 28. 12.).	
	19. Nov.		*Erste Versuche mit Herrn Gildemeister wegen des Nichtunterscheidens der Farben* (datiert).
	20. Nov.		*Beginn der Arbeit an Der Sammler und die Seinigen* gemeinsam mit Schiller (vgl. an ihn am 24. sowie Tgb 23.-27.).
	28. Nov.		An Knebel: »das zweite Stück der *Propyläen* ist abgesendet und das dritte stellt sich schon zusammen.«

Weimar   Anfang Dez.   Lerse und M. von Fries in Weimar,
                       Besuche bei G. (vgl. Tgb).

         Mitte Dez.   In Briefen an Schiller und Ch. G. Voigt   *Grübels Gedichte in Nürn-*
                       vom 19. über Kants *Anthropologie in*   *berger Mundart* (vgl. Tgb 10.
                       pragmatischer Hinsicht abgefaßt, 1798;   und 11.; am 14. an Cotta
                       an Ch. G. Voigt u. a.: »Bei allem dem   geschickt, ersch. in der AZ
                       vortrefflichen, scharfsinnigen, köst-   vom 23. Über Grübel vgl. an
                       lichen, worin unser alter Lehrer sich   Schiller bereits am 31. 1.)
                       immer gleich bleibt, scheint es mir an
                       vielen Stellen borniert und an mehrern
                       illiberal.«

         26. Dez.   Im Brief an Ch. G. Voigt plädiert G. – mit
                       Erfolg – dafür, J. H. Meyer als eine Art
                       Koordinator beim Schloßbau einzusetzen
                       (vgl. Ch. G. Voigt an G., ~31.).

         Ende Dez.   Beginn des sog. Atheismusstreits, der 1799
                       zur Entlassung Fichtes führt, ausgelöst
                       durch die Drohung Kursachsens (Schrei-
                       ben an Carl August vom 18. 12.), seinen
                       Landeskindern den Besuch der Univer-
                       sität Jena zu verbieten. Anlaß: Aufsätze
                       (angeblich) atheistischen Inhalts im von
                       Niethammer herausgegebenen ›Philoso-
                       phischen Journal‹, speziell *Über den*
                       Grund unseres Glaubens an eine göttliche
                       Weltregierung von Fichte (1. Heft 1798).
                       Carl August schreibt am 26. 12. zwei
                       wütende Briefe an Ch. G. Voigt, worin er
                       auch G. wegen seiner Sympathien für
                       Fichte und für »das alberne kritische
                       Wesen« überhaupt heftig beschimpft (»er
                       besieht dabei das Ding und das ganze
                       akademische Wesen mit einem solchen
                       Leichtsinn, daß er alles das Gute, was er
                       bei seinen häufigen Anwesenheiten in Jena
                       stiften könnte, unterläßt« usf.). Reaktion
                       G.s im Brief an Ch. G. Voigt, ~29.: »Wäre
                       es also auch möglich in dieser Sache
                       gelassen und der ruhigen Gerechtigkeit
                       gemäß zu verfahren, erst die Vertheidi-
                       gung zu hören, und dann weiter zu
                       schreiten, so würde es meiner Einsicht
                       nach das beste seyn. Denn überhaupt
                       haben wir uns noch auf manches dieser
                       Art zu rüsten«.

1799 Zweiter Koalitionskrieg gegen Frankreich (bis 1802). Staatsstreich vom 18. Brumaire (9. 11.): Napoleon Bonaparte löst das Direktorium auf und wird zum 1. Konsul gewählt (Konsulatsverfassung am 24. 12.). – Tod Lichtenbergs.

Im September zieht F. Schlegel nach Jena (er hat sich dort im Sommer habilitiert) ins Haus seines Bruders, alsbald gefolgt von Dorothea Veit, im Oktober kommt Tieck mit Frau und Kind; Tieck hält sich bereits im Sommer in Giebichenstein, Jena und Weimar auf.

Januar		Das 2. Stück der *Propyläen* ersch., mit Kap. 1 von *Diderots Versuch über die Malerei* (vgl. an Schiller am 17.).
4. Jan.	Schiller trifft mit Familie in Weimar ein, bleibt bis 7. 2. (Logis im Schloß); Mitarbeit bei den Proben der *Piccolomini*.	Tgb: »Den *Sammler* korrigiert.«
Mitte Jan.	Tgb 12.: »Mittags bey Hofe auf dem Zimmer [bei Carl August]. Tragödien von Voltaire *Merope*, *Mahomet*. Plinius *Episteln*« (letzteres auch am 13. vermerkt).	Tgb 18.: »Knebels Lucrez 1. Buch [Übersetzung von Lukrez' Kosmologie *De rerum natura*] <…> Ideen zu einem Natur Gedichte.« (vgl. an Knebel am 22. 1. und Tgb 8. 5.; nicht realisiert).
20. und 22. Jan.		Entwurf der *Temperamentenrose* mit Schiller; Weiterarbeit daran im Febr. (vgl. Tgb).
30. Jan.	Uraufführung von Schillers *Die Piccolomini*, von Schiller und G. in ca. drei Wochen inszeniert.	
Jena 7. (-28. Febr.)	Umgang: Schiller, Loder, A. W. Schlegel, Schelling, Frommann, Niethammer u. a.; Bekanntschaft mit H. Steffens, derzeit Privatdozent in Jena (vgl. Tgb am 11. 2.).	Arbeit an der *Farbenlehre* (Entwürfe, u. a. ein Schema zur *Geschichte der Farbenlehre*).
12.-14. Febr.		Fortsetzung der *Versuche mit Gildemeister* (datiert). Tgb 14.: »Am zweiten Kapitel *Diderot* korrigiert.«
16. Febr.		Arbeit an zwei ›Anzeigen‹: *Die Piccolomini. Wallensteins Erster Teil* und *Propy-*

läen. Eine periodische Schrift,
herausgegeben von Goethe
(letztere abgeschlossen am
17. 4., vgl. Tgb); beides ersch.
in Cottas AZ vom 25.-31. 3.
bzw. am 29. 4.).

Weimar	Anfang/ Mitte März	Lektüre: Hesiod (vgl. Tgb 10. und 11.).	Arbeit an der *Achilleis* (Schema, Anfang der Aus- führung; vgl. Tgb 9.-13. und an Schiller am 16.).
Jena	21. März (-10. April)	Vgl. Tgb. Umgang: Schiller, A. W. Schlegel und Frau Caroline, Steffens, Loder, J. F. A. Göttling u. a.	Arbeit an der *Achilleis* und an *Der Sammler und die Seini- gen* (ab April). Vgl. Tgb.
	22. März	In Tgb erstmals Erwähnung der mit dem nächsten *Propyläen*-Heft gestarteten sog. ›Weimarischen Preisaufgaben‹ für bil- dende Künstler (Maler).	
	Ende März/ Anfang April	›Atheismusstreit‹: Am 24. und 30. Treffen mit Ch. G. Voigt in Kötschau zur Bespre- chung der Reaktion auf Fichtes Rechtfer- tigungsschreiben vom 22. 4., worin dieser für den Fall eines offiziellen Verweises sei- nen Abschied ankündigt. Ein (vielfach be- ratenes) Reskript Carl Augusts vom 29./ 30. 4 weist die Universität an, Fichte den Verweis zu erteilen und sein zu erwartendes Entlassungsgesuch vorsorglich anzuneh- men. G.s Briefe an Ch. G. Voigt in dieser Sache sind nicht überliefert (wohl von G. vernichtet, vgl. Ch. G. Voigt an G., 14. 5.).	*Über die Flaxmannischen Werke* (vgl. Tgb 30. 3.- 1. 4.; erst posthum publiziert).
Weimar	10. April	Schiller kommt mit nach Weimar zu Proben und Aufführung von *Wallensteins Tod*; bleibt bis 25. 4.	
	Mitte April	Tgb 16.: »Metakritik von Herder.« (*Ver- stand und Erfahrung. Eine Metakritik zur Kritik der reinen Vernunft*, 1799; vgl. G.s kritische Bemerkungen im Brief an Schiller vom 5. 6.).	*Propyläen* II 1 ersch., mit dem Gedicht *Phöbos und Hermes*, Diderots *Versuch über die Malerei* 2. Kap. und *Nachricht für Künstler und Preisaufgabe* (von J. H. Meyer, von G. überarbeitet; Thema des Wettbewerbs eine Szene aus der *Ilias*: ›Aphro- dite führt Helena dem Paris zu‹). – Arbeit an *Der Samm- ler und die Seinigen*.

	20. April	Uraufführung von Schillers *Wallensteins Tod* (vgl. Tgb).	
Jena	1. (-27. Mai)	Mit J. H. Meyer (er bleibt bis 3., kommt erneut vom 16.-20.). Umgang: Schiller, Loder, G. Hufeland, J. F. A. Göttling u. a. – Ausflüge in die Umgebung (Dornburg, Lobeda usw.) in der Kutsche, die G. sich jetzt angeschafft hat.	Schema (Tabelle) und kurze Notizen *<Über den Dilettantismus>* gemeinsam mit Schiller. Arbeit an *Der Sammler und die Seinigen* (Abschluß am 14.), an *Propyläen* II 2 und vereinzelt an der *Achilleis*. Vgl. Tgb.
	23. Mai		Mit Schiller »Über eine neue Ausgabe meiner kleinen Gedichte [→ Bd. 7 der *Neuen Schriften* bei Unger]. Auch über eine Ausgabe meiner Werke überhaupt.« (Wird erst in einigen Jahren in der ersten Ausgabe von *Goethes Werken* bei Cotta realisiert).
	Mai/Juni	Intensive kritische Beschäftigung mit dem Manuskript von Amalie von Imhoffs Hexameterepos *Die Schwestern von Lesbos*, auch mündliche Besprechungen mit der Autorin (vgl. an J. H. Meyer am 14. 5., an Schiller am 29. 5. und 1. 6.).	
	Frühjahr/ Sommer	Verstärkte Beanspruchung durch den Schloßbau.	
Weimar	Juni	Optische Versuche (vgl. Tgb und an Schiller am 26.).	
Oberroßla	11.-16. Juni	Gutsangelegenheiten. Am 15. Besuch bei Wieland in Oßmannstedt.	
Weimar	~30. Juni- 3. Juli	Schiller in Weimar, zur Aufführung von *Wallensteins Tod* am 2. 7. (vor dem preußischen Königspaar).	
	Mitte Juli		*Propyläen* II 2 ersch., u. a. mit *Der Sammler und die Seinigen.*
	21. Juli	Besuch A. W. Schlegels, Novalis' und Tiecks; erste persönliche Begegnung mit letzterem (vgl. an Schiller am 24.).	
Oberroßla	22.-23./ 24. Juli	Gutsangelegenheiten, auch Besuch bei Wieland in Oßmannstedt.	

Weimar	Ende Juli	G. beginnt Miltons *Verlorenes Paradies* zu lesen (vgl. Tgb 28. und an Schiller, 31.7. und 3.8.). Am 31. zieht sich G. bis 15. Sept. in sein Gartenhaus am Stern zurück.	
	August (bis Mitte Sept.)	Lektüre u. a.: Winckelmanns Briefe und Schriften; J. H. Schröter: *Selenotopographische Fragmente*, Teil 1, 1791 (G. stellt Mondbeobachtungen durchs Teleskop an). Redaktion von Amalie von Imhoffs *Die Schwestern von Lesbos* (ersch. in Schillers ›Musenalmanach für 1800‹). Vgl. Tgb 23. und an Schiller am 21. bzw. 24.	Redaktion der Gedichte für Bd. 7 der *Neuen Schriften* (vgl. Tgb 6. und 23.8.; an Schiller, 3. und 7.8.).
	7. Aug.	An Ch. A. Vulpius: »Ihren Rinaldini habe ich mit Vergnügen gelesen« (*Rinaldo Rinaldini der Räuber Hauptmann. Eine romantische Geschichte unsers Jahrhunderts*, 1799).	
	16./17. Aug.	Schiller und G. tauschen ihre Urteile über die Brüder Schlegel bzw. das neueste Stück des ›Athenäums‹ (II 2) aus, worin u. a. August Wilhelms Elegie *Die Kunst der Griechen. An Goethe* steht.	
	26. Aug.	Erster Brief an Zelter, Antwort auf dessen Brief vom 11.8.; Auftakt zu einer lebenslangen Freundschaft und einem der umfangreichsten und wichtigsten Goethe-Briefwechsel.	G. legt das Gedicht *Die erste Walpurgisnacht* bei.
	30. Aug.	Brief an J. G. Schlosser, u. a. mit einem Resümee der Affäre um Fichte (mit großem Respekt für dessen Geistesgaben – »einer der vorzüglichsten Köpfe« – , aber Tadel seiner ›törichten Anmaßung‹).	
	4. Sept.	An Schiller: »Unsere Preiszeichnungen sind nun ausgestellt« (zur ersten ›Weimarischen Kunstausstellung‹ waren nur neun Einsendungen gekommen).	
	13.–15. Sept.	Schiller in Weimar (vgl. Tgb).	
Jena	16. Sept. (–14. Okt.)	Vgl. Tgb. Umgang: Schiller, Loder, Paulus, Griesbach, Frommann, F. Schlegel; A. W. Schlegel berät G. bei der Überarbeitung seiner *Römischen Elegien* in metrischen Fragen; besonders häufiges Zusammensein mit Schelling, gemeinsame Lektüre	

von dessen *System der Naturphilosophie*, Gespräche über Naturphilosophie und Magnetismus (vgl. bes. Tgb 22. 9., 3.-5. 10., 10. und 13. 10.). Weitere Lektüre: Schellings *Erster Entwurf eines Systems der Naturphilosophie zum Behuf seiner Vorlesungen* und F. Schlegels Roman *Lucinde*, beide 1799 (vgl. Tgb 15., 19., 23.). – Dienstgeschäfte im Rahmen der Wasserbaukommission (mit P. Götze).

Mitte Sept.	Am 17. an den Juristen und Naturwissenschaftler J. G. Steinhäuser: »Da mich die magnetischen Erscheinungen seit einiger Zeit besonders interessieren, so wünsche ich mit einem Manne in Verhältnis zu kommen, der in diesem Fache vorzügliche Kenntnisse besitzt <...> einige Anfragen« (mit dem Adressaten entspinnt sich ein kurzer Briefwechsel; zum Interesse am Magnetismus vgl. z. B. Tgb 19. und 20.). Tgb 17.: »Tiecks *romantische Dichtungen*«Teil 1, 1799.	Arbeit an *Faust* (vgl. Tgb 18. und 19.).
22./23. Sept.	Am 22. Brief an die Preisträger der ersten ›Weimarischen Preisaufgabe‹, F. Hartmann und H. Kolbe. – Lektüre: Schleiermachers *Über die Religion. Reden an die Gebildeten unter ihren Verächtern*, 1799 anonym ersch. (vgl. Tgb 23.).	Am 22. Brief an Cotta: G. verspricht ihm erstmals den Verlag seiner nächsten ›größeren‹ poetischen Arbeit(en), u. a. als Kompensation für Cottas Verluste durch den schlechten Absatz der *Propyläen* (vgl. dazu Cotta an G., 17. 6., und G.s Antwort vom 7. 7.).
ab Ende Sept.		Arbeit an der Übersetzung und Bearbeitung von Voltaires Verstragödie *Mahomet* (vgl. Tgb 29. und 30.; Weiterarbeit daran bis Mitte Okt., vgl. Tgb, ferner an W. von Humboldt, 28. 10.).
Weimar	22. Okt.	G. erfährt durch seine Mutter vom Tod seines Schwagers J. G. Schlosser am 17. 10. (vgl. Tgb und an Schiller am 23.).	
Oberroßla	28.-31. Okt.		
	November	Bury kommt nach Weimar (vgl. Tgb 1. und 2., an Hirt am 4.), bleibt bis 4. 8. 1800. – Lektüre u. a.: Shakespeare-Stücke.	Revision von *Mahomet* (vgl. Tgb; am 17.: »*Mahomet* geendigt«) und *Propyläen* III 1 (vgl. Tgb 15. und 28.).

Weimar	6. Nov.	Tgb: »Elektricität bey Pr<ofessor> Kästner.«	
Jena	10. Nov. (-8. Dez.)	Vgl. Tgb. Umgang: Schiller, die Brüder Schlegel, Schelling, Loder, Niethammer u. a.; Lektüre: Tragödien von Voltaire; die Verstragödie *Die Belagerung von Numancia* von Cervantes; A.-R. Lesage, *Histoire de Gilblas de Santillane* u. a.	
	Mitte Nov.	Am 14. erste Begegnung mit Dorothea Veit (vgl. ihren Brief an Schleiermacher vom 15.). – Tgb 17.: »bei Schiller, *der Bund der Kirche mit den Künsten*« (Gedicht in Stanzen von A. W. Schlegel). – Tgb 18.: »bey Schiller *Memoires de Stephanie de Bourbon Conti*«, 2 Teile, 1797/98; vgl. auch am 19. (Anregung zu *Die natürliche Tochter*).	Wiederaufnahme der Arbeit an der *Farbenlehre* (insbesondere macht G. ein ›neues Schema‹; vgl. Tgb ab 16.).
	Dezember	Lektüre u. a.: Weitere Skakespeare-Stücke sowie von Ben Jonson *Sejanus* und *Volpone* (vgl. Tgb 5.-7.).	Weiterarbeit an der *Farbenlehre* (vgl. Tgb und an Soemmering, 30. 12.).
	3. Dez.	Schiller zieht nach Weimar um.	
	5./6./7. Dez.	Tgb 5.: »Abends Hr. Tieck Vorlesung seiner Genoveva« (Trauerspiel *Leben und Tod der heiligen Genoveva*, noch ungedruckt).	Tgb 6.: »*Die natürliche Tochter.*« So auch am 7.
Weimar	21. Dez.	Erste Aufführung von Mozarts Oper *Titus* in Weimar.	
	Ende Dez.	Nicolaus Meyer aus Bremen erstmals (Tgb 28.) erwähnt; der Medizinstudent ist häufig Gast in G.s Haus und freundet sich insbesondere mit Christiane und deren Bruder an. Lektüre: Charpentier, *Beobachtungen über die Lagerstätte der Erze*, 1799 (vgl. Tgb).	*Propyläen* III 1 ersch., darin u. a. Proben aus G.s *Mahomet*-Übersetzung mit knapper Einleitung: *Einige Szenen aus Mahomet, nach Voltaire*; von J. H. Meyer (unter Mitwirkung G.s) die Beurteilung der eingesandten Arbeiten zur ersten ›Weimarischen Preisaufgabe‹, die Bekanntgabe der Themen für die folgende (von J. H. Meyer ausgewählt, wieder aus der *Ilias*: ›Hektors Abschied von Andromache‹ und ›Raub der Pferde des Rhesus‹) und ein Nachruf auf den am 17. 3. verstorbenen Oeser.

1800   Napoleon siegt bei Marengo über die Österreicher (14. 6.), Moreau bei
Hohenlinden (3. 12.). – Novalis: *Hymnen an die Nacht.* Wieland: *Aristipp
und einige seiner Zeitgenossen* (1800/01). Jean Paul: *Titan* (1800-03). –
F. L. Stolbergs Konversion zum Katholizismus erregt beträchtliches
Aufsehen in der deutschen Öffentlichkeit.

Intensive Arbeit im Rahmen der Schloßbaukommission, insbesondere Januar-
April.

Januar   Beschäftigung mit Magnetismus (vgl. Tgb
7. und 19., Brief an Steinhäuser vom 31.).

Anfang Jan.   Schiller dichtet die Stanzen *An Goethe als
er den Mahomet von Voltaire auf die
Bühne brachte.*

30. Jan.   Erste Aufführung von
Mahomet.

Februar   Im ›Neuen Teutschen Merkur‹ erscheint
Kotzebues *Prolog* zu seiner Posse *Das
neue Jahrhundert* (am 31. 12. 1799 im
Kreise Anna Amalias von Liebhabern
aufgeführt), mit Spitzen gegen G. als
Theaterdirektor.

3./4. Febr.   Lektüre: Molières *Misanthrop, Der Arzt
wider Willen* und *Amphitryon*, Plautus'
Amphitryon und Pirons *La métromanie*
(*Die Reimsucht*). Vgl. Tgb.

Mitte Febr.   Schwere langwierige Erkrankung
Schillers.

Ende Febr.   Am 22. beginnt Bury sein Goethe-Porträt   Tgb 21.: »*Geschichte der Far-*
(Kreidezeichnung; bis 10. 3. fast tägliche   *benlehre.*« – Am 26. Brief an
Sitzungen; vgl. Tgb; vollendet Ende März,   A. W. Schlegel, Bitte um me-
vgl. Caroline Herder an Knebel, März.)   trische Korrektur der beilie-
genden *Römischen Elegien*
für die Veröffentlichung in
Bd. 7 der *Neuen Schriften.*
(Am 5. und 20. 3. schickt G.
ihm weitere Gedichte.)

12. März   An Knebel: »Von der Naturgeschichte war
Botanik, von der Physik war der Magnet
an der Reihe« (vgl. Tgb 6., 9. und 10. sowie
an Steinhäuser am 10.). – Antwort auf
Fichtes Brief vom 10. 3., worin dieser um
eine Abschiedsvisite vor seinem Aufbruch
nach Berlin bittet (vgl. Tgb; an und von

Ch. G. Voigt; G.s Brief an Fichte nicht
überliefert).

Ende März Botanische Studien (vgl. Tgb 20.-31.). – | Weitere Redaktion der
Am 26. Besuch A. W. Schlegels (vgl. Tgb). | *Gedichte* für Bd. 7 der
Neuen Schriften (vgl. Tgb 18.
und 19., an Schiller am 22.).

Anfang April Lektüre: H. Walpole, *Historische, literari-* | Amtliches: *Publicandum* der
sche und unterhaltende Schriften, über- | Bergwerkskommission (G.,
setzt von A. W. Schlegel, 1800 (vgl. an die- | Ch. G. Voigt, F. H. G.
sen am 2. und Tgb am 3.). | Osann) über die prekäre
Situation des Ilmenauer
Bergwerks, Ansetzung eines
›Gewerkentags‹ auf den
29. Mai.
Am 10. letzte Sendung für
Bd. 7 der *Neuen Schriften* an
Verleger Unger.

Mitte/ Schelling bringt G. sein *System des tran-* | Tgb 11.: »Brief von Cotta.
Ende April *szendentalen Idealismus,* 1800, vgl. G. an | *Faust* angesehen.« (Angeregt
Schelling am 17. und 19.; weitere Lektüre | von Schiller, bietet Cotta G.
am 22. in Tgb vermerkt. | am 4. 4. ein hohes Honorar
für den Verlag des *Faust* als
Anreiz zur Vollendung des
Fragments.) Vom 13.-24. 4.
laut Tgb fast tägliche Arbeit
daran.

Leipzig **28. April** Mit Carl August und anderen zur Messe.
(-15./16. Mai) Bei verschiedenen Kaufleuten und
Handelshäusern, Besuch privater Kunstsammlungen, Theater- und Konzert-
besuche. Vgl. Tgb, an Schiller am 4. 5. und
die Briefe an Christiane (die am 10. 5. mit
August nachkommt). Begegnungen u. a.
mit den Verlegern Cotta, Unger (erste
persönliche Begegnung), Fleischer,
Vieweg und Campe, Bankier Frege und
G.s Leipziger Studienfreund Ch. G.
Hermann, jetzt Bürgermeister von
Leipzig.

6.-9. Mai Tgb 6.: »einiges interessante Gespräch mit | Tgb 6.: »Bei Cotta über die
Herrn Magister Rochlitz«; weitere | neuen Kupfer zum Damen-
Begegnungen mit Rochlitz am 7. und 9.; | kalender« (→ *Die guten*
am 7. auch Besuch bei dem klassischen | *Weiber*).
Philologen G. Hermann. Vgl. Tgb. (Mit
Rochlitz, dem Leipziger Schriftsteller und

Herausgeber der ›Allgemeinen musikalischen Zeitung‹, verbindet G. bald eine
lebenslange freundschaftliche Beziehung,
vertieft durch gelegentliche Besuche von
Rochlitz in Weimar; er ist einer der wenigen, zu dem sich G. in Briefen eingehender
über seine Werke äußert.)

Weimar	17./18. Mai	Tgb 17.: »Abends *Macbeth*« (in Schillers Bearbeitung und Inszenierung; Uraufführung war am 14. 5.).	Arbeit an *Propyläen* III 2 (vgl. Tgb 18.).
	25.-30. Mai		Arbeit an *Der Zauberflöte zweiter Teil* (vgl. Tgb).
	30. Mai	Brief an den Maler Kaaz, den G. vor kurzem in Leipzig kennengelernt hat: Vorschlag zu einem Landschaftssujet mit Gestalten der griechischen Mythologie, Einladung zur Teilnahme an den ›Weimarischen Preisaufgaben‹ und darüber hinaus zu einem ›fortdaurenden Verhältnis‹.	G. schickt das *Zauberflöten*-Fragment an den Verleger Wilmans; ersch. (unvollständig) im ›Taschenbuch auf das Jahr 1802. Der Liebe und Freundschaft gewidmet‹ u. d. T. *Der Zauberflöte zweiter Teil von v. Göthe. Entwurf zu einem dramatischen Märchen* (bleibt Fragment).
	Ende Mai	Vom 29.-31. in Ilmenau Versammlung der Beteiligten zur Beratung über die Zukunft des Bergwerks unter Leitung von Ch. G. Voigt, in Abwesenheit G.s; offenbart die fehlende Investitionsbereitschaft bzw. den Mangel am nötigen Kapital zur Weiterführung des Unternehmens.	
	1. und 2. Juni	Bury arbeitet an seinem zweiten Goethe-Porträt, einem (verschollenen) Gemälde in Lebensgröße (vgl. Tgb); es wird etwa Anfang Juli fertig, vgl. Schiller an seine Frau, 10. 7. (Der Karton ist erhalten: G. thronend, mit Attributen der Bühne.)	
	11. Juni	Besuch von Tieck und Frau Amalie (vgl. Tgb).	
	14. Juni	Uraufführung von Schillers Trauerspiel *Maria Stuart* (vgl. Tgb).	
	25.-27. Juni		Arbeit an *Die guten Weiber* (vgl. Tgb und an Schiller am 27.).

	9. Juli		G. schickt Cotta *Die guten Frauen, als Gegenbilder der bösen Weiber, auf den Kupfern des diesjährigen Damenalmanachs*, d. h. Cottas ›Taschenbuch für Damen auf das Jahr 1801‹.
	13. Juli	Tgb: »Dr. [Nicolaus] Meyer nahm Absch.« (Briefwechsel bis 1831).	
	16. Juli	Besuch der Brüder Schlegel (vgl. G. an A. W. Schlegel, 12.7., und dessen Antwort vom 13.7.).	
Jena	22. Juli (-4. Aug.)	Vgl. Tgb. Umgang: Loder, J. G. Lenz, J. F. A. Göttling, Frommanns, F. Schlegel, Niethammer u. a. – Lektüre u. a.: Steffens, *Versuch über die Mineralogie und das mineralogische Studium*, 1797; Franz von Baader, *Beiträge zur Elementarphysiologie*, 1797 und *Über das pythagoräische Quadrat in der Natur*, 1798; Brentano, *Satiren und poetische Spiele von Maria* mit der Kotzebue-Parodie *Gustav Wasa*, 1800; das von Tieck herausgegebene ›Poetische Journal‹, 1800 (vgl. Tgb und an Schiller, 29.7. und 1.8.).	G. fängt an, Voltaires Trauerspiel *Tancred* zu übersetzen (»in Ermangelung des Gefühls eigner Produktion«, so an Schiller am 25.7.; vgl. auch Tgb 22.-30.7.).
	August		Bd. 7 der *Neuen Schriften* mit den Gedichten ersch., dabei auch bisher unveröffentlichte wie die *Weissagungen des Bakis*.
Weimar	23.-25. Aug.		Arbeit an der *Farbenlehre* (vgl. Tgb).
	3. Sept.	Eröffnung der zweiten ›Weimarischen Kunstausstellung‹ (vgl. Tgb) mit knapp 30 zum Wettbewerb eingesandten Arbeiten von 18 Künstlern.	
Jena	3.-6. Sept.	G. sieht Paulus, Niethammer und F. Schlegel. Am 4. Ausflug nach Dornburg.	Arbeit an *Faust* und *Farbenlehre* (vgl. Tgb 4. und 5.).
Weimar, Oberroßla	6.- 10. Sept.		
Jena	10. Sept. (-4. Okt.)	Vgl. Tgb. Umgang u. a.: Paulus, Loder, Frommanns, Griesbach, G. Hufeland, J. W. Ritter (über ihn vgl. an Schiller am	Arbeit an *Faust*; vor allem Anfang der Ausführung der *Helena*-Dichtung in jambi-

28. 9.), F. Schlegel (vgl. dessen nicht
datierten, jedenfalls aus dieser Zeit
stammenden Brief an Schleiermacher,
worin er deutlich auf Distanz zu G. geht).

schen Trimetern (entspricht
dem Anfang des 3. Akts von
Faust II); vgl. Tgb 12.-14. und
22.-26. und an Schiller am 12.).

19. und 20. Sept.		Tgb: »*Farbenlehre.*«
24. Sept.	Tgb: »bey Loder mit Sartorius.« (Erste Begegnung mit dem Historiker, Nationalökonomen und Kustos der Göttinger Universitätsbibliothek.)	
27. Sept.	Brief an Schelling (der vorübergehend in Bamberg ist): »Seitdem ich mich von der hergebrachten Art der Naturforschung losreißen und, wie eine Monade, auf mich selbst zurückgewiesen, in den geistigen Regionen der Wissenschaften umherschweben mußte, habe ich selten hier- oder dorthin einen Zug verspürt; zu Ihrer Lehre ist er entschieden. Ich wünsche eine völlige Vereinigung« usw.	
Ende Sept./ Anfang Okt.	an Schiller am 30.: »Wenn ich <...> mit Niethammer und Friedrich Schlegel transzendentalen Idealism, mit Rittern höhere Physik spreche <...>«. (Vgl. an Schiller bereits am 16.; F. Schlegel hält als Privatdozent im Wintersemester ein Kolleg *Über Transzendentalphilosophie*.) Tgb 1.: »Galvanismus mit Ritter.«	Arbeit an *Propyläen* III 2 (vgl. Tgb 26.-29. 9., 2. und 6.- 12. 10.; Abschluß am 12. 11., vgl. Tgb).
Weimar 9. Okt.	Besuch Schellings (vgl. Tgb).	
24. Okt.		Tgb: »Bisher [seit 17. 10.] theils *Farbenlehre* theils ein poetischer Beytrag zu der Herzoginn Amalia Geburtstag« (s. u.).
28./31. Okt.		Liebhaber-Aufführungen im Wittumspalais zum Geburtstag von Anna Amalia (24. 10.): am 28. Gotters *Die stolze Vasthi* (in Masken), gefolgt von G.s ›Epilog‹ *An die Herzogin Amalia*; am 31. (ebenfalls in Masken): *Paläophron und Neoterpe* (zunächst *Alte und neue Zeit*),

entstanden und einstudiert wohl wenige Tage zuvor. Erstdruck in Seckendorfs ›Neujahrstaschenbuch von Weimar auf das Jahr 1801‹.

Anfang Nov.	Brief an Knebel am 3., u. a. über die eifrige Benutzung des Knebelschen Teleskops: »Es erregt die würdigsten Gefühle <...> wenn es uns möglich wird den Zustand eines 50,000 Meilen von uns entfernten Körpers [Mond] mit so viel Klarheit einzusehen.«	Arbeit an *Faust* (vgl. Tgb 2.-8.).
Jena 14. (-25. Nov.)	Vgl. Tgb. Umgang: Loder, Paulus, Niethammer, G. Hufeland, F. Schlegel, J. W. Ritter, Schelling.	
19. Nov.	Brief an Maler Müller nach Rom; dieser hatte G. im Brief vom 18. 10. um Vermittlung eines Verlegers für eine Übersetzung von Vasaris *Vite dei piu eccellenti pittori* gebeten, G. wünscht eine Probe und lädt ihn zur Lieferung von kunstkritischen Aufsätzen ein. In seiner Antwort vom 9. 1. erklärt Müller erneut, er könne die Arbeit nur mit finanzieller Unterstützung durch einen Verleger unternehmen. Er bittet, ihm alle Stücke der *Propyläen* zuzusenden.	
22.-24. Nov.		Arbeit an *Tancred* (vgl. Tgb).
Weimar Ende Nov.	Der Berliner Hofbauingenieur H. Gentz trifft ein, er soll nach Thourets Ausscheiden die Leitung für die letzte Phase des Schloßbaus übernehmen; vom 29. 11. bis 10. 12. tägliche intensive Arbeit mit Gentz, vgl. »Kurzgefaßtes Tagebuch von dem was bey des Herrn Professor Gentz hiesigem Aufenthalt geschehen«.	Das letzte Stück der *Propyläen* ersch. (III 2); darin von G.: *Preiserteilung 1800*; *Flüchtige Übersicht über die Kunst in Deutschland*; *Die neue Preisaufgabe* (Themen: ›Achill auf Skyros‹ und ›Achills Kampf mit den Flüssen‹). Von J. H. Meyer: *Rezension der eingegangenen Stücke*. Von Schiller: *An den Herausgeber der Propyläen*. Von Schiller und G.: *Dramatische Preisaufgabe* (Aussetzung eines Preises für das beste eingesandte Intrigenstück; verläuft wegen

			mangelnder Eignung der eingesandten Stücke im Sande (vgl. an A. W. Schlegel, 15. 5. 1802).
Jena	12.-26. Dez.	Vgl. Tgb und an Schiller am 22.: »Mein einsames Leben habe ich fortgesetzt <…> Friedrich Schlegel <…> und Niethammer haben mich besucht <…> habe ich sehr viel gelesen« (u. a. Wielands *Aristipp*, Teil 1, 1800; vgl. Tgb 13. und 14.).	Fertigstellung von *Tancred* auf Veranlassung Ifflands, der das Stück in Berlin »den 18 Januar, zur Krönungsfeier, aufführen wolle <…> in diesen Tagen meines Hierseins <…> außer Lodern <…> niemand gesehen« (an Schiller am 16.; G. schickt die fertigen Akte nach und nach an Iffland, letzte Sendung am 26.; die Aufführung in Berlin findet nicht zum geplanten Termin statt).
Weimar	26. Dez.	Tgb: »nach Weimar mit Herrn Prof. Schelling.« (Er bleibt bis 4. 1., vgl. Tgb.)	

	1801	Friede von Lunéville (9. 2.) zwischen Frankreich und Österreich (bzw. dem Reich): Frankreich behält das linke Rheinufer. Konkordat zwischen Napoleon Bonaparte und Papst Pius VII.: Wiederherstellung des Kirchenstaats bei Konzessionen seitens des Papstes. Zar Paul I. von Rußland wird ermordet (23. 3.); Nachfolger wird Alexander I. – Tod von Lavater (2. 1.) und von Novalis.
	Anfang/ Mitte Jan.	Lebensbedrohliche Erkrankung G.s: Gürtelrose, die den ganzen Körper einschließlich der Augen befällt, Erstickungsgefahr, Fieberphantasien. Vgl. Tgb, ferner Frau von Stein an ihren Sohn Fritz am 12.; Caroline Herder an Knebel am 22. und 27. (»fünf Tage wußte er nichts von sich«), G.s Briefe Ende Jan. und Anf. Febr.
	14. Jan.	Frau von Stein an ihren Sohn Fritz: »August <…> hat indessen seine Zuflucht zu mir genommen <…> er war entsetzlich betrübt, aber er ist schon gewohnt sein Leiden zu vertrinken <…> ich hatte alle Mühe ihn bei mir vom Wein abzuhalten.«
	Mitte/ Ende Jan.	Allmähliche Erholung. Große Anteilnahme allenthalben, vgl. G. an seine Mutter, 1. 2., an Reichardt, 5. 2.; fast tägliche Besuche von Schiller (vgl. Tgb).

	19. Jan.	Tgb: »Anfang der Übersetzung von Theophrasts Büchlein von den Farben« (für die *Geschichte der Farbenlehre*).
	Ende Jan.	Arbeit an der *Farbenlehre* (vgl. Tgb ab 26.), auch an der Theophrast-Übersetzung. – Am 31. erste Aufführung von *Tancred* (Leitung der Proben durch Schiller).
	Februar	Schloßbaugeschäfte (vgl. Tgb).	Arbeit an *Faust* (vgl. Tgb ab 7.).

Februar Schloßbaugeschäfte (vgl. Tgb).   Arbeit an *Faust* (vgl. Tgb ab 7.).

5. Febr. Brief an Reichardt, dankbare Reaktion auf dessen teilnehmendes und versöhnliches Schreiben vom 25. 1.

17. Febr. Charlotte Schiller an Fritz von Stein: »Daß wir Frauen nicht so sans façon in seinem [G.s] Hause Eintritt haben können und wollen, hängt von seinen innern Verhältnissen ab. Obgleich Schiller selbst nie die Dame des Hauses [Christiane] als Gesellschafterin sieht und sie nie bei Tisch erscheint, so könnten doch andere Menschen es nicht glauben, daß sie sich verbärge, wenn unser eins auch diese Gesellschaft teilte. Sie wissen am besten, wie die Menschen hier sind, wie sie lauern u. s. w. Man wäre vor tausend Erdichtungen nicht sicher.«

Ende Febr. Besucher: Schelling; J. W. Ritter, mit ihm optische Versuche; F. Schlegel (vgl. Tgb 21./22.; 23./24.; 28.).

7.-9. März Brief an J. W. Ritter am 7., über Newtons und die eigene Theorie des Lichts und der Farben, aus Anlaß von Herschels eben erschienener *Untersuchung über die Natur der Sonnenstrahlen* (Entdeckung der infraroten Strahlung).   Arbeit an *Faust* (vgl. Tgb).

Oberroßla 25. März Vgl. Tgb. Gutsangelegenheiten. Besucher: (-14. April) J. W. Ritter am 3. 4., Wieland am 9. 4.; am 12. Gegenbesuch G.s in Oßmannstedt.   Arbeit an *Faust* (vgl. Tgb 4. und 7. 4. und an Schiller, 3. od. 4. 4.).

29. März Brief an Rochlitz, u. a. über L. F. Hubers z. T. kritische Rezension von *Wilhelm*

		Meisters Lehrjahre in den beiden ersten Nrn. der ALZ 1801.
Weimar	20. April	An Schiller, über dessen eben vollendetes Stück *Die Jungfrau von Orleans*: »Es ist so brav, gut und schön daß ich ihm nichts zu vergleichen weiß.«
Oberroßla	22.-30. April	Vgl. Tgb. G. entläßt seinen Pächter, vgl. am 28. an Schiller.
Weimar		
Jena	5.-8. Mai	Vgl. Tgb. Mit August. Umgang mit Niethammer, Loder, Schelling.
Weimar	10. Mai	Ankunft von H. Gentz. Mit ihm in der nächsten Zeit Schloßbaugeschäfte (vgl. Tgb).
	12. Mai	Tgb: »Abends im Garten mit Schiller. Neue Darstellung Schellings Zeitschr. für speculative Phisic. II B. II Heft« (1801; darin Schellings *Darstellung meines Systems der Philosophie* mit entschiedenem Bekenntnis zu G.s antinewtonischer Farbentheorie).
	15. Mai	Carl August unterzeichnet das Legitimationsdekret für G.s Sohn August (vgl. G. an Carl August, ~Ende April).
Jena	27.-30. Mai	Vgl. Tgb. G. sieht Schelling u. a. – Am 29. Brief an Steffens, der G. seine *Beiträge zur inneren Naturgeschichte der Erde*, 1801, gewidmet hat. G. äußert seine Freude über die Übereinstimmung mit der jungen Generation in der Naturphilosophie.
Weimar		

Reise nach Pyrmont (zur Kur) und Göttingen, 5. Juni-30. August 1801

		Mit August und Schreiber Geist. Vgl. Tgb (von Geists Hand, in einem gesonderten Faszikel *Acta der Reise nach Pyrmont*, dabei auch diverse Dokumente, Listen, Verzeichnisse u. ä.; auch Geist selbst hat Tagebuch geführt).
Mühlhausen	5./6. Juni	Über Langensalza.

Göttingen	6. (–12. Juni)	Brentano an seine Schwester Gunda, ~7.6.: »Goethe ist hier, wir haben ihm gleich ein Vivat zusammen gerufen«; vgl. auch Arnim, derzeit Student der Naturwissenschaften in Göttingen und bei dieser Huldigung ebenfalls dabei, an A. Winkelmann, Juni. G. lernt »den größten Teil der Professoren« der Universität kennen (an Schiller, 11.6.); Umgang vor allem mit dem Altphilologen Ch. G. Heyne, dem Staatsrechtler Pütter, Sartorius und insbesondre Blumenbach, der ihm seine osteologischen und mineralogischen Sammlungen zeigt.	
	8. Juni	Besuch bei F. Th. A. Kestner (Mediziner, Sohn von Charlotte und J. Ch. Kestner, der 1800 gestorben ist), Arnim, dem Theologen und Orientalisten Eichhorn u. a. sowie in der Universitätsbibliothek.	
Einbeck	12./13. Juni		
Pyrmont	13. Juni (–17. Juli)	Trink- und Badekur (vgl. an Christiane, 25. 6.). An Ch. G. Voigt, 30. 6.: »Die Gesellschaft ist unterhaltend und mitunter bedeutend, und die Erinnerung an alte merkwürdige Vorfälle, die sich denn doch wohl mögen in der Nachbarschaft ereignet haben, erregt ein ganz eignes Interesse.«	Plan eines unterhaltenden Werks über die halblegendäre (Vor-)Geschichte Pyrmonts, vgl. *Tag- und Jahreshefte 1801* und *Aufenthalt in Pyrmont und Göttingen* (Nachtrag zur entsprechenden Passage in *Tag- und Jahreshefte*, erst posthum publiziert).
	Mitte Juni		Arbeit an der *Geschichte der Farbenlehre* (auch der Theophrast-Übersetzung; vgl. Tgb 15.-17. und 21.6.).
Göttingen	18. Juli–14. Aug.	Umgang wie im Juni; G. ist häufig mit Sartorius zusammen.	Arbeit an der *Farbenlehre*; in der Universitätsbibliothek Studium von Kompendien zur Physik, Werken über Optik, Färbekunst, Wissenschaftsgeschichte u. a. für die *Geschichte der Farbenlehre* (vgl. Tgb und an J. H. Meyer, 31.7.). Tgb 2.8.: »Die bisherigen Exzerpte und Aufsätze [zur *Farbenlehre*]

geordnet und geheftet.«
Datiertes (sog. Göttinger)
Schema: *Inhalt der Abhand-
lung über die Farbenlehre.*

Dransfeld	14./15. Aug.	Tgb 14.: »Daselbst die Basaltbrüche besucht und den Hohen Hahn [Hoher Hagen] <...> bestiegen«.
Kassel	15.-21. Aug.	G. trifft sich hier mit Christiane und J. H. Meyer. Tgb 16.: »nach Wilhelmshöhe, wo die Wasser sprangen. Vormittag mit Hrn. Prof. M. [J. H. Meyer] in der Bildergallerie.« Tgb 17.: »im Museo [Museum Fridericianum]«.
Kreuzburg	21./22. Aug.	Vgl. Tgb.
Eisenach	22.-24. Aug.	Vgl. Tgb.
Gotha	24.-30. Aug.	Christiane und August reisen gleich nach Weimar weiter. – Umgang vor allem mit Prinz August. Besuch der Sternwarte auf dem Seeberg (vgl. an Sartorius, 10. 10. 1801 und an von Zach, 22. 4. 1802). Tgb 29.: »bey Hrn. von Grimm.«

Weimar (und Jena), 30. August 1801-2. Juli 1805

Weimar	September	Besucher: der Bildhauer F. Tieck (seit Anf. Sept. in Weimar) und Jean Paul am 6., A. W. Schlegel am 7., Schelling am 22. und 29.; vgl. Tgb.
	Mitte/gegen Ende Sept.	Marianne von Eybenberg in Weimar, vom 16. bis 18. täglich bei G.; Abreise am 19. (vgl. Tgb). – A. G. Werner in Weimar (~19.-22.); mehrere Begegnungen (vgl. Tgb).
	19. Sept.	Ankunft von Friederike Unzelmann; sie gastiert bis Ende Sept. (vgl. Tgb) auf dem Weimarer Theater, in den Titelrollen in Lessings *Emilia Galotti* und *Minna von Barnhelm* sowie in Schillers *Maria Stuart*, ferner in Stücken von Kotzebue.
	21. Sept.	Eröffnung der dritten ›Weimarischen Kunstausstellung‹ mit 22 Konkurrenzstücken (und weiteren Werken zeitgenössischer Künstler; vgl. Schiller an Körner am 23.). Unter den Konkurrenten auch

Runge; er hatte seine Zeichnung (zum Thema ›Achills Kampf mit den Flüssen‹) am 23. 8. mit einem langen Brief an G. geschickt.

25. Sept. F. Tieck beginnt seine Goethe-Büste (Gips); bis 12. 10. fast täglich im Tgb erwähnt.

1. Okt. Besuch Schellings (vgl. Tgb).

10. Okt. Erster Brief an Sartorius; eröffnet einen lebenslangen Briefwechsel und eine immer enger werdende (in der napoleonischen Zeit getrübte) freundschaftliche Beziehung.

Jena 18. Umgang mit Loder, Schelling, G. Hufe-
(–22. Okt.) land u. a.

19./20. Okt. Tgb 20.: »Nach Tische die jungen Schlosser«. (Seit Frühjahr bzw. Herbst studieren in Jena: Eduard, Sohn von G.s Schwager aus dessen zweiter Ehe, sowie seine Vettern Christian und J. F. H., genannt Fritz; vgl. an F. H. Jacobi, 23. 11.)

Tgb 19.: »Früh Theophrasts Farbenlehre geendigt« (Übersetzung für die *Geschichte der Farbenlehre*).

21. Okt. Erster Besuch von Hegel, seit kurzem als Privatdozent der Philosophie in Jena habilitiert.

Weimar 28. Okt. Erste Zusammenkunft des ›Mittwochskränzchens‹ oder ›cour d'amour‹ (von G. initiierte gesellige Vereinigung von 14 befreundeten Damen und Herren, die sich für diesen Zweck zu Paaren zusammentun; man kommt gewöhnlich alle 14 Tage abends bei G. zusammen).

29. Okt. In Cottas AZ erscheint eine lange anonyme, von Böttiger verfaßte Besprechung der ›Weimarischen Kunstausstellung‹ (*Artistische Preisausstellung in Weimar*) mit sarkastischen Seitenhieben auf G. (vgl. G. an Cotta, 25. 1. 1802).

Jena 31. Okt. Umgang: Loder, G. Hufeland, F. Tieck,
(–10. Nov.) die Brüder Schlegel, Schelling u. a. (F. Schlegel wird Jena noch im Nov. verlassen.) – G. lernt Schadows vor kurzem erschienenen Aufsatz *Über einige in den Propyläen abgedruckte Sätze Goethes, die*

Ausübung der Kunst in Berlin betreffend
kennen, eine scharfe Replik auf *Flüchtige*
Übersicht über die Kunst in Deutschland
im letzten Stück der *Propyläen* (vgl.
Schelling an A. W. Schlegel, 9. 11.).

	6.-8. Nov.	Tgb 8.: »Plato *Timäus*; Abends Herr Prof. Schelling.«	Am 6. schickt G. das *Stiftungslied* an Henriette von Egloffstein, seine Partnerin im ›Mittwochskränzchen‹. – Arbeit an den Texten zu *Weimarische Kunstausstellung vom Jahre 1801 und Preisaufgaben für das Jahr 1802* (vgl. Tgb 6.-8.).
Weimar	Mitte/ Ende Nov.	Friedrich Gentz in Weimar, mehrere Begegnungen (vgl. Tgb 18.-21. u. sonst, auch Gentz' Tagebuch).	
	20. Nov.	Besuch des englischen Schriftstellers Henry Crabb Robinson mit Seume und Veit H. Schnorr von Carolsfeld.	
	5. Dez.	An Schelling, über den von A. W. Schlegel und Tieck herausgegebenen ›Musenalmanach für das Jahr 1802‹: »eine Art von Purgatorio <…> Die Teilnehmer befinden sich weder auf Erden, noch im Himmel, noch in der Hölle, sondern in einem interessanten Mittelzustand, welcher teils peinlich, teils erfreulich ist.«	
	Mitte/ Ende Dez.		Arbeit an *Weimarische Kunstausstellung vom Jahre 1801* (vgl. Tgb).
	Ende Dez.		Tgb: »Zum Schluß des Jahrs *Natürliche Tochter* 1. Ackt.«
1802		Friede von Amiens zwischen Frankreich und England (27. 3.). Wahl Napoleons zum Konsul auf Lebenszeit (2. 8.).	
	Januar	Weiterhin mit dem Schloßbau beschäftigt.	Arbeit an der *Natürlichen Tochter* (vgl. Tgb 1.-14.).
	Anfang Jan.	Am 2. Uraufführung von A. W. Schlegels *Jon*; Schelling ist da (er ist G.s Gast) und schreibt am 4. 1. an Schlegel: »Goethe hat den größten Fleiß darauf verwendet«.	*Weimarische Kunstausstellung vom Jahre 1801. Und Preisaufgaben für das Jahr 1802* ersch. am 1. als Beilage zur ALZ (da die *Pro-*

pyläen nicht weitergeführt werden); Beurteilung der eingesandten Arbeiten von J. H. Meyer. Neue Preisaufgabe: ›Befreiung der Andromeda‹ oder beliebiges Sujet.

3./12.-14. Jan.   Im Brief vom 3. an Bertuch bittet G., »die Notizen, welche künftig über das weimarische Theater, in das Mode Journal [Bertuchs ›Journal des Luxus und der Moden‹] eingerückt werden, im Manuskript zu sehen«; Bertuch schickt die Aushängebogen von Böttigers Rezension der *Ion*-Aufführung (hämische Kritik des Stücks, überschwengliches Lob der Aufführung). Im Brief vom 12.1. an Bertuch droht G., Carl August um sofortige Entbindung von der Theaterleitung zu bitten, wenn die Rezension erscheine; im Brief vom 13. bittet G. Wieland, die Rezension auch im ›Neuen Teutschen Merkur‹ nicht abzudrucken – beides mit Erfolg (vgl. Wieland an G., 14.1.). Böttiger war Mitherausgeber beider Journale.

Jena   17. (-28. Jan.)   Mit Ch. A. Vulpius, in Dienstgeschäften: offizielle Übernahme der Bibliothek des am 8.10.1801 verstorbenen Büttner in herzoglichen Besitz; Vorbereitungen zur Sichtung und Ordnung usw. (vgl. Tgb und an Ch. G. Voigt am 22.).

18./19. Jan.

Arbeit an dem Aufsatz *Weimarisches Hoftheater* (vgl. Tgb 18. und 19.). Am 19. schickt G. seine *Iphigenie* (sie sei »ganz verteufelt human«) an Schiller, der eine Bühnenbearbeitung versuchen soll (vgl. Schiller an G. am 22.).

Ende Jan.   Am 22. schickt G. an Schiller *Gita-Govinda oder die Gesänge Jajadeva's, eines altindischen Dichters. Aus dem Sanskrit ins Englische* [von W. Jones], *aus diesem ins Deutsche übersetzt mit Erläuterungen von F. H. von Dalberg*, 1802.

Gedicht zum *Maskenzug zum 30. Januar 1802* (vgl. Tgb 27.); bei der Aufführung am 29. wird es Herzogin Louise von August, als Amor, überreicht.

Weimar	30. Jan.	Aufführung von *Turandot* von Gozzi, in Schillers Bearbeitung, mit Masken der Commedia dell'arte.	
	Februar	Beschäftigung mit dem Schloßbau (vgl. Tgb).	
Jena	8.-21. Febr.	Maßnahmen zur Ordnung der chaotischen Büttnerischen Bibliothek und zur Rettung ihrer gefährdeten Bestände (vgl. die Briefe an Ch. G. Voigt). Vorbereitung des Theaterneubaus in Lauchstädt (vgl. Tgb 15. und an Ch. G. Voigt am 16.). Umgang: Schelling, Loder, G. Hufeland, Paulus u. a. Vgl. Tgb.	Aufsatz *Weimarisches Hoftheater* (vgl. an Schiller am 12.; ersch. im ›Journal des Luxus und der Moden‹ vom 3. März) und »ein paar Lieder« (an Schiller am 19.), wohl *Schäfers Klagelied*, *Tischlied* und *Generalbeichte*, alle erstmals in dem bei Cotta erschienenen *Taschenbuch auf das Jahr 1804* gedruckt. Tgb 17.: »Früh *natürl. Tochter* 2ter Aufzug.« Ebenso am 20.
Weimar	24. Febr.	Erste persönliche Begegnung mit Zelter, der seit dem 23. in Weimar ist; bis zu seiner Abreise am 28. tägliches Zusammensein.	
	Ende Febr.	Streit mit Kotzebue: Sein neues Lustspiel *Die deutschen Kleinstädter* soll in Weimar uraufgeführt werden. G. streicht oder verändert die darin enthaltenen Spitzen gegen die Brüder Schlegel und Ch. A. Vulpius, laut Kotzebue erst, nachdem bereits mehrere Proben stattgefunden haben. Nach einigem Hin und Her zieht er sein Stück fürs erste zurück. Vgl. G. an Kirms, 26. und 28. 2. und Kotzebues Darstellung in ›Der Freimütige‹ vom 20. 5. 1803: *Über einen Zwist, welcher durch das Lustspiel, die Deutschen Kleinstädter, zwischen Herrn von Goethe und Herrn von Kotzebue entstanden.*	
Jena	4. (-23. März)	Umgang mit Loder, Frommanns, Schelling, Griesbach, Paulus, Silvie von Ziegesar und deren Mutter (vgl. an Christiane, 9. 3.; am 14. Besuch in Drackendorf bei Ziegesars, vgl. Tgb). Beschäftigung mit Angelegenheiten der Büttnerschen Bibliothek und des Theaterneubaus in Lauchstädt. Vgl. Tgb.	»einige lyrische Kleinigkeiten« (an Schiller am 16.).

9. März   An Schiller: Über die Französische Revolution als Naturereignis, anläßlich der Lektüre von J. L. G. Soulavies *Mémoires historiques et politiques du règne de Louis XVI*; ferner: »Wir wollen erwarten ob uns Bonapartes Persönlichkeit noch ferner mit dieser herrlichen und herrschenden Erscheinung erfreuen wird.«

15. und   Lektüre: Schelling, *Bruno oder über das*
16. März   *göttliche und natürliche Prinzip der Dinge. Ein Gespräch*; Hegel, *Verhältnis des Skeptizismus zur Philosophie*, beides 1802. – Am 16. an Schiller, über das Scheitern von Kotzebues für den 5.3. geplanter großer Schillerfeier: »ich lebe diesen Ereignissen so nahe, ja ich bin mit darin verwickelt und weiß eigentlich immer noch nicht wie sie zusammen hängen.« (Vgl. zuvor Schiller an G., 10.3.; ferner verschiedene Gesprächszeugnisse und *Tag- und Jahreshefte*.)

Weimar   24. März   Letztes ›Mittwochskränzchen‹ (vgl. G. an Henriette von Egloffstein am 25. und Frau von Stein an ihren Sohn Fritz, nach dem 25.).

Oberroßla   6.-11. April   Am 8. Besuch bei Wieland in Oßmannstedt. Vgl. Tgb.

Weimar

Allstedt   16. April   Vgl. Tgb.

Lauchstädt   17./18. April   Vgl. Tgb. Wegen des Theaterneubaus.

Weimar   20. April   Besuch Sartorius' (bis 22.; vgl. Tgb).

Jena   26. April-   Bibliotheksangelegenheiten (vgl. an Schil-   Arbeit an der *Natürlichen*
14./15. Mai   ler, 4., 7. und 11.5.).   *Tochter* (vgl. an Christiane am 4. und 11.).

Weimar   15. Mai   Erste Aufführung der *Iphigenie* (Versfassung) auf dem Weimarer Theater, in Schillers Bühnenbearbeitung.

Lauchstädt   19.-27. Mai   Angelegenheiten des Theaterneubaus. Vom 22.-24. in Giebichenstein bei Familie Reichardt, dort Begegnung mit F. A. Wolf. Am 25. Richtfest des Theaterneubaus. Vgl. Tgb.

Weimar	27. Mai	Reichardt kommt mit nach Weimar. Besuch Cottas (er nutzt immer wieder die Reise zur Leipziger Messe für einen Besuch bei G.). Vgl. Tgb.	
	29. Mai	Uraufführung von F. Schlegels *Alarcos* auf dem Weimarer Theater, wohl in Anwesenheit des Autors, vgl. F. Schlegel an G., 26.9. (Das Stück fällt durch, vgl. Schiller an Körner, 5.7.)	
Jena	5.-12. Juni	Umgang: Frommanns. Vgl. Tgb. Am 11./ 12. bei der Familie Ziegesar in Drackendorf.	Entstehung von *Was wir bringen. Vorspiel* bei Eröffnung des neuen Schauspielhauses in Lauchstädt (mit dem Sonett *Natur und Kunst, sie scheinen sich zu fliehen*), vgl. Tgb.
Weimar	13. Juni	Tgb: »Wurde Augustchen konfirmiert« (von Herder, vgl. an diesen am 14.).	
Lauchstädt	21. Juni (-8./9. Juli)	G. nutzt den Aufenthalt zu einer Art Badekur (vgl. Tgb). Umgang mit F. A. Wolf.	
	26. Juni		Festliche Eröffnung des neuen Lauchstädter Theaters mit *Was wir bringen* (s. o.) und Mozarts *Titus*.
	1./2. Juli	Besuch von Reichardt (und Familie), vgl. Tgb.	
Halle	9.-17. Juli	Umgang u. a. mit F. A. Wolf und Familie, dem Physiker L. W. Gilbert, dem Mathematiker G. S. Klügel, dem Mediziner Reil u. a.; G. besucht die Einrichtungen der Franckeschen Stiftung und die sog. Berggesellschaft. Vgl. Tgb.	
Giebichenstein	17.-20. Juli	Bei Familie Reichardt (vgl. Tgb). Tgb 19.: »Fahrt nach Langenbogen in das Braunkohlenwerk, sodann auf Wettin in das Steinkohlenwerk.«	
Lauchstädt	20.-25. Juli		
Weimar			
	23. August	Corona Schröter stirbt in Ilmenau.	
Jena	3.-27. Aug.	Bibliotheksangelegenheiten. Umgang: Frommanns, Loder, G. Hufeland, Gries-	Tgb 19.: »Anatomie des Schmetterlings.« (Wohl die

bach, J. F. A. Göttling, Stark jun. u. a.; am 24. bei Ziegesars in Drackendorf. – Lektüre: ›Kritisches Journal der Philosophie‹ (II 1), hg. von Schelling und Hegel; das 1. Heft der ›Neuen Zeitschrift für spekulative Physik‹, hg. von Schelling. Vgl. Tgb.

nachgelassenen Beobachtungsprotokolle zur Metamorphose der Raupe, vgl. an Schiller am 17.) Tgb 27.: »Aufsatz comp. Anatomie.« (Entwurf zu einer Einleitung in die Vergleichende Anatomie).

Weimar	19. Sept.	Besuch W. von Humboldts mit Familie, auf dem Weg nach Rom; sie bleiben bis zum 22.; vgl. Tgb.
	22. Sept.	Besuch Schadows, der sich einige Zeit in Weimar aufhält; er bittet G. vergeblich, »nach Maßen seinen Kopf zeichnen zu dürfen« (vgl. Schadows Tagebuch).
	24. Sept.	Eröffnung der 4. ›Weimarischen Kunstausstellung‹.

Sept./Okt.

Überarbeitung des *Cellini* und Arbeit an dem *Anhang* dazu (vgl. Tgb) für die Einzelausgabe bei Cotta (vgl. Schiller an Cotta, 8. 10. und bereits 17./18. 5.).

Anfang/ Mitte Okt.   In der ›Zeitung für die elegante Welt‹ erscheint in Fortsetzungen ein ironischer Bericht über die ›Weimarische Kunstausstellung‹; laut Gesprächsberichten reagiert G. gereizt. Der Verfasser (höchstwahrscheinlich Böttiger) bleibt anonym.

Jena   12.–15. Okt.   Angelegenheiten des Botanischen Gartens nach dem Tod von Batsch (am 29. 9.).

Eintreffen der ersten Freiexemplare des Einzeldrucks von *Was wir bringen* bei Cotta, mit dem *Prolog bei Wiederholung des Vorspiels in Weimar* (gesprochen bei Eröffnung der Winterspielzeit am 25. 9.; vgl. Cotta an G. am 11.).

Weimar   16. Okt.   G. schickt Brentano sein zur ›Dramatischen Preisaufgabe‹ eingesandtes Lustspiel *Laßt es euch gefallen* (später *Ponce de Leon*) mit einem Begleitbrief zurück: »Eine öffentliche Rezension unterblieb, weil keine der eingesendeten Arbeiten

eine Darstellung auf dem Theater zu ver-
tragen schien.«

Jena	17.-23. Okt.	Mit August. Umgang: Voß und Familie (seit kurzem in Jena ansässig), Griesbach, Schelling. Vgl. Tgb.	
Weimar	23. Okt.	Besuch Reichardts (vgl. Tgb).	
	November		*Mahomet* und *Tancred* ersch. als Einzeldrucke bei Cotta.
	Anfang Nov.	Am 3. an Zelter: »Prof. [J. H.] Meyer heiratet und ist ausgezogen«. (Hochzeit mit Amalie Caroline von Koppenfels am 12. 1. 1803.)	*Weimarische Preisverteilung*, auf 1. 11. datiert und von G. unterzeichnet (ersch. im Intelligenzblatt der ALZ vom 13.).
	Mitte/ Ende Nov.		Arbeit an der *Natürlichen Tochter* und an *Cellini* (vgl. Tgb 15. und 27. bzw. 16.-19.).
	6. Dez.		An Zelter, mit dem *Hochzeitlied* (»Wir singen und sagen vom Grafen so gern«), das »erst jetzt <...> Art und Geschick« habe (Erstdruck im *Taschenbuch auf das Jahr 1804*).
	11. Dez.	Besuch A. G. Werners (vgl. Caroline Herder an Knebel am 15.).	
	16. Dez.	Christiane kommt mit einem Mädchen nieder, das bereits am 19. stirbt (Nottaufe am 18. auf den Namen Kathinka); vgl. an Schiller am 16. und 19.	
	1803	Reichsdeputationshauptschluß zu Regensburg (25. 2.): Aufhebung zahlreicher deutscher Kleinstaaten, Säkularisierung aller geistlichen Herrschaften (als Entschädigung der Fürsten, die durch den Verzicht auf das linke Rheinufer im Frieden von Lunéville 1801 Gebietsverluste hinnehmen mußten). – Hebel: *Alemannische Gedichte*. Tieck (Hg.): *Minnelieder aus der Schwäbischen Vorzeit*. – Tod Klopstocks, Gleims und Herders.	
	Januar	Beschäftigung mit den Schwefelpasten antiker Münzen von Mionnet (vgl. Tgb 3., an Schiller am 6., an W. und Caroline von Humboldt am 27./29.).	Arbeit an *Cellini*, insbesondere am *Anhang* (vgl. Tgb 9.-12. und 26.).
	1. Jan.		Erste öffentliche Aufführung von *Paläophron und Neoterpe* (vgl. Tgb). –

*Weimarische Kunstaus-
stellung vom Jahre 1802 und
Preisaufgabe für das Jahr
1803* ersch. als Extrabeilage
zur ALZ (Themen: Odys-
seus und Polyphem; Land-
schaft mit Küste der Kyklo-
pen).

Arbeit an der *Natürlichen
Tochter* (vgl. Tgb).

2. Jan.

17.-20. Jan.   F. Gentz in Weimar und bei G. (vgl. Gentz'
Tagebuch).

24. Jan.   Brief an Willemer, der das Lustspiel *Der
Schädelkenner* von Karl Stein zur Aufführung angeboten hatte, eine Persiflage
auf Galls Schädellehre; G. lehnt ab: »Wir
vermeiden auf unserm Theater, so viel
möglich, alles, was wissenschaftliche
Untersuchungen vor der Menge herabset-
zen könnte«.

Ende Jan./   Chladni in Weimar und öfter bei G.; vgl. an
Anfang Febr.   Schiller, 26.1.: »hat seine ausgearbeitete
Akustik [ersch. 1802] <...> mitgebracht«
usw.; am 8.2. gibt er ein Konzert auf dem
von ihm erfundenen ›Clavicylinder‹ (vgl.
an Schiller, 5.2.).

7. Febr.   »Kotzebue'en ist das Land verboten worden. Er verkauft jetzt seinen Garten zu
Jena« (Ch. A. Vulpius an N. Meyer).

März   Schelver wird Nachfolger von Batsch als
Professor für Botanik und Leiter des
Botanischen Gartens (vgl. G.s Schreiben
an ihn vom 23.). – Lektüre u. a.: Das vor
kurzem erschienene 1. Heft von F. Schlegels Zeitschrift ›Europa‹ (vgl. an Schiller
am 8.).

19. März   Uraufführung von Schillers *Die Braut von
Messina* auf dem Weimarer Theater (vgl.
Schiller an Körner am 28.).

2. April

Uraufführung von *Die na-
türliche Tochter* (noch u. d. T.
Eugenie) auf dem Weimarer
Theater, mit Caroline
Jagemann in der Titelrolle

(vgl. u. a. an Marianne von Eybenberg am 4.).

Jena	17.-23. April	Mit August. Angelegenheiten der Jenaischen herzoglichen Institute, besonders des Botanischen Gartens. Umgang u. a.: Voß (mit ihm u. a. über antike Versmaße), Loder, Frommanns, Schelling. Vgl. Tgb. Lektüre u. a.: *Spanisches Theater*, übersetzt und hg. von A. W. Schlegel, 1803, mit drei Stücken von Calderon (*Die Andacht zum Kreuze, Über allen Zauber Liebe, Die Schärpe und die Blume*; vgl. Tgb am 22. und bereits an Schelling am 9. 10. 1802).
Weimar	25. April	An Marianne von Eybenberg, über sein Interesse für antike Münzen und Porträtmedaillen von Päpsten aus dem 15. und 16. Jahrhundert.
	~28. April	G. erfährt von der Absicht Loders, einen Ruf nach Halle anzunehmen (vgl. Ch. G. Voigt an G.).
Jena; Naumburg	1.-3. Mai	Vgl. Tgb.
Lauchstädt	3.-5. Mai	Inspektion des neuen Theaterbaus und der Anlagen. Vgl. Tgb.
Giebichenstein und Halle	5.-8. Mai	Bei Reichardts. In Halle bei F. A. Wolf, Reil, Lafontaine u. a. Vgl. Tgb.
Lauchstädt	9./10. Mai	Wie oben. Vgl. Tgb.
Merseburg, Naumburg	10./11. Mai	Vgl. Tgb.
Weimar	14. Mai	Besuch von Zelters Stiefsohn K. L. Floericke (vgl. Tgb).
Jena	15. (-29. Mai)	Bibliotheksgeschäfte. Umgang: Frommanns, Schelling. – Wohl in diesen Tagen (vgl. z. B. Tgb vom 16.) die Begegnung mit Herder, bei der dieser im Gespräch über G.s *Natürliche Tochter* eine verletzende Bemerkung über G.s ›natürlichen Sohn‹ gemacht haben soll, vgl. die voneinander abweichenden Gesprächsberichte sowie G.s eigene nachgelassene, viel spätere Schilderung in der Skizze *Herder*.

Angebot an Cotta zum Verlag verschiedener Werke, darunter *Die natürliche Tochter* und ein ›Taschenbuch‹ unter Beteiligung Wielands (ein älterer Plan, vgl. Schiller an Cotta, 18. 5. 1802). – Wiederaufnahme der Arbeit an der *Farbenlehre* (vgl. an Schiller am 20. und 22.).

	Mitte/ Ende Mai	Schelling verläßt Jena mit Caroline nach deren Scheidung von A. W. Schlegel am 17. 5.; sie heiraten am 26. Juni.	
Weimar	~Ende Mai	Ankunft von Zelter; bleibt bis ~11.6. als G.s Gast.	Bei Cotta ersch. in 2 Bänden *Leben des Benvenuto Cellini Florentinischen Gold-schmieds und Bildhauers, von ihm selbst geschrieben. Übersetzt und mit einem Anhange herausgegeben von Goethe.*
	12. Juni	Christiane fährt zur Badekur und zur Theatersaison nach Lauchstädt (bis 26. 7.).	
	Ende Juni	G. erhält einen Brief seiner Mutter vom 24.; darin die Abschrift von Herders be-geisterten brieflichen Äußerungen über die *Natürliche Tochter.*	Am 21. an Christiane: »Jetzt arbeite ich an dem kleinen Stücke« (dem Fragment gebliebenen *Löwenstuhl*?).
Jena	3.-9. Juli	Mit August (vgl. an Christiane). Umgang u. a.: Loder (vgl. an Schiller, 5. 7.) und Voß.	Betreuung des Drucks der *Natürlichen Tochter* und des *Taschenbuchs auf das Jahr 1804* bei Frommann. Beginn der Umarbeitung des *Götz von Berlichingen* für die Bühne (vgl. an Schiller am 5.).
Weimar			
(Oberroßla)	16. Juli	Übergabe des Guts, das G. an den bis-herigen Pächter verkauft hat (vgl. an Christiane am 12. und 20.).	
	Ende Juli	K. F. Grüner und P. A. Wolff kommen nach Weimar und wollen Schauspieler am Weimarer Theater werden; G. beginnt ihnen Unterricht zu geben, vgl. die Ein-träge in Tgb ab dem 22., seinen Brief an Wolffs Mutter Sabine vom 1.9. und an Zelter, 3. 5. 1816. Am 28. an Ch. G. Voigt: »Leider ist meine Vermuthung wegen Sömmrings einge-troffen!« (Soemmering hat den Ruf nach Jena als Nachfolger von Loder abgelehnt.)	Arbeit an der Umarbeitung des *Götz* und an der *Farben-lehre* (vgl. Tgb). Notizen für den Unterricht der jungen Schauspieler, später mit den Nachschriften von P. A. Wolff (auch in dessen Hand-schrift überliefert) von Eckermann zusammen-gestellt u. d. T. *Regeln für Schauspieler* (erst posthum in *Ausg. letzter Hand* gedruckt).
	August	Die herzogliche Familie bezieht das Schloß, nach Vollendung des Ende März 1789 begonnenen Um- und Neubaus.	Arbeit an der *Farbenlehre.* Vgl. Tgb.

	Anfang Aug.	Es wird bekannt, daß Ch. G. Schütz, Prof. der Poesie und Beredsamkeit in Jena und Redaktor der ALZ, einen Ruf nach Halle angenommen hat und die ALZ ebenfalls dorthin verlegt wird (vgl. Schiller an G. am 9.).
Jena	7.-11. Aug.	Umgang u. a.: Frommanns, Voß, Gries-bach, J. F. A. Göttling, Friederike Brun mit Kindern (auf der Durchreise). Am 10. in Drackendorf. Vgl. Tgb.
Weimar	15. Aug.	Brief an Reil, Dank für dessen *Rhapsodien über die Anwendung der psychischen Kurmethode auf Geisteszerrüttungen*, 1803: »Das <…> bedeutende Werk habe ich mit vielem Antheil und zu meiner Belehrung durchlesen« usf.
	26. Aug.	Reaktion auf den Abzug der ALZ nach Halle (damals zu Preußen gehörig): Carl August genehmigt die Gründung einer neuen Literaturzeitung in Jena zum 1. 1. 1804 »als eines academischen, doch landesfürstl. Instituts«; G. und Ch. G. Voigt sollen die Sache in die Hand neh-men, Eichstädt, Professor der Beredsam-keit und Altphilologe, soll die Redaktion übernehmen (er hatte die Neugründung vorgeschlagen, vgl. das Protokoll von Ch. G. Voigt über eine Beratung zwi-schen ihm, G. und Carl August). Das Blatt bekommt schließlich den Namen ›Jenaische Allgemeine Literaturzeitung‹ (JALZ).
	27. Aug.	Brief an Carl August: Vorschlag, die Wasserbaukommission als gesonderte Kommission aufzulösen; wird akzeptiert, vgl. Ch. G. Voigt an G., 1.9.
	29. Aug.	Brief an Zelter; G. lädt ihn als einen der ersten zu Rezensionen für die JALZ ein und bittet, die Einladung auch an Fichte weiterzugeben.
	31. Aug.	G. und Ch. G. Voigt an Carl August, über notwendige Maßnahmen wegen der JALZ und die krisenhafte Situation an der Jenaer Universität durch den gleichzeitigen Weggang mehrerer z. T. renommierter

Professoren (neben Schelling, Loder und Schütz auch Paulus und G. Hufeland): »Der übelwollende Teil jenaischer emigrierender Professoren benutzt das diesseitige vorsichtige <...> Stillschweigen, um die Erschütterung, die Furcht vor einem vorgespiegelten Untergang zu vermehren« usw. (Anspielung auf Kotzebues Artikel im ›Freimütigen‹ vom 19.8., wo auch erstmals öffentlich von der Verlegung der ALZ nach Halle die Rede war).

September   Intensiver Einsatz für die neugegründete JALZ, vgl. Tgb und Briefe, besonders an Ch. G. Voigt, Carl August und Eichstädt; ferner briefliche Einladung zu Rezensionen für die neue Zeitung (u. a. an J. von Müller am 4.; an A. W. Schlegel am 5., an F. A. Wolf ~am 7.).

Anfang Sept.   Fernow, der in Jena seine Stelle als a. o. Prof. der Ästhetik antritt, trifft zusammen mit Riemer aus Rom ein (vgl. Tgb 3. und 4.). Riemer, Schüler von F. A. Wolf und bis dato Hausleher der Humboldtschen Kinder, wird alsbald Augusts Lehrer und Hausgenosse der Familie (vgl. G. an F. A. Wolf ~am 7. sowie an Riemer selbst am 9.; Riemer wird zum unentbehrlichen Helfer und Berater, vor allem bei der Redaktion von G.s Schriften; nach seinen Notizen hat er später seine *Mitteilungen über Goethe* herausgegeben).

Mitte/   Beschäftigung u. a. mit Pausanias'
Ende Sept.   Beschreibung von Polygnots Gemälden in Delphi (vgl. Tgb 12.-14. und 24.); Anlaß: die Rekonstruktionszeichnungen nach dieser Beschreibung, die die Brüder Riepenhausen zur diesjährigen ›Weimarischen Kunstausstellung‹ eingesandt hatten (vgl. deren Brief vom 5.9. und G.s Antwort vom 4.10.).

Ende Sept.   Eröffnung der 5. ›Weimarischen Kunstausstellung‹, u. a. mit dem ersten Gemälde von P. Cornelius (vgl. seinen Brief an G. vom 1.) und Porträtbüsten von F. Tieck und Schadow.

Oktober	Weitere Bemühungen um die JALZ, vgl. die Briefe an Eichstädt und weitere Einladungen zur Mitwirkung, u. a. an Steffens am 7.	
Anfang Okt.	Am 1. erste Aufführung von Shakespeares *Julius Caesar* in A. W. Schlegels Übersetzung (vgl. an diesen am 2./3. und am 6.). – Am 10. an Zelter: »Meine Theaterschule, wozu Unzelmann mir den ersten Anlaß gab, ist schon auf 12 Personen angewachsen.« Vgl. auch an A. W. Schlegel am 2.	Tgb 5.: »Früh *Mann von 50 Jahren* durchgedacht.« (Später eine der Novellen in *Wilhelm Meisters Wanderjahre*.)
Mitte Okt.	Sartorius ist von ~14. bis zum 20. G.s Gast (vgl. Tgb und an J. von Müller, 5. 11.).	
Ende Okt.		Bei Cotta ersch. *Die natürliche Tochter* als ›Taschenbuch auf das Jahr 1804‹; ferner *Taschenbuch auf das Jahr 1804. Hg. von Wieland und Goethe* mit über 20 Gedichten von G., dabei u. a. *Dauer im Wechsel, Weltseele, Nachtgesang, Der Rattenfänger*.
November	Weiter intensive Bemühungen für die JALZ, vgl. vor allem die Briefe an Eichstädt.	Arbeit an *Weimarische Kunstausstellung vom Jahre 1803* und *Polygnots Gemälde in der Lesche zu Delphi* (vgl. Tgb und an die Brüder Riepenhausen, 18. oder 21. 11., sowie an Schiller, 27. 11. und 2. 12.).
Jena	1. (-12. Nov.)	Umgang: Eichstädt, J. G. Lenz, Voß, Frommanns, Schelver, J. W. Ritter, Stark d. Ä. u. a.; ferner Knebel mit Frau und Stiefsohn (zu Besuch in Jena). Vgl. Tgb.
	11. Nov.	Carl August überträgt per Dekret G. und Ch. G. Voigt die ›Oberaufsicht‹ über »das Jenaische Museum«, d. h. bis dato: das Mineralogische und das Zoologische Kabinett sowie die Sammlungen der Naturforschenden Gesellschaft, sämtlich im Schloß in Jena untergebracht.
Weimar	17. Nov.	Besuch F. Tiecks und Runges (vgl. Tgb).

Jena | 24. Nov. | Umgang u. a.: Hegel, Voß und Familie,
| (–24. Dez.) | Eichstädt, Frommanns, Schelver, Fernow, J. W. Ritter, J. D. Gries, F. Tieck, Niethammer, J. F. A. Göttling, Seidler (Stallmeister in Jena; vgl. Tgb und an Schiller am 27.), Seebeck (Physiker, seit 1802 als Privatgelehrter in Jena; in den folgenden Jahren entsteht zwischen ihm und G. eine enge wissenschaftliche und freundschaftliche Beziehung). – In dieser Zeit stirbt Herder in Weimar (am 18. 12.; Beerdigung am 21. 12).

| 29. Nov. | Brief an Schelling, der als o. Prof. nach Würzburg geht, mit dem Entlassungsdekret (»Beilage, die ich wohl lieber niemals abgeschickt hätte«); auch ihn lädt G. zu Rezensionen für die JALZ ein.

Dezember   (Wie November.)

| ~14./15. Dez. | Mme. de Staël trifft in Weimar ein (bleibt bis Ende Februar); vgl. Tgb und an Schiller.

| 16. Dez. | Carl August bestätigt offiziell die von J. G. Lenz 1796 gegründete und durch ihn florierende Mineralogische Gesellschaft in Jena; sie heißt nun ›Herzogliche Sozietät für die gesamte Mineralogie‹, ihre bedeutenden Sammlungen gehen in landesherrlichen Besitz über. Das Ganze wird in das ›Herzogliche (Jenaische) Museum‹ integriert (s. o. 11. 11.).

Weimar | 24. Dez. | Besuch von Mme. de Staëls, erste persönliche Begegnung. (Zahlreiche weitere Begegnungen während ihres Aufenthalts in Weimar, vgl. Tgb).

| 28. Dez. | Besuch F. A. Wolfs (bleibt bis 6. 1. 1804).

| 1804 | Der französische Code civil (Code Napoléon) tritt in Kraft. 2. 12.: Napoleon krönt sich zum Kaiser. – Jean Paul: *Vorschule der Ästhetik* und *Flegeljahre* (1804/05). <A. Klingemann>: *Nachtwachen. Von Bonaventura*. – 12. 2.: Tod Kants.

Weiterhin lebhafte Korrespondenz mit Eichstädt in Sachen JALZ (Gewinnung von Rezensenten, Beurteilung und Auswahl der eingesandten Rezensionen).

Januar		Die erste Nr. der JALZ erscheint zum 1. 1., mit der Extrabeilage (›Programm‹): *Weimarische Kunstausstellung vom Jahre 1803 und Preisaufgabe für das Jahr 1804* (Thema: »Das Menschengeschlecht, vom Elemente des Wassers bedrängt«) und *Polygnots Gemälde in der Lesche zu Delphi.* Im Intelligenzblatt zum 7. bzw. 11.: *Erklärung* bzw. *Einiges von dem Lebens- und Kunstgange Herrn Martin Wagners* (Preisträger der Kunstausstellung 1803).
Ende Jan.	Am 23. Besuch B. Constants (mit Mme. de Staël). Mehrere weitere Begegnungen bis zu Constants Abreise am 18. 3. (vgl. Tgb und Constants *Journaux intimes*). – Im Brief an Schiller vom 28. begeistert über Calderóns *Der standhafte Prinz* (in A. W. Schlegels Übersetzung).	In der JALZ Rez. von J. F. Reichardts *Vertraute Briefe aus Paris*, 2 Bde., 1804.
Ende Jan./ Anfang Febr.	J. von Müller in Weimar; vom 22. 1. bis 3. 2. sind im Tgb mehrere Besuche verzeichnet.	
Mitte Febr.	Voß d. J., als Lehrer am Weimarer Gymnasium für Latein und Griechisch in Aussicht genommen, wohnt vom 12.-20. bei G.; er tritt seine Stelle im April an.	
Ende Febr./ Anfang März		Im Intelligenzblatt der JALZ ersch. *Ungedruckte Winckelmannische Briefe.* – Umarbeitung des *Götz* (vgl. Tgb und an Zelter, 27. 2.).
17. März	Uraufführung von Schillers *Wilhelm Tell* auf dem Weimarer Theater.	
23. März	Böttiger hält seine Abschiedsrede als Weimarer Gymnasialdirektor (vgl. G. an Ch. G. Voigt am 29.).	
Ende März	Am 28. an Zelter: »Mein Schreiber [Geist] ist von mir weggezogen« (Geist wird ›Stallschreiber‹ am fürstl. Stallamt). –	In der JALZ Rez. von Gustav von Schlabrendorfs *Napoleon Bonaparte und das*

Voß d. J. wieder im G.schen Haus (ab 29., *französische Volk unter*
bis 8. 4., vgl. Tgb; danach bezieht er eine *seinem Konsulate*, 1804.
Wohnung in der Nähe und kommt nach
wie vor oft zu G., u. a. zu gemeinsamer
Lektüre von Sophokles).

16. April   Rez. in der JALZ von J. H.
Voß' *Lyrischen Gedichten*,
4 Bde., 1802; unter Mitarbeit
von Voß d. J. (vgl. dieser an
Boie am 9.).

21. April An Eichstädt, über eine Rez. von Görres
für die JALZ und Görres' *Aphorismen
über die Organonomie*, 1802 (vgl. zuvor
an Eichstädt, 11. 3. und 14. 4.).

25. April An Eichstädt: »August Schlegel ist mit
Frau von Stael hier« (vom 25.-30. 4.); auch
B. Constant ist dabei, vgl. dessen *Journaux
intimes*.

Jena   27.-31. Mai Dienstgeschäfte: Angelegenheiten des
›anatomischen Museums‹ (nach dem
Weggang Loders, der seine Präparaten-
sammlung mitgenommen hat, muß ein
neues anatomisches Kabinett aufgebaut
werden). Umgang: Familie Voß. Vgl. Tgb.

Weimar   Mitte Juni   Arbeit an der *Geschichte der
Farbenlehre* (vgl. Tgb).

Jena   22. Juni-7. Juli Mit August. Dienstgeschäfte: Natur- Umarbeitung des *Götz* (vgl.
wissenschaftliche Institute. Umgang u. a.: Tgb 29. und 30. 6.).
Seebeck, die Familien Frommann, Voß
und Knebel (seit kurzem wieder in Jena
ansässig; die alten Freunde sehen sich
wieder häufig, teils in Jena, teils in
Weimar). – Lektüre: Mineralogische
Literatur. Vgl. Tgb und Knebels Tagebuch.

Weimar   ~10. Juli Christiane geht nach Lauchstädt (bis 6. 8.).

Mitte/   Umarbeitung des *Götz* (vgl.
Ende Juli   Tgb 16. und 21.; an Christiane
am 24.); Abschluß Ende Juli/
Anf. Aug., vgl. an W. von
Humboldt, 30. 7. und an
Zelter, 8. 8.

30. Juli   An W. von Humboldt, über
die *Natürliche Tochter*: »Lei-

der bin ich von dieser Arbeit
abgekommen und weiß
nicht, wenn ich die Folge
werde leisten können« (vgl.
auch an Kirms, 27.6.1810).
Von der geplanten Fortsetzung existieren nur Schemata
und Entwürfe.

Jena	13.-15. Aug.	Mit Christiane.
Weimar		
Lauchstädt	17.-23. Aug.	Mit Christiane.
Halle, Gie-bichenstein	23.-26. Aug.	Mit Christiane; sie logieren bei F. A. Wolf. Besuche bei Reichardts und Loder.
Lauchstädt	26. Aug.-3. Sept.	Mit Christiane.
Weimar	13. Sept.	G. wird zum Wirklichen Geheimen Rat mit dem Titel ›Exzellenz‹ ernannt, ebenso die andern Mitglieder des Geheimen Consiliums (vgl. G.s Dankbrief an Carl August vom 29.).
Jena	14.-17. Sept.	Mit August. Vgl. Färbers Kalender und Knebels Tagebuch.

Weimar	22. Sept.	Eröffnung der 6. ›Weimarischen Kunst-ausstellung‹, wiederum unter Beteiligung von P. Cornelius; dabei auch (außer Konkurrenz) die von Fernow aus Rom mitgebrachten Zeichnungen von Asmus Jacob Carstens.	Im Brief an Cotta über das im Entstehen begriffene Werk über *Winckelmann*. – Erste Aufführung der neuen Fassung des *Götz* (dauert fast 6 Stunden).
	2./16. Okt.		G. schickt Schiller den Plan und die Bedingungen für eine neue Ausgabe seiner *Werke*; am 16. 10. übermittelt Schiller G.s Vorstellungen an Cotta.
Jena	18.-23. Okt.	Mit August. Vgl. Färbers Kalender. Umgang u. a.: die Familien Knebel, Frommann, Voß. Vgl. Knebels Tagebuch.	
Weimar	7. Nov.	G. akzeptiert das ihm angetragene Amt des Präsidenten der Naturforschenden Gesellschaft in Jena (vgl. Tgb und an Succow, 26. 9.).	

Ende Nov. Am 21. an Eichstädt: »Den Aufsatz [von Görres] über die Gallische Schädellehre finde ich vorzüglich gut.« Am 23. an den Arzt und Naturforscher Windischmann, Dank für dessen *Ideen zur Physik* und seine kommentierte Übersetzung von Platons *Timaios* (»die mir früher bekannte Übersetzung <...> wiederhohlt gelesen«).

Tgb 26.: »*Le Neveu de Rameau.*« (Früheste Erwähnung von Diderots noch ungedrucktem Dialog; G. hat durch Schiller eine Abschrift des Manuskripts bekommen und beginnt gleich mit der Übersetzung, vgl. Schiller an Göschen, 10.12.).

Ende Dez.

Arbeit an der Übersetzung von Diderots *Le Neveu de Rameau* (vgl. an Schiller am 21. und 23.).

1805   Dritter Koalitionskrieg (England, Rußland, Österreich, Schweden gegen Frankreich). 17.10.: Österreichische Niederlage bei Ulm; Besetzung Wiens; 21.10.: Britischer Seesieg bei Trafalgar; 2.12.: Schlacht bei Austerlitz (Napoleon besiegt Zar Alexander I. und Kaiser Franz II.); 15.12.: Vertrag von Schönbrunn zwischen Frankreich und Preußen. – F. Schlegel: *Zweiter/Dritter Nachtrag alter Gemälde*, in Heft 4 seiner Zeitschrift ›Europa‹ (über Bilder der Sammlung Boisserée). – Tod Schillers (9.5.).

Weiterhin lebhafte Korrespondenz mit Eichstädt in Sachen JALZ.

Sehr lückenhaftes Tagebuch.

Anfang/   Lektüre: Französische Literatur (vgl. Tgb
Mitte Jan. 3., 12. und 22.), darunter die *Mémoires d'un père pour servir à l'instruction de ses enfants* von Marmontel (vgl. Tgb 7.) sowie den »Amadis von Gallien« (an Schiller am 14.).

Weimarische Kunstausstellung vom Jahre 1804 und Preisaufgabe für das Jahr 1805 (Thema: Szenen »aus dem Leben des Hercules«), gemeinsam mit J. H. Meyer, ersch. als Extrablatt zur JALZ. Arbeit an *Rameaus Neffe* (vgl. Tgb 4., 5. und 11.).

Mitte/   G. schwer krank (vgl. Tgb und Briefe),
Ende Jan. ebenso Schiller (vgl. dieser an G. am 15.).

Am 23. an Eichstädt: »Ich habe <...> in diesen Tagen folgende Recensionen bearbeitet: *Allemannische Gedichte* [von Hebel]; *Grübels Gedichte*; *Regulus von Collin*; *Der Geburtstag, eine Jägeridylle*; *Athenor*«; ersch. am 13. und 14.2. in der JALZ, am 14. noch zwei weitere Rezensionen: *Johann Friedrich, Kurfürst*

		zu Sachsen. Ein Trauerspiel und *Ugolino Gherardesca* (von K. U. von Böhlendorff).
Februar		Arbeit an *Rameaus Neffe*, insbesondere an den *Anmerkungen* dazu (vgl. Tgb 1., an Schiller am 26. und 28.).
Anfang Febr.	Gefährlicher Rückfall nach kurzer Besserung (Lungenentzündung?). Schiller an Cotta am 10.: »Wir sind hier alle noch mehr oder minder krank.«	
März	Heftige Nierenkoliken (vgl. Christiane an N. Meyer, 12. 4.).	
April		Abschluß von *Winckelmann und sein Jahrhundert*, Arbeit an den *Anmerkungen* zu *Rameaus Neffe* (vgl. an Schiller am 20.).
Ende April	Briefliche Mitteilung von Voß über dessen Übersiedlung nach Heidelberg, »ohne Amtspflichten natürlich, mit einer Pension von 1000 Gulden.«	An Schiller am 25.: »Hier endlich der Rest des Mskpts [der *Anmerkungen* zu *Rameaus Neffe*] <...> Ich habe indes an der *Geschichte der Farbenlehre* zu diktieren angefangen«.
9. Mai	Tod Schillers.	
Mitte Mai		Bei Cotta ersch. *Winkelmann* [so!] *und sein Jahrhundert. In Briefen und Aufsätzen herausgegeben von Goethe*, mit Briefen Winckelmanns und Beiträgen von J. H. Meyer (*Entwurf einer Kunstgeschichte des achtzehnten Jahrhunderts*) und F. A. Wolf. Bei Göschen ersch. *Rameau's Neffe. Ein Dialog von Diderot. Aus dem Manuskript übersetzt und mit Anmerkungen begleitet von Goethe.*
ab Mitte Mai	Langsame Besserung von G.s Befinden, mit gelegentlichen Rückfällen.	Laut *Tag- und Jahreshefte* Plan zur Fortsetzung von Schillers *Demetrius*-Fragment; nicht ausgeführt.

	30. Mai	F. A. Wolf und Tochter Minchen treffen ein, bleiben bis 14.6. als G.s Gäste (vgl. an Eichstädt, 1.6., und an Zelter, 19.6.).	
	Juni		Plan zu einem Bühnenwerk zum Gedenken an Schiller, unter Mitwirkung von Zelter (*<Schillers Totenfeier>*), vgl. an Zelter, 1. und 19.6.; 4.8.; 1.9.; an F. A. Wolf, 5.9. Es bleibt bei wenigen Schemata und Entwürfen (vgl. an F. A. Wolf und an Zelter, 5.1.1806).
	14. Juni		An Cotta, mit dem Plan und den Bedingungen zu einer neuen Ausgabe seiner Schriften (erste Werkausgabe bei Cotta, in der Goetheforschung mit A bezeichnet). Cotta akzeptiert (unter gewissen Bedingungen) am 5.7.
	22. Juni	Besuch F. H. Jacobis (mit Schwester Helene), bleibt bis 1.7. (letzte persönliche Begegnung).	
Jena	26.-28. Juni	Mit Riemer. Umgang u. a.: die Familien Voß und Knebel, Schelver. Besuch der naturwissenschaftlichen Institute. Vgl. an Christiane am 27. und Knebels Tagebuch.	
Weimar			

Kur in Bad Lauchstädt; Halle; Reise nach Magdeburg, Helmstedt, Halberstadt; 2. Juli–5. September 1805

Lauchstädt	2.-8. Juli	Mit Christiane. Riemer und August kommen nach.	
Halle	8.-22. Juli	G. wohnt bei F. A. Wolf. Er hört Galls Vorträge über Schädellehre. Erneute Nierenkoliken, G. konsultiert Reil. (Vgl. an Carl August, 9./10.8.). Am 21. erste von mehreren Begegnungen mit Schleiermacher (vgl. dieser an Henriette Herz).	
Lauchstädt	22. Juli (-12. Aug.)		Am 31. an Cotta: »Ein soeben entstandenes Gedicht

			[*Epilog zu Schillers Glocke*] sende eilig für den Damen Calender. Ich wünsche daß es <...> wie man es mit Dedicationen zu thun pflegt dem Calender vorgesetzt werde.« Das ›Taschenbuch für Damen auf das Jahr 1806‹ mit G.s Gedicht erscheint noch in diesem Jahr.
	August		Abschluß der Vertragsverhandlungen mit Cotta über die Werkausgabe (*Werke A*).
	9.-~12.Aug.	Besuch Zelters (vgl. an Carl August am 9./10. und an Frau von Stein am 12.).	Am 10. szenische Aufführung von Schillers *Lied von der Glocke* mit G.s *Epilog zu Schillers Glocke* durch das Weimarer Ensemble.
Halle	12.-14.Aug.	Mit August. Vgl. an Christiane am 19.	
Rundreise	14. (-25.Aug.)	Mit F. A. Wolf und August (vgl. an Christiane am 19.; an Carl August am 28.).	
Magdeburg	14.-16.Aug.	»wir <...> besuchten mehrmals den Dom, wo besonders schöne Monumente von Erz befindlich sind« (an Christiane am 19.).	
Helmstedt	16.-20.Aug.	Mehrere Besuche bei dem Arzt und Alchimisten G. Ch. Beireis, Besichtigung von dessen berühmten und geheimnisumwitterten Sammlungen.	
Nienburg	21./22.Aug.	Besuch beim ›tollen Hagen‹.	
Halberstadt	22./23.Aug.	Besuch im Hause Gleim, dort Bekanntschaft mit W. Körte. Besuch des Doms.	
Durch den Harz	~23.-25.Aug.	»an den Rosstrapp, auf den Stufenberg, nach Ballenstedt, Aschersleben und über Cönnern« (an Carl August am 28.).	
Halle	25.-27.Aug.		
Lauchstädt	27.Aug.-5.Sept.	Besuch von Steffens und dem dänischen Dichter Adam Oehlenschläger (vgl. an F. A. Wolf, 5.9.). Lektüre u. a.: Plotin, *Enneaden* (vgl. an F. A. Wolf, 29. und 30.8.; an Zelter, 1.9.).	Gedicht (nach Plotin) *»Wär' nicht das Auge sonnenhaft«* (auf 1.9. datierter eigenh. Stammbucheintrag).

Weimar (und Jena), 6. September 1805–28. Juni 1806

Jena	15.-17. Sept.	Mit Christiane. Umgang: die Familien Knebel und Frommann (vgl. Knebels Tagebuch).	
Weimar	29./30. Sept.	Am 29. Eröffnung der 7. (letzten) ›Weimarischen Kunstausstellung‹. C. D. Friedrich erhält für zwei Sepialandschaften die Hälfte des Preises (vgl. Friedrich an G., 14. 12.).	Am 30. Absendung der ersten Druckvorlage für *Werke A* an Cotta.
	Oktober		Als Extrabeilage zur JALZ ersch. J. H. Meyers Rez. der nun, mit einem Vorwort, publizierten Rekonstruktionszeichnungen der Brüder Riepenhausen *Polygnots Gemälde* <...>; eine Einfügung G.s enthält seine erste öffentliche Polemik gegen die christliche Tendenz der romantischen Kunst (vgl. an J. H. Meyer, 22. 7.).
	Anfang Okt.	Am 2. Beginn von G.s ›Mittwochsvorträgen‹ für Damen der Weimarer Gesellschaft, zuerst über naturwissenschaftlich-naturphilosophische Themen (vgl. u. a. an Zelter, 18. 11., sowie die Zeugnisse der Zuhörerinnen; im Tgb meist mit ›die Damen‹ bezeichnet).	Früheste überlieferte (auf 2. und 9. datierte) Aufzeichnungen zu den Mittwochsvorträgen (später von G. zusammengefaßt u. d. T. *Physikalische Vorträge schematisiert*, aber nicht von ihm veröffentlicht), über Dualität bzw. Polarität und den Magneten.
Jena	10.-15. Okt.	Mit August (vgl. Tgb). Umgang: Frommanns, Gries, J. H. Voigt, Hegel, Knebel (vgl. dessen Tagebuch). Mit Angelegenheiten der Naturforschenden Gesellschaft beschäftigt (vgl. an Knebel am 14.).	
Weimar	30. Okt.		Notizen für den Mittwochsvortrag: Über das Symbolische sprachlicher Ausdrücke und über Elektrizität.
	16. Nov.		An Eichstädt: »Von dem *Wunderhorn des Knaben* (hg. von Arnim und Bren-

tano, Teil 1, mit Widmung an
G.) sende ich vielleicht bald
eine Anzeige [für die JALZ],
sowie von [A. W.] Schlegels
Rom« (letzteres unterbleibt).

Jena	23.-26. Nov.	Mit August. Umgang u. a.: Knebel (vgl. dessen Tagebuch), J. H. Voigt. Dienstgeschäfte: Angelegenheiten der naturwissenschaftlichen Institute.	
Weimar			
Jena	14.-17. Dez.	Umgang u. a.: Knebel (vgl. dessen Tagebuch), Arnim (vgl. dieser an Brentano am 16. und 17.), Prinz Louis Ferdinand von Preußen (vgl. dieser an Pauline Wiesel am 16. und Carl August an G. am 15.).	
Weimar	17./18. Dez.	Arnim kommt für einige Tage nach Weimar (vgl. Arnim an G., Febr. 1806).	Notizen zum Mittwochsvortrag (am 18.): Über Aspekte der Farbenlehre (fortgesetzt bis Mitte Jan. 1806).

1806 12. und 16. 7.: Unterzeichnung der Rheinbund-Akte: 16 Reichsstände
schließen sich zu einer Konföderation unter dem Protektorat Napoleons
und dem Präsidium C. Th. von Dalbergs (›Fürstprimas‹) zusammen. 6. 8.:
Kaiser Franz II. tritt als Kaiser des Reichs zurück (Ende des Heiligen
Römischen Reichs Deutscher Nation) und nennt sich jetzt Franz I. Kaiser
von Österreich. 9. 10.: Kriegsmanifest Preußens gegen Frankreich (4. Koalitionskrieg). 14. 10.: Schlacht von Jena und Auerstedt, Preußen von
Frankreich vernichtend geschlagen. Besetzung Preußens, König Friedrich Wilhelm III. ins Exil nach Königsberg, später nach Memel. 21. 11.:
Napoleon verfügt die Kontinentalsperre gegen England. 15. 12.: SachsenWeimar tritt dem Rheinbund bei.

	Noch immer intensive Korrespondenz mit Eichstädt in Sachen JALZ, außerdem mehrere Rezensionen (s. u.). – Nach wie vor labiler Gesundheitszustand, bis zur Reise nach Karlsbad (s. u.).	Von jetzt an führt G. seine Tagebücher fast ununterbrochen bis kurz vor seinem Tod.
Januar	Preußisches Militär in Thüringen, Einquartierung auch bei G. (vgl. an Cotta, 25. 11. 1805, an F. A. Wolf, 5. 1., Tgb 3. 1. und sonst).	Anfang einer Rez. von *Gottlieb Hillers Gedichte und Selbstbiographie* Bd. 1, 1805, für die JALZ, vgl. Tgb 2., 17. und 18., an Eichstädt, 19. 2. und 19. 4. (bleibt Fragment).

1. Jan.

Tgb: »Programm der Kunst-
ausstellung abgeschlossen.«
Großenteils von J. H. Meyer
verfaßt, ersch. *Siebente Weimarische Kunstausstellung*
als Extrabeilage zum
1. Quartal der JALZ. Am
Schluß hinzugefügt von G.:
»Für das laufende Jahr bleibt
unsere Ausstellung geschlos-
sen.« (Es gab keine weiteren
Ausstellungen. Vgl. den
nachgelassenen, nicht genau
datierbaren Aufsatz *Letzte
Kunstausstellung*).

7. Jan. Tod von Christianes Schwester Ernestine
(von Anfang an mit in G.s Haus wohnend).

15. Jan.

Erste Aufführung der
2. Fassung von *Stella* als
›Trauerspiel‹ (mit geänder-
tem Schluß).

16. Jan.

Tgb: »mit Riemer über den
epischen *Tell*«. (G. hatte
ursprünglich ein *Tell*-Epos
geplant und den Stoff dann
Schiller überlassen).

21. und
22. Jan.

Die begeisterte Rezension
von *Des Knaben Wunder-
horn* ersch. in der JALZ
(Nr. 18 und 19).

Ende Jan./
Anfang Febr.

Notizen über Galvanismus
für die Mittwochsvorträge;
vgl. Tgb ab 19. 1. bis 7. 2. und
*Physikalische Vorträge sche-
matisiert*.

Jan. und Febr.

Mit Riemer Erstellung von
Druckvorlagen für *Werke A*,
gleichzeitig Arbeit an der
Farbenlehre (*Didaktischer*
und *Historischer Teil*), vgl.
Tgb.

Februar Weitere Einquartierung (vgl. Tgb 1.
und 7.).

Notizen über ›Physische
Farben‹ für die Mittwochsvorträge; sie bleiben Thema

		bis Ende April bzw. Anf. Mai; vgl. Tgb ab 9.2. und *Physikalische Vorträge schematisiert.*
Ende Febr.	Tgb 22.: »Sendung von Alexander Humbold«: Brief vom 6.2. mit seinen *Ideen zu einer Physiognomik der Gewächse* (Vortrag, gehalten am 30.1. in Berlin). Im Brief an Cotta vom 24. erstmals die Bitte um Autographen für die seit einiger Zeit angefangene Autographensammlung (dann in vielen Briefen an verschiedene Personen wiederholt; vgl. auch Tgb 25.).	Am 24. Absendung der Druckvorlage von Bd. 1 der *Werke A* an Cotta. Im Brief vom gleichen Tag u.a.: »Von der *Farbenlehre* sind sechs Bogen gedruckt, drei des ersten und drei des zweiten Teils.« (D.h. des *Didaktischen* und des *Historischen* Teils.) Am 26. ersch. in der JALZ Nr. 48 die Rez. von *Bildnisse jetzt lebender Berliner Gelehrten, mit ihren Selbstbiographien,* hg. von S.M. Lowe, 1806, u.a. mit der Selbstbiographie von J. von Müller.
März	Lektüre u.a.: Sueton und Machiavelli (vgl. Tgb 5.-7., 25. und 26.).	Weiterarbeit am *Didaktischen Teil* der *Farbenlehre,* vgl. Tgb und an Knebel am 14.; desgleichen an *Werke A* mit Riemer, insbesondere an *Faust I* (vgl. Tgb ab 21.).
14. März		In der JALZ Nr. 62 ersch. die Anzeige (nebst Textauszug) von A. von Humboldts *Ideen zu einer Physiognomik der Gewächse* (s.o.).
April	Lektüre: Aischylos' *Die Sieben gegen Theben* und *Die Perser* (in einer Übersetzung; vgl. Tgb 23. und 27.).	Arbeit an *Faust I* für *Werke A* sowie am *Didaktischen Teil* der *Farbenlehre* (vgl. Tgb).
4. April	Brief an Hackert (Antwort auf dessen Brief vom 4.3. mit Lob für G.s *Winkelmann*): Aufforderung, »eine Selbstbiographie aufzusetzen <...> und mir solche anzuvertrauen.« (Hackert sagt im Brief vom 27.5. zu.)	
7. April	Aufführung von Shakespeares *König Johann* in A.W. Schlegels Übersetzung, einstudiert von G. (vgl. Tgb).	

	Mitte April	Lektüre: *Briefe zwischen Gleim, Heinse und J. von Müller*, hg. von W. Körte, Bd. 1, 1806 (vgl. Tgb und an Eichstädt am 19.; Bd. 2 ist Tgb 2.5. verzeichnet).	Tgb 18.: »Impromptus für Tischbein«: die vier Gedichte *An Tischbein* (»*Erst ein Deutscher*«, »*Alles was du denkst und sinnest*«, »*Für das Gute, für das Schöne*« und »*Statt den Menschen in den Tieren*«).
	Ende April	Besuch Oehlenschlägers (vgl. Tgb); er bleibt bis 14.6. in Weimar, kommt oft zu G. und liest ihm seine Stücke *Aladin* und *Hakon Jarl* in spontaner deutscher Übertragung vor (vgl. Tgb 24.4., 12.5. und mehrf. im Juni; vgl. auch an Zelter, 2.6.). Tgb 26.: »Fichtes Vorlesungen« (*Über das Wesen des Gelehrten* <...>, 1806, am Vortag von Fichte erhalten; vgl. Tgb und an Eichstädt am 19.). F. von Gentz' Brief vom 20.4. trifft ein, mit seinen *Fragmenten aus der neuesten Geschichte des politischen Gleichgewichts in Europa* und Adam Müllers *Vorlesungen über die deutsche Wissenschaft und Literatur*, beide 1806; vgl. Tgb (Lektüre auch am 2. und 3.5. verzeichnet). G.s Antwort vom 27. (Tgb) ist verloren.	Notizen zum Mittwochsvortrag am 30.: »Chemische Farben betr.«; vgl. *Physikalische Vorträge schematisiert*.
	Mai		Arbeit an *Werke A* und am *Didaktischen* und *Historischen Teil* der *Farbenlehre* (vgl. Tgb).
	10. Mai		Zum Jahrestag von Schillers Tod: Erste Weimarer Aufführung des *Lieds von der Glocke* mit G.s *Epilog*.
Jena	16.-20. Mai	Umgang u. a.: Frommanns, Schelver, F.S. Voigt. Dienstgeschäfte: Naturwissenschaftliche Institute. Vgl. Tgb.	
Weimar	1. Juni	Tgb: »Bey Jagemann« (wohl Sitzung für F. Jagemanns Goethe-Porträt in Öl).	
	2. Juni	Brief an Runge: Bewundernd über dessen *Tageszeiten*, von denen dieser Anf. Mai Kupferstiche geschickt hatte (vgl. Tgb 9., 10. und 14.5.).	
Jena	9./10. Juni	Tgb: »Früh nach Jena Alte Capelle.« (Vgl. dazu Carl August an G. am 8.).	

Weimar	11. Juni	Tgb: »Vortrag Farbenlehre geendigt« (zugleich Ende der ersten Reihe der Mittwochsvorträge).

Jena	15. (-28. Juni)	Mit Riemer. Umgang u. a.: Frommanns, J. H. und F. S. Voigt, Seebeck, Hegel, Knebel, Oehlenschläger. Vgl. Tgb. Dienstgeschäfte: Naturwissenschaftliche Institute (vgl. den Bericht an Ch. G. Voigt vom 17.).	

| | 25. Juni | Tgb: »Bey Frommanns. Niebelungen«; auch am 27. in Tgb genannt. (Eventuell zu beziehen auf F. H. von der Hagens *Proben der Nibelungen nebst Auszug des Inhalts vom Ganzen*, in ›Eunomia‹ 5; vgl. auch Tgb 25. 8. und Voß d. J. an Chr. Niemeyer, 12. 8.) | Tgb: »Recens<ion> der drey Romane geendigt.« Die Sammelrezension über *Bekenntnisse einer schönen Seele, von ihr selbst geschrieben*, 1806, *Melanie das Findelkind*, 1804, und *Wilhelm Dumont, ein einfacher Roman von Eleutherie Holberg* (Pseudonym von Karoline Paulus; 1805) ersch. am 16. 7. in der JALZ Nr. 167. |

| | 26./28. Juni | Brief an Zelter am 26., darin erstmals Äußerungen über Stücke von Z. Werner (*Die Söhne des Tals*, 1803/04, und *Martin Luther oder die Weihe der Kraft*), anläßlich von Zelters Bericht über die Berliner Aufführung des noch ungedruckten Luther-Stücks. | Am 28. schickt G. an J. H. Meyer seine Skizze zu einem Siegel für die Naturforschende Gesellschaft, mit genauer Beschreibung (Corpus VI b, Nr. 274; s. auch unten Ende Jan. 1829). |

Reise nach Karlsbad, 29. Juni-8. August 1806

Mit Riemer. Vgl. das ausführliche Tagebuch und die Briefe.

Von Jena nach Karlsbad	29. Juni-2. Juli	Über Schleiz; Asch; Eger.

Karlsbad	2. Juli (-3. Aug.)	Trink- und Badekur; Ausflüge; G.s Befinden bessert sich merklich. Beginn der erneuten (und anhaltenden) Beschäftigung mit Geologie und Mineralogie, häufiges Zusammensein mit dem Karlsbader Steinschneider, Mineraliensammler und -händler Joseph Müller. Umgang mit zahlreichen Kurgästen (dabei viele russische und polnische Adlige), vgl. an Carl	Vereinzelt Arbeit für *Werke A* (vgl. Tgb 4., 11., 17., 29. und 31.7.)

August, 4. 8., dort besonders hervor-
gehoben der Hamburger Philanthrop
Caspar von Voght. Vorübergehend in
Karlsbad auch Friederike Bethmann-
Unzelmann. – Wiederaufnahme des
Landschaftszeichnens.

4. Juli Tgb: »Bey Steinschneider Müller die
Carlsbader Suite angeschafft. Dieselbe zu
Hause nach dem Catalog durchgegangen.«

19. Juli Tgb: »Zu Tische [Joseph]
Müller. Vorher über
mineralogische Gegen-
stände. Nach Tische des
Mannes Leben und Wirken
näher betrachtet und auf-
gezeichnet.« Vgl. den
nachgelassenen Entwurf
*Joseph Müller geb. 1727 in
Liebenau, im Bunzlauer
Kreise.*

Ende Juli Tgb 27.: »Frau [Amalie] Levetzow Tgb 31.: »Flucht der
(Pandora).« Weitere Begegnung am 28.; *Pandora.«*
vgl. auch an Christiane am 28.

3. Aug. Besuch A. Herders und A. G. Werners.

Von Karlsbad 4.-8. Aug. Über Maria-Kulm, Eger (4.-6.; am 5. bei
nach Jena Scharfrichter Huß, Besichtigung von
dessen Münzsammlung); Franzensbad,
Asch, Hof, dort »Nachricht von der
Erklärung des rheinischen Bundes und
dem Protektorat« (Tgb vom 6.); Schleiz,
Pößneck.

Weimar (und Jena), 8. August 1806–24. Mai 1807

Jena 8.-11. Aug. Am 10. erste Begegnung mit dem
Historiker Luden (vgl. Tgb).

Weimar

Jena 15. (-31. Aug.) Umgang u. a.: Frommanns, Knebel, Hegel, Redaktionelle Arbeiten für
Seebeck (mit ihm chromatische Experi- *Werke A.* Bearbeitung der
mente), Luden, Schelver, J. H. und Karlsbader Landschafts-
F. S. Voigt, Eichstädt, J. F. A. Göttling. skizzen. Vgl. Tgb.
Dienstgeschäfte: Naturwissenschaftliche
Institute. Vgl. Tgb.

	19. Aug.	An Ch. G. Voigt: »Professor Luden ist heute eine Stunde bei mir gewesen.« Vgl. Ludens späte, extrem lange Wiedergabe des Gesprächs (in: *Rückblicke in mein Leben*, 1847), in dem es vor allem um *Faust*, dann um Geschichte bzw. Geschichtswissenschaft ging.	
	Ende Aug.	Lektüre geologischer Literatur, u. a. von A. G. Werner (wohl *Neue Theorie von der Entstehung der Gänge*, 1791) und G. Agricola (vgl. Tgb 24., 25. und 28.). Am 22. Brief an Runge, Dank für dessen Brief vom 3.7., eine Abhandlung über Farben: »Nicht wenig Freude war mir's zu sehen, daß Ihre Ansichten der Farben völlig mit den meinigen übereintreffen« usw. (G. setzt Runges Brief an den Schluß des *Didaktischen Teils* seiner *Farbenlehre*.) – Brief an W. von Humboldt: Lob für dessen Elegie *Rom*; ferner über seine Lektüren, besonders (kritisch) über Steffens' *Grundzüge der philosophischen Naturwissenschaft*, 1806; außerdem über Caroline von Günderrode und ihren Freitod (am 26.7.).	Tgb 25.: »Schema zu einem geognostischen Vortrag.« (Für die nächsten Mittwochsvorträge; vermutlich die nachgelassenen Entwürfe über <*Bildung der Erde*>). Weiterarbeit am 6.9. im Tgb notiert. Metrische Überarbeitung des *Elpenor*-Fragments für *Werke A* (vgl. Tgb 27./28.).
	September	Geologische Studien (vgl. Tgb 7., 8., 13., 14. und 22.).	Redaktionelle Arbeiten für *Werke A*, Arbeit an der *Farbenlehre* (vgl. Tgb und Riemer an Frommann am 20.).
Weimar	17. Sept.	Tgb: »Bey Serenissimo zum Abschiede.« (Carl August bricht auf, um an der Seite Preußens gegen Frankreich zu kämpfen.)	
	21. Sept.	Besuch Tiecks (der aus Rom zurückkommt).	
Jena	26. Sept. (–5. Okt.)	Umgang u. a.: Frommanns, Knebel, Hegel, Schelver, F. A. Wolf, F. S. Voigt, Seebeck (mit ihm wiederum chromatische Experimente). Ab 1.10. preußische Militärs, darunter Prinz Louis Ferdinand (der in wenigen Tagen im Gefecht fallen wird).	Ab ~4. 10. erste Zeichnungen für das Prinzessin Caroline gewidmete *Reise-, Zerstreuungs- und Trostbüchlein*.
	1. Okt.	Tgb: »Quartier verändert.« D. h. G. muß seine Zimmer im Schloß für Fürst Hohenlohe-Ingelfingen, Kommandeur des preußischen Infanteriecorps, räumen.	Tgb: »Catalog der Carlsb<ader> Suite für das Intelligenz Blat.« (G.s erste Publikation auf geologischem

Gebiet, *An Freunde der
Geognosie*, ersch. im Intelligenzblatt der JALZ am
6. 10.).

Weimar	12. Okt.	Erster Besuch bei Johanna Schopenhauer (vgl. diese an ihren Sohn Arthur am 19.); sie hat sich vor kurzem in Weimar nieder-gelassen, ihr Salon wird bald ein gesell-schaftlicher, auch von G. besonders in der ersten Zeit gern besuchter Treffpunkt.

14. Okt. Schlacht bei Jena; Tgb: »Abends um 5 Uhr
flogen die Kanonenkugeln durch die
Dächer. Um ½ 6 Einzug der Chasseurs.
7 Uhr Brand, Plünderung, schreckliche
Nacht. Erhaltung unseres Hauses durch
Standhaftigkeit und Glück.«

15. und Bei G. nacheinander die Marschälle
16. Okt. Lannes und Augereau einquartiert. Am 16.
Treffen zwischen Napoleon und Mitgliedern des Geheimen Consiliums (ohne G.,
vgl. dieser an Ch. G. Voigt). Weimar
kommt zunächst unter französische
Militärverwaltung.

18. Okt. Tgb: »Denons Ankunft.« Denon, ›Direktor aller kaiserlichen Museen‹, logiert bis
20. bei G. (vgl. Tgb und an Knebel am 21.).

19. Okt. Trauung von G. und Christiane (G. hatte
am 17. W. Ch. Günther, den Weimarer
Hofprediger, brieflich darum gebeten);
Trauzeugen sind Sohn August und Riemer.

20. Okt. G. kommt mit Christiane zu Johanna
Schopenhauer (vgl. diese an ihren Sohn
Arthur am 24.).

Ende Okt. Aktivitäten zur Erhaltung bzw. Rettung
der herzoglichen naturwissenschaftlichen
Institute und der Bibliotheken in Jena
(vgl. die Briefe an Denon, Ch. G. Voigt,
Knebel, Eichstädt und J. G. Lenz).

Redaktionelle Arbeiten für
Werke A (und Absendung
von Druckvorlagen, vgl. an
Cotta am 20., 24., 26. und
28.) und den *Didaktischen
Teil* der *Farbenlehre* (vgl.
Tgb).

Okt./Nov. Nach der Schlacht bei Jena schickt G., als
Lebenszeichen und Zeichen der Teil-
nahme, zuerst ein Zirkular an alle Jenaer
Freunde und Bekannten, dann Briefe an N.

Meyer (Bremen), Blumenbach (Göttingen), Schelling (München; Antwort auf
dessen besorgten Brief vom 21. 10.,
Resümee des Erlebten), F. A. Wolf (Halle)
und vor allem an seinen wichtigsten
Geschäftspartner Cotta in Stuttgart;
besonders lebhaft ist der Briefwechsel mit
Knebel. – Weiterhin Einquartierungen.

November	Voß d. J. nimmt einen Ruf nach Heidelberg als Professor für Klassische Philologie an.	(Korrektur-)Arbeiten am *Didaktischen Teil* der *Farbenlehre* (vgl. Tgb und an Knebel am 5.).
3. Nov.	Brief an Hirt, der G. als Mitglied der Berliner Akademie der Wissenschaften vorgeschlagen hatte (Ernennungsurkunde vom 3. 8.).	
6. Nov.	Brief an Ch. G. Voigt: J. H. Meyer soll Nachfolger von G. M. Kraus als Direktor der Weimarer Zeichenschule werden (»wie auch gestern schon der Anfang gemacht worden«). Kraus war tags zuvor gestorben. (Er wird am 9. beerdigt, G. ist dabei.)	Tgb: »Angefangen an dem Schema und der Einleitung zur Morphologie« (fertig am 12., vgl. Tgb; mit den Titeln *Das Unternehmen wird entschuldigt* und *Die Absicht eingeleitet* erst 1817 in *Zur Morphologie* I 1 gedruckt; über G.s Plan, seine bisherigen morphologischen Arbeiten demnächst gesammelt zu publizieren, vgl. an Cotta, 24. 10.).
22. Nov.		Amtliches: G. schickt Ch. G. Voigt seinen Bericht über die kulturellen und wissenschaftlichen Institutionen in Sachsen-Weimar (Teil eines von der französischen Verwaltung geforderten statistischen Berichts über das Land), zunächst auf deutsch (die französische Version folgt am 3. 12., vgl. G.s Begleitschreiben an Ch. G. Voigt).
Mitte Dez.	Lektüre u. a.: L. F. Huber, *Sämtliche Werke seit dem Jahre 1802, nebst seiner Biographie*, hg. von Therese Huber, Bd. 1, 1806; vgl. an Knebel, 3. 1. 1807. (Huber	Am 13. an Knebel: »besonders ist die *Farbenlehre* stark auf dem Amboß. Das Manuskript zum eigent-

war Ende 1804 gestorben; vgl. an Cotta, 15.1.1805.)

lichen *didaktischen* Entwurf ist schon ganz abgesendet; nun sind wir am *polemischen Teile*«.

24./25. Dez. In einem Brief bzw. kassierten Entwurf an Cotta empörte Reaktion auf hämische und z. T. falsche (auf Böttiger zurückgehende) Berichte in der AZ über seine Hochzeit, die Weimarer Fürstlichkeiten u. a. Weimarer Persönlichkeiten.

27. Dez. Tgb: »Proclamation des Friedens in dem Schauspielhause.« (Der Preis für den Erhalt der staatlichen Souveränität war Sachsen-Weimars Beitritt zum Rheinbund und die Zahlung hoher Kontributionsgelder, vgl. Ch. G. Voigt an G., 9.11.).

1807 14.6.: Sieg Frankreichs über Rußland in der Schlacht von Friedland. 7.-9.7.: Friede von Tilsit zwischen Napoleon und Zar Alexander I. August: Gründung des ›Königreichs Westfalen‹; als König wird Napoleons Bruder Jérôme eingesetzt. – Görres: *Die teutschen Volksbücher*. Fichte: *Reden an die deutsche Nation*. Hegel: *Phänomenologie des Geistes*. Jean Paul: *Levana, oder Erziehlehre*.

Falk beginnt G. des öfteren zu besuchen und wird über mehrere Jahre hin ein geschätzter Gesprächspartner (vgl. an Falk, 12.10.1810; sein Erinnerungsbuch *Goethe aus näherm persönlichen Umgange dargestellt* ersch. 1833).

Januar Weitere Einquartierungen.

Als Extrabeilage der JALZ (mit dem Datum 1. Jan.) ersch. *Unterhaltungen über Gegenstände der bildenden Kunst*; Einleitung und Schluß von G.; bei den von J. H. Meyer verfaßten Stükken auch eine rühmende Rezension von Runges *Tageszeiten* (in Kupfer). – Zeichnungen für das *Reise-, Zerstreuungs- und Trostbüchlein* (s. o. Okt. 1806).

14. Jan.

An Knebel: »Mit dem *didactischen Theil* meiner *Farbenlehre*, dem eigent-

		lichen Entwurf derselben, bin ich nunmehr <...> fertig. Sobald er völlig abgedruckt ist <...> erhältst du das Heft.« (Zum Abdruck vgl. Tgb 1. und 17. 2.)
Ende Jan.	Tod von Charles Gore am 22. (Beerdigung am 26., vgl. Tgb). – Tgb 29.: »Kam Durchlaucht der Herzog zurück« (nach viermonatiger Abwesenheit). Brief von Hegel; er bewirbt sich um den vakanten Posten als Direktor des Botanischen Gartens (wofür G. aber bereits F. S. Voigt vorgesehen hat, vgl. an Ch. G. Voigt, 21. 10. 1806 und unten 7. 3.); ferner berichtet er von neuen Erkenntnissen über den ›Siderismus‹ (durch Pendelversuche mit einem Wasserfühler), die ihm »mitgeteilt worden sind«, wohl von Schelling (vgl. Hegels Brief an ihn vom 23. 2.). Am 31. notiert Tgb Hegels Besuch.	
Jan. /Febr.		Arbeit am *Polemischen Teil* der *Farbenlehre* (vgl. Tgb und an Knebel, 25. 2.).
Mitte/ Ende Febr.		Am 16. erste Aufführung des *Tasso* auf dem Weimarer Hoftheater. – Übersetzung (mit Riemer) und Rez. von J. von Müllers Rede *La gloire de Frédéric* (mit napoleonfreundlicher Tendenz), vgl. Tgb; die Rez. ersch. am 28. in der JALZ.
März	G. liest bei Johanna Schopenhauer Calderóns *Der standhafte Prinz* in A. W. Schlegels Übersetzung vor (vgl. Tgb 12. und 22.).	Bd. 1-4 von *Werke A* ersch. (vgl. Tgb vom 15. und an Cotta am 18.).
Anfang März	Am 7. wird F. S. Voigt zum neuen Direktor des Botanischen Gartens in Jena ernannt (sein Vorgänger Schelver hatte Jena nach der Schlacht vom 14. 10. verlassen). Am 9. wird J. H. Meyer offiziell zum Direktor der Weimarer Zeichenschule ernannt (vgl. G.s Brief an Carl August vom 5.).	Am 3. und 4. ersch. in Cottas neugegründetem ›Morgenblatt‹ *Friedrichs Ruhm* (die Übersetzung von J. von Müllers umstrittener Rede; der bedankt sich bei G. überschwenglich im Brief vom 16. 3.).

14. März	Im Brief an Knebel über den »Dünkel« von Voß Vater und Sohn (als Experten in Sachen antiker Metrik), anläßlich einer in der JALZ vom 13.-15. 1. ersch. Rezension von Voß d. J. über A. W. Schlegels *Rom*-Elegie.	
Mitte März	A. von Humboldts *Ideen zu einer Geographie der Pflanzen* trifft ein (vgl. Tgb 16. und an Cotta am 18.), mit der Widmung »An Göthe« und einer bedeutungsvollen Vignette (vgl. den Dankbrief an A. von Humboldt vom 3. (bzw. 10.).	Tgb 17.: »Landschaft mit dem Maßstabe der Berghöhen nach Humboldts Angabe« (G.s sog. *Berghöhenkarte*, vgl. an A. von Humboldt, 3. 4.).
23. März	Christiane reist nach Frankfurt, um G.s Mutter zu besuchen (zurück am 12. 4., vgl. Tgb).	
März/April	Hegel verläßt Jena und geht nach Bamberg (vgl. G. an Knebel, 14. 3., und Ch. G. Voigt an G., 29. 4.).	(Korrektur-)Arbeiten am *Polemischen Teil* der *Farbenlehre* (vgl. Tgb und an A. von Humboldt, 3. 4.).
1. und 8. April	Wiederaufnahme der Mittwochsvorträge, über Geologie (vgl. an Knebel, am 4.).	Dazu datierte Stichworte (»Eingang/Vorsatz geognostischer Vorlesungen./ Durch das Humboldtische Werk dahingewiesen« usw.; am 8.: »Trost in der innern regelmäßigen Konsequenz der Natur.« usw.).
10. April	Tod Anna Amalias.	
Mitte April	Besuch F. A. Wolfs vom 12. bis 16., vgl. Tgb. Am 17. Brief an J. Stock, Dank für die freundliche Aufnahme von Christiane, die »bisher [d. h. durch die Weimarer Gesellschaft] so manches Ungemach erleiden müssen«. Am 17. schreibt G.s Mutter an ihren Sohn begeistert über ihre Schwiegertochter.	G. verfaßt (unter Mitwirkung Ch. G. Voigts) den Nachruf *Zum feierlichen Andenken der Durchlauchtigsten Fürstin und Frau Anna Amalia* (vgl. Tgb 12./ 13.; ersch. am 18. in der JALZ und am 29. im ›Morgenblatt‹ (mit verändertem Titel).
23. April	Erster Besuch von Bettina Brentano (vgl. Tgb).	
26. April	Tgb: »*Tausend und Eine Nacht*, in der Ausgabe von Galland.«	
Mai		Korrekturarbeiten am *Didaktischen Teil* der *Farbenlehre* (vgl. Tgb 9. und 10.).

	1. Mai	Promemoria an Ch. G. Voigt, darin über die Anforderungen an eine von Fernow, in Zusammenarbeit mit J. H. Meyer, begonnene Neuausgabe von Winckelmanns Werken, »Einer meiner angelegensten Wünsche seit langer Zeit«.	
	Anfang Mai	Am 6. Mittwochsvortrag, über botanische Gegenstände; ebenso am 13. (vgl. Tgb).	Am 4. an Zelter: »An meiner *Farbenlehre* wird sachte fortgedruckt«.
	11. Mai		G. diktiert den *Prolog bei Eröffnung der Darstellungen des Weimarischen Hoftheaters in Leipzig den 24. Mai 1807* (vgl. Tgb).
Jena	16.-24. Mai	Mit Riemer. Umgang u. a.: Frommanns, F. S. Voigt, Knebel, Seebeck. Dienstgeschäfte bei den naturwissenschaftlichen Instituten. Vgl. Tgb. Am 24. an Frau von Stein: »Ich finde mich zwar wohl, aber in Jena nicht behaglich. Der Unterschied gegen vorige Zeiten ist gar zu groß, das Alte ist vergangen und das Neue ist noch nicht worden.«	Tgb 17.: »Morgens um ½ 7 Uhr angefangen, von *Wilhelm Meisters Wanderjahren* das erste Capitel zu dictiren«. Ab 18. Diktat der drei folgenden Kapitel, dann *Die neue Melusine* (ebenfalls für die *Wanderjahre*) und den Anfang einer ›neuen Erzählung‹ (vgl. Tgb bis 23.).

Reise nach Karlsbad, 25. Mai-10. September 1807

Mit Riemer. Vgl. das ausführliche Tagebuch und die Briefe.

Von Jena nach Karlsbad	25.-28. Mai	Über Schleiz, Hof, Franzensbad.	Tgb 26.: »Unterweges Motive zu den *Wanderjahren*.« Am 27.: »Motive aufgeschrieben.«
Karlsbad	28. Mai (-6. Sept.)	Erfolgreiche Trink- und Badekur. Geologische Studien. Extensive Lektüre (s. u.). Umgang u. a.: Steinschneider Joseph Müller und zahlreiche Badegäste; neue Bekanntschaften: G. H. Schubert, mit ihm längere Gespräche (vgl. Tgb 25.-27. 7., 30. 7., 6. und 7. 8.) und vor allem C. F. Reinhard, Diplomat in französischen Diensten, zu dem sich eine intensive, lebenslange Beziehung entwickelt, u. a. durch dessen lebhaftes Interesse für G.s	Landschaftszeichnen, besonders für das *Reise-, Zerstreuungs- und Trostbüchlein* (vgl. an Frau von Stein, 14. 6.). – Reiche literarische Produktion, in verschiedenen Genres, besonders Arbeit an Novellen für die *Wanderjahre* (noch Ende Mai an *Die neue Melusine*, vgl. im Tgb ›der

Farbenlehre (s. u.); interessanter Brief-   neue Raimond‹, ›Zwergen-
wechsel.   geschichte‹).

29. Mai Tgb: »Besuch vom Residenten Reinhard«
         (erste Begegnung).

Juni   Arbeit an *Die gefährliche
                                                   Wette* (Tgb 1. und 3.) und *Der
                                                   Mann von fünfzig Jahren*
                                                   (Tgb 11.-13.), beides Novel-
                                                   len für die *Wanderjahre*.

Anfang Juni Tgb 5.: »Nachricht von Hackerts Tod, Aufsatz *Jakob Philipp
             nebst Biographie desselben.«   Hackert* (vgl. Tgb 9./10.;
                                                   kurzer Lebensabriß nach
                                                   Hackerts Aufzeichnungen);
                                                   ersch. im ›Morgenblatt‹
                                                   vom 29. und 30.6. (Nr. 154
                                                   und 155).

Juli Lektüre: Mme. de Staëls eben ersch.
      Roman *Corinne ou l'Italie* (vgl. Tgb 7.-
      15.).

(Elbogen) 1. Juli Vgl. Tgb und an Knebel.

13. Juli Tgb: »*Amphitryon* von Kleist, herausgege-
          ben von Adam Müller ‹...› Ich las und
          verwunderte mich, als über das seltsamste
          Zeichen der Zeit ‹...› Kleist [im Vergleich
          mit Plautus und Molière], geht bei den
          Hauptpersonen auf die Verwirrung des
          Gefühls hinaus« usw.

15. Juli Abreise von Reinhard und Familie; er   Tgb: »Schema zur geologi-
          schenkt G. zum Abschied *Bibliothèque   schen Abhandlung«: *Samm-
          portative du voyageur*, 33 Bändchen, 1801- *lung zur Kenntnis der Ge-
          06, »in einem schönen Kästchen« (Tgb 14.). *birge von und um Karlsbad
          G. liest in den folgenden Wochen viel   *angezeigt und erläutert von
          darin, u. a.: *Contes* von Lafontaine, *Daph-* *Goethe*; fast tägliche Arbeit
          nis und Chloë von Longos, von Monte-   daran bis zum 3.8. (vgl. Tgb);
          squieu *Considérations sur les causes de la* G. läßt den Aufsatz noch in
          grandeur des Romains et de leur déca-   Karlsbad drucken (vgl. Tgb
          dence.   6., 19. und 27.8.).

25. Juli Tgb: »kam Dr. Schubert ‹...› Ich las nach
          Tische seine Abhandlung über die Ver-
          wesung« (*Ahndungen einer allgemeinen
          Geschichte des Lebens* Tl. 2, Bd. 1, 1807).

27. Juli Brief an Zelter, darin über seinen Plan zu
          einer Hausmusik: »Da möchte ich nun alle

Woche einmal bei mir mehrstimmige geistliche Gesänge aufführen lassen«; Bitte um Notenmaterial zu diesem Zweck.

August	Lektüre u. a.: Lesage, *Histoire de Gilblas de Santillane*, 5 Bde., 1804, und Ariosts Satiren, Elegien, Sonette und Komödien (vgl. Tgb 4.-10. und 15.-29.).	
Anfang Aug.	Tgb 3.: »Morgens war ich lange bei [F.] Gentz gewesen und hatte mit ihm erst einen politischen dann ästhetischen Discours geführt. Viel über Adam Müller und dessen Art zu denken und zu arbeiten.« Tgb 8.: »Packet von Adam Müller <...> las ich den *zerbrochenen Krug*« (von Kleist, im Manuskript).	Tgb 4./5.: »*Den Mann von 50 Jahren* bis zu einer gewissen Epoche. Einleitung der Geschichte der Inen« (*Das nußbraune Mädchen*)./ »Übersetzung der *Folle en pélerinage*« (*Die pilgernde Törin*; beides Novellen für die *Wanderjahre*). Tgb 8.: »romantische Motive überdacht, die von Pyramus und Thisbe und von der Mystification« (wohl → *Wer ist der Verräter* für die *Wanderjahre*; vgl. auch Tgb 10.).
Mitte Aug.		Arbeit an Vorwort und Einleitung der *Farbenlehre* (vgl. Tgb).
22. Aug.	Ankunft von August (vgl. Tgb).	
28. Aug.	Überaus verbindlicher Brief an Adam Müller, mit Äußerungen über dessen *Vorlesungen*, Kleists *Amphitryon* und vor allem über den *Zerbrochnen Krug* (höchstes Lob, doch nicht ohne Einschränkungen); er wolle »sehen ob etwa ein Versuch der Vorstellung zu machen sei.«	
Anfang Sept.	Vom 1.-6. Begegnungen mit A. G. Werner, (z. T. kontroverse) Diskussion erdgeschichtlicher Hypothesen (vgl. Tgb).	
Von Karlsbad nach Weimar 7.-11. Sept.	Über Eger (dort »zu dem Scharfrichter Huß, um seine Münzen zu besehen«), Hof, Schleiz, Jena.	Tgb am 8.: »Schema zu einem Trauerspiel weiter ausgeführt« (<*Tragödie aus der Zeit Karls des Großen*>? Vgl. schon Tgb 20. 8.).

Weimar (und Jena), 11. September 1807–11. Mai 1808

Weimar	14. Sept.	Erstmals Hausmusik (›die Sänger‹, ›kleine Singschule‹, ›Singechor‹), »besonders die vierstimmigen von Zelter erhaltenen Sachen« (Tgb; vgl. an Zelter am 15.). Zunächst bis 8. Nov. ziemlich regelmäßig jeweils am Sonntag in Tgb verzeichnet.	Tgb: »Anfang des Vorspiels« (*Vorspiel zu Eröffnung des Weimarischen Theaters am 19. September 1807 nach glücklicher Wiederversammlung der herzoglichen Familie*). Fertigstellung und Einstudierung in den folgenden Tagen (vgl. Tgb).
	15. Sept.	An Zelter: »Der Beifall, den unser Theater in Leipzig [beim Gastspiel im Sommer] erhalten, macht mir wieder Lust und Mut, mich der Sache diesen Winter wieder lebhaft anzunehmen.« Vgl. auch an Rochlitz am 21.	
	16. Sept.	Brief an F. H. Jacobi, Dank für dessen am 27. 7. gehaltene Antrittsrede als Präsident der Königl. Akademie der Wissenschaften in München (*Über gelehrte Gesellschaften, ihren Geist und Zweck*, worin Jacobi für eine freie Wissenschaft plädiert; vgl. darüber auch an Eichstädt, 31. 10.).	
	~Ende Sept.		G. überreicht das *Reise-, Zerstreuungs- und Trost-Büchlein vom Sept. 1806 bis dahin 1807 Ihro der Prinzeß Caroline von Weimar Durchl. untertänigst gewidmet von Goethe* (Stammbuch mit 88 z. T. farbigen Zeichnungen G.s und dem Widmungsgedicht *»Dieses Stammbuch, wie man's auch nimmt«*). Vgl. Tgb 29.
	Oktober		Arbeit an der *Farbenlehre*, besonders am *Historischen Teil* (vgl. Tgb und an Knebel am 7.).
	7. Okt.	Brief an Cotta, mit wiederholter Bitte, Korrespondenznachrichten über Weimar für seine Zeitungen nur von ihm zu akzeptieren.	G. schickt Cotta das neue *Vorspiel zu Eröffnung des Weimarischen Theaters* (s. o.) »mit einer Nachschrift«;

ersch. am 21. und 22. 10. im
›Morgenblatt‹.

12. Okt.   Brief an C. C. von Leonhard,
                            der zugesagt hat, G.s Aufsatz
                            Sammlung zur Kenntnis der
                            Gebirge von und um Karls-
                            bad in seinem ›Taschenbuch
                            für die gesamte Mineralogie‹
                            abzudrucken; ersch. im 2. Jg.
                            1808 zusammen mit diesem
                            Brief, in dem G. seine natur-
                            wissenschaftliche Denkweise
                            zusammenfassend darstellt
                            (*An Herrn von Leonhard*; für
                            den Druck mit einigen
                            Nachträgen versehen).

16. Okt. Besuch von Gall. Tgb: »kam nach Tische
          wieder, wo wir über seine Lehre bis gegen
          Abend sprachen; da ich mich für ihn
          abgießen ließ.« Die Lebendmaske macht
          C. G. Weißer, der danach eine Gipsbüste
          fertigt (vgl. Tgb 19.-24.).

18. Okt. Brief an F. H. von der Hagen, Dank und
          Lob für dessen bearbeitende Übertragung
          des *Nibelungenlieds*, 1807 (vgl. auch an
          Eichstädt am 31.).

31. Okt. Im Brief an Eichstädt über seine völlige
          Übereinstimmung mit Schellings Rede
          Über das Verhältnis der bildenden Künste
          zur Natur <...> *gehalten in der öffent-*
          lichen Versammlung der Königlichen
          Akademie der Wissenschaften zu Mün-
          chen, 1807.

Anfang Nov. Besuche: Bettina Brentano, mit ihr vom   Am 5. an Runge: »Ihr Brief,
             1.-10. fast tägliche Begegnungen; ferner   die Farbenlehre betreffend,
             deren Schwester Meline und das Ehepaar   ist schon im Gefolg meines
             Savigny, ab 8. auch Arnim; am 9. nennt   Entwurfs [*Farbenlehre*
             Tgb auch Clemens Brentano.   *Didaktischer Teil*] abge-
                                                            druckt«.

Jena   11. Nov. Mit Riemer. Umgang u. a.: Frommanns,   Im Nov. Arbeit an der
          (-18. Dez.) dort auch gelegentliche Begegnungen mit   *Farbenlehre*, vor allem am
                    Oken (s. u.), Knebels, Seebeck, Luden.   *Polemischen*, gegen Ende
                    Leidenschaftliche Liebe zu Minchen   auch am *Historischen Teil*
                    Herzlieb, der achtzehnjährigen Pflege-   (vgl. Tgb, an Cotta, 1. und an
                    tochter der Frommanns (vgl. an Zelter,   Reinhard, 7. 11.).

15. 1. 1818). – Dienstgeschäfte: Naturwissenschaftliche Institute (vgl. an Ch. G.
Voigt, 17. 11., 1. und 13. 12.).

Mitte Nov. Tgb 11.: »Nach Tische Dr. [F. S.] Voigt über   Tgb 19.: »an dem Vorspiel
Professor Okens Präoccupation der Wir-   *Pandorens Wiederkunft.«*
belbeins- und Schädellehre« (in Okens   (Erste direkte Erwähnung
eben ersch. Antrittsrede *Über die Bedeu-*   bei G. selbst. Fast tägl.
tung der Schädelknochen; vgl. oben   Arbeit daran bis 11. 12., vgl.
22. 4. 1790). Am 13. notiert Tgb Okens   Tgb).
Besuch.
Im Brief an Frau von Stein vom 19.
bewundernd über A. W. Schlegels *Com-*
paraison entre la Phèdre de Racine et celle
d'Euripide, 1807.

24. Nov. Tgb: »Spazieren mit Seebeck <...> über die
Ritterischen-Campettischen Versuche.«
(Über J. W. Ritters Versuche mit dem
Wünschelrutengänger Campetti hatte u. a.
Schelling im Intelligenzblatt der JALZ
vom 9. 5. berichtet.)

26. Nov. Tgb: »Bey <...> Knebel <...> Fincharts
Schriften. *Der Bienenkorb* und die Übersetzung des Rabelais.«

Anfang Dez. G. liest in Gries' Übersetzung von Ariosts   Auf 6. datierte Handschrift
Orlando furioso, 4 Bde., 1804-08, vgl.   von *Das Mädchen spricht*,
Tgb 1.   wohl frühestes Gedicht des
Besuch Z. Werners am 2., erste persönliche   in den folgenden Tagen und
Begegnung. Bis 14. fast tägliche Begeg-   Wochen entstehenden *Sonet-*
nungen (auch bei Frommanns und   *ten*-Zyklus (vgl. etwa Tgb
anderswo), wobei Werner oft aus seinen   10., 11. und 15. sowie an
meist noch ungedruckten bzw. unvollen-   Zelter am 16.).
deten Werken vorliest (*Wanda, Das Kreuz*   Am 8. letzte Druckvorlage
an der Ostsee, Sonette u. a.). Vgl. Tgb.   für *Werke A* an Cotta.

9./11. Dez. Tgb: »zu Frommanns. [A. W.] Schlegelsche   Tgb 9.: »Novellen zu
Sonette gelesen, vorzüglich die auf den   *Wilhelm Meisters Wander-*
Tod seiner Stieftochter [*Totenopfer*]./   *jahren.«*
<...> Sonette von Gries und Klinger.«

14. Dez. (Letzter) Brief an Anna Elisabeth von
Türckheim (Lili Schönemann): »daß es mir
unendliche Freude machte, nach so langer
Zeit, einige Zeilen wieder von Ihrer lieben
Hand zu sehen, die ich tausendmal küsse
in Erinnerung jener Tage, die ich unter die
glücklichsten meines Lebens zähle.«

	16. Dez.	Brief an F. A. Wolf, Dank für das 1., G. gewidmete Heft von ›Museum der Altertumswissenschaft‹ mit Wolfs *Darstellung der Altertumswissenschaft nach Begriff, Umfang, Zweck und Wert* (von G. angeregt, vgl. seinen Brief an Wolf vom 28. 11. 1806). – Tgb: »Nachher allein Werners Charaden-Sonett auf Minchen Herzlieb.«	G. schickt den Anfang von *Pandorens Wiederkunft* nach Wien an »die Redaktoren des ›Prometheus‹« (Tgb), Seckendorff und Stoll.
	17. Dez.		Aufzeichnung Riemers: »hatte mir Goethe sein Sonett auf [Minchen] Herzlieb vorgelesen.« (*Charade*).
Weimar	Ende Dez.	Z. Werner folgt G. nach Weimar, bleibt bis Ende März 1808, wird von G. protegiert.	
	31. Dez.	Brief an Ch. G. Voigt, (erfolgreiches) Plädoyer gegen eine geplante selbständige Freimaurer-Loge in Jena.	
	1808	Beginn des spanisch-französischen Kriegs (der als Guerillakrieg bis 1814 dauert), u. a. ausgelöst durch die von Napoleon erzwungene Abdankung des spanischen Königs zugunsten seines Bruders Joseph Bonaparte; Spanien wird von England unterstützt. Oktober: Napoleon beruft in Erfurt den sog. Fürstenkongreß ein. – Drei literarische Zeitschriften: ›Phöbus‹, hg. von Kleist und Adam Müller; ›Zeitung für Einsiedler‹, hg. von Arnim u. a.; ›Prometheus‹, hg. von Leo von Seckendorff und Jos. Ludwig Stoll (erscheinen nur 1808).	
	Jan.-März	Mehrere ›Mittwochsvorträge‹, jetzt literarischer Art; G. liest Dramen von Z. Werner und Calderón vor. Vgl. Tgb.	
	Anfang Jan.	Mit Datum vom 9. Jan.: Erster Brief an Bettina Brentano.	*Neue Unterhaltungen über Gegenstände der bildenden Kunst als Folge der Nachrichten von den Weimarischen Kunstausstellungen* ersch. mit Datum 1. Jan. als Extrabeilage zur JALZ.
Jena	15.-18. Jan.	Umgang hauptsächlich mit Frommanns und Knebel (vgl. Tgb).	
Weimar	Ende Jan.	Lektüre: Wielands Übersetzung von Ciceros Briefen, 1808 ff. – Am 30. erfolgreiche Uraufführung von Z. Werners *Wanda* (vgl. Tgb), von G. inszeniert (vgl. an N. Meyer, 1. 2.).	

1. Febr. Einziger Brief an Kleist, Antwort auf dessen Brief vom 24. 1.; mit der dringenden Bitte um einen Beitrag für seine und Adam Müllers neue Zeitschrift ›Phöbus‹ schickt Kleist das 1. Heft mit; es enthält Kleists *Organisches Fragment aus dem Trauerspiel Penthesilea*. G. äußert sich dazu sehr reserviert und rügt unverblümt die in Kleists Brief geäußerte Verachtung des gegenwärtigen deutschen Theaters: »Vor jedem Brettergerüste möchte ich dem wahrhaft theatralischen Genie sagen: hic Rhodus, hic salta!« usw. (vgl. an Knebel, 4. 5.: »Mit den Dresdnern habe ich gleich gebrochen« usw.).

Mitte Febr. Lektüre: Werke von Flavius Josephus (vgl. Tgb 13.-16.).

Febr./März — Arbeit am *Polemischen Teil* der *Farbenlehre* (vgl. Tgb 25. und 29. 2., 2.-11. 3.). Weiteres Manuskript von *Pandorens Wiederkunft* geht zum Druck (vgl. Tgb 15.-17. 2. und 10. 3.).

2. März Uraufführung von Kleists *Der zerbrochne Krug* (von G. inszeniert, in 3 Akte eingeteilt); das Stück fällt durch, wird nicht wiederholt.

7. März Brief an F. H. Jacobi: Überschwenglicher Dank für die beiden ersten Lieferungen von Dürers Randzeichnungen zu Kaiser Maximilians Gebetbuch (*Albrecht Dürers christlich-mythologische Handzeichnungen <...> in lithographischer Manier gearbeitet von N. Strixner*, 1808), die G. auf Veranlassung Jacobis von Aretin geschenkt bekommen hat. Ferner u. a. ausführlich über Z. Werner. — Ferner: »Da ich jetzt meine Kollektaneen zur *Geschichte der Farbenlehre* einigermaßen redigire und ordne; so muß ich in die Geschichte der Kunst, der Wissenschaft, der Welt überhaupt eingehen.«

Jena 17.-21. März Mit J. H. Meyer. Umgang u. a.: Frommanns, Knebel, Seebeck.

Weimar 24. März Tgb: »*Siderismus* von Ritter Ersten Bandes Erstes Stück«. (Vgl. an F. H. Jacobi am 31.: »Ritters neue Beyträge zum Galvanismus habe ich mit viel Antheil durchlaufen und studire das Heft nun ernstlicher.«)

	April		Die Bde. 5-12 von *Werke A* ersch. als (vorläufiger) Abschluß dieser Ausgabe, mit dem Erstdruck von *Faust I* in Bd. 8. (Okt. 1809 folgen *Die Wahlverwandtschaften* als Bd. 13, s. u.).
	4. April	August bricht auf, um in Heidelberg Jura zu studieren (vgl. Tgb; Riemer bleibt im Hause, nun ausschließlich als G.s Sekretär.)	
	5.-10. April	Auf G.s Bitte führt Seebeck in Weimar die galvanischen Versuche vor, durch die H. Davy Ende 1807 die Elemente Kalium und Natrium entdeckt hatte (vgl. Tgb und an Seebeck, 29. 3.; vgl. u. a. auch an Caroline von Wolzogen, 24. 2.).	
	Mitte April	Tgb 12.: *Fortunatus«* (eines der sog. Volksbücher.). Tgb 17.: »bei Mad. Schopenhauer. Diatribe gegen die neuen Dichterlinge.« (D. h. ein Ausfall gegen die Romantiker, besonders die Brüder Schlegel, anläßlich eines Artikels von F. Ast in der von diesem hg. ›Zeitschrift für Wissenschaft und Kunst‹, H. 1, 1808; vgl. die Berichte von Zeugen, u. a. C. Bertuch im Brief an Böttiger vom 21., vgl. außerdem G. selbst bereits in seinem Brief an F. H. Jacobi vom 7. 3.).	Tgb 11.: »An den kleinen Erzählungen schematisirt, besonders den *Wahlverwandtschaften* und dem *Mann von 50 Jahren«* (für die *Wanderjahre*). Tgb 12.: »Wie gestern.«
Jena	23.-30. April	Mit J. H. Meyer. Umgang u. a.: Frommanns, Knebel, Seebeck.	Tägliche Arbeit an *Pandora* (vgl. Tgb; an Riemer und an Christiane am 29.).
	Mai		*Pandora's Wiederkunft* ersch. bis Vers 402 in Heft 1 und 2 des von Seckendorf und Stoll hg. ›Prometheus‹ (mehr ist dort nicht abgedruckt).
Weimar	Anfang Mai	Besuch F. Schlegels (auf dem Weg nach Wien), letzte Begegnung (vgl. Tgb 5. und 6. und F. Schlegel an Boisserée am 9.).	Tgb 1.: »Hofrath Meyern die erste Hälfte der *Wahlverwandtschaften* erzählt.«

Reise nach Karlsbad; Franzensbad; 12. Mai–17. September 1808

Mit Riemer. Vgl. Tgb und die Briefe.

Von Weimar nach Karlsbad	12.–15. Mai	Über Pößneck, Hof, Franzensbad.	Arbeit an *Pandora* (vgl. Tgb 12.).
Karlsbad	15. Mai (–9. Juli)	Trinkkur. Umgang: Zahlreiche Kurgäste, vor allem Familie von Ziegesar mit Tochter Silvie (s. u.), Pauline Gotter und Marianne von Eybenberg (ab 17. 6.).	
	18. Mai		*»Pandorens Wiederkunft zweiter Teil* C<arls>B<ad> d. 18. Mai 1808« (Schema; wird nicht ausgeführt).
	Mitte/ Ende Mai	Lektüre u. a.: G. Casti, *Novelle galanti in ottave rime*, 1793/1804, vgl. Tgb 19.; F. Schlegel: *Über die Sprache und Weisheit der Indier*, 1808, mit Übersetzungsproben aus dem altindischen Epos *Ramayana* im Anhang (vgl. Tgb 23. und 24.)	Arbeit an *Pandora* bis zum »Abschluß des 1. Theils« (Tgb 27.). Tgb 29.: »Angefangen an den *Wahlverwandtschaften* zu schematisiren. An *Pandorens Wiederkunft* einiges rectificirt.«
	Juni	Vom 9.–30. täglich mit Silvie von Ziegesar bzw. ihrer Familie zusammen (vgl. Tgb und an Christiane, 12. 6. und 2. 7.).	Weiterarbeit an den *Wahlverwandtschaften* bis 24. (vgl. Tgb 1.–7., danach sporadisch).
	15. Juni		Tgb: »An Dr. Stoll nach Wien, *Pandorens Wiederkunft* bis zum Abschied der Eos« (also den Schluß des fertigen Stücks).
	18.–20. Juni		Gedicht für Silvie von Ziegesar zu ihrem 23. Geburtstag am 21.: *»Nicht am Susquehanna«* (vgl. Tgb).
	Ende Juni	Brief an Reinhard am 22., darin scharf kritisch über F. Schlegel und seinen Übertritt zur katholischen Kirche, der ihm auch Schlegels Schrift *Über die Sprache und Weisheit der Indier* verleidet (die G. zugleich bewundert, vgl. an Zelter am gleichen Tag); ähnlich bei Schlegels Rezension der vier ersten Bände von *Goethes Werke*. – Brief an Zelter, mit sechs seiner *Sonette* und kritischen Äußerungen über Voß und des-	Tgb 25.: »Schema der *Wahlverwandtschaften*. Nachher *pilgernde Törin«* (Novelle für die *Wanderjahre*; Weiterarbeit daran bis zum 29. 6., vgl. Tgb).

sen publizistischen Kampf gegen die So-
nettform, u. a. durch das Sonett *An Göthe*;
Beilage: kritische Diskussion von Zelters
Sätzen über die Moll-Tonart im Brief vom
6. April. – Brief an Bettina Brentano am 22.,
u. a. freundlich-kritisch über Arnims ›Zeitung für Einsiedler‹ (von diesem mit Brief
vom 1. 4. an G. geschickt).

	Anfang Juli	Tgb 1.: »Früh bei Ziegesars, die nach Franzensbad gingen, da wir Abschied nahmen.«	Arbeit an den *Wahlverwandtschaften* (vgl. Tgb 4.-8.).
Franzensbad	9. (-21. Juli)	G. reist Silvie von Ziegesar nach (vgl. seine Briefe an sie vom 7. und 8.). Am 16./17. kommt auch Pauline Gotter nach Franzensbad (vgl. Tgb).	
(Eger)	13. Juli	Vgl. Tgb.	
	14. und 15. Juli	Auf den Kammerbühl (vgl. Tgb).	Tgb 15.: »Schema des Cammerbergischen Wesens« (→ *Der Kammerberg bei Eger*).
Karlsbad	22. Juli (-30. Aug.)	Täglich mit Marianne von Eybenberg zusammen bis zu ihrer Abreise am 31.7.; Umgang u. a. mit Dora Stock (27.7. bis 31.8.), A. G. Werner (ab 29.7. bis ~19.8.), A. von Herder (13.-19.8.), Elisa von der Recke und Tiedge; vgl. Tgb. – Brief an Silvie von Ziegesar: »ein armseliges [Haar-]Büschelchen lege ich bey gegen die schöne, reiche, geringelte Gabe <...> bitte um einige Worte, besonders um Ein schon gebetenes. Tausendmal Adieu! Liebe, liebe Silvie.«	Bis Ende Juli fast täglich Arbeit an den *Wahlverwandtschaften* (vgl. Tgb).
	Ende Juli	Brief an Runge am 23., Dank für die mit Begleitschreiben vom 19.4. überschickten Zeichnungen, Einladung nach Weimar auf »einige Monate«. (Auch Runges Brief von Ende 1807 über seine Idee der ›Farbenkugel‹ hat G. inzwischen erhalten.) – Am 23. Ankunft Burys, der bis zum 27. bleibt und ein Goethe-Porträt in Kreide zeichnet (vgl. Tgb).	G. schickt Cotta am 26. *Die pilgernde Törin*; ersch. im ›Taschenbuch für Damen auf das Jahr 1809‹. – Tgb 30.: »Früh Schluß der *Wahlverwandtschaften* <...> Geschichte der Farbenlehre vorgenommen.«
	August	Unter Anleitung von Kaaz zeichnet G. (kolorierte) Landschaften »in einer Art von Mittelgouache« (an J. H. Meyer am 17.; vgl. Tgb ab ~7. bis zum 29.).	Weiterarbeit an der *Geschichte der Farbenlehre* bis zum 26., vgl. Tgb.

8.-19. Aug.

Schema zu einem Volksbuch, historischen Inhalts und *Exposé zu einem <Lyrischen Volksbuch>*, angeregt durch Niethammer bzw. die bayerische Regierung, die G. als Herausgeber für ein derartiges Werk gewinnen will (vgl. Tgb 7.-13. und 18., sowie an Niethammer am 19.).

28. Aug.

Tgb: »*Die Wahlverwandtschaften* wieder vorgenommen und sie in verschiedenen Beziehungen durchgedacht.« (Ähnlich am 29. und 30.)

Franzensbad   31. Aug.   Trinkkur. Umgang u. a.: Eleonore von
                (-12. Sept.)   Flies und Cäcilie von Eskeles aus Wien,
                               Graf Ignaz Potocki und andere polnische
                               Adlige. Lektüre: Fichte, *Über Machiavell als Schriftsteller*, 1807, und *Reden an die deutsche Nation*, 1808, vgl Tgb 31.

3.-8. Sept.

Arbeit am Aufsatz *Der Kammerberg bei Eger* (vgl. Tgb).

Hof,   12.-14. Sept.
Neustadt

Tgb 12.: »Handwerksliedchen.« (*Der Goldschmiedsgesell*).

Jena (und   14.-17. Sept. G. trifft u. a. Knebel und Seebeck und be-
Drackendorf)   sucht die naturwissenschaftlichen Insti-
                              tute, vgl. Tgb; am 15.: »Früh nach Dra-
                              kendorf [zu Ziegesars] <...> Gerücht
                              wegen Ankunft Napoleons. Gegen Abend
                              herein. War meine Frau angekommen«
                              (vgl. G.s Brief an sie vom 14.).

Weimar (und Jena), 17. September 1808–15. Mai 1810

Weimar   17. Sept.   Die Nachricht vom Tod von G.s Mutter
                         (am 13.9.) trifft ein (vgl. an Silvie von
                         Ziegesar am 21.).

21./22. Sept.   Tgb: »Baggesens Gedichte. Matthisson
                 [*Lyrische*] *Anthologie* zweyter Theil
                 <...>/Hagedorn« (wohl für das geplante
                 <*Lyrische Volksbuch*> gelesen).

| | 23. Sept. | Am 23. an Eichstädt: Dank »für das über-sendete Münchner Diplom« als Ehren-mitglied der Akademie der Wissenschaf-ten. | G. schickt seinen Aufsatz *Der Kammerberg bei Eger* an C. C. von Leonhard (vgl. Tgb); ersch. in desssen ›Ta-schenbuch für die gesamte Mineralogie‹ 3, 1809. |

Erfurt   29. Sept.   Bei Napoleons ›Fürstenkongreß‹.
             (-4. Okt.) Allabendlich bei den Vorstellungen der
                         Comédie Française, die französische
                         Klassiker spielt. G. lernt u. a. die Staats-
                         männer Talleyrand, Champagny, Maret,
                         Savary und Daru kennen.

             2. Okt.   Audienz bei Napoleon. Vgl. Tgb, ferner
                         W. von Humboldt an seine Frau, 19. 11.
                         (»*Werthers Leiden* und die französische
                         Bühne sind die Hauptgegenstände der
                         Unterhaltung gewesen« usw.), G. an
                         Cotta, 2. 12. sowie G.s späte Niederschrift
                         Unterredung mit Napoleon; außerdem
                         u. a. Talleyrands *Mémoires* (verfaßt 1812-
                         16).

Weimar   6. Okt.   Napoleon in Weimar. Tgb: »zu Tafel bei
                         Hof. Abends Schauspiel *La mort de
                         César*« (von Voltaire, gespielt von der
                         Comédie Française). Zweites Gespräch
                         mit Napoleon (vgl. an Cotta, 2. 12.). Maret
                         und seine Sekretäre logieren bei G. (vgl.
                         Tgb).

             7. Okt.   Tgb: »Früh Besuch von Marschall Lannes
                         <...> Sprach den Fürst Primas [Dalberg]
                         bei Frau von Wolzogen.«

             8. Okt.   Besuch Sartorius'; er und seine Frau
                         Caroline logieren vom 11.-19. 10. bei G.
                         (In dieser Zeit – bis zum 23. 11. – ist
                         Christiane in Frankfurt zur Regelung von
                         Erbangelegenheiten nach dem Tod von
                         G.s Mutter. Sie wird begleitet von der
                         achtzehnjährigen Caroline Ulrich, die
                         schon seit Anf. Febr. in Tgb öfter als
                         Tischgast erwähnt ist und mehr und mehr
                         zu Christianes ständiger Gesellschafterin
                         wird.)

             14. Okt.   Tgb: »Orden der Ehrenlegion« (G. von
                         Napoleon verliehen; das Diplom und der
                         ›Aigle‹, das Ehrenzeichen selbst, folgen

alsbald, vgl. an Comte de Lacépède,
12. 11.).

15. Okt. Tgb: »Mittags Talma [Star der Comédie
Française] und Frau mit [Ehepaar] Sartorius. Annen Orden« (von Zar Alexander I.
verliehen). Vgl. Caroline Sartorius an ihren
Bruder am 27./28.

Jena 19. Umgang u. a.: Knebels, Frommanns,
(–29. Okt.) Seebeck, Oken, d'Alton (Archäologe und
Anatom, seit kurzem in Tiefurt lebend; in
den beiden folgenden Jahren sehen sich G.
und d'Alton häufiger).

(Dracken- ~20.–24. Okt. Besuch bei Familie Ziegesar bzw. Silvie,
dorf) vgl. an sie am 19. und 24. (Am 24. in
Weimar erste Sitzung der wiederbelebten
Weimarer Freimaurerloge ›Amalia‹, vgl. an
Bertuch, den ›Meister vom Stuhl‹.)

26. Okt. Tgb: »Auf den Napoleonsberg« (Wind-
knollen, wo Napoleon in der Nacht vor
der Schlacht bei Jena biwakierte; vgl. an
Christiane).

Weimar 30. Okt. Besuch Pauline Gotters; sie bleibt bis Mitte
Nov. (vgl. G. an sie, 16. 11.). G. ist häufig mit
ihr zusammen. – Im Brief an Zelter Ausfall
gegen die junge Generation der Schriftsteller (er nennt Z. Werner, Oehlenschläger,
Arnim, Brentano, Jean Paul, Görres): »Kein
Mensch will begreifen, daß die höchste und
einzige Operation der Natur und Kunst die
Gestaltung sei, und in der Gestalt die Spe-
zifikation, damit jedes ein besonderes bedeutendes werde, sei und bleibe.«

2. Nov. Wiederaufnahme der Mittwochsvorträge:
G. zeigt u. a. Sepiazeichnungen von C. D.
Friedrich, die dieser nach Weimar geschickt hatte (vgl. am 1. an Kaaz: »Herr
Friedrich hat uns durch seine Zeichnungen sehr viel Vergnügen gemacht.« Sie
werden auch anderen vorgeführt, vgl. Tgb
6., 10. und 13.).

9. Nov. G. beginnt in den Mittwochsvorträgen das
Nibelungenlied vorzulesen, mit dem er
sich jetzt intensiv beschäftigt. Fortsetzung
jeden Mittwoch bis 11. 1. 1809 (vgl. Tgb).

10. Nov.	G. bittet Carl August schriftlich um Entbindung von der Theaterdirektion, dieser nimmt das Gesuch nicht an. (Carl August hatte in G.s Kompetenzen eingegriffen. Der Streit, in dem Carl Augusts Beziehung zu Caroline Jagemann eine zentrale Rolle spielt, dauert bis Ende des Jahres; vgl. besonders Ch. G. Voigt an Carl August, 30. 11. und G. an Ch. G. Voigt, 11. 12.; durch Vermittlung von Herzogin Louise wird er schließlich beigelegt, vgl. G. an Silvie von Ziegesar, 31. 12.)
14. Nov.	Brief an Arnim, Dank für die beiden letzten Bände von *Des Knaben Wunderhorn*, 1808, die letzten Teile der ›Zeitung für Einsiedler‹ u. a., von Arnim mit Brief vom 29. 9. übersandt (»kann ich nicht leugnen, daß mir darin, nach meiner Art zu sehen, auch manches verdrießlich fiel« usw.).
17./18. Nov.	Besuch W. von Humboldts (vgl. Tgb und Humboldts Brief an seine Frau vom 19.).

Tgb 18.: »*An Herrn Assessor Leonhard*« (ersch. in dessen ›Taschenbuch für die gesamte Mineralogie‹ 3, 1809).

25. Nov.	An Knebel: »Überhaupt lasse ich mich nicht irre machen, daß unsre modernen, religiosen Mittelältler mancherlei Ungenießbares fördern <...> Es kommt durch ihre Liebhaberei <...> manches Unschätzbare ans Tageslicht, das der allerneusten Mittelmäßigkeit doch einigermaßen die Waage hält.«
Nov./Dez.	

Arbeit an der *Geschichte der Farbenlehre* (vgl. Tgb).

2. Dez.	An Reinhard: »Also ist das wunderbare Wort des Kaisers [Napoleon] womit er mich [am 2. 10.] empfangen hat, auch bis zu Ihnen gedrungen?« (Vgl. Reinhard im Brief vom 24. 11.: »Von Ihnen soll der Kaiser gesagt haben: ›Voilà un homme!‹«)
3./4. Dez.	W. von Humboldt und sein Sohn Theodor logieren bei G. (vgl. Tgb und W. von Humboldt an seine Frau am 7.). – Tgb 4.: »Fernow in der Nacht gestorben.«

9. Dez. Tgb: »Fing Kügelgen mein Porträt an.«
(Der Maler bleibt bis ~Ende Jan. 1809 in
Weimar; am 21. 1. ist im Tgb letztmals die
Arbeit am Porträt vermerkt. Im Dez. fer-
tigt Kügelgen auch das Wachsmedaillon
mit G.s Profil, vgl. Arnim an Bettina,
11. 1. 1809.)

Amtliches (im Zusammen-
hang mit dem Theaterstreit,
s. o. 10. Nov.): <*Über die
Notwendigkeit, Tunlichkeit
und Schicklichkeit der Tren-
nung des Schauspiels von der
Oper*> (datiert).

19. Dez. Besuch Arnims, bleibt bis zum 24. (vgl.
Tgb).

21. Dez. Besuch Z. Werners; bleibt bis Anf. Juni
1809 in Weimar.

25. Dez. Besuch W. von Humboldts (vgl. Tgb),
bleibt bis 8. 1. 1809.

28. Dez. Lektüre: G. H. Schubert, *Ansichten von
der Nachtseite der Naturwissenschaft*,
1808 (vgl. Tgb).

31. Dez. Tgb: »Mittags Steffens und Frau, Frommann und Frau, [Z.] Werner und Werne-
burg.« Zu G.s Ausfall gegen Z. Werner
bzw. sein Sonett, worin der Vollmond mit
der Hostie verglichen wird, vgl. u. a. Riemers Bericht und W. von Humboldt an
seine Frau, 1. 1. 1809.

1809 Österreichisch-französischer Krieg: im April Tiroler Aufstand unter
Führung von Andreas Hofer, zunächst erfolgreich. 13. 5.: Besetzung
Wiens durch die Franzosen. 21./22. 5.: Schlacht bei Aspern, erste
Niederlage Napoleons. 5./6. 7.: Sieg Napoleons bei Wagram. 14. 10.:
Friede von Schönbrunn: Gebietsabtretungen Österreichs. – Soemmering
erfindet den elektrischen Telegraphen. – 7. 9.: Tod Caroline Schellings.

Januar Neujahrsbeilage der JALZ: Überaus posi-
tive Besprechung der Sepiazeichnungen
von C. D. Friedrich (s. o.) von J. H. Meyer,
unterzeichnet mit W. K. F. (Weimarische
Kunstfreunde, d. h. mitverantwortet von
G.).

Intensive Arbeit an der
Geschichte der Farbenlehre
(4. Abt., 16. Jh., auch
Absendung von Manuskript
zum Druck; vgl. Tgb).

10. Jan. Brief an die Hoftheaterkommission: Vor-
schläge, um das Niveau der Redouten wieder zu heben. (Die nächste Redoute am 3. 2.
wird von G. organisiert und dirigiert; vgl.
Johanna Schopenhauer an Kügelgen, 4. 2.)

11. Jan. In den Mittwochsvorträgen beginnt G.
mit Vorlesen des *Fierabras* (bis 22. 2.).

Mitte/ Ende Jan.	M. F. Arendt in Weimar; Tgb 14.: »Arendt, der von seinen Reisen in Norwegen und Schweden erzählte, seine vollständige Abschrift der *Edda Sämundar* vorlegte, über Runenschrift, isländische Cultur im 11. und 12. Jahrhundert u. s. w. manches mittheilte.« Vgl. G.s Kurzbiographie über ihn im Brief an Frau von Stein vom 16.; am 18. ist Arendt Referent im Mittwochsvortrag (vgl. Tgb).	
26. Jan.	Tgb: »Nach Tische der Architekt [D.] Engelhardt, um Abschied zu nehmen, weil er nach Cassel geht.«	
27. Jan.	Brief an seine Nichte Marie Anna Louise Nicolovius, die G. nach dem Tod seiner Mutter geschrieben hatte.	
Februar		Arbeit an der *Geschichte der Farbenlehre*, vgl. Januar; am 14. Beginn mit der 5. Abt., 17. Jh. (vgl. Tgb).
1. Febr.	Lektüre: Sophokles' *Ödipus auf Kolonos* (vgl. Tgb).	
Mitte Febr.	Der Musiker Eberwein, Leiter von G.s Hausmusik, geht auf Betreiben G.s bis Okt. nach Berlin, um bei Zelter Unterricht zu nehmen (vgl. an diesen am 16.).	
Ende Febr.- Mitte März	Auf G.s Anregung schreibt Z. Werner seine Tragödie *Der 24. Februar* in wenigen Wochen (vgl. Tgb 27. 2., 10. und 14. 3. sowie Z. Werner an G., 10. 3.).	
März		Weiterarbeit an der *Geschichte der Farbenlehre*, 5. Abt. 17. Jh. (vgl. Tgb und an Knebel am 18.).
28./29. März	Tgb: »bey Frau von Wolzogen, wo Rath [G. G. F.] Majer <...> einige Fabeln aus der *Edda Sämundar* vorlas.«/»Majers nordische Genealogie und Fabeln, hauptsächlich Sigurd und Brynehild betreffend« (im Mittwochsvortrag; vgl. bereits Tgb am 23.).	
März/April	Einquartierungen im Zuge des österreichisch-französischen Kriegs (vgl. Tgb 16. 3., 23. und 25. 4.).	

April   G. lehnt es ab, Z. Werner weiterhin zu   An Reinhard am 17.: »habe
empfangen (vgl. Riemers Notiz vom 7.   ich an der *Geschichte der*
und Werner an G. am 25.).   *Farbenlehre* gearbeitet und
bin nun bald mit dem sieb-
zehnten Jahrhundert zu
Rande.«

5. April   Im Mittwochsvortrag beginnt G. *König*
Rother vorzulesen (aus *Deutsche Gedichte*
des Mittelalters, hg. von J. G. Büsching
und F. H. von der Hagen, 1808); Fortsetzungen am 12., 19. und 26.

14./15. April   Tgb 14.: »Abends zu Hause. Gespräch   Tgb 15.: »*Wahlverwandt-*
[mit Riemer] über die deutschen Sprach-   *schaften* <...> Überlegung
alterthümer des Ulfilas und Otfried.«   des Schemas zur Ausfüllung
und Ausführung.« Weiterar-
beit zunächst bis Ende April
(vgl. Tgb).

Jena   29. April   Mit Riemer. Umgang u. a.: Knebel, From-
(-13. Juni) manns, Seebeck, d'Alton, Oken, Familie
von Ziegesar, die angehende Malerin
Louise Seidler (vgl. letztere an Pauline
Gotter am 4. 6. über G.s Begegnung mit
Silvie von Ziegesar am 29. 5.). Vgl. Tgb. – G.
besucht die naturwissenschaftlichen Institute. Er ist häufig im Botanischen Garten,
»wo ich mir eine Art von zweyter Wohnung aufgeschlagen habe« (an Christiane,
10. 5.).

Mai   Arbeit an der *Geschichte der*
Farbenlehre: Abschluß des
17. Jh., insbesondere Studium der Schriften von
J. Kepler; ab 21. Beginn mit
dem 18. Jh. (vgl. Tgb).

Anfang Mai   Lektüre von Alfieris Selbstbiographie (*Vie*   Am 9. an Cotta die vier ersten
de V. Alfieri écrite par lui même, 1809; vgl.   Kapitel der *Wanderjahre*;
Tgb 2./3.). – An Christiane am 2.: »Hofrath   ersch. Ende Sept. im ›Ta-
Starke besucht mich täglich und nimmt   schenbuch für Damen auf
sich meiner mit vieler Sorgfalt an.«   das Jahr 1810‹ (vgl. Tgb
20. 9.).

Mitte Mai   Tgb 19.: »*Tacanño* von Quevedo. *Lusiade*   Tgb 11.: »*Wahlverwandt-*
von Camoens in der Seckendorfischen   *schaften* Schema. Schön
Übersetzung.«   Suschen Ballade« (*Johanna*
Sebus; vgl. auch Tgb 12., 20.
und 21.).

	Ende Mai		G. läßt einen Einzeldruck von *Johanna Sebus* machen und verschickt ihn an Freunde und Bekannte.
	Juni		Arbeit an *Geschichte der Farbenlehre*, 18. Jh., besonders ab Mitte des Monats (vgl. Tgb).
	Anfang Juni	Letzte Begegnung mit Z. Werner; vgl. Tgb 4. und an Christiane am 6.: »bin ihm freundlich und gut begegnet, so daß er <...> ganz heiter abscheiden konnte«.	Arbeit an den *Wahlverwandtschaften* (vgl. Tgb und an Marianne von Eybenberg am 16.).
	9. Juni	Briefe: An Hirt, Dank für dessen *Baukunst nach den Grundsätzen der Alten*, 1809, und Einzelschriften über verschwundene antike Bauten; G. bekundet lebhaftes Interesse an derartigen Rekonstruktionsversuchen. – An Reinhard, u. a. über den am 29. 5. verstorbenen J. von Müller.	
Weimar		Seit Ende Mai logiert Kaaz im Hause Goethe (vgl. an Christiane, 30. 5.); er bleibt bis 1. August in Weimar bzw. Jena.	
	Anfang/ Mitte Juli	Am 14. und 15. Wiedersehen mit Reinhard, der sich im Zuge des österreichisch-französischen Kriegs kurze Zeit in Weimar aufhält.	Arbeit an *Geschichte der Farbenlehre*, 18. Jh., vorwiegend Lektürestudien (vgl. Tgb).
	21. Juli	Kaaz arbeitet an seinem Goethe-Porträt in Öl (laut Riemers Notiz).	
	22. Juli	Brief an Ch. G. Voigt, Idee der administrativen Zusammenfassung sämtlicher herzoglicher Institute in Weimar und Jena. (Noch in diesem Jahr kommt es zu einer finanztechnischen Zusammenfassung, Vorstufe der → ›Oberaufsicht über die unmittelbaren Anstalten‹).	
Jena	23. Juli (-7. Okt.)	Umgang u. a.: Knebel, Frommanns, Seebeck, Silvie von Ziegesar, Louise Seidler, Kaaz.	Landschaftszeichnen, vgl. an J. H. Meyer, 11. 8. (vgl. Corpus IV b, 197).
	Ende Juli/ August		Arbeit an den *Wahlverwandtschaften*, vgl. Tgb ab 24. 7.; am 28.: »An dem Roman revidirt und den An-

fang in die Druckerey
geschickt.«

8. Aug.	Besuch Clemens Brentanos (vgl. Tgb und Brentano an Arnim am 9., mit G.s Beurteilung der Novellen in Arnims *Wintergarten*).	
10. Aug.	Tgb: »Nachts Lichtenbergs kleine Schriften.« Vgl. auch Tgb am 11.	
Ende Aug./ Anfang Sept.	Lektüre von A. W. Schlegels *Vorlesungen über dramatische Kunst und Literatur* 1, 1809 (vgl. Tgb).	
September		Letzte Arbeiten an Teil 2 der *Wahlverwandtschaften*, laufende Korrektur der gedruckten Partien (vgl. Tgb).
10./11. Sept.	Lektüre von Franz von Baaders *Beiträge zur dynamischen Philosophie im Gegensatz der mechanischen*, 1809 (vgl. Tgb und an Bettina Brentano).	
(Dracken-dorf) 17. Sept.	Bei Familie Ziegesar.	
25./26. Sept.	August aus Heidelberg zurück (vgl. Tgb 26.).	Tgb 25.: »Aufsatz über die Köstritzer Antiquitäten« (→ *Zwei deutsche Altertümer*; vgl. bereits Tgb und an Carl August am 20.).
Oktober		*Die Wahlverwandtschaften* ersch. bei Cotta (als Einzelausgabe und als Bd. 13 von *Werke A*, vgl. G. an Cotta am 1.).
Anfang Okt.	Brief an Z. Werner am 1., Antwort auf dessen Brief vom 22. 8.: »daß wir immer einmal wieder eine Strecke Wegs mit Lust zusammen fortwandern können <...> nur enthalten Sie sich ja, mir Fußangeln aus der Dornenkrone vor meine Schritte hinzustreuen.«	Tgb 4.: »Schema die *deutschen Altertümer betreffend*«.
Mitte Okt.	Brief an Runge am 18., über dessen im Manuskript überschickten Aufsatz über die *Farbenkugel* (1810 ersch.): »Wie angenehm ist mir's, daß ich auch unter den	Tgb 11.: »Schema einer Biographie«: Beginn der Arbeit an der Autobiographie (→ *Dichtung und Wahrheit*;

Gleichzeitigen Gleichgesinnte [in puncto
Farbenlehre] nennen kann«.

vorläufig bis Mitte Dez.
Weiterarbeit am Schema,
Sichtung von Papieren,
Lektüre einschlägiger Werke;
vgl. Tgb.).

23. Okt.

Wiederaufnahme der Arbeit
an der *Farbenlehre* (vgl. Tgb).

1. Nov.   Tgb: »*Dämmerungen* von Jean Paul.«

2. Nov.   Wiederaufnahme der seit Ende Jan. ausge-
setzten Hausmusik nach Eberweins
Rückkehr aus Berlin (s. o. Mitte Febr., vgl.
Tgb und an Zelter, 21. 12.). Laut Tgb findet
sie bis 21. April 1811 regelmäßig statt
(donnerstags ist Probe, sonntags Konzert
vor geladenen Gästen).

3. und 4. Nov.   Besuch Oehlenschlägers (vgl. Tgb); letzte
persönliche Begegnung.

19. Nov.

Tgb: »Chromatisches be-
dacht [*Farbenlehre*]. Sodann
die Novelle der Namensver-
wechslung« (*Das nußbraune
Mädchen*, für die *Wanderjahre*).

30. Nov.   Caroline Ulrich zieht ins Goethesche
Haus (Datierung nach einer Notiz
Riemers).

2. Dez.

Riemer an Frommann, über
die weitere Planung für die
Farbenlehre: »Wir sind jetzt
am 2. Teile der Optik, und
das *Polemische* muß mit dem
Historischen gegeneinander
gearbeitet werden <...>
Sowie wir damit vorgerückt
sind, geht es wieder ans *Historische*«.

12. Dez.   Besuch W. Grimms, der bis zu seinem
Abschied am 25. mehrmals bei G. zu
Gast ist und G. das Manuskript seiner
Altdänischen Heldenlieder (Übersetzung,
ersch. 1811) überläßt (vgl. den Brief an
seinen Bruder Jacob vom 13./15. und
Tgb).

19. Dez. Tgb: »Des Agricola *Sprüchwörter* [Lektüre
bis 29. 12. in Tgb vermerkt]. Schellings
Abhandlung *über das Wesen der
menschlichen Freiheit*.«

1810 Inflation in Österreich. 2. 4.: Napoleon heiratet die österreichische Kai-
sertochter Marie-Louise (nach Annulierung der Ehe mit Josephine de
Beauharnais). 4. 6.: Hardenberg zum preußischen Staatskanzler ernannt.
29. 9.: Gründung der Universität Berlin auf Initiative und nach Ideen
W. von Humboldts. – 1. 10.: Die erste Nummer von Kleists ›Berliner
Abendblätter‹ erscheint (letzte Nummer am 30. 3. 1811). Der 1809 in
Wien von jungen Malern gegründete ›Lukasbund‹, die sog. Nazarener,
wandert nach Rom aus und bildet dort eine deutsche Künstlerkolonie
(Overbeck, Pforr, Cornelius, Schnorr von Carolsfeld u. a.). – 2. 12.: Tod
Runges.

Januar August setzt sein Studium in Jena fort
(neben Jura jetzt auch Volkswirtschaft).

Anfang Jan. Besuch W. von Humboldts, 2.- 6., logiert   Tgb 3.: »Schluß des *polemi-*
bei G. (vgl. Tgb, G. an Knebel am 10. und   *schen* Manuscripts nach Jena
Humboldt an seine Frau am 3. und 7.).   gesendet«. (Kontinuierliche
Am 10. an Ch. G. Voigt, mit einem (er-   Weiterarbeit an der *Ge-*
folgreichen) Plädoyer für den Erwerb »der   *schichte der Farbenlehre* bis
geognostischen Sammlung des Herrn   zum Abschluß Anf. Mai;
Bergrat Voigt zu Ilmenau«, einem ent-   Korrektur der gedruckten
schiedenen ›Vulkanisten‹, für das herzog-   Partien.)
liche mineralogische Kabinett.

Mitte Jan. Lektüre: A. W. Schlegel, *Vorlesungen über
dramatische Kunst und Literatur*, Bd. 2,
1810 (vgl. Tgb 9.-13. und an Knebel am
10.).
Erneuter Besuch W. von Humboldts, 18.-
20. (vgl. Tgb und Humboldt an seine Frau
am 20.). G. erhält aus Paris A. von
Humboldts *Vues des Cordillères et
monuments des peuples indigènes de
l'Amérique*, 2 Bde., 1810 (vgl. Tgb 18.).

22. Jan.   Beginn der Arbeit am Maskenzug *Die romantische
Poesie* (vgl. Tgb).

2. Febr.   Glanzvoller Maskenzug zum
Geburtstag Herzogin Loui-
ses und zur Verlobung von
Prinzessin Caroline, mit G.s
Stanzen *Die romantische
Poesie*; Separatdruck am 1. 2.,

			weitere Drucke noch 1810, u. a. in Cottas ›Morgenblatt‹ Nr. 73 vom 26. 3.
	7. Febr.		G. schickt Zelter das Gedicht *Rechenschaft* (vgl. Tgb und Zelter an G., 17.–21. 2.).
	16. Febr.		*Maskenzug russischer Nationen* zum Geburtstag Maria Paulownas, mit Versen von G. und anderen.
	24. Febr.	Erfolgreiche Uraufführung von Z. Werners *Der vierundzwanzigste Februar* auf dem Weimarer Hoftheater, von G. inszeniert. Wird mehrmals wiederholt.	
	Ende Febr.	Lektüre: Hamanns *Kreuzzüge eines Philologen* (vgl. Tgb 24.-26.).	
Jena	12. März (-15. Mai)	Mit Riemer. Umgang u. a.: die Familien Knebel, Frommann, Ziegesar, Seebeck; Pauline Gotter, Louise Seidler. Vgl. Tgb.	Letzte Arbeiten an der *Farbenlehre* (*Historischer Teil*, Schlußkapitel, Beschreibung der Tafeln). – In den folgenden Monaten viele Landschaftszeichnungen, laut eigenem Bekunden (in: *Über die Entstehung der zweiundzwanzig Blätter meiner Handzeichnungen*, 1821) versiegt danach G.s Zeichenlust.
	26. März		G. schickt Zelter das Gedicht *Ergo bibamus* (vgl. Tgb und Zelter an G., 4. 4., mit der Vertonung).
(Drackendorf)	29. März und 5. April	Bei Ziegesars.	
	Mitte April	Lektüre von Einhards Biographie Karls des Großen (Tgb 14.-16.) und »Turpins Geschichte Karls des Großen« (Tgb 16., 19. und 20.). Tgb 20.: »Bey Knebel im neuen Quartier« (im sog. ›Paradies‹, an der Saale). Am 13. an J. H. Meyer, Dank für die »technische Beschreibung« der Baumwollspinnerei in der Schweiz (vgl. J. H. Meyer an G., 13. 4., und bereits Tgb 22. 1.), Material für die *Wanderjahre*.	Wohl weitere Arbeit an der Fragment gebliebenen *Tragödie aus der Zeit Karls des Großen* (vgl. an Kirms, 27. 6.). – Arbeit an *Anzeige und Übersicht des Goethischen Werkes zur Farbenlehre* (vgl. Tgb); ersch. erstmals in Cottas ›Morgenblatt‹ vom 6. Juni.

	30. April		Tgb: »Die Stanzen *das Tagebuch* abgeschrieben.« (laut Tgb verfaßt am 22. und 23., erst posthum publiziert).
	1. Mai	An Ch. G. Voigt, über die herzoglichen Institute in Jena (naturwissenschaftliche Institute, Bibliotheken).	
	Mitte Mai	Am 14. an Reinhard, über die Zeichnungen des Kölner Doms, die Sulpiz Boisserée hatte überbringen lassen (Reinhard hatte bei G. vermittelt, vgl. seinen Brief vom 16. 4. und G.s Antwort vom 22. 4.); auch über die gotische Baukunst überhaupt. – Brief an Boisserée selbst, Einladung nach Weimar.	*Zur Farbenlehre* ersch. in 2 Bden und 1 Tafelband bei Cotta. (Zur Aufnahme bei der Fachwelt schreibt G. rückblickend in *Tag- und Jahreshefte 1810*: »Um die Wirkung war ich wenig bekümmert, und tat wohl. Einer so vollkommenen Unteilnahme und abweisenden Unfreundlichkeit war ich aber doch nicht gewärtig«.)

Reise nach Karlsbad; Teplitz; Dresden; 16. Mai–2. Oktober 1810

			Pandora von Goethe. Ein Taschenbuch für das Jahr 1810 ersch. bei Geistinger in Wien (vgl. an Frau von Stein, 11. 5.; an Sartorius, 19. 7. und sonst).
Von Jena nach Karlsbad	16.–18. Mai	Über Pößneck, Hof, Franzensbad.	
Karlsbad	19. Mai (-4. Aug.)	Umgang u. a.: Familie Körner (mit Sohn Theodor; ab 3. 7.); Marianne von Eybenberg (ab 7. 7.); F. A. Wolf (ab 12. 7.); Zelter (ab 15. 7.; s. u.); Steinschneider Joseph Müller. G. zeichnet viel. Vgl. Tgb.	
	Ende Mai	»Nachrichten von Carlsbad vom 24. Mai 1810« für Carl August, darin u. a. ausführlich über die Turbulenzen der Geldwährung.	Das sog. Karlsbader Schema zu *Dichtung und Wahrheit* entsteht (vgl. Tgb 21.-31.). – Ferner: Zeichnungen vom »gegenwärtigen Zustand des Sprudels« nach dem Sprudelausbruch von 1809 (vgl. Tgb 21.-29. und Corpus IV b, Nr. 156-159).

	Juni	Die österreichische Kaiserin Maria Ludovica vom 6.-22. in Karlsbad. Mehrere Begegnungen (vgl. Tgb).	Vier Huldigungsgedichte für sie (drei davon im Auftrag verfaßt): *Der Kaiserin Ankunft, Der Kaiserin Becher, Der Kaiserin Platz, Der Kaiserin Abschied.* G. veranlaßt sogleich einen Privatdruck (vgl. Tgb 3.7.).
	10. Juni	»Fortsetzung der Nachrichten von Carlsbad. Abgesendet Sonntag den 10. Juni 1810« an Carl August; s. o.; hier auch detailliert über den Empfang für Kaiserin Maria Ludovica und über deren Auftreten.	
	26./28. Juni	Lektüre: B. Gracian, *Homme de cour* (frz. Übersetzung von *El discreto*).	
	Juni/Juli		Arbeit an den *Wanderjahren* (vgl. Tgb).
	Juli	Lektüre u. a.: Tacitus; J. von Müller, *Vierundzwanzig Bände Allgemeiner Geschichte*, 1810; Voltaires Briefe.	Lektüre, Studien, Vorarbeiten zu *Dichtung und Wahrheit* (vgl. Tgb).
	15. Juli	Ankunft von Zelter; mit ihm täglich zusammen bis zu dessen Abreise nach Teplitz am 20. (vgl. Tgb).	
	ab 28. Juli		Arbeit an einem ›Schema‹ (auch: ›Tabelle‹) zur *Tonlehre* (vgl. Tgb).
Schloß Schönhof	4.-6. Aug.	Bei der böhmischen Aristokratenfamilie Czernin.	
Teplitz	6. Aug. (-16. Sept.)	An Christiane am 28.: »Die Bäder bekommen mir auserordentlich wohl. Dies war umso erwünschter als ich diesmal in Carlsbad kein Glück hatte.« Umgang u. a.: Zelter (bis 23. 8.); Louis Bonaparte, Exkönig von Holland; Fürst von Ligne; Marianne von Eybenberg, Sara von Grotthuß, F. von Gentz; Carl August und Prinz Bernhard, in diesem Kreis auch A. von der Marwitz, Pfuel, Rühle von Lilienstern u. a.; kurzes Wiedersehen mit Fichte. Vgl. Tgb.	
	9. Aug.	Ankunft von Bettina Brentano mit Ehepaar Savigny (bleiben bis 11.).	

	13.-17. Aug.	Lektüre von L. von Buchs *Reise nach Norwegen und Lappland*, 1810 (vgl. Tgb).

(Bilin/Stift Ossegg) · 24./25. Aug. Vgl. Tgb und an Knebel am 30.

Zeichnungen des Biliner Felsens (vgl. Tgb und Corpus IVa, Nr. 225, 226, 228).

September · Ausflüge in die Umgebung: Nach Schloß Dux zu Graf Waldstein am 2. und 4. (vgl. Tgb); in Eisenberg vom 8.-12. Gast bei Fürst Lobkowitz (vgl. Tgb).

Dresden · 16. (-26. Sept.) · Umgang u. a.: Familie Körner, Louise Seidler (z. Zt. Schülerin von Kügelgen), Henriette Herz. Besuch der Gemäldegalerie (mehrmals), der Antikensammlung u. a. Kunstsammlungen. Vgl. Tgb.

18. Sept. · Bei C. D. Friedrich; G. sieht dort einige seiner Gemälde: »Ein Nebelkirchhof, ein offnes Meer« (wohl: *Abtei im Eichwald, Der Mönch am Meer*).

21. Sept. · Tgb: »Bey Herrn von Kügelgen, zu Wiederholung meines Porträts.« (In G.s Auftrag; er will es seinem Frankfurter Vermögensverwalter J. F. H. Schlosser schenken; eine weitere Sitzung notiert G. am 24.).

Freiberg · 26. und 27. Sept. · Zu Gast bei Trebra. Besichtigung des Grubengeländes. Vgl. Tgb.

Löbichau und Altenburg · 29. und 30. Sept. · Bei der Herzogin von Kurland, dort u. a. auch Th. Körner. Vgl. Tgb.

Thal-Bürgel · 1. Okt.

Jena · 2. Okt.

Weimar, 3. Oktober 1810–12. Mai 1811

Weimar · Oktober

Weitere Studien (Lektüre) zu *Dichtung und Wahrheit*, Ergänzung des Karlsbader Schemas (vgl. Tgb).

5. Okt. · Brief an J. B. Engelmann, über Zeichnungen Franz Pforrs zu *Götz* (von Engelmann im Juni mit Pforrs Begleitbrief vom 5.4. übersandt).

7./8. Okt.	Im Brief an Reinhard u. a. über die Romantiker und speziell Arnims *Gräfin Dolores* (»daß er in den Narrenwust dieser letzten Tage sich verfinge«).	
15. Okt.	Carl August verleiht August den Titel eines Kammerassessors (auf G.s Bitte, vgl. G. an Carl August am 8. und 15. und Tgb).	
25. Okt.	Erster Besuch des Malers und Baumeisters C. J. Raabe (vgl. Tgb); bleibt bis Mai 1811 in Weimar, schon bald als Gast und Hausgenosse G.s (vgl. G. an Willemer, 12. 5. 1811).	Brief an Bettina Brentano: Bitte um Niederschrift der Erzählungen seiner Mutter von G.s Kindheit und Jugend; bis Ende Nov. liefert Bettina mehrere lebendige und detailreiche Schilderungen, die G. als Material für *Dichtung und Wahrheit* dienen.
9. Nov.	Besuch Döbereiners (neuer Professor für Chemie in Jena; erste persönliche Begegnung, vgl. G. an ihn am 6.); Döbereiner wird zu einem der von G. am meisten geschätzten Jenaer Professoren.	
Mitte Nov.	Brief an Cotta am 16., darin u. a. über Hebels Kalender *Der Rheinländische Hausfreund*: »ich habe den auf 1811 gesehen, der allerliebst ist.«	Ferner über den Plan zur Autobiographie (*Dichtung und Wahrheit*) und, anläßlich des Wiener Nachdrucks seiner Schriften, einen eventuellen Supplementband zu *Werke A* mit bisher ungedruckten Gedichten (vgl. bereits Tgb 23. und 29. 10.). G. liest G. P. G. Baccis *Vita di S. Filippo Neri*, 1745, und beginnt selbst eine Skizze über den Heiligen zu schreiben (vgl. Tgb 11.- 16.).
Mitte/ Ende Nov.		Arbeit an *Philipp Hackert* (vgl. Tgb 18.- 22. und 30.; geplant schon kurz nach Hackerts Tod, vgl. an Cotta, 14. 6. 1807).
Jena 23.-26. Nov.		

Weimar	Mitte/ Ende Dez.		Arbeit an *Philipp Hackert* (vgl. Tgb ab 11. und an Marianne von Eybenberg am 10.).

1811 18. 1.: Arnim und Adam Müller gründen in Berlin die ›Christlich-deutsche Tischgesellschaft‹; Mitglieder u. a.: Brentano, Kleist, Fichte, Clausewitz, Zelter. 22. 2.: Österreichisches Edikt über die Abwertung der Papiergeldwährung um ein Fünftel (Staatsbankrott). 20. 3.: Geburt von Napoleons einzigem legitimen Sohn (›König von Rom‹, später Herzog von Reichstadt). – 21. 11.: Selbstmord Kleists.

	Januar	Raabe macht ein Miniaturporträt von G. (vgl. Tgb und an Christiane am 15.).
	3. und 4. Jan.	Besuch D. Engelhards »auf seiner Durchreise nach Italien« (Tgb).

Jena	9. (-21. Jan.)	Umgang u. a.: August, Knebel, Frommanns, Louise Seidler. Vgl. Tgb.	Arbeit an *Philipp Hackert* (vgl. Tgb ab 11.).

	16. Jan.	Christiane über die von einem Silhouetteur in Jena gefertigte Silhouette (von G. mit Brief vom 15. überschickt): »es gefällt mir besser als alle Gemälde von Dir, weil es so sehr ähnlich ist.«
	19. Jan.	Tgb: »Hamanns Schriften.«

(Dracken- dorf)	20. Jan.	Mit Knebel bei Ziegesars (vgl. Tgb); ebenfalls dort: Pauline Gotter.

Weimar	Ende Jan.	Am 30. erfolgreiche Uraufführung von Calderons *Der standhafte Prinz* in A. W. Schlegels Übersetzung (vgl. Tgb; an Sartorius, 4. 2. und sonst).	Weiterarbeit an *Dichtung* *und Wahrheit*, zunächst bis etwa 16. März (vgl. Tgb ab 29. 1.).

	4. Febr.	Brief an Sartorius, mit Dank und Lob für dessen vom Institut de France preisgekrönte Schrift *Wie war der zivile und* *politische Zustand der Bevölkerung* *Italiens unter der Herrschaft der Goten* <...>?, 1810. G.s napoleonfreundliche Haltung kommt darin indirekt, aber deutlich zum Ausdruck. Sartorius antwortet nicht mehr.
	9. Febr.	Tgb: »*Der arme Heinrich* [von Hartmann von Aue] herausgegeben von Büsching«, 1810 (vgl. *Tag- und Jahreshefte 1811*).

	Ende Febr.	Lektüre (auch Anf. und Ende März): D. Batacchi (Pseudonym: Padre A. da	Am 28. an Zelter die drei Gedichte *Sizilianisch*,

Verocchio), *Novelle galanti* (vgl. Tgb ab 18. 2. und an Prinz Friedrich von Gotha, 6. 3.).

Finnisch, Schweizerisch (später *Sizilianisches Lied* usw.).

März — Letzte Arbeiten an *Philipp Hackert* (vgl. Tgb 2.-5., 19.-31.); Abschluß Anf. April, vgl. an J. H. Meyer, ~1. oder 3. 4.)

25. März — G. schickt die Kantate *Rinaldo* an Prinz Friedrich von Gotha (vgl. an diesen bereits am 6.).

April — Arbeit an *Dichtung und Wahrheit* (vgl. Tgb).

2./4. April — Tgb: »Sammlung der Gedichte und deren schließliche Redaction <...>./An der Sammlung der Gedichte retouchirt« (s. o. 16. 11. 1810).

13. April Tgb: »Raaben gesessen zum Porträt.« So auch am 15.

17. April Besuch Steffens (vgl. Tgb), letzte Begegnung.

21. April Tgb: »Musik zum letzten Male« (Hausmusik bei G.; vgl. *Tag- und Jahreshefte 1811*).

24.-26. April Besuch Voß' d. J. (vgl. Tgb und Voß' Berichte).

Jena **27.-30. April** Umgang u. a.: Frommanns, Knebel, Döbereiner u. a. Naturwissenschaftler, mit ihnen Experimente und ›wissenschaftliche Unterhaltungen‹. Besuch der naturwissenschaftlichen Institute. Vgl. Tgb.

Mai Nach Beendigung seines Studiums in Jena beginnt August ein Praktikum in Kapellendorf bei Weimar (vgl. G. an Carl August, Anf./Mitte Dez.).

Bei Cotta ersch. *Philipp Hackert. Biographische Skizze, meist nach dessen eigenen Aufsätzen entworfen von Goethe.*

Weimar **ab 3. Mai** Boisserée in Weimar, bis 12. fast tägliches Zusammensein (zuletzt in Jena), meist zu Gast bei G.; Boisserée bringt Zeichnungen zu *Faust* von P. Cornelius (vgl. G.s Brief an ihn vom 8. 5.) und führt die Risse vom Kölner Dom vor, vgl. G. an Cotta am 11.: »Es hat mir die Bekanntschaft dieses jungen Mannes sehr viel Freude und Zufriedenheit gebracht. Die von ihm veranlaßten und gesammelten Zeichnungen erregen ein großes Interesse« usw.; ausführlich auch an Reinhard, 8. 6. – Beethovens Freund F. von Oliva besucht G. in diesen Tagen ebenfalls (vgl. Tgb 3., 4. und 6. und Boisserée an seinen Bruder Melchior am 6.) und bringt Beethovens Brief vom 12. 4.

9. Mai   Tgb: »Boisserée zu Tische. Über Friedrich Schlegel und sonstige neue litterarische Gesinnungen.« Laut Boisserées Brief an Bertram vom 10. zeigt sich G. tief gekränkt durch einige Unfreundlichkeiten von seiten des Schlegel-Kreises und bezeichnet Friedrich als ›unredlich‹: »sie hätten ihn mehr aus Klugheit, als aus Achtung <...> noch bestehen lassen; alles sei Absicht«.

Jena   12./13. Mai

Reise nach Karlsbad, 13. Mai-1. Juli 1811

Mit Riemer. Vgl. Tgb und Briefe.

Arbeit an *Dichtung und Wahrheit*, vor allem Revision der ersten Bücher von Teil I.

Von Jena nach Karlsbad   13.-16. Mai   Über Schleiz; Franzensbad.

Zusammenfassung von Prévosts Roman *Manon Lescaut* für *Dichtung und Wahrheit* (vgl. Tgb 16.; nicht in die endgültige Fassung aufgenommen; vgl. auch an Frau von Stein, 30. 8., Tgb 31. 8. und 1. 9.).

Karlsbad   17. Mai (-28. Juni)   Brunnenkur. Umgang u. a.: Steinschneider Joseph Müller, Elisa von der Recke (ab 12. 6.) und Tiedge. Vgl. Tgb. Lektüre u. a.: J. F. Kaltwassers Übertragung von Plutarch: *Moralische Abhandlungen*, 9 Bde., 1783-1800 und *Vergleichende Lebensbeschreibungen*, 10 Bde., 1799-1806 (vgl. Tgb 18.-29. 5., 1. und 4. 6.).

	29. Mai	Ankunft von Christiane und Caroline Ulrich.
	Mitte Juni	Ankunft von J. H. Meyer am 12. (vgl. Tgb).	G. beginnt mit der Abfassung eines *Prologs* zur Eröffnung der Gastspielserie des Weimarer Theaters in Halle (vgl. Tgb 14.).
	25. Juni	Einziger überlieferter, liebenswürdiger Brief an Beethoven, Antwort auf dessen verehrungsvolles Schreiben vom 12. 4., worin er die *Egmont-Ouvertüre* ankündigt (die durch ein Versehen erst am 23. 1. 1812 bei G. ankommt).
	27. Juni	Brief an Carl August; G. empfiehlt F. Schlegels Vorlesungen *Über die neuere Geschichte*, 1811: »trefflich gedacht und geschrieben, mit so schöner Kenntnis als Umsicht«.
Von Karlsbad nach Jena	28. Juni-1. Juli	Über Eger, Hof, Schleiz. (Rückfahrt mit Riemer; Christiane und Caroline Ulrich bleiben noch länger.)

Jena, 1.- 26. Juli 1811

Jena		Umgang u. a.: Knebel, Frommanns, Seebeck, Griesbach.	Arbeit an *Dichtung und Wahrheit* (vgl. Tgb 2.-6., 14., 15., 20.-31.), am 17. Absendung von Buch 1 zum Druck. Abschluß des *Prologs* für Halle, den G. sogleich u. d. T. *Prolog. Halle, den 6. August 1811* drucken läßt (vgl. Tgb 22., 25. und 26. sowie an A. Genast am 26.).
	3. Juli	Knebel an seine Schwester über Z. Werners Brief vom 23. 4. an G. mit der Mitteilung seiner Konversion zur katholischen Kirche.	Tgb: »*Der neue Paris, Knabenmärchen*, dictirt« (für *Dichtung und Wahrheit*).
	9. Juli	Besuch C. D. Friedrichs (vgl. Tgb).
(Drackendorf)	10. Juli	Zu Ziegesars, dort erneute Begegnung mit C. D. Friedrich. – Brief an J. F. H. Schlosser mit Bitte um Francofurtensia (für

Dichtung und Wahrheit; vgl. G.s
Dankesbrief vom 28. 10.).

23./24. Juli Wiedersehen mit Voß (vgl. Tgb).

Weimar (und Jena), 27. Juli 1811–29. April 1812

Weimar	August	G. geht mit J. H. Meyer dessen *Geschichte der Kunst* durch (erst aus dem Nachlaß veröffentlicht), vgl. an Knebel am 24. und Tgb.	Intensive Weiterarbeit an *Dichtung und Wahrheit*, Absendung weiterer Partien zum Druck (vgl. Tgb).
	5. Aug.	Besuch des Architekten F. Weinbrenner (vgl. Tgb).	
Erfurt	15./16. Aug.	Zum ›Napoleonsfest‹, der öffentlichen Feier von Napoleons Geburtstag (Erfurt hat den Status einer ›domaine reservée à l'Empereur‹).	
Weimar	18. Aug.	Brief an W. Grimm, Dank für dessen Übersetzung *Altdänische Heldenlieder, Balladen und Märchen*, 1811.	
	25. Aug.	Ankunft des Ehepaars von Arnim (Bettina Brentano ist seit 11. 3. mit Arnim verheiratet); sie bleiben bis 21. 9. in Weimar, bis 8. 9. vermerkt Tgb fast tägliches Zusammensein.	
	7. Sept.		Tgb: »Den Schluß des Manuskripts zum 5. Buch [Abschluß von *Dichtung und Wahrheit* I] abgesandt« (zum Druck).
	11. Sept.	Brief an von der Hagen, Dank für *Der Helden Buch*, Bd. 1, 1811, mit Widmung an G.	
	~13. Sept.	Öffentlicher Streit zwischen Christiane und Bettina von Arnim beim Besuch der alljährlichen Ausstellung der Freien Zeichenschule (vgl. u. a. Arnim an G. am 19. oder 20.). G. bricht daraufhin die Beziehungen zu den Arnims ab.	
	22.-26. Sept.	Lektüre: Calderón, *Das Leben ein Traum* (vgl. Tgb).	
	28. Sept.	Brief an F. A. Wolf, u. a. mit einer Empfehlung für den jungen Arthur Schopenhauer.	Im Brief an Cotta schlägt G. erstmals eine zweite, vervollständigte Werkausgabe vor (→ *Werke B*).

	Ende Sept./ Okt.		Weiterarbeit (viel Lektüre-studien) an *Dichtung und Wahrheit*, vorwiegend an Teil II (vgl. Tgb).
	20. Okt.	Briefe: An B. A. von Lindenau, mit Dank und Bewunderung für dessen *Resultate der neuesten Beobachtungen über den großen Kometen von 1811*. – An G. H. L. Nicolovius, zum Tod (am 28. 9.) von dessen Frau Maria Anna Louise, der Tochter von G.s Schwester Cornelia.	
	Mitte/ Ende Okt.	Lektüre: M. Bandello, *Novelle* (vgl. Tgb).	Bei Cotta ersch. *Aus meinem Leben. Dichtung und Wahr-heit. Von Goethe. Erster Teil.*
Jena	30. Okt. (-7. Nov.)	Inspektion der herzoglichen Institute. Umgang vor allem mit Knebel.	
(Dracken-dorf)	5. Nov.	Mit Knebel.	
	7. Nov.		Amtliches: Datierter Jahres-bericht über die herzog-lichen wissenschaftlichen und künstlerischen Institute in Weimar und Jena.
Weimar	12.-14. Nov.	Spinoza-Lektüre anläßlich von F. H. Jacobis Schrift *Von den göttlichen Dingen und ihrer Offenbarung*, 1811 (vgl. Tgb).	
Jena	23.-30. Nov.	Mit Riemer. Louise Seidler macht ein Pastell-Porträt von G. Vgl. Tgb.	Arbeit an *Dichtung und Wahrheit* II (vgl. Tgb).
Weimar	Dezember	Ab jetzt legt G. vielen Briefen das nun ge-druckte Verzeichnis seiner Autographen bei: »Autographa (Mit Bitte um gefällige Beiträge)«.	Bühnenbearbeitung von Shakespeares *Romeo und Ju-lia* (vgl. Tgb 7. -31.).
	Anfang Dez.	Louise Seidler in Weimar und täglich bei G. (vgl. Tgb 3.-10.). – Tgb 4.: »Bey Hofrath [J. H.] Meyer, die Friedrichschen Land-schaften zu sehen.« – Brief an Klinger am 8.: Dank für dessen Brief vom 18. 10. und die vier Bände der 12 bändigen Gesamt-ausgabe von Klingers Werken; G. seiner-seits schickt *Dichtung und Wahrheit* I.	
	10. Dez.	Brief an Varnhagen, der G. im Manuskript eine kleine Schrift über G.s Werke in Form	

eines Auszugs aus einem Briefwechsel geschickt hatte; hinter den Chiffren ›G.‹ und
›E.‹ verbergen sich Rahel Levin und Varnhagen selbst. Vgl. an Cotta, 21.2.1812.
(Erster Kontakt mit Varnhagen.)

17. Dez. Briefe: An Niebuhr (am 27.11. begonnen,
auf Niebuhrs Brief vom 13.10. hin), mit
Dank und voll Bewunderung für dessen
Römische Geschichte, Bd. 1, 1811. – An
Runges Bruder Johann Daniel, Antwort
auf dessen Brief vom 13.10.; für die von
diesem geplante Ausgabe von Runges
nachgelassenen Schriften stellt ihm G.
Runges Briefe an ihn zur Verfügung.

23. Dez. August wird durch Dekret Carl Augusts
zum ›wirklichen Assessor‹ beim Kammergericht ernannt.

1812 Russisch-französischer Krieg. Napoleon sichert sich durch Verträge (vom
24.2. und 14.3.) Preußen und Österreich als Verbündete und rückt mit
seiner Grande armée, die zum großen Teil aus den Rheinbundstaaten –
also auch Sachsen-Weimar – rekrutiert wird, in Rußland ein. Am 14.9.
Einzug in Moskau; ein verheerender Brand (15.-20.9.) zerstört drei
Viertel der Stadt. Zar Alexander macht kein Friedensangebot, Napoleons
Armee tritt zu spät den Rückzug durchs winterliche Rußland an und wird
aufgerieben. 30.12.: Konvention von Tauroggen: der preußische General
Yorck schließt ohne Wissen des Königs einen Neutralitätsvertrag mit den
Russen, Signal zur Erhebung Preußens gegen Frankreich. – Arnim: *Isa-
bella von Ägypten*. J. und W. Grimm: *Kinder- und Hausmärchen*.

5. Jan. Brief an die Hoftheater-Kommission:
Ankündigung einer strengeren Zensur der
aufzuführenden Stücke, weil demnächst
ein außerordentlicher französischer
Gesandter mit nachrichtendienstlichem
Auftrag, Baron de St. Aignan, in Weimar
erwartet wird.

8. Jan. Besuch Seebecks (inzwischen in Bayreuth
und bald in Nürnberg wohnhaft); er bleibt
bis 18. (vgl. Tgb).

Jena   13.-21. Jan. Mit Seebeck. Mit ihm, dem Chemiker
Döbereiner, dem Botaniker F. S. Voigt, den
Hofmechanikern Körner und Otteny u. a.
Besprechungen wegen anzuschaffender
Instrumente für den Bedarf vor allem des
Chemischen Instituts (vgl. Tgb und an

Ch. G. Voigt, 16. 2.). Umgang auch mit
Knebel, Seidlers, Frommanns u. a. –
Lektüre: Giordano Bruno (vgl. Tgb 18.-
20., dann die Briefe an J. F. H. Schlosser
vom 1. 2. und 31. 3.).

Weimar Ende Jan./ C. M. von Weber und der Klarinettist
Anfang Febr. Bärmann geben Konzerte in Weimar, G.
hört sie am 29. 1. und 2. 2. (vgl. Tgb).

1. Febr. Tgb: »Nachricht [im ›Morgenblatt‹] von   Erste Aufführung von
dem Funde auf Ägina« (Aphaiatempel mit   Shakespeares *Romeo und Ju-*
Giebelfiguren aus dem frühen 5. Jh. v. Chr.;   *lia* in G.s Bearbeitung (nach
vgl. an Caroline von Humboldt, 7. 4.).   A. W. Schlegels Überset-
                                                 zung) auf dem Weimarer
                                                 Theater.

8. Febr. Tgb: »Besuch des Hrn. de St. Aignan« (der
am 7. angekommen war; s. o. 5. 1.);
gemeinsame geistige Interessen führen die
beiden in der Folge öfter zusammen.

18. Febr. Brief an Carl August, Votum wegen
erneuter Kompetenzprobleme bei der
Leitung des Theaters; der äußerst ver-
stimmte G. schlägt vor, den Bassisten
Stromeyer, einen Freund von Carl
Augusts Mätresse Caroline Jagemann (der
»uns schon längst nicht mehr als seine
Vorgesetzten betrachtet, und durchaus
nach seiner Willkür, ja oft zu unserem
Despekt zu handeln pflegt«), künftig dem
Hofmarschallamt und nicht mehr der
Theaterkommission zu unterstellen. (Carl
August stimmt zu.)

20. Febr. Tgb: »Herr von Boyneburg [Pianist].
Vortrag der Beethovenschen Komposition
zu *Egmont*.«

Ende Febr./ Lektüre u. a.: Montaigne, *Journal du*
März/Anfang *voyage en Italie, par la Suisse et l'Alle-*
April *magne*; Chateaubriand, *Attala*, 1801, *Le*
génie du christianisme, 1802; vgl. Tgb 22.-
29. 2.; 1.-8., 19./20. und 26.-30. 3.; 1.-8. 4.

4. März Tgb: »Nachricht von der bevorstehenden
Einquartierung. Durchzüge von Reit-
pferden und Maulthieren.« (Vgl. bereits
Tgb 22. 2.: »Einquartierung der Reusi-
schen.«)

Jena	9. (–13. März)	In Dienstgeschäften (Angelegenheiten der naturwissenschaftlichen Institute; vgl. Tgb).	
	11. und 12. März	Tgb: »Mit John.« E. C. Ch. John wird Nachfolger Riemers als G.s Sekretär, Riemer wird Professor am Weimarer Gymnasium (vgl. Tgb 15.: »Riemers Decret«), bleibt aber philologischer Berater und Helfer G. s.	
Weimar	Mitte März	Am 16. Briefe an Metternich und Fürst P. A. von Esterhazy, Dank für die Ernennung zum Ehrenmitglied der Wiener Akademie der bildenden Künste (am 15. 2.; vgl. Tgb 29. 2.).	Weiterarbeit an *Dichtung und Wahrheit* II, zunächst regelmäßig bis Ende Juni (vgl. Tgb ab 16.).
	24. März	Tgb: »Dr. Riemer zog in sein neues Quartier.« (Vgl. an Knebel, 25. 3.).	
	25./26. März	Brief an Knebel am 26., u. a. über *Schellings Denkmal der Schrift von den göttlichen Dingen etc. des Herrn Friedrich Heinrich Jacobi und der ihm in derselben gemachten Beschuldigung eines absichtlich täuschenden, Lüge redenden Atheismus*, 1812: »Wir Andern, die wir uns zur Schellingischen Seite bekennen, müssen finden, daß Jacobi sehr schlecht wegkommt« usw. (am 8. 4. an Knebel noch einmal, scharf kritisch, über F. H. Jacobi).	Tgb 26.: »An der Fortsetzung des Aufsatzes über die Wanderung der Kinder Israels nach dem gelobten Lande« (bis zum 28.; → *Israel in der Wüste* in *Noten und Abhandlungen zum West-östlichen Divan*).
	30./31. März	Am 30. Aufführung von Calderóns *Das Leben ein Traum* auf dem Weimarer Theater (in Einsiedels und Riemers bearbeitender Übersetzung, vgl. an Zelter, 8. 4.). – G. liest Schriften von Lenz (für *Dichtung und Wahrheit*; vgl. Tgb).	Brief an J. F. H. Schlosser, der G. die Jahrgänge 1772 und 1773 der FGA geschickt hatte: »wie nötig mir sei, bei dem Unternehmen von meinen früheren Jahren zu sprechen [*Dichtung und Wahrheit*], eine Sammlung von Dokumenten aus jener Epoche«.
	April		Arbeit an *Dichtung und Wahrheit* II (vgl. Tgb).
	8. April	Briefe: An F. Schlegel, Antwort auf dessen Schreiben vom 11. 12. 1811 mit der Bitte um Beiträge für seine neue Zeitschrift ›Deutsches Museum‹; G. lehnt ab.	

Jena	20. (-30. April)	Umgang u. a.: Knebels, Döbereiner.

22. April   Brief an Körner, mit viel Lob für die zwei Stücke von dessen Sohn Theodor (*Toni* und *Die Sühne*), die Körner geschickt hatte. Sie werden alsbald in Weimar aufgeführt.

25. April   An J. H. Meyer, über Zeichnungen C. D. Friedrichs, die dieser in Weimar zum Kauf anbieten will: »wie selten ist das vollendete! so, daß man es auch in der wunderlichsten Art hochschätzen und sich daran erfreuen muß.« (Vgl. Meyers Antwort vom 11. 6. und G.s vorigen Brief an ihn vom 23. 4.).

27. / 28. April   Am 27. trifft Carl Augusts Reskript vom 21. ein mit dem Auftrag zur Aufsicht über die – noch zu errichtende – Sternwarte in Jena (gemeinsam mit Ch. G. Voigt); die wissenschaftliche Leitung hat der Mathematiker C. D. von Münchow (vgl. an diesen am 28.).

            Brief an Sickler am 28.; als Sendschreiben an den Hrn. Rat und Direktor Sickler, über dessen neuentdecktes griechisches Grabmal bei Cumä etc. gedruckt in Ch. A. Vulpius' Zeitschrift ›Kuriositäten der <...> Vor- und Mitwelt‹ Bd. 2, 3. Stück; später *Der Tänzerin Grab* betitelt.

Reise nach Karlsbad; Teplitz; 30. April-15. September 1812

Mit dem neuen Sekretär E. C. Ch. John.
Vgl. Tgb.

Von Jena nach Karlsbad	30. April- 3. Mai	Über Schleiz, Hof, Franzensbad. Vgl. Tgb.

Karlsbad   3. Mai (-12. Juli)   Umgang u. a.: Steinschneider Joseph Müller, Elisa von der Recke (ab 11. 6., bis 19. 8.), Tiedge; Christiane und Caroline Ulrich kommen am 19. 6., J. H. Meyer am 4. 7. – Geologische Studien, Zeichnen. Lektüre insbesondere für *Dichtung und Wahrheit*.

            Bis 26. 6. fast täglich Arbeit an *Dichtung und Wahrheit* II.

10. Mai   Brief an F. H. Jacobi, über dessen Schrift *Von den göttlichen Dingen*: »daß mich das Büchlein ziemlich indisponiert hat <...> Die Divergenz zwischen uns beiden war schon früh genug bemerklich <...> durch

Neigung und Liebe immer wieder ausgeglichen«.

5.-9. Juni

G. verfaßt im Auftrag der
Karlsbader Behörden drei
Begrüßungs- und Huldi-
gungsgedichte: *Ihro der Kai-
serin von Österreich Maje-
stät*, *Ihro des Kaisers von
Österreich Majestät*, *Ihro der
Kaiserin von Frankreich Ma-
jestät*; Einzeldruck noch in
Karlsbad (vgl. Tgb 1. 7.).

13. Juni Besuch bei F. L. Stolberg, den G. bis 9. 7.
öfter sieht. Besuch W. von Humboldts (bis
15.). Vgl. Tgb.

Ende Juni Schwere Nierenkoliken, nur langsame Er-
holung (vgl. Tgb und an Frau von Stein,
12. 7.).

Juli

Sporadische Arbeit an *Dichtung und Wahrheit* II (vgl.
Tgb).

Saaz   13. Juli

Teplitz   14. Juli Vgl. Carl August an G., 29. 6. und 8. 7. –
(-11. Aug.) Fast täglich in Gesellschaft von Kaiserin
Maria Ludovica und ihrem Hofstaat
(dabei u. a. Gräfin Josephine O'Donell
und Fürst C. Lichnowsky); in ihrem
Zirkel auch Carl August, Prince de Ligne,
Fürst Clary und Familie. G. fungiert vor
allem als Vorleser. Vgl. Tgb, an Christiane,
19. und 24. 7. und sonst.

19.-23. Juli Fast täglich mit Beethoven zusammen, vgl.   »*Und wärst du auch am
Tgb (am 21.: »Er spielte köstlich«) und an   fernsten Ort*« (Auf den 20.
Christiane am 19.: »Zusammengefaßter,   datierter Vierzeiler, eigenh.
energischer, inniger habe ich noch keinen   auf der Zeichnung der sog.
Künstler gesehen. Ich begreife recht gut   Tabagie im Schloßpark in Te-
wie er gegen die Welt wunderlich stehen   plitz; vgl. Corpus VI b,
muß«; ferner Beethoven an Breitkopf und   Nr. 171.)
Härtel, 24. 7. und 9. 8.

28.-30. Juli

Das ›kleine Stück‹ *Die Wette*
entsteht, vgl. Tgb und an
Christiane, 1. 8.: »Sie [Maria
Ludovica] hat ein klein
Theaterstück in diesen Tagen

			geschrieben, das ich ein wenig zurechtgerückt habe. Es soll gespielt werden nächste Woche.« Erst posthum publiziert.
	5. Aug.	An Christiane: »Von Arnims nehme ich nicht die mindeste Notiz, ich bin sehr froh daß ich die Tollhäusler los bin.« (Bettina und Achim von Arnim sind ebenfalls in Teplitz.)	
	Anfang Aug.	Erneute Erkrankung (vgl. Tgb 6.-8.).	
Libkowitz	11./12. Aug.		
Karlsbad	12. Aug. (-12. Sept.)	Umgang u. a.: Steinschneider Joseph Müller und besonders der Arzt J. G. Langermann, Begründer der Psychiatrie in Deutschland (vgl. Tgb, an W. von Humboldt, 31. 8. und an Zelter, 2. 9.).	Arbeit an *Dichtung und Wahrheit* II (vgl. Tgb).
	23. Aug.		Tgb: »Apostelgeschichte. *Groß ist die Diana der Epheser*« (Gedicht, mit Brief vom 31. 8. an W. von Humboldt geschickt).
	2. Sept.	Im Brief an Zelter über Beethoven, u. a.: »leider eine ganz ungebändigte Persönlichkeit <...> Sehr zu entschuldigen ist er hingegen und sehr zu bedauern, da ihn sein Gehör verläßt, das vielleicht dem musikalischen Teil seines Wesens weniger als dem geselligen schadet.«	
	6. Sept.	Tgb: »Herr von Miltitz, welcher die Staelischen Auszüge brachte [von *De l'Allemagne*]. Dieselben gelesen, ausgezogen, copirt.« (Vgl. auch am 7.)	
	8. Sept.	Tgb: »Beethovens Ankunft. Mittag für uns. Beethoven.«	
Von Karlsbad nach Weimar	12.-16. Sept.	Über Eger, Franzensbad, Hof, Schleiz, Jena.	

Weimar (und Jena), 16. September 1812-16. April 1813

Weimar	September		Letzte Revisionsarbeiten an *Dichtung und Wahrheit*

		II (am 4. 10. schickt G. die letzte Druckvorlage weg).
	Ende Sept.	Tgb 29.: »Geh. Regierungsrat von Müller [der spätere ›Kanzler Müller‹]. Nachricht von der Einnahme von Moskau.«	Überarbeitung von *Die Neue Melusine* (vgl. Tgb ab 24.), vorübergehend für *Dichtung und Wahrheit* geplant; → *Wanderjahre*.
	Oktober		Bei Cotta ersch. *Dichtung und Wahrheit* II (Übersendung von Geschenkexemplaren ab 22., vgl. Tgb). Arbeit an *Dichtung und Wahrheit* III (insbesondre einschlägige Lektüre; vgl. Tgb).
Jena	1.-3. Okt.	Besuch der naturwissenschaftlichen Institute (vgl. Tgb).	
Weimar	5. Okt.	An Ridel, Meister vom Stuhl der Loge Anna Amalia: G. bittet um Suspension von allen Logen-Verpflichtungen, möchte aber weiterhin Mitglied bleiben.	
	17. Okt.	Im Brief an Knebel über »die handschriftlich bekannte Korrespondenz des Herrn Baron [F. M.] von Grimm« bzw. die gedruckte *Correspondance littéraire, philosophique et critique adressé à un souverain d'Allemagne depuis 1770 jusqu'à 1782* von Grimm und Diderot (Lektüre seit 10. fast täglich in Tgb notiert).	
Jena	1. (-24. Nov.)	Mit Sekretär E. C. Ch. John. Dienstgeschäfte bei den naturwissenschaftlichen Instituten. Umgang u. a.: Knebel, Einsiedel, Frommanns (dort Wiedersehen mit der inzwischen verlobten Minchen Herzlieb, die nach mehrjähriger Abwesenheit zurückgekehrt ist; vgl. an Christiane am 6.). Vgl. Tgb.	Arbeit an *Dichtung und Wahrheit* III. Ausarbeitung von *Untertänigster Jahres-Bericht über den Zustand der Museen und anderer wissenschaftlichen Anstalten zu Jena. 1812* und *Kurze Darstellung einer möglichen Badeanstalt zu Berka an der Ilm.* Vgl. Tgb.
	Mitte Nov.	Am 14. Brief an Reinhard, u. a. über den Brand von Moskau.	Am 12. an Cotta, mit einem ersten, noch nicht endgültigen Plan für eine neue Werke-Ausgabe (*Werke B*).

	23. Nov.	Brief an Niebuhr, über den 2., 1812 erschienenen Band von dessen *Römischer Geschichte*: »Mein Interesse an Ihren Bemühungen ist immer dasselbe und es ist immer im Wachsen <...> nehmen Sie meinen Dank, daß Sie mir die römische Geschichte wieder genießbar gemacht haben«.	
Weimar	Dezember		Arbeit an *Dichtung und Wahrheit* III (vgl. Tgb 1.-8., danach vereinzelt).
	3. Dez.	Antwort auf Zelters Brief vom 14.-17. 11. mit dem Bericht vom Selbstmord seines Stiefsohns C. L. Flöricke; G. führt das ›Du‹ zwischen sich und Zelter ein.	
	Mitte Dez.	Tgb 15.: »Herr von Wolpock die Durchreise des Kaisers notifizierend [Napoleon, incognito auf dem Rückzug aus Rußland], so wie daß er sich nach mir erkundigt.« – Am 20. Ankunft Ifflands, der bis 30. in verschiedenen Rollen gastierte, u. a. als Shylock in Shakespeares *Kaufmann von Venedig* (vgl. Tgb; ferner an Zelter, 13. 1. 1813). Besuch Louise Seidlers (vgl. Tgb); bleibt bis ~Jahresende.	Tgb 17.: »Schema über die *Epoche der forcirten Talente*« (nicht weiter ausgeführt).
	Mitte/Ende Dez.	Am 26. an Döbereiner, über dessen *Lehrbuch der allgemeinen Chemie*, 1811/12 (»Die großen Fortschritte der Chemie rechne ich unter die glücklichen Ereignisse, die mir begegnen können <...> Verläßt man nie den herrlichen elektrochemischen geistigen Leitfaden, so kann uns das Übrige auch nicht entgehn.«) – Am 28. an Windischmann: »Sodann ist <...> in allem Irdischen, die Nacht mächtiger als der Tag <...> Diese Betrachtung bestimmte mich <...> in poetischen, wissenschaftlichen, künstlerischen Äußerungen, das Klare vor dem Trüben, das Verständige vor dem Ahndungsvollen vorwalten zu lassen, damit bei Darstellung des Äußeren das Innere im Stillen geehrt würde. Aber gar manche <...> mehr oder weniger esoterische Bekenntnisse sind Ihnen gewiß nicht verborgen geblieben«.	Aufsatz *Myrons Kuh* (vgl. Tgb 11.-26. 12. und bereits 19. 11.); Erstdruck in *Kunst und Altertum* II 1, 1818. Tgb 21.: »Schema zu dem Aufsatze über die *Epoche der genialen Anmaßungen*« (nicht weiter ausgeführt).

Dez. 1812 bis
März 1813

Shakespeare-Studien für *Dichtung und Wahrheit* (vgl. an Zelter, 12. 12.); ferner → *Shakespeare und kein Ende.*

1813 Beginn der ›Befreiungskriege‹. 28. 2.: Bündnisvertrag zwischen Rußland und Preußen in Kalisch. 27. 3.: Kriegserklärung Preußens an Frankreich. Juni: Konventionen von Reichenbach (geheime Bündnisverträge zwischen England, Rußland, Preußen und Österreich). 12. 8.: Kriegserklärung Österreichs an Frankreich. 26./27. 8.: Sieg Napoleons bei Dresden (am 26. fällt Th. Körner bei Gadebusch). 16.-19. 10.: ›Völkerschlacht‹ bei Leipzig, vernichtende Niederlage Napoleons. Der Rheinbund bricht zusammen, die deutschen Kleinstaaten (dabei auch Sachsen-Weimar) treten der antinapoleonischen Koalition bei. – E. M. Arndt: Zahlreiche patriotische und Kriegs-Schriften und Dichtungen, darunter *Lieder für Teutsche* und *Der Rhein – Teutschlands Strom, aber nicht Teutschlands Gränze.* Fouqué: *Der Zauberring.*

6./10. Jan. Am 6. Brief an F. H. Jacobi: Reflexionen über Freundschaft und das Relative individueller ›Denkweisen‹. (»Ich für mich kann, bei den mannigfaltigen Richtungen meines Wesens, nicht an einer Denkweise genug haben; als Dichter und Künstler bin ich Polytheist, Pantheist hingegen als Naturforscher, und eins so entschieden als das andre. Bedarf ich eines Gottes für meine Persönlichkeit, als sittlicher Mensch, so ist dafür auch schon gesorgt.«). Jacobi antwortet nicht mehr.

Tgb 10.: »*Philostrats Gemälde.* Die Seyboldische Übersetzung und meine Redaction mit dem Griechischen verglichen.« (Schon am 24. 11. 1804 hatte G. das von ihm übersetzte Stück »Meles und Kriteis« an Zelter geschickt.)

15. Jan.

G. schickt Seebeck das Manuskript von *Doppelbilder des rhombischen Kalkspats* (angeregt durch Seebecks Brief vom 11. 12. 1812, vgl. Tgb 17.-31. 12. 1812 und 5.-10. 1. 1813 sowie an Seebeck, 22. und 24. 12. 1812).

20. Jan. Tod Wielands.

Ende Jan. Tgb 22.: »Wieland begraben. <...> Falk. Gegen Abend August von Osmannstedt, der die Umstände des Begräbnisses erzählte.« Vgl. Falks ausführliche Berichte über sein Gespräch mit G., teils über

Arbeit an der Gedenkrede *Zu brüderlichem Andenken Wielands* (vgl. Tgb ab 22.) und an *Ruysdael als Dichter* (vgl. Tgb; ebenso am 1. 2.).

Wieland, teils über das Weiterleben nach
dem Tod.

Jan.-April   Letztmals häufigere Besuche von Falk:
25.1. (s.o.), 4. und 22.2., 15., 22. und 29.3.
sowie 11.4., vgl. Tgb. (Nach Kriegsende
kümmert sich Falk um verwahrloste
Kriegswaisen und macht dies zu seiner
Lebensaufgabe.)

Februar   Weiterarbeit an *Zu brüder-*
lichem Andenken Wielands;
abgeschlossen am 13. (vgl.
Tgb).

18. Febr.   Tgb: »Nach Tische Vorbereitung auf den   Bei der Trauerfeier für
Abend. Abends Trauerloge wegen Wie-   Wieland in der Loge Anna
land. Sodann für mich.«   Amalia wird G.s Nachruf
Zu brüderlichem Andenken
Wielands verlesen. (Einzeldruck bei Bertuch in den
nächsten Wochen.)

24. Febr.   Tgb: »Ankunft des Jupiters von Gotha und
Aufstellung desselben« (Gipsabguß der
Kolossalstatue des sog. *Zeus von Otricoli*).

Ende Febr./   Arbeit an *Dichtung und*
März   *Wahrheit* III (und IV; vgl. Tgb
ab 19.2. bzw. ab 7.3. sowie
an Knebel, 10.3.) und an
Shakespeare und kein Ende
(vgl. Tgb 2.-7. und 28.-30.3.).

(Berka)   30. März   Tgb: »Um 10 Uhr nach Berka, das Bade-
haus ward eingerichtet in Gegenwart der
Herrschaft. Nach zwey Uhr zurück.«

April   Ab jetzt im Tgb immer wieder Notate im
Zusammenhang mit dem Kriegsgeschehen.

4. April   Tgb: »Konzeption des Dä-
monischen und *Egmonts*«
(s. *Dichtung und Wahrheit*
IV 20).

8. April   Begleittext zur *Berghöhen-*
karte in Form eines Briefs an
Bertuch, für die Veröffentlichung in ›Allgemeine
Geographische Ephemeri-
den‹, u. d. T. *Höhen der Alten*

und Neuen Welt, *bildlich*
verglichen (ersch. im Mai).

11. April Weimar wird von Preußen besetzt (am 18.
bereits wieder von Franzosen). – Brief an
Ch. G. Voigt, Dank für die von diesem
allein durchgeführte, erst jetzt vollzogene
Liquidierung des Ilmenauer Bergwerks.

12. April Eintreffen der Druckfahnen von Seebecks   *Zu brüderlichem Andenken*
Aufsatz *Einige Versuche und Beobachtun-*   *Wielands* beginnt in Cottas
gen über Spiegelung und Brechung des   ›Morgenblatt‹ in Fortsetzun-
Lichtes (betr. die später sog. entoptischen   gen bis zum 17. 4. zu
Farben; vgl. Tgb, auch am 13. und 14.).   erscheinen (vgl. G. an Cotta,
13. 7.).

Reise nach Teplitz, über Dresden, 17. April-19. August 1813

In der eigenen Kutsche, mit Sekretär E. C.
Ch. John. Vgl. Tgb und die Briefe an
Christiane, zunächst in Form eines
›Reisetagebuchs‹.

Naumburg;	17. April	In Naumburg Besuch des Doms; in	Gedichte: *Der getreue*
Leipzig;	18. April	Leipzig »die locos classicos besucht«	*Eckart*, *Der Totentanz* und
Meißen	19./20. April	(Tgb); in Meißen Besuch von Schloß und	*Gewohnt, getan* (»Ich habe
		Dom. Vgl. Tgb	geliebet«, vgl. Tgb 17.-19).

Dresden   20.-25. April Bei Körners erste persönliche Begegnung
mit E. M. Arndt (vgl. an Christiane, 17.-
25.); Wiedersehen mit Sara von Grotthuß
und Kügelgen. Besuch (u. a.) der Gemäldegalerie. Am 23. Ausflug nach Tharandt.
Am 24. erlebt G. den Einzug von Zar
Alexander I. und König Friedrich Wilhelm
III. von Preußen (vgl. Tgb).

Pirna   25./26. April Besuch des Doms (vgl. Tgb).

Teplitz   26. April   »Das Baden bekommt mir ganz außeror-   Intensive Arbeit an *Dichtung*
(-10. Aug.) dentlich wohl, ich wüßte nicht, mich   *und Wahrheit* III (und IV),
jemals besser befunden zu haben« (an   vgl. Tgb.
Christiane, 10. 5.; ähnlich am 7. 6.). Umgang u. a.: Maria Paulowna mit Töchter-
chen Marie und Hofstaat, Körners, F. A.
Reuß, Graf C. M. Brühl und Frau, Carl
August (ab 5. 7.). – Intensive geologisch-
mineralogische Studien (vgl. an August,
27. 6.). Lektüre u. a.: Englische Literatur;
Ernesti, *Lexicon technologiae Graecorum*

		rhetoricae, 1795, und *L. t. Romanorum rh.,* 1797 (vgl. an Christiane, 21. 5.).	
(Graupen)	29. April	Tgb: »Auf die Grube Regina.« (Weitere Fahrten nach Graupen am 14. 5. und 15. 7.)	
(Dux)	5. Mai	Tgb: »Nach der Steinkohlengrube gegen Dux hin.« (Weitere Fahrten nach Dux am 7. und 16. 5.)	
(Ossegg)	8. Mai	Besuch der Kirche. Tgb: »Napoleon in Dresden.«	
	17. Mai		Tgb: »*Deutsches Theater* schematisiert« (für *Dichtung und Wahrheit* III 13; dort nicht verwendet, erst posthum publiziert).
	21./22. Mai	Am 21. an Christiane: »Ohne die Equipage wäre hier nicht zu leben: Denn da man so nah am Kriegsschauplatz ist, daß man Nachts sogar manchmal die Feuerzeichen am Himmel sieht, wenn irgend ein unglücklicher Ort brennt, da man von lauter Flüchtigen, Blessierten, Geängstigten umgeben ist, so sucht man gern in die Weite zu kommen«.	Gedicht *Die wandelnde Glocke* (vgl. Tgb 22.).
(Bilin)	28. Mai	Tgb: »Mit Dr. Reuß nach dem Felsen, den das Volk Borschen nennt.« (Weitere Fahrt nach Bilin am 18. 7., vgl. Tgb).	
	30. Mai		Revision des in den letzten Tagen verfaßten Aufsatzes <*Aus Teplitz*> (vgl. Tgb).
	Juni	Sekretär E. C. Ch. John wird krank.	
(Aussig)	8. Juni	(Weitere Fahrt nach Aussig am 2. 8., vgl. Tgb: »*Mater dolorosa* von Mengs in der Kirche. Unendl. schönes Bild.«)	
	20. Juni		G. schickt Riemer *Dichtung und Wahrheit* III 11 und 12 zur kritischen Durchsicht.
(Zinnwald und Altenberg)	9.-11. Juli	Tgb 10./11.: »Auf die [Zinn-]Gruben <...>/Den Stollen befahren«.	
	Mitte Juli	Sekretär E. C. Ch. John am 18. zur Kur nach Karlsbad (vgl. Tgb; ferner an Christiane am 23.).	Aufsatz *Ausflug nach Zinnwalde und Altenberg* (vgl. Tgb).

24./26. Juli   Am 26. Kondolenzbrief an Ch. G. Voigt,   Am 24. schickt G. an Riemer
dessen Sohn am 19. 5. gestorben ist.   zur kritischen Durchsicht
»den Schluß des 12 ten das
ganze 13 te und den größten
Theil des 14 ten Buchs« (von
Dichtung und Wahrheit).

5. Aug.   Besuch des polnischen Schriftstellers
Niemcewicz (vgl. Tgb).

Dresden   10. (-16. Aug.)   (Dresden ist inzwischen in der Hand der
Franzosen.) Umgang u. a.: der österrei-
chische Hauptmann H. von Heß, die
weimarischen Regierungsbeamten Peucer
und von Wolfskeel; Wiedersehen mit
Böttiger und Talma. G. besucht eifrig die
Dresdner Kunstschätze, insbesondere die
Gemäldegalerie. Vgl. Tgb.

13. Aug.   Tgb: »Am Brühlischen Palais dem Kaiser
[Napoleon] begegnet welcher von einem
kleinen Gefolge begleitet die Schanz-
arbeiten besehen hatte.«

Von Dresden   17.-19. Aug.   Über Waldheim, Gera.
nach Weimar

Weimar, 19. August 1813-13. Mai 1814

Weimar   Mit Riemer Weiterarbeit an
Dichtung und Wahrheit III
(bis Ende Nov.).

Ilmenau   26. Aug.   Ebenfalls in Ilmenau: Carl August und   Gedicht »Ich ging im Walde«
(-2. Sept.)   Prinz Bernhard mit Gefolge, Döbereiner.   (später *Gefunden* betitelt);
Spinoza-Lektüre. Über den Aufenthalt   mit dem Vermerk »Frau von
vgl. Tgb und an Knebel, 5. 9. (»habe ich die   Goethe« und dem Datum
alten Geologica wieder aufgesucht« usw.).   »26. August 1813« mit Brief
vom 28. an Christiane ge-
schickt.

29./30. Aug.   Tgb: »Mit Seren. [Carl August] u. Suite
ausgeritten. Gickelhahn, Herrmannstein,
Gabelbach. Hohe Schlaufe <. . .>/Nach-
richt von der Schlacht bey Dresden.«

Weimar   21. Sept.   An Ch. Schlosser: Über die von diesem
übersandten Zeichnungen von Overbeck
und Cornelius bzw. über die romantischen
Maler überhaupt; über Z. Werner: »er irrt

in dem Schattenreiche aus dem keine
Rückkehr zu hoffen ist«.

Oktober   Im Tgb häufig Notate zum Kriegsgeschehen, besonders zur Situation in und um
Weimar, zu selbst ausgestandenem Unge-
mach (Einquartierungen u. ä.); nach der
Schlacht bei Leipzig sieht G. zahlreiche
auswärtige Militärs, Staatsmänner, Ho-
heiten, Diplomaten usw., teils bei sich,
teils bei Hof (vgl. Tgb und an Josephine
O'Donell am 30.). China-Studien, u. a.
Lektüre von Marco Polo (vgl. Tgb und
an Knebel, 10. 11.).

Mitte Okt.   Tgb 12.: »Hänschen geh und
sieh dich um« (Gedicht
Offne Tafel). Ferner verfaßt
G. in wenigen Tagen den
*Epilog zum Trauerspiele
Essex* (vgl. Tgb 17.-21. 10., an
W. von Humboldt sowie an
Knebel, 4. 11.).

Ende Okt.   Besuche u. a.: Fouqué (~23./26.),   Tgb 28.: »*Löwenstuhl.*« Da-
Metternich (26.), W. von Humboldt   nach entstehen die meisten
(26./27.; vgl. dessen Brief an seine Frau). Strophen der *Ballade*, vgl.
Vgl. Tgb.   Tgb 29.-31. (dort »Die Kinder sie hören es gerne« u. ä.);
erst Jahre später vollendet,
vgl. an Zelter, 1. 1. 1817.

Ende Nov.   Am 24. Brief an Knebel, darin u. a. Lob   Tgb 25.: »Dictirt. Genie Mis-
für Gries' Übersetzung von Calceróns   brauch« (vgl. *Dichtung und
Die große Zenobia*.   Wahrheit* IV 19; danach Un-
terbrechung der Arbeit an
Dichtung und Wahrheit, abgesehen von noch ausstehen-
den Korrekturen am dritten
Teil. Vgl. an Eichstädt,
26. 1. 1815.) – Tgb 26.:
»*Zinnformation* dictirt«
(auch am 28.; vgl. an Trebra,
24. 11. 1813).

Nov./Dez.   Arthur Schopenhauer gelegentlich bei G.
(bis Juli 1814; vgl. Tgb); Gespräche über
G.s *Farbenlehre*, gemeinsame optische
Experimente (vgl. etwa an Schopenhauer,
8. 1. 1814).

Dezember	Typhus-Epidemie in Weimar (vgl. an Zelter am 29.).
1. und 3. Dez.	Besuch Fouqués (vgl. Tgb).

6. Dez. Besuch Rochlitz', mit Familie; sie bleiben bis zum 19. (vgl. Tgb).

Tgb: »Sicilianische Reise.« (Beginn der Arbeit an der *Italienischen Reise*; bis 17. tägliche Weiterarbeit, vor allem Entwerfen von Schemata; vgl. Tgb.)

12. Dez. Brief an Luden, wegen dessen neugegründeter Zeitschrift ›Nemesis‹ (»ich sehe ungern ein so wichtiges und folgenreiches Unternehmen mit Eile und Disharmonie beginnen <...> wünsche nichts mehr als daß der Gang dieses Geschäfts mir erlaubt daran Teil zu nehmen«).

~Ende Dez. G. erreicht, daß August, der sich wie die meisten jungen Männer in die Liste der ›Freiwilligen‹ eingetragen hat, nicht am Kampfgeschehen teilnehmen muß, sondern nur in der Kriegsadministration eingesetzt wird (vgl. Carl August an G. am 29.; G. an Carl August und Ch. G. Voigt am 30. und dieser an G. am 31.). – G. entläßt seinen Sekretär E. C. Ch. John; vgl. an Verlohren, 24. 1. 1814.

1814 31. 3.: Einzug der Alliierten in Paris. 6. 4.: Napoleon dankt ab, geht ins Exil nach Elba. 3. 5.: Ludwig XVIII. zieht als König in Paris ein. 30. 5.: Erster Friede von Paris; die französischen Eroberungen nach 1792 werden rückgängig gemacht. 1. 11.: Eröffnung des Wiener Kongresses. – 23. 1.: Die erste Nummer des von Görres gegründeten ›Rheinischen Merkur‹ erscheint (Verbot 1816). E. T. A. Hoffmann: *Phantasiestücke in Callots Manier* (4 Bde. bis 1815). Chamisso: *Peter Schlehmils wundersame Geschichte*. Byron: *Der Korsar*. W. Scott: *Waverley*. – 29. 1.: Tod Fichtes. 22. 9.: Tod Ifflands.

Januar

Bei Cotta ersch. eine Taschenausgabe von *Hermann und Dorothea* (auf Anregung G.s, vgl. an Cotta, 29. 10. 1813). Mit Riemer Arbeit an *Werke B* (noch ohne Vertrag; vgl. Tgb, an Riemer, 3. 1. und an Cotta, 7. 2.).

~Anfang Jan.   Teilnahme an einem islamischen Gottes-
(oder früher?)   dienst für baschkirische Soldaten, vgl. an
                 Trebra, 5./7. (»Aus besonderer Gunst hat
                 man mir Bogen und Pfeile verehrt, die ich
                 <...> über meinem Kamin aufhängen
                 werde, sobald Gott diesen lieben Gästen
                 eine glückliche Rückkehr bestimmt hat.«)

6. Jan.   August bricht nach Frankfurt auf, um bei
                 der Regelung der Truppenverpflegung zu
                 assistieren (»mit Rühlmann <...> als
                 Kommandierter«, so Carl August an G.,
                 29. 12. 1813; s. o. Ende Dez.).

7. Jan.   Tgb: »Serenissimi Abfahrt« (Carl August
                 bricht als Oberbefehlshaber einer Armee
                 nach Belgien auf).

Mitte Jan.   Die Weimarer Freiwilligen rücken aus (vgl.   Gelegentliche Weiterarbeit
                 an Ch. G. Voigt am 11. und an Knebel am   an der *Italienischen Reise*
                 12.).   (vgl. Tgb 10., 17., 20.).

24. Jan.   Mit einem Brief an Sartorius knüpft G. den
                 lang unterbrochenen Kontakt wieder an;
                 Sartorius antwortet sofort (am 7. 2.).

29. Jan.   *Egmont* wird in Weimar erstmals mit
                 Beethovens Ouvertüre und Zwischenakt-
                 musik aufgeführt.

31. Jan.   Aufführung von Müllners Trauerspiel *Die
                 Schuld* (anonym), im Beisein des Autors
                 (vgl. Caroline von Wolzogen an Caroline
                 von Humboldt, 13. 3.).

Februar   Gedichte: *Verfluchtes Volk*;
                                                              Geist und Schönheit im Streit;
                                                              Kriegsglück (vgl. Tgb 3., 4.,
                                                              12. und 14.).

6. Febr.   August kommt aus Frankfurt zurück.

17. Febr.   An Sara von Grotthus, über Mme. de
                 Staëls *De l'Allemagne* und das merkwür-
                 dige Schicksal dieses Buchs.

23. Febr.   (Letzter) Brief an Arnim; dieser hat sich,
                 erstmals nach dem Eklat vom Sept. 1811, am
                 16. 2. mit einem Brief wieder an G. gewandt
                 und ihm seine 1813 erschienene *Schau-
                 bühne*, eine Sammlung seiner Dramen, zu-
                 geschickt. U. a. kritisiert G. die mangelnde
                 Eignung der Stücke für die Bühne.

Febr./März	Mit Riemer Arbeit an *Werke B* (vgl. Tgb 1., 12., 13. und 18. 2.; Tgb 15.-30. 3. und an Knebel, 16. 3.).
März	Arbeit an der *Italienischen Reise* (vgl. Tgb 23.-30.).

16. März Im Brief an Knebel über einen in Cottas ›Morgenblatt‹ erschienenen Auszug aus der 2. Aufl. von Jean Pauls *Levana oder Erziehlehre*, 1813: »Eine unglaubliche Reife ist daran zu bewundern. Hier erscheinen seine kühnsten Tugenden <...>, große richtige Umsicht, faßlicher Gang des Vortrags, Reichtum von Gleichnissen und Anspielungen, natürlich, fließend, ungesucht, treffend und gehörig« usw.

April F. Th. Kräuter, angestellt an der Weimarer Bibliothek, übernimmt Arbeiten als Sekretär für G.

1. April Besuch von Fürst Radziwill, der zum Cello singt und seine Bühnenmusik zu *Faust I* vorspielt (vgl. an Knebel am 2.: »der erste wahre Troubadour der mir vorgekommen«).

9. April Tgb: »Nachr. von der Einnahme von Paris. Freudenschiesen den ganzen Tag.«

G. schickt Radziwill für seine *Faust*-Vertonung die umgearbeitete »Gartenhäuschen«-Szene und »eine andere <...> welche bestimmt ist der Gartenscene vorauszugehen« (»Zwei Teufelchen und Amor«).

14. April Ankunft Sartorius, bleibt bis 2. 5. (vgl. Tgb; Gespräche über eine politische und staatliche Neugestaltung in Europa, vgl. an Zelter am 22.).

25. April Brief an den Physiker S. Schweigger, Dank für die laufende Zusendung von dessen ›Journal für Chemie und Physik‹; ferner über die Polarität als Konstituens des Universums (»meine Weltanschauung«).

April/Mai

Arbeit an der *Italienischen Reise* und an *Werke B* (vgl. Tgb).

Mai

Bei Cotta ersch. Teil III von
Dichtung und Wahrheit.

7. Mai   Brief an Urlau: G. will sich die Knochen-
funde aus der prähistorischen Ausgra-
bungsstätte bei Romstedt sichern und
bietet dafür bestimmte Summen an (»da
mir und mehreren Naturfreunden sehr
viel an solchen Überresten gelegen«).

8. Mai   Brief an Klinger, mit *Dichtung und Wahrheit*
III und der Bitte um Hilfe für die Darstellung
der folgenden Zeit (G.s letzte Frankfurter
Jahre; Klinger antwortet am 26. 5.).

13. Mai   An Ch. G. Voigt, wegen Feierlichkeiten
zum Empfang Carl Augusts; G. plädiert
(vergebens) dafür, statt aufwendiger Ar-
rangements eine Stiftung für Waisenkinder
einzurichten.

**Bad Berka an der Ilm, 13. Mai-28. Juni 1814 (mit kurzem Zwischen-
aufenthalt in Weimar)**

Bad Berka   Mai   Mit Christiane, Caroline Ulrich und
Riemer. Zahlreiche Besucher auch aus
Weimar, u. a. mehrmals F. von Müller [der
spätere ›Kanzler Müller‹]. Caroline Ulrich
schreibt für G. (seit Ende 1813).

›Vorarbeiten‹ für die *Italienische Reise* (vgl. an August,
31. 5.-8. 6 1815).

Auftragsarbeit zur Er-
öffnung des diesjährigen
Sommergastspiels des Wei-
marer Ensembles in Halle
(vgl. bereits Tgb 5. und 9.-
12. 5.): *Was wir bringen.
Fortsetzung. Vorspiel, zu Eröffnung des Theaters in
Halle <...> 1814* (von Riemer zu Ende geführt, vgl.
Tgb 24. und Riemers Notiz
vom gleichen Tag); Erst-
druck in Cottas ›Morgen-
blatt‹ im Sept. 1814.

13. Mai   An die Hoftheater-Kommission: Das
Ensemble soll im Sommer, außer in Halle,
weiterhin auch in Lauchstädt Vorstellungen geben.

	19. Mai	Tgb: »Locken.« Evtl. das Gedicht *Versunken* (»Voll Locken kraus ein Haupt so rund«; Liebeserklärung an Caroline Ulrich?), was dann das früheste *Divan*-Gedicht wäre (vgl. unten 7. und 21. 6.).
	20. Mai	Brief an Kirms: G. nimmt Ifflands Antrag an, zur Rückkehr Friedrich Wilhelms III. aus dem siegreichen Feldzug gegen Napoleon ein Festspiel für das Berliner Nationaltheater zu schreiben, → *Des Epimenides Erwachen*. (Intensive Arbeit daran in den folgenden Wochen, vgl. Tgb. Zu G.s Intention dabei vgl. an den Prager Theaterdirektor C. Liebich, 6. 7.).
	Ende Mai	G. bemüht sich mit Erfolg, das seinem Sohn August drohende Duell mit einem der inzwischen heimgekehrten ›Freiwilligen‹ zu verhindern (vgl. an Marie Henriette von Wedel (?), ~28. 5., und Ch. G. Voigt an G., 9. 6.).
	7. Juni	F. A. Wolf kommt an, bleibt bis 16. (vgl. Tgb und an J. H. Meyer ~am 9.). Gedicht *Die Weisen und die Leute*, vgl. Tgb; dort auch erste Erwähnung von Hafis' *Divan* (Cotta hat G. vor kurzem J. von Hammers Übersetzung *Der Diwan von Mohammed Schemseddin Hafis* (1812/13) geschenkt).
	Mitte/Ende Juni	Der Berkaer Badeinspektor und Organist J. H. F. Schütz spielt für G. abends oft Klavier, vor allem J. S. Bach (vgl. Tgb).
(Weimar)	18./19. Juni	Tgb: »Verschiedene Geschäfte geordnet.«
	21. Juni	Tgb: »Das Vorspiel [*Des Epimenides Erwachen*] fertig gemacht.« Vgl. an Riemer. (Endgültiger Abschluß

			Anf./Mitte Juli, vgl. an Knebel, 9.7., und an Duncker, 12.7.). – Erstes datiertes *Divan*-Gedicht: *Erschaffen und Beleben*.
	24. Juni	Aus Berlin angekommen: Zelter; B. A. Weber (bleibt bis 26.6., dann in Weimar bis 30.6.) und Verleger Duncker.	Mit B. A. Weber Besprechungen wegen dessen Vertonung von *Des Epimenides Erwachen* (vgl. Weber an J. F. Esperstedt, 26.6.).
	26. Juni		*Divan*-Gedicht *Beiname* (datiert).

Weimar, 28. Juni-24. Juli 1814

Weimar		Zelter kommt mit nach Weimar, reist von dort am 7.7. zur Kur nach Wiesbaden.	
	29. Juni	Sartorius kommt an (er soll Carl August als Berater zum Wiener Kongreß begleiten), bleibt bis ~Mitte Juli.	
	Juni/Juli	Vorbereitungen zur Feier der Rückkehr Carl Augusts aus dem Feldzug gegen Napoleon (Denkschriften zur Organisation des Festzugs, Sammlung von Gedichten verschiedener Autoren usw.; vgl. Tgb); der Herzog kommt aber erst am 1.9. zurück, da er von Paris aus eine Reise nach London macht.	
	Juli	C. W. Stadelmann tritt als Kammerdiener in G.s Dienste.	
	Mitte/Ende Juli	Riemer wird zum ›Unterbibliothekar‹ an der Weimarer Bibliothek ernannt; sein Amt als Gymnasialprofessor behält er vorläufig bei.	Arbeit an *Werke B* (vgl. Tgb 17.-24.).

Reise an den Rhein, Main und Neckar, 25. Juli-27. Oktober 1814

		Mit Diener Stadelmann, in der eigenen Kutsche. Vgl. Tgb und die Briefe an Christiane.	
Von Weimar nach Frankfurt	25.-28. Juli	Über Eisenach, Fulda. Am 28. (vgl. an Christiane) unterwegs Besuch der Ruinen von Kaiser Friedrich Barbarossas Kaiser-	An Christiane am 28.: »schrieb ich viele Gedichte an Hafis [→ *Divan*] <...>

		pfalz bei Gelnhausen und der Mineralien- und Fossiliensammlung von C. C. von Leonhard in Hanau.	Der Plan zur Oper *der Lö-wenstuhl* ist gestern zu Stande gekommen« (vgl. zu letzterem auch Tgb 29. 7. und 1. 8. sowie an B. A. Weber, 21. 12.).
Frankfurt	28./29. Juli	Besuch bei den Brüdern Schlosser – Johann Friedrich Heinrich (›Fritz‹) und Christian – und ihrer Mutter (›Frau Schöff Schlosser‹).	
Wiesbaden	29. Juli (-12. Sept.)	Umgang: Vor allem Zelter, ferner Hundeshagen (Baumeister, Kunstschriftsteller), L. W. Cramer (Oberbergrat, Mineraloge), F. von Luck u. a.; G. ist oft Gast in Biebrich bei Herzog Friedrich August von Nassau-Usingen (vgl. an Christiane, 13. 8.). Viele Besucher, besonders aus Frankfurt, u. a. F. Brentano und Frau Antonie und Jugendfreund Riese.	
	31. Juli		*Divan*-Gedicht »Sagt es niemand, nur den Weisen« (später *Selige Sehnsucht* betitelt). Tgb: »*Divan* geordnet« (d. h. die bis jetzt entstandenen Gedichte ›an Hafis‹, hier erstmals u. d. T. *Divan*).
(Mainz)	3./4. Aug.	Mit Zelter, zur Geburtstagsfeier für Friedrich Wilhelm III. von Preußen.	
	4. Aug.	Besuch Willemers und Marianne Jungs, ab 27. 9. Marianne Willemers (erste Begegnung mit ihr). Besuch C. C. von Leonhards und F. G. Welckers (Altphilologe). Vgl. Tgb.	
	9. Aug.	G. hört dem Unterricht in der von Pestalozzi-Schüler de l'Aspée geleiteten Elementarschule zu. (Am 20./21. 8. liest er Pestalozzis Erziehungsroman *Lienhard und Gertrud*; am 26. 8. notiert Tgb »Examen bei Delaspée«.)	
(Rüdesheim, Bingen, Eltville)	15.-17. Aug.	Mit Zelter; am 16. beim Fest von St. Rochus in Bingen (erste Wallfahrt zu der im Krieg zerstörten, jetzt wiederaufgebauten Kapelle; vgl. an Christiane, 13.-19. 8.).	Am 17. in Eltville (›Elfeld‹) und Wiesbaden Schema für *Sankt-Rochus-Fest zu Bingen* (Weiterarbeit am 19. und 26.); vgl. Tgb.

(Mainz)	23./24. Aug.	G. trifft dort mit Carl August zusammen, der dann vom 24. bis 26. auch in Wiesbaden ist (vgl. Tgb).

	25. Aug.	Ch. Schlosser kommt an, bleibt bis 31. 8., ist täglich mit G. zusammen.

	29./30./ 31. Aug.	Am 30. erster Brief an Ch. L. F. Schultz: »erkenne danckbar daß Sie meine *Farbenlehre* mit eignen Studien beehren [*Über physiologe Gesichts- und Farberscheinungen*, im Manuskript überschickt]. Auch mir ist der *Physiologische* Abschnitt <...> der angelegendste« usf. (vgl. auch an Zelter, 27. 12.; zwischen Schultz und G. entwickelt sich ein reger Briefwechsel und ein freundschaftliches Verhältnis; Schultz besucht G. mehrmals in Weimar, auch zusammen mit Zelter). Am 31. Abreise Zelters (vgl. Tgb).	Am 29. Brief an Riemer: Ärger über die Verschiebung der Aufführung von *Des Epimenides Erwachen* in Berlin; ferner: »Die Gedichte an Hafis [d. h. für den *Divan*] sind auf 30 angewachsen und machen ein kleines Ganze, das sich wohl ausdehnen kann«.

(Winkel am Rhein)	1.-8. Sept.	Zu Gast bei F. und Antonie Brentano. Ausflüge in den Rheingau und erneut zur Rochuskapelle, vgl. am 6. an August. – G. läßt sich die Stelle zeigen, wo Caroline von Günderrode sich das Leben genommen hat (vgl. Tgb 6.).	An August am 6.: »Ich habe viel aufgeschrieben um das Gedächtniß zu begründen«, → *Im Rheingau Herbsttage* (vgl. auch Tgb 6. und 8.).

Frankfurt	12. (-23. Sept.)	G. logiert bei Schlossers, ist wiederum viel mit Ch. Schlosser zusammen. Besuche bei Verwandten und alten Freunden, u. a. den Familien Melber, Brentano und Stock; Riese, Gerning. Wiedersehen mit Schelver (Tgb 21./22.).

	15. Sept.	Erstmals bei Willemer in der Gerbermühle bei Frankfurt; dann wieder am 18., wo G. Willemers Tochter aus erster Ehe, Rosette Städel, kennenlernt.

	16. Sept.	Beim Landschaftsmaler Ch. G. Schütz d. J.: »Dessen schöne Zeichnungen der Rheingegenden. Altdeutsche Bilder«, laut Tgb von Rogier van der Weyden, Burgkmair, Schongauer und Grünewald. (Ein weiterer Besuch am 17. 10., vgl. Tgb.)

	17. Sept.	Ankunft Boisserée (vgl. Tgb), bleibt bis 21.

	22. Sept.	Besuch der (noch privaten) Gemäldesammlung von J. F. Städel.

Heidelberg	24. Sept. (-8. Okt.)	Mit Ch. Schlosser. G. ist Gast bei Boisserée, dessen Bruder Melchior und J. B. Bertram, dem Freund und Partner der beiden Brüder. Intensive und bewundernde Betrachtung ihrer Sammlung spätmittelalterlicher niederrheinischer Gemälde. Sonstiger Umgang: vor allem die aus Jena bekannten Familien Paulus, Voß und Thibaut. Vgl. die Briefe an Christiane (für die Heidelberger Zeit fehlen Tgb-Einträge).

Oktober   Weitere *Divan*-Gedichte.

(Mannheim)	2. Okt.	G. besucht einige alte Bekannte (vgl. an Christiane am 6.).
	Anfang Okt.	Boisserée zeigt G. weitere Zeichnungen des Kölner Doms, die er für sein geplantes großes Werk *Ansichten, Risse und einzelne Teile des Doms zu Köln*, 1822-31, hat anfertigen lassen (vgl. an Christiane am 6. und 10.).
Darmstadt	9.-11. Okt.	Mit Ch. Schlosser und Boisserée. Im Museum »Herrliche Gyps Abgüsse <...> Die Pallas Velletri <...> einige Basreliefs von dem Tempel der Pallas zu Athen [Parthenonfries] <...> Ein Pferdekopf von den Venetianischen« (an Christiane, 12. 10.; vgl. auch an Knebel, 9. 11.).
Frankfurt	11. (-20. Okt.)	Mit Ch. Schlosser. Mehrfach wieder mit Willemer und Marianne zusammen (inzwischen verheiratet; vgl. an Christiane am 12.).
	15. Okt.	Bei J. F. Städel sieht G. Zeichnungen von Guercino, Mantegna, Giulio Romano u. a. (vgl. an Christiane, 13.-16.: »Unschätzbare Dinge«).
	18. Okt.	Tgb: »Mit Willemer auf den Mühlberg. Feuer der Berge und Höhen« (Feier zum Jahrestag der Völkerschlacht bei Leipzig).
Hanau	20.-24. Okt.	G. wohnt bei C. C. von Leonhard, läßt sich ausführlich dessen Mineraliensammlung zeigen.
Von Hanau nach Weimar	24.-27. Okt.	Über Gelnhausen, Fulda, Eisenach.

Weimar (und Jena), 27. Oktober 1814-23. Mai 1815

Weimar	November	J. A. F. John wird G.s Schreiber und bleibt es bis zu G.s Tod.	
	8. Nov.	Trauung Riemers mit Caroline Ulrich.	Brief an F. A. Wolf: »Ich sende <…> ein kleines Resumée meiner Reise [geht auch an andere Personen] <…> beschäftige mich die Notamina dieses Sommers einigermaßen zu redigiren« → *Sankt-Rochus-Fest zu Bingen, Im Rheingau Herbsttage*).
	15. Nov.	Raabe kommt an, bleibt bis 24. 1. 1815, wohnt im G.schen Haus. Sein Goethe-Porträt (Öl) entsteht Nov./Dez. (vgl. Tgb).	
	Mitte/ Ende Nov.	Brief an Ch. Schlosser am 23.: G. resümiert sein Erleben des letzten (Kriegs-)Jahrzehnts, rühmt die verjüngende Wirkung seiner Reise in das Land seiner Jugend (»zu früherer Tatkraft wiedergeboren«).	Arbeit an der *Italienischen Reise* (vgl. Tgb).
Jena	4. (-21. Dez.)	Erstmals wieder in Jena seit Nov. 1812 (vgl. an Sara von Grotthus, 1. 1. 1815), hauptsächlich in dienstlicher Funktion (Inspektion der herzoglichen Bibliotheken und naturwissenschaftlichen Institute; vgl. an Ch. G. Voigt, ~10. 3. 1815: »Nachdem ich in beinahe dreißig Monaten jenen Geschäften keine persönliche Aufmerksamkeit widmen konnte«). Umgang u. a.: die Familien Frommann und Knebel, Koethe und Frau Silvie, geb. von Ziegesar. – Beginn des Studiums von Geschichte und Kultur des Orients, Lektüre einschlägiger Werke, u. a. der *Fundgruben des Orients*, hg. von J. von Hammer, 6 Bde., 1809-18.	Weitere Divan-Gedichte, u. a. *Nachbildung*, »*Sie haben dich, heiliger Hafis*«, *Der Winter und Timur, Sommernacht, Fetwa* und *Der Deutsche dankt* (vgl. Tgb).
	Mitte Dez.		Arbeit an der *Italienischen Reise* (vgl. Tgb 9.-13.). – Tgb 14.: »*Deutscher* [→ *West-östlicher*] *Divan*.«
Weimar	21. Dez.		An Cotta, wegen der neuen, von G. bereits in Angriff

genommenen Werkausgabe (*Werke B*): Festlegung auf 20 Bände, Honorarforderung 16000 Taler. (Cotta willigt ein, endgültiger Vertragsabschluß ist im Juni 1815.)

Ende Dez.

An Zelter: »Von meiner *Italiänischen Reise* habe ich die vorhandenen Tagebücher von Carlsbad bis Rom redigiert«. – *Divan*-Gedichte, u. a. *Hegire* und *Einladung.*

1815 März: Napoleon entweicht aus Elba und zieht ungehindert in Paris ein. Er wird von den auf dem Wiener Kongreß versammelten Mächten in die Acht erklärt. Juni: Auf dem Wiener Kongreß Festlegung der neuen Grenzen in Europa; u. a. wird Sachsen-Weimar zum Großherzogtum erklärt. Mit der ›Bundesakte‹ wird der ›Deutsche Bund‹ gegründet; für alle Mitglieder ist eine landständische Verfassung vorgeschrieben. 18.6.: Endgültige Niederlage Napoleons in der Schlacht bei Waterloo. Juli: Erneute Rückkehr Ludwigs XVIII. nach Paris; Napoleon hat abgedankt und wird als Kriegsgefangener auf die Insel St. Helena gebracht. 26.9.: Gründung der ›Heiligen Allianz‹ zwischen den Kaisern von Rußland und Österreich und dem König von Preußen. Gründung der ersten ›Burschenschaft‹ in Jena. – F. Schlegel, *Geschichte der alten und neueren Literatur* (Vorlesungen, 1812 in Wien gehalten.).

Januar Intensive Orientstudien: Lektüre persischer Dichtung, Beschäftigung mit Literatur über den Orient (vgl. etwa an Ch. Schlosser am 23.).

Gedichte, vor allem für den *Divan* (vgl. etwa an Knebel am 11.). Arbeit an *Werke B* (vor allem an den beiden Gedichtbänden), vgl. Tgb.

2.Jan. Brief an Boisserée mit der verschlüsselten Ankündigung von Raabes Goethe-Porträt.

Im Brief die *Divan*-Verse »*Gottes ist der Orient*«; dem Porträt beigefügt das Gedicht *Den Drillingsfreunden von Köln mit einem Bildnisse.*

3.Jan. Tgb: »Sendung von Seebeck«: Brief vom 29. 12. 1814 und Aufsatz *Von den entoptischen Farbenfiguren und den Bedingungen ihrer Bildung in Gläsern,* 1814, auch einige dieser besonders präparierten ›Gläser‹ zu eigenen Experimenten – Anlaß für G.s erneute Beschäftigung mit optischen und chromatischen Phänomenen (vgl. an Seebeck, 23. 2.).

7. Jan.   Brief an G. H. L. Nicolovius, über die
            Modalitäten einer von diesem geplanten
            Ausgabe von Hamanns Schriften (»steht
            Ihnen alles zu Diensten, was ich davon
            gesammelt habe«).

Mitte Jan. Am 16. Brief an Schelling, Dank für das   Tgb 18.: »Geschichte Orien-
            Diplom eines Ehrenmitglieds der Münch-   talische. Oper daher«
            ner Kunstakademie.   (Fragment *Feradeddin und
                                                          Kolaila*; vgl. noch einmal Tgb
                                                          12. 4.).

Ende Jan.   *Requiem dem frohsten
                                                          Manne des Jahrhunderts* zu
                                                          Ehren des im Dez. in Wien
                                                          verstorbenen Prince de
                                                          Ligne (vgl. an Carl August
                                                          am 29.; bleibt Fragment).

Jan./Febr. Christianes Gesundheitszustand besorg-
            niserregend (vgl. an Willemer, 3. 4.).

Februar   Fortsetzung der Orientstudien, Einbe-   *Divan*-Gedichte. – Weiter-
            ziehung auch der arabischen Welt (u. a.   arbeit für *Werke B* (Redak-
            Koran-Lektüre, Beschäftigung mit dem   tion der Gedichte; vgl. Tgb
            Leben Mohammeds).   12.-17.).

4. Febr.   Aufführung des Monodrams
                                                          Proserpina auf dem Weima-
                                                          rer Theater, in Eberweins
                                                          Vertonung.

19. Febr.   Brief an Ch. Schlosser: kritische Diskus-
            sion von dessen Ausführungen zu G.s
            Tonlehre-Schema (von G. am 6. an
            Schlosser geschickt); insbesondre über
            Dur und Moll; mündet in einem natur-
            philosophischen ›allgemeinen Glaubens-
            bekenntnis‹ und Feststellung der Diffe-
            renz zur Weltanschauung des Adressaten
            (letzteres in einem Nachtrag vom 26. 2.).
            Abgeschickt erst im Mai, mit einem Be-
            gleitschreiben vom 5. 5.

27. Febr.   An C. C. von Leonhard:
                                                          »Wird es mir möglich, den
                                                          langbereiteten Aufsatz über
                                                          die *Zinnformation* zu redigi-
                                                          ren« usw. (bleibt Fragment).

März   Orientstudien.   *Divan*-Gedichte. Amtliches:
                                                          für Carl August *Untertänig-*

		ster Bericht über die Jahre 1813. 1814 der Jenaischen wissenschaftlichen Anstalten (vgl. an Ch. G. Voigt ~am 10.).
6. März	G. erfährt durch einen Brief Dunckers (vgl. Tgb), daß *Des Epimenides Erwachen* endlich am 30. in Berlin, zur Jahresfeier der Einnahme von Paris, uraufgeführt werden soll (vgl. an Christiane, z. Zt. in Jena, am 8.).	Beschwerdeschrift an die Berliner Theaterintendanz u. d. T. *Geschichtserzählung*: Dokumentation zur Entstehung von *Des Epimenides Erwachen* und der Verzögerung der Aufführung. Nicht abgeschickt.
8. März		*Nachricht von altdeutschen in Leipzig entdeckten Kunstschätzen* an Cotta (ersch. anonym im ›Morgenblatt‹ vom 22.).
Mitte März		*Divan*-Gedichte *Vermächtnis altpersischen Glaubens* und *»In tausend Formen magst du dich verstecken«* (vgl. Tgb 13., 14. und 16.). Anzeige: *Des Epimenides Erwachen. Ein Festspiel. Aufzuführen, Berlin, den 30. Mai* [richtig: *März*] *1815* (vgl. Tgb 15. und 17.; ersch. im ›Morgenblatt‹ vom 29. und 30.).
Ende März		Aufsatz *Don Ciccio* (vgl. Tgb 26.-31.). An Cotta: Druckvorlage für Bd. 1-4 von *Werke B*; ferner: *Über das deutsche Theater* (im Febr. verfaßt, vgl. Tgb; ersch. im ›Morgenblatt‹ vom 10. und 11. 4.) und die erste Hälfte von *Das nußbraune Mädchen* (Novelle für die *Wanderjahre*), ersch. im ›Taschenbuch für Damen auf das Jahr 1816‹.
April		Arbeit an der *Italienischen Reise* (vgl. Tgb). *Des Epimenides Erwachen* ersch. als

Einzeldruck bei Duncker
und Humblot in Berlin.

2. April	Bildhauer Weißer nimmt sich das Leben (vgl. an Carl August, 26. 5. 1816).	
20. April	An Windischmann, zu einem von Franz Bopp übersetzten Stück aus dem indischen Epos *Ramayana* (von Windischmann im Manuskript übersandt): »groß, erhaben, ungeheuer, dabei wohl ersonnen <...> Indessen lassen Sie mich gestehen, daß wir <...> nur mit einer Art von Bangigkeit in jene grenzenlosen Räume treten, wo sich uns Mißgestalten aufdringen und Ungestalten verschweben«.	
22. April	Schreiben an Carl August: G. gratuliert zur neuen großherzoglichen Würde. – Brief an Knebel, über Napoleons erneute Machtergreifung: »ist die Einwirkung jener großen politischen Atmosphären-Veränderung an jedem, selbst dem stillsten häuslichen Barometer zu spüren <...> Epimenides selbst würde diesmal nicht in einem heilsamen Schlummer verharren können.«	
Mai		*Divan*-Gedichte.
10. Mai	Tgb: »Aufführung zu Schillers und Ifflands Andencken« auf dem Weimarer Theater.	U. a. wird dabei das von Peucer und G. zu diesem Zweck gemeinsam verfaßte *Nachspiel zu den Hagestolzen* (von Iffland) aufgeführt (vgl. an Peucer, 1. und 2. 5.).
12. Mai		In Cottas ›Morgenblatt‹ ersch. *Shakespeare und kein Ende!* (noch ohne den letzten Abschnitt).
Mitte Mai	Besuch des Kunstwissenschaftlers C. F. von Rumohr (vgl. Tgb 17. und 18.).	Nicht abgeschickter Brief an Cotta vom 16. mit dem ersten schriftlich skizzierten Plan zum *West-östlichen Divan*, noch unter einem andern Titel.
20. Mai	Brief an den Orientalisten H. F. von Diez; G. hat in letzter Zeit Bd. 1 von dessen *Denkwürdigkeiten von Asien*, 1811, und	Briefbeilage: das eigenhändig auf Seidenpapier geschriebene, prächtig gerahmte und

Übersetzungen aus dem Persischen und mit Widmung versehene
Türkischen gelesen: *Buch des Kabus*, 1811, Preisgedicht auf den Adres-
und *Vom Tulpen- und Narzissenbau in der* saten *»Wie man mit Vorsicht*
Türkei, 1815. *auf der Erde wandelt«.* – G.
schickt C. F. von Brühl seinen
Aufsatz *Proserpina. Melo-*
dram von Goethe. Musik von
Eberwein (über die Weimarer
Aufführung vom 4. 2.); ersch.
am 28. 5. in Cottas
›Morgenblatt‹.

21. Mai   Tgb: »Junge Leute von Stuttgart«, darunter Gustav Schwab.

Reise an den Rhein, Main und Neckar, 24. Mai-11. Oktober 1815

Mit Diener Stadelmann, in der eigenen
Kutsche. Vgl. Tgb.

Von Weimar nach Wiesbaden	24.-27. Mai	Über Eisenach, Fulda, Frankfurt.	Viele *Divan*-Gedichte (vgl. an Christiane am 24. und 27.), darunter »*Daß Suleika von Jussuph entzückt war*« und »*Da du nun Suleika heißest*«.
Wiesbaden	27. Mai (-21. Juli)	Trink- und Badekur. Intensive Lektüre von Zeitungen und Zeitschriften (vgl. an August, 31. 5.-8. 6.). Umgang u. a.: Hundeshagen, Bergrat Cramer (mit ihm geologische Unterhaltungen und Studien, vgl. Tgb und an August, 31. 5.-8. 6.); Frankfurter Freunde, dabei mehrere Brentanos; öfter in Biebrich beim Herzog von Nassau.	
	28.-30. Mai		Eigenh. geschriebenes Verzeichnis der meisten bis dato entstandenen *Divan*-Gedichte (100 Nrn.): *Des deutschen Divans mannig-faltige Glieder*, unterschrie-ben »Wiesbaden d. 30. Mai 1815 G.« (sog. Wiesbadener Register; vgl. auch Tgb).
	Ende Mai/ Juni		Fast tägliche Arbeit an der *Italienischen Reise*, vgl. Tgb (dort oft nur: »Diktiert«).

	15. Juni	G. schickt Cotta den unterschriebenen Vertrag über *Werke B* und die Anzeige dieser Ausgabe (s. u. 20. 1. 1816), ferner den Aufsatz *Zu Schillers und Ifflands Andenken* (ersch. anonym im ›Morgenblatt‹ vom 26.) und das *Nachspiel zu den Hagestolzen* (ersch. ebenda am 26. und 27.).
	21. Juni	Tgb: »Nachricht des Siegs« (der Alliierten über Napoleon, bei Waterloo).
	Ende Juni/ Anfang Juli	G. lernt J. Kopitars Sammlung neugriechischer Gedichte durch den Sprachforscher W. von Haxthausen kennen, der sie übersetzt hat (vgl. Tgb 30. 6., 3. und 4. 7., an August, 5. 7. und Boisserées Tagebuch vom 21. 9.).
	7. Juli	Ch. Schlosser kommt für mehrere Tage, ist wieder täglich mit G. zusammen (vgl. Tgb, an Christiane und an August am 11.).
	9. Juli	Begegnung mit dem Freiherrn vom Stein, der G. zu sich nach Nassau einlädt (vgl. an Ch. G. Voigt am 11.).
	14. Juli	Brief an C. Bertuch wegen des von den mecklenburgischen Ständen beschlossenen Blücher-Denkmals für Rostock. G. ist um künstlerische Beratung gebeten worden und plädiert für ein Modell von Schadow.
(Mainz)	18./19. Juli	An August am 20.: »d. 18 ten Nach Maynz [bei Erzherzog Carl, dem Gouverneur der Festung] <...> Tags darauf <...> die Übergabe des Johannisberges an des Kaysers von Österreich Majestät«; G. erfährt, daß ihm dieser »die Würde eines Kommandeurs des Leopoldsordens« verliehen hat (Überreichung des Ordens am 1. 8., vgl. an August, 3. 8.).
Reise an die Lahn und nach Köln	21. (-31. Juli)	Vgl. Tgb und den ›Reisebericht‹ vom 8. 8. für August und Carl August.
Wiesbaden bis Nassau	21.-23. Juli	Mit Cramer, über Blessenbach und Limburg. Unterwegs geologische und bergbauliche Studien.

Nassau	23.-24./ 25. Juli	Beim Freiherrn vom Stein.
Köln	25.-26./ 27. Juli	Mit diesem »Zu Wagen, über Ems <...> hinter Ehrenbreitstein her in's Thal <...> Drachenfels, Siebengebirge <...>« (›Reisebericht‹, s. o.). In Köln Logis im Gasthof Zum heiligen Geist (wie 1774). Besichtigung u. a. des Doms (am 26.; dabei auch E. M. Arndt, vgl. F. Eichhorn an seine Frau, 15.8.) und privater Kunstsammlun- gen, darunter die von F. F. Wallraf (»Wall- rafs Chaos«, Tgb 27.).
Bonn	27./28. Juli	
Koblenz	28./29. Juli	Über Andernach und die Abtei Maria Laach. In Koblenz »Frühstück auf der Carthause, veranstaltet durch Görres und Familie« (an Boisserée, 1.8.).
Nassau	29.-30./ 31. Juli	Wieder Gast bei vom Stein. Weitere Be- gegnung mit Görres.

Wiesbaden 1.-10. Aug.

Am 2. kommt Boisserée an. (Er bleibt G.s Begleiter bis zum Ende der Reise. Vgl. für diese Zeit neben Tgb vor allem Boisserées Tagebuch mit minutiöser Wiedergabe seiner Gespräche mit G. über alle erdenklichen Themen, auch mit Situationsschilderungen und Notaten zu *Divan*-Gedichten, von denen G. viele vorliest.)

An August am 3. über die Lahn-Rhein-Reise und die Anregung Freiherrn vom Steins, »über Erhaltung und Ordnen der Kunstschätze am Rhein mein Gutachten abzugeben« (vgl. bereits Tgb 31.7.). In der folgenden Zeit weitere Überlegungen dazu mit Boisserée und erste Niederschriften zu *Kunst und Altertum am Rhein und Main*, auch unter Verwendung von Texten Boisserées (vgl. Tgb 19.-31.).

Mainz	11./12. Aug.	Unter Führung des Bibliothekars und Ar- chäologen Lehné Besichtigung römischer Gräber und Ausgrabungsstücke (vgl. Tgb).
Frankfurt	12. Aug. (-18. Sept.)	(Letztmals in der Geburtsstadt.) G. wohnt bei Willemers in der Gerbermühle bzw. (vom 8. bis 15.9.) in Willemers Stadthaus. Umgang, neben Willemers: Rosine Städel, Ch. und J. F. H. Schlosser, Verwandte und Freunde (u. a. Riese, J. Ch. Ehrmann und die Familien Brentano, Savigny und

		Guaita). Besuch privater Kunstsammlungen, u. a. erneut der Städelschen (vgl. an Carl August, 3. 9.).	
	24. Aug.	Ankunft von Seebeck, bleibt bis 8. 9., ebenfalls als Willemers Gast (vgl. an Carl August, 3. 9.); mit ihm Erörterung chromatischer Fragen und Experimente zur Darstellung der entoptischen Farbfiguren (vgl. Boisserées Tagebuch zum 6. 9.).	
(Offenbach)	29. Aug.	Vgl. Tgb.	
	30. Aug.	Besuch von G. A. Ch. und Th. F. A. Kestner, Charlotte Kestners Söhnen (vgl. Tgb und G. A. Ch. Kestners Tagebuch).	
	Anfang Sept.	Begegnung mit W. und L. E. Grimm (vgl. Tgb 5.). Tgb 8.: »Zu Fr. v. Varnhagen.«	
	Mitte Sept.		*Divan*-Gedichte (zum »Buch Suleika«): »*Nicht Gelegenheit macht Diebe*«, »*Hochbeglückt in deiner Liebe*« (Bearbeitung eines Gedichts von Marianne von Willemer), *Gingo biloba* u. a.
Darmstadt	18.-19./ 20. Sept.	Mit Boisserée. U. a. Besuch des großherzoglichen Museums mit der Antikensammlung.	
Heidelberg	20. Sept. (-7. Okt.)	Erneutes Studium der Boisseréeschen Gemäldesammlung. Umgang u. a.: die Familien Voß, Thibaut und besonders Paulus (dessen Sohn A. W. von G. ›der Schenke‹ – nach einer Figur seines *Divan* – genannt wird); Schelver und die Mythenforscher Creuzer und Daub (vgl. an Rosine Städel, 27. 9.). Mit Paulus' Hilfe macht G. Versuche in arabischer Schrift (vgl. an Sartorius, 20. 10.).	Mehrere *Divan*-Gedichte (zum »Buch Suleika«), darunter »*An des lust'gen Brunnens Rand*«, *Wiederfinden*, »*An vollen Büschelzweigen*«, »*Volk und Knecht und Überwinder*«. Redaktion von Marianne von Willemers Gedichten »*Was bedeutet die Bewegung*« und »*Ach! um deine feuchten Schwingen*«.
	23.-26. Sept.	Willemers und Rosine Städel in Heidelberg, letzte Begegnung mit Marianne von Willemer.	
	28. Sept.	Carl August kommt an.	
(Mannheim)	30. Sept./ 1. Okt.	Mit Carl August.	*Divan*-Gedichte: »*Soll ich von Smaragden reden*« und »*Locken, haltet mich gefangen*«.

(Karlsruhe)	3.-5. Okt.	Mit Boisserée. Besuche bei Jung-Stilling, J. P. Hebel und Weinbrenner, Besichtigung der Weinbrennerschen Bauten (vgl. Tgb, Boisserées Tagebuch und an Knebel am 21.).	
	6. Okt.	Abschiedsbriefe an Willemer und Rosine Städel, mit deutlichen Anspielungen auf den Schmerz der Trennung von Marianne.	Tgb: »*Divan* in Bücher eingeteilt.«
Von Heidelberg nach Weimar	6.-11. Okt.	Über Neckarelz, Würzburg (bis dahin mit Boisserée, der am Morgen des 9. Abschied nimmt), Meiningen, Gotha (vgl. Tgb).	*Divan*-Gedichte.

Weimar (und Jena), 11. Oktober 1815–24. Juli 1816

Weimar	Oktober	G. erhält Schellings Abhandlung *Über die Gottheiten von Samothrake*, 1815 (von Schelling abgeschickt am 15. 10.).	
	20.-24. Okt.	Am 23. Brief an Schopenhauer, der G. das Manuskript seiner Schrift *Über das Sehen und die Farben* geschickt hatte; er geht von G.s *Farbenlehre* aus, kommt aber zu andern Ergebnissen. G. lobt und bewundert, lehnt aber ein näheres Eingehen ab und verweist Schopenhauer an Seebeck, worauf jener gekränkt reagiert (Brief vom 11. 11., von G. am 16. 11. beantwortet).	Am 20. Gedicht *Dir zu eröffnen mein Herz* (Bearbeitung eines sog. Chiffernbriefs von Marianne von Willemer vom 18. 10.; ein solcher Chiffernbrief verweist mit Seite und Zeile in Hammers Hafis-Übersetzung auf Verse verschiedener Gedichte. Veröffentlicht im Kap. »Chiffer« in den *Noten und Abhandlungen*.) Auf den 24. datiertes *Divan*-Gedicht »Herrin! Sag was heißt das Flüstern?« (später *Vollmondnacht* betitelt; vgl. auch G.s Brief an das Ehepaar Willemer vom 26.).
	29. Okt.	Brief an Zelter: »Brühl hat uns Wolffs weggenommen«. (P. A. und Amalie Wolff, Theaterzöglinge G.s und Stars des Weimarer Ensembles, hatten ohne G.s Wissen einen Vertrag mit dem Berliner Theater geschlossen; ihr Weimarer Vertrag lief Ostern 1816 aus.)	Ferner über den Stand der Arbeit an der *Italienischen Reise*: »ist mein Aufenthalt in Neapel und meine Reise durch Sicilien, so ziemlich <...> redigiert <...> Die Reise bis Rom war schon in Ordnung ehe ich wegging«.
	Okt./Nov.		Arbeit an *Kunst und Altertum am Rhein und Main* (vgl.

Tgb). Vgl. ferner die Briefe an den preußischen Innenminister von Schuckmann (1., 4. und 8./29. 11.).

Okt.-Dez. Beschäftigung mit Schadows Modell zur Blücherstatue für Rostock; Briefwechsel darüber mit Schadow und Preen, dem Bevollmächtigten der Auftraggeber.

Jena   19.-23./ Umgang u. a.: die Leiter der herzogl.
24. Nov. naturwissenschaftlichen Institute; Knebel, Louise Seidler, der Orientalist Lorsbach (durch ihn Bekanntschaft mit S. de Sacys *Grammaire Arabe*, 2 Bde., 1810, vgl. Tgb 22. und 23.).

Weimar   28. Nov.

An B. A. Weber, über seine ›neue Oper‹ [wohl *Feradeddin und Kolaila*]: »sie ist märchen- und geisterhaft, dabey geht alles natürlich zu. Sie soll heiter werden und brillant, wobey es nicht an Leidenschaft, Schmerz und Jammer fehlen wird.« (Bei Webers Aufenthalt in Weimar teilt G. ihm den ›Plan‹ mit, vgl. Tgb 8. 2. 1816.)

Dezember Im Zuge der Neuorganisation der Behörden wird G. am 12. 12. zum Staatsminister ernannt, jedoch ohne Sitz und Stimme im Staatsministerium (der Nachfolgebehörde des Geheimen Consiliums). Die Aufsicht über die großherzoglichen Institute durch G. und Voigt, bisher in einzelne ›Kommissionen‹ aufgeteilt, wird zusammengefaßt unter dem jetzt offiziellen Namen ›Oberaufsicht über die unmittelbaren Anstalten für Wissenschaft und Kunst in Weimar und Jena‹. G. übt sie bis zu seinem Tod aus.

4. Dez. Tgb: »Des Fürsten Hardenberg Ankunft.«   Absendung der Druckvorlage für Bd. 5 von *Werke B* (vgl. Tgb).

5. Dez. August wird in die Freimaurerloge Amalia aufgenommen (vgl. Tgb).

Jena	7. (-14. Dez.)	Umgang u. a.: die Leiter der großherzogl. Institute; Knebel, Louise Seidler. Mit Carl August Abstecher nach Zwätzen und Frauenprießnitz (vgl. an Riemer am 11.: »in den Jagd und Hofstrudel gerathen«).	
	8./9. Dez.	Tgb 8.: »Wolckenerscheinungen durch Howard« (erste Bekanntschaft mit Luke Howards Wolkenlehre durch die deutsche Zusammenfassung von dessen *Essay on the Modification of Clouds*, 1803, in Gilberts ›Annalen der Physik‹ 51, 1815). Auch am 9. in Tgb notiert.	
Weimar	18. Dez.	›Promemoria‹ (Beilage zum Brief an Ch. G. Voigt vom 19.): Bitte um personelle Unterstützung durch den Staat für seine amtliche (›Oberaufsicht‹) und kulturpolitische Tätigkeit; am 31. 12. von Carl August gewährt. Mit August – ab Weihnachten Kammerrat –, Kräuter – der auch Bibliotheksakzessist ist – und J. A. F. John verfügt G. nun über eine eigene ›kleine Kanzlei‹. Wie John bleibt auch Kräuter lebenslang in G.s Diensten.	
	Ende Dez.	Tgb 25.: »Canzler von Müller.« (F. von Müller, bisher Regierungsrat, seit 15. 12. mit neuem Titel Chef der Weimarer Justizverwaltung. Er wird neben Eckermann zu einem der wichtigsten Vertrauten des alten G.; seine Aufzeichnungen *Unterhaltungen mit Goethe* wurden erst nach seinem Tod publiziert.)	Auf 22. bzw. 23. datierte Gedichte: »*Hafis dir sich gleich zu stellen*« (*Divan*-Nachlaß); »*Wie! mit innigstem Behagen*« (*Divan*, »Buch Suleika«).
	Ende 1815/ Anfang 1816		Die Logen-Gedichte *Symbolum*, *Dank des Sängers* und *Trauerloge*.
	1816	Der Bundestag, das Repräsentationsorgan des Deutschen Bundes mit Sitz in Frankfurt, nimmt seine Tätigkeit auf. Sachsen-Weimar-Eisenach führt als erstes deutsches Land eine landständische Verfassung ein (5. 5.); bereits am 12. 3. wird die Zensur hier fast durchweg abgeschafft. Görres' ›Rheinischer Merkur‹ wird verboten. – E. T. A. Hoffmann: *Die Elixiere des Teufels. Nachtstücke* Teil 1. Tieck: *Phantasus*.	
		Verstärkte amtliche Tätigkeit vor allem im Rahmen der ›Oberaufsicht‹.	Die beiden ersten Lieferungen von *Werke B* erscheinen (Bd. 1-4 im Frühjahr, Bd. 5-8 im Herbst).

Januar	Lektüre u. a.: Diez, *Denkwürdigkeiten von Asien*, T. 2, 1815 (vgl. Tgb seit 28. 12. 1815 und an Diez, 1. 2.).	
8. Jan.		Absendung der Druckvorlage für Bd. 6 von *Werke B* an Cotta (vgl. Tgb).
10. Jan.		An Cotta, über *Kunst und Altertum am Rhein und Main*: »ist bis zum Achten Druckbogen gediehen. Mit dem Zwölften werde ich schließen und ein zweites Heft ankündigen.« (D. h. aus der einzelnen kulturpolitischen Denkschrift ist der Anfang einer Zeitschrift geworden: *Über Kunst und Altertum*, bis Heft 3, 1817 mit dem Zusatz *in den Rhein- und Maingegenden*.)
20. Jan.		*Ankündigung einer neuen Ausgabe von Goethes Werken* ersch. im Intelligenzblatt von Cottas ›Morgenblatt‹.
Mitte/ Ende Jan.	Am 25. Ankunft von B. A. Weber und Schadow; sie bleiben bis 11. 2., Weber wegen der Weimarer Aufführung von *Des Epimenides Erwachen* mit seiner Musik, Schadow zur Besprechung der Blücherstatue für Rostock (vgl. Tgb und an Preen, 11. od. 12. 2.).	Gedicht *An dem öden Strand des Lebens*, zum Andenken an die am 12. 1. verstorbene Prinzessin Caroline.
28./29./ 30. Jan.	Brief an Schopenhauer am 28., Antwort auf dessen wiederum enttäuschtes Schreiben vom 23. 1. (»Lassen Sie mich von Zeit zu Zeit wissen, womit Sie sich beschäftigen und Sie werden mich immer teilnehmend finden« usw.).	Rede <*Bei feierlicher Einweihung und ersten Austeilung des weißen Falkenordens am 30. Jan. 1816. Gesprochen von Goethe*> (vgl. Tgb 29./30.). Verleihung an G. und andere Staatsminister durch Carl August persönlich.
6./7. Febr.	Am 6. an Seebeck, Glückwunsch zum Preis des Institut de France für seine Entdeckung der ›entoptischen‹ Farben.	Am 7. Aufführung von *Des Epimenides Erwachen* auf dem Weimarer Theater mit der Musik von B. A. Weber.

8. Febr.	Tgb: »Direktor Schadow, Porträt« (Wachsrelief von G.s Profil, Modell für Schadows Goethe-Medaille 1816; G. erhält Abgüsse davon am 25.12.).	
10. Febr.	Schadow fertigt eine Lebendmaske von G. (vgl. Tgb); sie liegt seiner Goethebüste in Marmor (1816/23) zugrunde (vgl. Schadow an Böttiger, 3.7.1823: »Anno 1815 [irrtüml. für 1816] liess sich Herr von Goethe abformen, davon besitz ich einen guten Ausguss. Dieses wird immer das Beste bleiben, was man von ihm hat <...> Nach jener Maske hab ich mir einen Marmor gearbeitet en buste – auch habe ich die Maske allein in Metall gegossen.«).	
Mitte Febr.		Abschluß von *Kunst und Altertum am Rhein und Main* (vgl. Tgb 11. und 14.). Tgb 17.: »Anzeige von *Kunst und Alterthum*« (s. u. März).
Ende Febr.	Brief an Ch. G. Voigt am 27.: G. votiert gegen eine Berufung des von ihm hochgeschätzten Schelling auf einen philosophischen Lehrstuhl in Jena (die dann auch unterbleibt). Er verweist auf den einstigen Eklat mit Fichte und hält eine Art Kryptokatholizismus bei Schelling – der seine Philosophie als ›System der Theologie‹ vortragen will – für möglich.	In Cottas ›Morgenblatt‹ vom 24. ersch. die Anzeige *Westöstlicher Divan oder Versammlung deutscher Gedichte in stetem Bezug auf den Orient.* (Das Werk selbst ersch. erst 1819.)
Febr./März	Intensive Beschäftigung mit den ›entoptischen‹ Farben (Tgb 11.2., häufiger ab 17.2., ab 15.3. fast täglich; vgl. ferner an Seebeck, 22.3.).	
9./11./ 12. März		In Cottas ›Morgenblatt‹ ersch. die Anzeige *Über Kunst und Altertum in den Rhein- und Maingegenden.* – Am 11. an Cotta Druckvorlage für Bd. 7 und 8 von *Werke B.*
13. März		An Frommann zum Druck: Teil 1 der *Italienischen Reise* (bis zur Abreise nach Neapel und Sizilien).

15. März		Tgb: »Aufsatz über die *entoptischen Farben* ange-fangen.« (Weiterarbeit am 22., vgl. Tgb).
18. März		Tgb: »Redaction der naturhistorischen Papiere eingeleitet« (Beginn der Sammlung, Fertigstellung bzw. Bearbeitung älterer ungedruckter naturwissenschaftlicher Aufsätze und Notizen (Weiterarbeit im Juni, vgl. Tgb 19.-22. 6.); → *Zur Naturwissenschaft überhaupt, besonders zur Morphologie.*
19. März		Tgb: »Aufsatz wegen der chronologischen Ausgabe meiner Werke« (*Über die neue Ausgabe der Goethe'-schen Werke*; ersch. in Cottas ›Morgenblatt‹ vom 26. 4.).
22. März		Erster Vorabdruck von *Divan*-Gedichten in Cottas ›Morgenblatt‹.
23. März	Letzter Auftritt von P. A. und Amalie Wolff auf dem Weimarer Theater, in *Romeo und Julia* (vgl. Tgb).	Aufsatz *Die Geheimnisse. Fragment von Goethe* (vgl. Tgb; erklärender Text auf Bitten einiger Studenten); ersch. in Cottas ›Morgenblatt‹ vom 27. 4.
26. März	Die Hoftheater-Kommission wird zur Hoftheater-Intendanz erhoben.	
30. März		Aufsatz *Ruysdael als Dichter* (vgl. Tgb); ersch. am 3. 5. in Cottas ›Morgenblatt‹.
31. März		Tgb: »Shakespear als Theater Dichter« (letzter Teil von *Shakespeare und kein Ende!*).
7. April	Eröffnung der verfassunggebenden Versammlung durch Carl August und feierliche Erbhuldigung der für Sachsen-Weimar neu hinzugewonnenen Gebiete (vgl. an Ch. G. Voigt am 7., an Zelter am 14.).	<*Reinigen und Restaurieren schadhafter Gemälde*> (vgl. Tgb und an G. F. von Friesen am 8.); von G. nicht publiziert.

14. April	An Zelter, u. a. Reaktion auf dessen Bericht vom 6./7. 4. über die erste Leseprobe von *Faust* für eine geplante Privataufführung, auf Initiative und mit Musik von Fürst Radziwill.	
Mitte/ Ende April	Vermutlich Ankunft der von J. von Spaun mit Brief vom 17. 4. überschickten Vertonungen G.scher Gedichte durch den jungen Franz Schubert; Bitte, dem Dichter die geplante Ausgabe widmen zu dürfen. (Eine Reaktion G.s ist nicht bekannt; das überschickte Heft war später wieder in Schuberts Händen.)	Arbeit an der *Italienischen Reise* (Sizilien; vgl. Tgb ab 12.).
20. April	Coudray wird Oberbaudirektor in Weimar; aus der Zusammenarbeit mit G. beim Ausbau des Westflügels des Weimarer Schlosses entwickelt sich ein dauerhaftes freundschaftliches Verhältnis.	
21. April	An Ch. G. Voigt, über die Berufung von J. F. Fries (statt Schelling, s. o. 27. 2.): »muß ich sehr billigen. Er gehört zu denen, die sich um Jacobi versammeln <...> sie sind meine Widersacher, ich will aber doch ihre Wirksamkeit lieber in der Nähe haben, als die der andern Seite, der ich viel näher stehe, deren dunkles, grenzenloses Treiben aber mir höchst zuwider ist.«	
30. April		Tgb: »Zur Erklärung des Gedichts: *das Neuste aus Plundersweilern*« (dem Erstdruck in *Werke B* vorangestellt).
Mai		Arbeit an *Werke B* (vgl. Tgb 2.-9.).
11. Mai		Notiz *Die steinernen Waffen betreffend*; ersch. in Ch. A. Vulpius' Zeitschrift *Curiositäten der physisch-literarisch-artistisch-historischen Vor- und Mitwelt* 5, 1816.
Jena 11. (-29. Mai)	Vor allem in dienstlichen Angelegenheiten der ›Oberaufsicht‹. Umgang u. a.: die Leiter der großherzogl. Institute; Knebel, Frommann, Louise Seidler.	

16./17. Mai	Tgb 16.: »Sah unterwegs die Anlage des Turnplatzes« (nach Turnvater Jahn, initiiert von Luden und Kieser); am 17.: »Hufeland v[on] B[erlin] kam. Über Turnen und Academica« (vgl. auch G.s sarkastische Bemerkungen im Brief an Riemer vom 25.).	
Ende Mai	Lektüre laut Tgb 22.: F. L. Jahn, *Die deutsche Turnkunst*, 1816, und »Lord Byrons Gedichte« (früheste überlieferte Erwähnung Byrons; am 23. nennt Tgb *The Corsair* und *Lara*; am 4. 6. bittet G. Eichstädt um Nachweise über Byrons ›Lebensgeschichte‹). – Letzter Brief Christianes an G. vom 22.; sie hatte einen schweren Anfall erlitten. – Am 29. an Gries: »bis in die tiefe Nacht hat mich Ihr Calderon festgehalten« (Bd. 2 von Gries' Übersetzung, mit den Stücken *Das laute Geheimnis* und *Der wundertätige Magus*).	Tgb 21.: »Gedicht Purismus« (»*Gott Dank! daß uns so wohl geschah*«), später *Die Sprachreiniger*.
Weimar 29. Mai	Tgb: »Gefährlicher Zustand meiner Frau.« (Ab jetzt bis zum 6. 6. in Tgb täglich Notizen zu Christianes sich dramatisch verschlechterndem Befinden.)	
Juni		*Kunst und Altertum am Rhein und Main* ersch. bei Cotta als 1. Heft von *Über Kunst und Altertum in den Rhein- und Maingegenden*.
6. Juni	Tod Christianes nach tagelangen qualvollen Krämpfen. Tgb: »Letzter fürchterlicher Kampf ihrer Natur. Sie verschied gegen Mittag. Leere und Totenstille in und außer mir <...> um 12 Nachts ins Leichenhaus. Ich den ganzen Tag im Bett.« (Bei Christianes Beerdigung am 8. ist G. nicht dabei.)	Am 6. oder danach die Gedenkverse auf Christianes Tod *Den 6. Juni 1816* (»Du versuchst, o Sonne, vergebens«).
16. Juni	Brief an Schopenhauer, Dank für dessen inzwischen gedruckte Schrift *Über das Sehen und die Farben*, von Schopenhauer mit Brief vom 4. 5. überschickt.	
18. Juni	Erster Brief an den Botaniker Nees von Esenbeck, Dank für dessen mit Brief vom 12. 5. übersandte Schrift *Das System der Pilze und Schwämme*, Bd. 1, 1816, mit Heft 1 des dazugehörigen Tafelwerks.	

19. Juni   Tgb: »Bibliothekar [W.] Grimm, mit
Nachricht von Arnims.« (Vgl. W. Grimm
an Arnim, 2./4.7.)

Ende Juni   Am 24. an Boisserée: »Leugnen will ich Ihnen nicht, und warum sollte man groß-tun, daß mein Zustand an die Verzweif-lung gränzt« (nach Christianes Tod). – Lektüre u. a.: A. von Humboldt, *Sur les lois que l'on observe dans la distribution des formes végétales*, 1816, vom Autor zugeschickt (vgl. an W. von Humboldt am 24.).

Tgb 22.: »Schema über die Extrakte der Pflanzen-farben.« (Experimente seit Mai, vgl. Tgb und an Scho-penhauer am 16.). – Tgb 24.: »*Auslegungen des Mär-chens.*« (Mit einer kurzen datierten Erläuterung ver-sehene Synopse dreier Deutungen von G.s *Märchen* von 1795; von G. nicht publiziert.) – Am 26. an Cotta 12 *Divan*-Gedichte zum Vorabdruck im ›Taschenbuch für Damen für das Jahr 1817‹.

Jena   27. Juni-3. Juli   Mit J. H. Meyer. Umgang u. a.: Knebel, Frommanns und Minchen Herzlieb, Louise Seidler, Gries; die Leiter der großherzogl. Institute. Am 28. Besuch Nees von Esenbecks (vgl. Tgb).

Tgb: »Neue religiose Kunst« (erste Erwähnung des zu-sammen mit Meyer verfaß-ten Pamphlets *Neu-deutsche religios-patriotische Kunst*; vgl. auch 29.6. und 1.7.).

Weimar   Anfang Juli   Ankunft von Zelter am 5.; er bleibt bis 8.7. (vgl. Tgb).

Arbeit an Heft 2 von *Kunst und Altertum* (vgl. Tgb 3.-5.). – Am 8. an Cotta die Druck-vorlage für Bd. 10 von *Wer-ke B*.

Mitte Juli   Am 11./12. Besuch von Schinkel (vgl. Tgb und an Zelter am 19.). – Brief vom 15. an die geistliche Behörde in Bingen: An-kündigung des von G. entworfenen und von Louise Seidler gemalten Ölbilds mit dem heiligen Rochus, für die Rochus-kapelle gestiftet durch »angesehene und wohldenkende Personen am Rhein und Mayn« (von G. initiiert und organisiert; vgl. z. B. an Pauline Servière, 1.2., und an Boisserée, 24.6.).

19. Juli   An Seebeck: »Die <...> [entoptischen] Farben haben mich diese ganze Zeit her unablässig beschäftigt« usw. – An Riemer: »Wie leid es mir thut Sie, mein guter

Riemer, mit meinem Sohn in einem
Verhältniß zu sehen welches mir nicht
erlaubt Sie einzuladen [zur alsbald
abgebrochenen Reise, s. u.] <...> Möge
bey meiner Rückkunft alles ausgeglichen
seyn.« (Das war es nicht; der nächste Brief
an Riemer datiert erst wieder vom
8. 3. 1819.)

Auf dem Weg nach Baden-Baden	20. Juli	Achsenbruch der Kutsche nach zweistündiger Fahrt, G. kehrt mit dem verletzten J. H. Meyer nach Weimar zurück (vgl. Tgb). Der Reiseplan wird aufgegeben zugunsten einer Trink- und Badekur im nahen Tennstedt (vgl. an Zelter am 22.).
Weimar		Besuch Chladnis (vgl. Tgb).

Tennstedt, 24. Juli-9. September 1816

Tennstedt.		Vgl. Tgb und die Briefe an August.	Ausarbeitung von *Sankt Rochus-Fest zu Bingen* (vgl. Tgb 25.7.-18. 8.). Einige (nachgelassene) geologisch-mineralogische Notizen über Tennstedt.
	29. Juli		An J. H. Meyer: »Mögen Sie den verabredeten Aufsatz [*Neu-deutsche religios-patriotische Kunst*] indessen zu Stande bringen« usw.
	2. Aug.	G. liest einen Nekrolog auf Novalis. (»Er hat hier beym Amte drey Jahre practizirt. Seine kranke Geliebte war aus der Gegend«, so an August am 5. 8.)	
	26. Aug.	Besuch F. A. Wolfs; bleibt bis 28. (vgl. über ihn an Zelter am 28.: Klage über Wolfs zunehmenden Widerspruchsgeist).	
	28.-30. Aug.	G. liest das *Hildebrandslied* in der Ausgabe von W. Grimm, 1812, von diesem mit mehreren anderen Publikationen am 1. 8. an G. geschickt. Vgl. Tgb.	
	Aug./Sept.	G. soll für den ›Berliner Plan für deutsche Geschichte‹ interessiert werden (Projekt des Freiherrn vom Stein, woraus 1819 die	

›Gesellschaft für ältere deutsche Geschichtskunde‹ hervorgeht); vgl. Tgb 21. 8.,
an W. Grimm, 23./29. 8. und an Carl August, 2. 10.

Anfang Sept.	Brief an W. von Humboldt am 1., aus-führlich und mit höchster Bewunderung über Aischylos' *Agamemnon* (bzw. Humboldts jetzt erschienene Überset-zung): »das Gewebe dieses Urteppichs: Vergangenheit, Gegenwart und Zukunft sind so glücklich in eins geschlungen, daß man selbst zum Seher, das heißt: Gott ähnlich wird. Und das ist doch am Ende der Triumph aller Poesie«.	Brief an Cotta am 2.: die »vor Jahren« (Herbst/Winter 1806) geplante Sammlung »über organische Bildung und Umbildung« soll jetzt realisiert werden (→ *Zur Naturwissenschaft über-haupt, besonders zur Morphologie*). Vom 3.-9. laut Tgb Beschäftigung mit diesem Projekt (Entwerfen von Schemata), im besonde-ren mit *Erster Entwurf einer Einleitung in die verglei-chende Anatomie* von 1795 (s. o.).	

Weimar, 10. September 1816-20. März 1817

Weimar	Mitte Sept.	Tgb 14.: »Kupfer von Cornelius: *Faust*.« Tgb 16.: » [B.] Constant: *Adolph*« (Roman, 1816).	Am 14. letzte Druckvorlagen für Teil 1 der *Italienischen Reise* an Frommann.
	~24. Sept.	Charlotte Kestner geb. Buff besucht mit Tochter Clara ihre Schwester Amalie Ridel in Weimar. Sie bleiben bis 30. 10.; am 25. 9. Besuch bei G. (erstes Wiedersehen seit Sept. 1772). Weitere Begegnungen am 14. und 19. 10. (vgl. Tgb und Clara Kestner an ihren Bruder August, 25. 10.).	
	25. Sept.	G. hört im Weimarer Hoftheater erstmals Beethovens *Fidelio*.	
	28. Sept.	Besuch Zelters (mit dem Orientalisten F. Wilken), bleibt bis 2. 10. (vgl. Tgb). G. muß ihm den unerwarteten Tod seiner jüngsten Tochter mitteilen (vgl. an Boisserée, 13. 10.).	
	Oktober	Beschäftigung mit den Schriften und der Biographie des Naturforschers C. F. Wolff (vgl. Tgb 14.-23.).	Arbeit am 2. Teil der *Italie-nischen Reise* (vgl. Tgb 9.-17.) und an der Redaktion der Aufsätze *Zur Morpholo-*

gie (vgl. Tgb 3., 4., 14.-16., 25.
und 28.).

5.Okt.	Von Carl August am 2. 10. erbetenes Votum wegen Okens neuer, liberaldemokratisch orientierter Zeitschrift ›Isis‹, der Staatsbeleidigung vorgeworfen wurde (Carl August spricht vom ›ersten Mißbrauch der Preßfreiheit‹). G. rät von einer Anklage gegen Oken ab und votiert statt dessen für ein Verbot der Zeitschrift. (Dem folgt Carl August vorerst nicht.)	
Mitte Okt.		Teil 1 der *Italienischen Reise* ersch. bei Cotta; Titel: *Aus meinem Leben. Von Goethe. Zweiter Abt. erster Teil. Auch ich in Arkadien!*
21.Okt.	Das an der Universität Jena neu eingerichtete Institut für Veterinärmedizin wird der ›Oberaufsicht‹ unterstellt (vgl. Carl August an G.); damit verbunden ist der Aufbau einer ›Tierarzneischule‹.	
25.Okt.	Tgb: »Prof. Everett von Cambridge bey Boston. Herr Ticknor aus Boston.« (Unterhaltung u. a. über Byron, vgl. Ticknors Tagebuch und Everetts Brief an seinen Bruder vom 16. 11.)	Druckvorlage für Bd. 12 von *Werke B* an Cotta.
29.Okt.	Besuch S. Schweiggers (vgl. Tgb und an Knebel, 6./7. 11.).	
Ende Okt./ Anfang Nov.	Lektüre: *Deutsche Sagen*, Bd. 1, 1816, und *Lieder der alten Edda*, 1815, beides herausgegeben von den Brüdern Grimm, von Wilhelm am 1.8. an G. geschickt (s. o. 28.-30.8.); vgl. Tgb.	
Okt./Nov.		Letzte Arbeiten am *Sankt Rochus-Fest zu Bingen* (vgl. Tgb ab 17.10.).
November	Beschäftigung mit den ›entoptischen‹ Farben (vgl. Tgb).	Aufsatz <*Zum Reformationsfest*>, nicht von G. publiziert.
Anfang Nov.		Tgb 5.: »*Entoptische Farben*, Entwurf«. Am 8. an Seebeck: »Die entoptischen Farben verfolgen mich <...> ich

		muß ein Supplement-Kapitel zu meiner *Farbenlehre* schreiben.«
14. Nov.		Beilage zum Brief an Zelter: Entwurf zu einer <*Kantate zum Reformationsjubiläum*> (angeregt durch Zelter, der ›eine Musik dazu machen‹ will, so an G. im Brief vom 4./5. 11.). Erweiterung des Schemas am 6. 12., vgl. Tgb; bleibt Fragment.
19.-25. Nov.		Revision des von J. H. Meyer formulierten Aufsatzes *Neudeutsche religios-patriotische Kunst* (vgl. Tgb).
Mitte/ Ende Dez.		An Cotta Druckvorlage für Bd. 13 und 14 von *Werke B.* – Arbeit an *Dichtung und Wahrheit* IV (vgl. Tgb ab 11., ferner an Boisserée, 16. 12.).
31. Dez.	Tgb: »Verlobung von Ottilie von Pogwisch mit meinem Sohn.«	
1817	18. 10.: Wartburgfest der deutschen Burschenschaften. – Arnim: *Die Kronenwächter*, Bd. 1. E. T. A. Hoffmann: *Nachtstücke*, Teil 2. Byron: *Manfred*. Hegel: *Enzyklopädie der philosophischen Wissenschaften im Grundriß*. – Tod von A. G. Werner (30. 6.).	
	Weiterhin viel beschäftigt mit Angelegenheiten der ›Oberaufsicht‹.	
Januar		Arbeit an *Kunst und Altertum* 2.
Anfang Jan.		Im Brief an Zelter vom 1. meldet G. die Vollendung der *Ballade* (»Herein, O du Guter!«) und erwähnt erstmals ausdrücklich den Titel *Paria* (»hat noch nicht parieren wollen«). – Am 7. an Cotta Druckvorlage für Bd. 15 und 16 von *Werke B.*
Mitte Jan.	Besuch W. von Humboldts, 15.- 18. (vgl. Tgb).	Arbeit am 2. Teil der *Italienischen Reise* (vgl. Tgb 9.-17.).

29. Jan.	Reskript von Carl August: G.s Sohn August wird zum Mitglied der Hoftheater-Intendanz ernannt; Anton Genast, G.s langjähriger Getreuer beim Theater, wird vom Dienst dispensiert. Als Grund dieser Maßnahmen nennt Carl August ›verschiedene Anstände‹ beim Theater. In den folgenden Wochen ist G. vorwiegend mit ›Theatralia‹ beschäftigt (vgl. an Zelter, 23. 2.).	Aufsatz *Blüchers Denkmal* (vgl. Tgb); ersch. in *Kunst und Altertum* 3.
Februar		Arbeit an *Kunst und Altertum* 2 (vgl. Tgb). Amtliches: Zahlreiche Schriftsätze zu einer Neuordnung der Theaterverfassung (vgl. auch an Knebel am 12.).
6. Febr.		Rede bei Einführung Augusts in die Hoftheater-Intendanz.
Mitte/Ende Febr.	Tgb 15.: »Käthchen von Heilbronn.« (Erwägt G. eine Aufführung von Kleists Stück auf dem Weimarer Theater?) Brief an Carl August am 18.: G. lehnt den ihm angebotenen Posten eines Kurators der Universität Jena ab.	Bearbeitung von Kotzebues *Der Schutzgeist* (vgl. Tgb; aufgeführt am 1. auf dem Weimarer Theater, nachträgliche Kürzung auf Wunsch des Hofs und des Publikums, so G. an Kirms am 10.).
März		Arbeit an *Kunst und Altertum* 2 und 3 und an *Zur Morphologie* 1 (vgl. Tgb).
Mitte März	Trotz G.s Einspruch besteht Carl August, wohl auf Wunsch Caroline Jagemanns, auf dem Gastspiel des Schauspielers Karsten in dem Stück *Der Hund des Aubri de Mont-Didier*, aus dem Französischen übersetzt von J. F. Castelli, in dem ein dressierter Pudel die Hauptrolle spielt.	Am 11. an Kirms, mit einer genauen Instruktion für die Regisseure und das Theaterpersonal.

Jena, 21. März-7. August 1817 (mit kurzen Zwischenaufenthalten in Weimar)

Jena	Dienstgeschäfte im Rahmen der ›Oberaufsicht‹. Umgang u. a.: Knebels, Frommanns, Louise Seidler, Luden, Gries; die Leiter der großherzogl. naturwissen-	Arbeit am Bericht der ›Oberaufsicht‹ über die *Museen zu Jena* (vgl. an Ch. G. Voigt, 29. 9.). Ferner

schaftlichen Institute, dabei jetzt der Veterinärmediziner Th. Renner, mit ihm anatomische Studien (vgl. z. B. Tgb 11. und 28. 4., an Ch. G. Voigt, 10. 4.). Versuche zu den ›entoptischen‹ Farben (vgl. z. B. Tgb 5. und 8. 4.). Lektüre u. a.: das altindische Epos *Megha-Duta* (*Wolkenbote*) des Kalidasa, ins Englische übersetzt von H. Wilson, 1814 (»ein großer altindischer Schatz«, so an Ottilie von Pogwisch am 27. 3.). Vgl. Tgb.

am Aufsatz *Elemente der entoptischen Farben*, abgeschlossen am 7. bzw. 8. 6. (vgl. Tgb); ersch. in *Zur Naturwissenschaft* 1.

26. März Schreiben an Ch. G. Voigt oder – wahrscheinlicher – Kirms bzw. die Hoftheater-Intendanz über sein künftiges Verhältnis zum Theater: G. erklärt sich bereit, in künstlerischen Fragen weiterhin mitzuwirken, auch seine Meinung abzugeben und Rat zu geben; »mein Votum aber zählt nicht bey der Entscheidung, deswegen enthalte mich aller Signatur und Unterschrift, und entbinde mich dadurch aller Verantwortung.«

Ende März Am 27. Besucher aus Boston: J. G. Cogswell (Mineraloge und Chemiker) und A. Thorndike. Am 30. Besuch Voß' d. J. Vgl. Tgb.

Beginn der Drucklegung von *Zur Morphologie* 1 (vgl. an Frommann am 24.).

April J. P. Kaufmann tritt seinen Dienst als sachsen-weimarischer Hofbildhauer an.

Arbeit an *Zur Morphologie* 1, u. a. am Abschnitt *Geschichte meines botanischen Studiums*, und an *Kunst und Altertum* 3.

Anfang April Lektüre: Kants *Kritik der Urteilskraft* (vgl. Tgb 1.-5.).

Bd. 9-12 von *Werke B* ersch.

12. April Aufführung von *Der Hund des Aubri de Mont-Didier* auf dem Weimarer Hoftheater (s. o. Mitte März).

13. April Mit einem persönlichen und einem offiziellen Schreiben entbindet Carl August G. von seinem Posten als Theaterleiter. In seiner Antwort vom 15. bittet G., auch August aus der Hoftheater-Intendanz zu entlassen, was alsbald geschieht.

17. April

An Cotta die Druckvorlagen für Bd. 17-19 von *Werke B*.

28. April		Tgb: »*Meteore des literarischen Himmels*« (vgl. bereits am 26. 4., dann am 9. 5.).
~Ende April	Brief an Ph. E. von Fellenberg, Leiter des Erziehungsinstituts in Hofwyl, wohin ein Sohn von Carl August und Caroline Jagemann geschickt werden soll.	*Kunst und Altertum* 2 ersch., darin das Pamphlet gegen die nazarenischen Künstler und F. Schlegel als den Spiritus rector der katholisierenden romantischen Kunst: *Neudeutsche religios-patriotische Kunst*, ferner *Sankt Rochus-Fest zu Bingen* und verschiedene, z. T. von J. H. Meyer oder Boisserée stammende Beiträge.
Mai		Arbeit an *Zur Morphologie* 1, u. a. an den Aufsätzen *Entdeckung eines trefflichen Vorarbeiters* (über C. F. Wolff) und *Glückliches Ereignis* (über die Bekanntschaft mit Schiller). Arbeit an *Kunst und Altertum* 3, u. a. am Aufsatz *Deutsche Sprache* (zu C. Ruckstuhl). Vgl. Tgb.
6. Mai	An Seebeck u. a. über den neuen Status der Universität Jena: Meiningen und Coburg (die »wenig nahrhaften Nutritoren«) haben ihr Mitbestimmungsrecht zugunsten Weimars und Gothas aufgegeben.	
12. Mai		Tgb: »*Vorwort* zur zweiten Abtheilung«, d. h. den Heften *Zur Naturwissenschaft* neben denen *Zur Morphologie*, mit denen sie dann die Doppelreihe *Zur Naturwissenschaft* überhaupt, besonders zur Morphologie bilden; am 26. geht das erste Manuskript von Heft 1 *Zur Naturwissenschaft* in die Druckerei (vgl. Tgb).
14. Mai		Tgb: »Kantischer Einfluß auf meine Denkweise und Stu-

dien« (→ *Einwirkung der neueren Philosophie*).

Weimar	18./19. Mai	Tgb: »Elginische Marmore« (*The Elgin Marbles from the Temple of Minerva at Athens: on sixty-one Plates <...>*, 1816).	
Jena	19. Mai		Tgb: »Nach Jena <...> *Entoptische Farben*, Gedicht« (für Julie von Egloffstein).
	20. Mai		An Cotta Druckvorlage für Bd. 20 von *Werke B*.
	Ende Mai	Am 23. an J. H. Meyer: »Die Elgin Marbles beschäftigen mich sehr, das Buch ist unschätzbar« usw. – Lektüre u. a.: Kants *Kritik der Urteilskraft* (vgl. Tgb 27.).	Am 27. an Cotta die Druckvorlage für *Der Mann von fünfzig Jahren* (Anfangsteil der *Wanderjahre*-Novelle, ersch. Herbst 1817 im ›Taschenbuch für Damen auf das Jahr 1818‹). – Am 29. an Frommann den Anfang des Manuskripts vom 2. Teil der *Italienischen Reise* zum Druck; vgl. an Zelter: »Dieses Italien ist ein so abgedroschenes Land, daß wenn ich mich darin nicht selbst als in einem verjüngenden Spiegel sähe, so möchte ich gar nichts davon wissen.«
	Juni	Fortsetzung der Versuche zu den ›entoptischen‹ Farben (vgl. Tgb), auch nach der ›vollendeten Entdeckung‹ (Tgb 2.; im Brief an August vom 5.: »Auflösung des Räthsels der entoptischen Farben«).	Arbeit an *Zur Naturwissenschaft* 1 (vgl. Tgb bis 12.).
	4.-6. Juni		Fertigstellung des Aufsatzes *Elemente der entoptischen Farben* für *Zur Naturwissenschaft* 1 (vgl. Tgb).
	7. Juni		Im Brief an J. H. Meyer kündigt G. eine Polemik gegen Welckers *Sappho von einem herrschenden Vorurteil befreit* an. (Wohl in den folgenden Wochen verfaßt, von G. nicht publiziert.)

Weimar	10./11. Juni	Tgb 11.: »Verschiedene Geschäfte abge-than.«	
Jena	Mitte/ Ende Juni	Besuch des Dramatikers A. Müllner (vgl. Tgb 13.).	Skizze über R. Ch. Maturins Tragödie *Bertram; or the Castle of St. Aldobrand*, 1816, mit Übersetzungsver-suchen (vgl. Tgb 13.-15.; an J. H. Menken, 19.); von G. nicht publiziert. – Aufsatz *Skizzen zu Casti's Fabelge-dicht: die redenden Tiere* für *Kunst und Altertum* 3 (vgl. Tgb ab 11.; an J. H. Meyer am 24.; Abschluß wohl 23.-25. 10., vgl. Tgb).
Weimar	16.-18. Juni	Zur Trauung von August und Ottilie von Pogwisch (am 17.).	
Jena	Ende Juni	Am 29. kommt Arnims Brief vom 15.6. an – er geht u. a. auf *Neu-deutsche religios-patriotische Kunst* ein –, mit Bd. 1 seiner *Kronenwächter*; vgl. Tgb. (Am 28.7. schreibt auch Bettina; beide Briefe bleiben unbeantwortet.)	Arbeit am Aufsatz *Bildungs-trieb* (vgl. Tgb 27.).
	Ende Juni/ Juli		Arbeit am 2. Teil der *Italie-nischen Reise*, an dem bereits gedruckt wird (vgl. Tgb ab 19.6.; Abschluß ~Anf. Sept., vgl. an Cotta, 6.9.).
	8. Juli	Brief an Hegel: »Ew. Wohlgebornen <...> entschiedne Art, sich zu Gunsten der <...> *Farbenlehre* zu erklären, fordert meinen aufrichtigsten Dank« usw. (Boisserée hatte G. die einschlägigen Passagen aus Hegels *Enzyklopädie der philosophischen Wissenschaften* geschickt, vgl. G. an Boisserée am 1.; Hegel antwor-tet am 20.7.).	
	Mitte/ Ende Juli	Lektüre: Sebastian Brant, *Das Narren-schiff* (vgl. Tgb 17.).	Heft 1 von *Zur Morphologie* und *Zur Naturwissenschaft* erscheinen (vgl. Tgb 17. bzw. an Boisserée am 18./29.). – Vorbereitung von *Zur Na-turwissenschaft* 2 und *Kunst und Altertum* 3. Diktat des (nachgelassenen) Aufsatzes

Verein deutscher Bildhauer
(vgl. Tgb 26.); darin bereits
Erwähnung der nach Eng-
land verbrachten Reste »des
Phigalischen Tempels« (d. h.
vom Fries des Apollon-Tem-
pels in Bassai).

	2. Aug.	Ankunft von Ch. L. F. Schultz (bleibt bis 18. 8.; intensiver Austausch über chroma-tische Fragen, insbesondere die ›physio-logischen‹ Farben und das Auge; vgl. Tgb).	

Weimar, 7. August-20. November 1817

Weimar	Mitte/ Ende Aug.	Besuch F. H. von der Hagens (vgl. Tgb 14.). F. Jagemann macht ein Goethe-Porträt (Kreidezeichnung, Profil); von J. Ch. E. Müller in Kupfer gestochen (vgl. Tgb 22.). – Am 22. an Knebel, anläßlich der Aktivitäten zum bevorstehenden Refor-mationsfest: »unter uns gesagt, ist an der ganzen Sache nichts interessant als Lu-thers Charakter <...> Alles Übrige ist ein verworrener Quark, wie er uns noch täg-lich zur Last fällt.«	Weiterarbeit am amtlichen Bericht *Museen zu Jena* sowie an *Meteore des litera-rischen Himmels* (vgl. Tgb). Tgb 19.: »Überlegung der schriftstellerischen Epochen«; ähnlich 20.-22., am 23.: »Schema des Jahrs 1805«; ähnlich 24.-26. und 31. (→ *Tag- und Jahreshefte*; vgl. dazu auch an Cotta, 6. 9.: für die früher versprochene ›Chronologie seiner Schrif-ten‹ sei eine ›Rekapitulation seines ganzen Lebens nötig‹).
Paulinzella (und Stadtilm)	27.-29. Aug.	Am 28. in Paulinzella, Besichtigung der Ruinen der Zisterzienserabtei (vgl. *Tag- und Jahreshefte 1817* und die bereits am 30. diktierten Notizen über den Ausflug).	
	Aug./Sept.		Arbeit an Heft 2 von *Zur Naturwissenschaft* bzw. *Zur Morphologie*.
Weimar	2./3. Sept.	Tgb 2.: »Besuch von Dr. Ludwig Tieck, welcher aus England zurückkam und von Shakespeare, Theater und sonstiger dor-tiger Litteratur erzählte.« (Vgl. auch an Cotta am 6.)	Tgb 2.: »*Vorschlag zur Güte*« (ersch. in *Zur Naturwissen-schaft* 2). Tgb 3.: »*Meteore des litterarischen Himmels. Die drey ersten Rubriken.*«
	8./11. Sept.		Arbeit an den Aufsätzen *Einwirkung der neueren Philosophie, Anschauende*

			Urteilskraft, Bildungstrieb, Drei günstige Rezensionen und *Nacharbeiten und Sammlungen*; ersch. sämtlich in *Zur Morphologie* 2 (vgl. Tgb).

Dornburg/ Jena	12./13. Sept.	Vgl. Tgb.	
Weimar	13. Sept.	Besuch Sartorius' und Frau (vgl. Tgb).	
	Ende Sept.	Besuch Hirts, 21.-24. (vgl. Tgb). – Am 24. Dankbrief an Fellenberg für dessen Brief vom 5.9. mit der *Vorläufigen Nachricht über die Erziehungsanstalt für die höheren Stände zu Hofwyl bei Bern in der Schweiz.* – Tgb 26.: »Hermanns Gedanken über die älteste griechische Mythologie« (*Dissertatio de mythologia Graecorum antiquissima*, 1817).	Arbeit an der Besprechung von *Der Pfingstmontag. Lustspiel in straßburger Mundart, fünf Aufzügen und Versen*, 1816, anonym (vgl. Tgb 25.; ersch. in *Kunst und Altertum* II 2. Verfasser des Stücks ist J. G. Arnold).
	Ende Sept./ Oktober	J. H. Meyer reist in seine Heimat (Stäfa am Zürcher See), bleibt dort bis Sommer 1818.	Fertigstellung des Berichts der ›Oberaufsicht‹ *Museen zu Jena. Übersicht des Bisherigen und Gegenwärtigen nebst Vorschlägen für die nächste Zeit*; geht am 29.10. an Carl August.
	1. Okt.	Brief an Creuzer, Dank für die Edition der zwischen Gottfried Hermann und Creuzer selbst gewechselten *Briefe über Homer und Hesiodus, vorzüglich über die Theogonie*, 1818, mit deutlicher Distanz gegenüber Creuzers Methode der Mythenforschung. Vgl. auch an Knebel am 9.	
	5. Okt.	Besuch Sartorius' und Frau (sie bleiben bis 9.).	
	6.-8. Okt.	Lektüre: *Georg Zoëgas Abhandlungen*, hg. von F. G. Welcker, 1817. Beginn der Lektüre von *Glenarvon* (1816 anonym erschienener Schlüsselroman von Caroline Lamb, gegen Byron gerichtet).	Gedicht *Urworte. Orphisch* (vgl. Tgb 7. und 8.).
Rudolstadt (und Bad Berka)	10./11. Okt.	G. betrachtet u. a. die im Schloß aufgestellten Gipsabgüsse von den Köpfen der beiden Rossebändiger auf der Piazza del Quirinale in Rom (›die Kolosse von Monte Cavallo‹).	

Weimar	Mitte Okt.	Lektüre von Byrons Tragödie *Manfred* (vgl. Tgb ab 11.; an Knebel am 13.). – G. beginnt (vgl. Tgb 14.) sich mit seinem neuen ›oberaufsichtlichen‹ Auftrag zu befassen, der kompletten Reorganisation der Jenaer Bibliotheken: Die Universitätsbibliothek und die großherzogl. ›Schloßbibliothek‹ sollen zusammengeführt, ihre Bestände katalogisiert und in neuen Räumlichkeiten untergebracht werden. (G. ist damit bis 1824 intensiv beschäftigt.)	
	17. Okt.	Brief an Boisserée, u. a. über seine mehr oder minder erfolgreichen Bemühungen, Abbildungen von den Resten der Marmorskulpturen des Tempels von Aphaia auf Ägina (den sog. Ägineten), des Parthenon in Athen (›Elgin Marbles‹) und des Apollontempels in Bassai (Phigalia) zu bekommen. (Vgl. auch Tgb 16.)	
	18. Okt.	Besuch des französischen Philosophen Victor Cousin (vgl. Tgb).	
	19./20. Okt.	August und der Arzt Rehbein berichten G. vom Wartburgfest (vgl. Tgb).	
	~Mitte/ Ende Okt.		Teil 2 der *Italienischen Reise* ersch. u. d. T. *Aus meinem Leben. Von Goethe. Zweiter Abt. zweiter Teil. Auch ich in Arkadien!* – Gedicht »*Du hast es lange genug getrieben*« (gegen Kotzebue, mit Ort und Datum des Wartburgfests; Erstdr. in *Ausg. letzter Hand*).
	22. Okt.		Tgb: »*Urteilsworte französischer Kritiker* [für *Kunst und Altertum* 3] <...> Klaggesang aus [C. Lambs] *Glenarvon* übersetzt« (*Klaggesang. Irisch*).
	27. Okt.		Tgb: »Über *Blumenmalerei* und ihre Epochen« (für *Kunst und Altertum* 3).

	30. Okt.	Amtliches: Votum zur Reorganisation der Jenaer Bibliotheken.
	November	Bd. 13 und 14 von *Werke B* ersch.
	Anfang Nov.	Aufsatz *Münzkunde der deutschen Mittelzeit* für *Kunst und Altertum* 3 (vgl. Tgb 1.: »Über die Regenbogenschüsselchen«). – Übersetzung verschiedener Partien aus Byrons *Manfred* (vgl. Tgb ab 2.).
Jena	6.-15. Nov.	In Geschäften der ›Oberaufsicht‹, besonders der Reorganisation der Jenaer Bibliotheken. Am 14. Besuch des Studenten Carl Ludwig Sand.
Weimar	15. Nov.	Ch. G. Voigt an G., u. a. über die Aufregung, die (falsche) Gerüchte über die Bücherverbrennung beim Wartburgfest bei den konservativen Regierungen verursachen.
	16. Nov.	G. beginnt, sich mit G. Bossis Schrift *Del cenacolo di Leonardo da Vinci*, 1810, und dessen Durchzeichnungen von älteren Kopien des *Abendmahls* zu befassen (von Carl August aus Mailand mitgebracht); vgl. Tgb.
	19. Nov.	Besuch Varnhagens (vgl. Tgb), erste persönliche Begegnung.

Jena, 21. November 1817-23. Juli 1818 (mit Zwischenaufenthalten in Weimar)

Jena		Dienstgeschäfte: ›Oberaufsicht‹, besonders die Reorganisation der Jenaer Bibliotheken, in Tgb jetzt als ›Hauptgeschäft‹ bezeichnet. Umgang u. a.: Knebel, Frommanns, der Orientalist Kosegarten, Gries; die Leiter der großherzogl. naturwissenschaftlichen Institute.
	28. Nov.	An August: »Heute früh war Studiosus R[ödiger] bey mir, der in der Wartburgs-

geschichte eine bedeutende Rolle spielt. Es ist ein allerliebstes Wesen, wie die Jugend überhaupt mit allen ihren Fehlern von denen sie sich zeitig genug verbessert, wenn nur die Alten keine solche Esel wären, denn die verderben eigentlich das Spiel.«

Ende Nov./
Dezember

G. verfaßt die Aufsätze *Abendmahl von Leonard da Vinci zu Mailand. Joseph Bossi über Leonard da Vincis Abendmahl zu Mailand* für *Kunst und Altertum* 3 (vgl. Tgb ab 20. 11.) und *Camarupa* (zu Howards Wolkenlehre bzw. den von diesem eingeführten Bezeichnungen für die verschiedenen Wolkenformen; Erstdruck posthum in der *Ausg. letzter Hand*). Er zeichnet und aquarelliert mehrere Wolkenbilder (vgl. Corpus V b, Nr. 248-253).

Anfang Dez.

Am 4. an Ch. G. Voigt: G. begrüßt das ›Circulaire‹ an die sachsen-weimarischen Geschäftsträger in den Ländern des Deutschen Bundes, worin die am Wartburgfest beteiligten Jenaer Professoren und Studenten gegen die Anklage des preußischen Ministers von Kamptz in Schutz genommen werden (vgl. Carl August an G. am 12. und G. an Zelter am 16.). Die angekündigte Jenaer Studentenzeitung ›Des deutschen Burschen fliegende Blätter‹ wird verboten (auch aufgrund des Drucks besonders der preußischen und österreichischen Regierung; vgl. Ch. G. Voigt an G. am 5.).

19. Dez.

G. wird auf seinen Antrag aus dem Frankfurter Bürgerverband entlassen (vgl. an J. F. H. Schlosser, 17. 11.).

21. Dez.

Erste Druckvorlage des *Divan* an Frommann (vgl. Tgb).

1818 17./18. 10.: Gründung der ›Allgemeinen deutschen Burschenschaft‹ in Jena am Jahrestag des Wartburgfests.

Anfang Jan.	Lektüre mehrerer Schriften über das Wart-burgfest von Kieser, Oken und F. From-mann (vgl. an Ch. G. Voigt und Tgb 9.).	Gedicht »*Worte sind der Seele Bild*« (vgl. an Boisserée am 16.).
12. Jan.	Tgb: »Student Rödiger.«	
16./17. Jan.	Brief an Boisserée am 16., u. a. kritisch über die zeitgenössischen Mythenforscher (Böttiger, Creuzer, Kanne, Welcker) mit Ausnahme von G. Hermann (»Winkel-manns Weg, zum Kunstbegriff zu ge-langen, war durchaus der rechte« usw.).	Aufsatz *Farben des Himmels* (vgl. Tgb 17.), für die »In-struktion für den Meteoro-logen des Ettersberg mit bildlicher Darstellung« (an Carl August, 14. 12. 1817).
Mitte/ Ende Jan.	Erneute Diskussionen um die ›Preßfrei-heit‹ anläßlich des Skandals um Kotzebues bekanntgewordenen Geheimbericht für Zar Alexander I. über die Zustände in Deutschland (negativ vor allem über Weimar und Jena); publiziert in Ludens ›Nemesis‹, Okens ›Isis‹ und F. L. A. Wielands ›Volksfreund‹. Druckbogen aus der ›Nemesis‹ kursieren, bevor die Nrn. beschlagnahmt werden. ›Isis‹ und ›Volks-freund‹ werden vorübergehend verboten. Vgl. an Ch. G. Voigt am 27. (mit einem Bericht über die gefährliche Stimmung gegen Kotzebue und einem Auszug aus G.s Tgb über die aktuellen Ereignisse in Jena).	An Zelter am 20.: »Mein drittes Heft *Kunst und Al-terthum* (denn so muß ich es nennen, da die Rhein- und Maynluft nach und nach darinnen verwehen wird) geht nun rasch vor sich«. – Tgb 21.: »Abschrift des Aufsatzes über [Gottfried] Hermann« (*Geistes-Epochen nach Hermanns neuesten Mitteilungen*, für *Kunst und Altertum* 3).
Ende Jan./ Februar		Wiederaufnahme der Arbeit an Heft 2 von *Zur Natur-wissenschaft überhaupt, be-sonders zur Morphologie* (vgl. Tgb ab 23. 1.)
10./11. Febr.	Am 10. Ankunft von Louise Seidlers Zeichnung nach Abgüssen des Reliefs von Phigalia (in Originalgröße) und ihres Begleitbriefs vom 5. 2. aus München (vgl. Tgb und G.s Dankbrief vom 12.).	Am 11. Diktat des Aufsatzes <*Relief von Phigalia*> in Form einer Antwort auf Louise Seidlers Brief (vgl. Tgb; von G. nicht veröffent-licht).
16. Febr.	G. schickt Zelter seinen Brief an Frau von Stein aus Palermo vom 18. 4. 1787 (»ein uralt Blättchen, das ich nicht verbrennen konnte, als ich alle Papiere, auf Neapel und Sizilien bezüglich, dem Feuer widmete«).	Weitere Beilage: das Gedicht *Um Mitternacht* (»Um Mit-ternacht ging ich«), laut Tgb am 13. entstanden.
Febr./März	Beginn systematischer meteorologischer Beobachtungen auf den seit etwa 1817	

eingerichteten Wetterstationen in Sachsen-
Weimar, mit Hilfe der von H. L. F. Schrön
entworfenen Witterungstabellen; G. als
›Oberaufsicht‹ auch für die Sternwarte in
Jena hat die Aktivitäten zu kontrollieren.
(Vgl. die zwischen G. und Carl August
gewechselten Briefe zwischen dem
23. 12. 1820 und 4. 2. 1821; ferner an Vulpius, 21. 2. 1821 und weiterhin die Schreiben an Posselt und Schrön.)

Weimar	22. Febr.- 13. März	Tgb 9. 3.: »*Myrons Kuh* wieder gefunden und zum Druck ajustiert. *Philostrats* *Gemälde*« (beide Abhand- lungen für *Kunst und Alter-* *tum* II 1).
Jena		*Kunst und Altertum* 3 ersch.

	15. März	Tgb: »bei Frommanns. Die Häuptlinge der Studierenden.«	
	22./23. März	Am 23. erster Brief an den Naturforscher und Maler Carus: Dank und Lob für dessen *Lehrbuch der Zootomie*, 1818.	Schema zur <*Landschafts-* *malerei*> (datiert auf 22.).
	29./31. März	In die Reinschrift nicht aufgenommene Konzeptpassage des Briefs an Ch. G. Voigt vom 29.: »Ich lese jetzt <...> die Ge- schichte der französischen Revolution [J. F. Georgel, *Mémoires pour servir à* *l'histoire* <...>, 1817] und finde, indem ich den höchst schätzbaren Grund respek- tiere, woher die Hauptsache kommt und wohin das Ziel gelangen kann, alles was tagtäglich bei uns geschieht nur als einen absurden Nachklang jenes Ungeheueren« (vgl. auch an Kanzler Müller am 25.).	Am 31. an Frommann den Anfang des nächsten Hefts von *Kunst und Altertum* mit dem Rat, »den Haupttitel mit der Bezeichnung *zweiter* *Band* gleich vorausgehen zu lassen.«
	2. April	Erster Brief an den Philologen und Lite- raturgeschichtler C. E. Schubarth, der im Brief vom 27. 3. seine Studie *Zur Beur-* *teilung Goethes mit Beziehung auf ver-* *wandte Literatur und Kunst*, 1818, angekündigt hatte.	
	9. April	Geburt von G.s erstem Enkel Walther Wolfgang.	
	11. April	Tgb: »Caroue [Carové] von Coblenz, berühmter Wartburger sein Büchlein	

bringend. Koppe [Kobbe] von Kiel, in
Heidelberg Studierender.«

Weimar   16. Zur Taufe des Enkels Walther Wolfgang
(-27. April)   am 21.

16./18. April   Gedichte *Chronika* (»Auch
                                                      endlich ward ich Großpapa«;
                                                      auf 16. datiert) und »Singen
                                                      sie Blumen der kindlichen
                                                      Ruh« (später *Wiegenlied
                                                      dem jungen Mineralogen
                                                      Wolfgang v. Goethe* betitelt).

21. April An Soemmering, Dank für dessen mit
           Brief vom 22. 3. übersandte Schriften über
           Fossilien: »Auch uns beschäftigen die [in
           Thüringen entdeckten] fossilen Reste gar
           sehr« usw.

26. April Erster Besuch von G.s Großneffen Franz
           Nicolovius, der jetzt in Jena studiert (bis
           April 1819; häufige Begegnungen.)

Jena   28. April Tgb: »Lieutenant Biertsch [Biersch],
                      Studierender in Leipzig.« Lektüre: J. Gei-
                      ler von Kaysersberg, *Christliche Pilger-
                      schaft* (vgl. Tgb).

(Dornburg) 29. April Mit Kanzler Müller und zwei Damen
                       Egloffstein (vgl. Tgb und die Gesprächs-
                       aufzeichnungen der andern).

Mai   Weiterarbeit an *Zur Morpho-
                                                      logie* 2 (vgl. Tgb).

3. Mai Beginn der Lektüre von J. von Hammers   Tgb: »von Hammer persische
        Geschichte der schönen Redekünste Per-   Litteratur. Behramgur und Di-
        siens, 1818.   laram.« (Vgl. das *Divan*-Ge-
                                                      dicht »*Behramgur, sagt man,
                                                      hat den Reim erfunden*«.)

10. Mai   Brief an Cotta: u. a. kündigt
                                                      G. »den Schluß der *neuen
                                                      Melusine*« an (ersch. im
                                                      ›Taschenbuch für Damen auf
                                                      das Jahr 1819‹; der Anfang
                                                      war vor zwei Jahren, eben-
                                                      falls im ›Damenkalender‹,
                                                      erschienen).

16. Mai Tgb: »Ankündigung des Dr. Börne in
         Frankfurt.« (Ludwig Börne bittet in einem

kurzen Briefchen vom 10. 5. für seine neue
Zeitschrift ›Die Waage‹ um eine »Mitteilung <...> die ihn und seine Leser auf-
muntere«. G. reagiert nicht.)

Mai/Juni		Intensive Arbeit an *Philo-strats Gemälde* (vgl. Tgb).
Juni		Revision der sukzessiv ge-druckten Partien von *Divan* und *Kunst und Altertum* II 1 (vgl. Tgb).
11. Juni	Tgb: »*Dr. Faust* von Marlowe« (übersetzt von Wilhelm Müller, 1818).	
Mitte Juni	Besuch Seebecks vom 16. bis ~20. (vgl. Tgb). Am 17. (vgl. Tgb) deutsches Konzept eines Briefs an Cogswell (Dank für die Übersendung von Parker Cleavelands Werk *An elementary treatise on minera-logy and geology*, 1816), darin u. a. über sein derzeitiges Studium Amerikas, »weshalb ich denn sowohl frühere Werke, als die neueren Reisebeschreibungen um mich versammelte.« (Vgl. auch an Ch. G. Voigt am 19.)	Arbeit am Aufsatz *Antik und Modern* für *Kunst und Al-tertum* II 1 (vgl. Tgb 14.- 16.).
23. Juni	Besuch Riemers, mit Frau und dem klei-nen Sohn Bruno, vgl. Tgb und Riemers Notiz (erste Begegnung seit Sommer 1816, s. dort 19. 7.).	
Weimar 2.-19. Juli	F. Jagemann malt ein lebensgroßes Goethe-Porträt in Öl (vgl. Tgb 10. und 19.).	Tgb 7.-13.: Schemata zur per-sischen Dichtung und Kultur und dem »Cultus der Par-sen« (→ *Noten und Ab-handlungen zu besserem Verständnis des west-öst-lichen Divans*).
Jena 19.-23. Juli		Datierte *Divan*-Gedichte: »*Ja! Die Augen warens*«, »*Was wird mir jede Stunde so bang*« u. a.

Reise nach Karlsbad, 23. Juli-17. September 1818

Von Jena nach Karlsbad	23.-26. Juli	Über Schleiz, Hof, Franzensbad (dort Wiedersehen mit Josephine O'Donell).

Karlsbad	26. Juli (-13. Sept.)	Trink- und Badekur. Umgang u. a.: die Fürsten Schwarzenberg und Metternich, F. von Gentz, der griechische Graf Kapodis-trias, S. Schweigger und der Philologe und Ästhetiker C. W. F. Solger. – Weiterhin Studium von J. von Hammers *Geschichte der schönen Redekünste Persiens.* Be-schäftigung mit den ›entoptischen‹ Farben (vgl. besonders 6. und 7. 9.) und der Mi-neraliensammlung des 1817 verstorbenen Steinschneiders Joseph Müller. Vgl. Tgb und Briefe, besonders an August und Ottilie.	Mehrere *Divan*-Gedichte und Arbeit an den *Noten und Abhandlungen* (vgl. beson-ders Tgb 29. 7.).
	Ende Juli/An-fang Aug.	G. hört mehrmals die berühmte italieni-sche Sängerin Catalani (vgl. Tgb 31. 7., 1. und 6. 8.).	
	Mitte Aug.	Tgb 18.: »Bey Feldm. Blücher, den ich Whistspielend fand.«	Gedicht »Im Zimmer, wie im hohen Saal« (später *Madame Catalani* betitelt, mit Datum 14. 8. 1818).
	11. Sept.		Datierte *Divan*-Gedichte *An Hafis* (»Was alle wollen weißt du schon«) und *Berechtigte Männer.*
Von Karlsbad nach Weimar	13.-17. Sept.	Über Franzensbad, Hof, Schleiz, Kahla.	Tgb 17.: »Auf der ganzen Tour hauptsächlich orientali-sche Dichtung bedacht; in Kahle das Haupt-Schema [für die *Noten und Abhand-lungen*] geschrieben.«

Weimar (und Jena), 17. September 1818-26. August 1819

| Weimar | Ende Sept. | Tgb 23.: »Prof. Hegel und Frau, von Hei-delberg nach Berlin gehend.« (Hegel tritt dort seine Professur an.) G. erhält das durch den König von Frankreich am 11. 8. verliehene goldene Kreuz (als Offizier) der Ehrenlegion (vgl. Tgb 27.; an Reinhard am 28.). | *Divan*-Gedicht *Höheres und Höchstes* (vgl. Tgb 23.). Am 26. an Boisserée: »Der *Divan* ist abgedruckt wird aber noch zurückgehalten, weil Erläuterungen und Auf-klärungen [die *Noten und Abhandlungen*] anzufügen sind.« |
| | Ende Sept./ Okt. | | Intensive Arbeit an den *Noten und Abhandlungen* |

(Lektürestudien, Nieder-
schriften), vgl. Tgb. – Neue
Aufsätze für *Kunst und
Altertum* II 1, u. a. *Klassiker
und Romantiker in Italien*
und *Fürst Blüchers Denkbild*
(vgl. Tgb 7.-31.).

1. Okt.

An C. von Brühl, der G.s *Lila*
in der Vertonung von F. L.
Seidel in Berlin aufführen
will. (»Das Sujet ist eigentlich eine psychische Cur, wo
man den Wahnsinn eintreten
läßt um den Wahnsinn zu
heilen« usw.)

Mitte Okt. Tgb 20.: »Kam von Färber eine Relation,
wie der 18. October von den Purschen in
Jena gefeyert worden« (Jahrestag des
Wartburgfests bzw. der Völkerschlacht bei
Leipzig, Gründung der ›Allgemeinen
deutschen Burschenschaft‹); vgl. Tgb 18.:
»Abends die Feuer zu sehen die Erfurter
Chaussee hingefahren«.

Beginn der Arbeit am *Maskenzug 1818* anläßlich des
Besuchs der russischen Kai-
serinmutter Maria Feodo-
rowna (vgl. Tgb 17.).

23. Okt. G. schickt Carl August Grillparzers
Sappho (am 5. 9. erstmals in Weimar
aufgeführt).

25. Okt. Zelter kommt an, bleibt bis 1. 11.

November J. J. Schmeller wird Hilfslehrer am Freien
Zeicheninstitut (vgl. Tgb 29. 10.).

Band 17 und 18 von *Werke B*
ersch. – Vorbereitungen zur
Aufführung des *Maskenzugs
1818* (vgl. Tgb).

Jena 8.-12. Nov. In Dienstgeschäften (Reorganisation der
Bibliotheken). Orientstudien mit Kose-
garten.

Weimar

Berka 17. Nov. G. wohnt beim Badeinspektor und Orga-
(-6. Dez.) nisten Schütz, der ihm Werke von J. S. und
Ph. E. Bach, von Mozart, Haydn und
Beethoven vorspielt. Lektüre für den
Maskenzug 1818 (den »Festzug dichteri-
scher Landeserzeugnisse«): Werke von
Wieland, Herder und Schiller. Außerdem
Beschäftigung mit Hamann (s. u.). Vgl. Tgb.

Intensive Arbeit am *Mas-
kenzug 1818* (vgl. Tgb).

	30. Nov.	Brief an W. Dorow, der eine Hamann-Ausgabe plant, mit detaillierten Vorschlägen zu Umfang und chronologischer Anordnung u. a. (Vgl. auch an A. J. Penzel, 22. 12.)	
Weimar	Anfang Dez.	Besuch des dänischen Archäologen P. O. Bröndstedt (vgl. Tgb 7.).	Organisierung und Einstudierung des *Maskenzugs 1818* (vgl. Tgb).
	18. Dez.		Aufführung des *Maskenzugs 1818* im Schloß.
	26. Dez.	An Knebel, über seinen *Maskenzug 1818*: »da so großer Aufwand an Zeit, Kräften und Geld doch nur zuletzt, wie ein Feuerwerk, ein vor allemal in der Luft verpuffte. Indessen haben wir die alte Ehre Weimars gerettet, ich aber, will's Gott! von solchen Eitelkeiten hiedurch für immer Abschied genommen.«	
	Ende Dez./ Anfang 1819		Arbeit an den *Noten und Abhandlungen* (vgl. Tgb). *Die Inschrift von Heilsberg. Weimar 1818* ersch. als Einzeldruck (dechiffriert von J. v. Hammer, mit einem kurzen erläuternden Nachwort von G.; vgl. Tgb und an Ch. G. Voigt, 5. 2. 1819).
	1819	23. 3.: Ermordung Kotzebues in Mannheim durch den Jenaer Studenten C. L. Sand. Mai: Der erste transozeanische Dampfer fährt in 26 Tagen von Amerika nach Europa. 20. 9.: Erlaß der sog. Karlsbader Beschlüsse durch den Deutschen Bund. – W. Scott: *Die Braut von Lammermoor*.	
		J. N. Hummel kommt als Hofkapellmeister nach Weimar.	
	Januar		(Redaktions-)Arbeit an den *Noten und Abhandlungen* (vgl. Tgb).
	7. Jan.	Brief an Nees von Esenbeck: Dank für das auf 26. 8. 1818 datierte Ehrendiplom der Kaiserlich Leopoldinisch-Carolinischen Akademie der Naturforscher (Nees ist seit 3. 8. 1818 deren Präsident).	Erste Manuskriptsendung der *Noten und Abhandlungen* an Frommann zum Druck.
	14. Jan.	Brief an Boisserée: G. wünscht Glück zur Übersiedlung nach Stuttgart, wo König	

Wilhelm I. von Württemberg großzügige Räumlichkeiten zur Aufstellung der Gemäldesammlung zur Verfügung gestellt hat.

18. Jan. Adele Schopenhauer überbringt das Werk ihres Bruders Arthur *Die Welt als Wille und Vorstellung*, worin G. sofort zu lesen beginnt (vgl. Tgb).

21. Jan. In F. Jagemanns Atelier Besichtigung der beiden eben aus England gekommenen Kreidezeichnungen von Figuren aus dem Ostgiebel des Parthenon in Athen (›Elgin Marbles‹), vgl. Tgb.

22. Jan. G. bestellt bei einer Weimarer Speditionsfirma »einen guten Abguß in Gyps« von dem Pferdekopf der ›Elgin Marbles‹ (Ankunft im Juli, vgl. an Carl August, 11.-17. 7.).

30. Jan. Erste Aufführung von Grillparzers *Ahnfrau* in Weimar (vgl. Tgb).

Februar Der Verkehr mit Riemer wird wieder aufgenommen (vgl. Riemer an Frommann am 17. und Tgb 7., 14. und 21.).

Arbeit an *Summarische Jahresfolge Goethescher Schriften* für Bd. 20 von *Werke B* (geht am 5. 3. an Cotta zum Druck) bzw. Vorarbeiten für *Tag- und Jahreshefte* (seit 29. 1.; vgl. Tgb und an Cotta, 3. 3.).

März Tod F. H. Jacobis.

Kunst und Altertum II 1 ersch. – (Redaktions-, Revisions-) Arbeit an den *Noten und Abhandlungen* (vgl. Tgb).

18./19. März Besuch Nees von Esenbecks (vgl. Tgb).

20. März Brief an Carl August, zu U. F. Kopps neuer Deutung der Heilsberger Inschrift mit scharfer Kritik an der Deutung J. von Hammers; am gleichen Tag bekommt G. auch G. F. Grotefends ganz ähnliche, jedoch konziliantere Stellungnahme (beide Schriften waren als Manuskript an den todkranken Ch. G. Voigt gegangen; vgl. an Grotefend, 24. 3.; zu weiteren Bemühungen um die Inschrift vgl. an Eichhorn,

		12. 4., Tgb 16. und 17. 4.; an Grotefend, 15. 4. und 4. 10.).	
	22. März	Tod von G.s langjährigem Amtskollegen und Freund Ch. G. Voigt (vgl. die noch am Vortag gewechselten Briefe).	
	25. März	Besuch Willemers (ohne Frau Marianne; vgl. an sie am 26.).	
	26. März	Tgb: »Kanzler von Müller die Nachricht von Kotzebue!!!! Ermordung.« (In den folgenden Wochen liest G. Zeitungsberichte und Kommentare dazu, vgl. Tgb 18. 4. und 26. 5., am 6./7. 5. F. W. Carovés Schrift *Über die Ermordung Kotzebues*.)	
	April	J. F. Posselt wird Nachfolger Münchows als Prof. für Mathematik und Leiter der Sternwarte in Jena.	(Revisions-)Arbeit an den *Noten und Abhandlungen*, auch Lektürestudien dazu (die Reiseberichte von Marco Polo und Pietro della Valle), vgl. Tgb.
	Ende April		Arbeit am Aufsatz *Klassiker und Romantiker in Italien, sich heftig bekämpfend* (vgl. Tgb 20. und 21.) sowie an »Israel in der Wüste« für die *Noten und Abhandlungen* (vgl. Tgb 21.-27.).
	Mai	George Dawe malt ein lebensgroßes Goethe-Porträt (Brustbild) in Öl (vgl. Tgb 4.-10. und 24.).	Arbeit an den Kapiteln »Marco Polo« und »Pietro della Valle« für die *Noten und Abhandlungen* (vgl. Tgb).
			Die beiden letzten Bände von *Werke B* ersch. (vgl. Tgb).
	10. Mai	Besuch Cogswells (vgl. Tgb).	
Jena	14.-16. und 21.-23. Mai	Vgl. Tgb.	
Weimar	Ende Mai	Brief an A. O. Blumenthal am 28.: Über deutsche neulateinische Dichtungen, mit Vorschlägen zu einer von Blumenthal geplanten Ausgabe; dabei auch über die Bedeutung der eigenen Sprache (»so sind denn die Deutschen erst ein Volk durch Luther geworden«).	Tgb 27.: »Brief von August [vom 24.] aus Berlin«, über die Privat-Aufführung zweier *Faust*-Szenen im Schloß Monbijou, mit Musik von Fürst Radziwill: »die Erscheinung des Erdgeistes,

Besuch Nees von Esenbecks (vgl. Tgb 31.). wozu man Ihr Porträt, bester
Vater, durchs Fenster kolos-
sal erscheinen ließ, machte
einen großen Eindruck« usw.

Juni   Wiederaufnahme der Arbeit
                                                           an *Zur Morphologie* 2 (be-
                                                           sonders Bearbeitung von *Er-
                                                           ster Entwurf einer Einleitung
                                                           in die Vergleichende Anato-
                                                           mie*), Beginn der Druckle-
                                                           gung (vgl. Tgb ab 8.).

Jena   5./6. Juni   Vgl. Tgb.

Weimar   11. Juni   Tgb: »Canzler von Müller, Lenzens
                         Pandaemonium bringend <...> Maler
                         Raabe aus Breslau.« (Zum mehrtägigen
                         Besuch Raabes vgl. auch Tgb 12. und 13.
                         sowie an Ch. L. F. Schultz am 15.)

            14. Juni   Ankunft der Nachbildung des ›Steins von
                         Rosette‹ (Tgb: »die ägyptische Inschrift«),
                         auf G.s Bitte vom 9. 2. durch Schlichtegroll
                         aus München geschickt.

            16. Juni   G. erfährt von der Entlassung Okens am
                         14. als Professor der Medizin in Jena
                         (Oken war nicht bereit, seine regierungs-
                         kritische Zeitschrift ›Isis‹ aufzugeben, die
                         dann verboten wurde), vgl. Kanzler Mül-
                         lers Tagebuch.

            18. Juni   Besuch Fritz von Steins (zu dem die Ver-
                         bindung nie ganz abgerissen ist und in den
                         folgenden Jahren zumal durch Steins Be-
                         suche in Weimar wieder lebhafter wird).
                         Gespräch über das Modell von Ch. D.
                         Rauchs Blücher-Statue für Breslau, das seit
                         dem 16. in G.s Händen ist (vgl. Tgb).

            22. Juni   Besuch Zelters (bleibt bis 27. 6.).

Juni/Juli   Letzte Arbeiten an den *No-
                                                           ten und Abhandlungen*, vgl.
                                                           Tgb (Abschluß am 20. 7., vgl.
                                                           an August).

Jena   26. Juni   Dienstgeschäfte: ›Oberaufsicht‹, vor allem
            (-24. Juli) die Reorganisation der Jenaer Biblio-
                         theken. Umgang u. a.: Knebel, From-
                         manns, Kosegarten.

	9. Juli		Tgb: »den Verräther sein selbst durchgedacht« (die *Wanderjahre*-Novelle *Wer ist der Verräter?*).
	11. Juli	An G. H. L. Nicolovius, erneut über die geplante Hamann-Ausgabe, mit Hinweis auf die Schwierigkeiten. (Am 25. schickt G. ihm ›sämtliche sibyllinische Blätter‹ aus seinem Besitz und legt eine Abschrift seines Briefs an Dorow vom 30. 11. 1818 bei, s. o.)	
	~17. Juli	Nicht abgeschickter Brief an den Bayreuther Regierungspräsidenten C. L. von Welden (Antwort auf dessen Schreiben vom 26. 6. über den derzeitigen demagogischen Geist an den Universitäten): »junge Professoren <...> die <...> Gesinnungen, nicht Wissenschaft überlieferten <...> In den letzten, hoffnungs- und talentreichen Jahren erschienen Lehrer und Schüler als Zelt- und Spießgesellen <...> Jetzt verschlimmern sich die Zustände bis zum Extrem, das Gouvernement muß doch zuletzt wieder eingreifen <...> vielleicht auch zur unrechten Zeit und mit bedenklichen Mitteln«.	
	18. Juli		Tgb: »Naturgedicht. Daher und dahin fließendes.« (Laut GWb eventuell »So schauet mit bescheidnem Blick«; Erstdruck in *Zur Morphologie* 2 am Schluß des Aufsatzes *Bedenken und Ergebung*, noch ohne den späteren Titel *Antepirrhema*.)
	23. Juli	Tgb: »Nachricht von dem Tode des Oberberghauptmanns von Trebra« (am 16. 6.).	
Weimar	Ende Juli	Am 26. Besuch W. von Humboldts. – Brief an Marianne von Willemer (»so höre doppelt und dreyfach die Versicherung daß ich jedes deiner Gefühle herzlich und unabläßig erwiedre«).	Arbeit an *Tag- und Jahreshefte* (vgl. Tgb ab 25.).
	Juli/August		Arbeit an der Abhandlung *Entoptische Farben* für *Zur*

Naturwissenschaft 2 (vgl.
Tgb).

Anfang Aug.

Arbeit am 3. Teil der *Italienischen Reise* (*Zweiter römischer Aufenthalt*; vgl. Tgb 2.-
4.).

11. Aug.

Im Brief an Cotta über den
Stand seiner Arbeiten: »Der
Divan ist nun endlich bei-
sammen <...> An dem *Mor-
phologischen* Hefte wird gedruckt; *Kunst und Altertum*
kommt nächstens auch wie-
der an die Reihe; der dritte
Band der *Italienischen Reise*
ist eingeleitet und manches
andere Biographische zu-
sammengestellt.«

Jena   12. Dienstgeschäfte (›Oberaufsicht‹).
(-25. Aug.)   Umgang u. a.: Knebel, Frommanns.

14. Aug.

G. gibt seine Abhandlung
über den *Zwischenkiefer-
knochen* zum Druck (ersch.
in *Zur Morphologie* 2), vgl.
Tgb: »das Manuscript von
1786« (vgl. aber oben,
19. 12. 1784).

15./16. Aug.

Beginn der Einschaltung
von Supplementen in eine
Abschrift des *Divan*
(→ *Neuer Divan*), vgl. Tgb.

19./20. Aug. Besuch Schopenhauers (vgl. Tgb).

Ende Aug.   Brief an J. H. Meyer am 25., kritisch über   Bei Cotta ersch. *West-öst-*
            Creuzers *Symbolik und Mythologie der*   *licher Divan.*
            alten Völker, besonders der Griechen
            (2. Aufl. 1819-21), ärgerlich über den
            längst veralteten »dunkel-poetisch-philo-
            sophisch-pfäffischen Irrgang«.

Reise nach Karlsbad, 26. August-28. September 1819

In Tgb öfter meteorologische Beobachtungen.

Von Jena nach Karlsbad	26.-28. Aug.	Über Schleiz, Asch.	
Karlsbad	28. Aug. (-25. Sept.)	Trink- und Badekur. Geologische Studien. Wiedersehen mit A. von Herder (vgl. Tgb 2., 10. und 16. 9.) und G. A. Ch. Kestner (vgl. Tgb 4. 9.).	Neue *Divan*-Gedichte.
	29.-31. Aug.	Tgb 30.: »Zu Fürst Metternich <...> Adam Müller bei mir.« (G. hört einiges von der am 31. beendeten Karlsbader Minister-konferenz, wo die sog. Karlsbader Be-schlüsse gefaßt wurden; vgl. an Carl August, 3. 9.) – Brief an von Preen: G. be-dauert, an der feierlichen Aufstellung der Blücherstatue in Rostock am 26. 8. nicht dabeigewesen zu sein. (Blücher stirbt we-nig später, am 12. 9.)	Schemata für *Tag- und Jah-reshefte* (vgl. Tgb 29.-31.).
	8. Sept.	G. erhält zu seinem 70. Geburtstag von der ›Gesellschaft für ältere deutsche Ge-schichtskunde‹ (am 20. 1. durch den Frei-herrn vom Stein in Frankfurt begründet) das Diplom als Ehrenmitglied, vgl. Tgb, ferner G.s Dankbrief vom 5. 10. (Zu der großen Feier in Frankfurt vgl. Willemer an G., 29. 8.)	
	Mitte Sept.		Tgb 11.: »Dictirt. Geschichte des Jenaischen Osteologi-schen Museums. Bezug auf die Veterinär-Schule.« – Me-teorologischer Aufsatz *Karls-bad, Anfang September 1819*, mit Datum 15. Sept. (vgl. auch Tgb 12. und 13.). – Gedicht *Die Feier des achtundzwan-zigsten Augusts dankbar zu erwidern* (»Sah gemalt, in Gold und Rahmen«).
Von Karlsbad nach Jena	26.-28. Sept.	Über Asch, Schleiz.	

Jena, 29. September-24. Oktober 1819

Jena	Dienstgeschäfte: ›Oberaufsicht‹. Umgang u. a.: Knebel, Frommanns. – Im Tgb öfter meteorologische Beobachtungen.

Oktober

Weitere Einschaltungen in
den *Neuen Divan* (vgl. Tgb
8., 19. und 27.).

10. Okt. An Kanzler Müller, über die von diesem
übersandten ›Karlsbader Beschlüsse‹:
»Die politische Sendung ist freilich gewichtigen Inhalts, ob einem gleich bei'm
Gedanken an die Ausführung schwin-
delt.«

12.-14. Okt. G. lehnt erneut die Stelle eines Kurators
der Universität Jena ab, vgl. seine Schreiben an Ch. W. Schweitzer vom 12. und
13./14. (in den ›Karlsbader Beschlüssen‹
ist für jede Universität ein Kurator
vorgeschrieben.). Vgl. an Kanzler Müller
am 13.: »ich preise denjenigen glücklich
der mit allen diesen Paragraphen nicht in
Berührung kommt.« Datiert: »Am
Vorabend der Schlacht von Jena«.

22. Okt.

An Boisserée, über das von
ihm erworbene alte Manu-
skript, von dem er in *Kunst
und Altertum* II 2 berichten
wird: *Die heiligen drei
Könige. Manuskript, latei-
nisch, aus dem funfzehnten
Jahrhundert.* (Arbeit daran
vom 15. 10. bis ~2. 11., vgl.
Tgb).

24. Okt.

Tgb: »Um halb 10 Uhr abge-
fahren. Unterwegs an Aus-
führung biographischer Einzelheiten gedacht, besonders
die erste französische *Campagne* 1792.«

Weimar, 24. Oktober 1819-22. April 1820

Weimar   24. Okt. Tgb: »Die neue Schrift von Görres:
Deutschland und die Revolutionen.«

Ende Okt./
November

(Redaktions-, Revisions-)
Arbeit für *Kunst und
Altertum* II 2 (vgl. Tgb
26.-30.).

November	Arbeit am Zwischenbericht über die Fortschritte der Reorganisation der Jenaer Bibliotheken, am 1.12. an Carl August geschickt.
3. und 4. Nov.	Tgb: »*Urteilsworte französischer Kritiker*« (Nachtrag zu dem Aufsatz in *Kunst und Altertum* I 3, für *Kunst und Altertum* II 2).
5.-12. Nov.	Arbeit an der Besprechung von Arnolds *Der Pfingstmontag* für *Kunst und Altertum* II 2.
26. Nov.	Tgb: «*Manfred* mundirt« (Aufsatz über Byrons Trauerspiel, mit Übersetzungsproben; für *Kunst und Altertum* II 2).
29. Nov.	G. liest Voß' jetzt erschienene Schmähschrift gegen F. L. Stolberg *Wie ward Fritz Stolberg ein Unfreier?*
Dezember	Arbeit am Aufsatz zum *Zwischenknochen* für *Zur Morphologie* 2 (vgl. Tgb). »Hudhud«-Gedichte (*Divan*-Nachlaß).
6.-8. Dez.	Lektüre von Byrons Versepos *Don Juan* (vgl. Tgb).
29. Dez.	An Knebel: »Der Tod [F. L.] Stolbergs [am 5.12.] frappiert jedermann, weil er so nah auf Vossens Unarten erfolgt« usw. (G. vermutet wohl mit Recht einen ursächlichen Zusammenhang mit Voß' Schmähschrift).
30. Dez.	An Seebeck, u. a. über sein *Prometheus*-Fragment von 1773 (zu dessen Wiederauftauchen vgl. an Seebeck, 5.6.): »ich getraute mir kaum ihn drucken zu lassen so modern-sansculottisch sind seine Gesinnungen«.
1820	In Spanien Aufstand der Liberalen gegen die absolutistische Herrschaft König Ferdinands VII., wodurch eine kurze konstitutionelle Epoche er-

kämpft wird. Entlassung von E. M. Arndt als Professor der Geschichte in Bonn, wegen liberaler Gesinnung. – H. Ch. Ørstedt entdeckt den Elektromagnetismus. – Arnim: *Die Majoratsherren*. E. T. A. Hoffmann: *Lebensansichten des Katers Murr*, Bd. 1. W. Scott: *Ivanhoe*. Shelley: *Der entfesselte Prometheus*. Puschkin: *Ruslan und Ludmila*.

Im Zusammenhang mit seiner Ehrenmitgliedschaft bei der ›Gesellschaft für ältere deutsche Geschichtskunde‹ beschäftigt sich G. – nach der Heilsberger Inschrift – erneut mit einer alten Inschrift (auf der sog. Cappenberger Schale, deren Deutung einen langwierigen Gelehrtenstreit auslöst) sowie mit einigen mittelalterlichen Codices; vgl. hierzu vor allem seine Briefe an den Sekretär der Gesellschaft, J. L. Büchler, vom 1.4. (mit seiner Beschreibung der Cappenberger Schale); ferner vom 14.6., mit einem Faksimile des <*Lob- und Spottgedichts auf König Rudolph von Habsburg*> und einigen Bemerkungen dazu; und vom 1.7., mit der Beschreibung des Codex *Chronik des Otto von Freisingen* (beides alsbald abgedruckt im ›Archiv‹ der Gesellschaft). Auf 4.11. datiert G. seine Beschreibung von *Nicolai de Syghen Chronicon Thuringicum* (am 8.3.1821 an Büchler geschickt, 1824 im ›Archiv‹ gedruckt).

Januar	Tod von F. Jagemann (vgl. Tgb 9.).	Ab 8. täglich Arbeit an der *Campagne in Frankreich*; zunächst Vorarbeiten: Schemata, Auszüge aus eigenen Tagebüchern und Briefen, Quellenstudien, Studium historischer, topographischer und geographischer Werke, von Memoiren und Biographien (vgl. Tgb).
8.-11. Jan.		Arbeit an *Tag- und Jahreshefte* (Jahre 1795/96; vgl. Tgb).
14. Jan.	Brief an Boisserée: Zurückhaltende Reaktion auf ein geplantes Goethe-Denkmal für Frankfurt, wozu Dannecker verpflichtet werden soll (vgl. auch an Boisserée, 27.2.).	
23. Jan.	Brief an Tieck, Dank für dessen Brief vom 24.12.1819 und Bemerkungen zu der beigelegten Skizze über Shakespeare (Manuskript).	
Februar		*Kunst und Altertum* II 2 ersch., darin auch etliche Beiträge von J. H. Meyer (anonym). Intensive Weiterarbeit an der *Campagne*.

	12. Febr.		Tgb: »Schema zur *Belagerung von Maynz.*« (Weiterarbeit daran bis zum 20.)
	17. Febr.	Tgb: »Nachforschungen über Friedrich I., Heinrich den Löwen und Otto IV.« im Zusammenhang mit der Inschrift der sog. Cappenberger Schale. (Weitere Forschungen in Tgb am 21. und 22. notiert; s. o. zu 1820.)	
	18. Febr.	Tgb: »Friedrich Leopold Graf zu Stolberg *kurze Abfertigung der langen Schmähschrift des Hofrath Voß gegen ihn.*«	
	März		Die Hefte 2 von *Zur Naturwissenschaft* und *Zur Morphologie* ersch. Intensive Weiterarbeit an der *Campagne* (vgl. Tgb). Vorarbeiten zu *Kunst und Altertum* II 3 (mit J. H. Meyer).
	5. März	Brief (Entwurf) an Cattaneo (abgeschickt Ende März): Positiv über Manzoni und sein neues Trauerspiel *Il conte di Carmagnola* (von Cattaneo an G. geschickt). G. kündigt eine Besprechung des Werks an.	
	23. März	Im Brief an Boisserée bewundernd, aber auch kritisch über Byrons *Don Juan.*	
	Anfang April		Schema zur Rez. von Manzonis *Il conte di Carmagnola* (vgl. Tgb 3.). – Arbeit an den *Tag- und Jahresheften* (vgl. Tgb 4.-9.).
Berka/Jena	5./6. April	Vgl. Tgb.	
Weimar	9. April	Besuch König Wilhelms I. von Württemberg (vgl. Tgb und an Reinhard am 12.).	Tgb: »Veni creator spiritus übersetzt« (»*Komm heilger Geist du Schaffender*«).
	Mitte April	Am 12. an Reinhard: »Sie erwähnten in Ihrem Briefe [vom 1. 2.] der spanischen Ereignisse; wie gewaltsam ist seit jener Zeit der Schwären aufgebrochen! welche Heilung ist zu hoffen, welches neue Übel zu befürchten?« (Vgl. auch Tgb 6. 2., 26. 3. und 2. 4.)	Für *Kunst und Altertum* II 3 redigiert G. zahlreiche bisher unveröffentlichte Gedichte (vgl. Tgb 15.-17.), darunter die *Ballade* und *März* (»Es ist ein Schnee gefallen«), *April, Mai, Juni.* – Ankündi-

		gung (der Veröffentlichungen der auf Carl Augusts Betreiben gegründeten Weimarer ›lithographischen Anstalt‹), auf 16. April datiert.
Jena	19.-22. April	Besuch der seiner ›Oberaufsicht‹ unterstellten Institute und deren Leiter.

Reise nach Karlsbad, 23. April-31. Mai 1820

	Vgl. Tgb.	Neue *Divan*-Gedichte, besonders zum *Buch des Paradieses* (vgl. an Zelter, 6./7. 6.; s. auch unten). G. legt ein besonderes ›meteorologisches Tagebuch‹ an (vgl. Tgb 23. 4.), Grundlage für den Aufsatz *Wolkengestalt nach Howard*.
Von Jena nach Eger	23.-26. April	Über Schleiz, Hof, Alexandersbad (dort auf die Luisenburg).
		Neue *Divan*-Gedichte *Vorschmack* und *Einlaß* (vgl. Tgb).
Eger	26./27. April	Erste Begegnung mit J. S. Grüner. (Zwischen G. und dem vielseitigen ›Polizeirat‹, der durch G. zum Mineralogen wird, entwickelt sich rasch eine freundschaftliche Beziehung und ein zeitweise reger Briefwechsel; G.s Reisen nach Böhmen geben Gelegenheit zu persönlichen Begegnungen.)
Marienbad	27./28. April	An August am 28.: »Mir war es als befänd ich mich in den nordamerikanischen Wäldern, wo man in drey Jahren eine Stadt baut« usf.
Eger	28./29. April	
Karlsbad	29. April (-28. Mai)	Trinkkur. Geologische Studien, besonders zur Basaltgenese bzw. zum Vulkanismus.
	1. Mai	Tgb: »Skizzen zu Wolkenzügen, so wie zu Granitfelsen, die Trümmer der Luisenburg zu erklären.« (vgl. Corpus Vb, Nr. 213-214 a).

	2. Mai	Erster Brief an J. S. Grüner.	Aufsatz *Urworte Orphisch* (Kommentar zum Gedicht), ersch. in *Kunst und Altertum* II 3. Vorarbeiten für *Zur Morphologie* 3 (vgl. Tgb).
	4. Mai		Aufsatz *Die Luisenburg bei Alexandersbad*, mit Zeichnungen (vgl. Tgb).
	5. Mai		Tgb: »Viertes Gedicht zum *Divan* ausgearbeitet« (wohl *Anklang*).
	Mitte Mai	Am 11. an Zelter, über sein frühes, aus Lenz' Nachlaß wiederaufgetauchtes *Prometheus*-Fragment: »Lasset ja das Manuskript nicht zu offenbar werden, damit es nicht im Druck erscheine. Es käme unserer revolutionären Jugend als Evangelium recht willkommen, und die hohen Kommissionen zu Berlin und Mainz möchten zu meinen Jünglingsgrillen ein sträflich Gesicht machen.«	Beschäftigung mit Manzonis *Graf Carmagnola*, Übersetzungsproben (vgl. Tgb 13.-16. und 21.). – Gedicht *St. Nepomuks Vorabend* (vgl. Tgb 19.).
	Ende Mai	Mehrere Begegnungen mit dem klassischen Philologen G. Hermann (vgl. Tgb 21.-27.).	
Eger	28./29. Mai	Tgb 28.: »Mit <...> Grüner nach dem Cammerberg. Belehrende Unterhaltung über den Egerkreis <...> Sitten, Gebräuche. Abends <...> Lange Unterhaltung.«	
Von Eger nach Jena	29.-31. Mai	Über Hof, Schleiz.	Tgb 30.: »Wundersamer Entschluß den *Verräther sein selbst*, den ich heut und gestern durchgedacht, aufzuschreiben.« (*Wanderjahre*-Novelle *Wer ist der Verräther?* Vgl. an Zelter, 6./7.6.)

Jena, 31. Mai - 4. November 1820
(mit kurzen Zwischenaufenthalten in Weimar)

Jena	Dienstgeschäfte: ›Oberaufsicht‹, besonders die Reorganisation der Bibliotheken. Umgang u. a.: Knebel, Frommanns, die Leiter der ›oberaufsichtlichen‹ Institute und andere Professoren der Universität.

Juni		Beschäftigung mit dem Codex und alten Drucken der *Chronik des Otto von Freising* (s. o. zu 1820). Arbeit an *Wer ist der Verräther?* und (ab 8.) an der Rez. *Il conte di Carmagnola* für *Kunst und Altertum* II 3, die jetzt in Druck geht. Vgl. Tgb.
7. Juni		Tgb: »Einleitung in die Wolkenlehre« (*Wolkengestalt nach Howard*; ersch. in *Zur Naturwissenschaft* 3, gefolgt von dem Gedicht *Howards Ehrengedächtnis*, noch ohne die 3 einleitenden Strophen).
9. Juni		Arbeit am Aufsatz: *Ballade. Betrachtung und Auslegung*; ersch. in *Kunst und Altertum* III 1 (vgl. Tgb).
16. Juni		Zusammenstellung von vier verschiedenen Gelehrtenmeinungen zur Cappenberger Schale (vgl. Tgb und an J. H. Meyer am 17.; s. o. zu 1820).
28. Juni	Tgb: »Die Kupferstiche von Frankfurt waren angekommen« (darunter die nach Mantegnas Gemäldezyklus *Julius Caesars Triumphzug*, vgl. an J. H. Meyer am 30.: »wie man aber bisher ohne ihn leben konnte, begreif ich nicht recht«).	
Juli		Fertigstellung der Abhandlung *Entoptische Farben* für *Zur Naturwissenschaft* 3. – Arbeit für *Kunst und Altertum* III 1. Vgl. Tgb.
1. Juli	Brief an Carus: Dank für dessen Aufsatz *Von den Naturreichen* und die Gemälde *Brockenspitze im Morgenlicht* und *Tannenwald*.	Tgb: »Schema über den *Triumphzug* von Mantegna.«

	9. Juli	Brief an C. E. Schubarth: überwiegend positiv und zustimmend zu der überarbeiteten Fassung von *Zur Beurteilung Goethes*. (Vgl. auch den Brief an C. E. Schubarth vom 22. 8.)	
	16. Juli	Brief an Boisserée: G. schlägt vor, seine Büste für das geplante Goethedenkmal von Ch. D. Rauch arbeiten zu lassen.	
	Ende Juli	Brief an Nees von Esenbeck am 23. aus Anlaß von dessen Schrift *Entwicklungsgeschichte des magnetischen Schlafs und Traums*, 1820: über sein von jeher distanziertes Verhältnis zum Phänomen des ›Magnetismus‹; andererseits »Muß doch der Dichter bekennen <...>, daß seine Zustände durchaus einen Wachschlaf darstellen«.	Tgb 21.: »den *neuen Divan* revidirt« (erweiterte Fassung, gedruckt erst in der *Ausg. letzter Hand*). – Tgb 25.: »Dictirte <...> über die *Zinnformation*.« (Ähnlich Tgb 31.; s. o. 27. 2. 1815.)
	Ende Juli/Anfang Aug.	Beschäftigung mit K. W. Noses Werk *Historische Symbola, die Basaltgenese betreffend*, 1820 (vgl. Tgb 24. 7.-3. 8.).	G. macht einen Auszug aus Noses Werk für *Zur Naturwissenschaft* 3.
	9. Aug.	Tgb: »geistliche Sprüche aus dem *Cherubinischen Wandersmann* des Angelus Silesius.«	
	Mitte Aug.		Arbeit an der Rez. von A. Hagens ›romantischem Gedicht‹ *Olfried und Lisena*, 1820, für *Kunst und Altertum* III 1 (vgl. Tgb 12.-15.).
	17.-22. Aug.	Besuch von Ch. L. F. Schultz, Schinkel, Ch. D. Rauch und F. Tieck aus Berlin. Die beiden letzteren arbeiten ihre sog. A-Tempo-Büsten von G., Schinkel zeigt u. a. seinen Aufriß zum neuen Berliner Theatergebäude. Vgl. Tgb.	
Weimar	22./23. Aug.	Die vier Besucher aus Berlin zu Gast im Goetheschen Haus.	
Jena	25. Aug.	Besuch des Grafen Paar (mit einem Freund), »da wir denn <...> besonders die Hahnemannische Heilmethode besprachen« (Tgb).	
	September		Vollendung der *Wanderjahre*-Novelle *Wer ist der Verräter?* (vgl. Tgb 9.-29.).

Anfang Sept.	G. schickt seinem Arzt Rehbein am 3. »das kurz gefaßte Glaubens-Bekenntniß eines Hahnemannischen Schülers« (Graf Paar, vgl. an diesen am 13.) in der Hoffnung auf Gespräche über Hahnemanns neue (homöopathische) Heilmethode. Tgb 9.: »Herr von Fellenberg Sohn. Unterhaltung über die große Anstalt von Hofwyl.« (Weiterer Besuch laut Tgb am 18.)	Endredaktion von *Vorträge, über die drei ersten Kapitel des Entwurfs einer allgemeinen Einleitung in die vergleichende Anatomie, ausgehend von der Osteologie. 1796* für *Zur Morphologie* 3 (vgl. Tgb 1.-4.).
Mitte Sept.	Am 15. an Reinhard: »Da vergeht nun kein Tag, daß ich nicht von Fremden mehrfach angegangen würde <...> Mannigfaltigste Gestalten, an meine entschiedene Einsamkeit sich heran und vorbei bewegend, geben mir Begriffe von der Außenwelt <...> Dazu kommt noch, daß unsere fürstlichen Familienglieder, von den Großeltern bis zu den Enkeln <...> mich als ein Inventarienstück des Hauses auf das freundlichste <...> gelten lassen.« (Ein Beispiel für die sich mehrenden Besucher vor allem aus England und USA bietet Tgb zum 10. Sept.: »Besuch von Mr. James Fyler, M. A. Oxford. The Revd Thos Shelford, M. A. Cambridge, und Gattin des ersten.«)	Abschließende Arbeiten für *Zur Naturwissenschaft* (auch noch für *Zur Morphologie*) 3; einzeln in Tgb genannt: *Verstäubung, Verdunstung, Vertropfung* und ›böhmische Geologie‹ (dabei: *Der Horn, Kammerberg bei Eger, Produkte böhmischer Erdbrände*). Tgb 11.: »Schema zu der Monographie zu der *Bryophyllum calycinum*« (bleibt Fragment).
18. Sept.	Geburt des zweiten Enkels, Wolfgang Maximilian.	
20. Sept.	An Zelter: »Ich habe die Zeit her fast mit niemand gesprochen, besonders wenn sprechen allenfalls heißt: wechselseitig reden wie man denkt. Mein ganzes Dasein seit fünf Monaten steht auf dem Papier«.	
Ende Sept.	Besuch C. E. Schubarths vom 24. bis 28.; mit ihm u. a. Gespräche über die Fortsetzung des *Faust* (vgl. Tgb und an Ch. L. F. Schultz, 1. 10.).	Tgb 29.: »*Wilhelm Meisters Wanderjahre* durchgesehen.« (Vgl. wieder Tgb 19.-22. 10.)
Oktober		*Zur Naturwissenschaft* 3 sowie *Kunst und Altertum* II 3 ersch. (zum Anteil J. H. Meyers vgl. an Reinhard am 5.); darin neben anderen Gedichten auch eine erste Partie *Zahme Xenien*.

	7. Okt.	Brief an Hegel mit *Zur Naturwissenschaft* 3; G. empfiehlt Hegel besonders seine Abhandlung *Entoptische Farben*.	Datierter Entwurf über den eigenen ›naturwissenschaftlichen Entwicklungsgang‹, speziell in der Geologie (laut Tgb sieht G. am 5. und 7. sein Tagebuch der Harzreise von 1784 durch).
	12. Okt.	G. hört erstmals von Ørstedts Entdeckung der Ablenkung der Magnetnadel durch elektrischen Strom (vgl. Tgb).	
Weimar	14.-19. Okt.	Vom 16.-21. Besuch von J. F. H. Schlosser und Frau, auch in Jena (vgl. Tgb).	
Jena	20. Okt.	Erster Brief an den böhmischen Paläobotaniker Graf Sternberg.	
	Ende Okt.	Besuch F. A. Wolfs vom 22. bis 26. (vgl. Tgb). G. liest D. G. Babsts *Uhterlesene Plattdütsche Gedichte* (vgl. Tgb 30./31. 10. und 2. 11. sowie sein wohlwollendes Urteil im Brief an C. F. von Both vom 3. 11.).	Arbeit am Aufsatz über Mantegnas *Julius Caesars Triumphzug* (vgl. Tgb 29. und 31., dann am 5. 11.).
	November		Arbeit an den *Wanderjahren* (vgl. Tgb 7.-14.).
	3. Nov.		Brief an C. E. Schubarth, mit Hinweisen zum Inhalt des noch ungeschriebenen *Faust II*.

Weimar, 4. November 1820-26. Juli 1821

Weimar	4. Nov.	Tgb: »Rauchs Büste angetroffen« (Ch. D. Rauch hatte einen Abguß des Modells seiner Goethe-Büste geschickt; vgl. an Zelter am 9.).	
	Mitte Nov.	Am 19. an die ›Wernerische naturforschende Gesellschaft zu Edinburgh‹, Dank für das ihm verliehene Diplom.	*Zur Morphologie* 3 ersch. – Tgb 11.: »den *Inhalt der Ilias*, früheres Manuscript durchgesehen«. (Tägliche Weiterarbeit an diesem Auszug ab 24., am 6. 12. laut Tgb »vorerst abgeschlossen«.)
	28. Nov.	Brief an C. F. L. Kannegießer, Dank für dessen ›geistreich teilnehmenden Aufsatz‹ *Über Goethes Harzreise im Winter*, 1820.	

Nov./Dez.	G. stellt elektromagnetische Versuche nach Ørstedt an. Vgl. Tgb.	
Dezember		Weiterarbeit an den *Wanderjahren* (vgl. Tgb 8.-16.).
3. Dez.	An Nees von Esenbeck, über die (von Ørstedt entdeckte) »Verwandtschaft des Erd-Magnetismus mit der galvanischen Erscheinung, die ich immer geglaubt <...> jetzt fehlt in der großen physischen Kette wohl kaum ein Glied mehr.«	
4. Dez.	Besuch Arnims (erstmals seit dem Zerwürfnis im Sept. 1811; vgl. Tgb und Arnims Briefe an Bettina am 7., an W. Grimm am 26.).	
9. Dez.		An Frommann eine erste Manuskriptpartie der *Wanderjahre* zum Druck.
22. Dez.		Datierter Vierzeiler für Marianne von Willemer: »*Du! Schweige künftig nicht so lange*«.
29. Dez.		Abschnitt *Widersacher* in *Physische Farben*, einem der Nachtragsstücke zur *Farbenlehre* in *Zur Naturwissenschaft* 4 (vgl. Tgb).
Ende Dez./ Anfang Jan.	Lektüre: Dionysios von Halikarnassos, *Römische Altertümer* (vgl. Tgb 23. 12.-9. 1.).	Arbeit an dem kommentierten Auszug von J. E. Purkinjes Schrift *Beiträge zur Kenntnis des Sehens in subjektiver Hinsicht*, 1819 (vgl. Tgb 28. 12.-8. 1. und an Ch. L. F. Schultz, 10. 1.).
1821	6. 3.: Beginn der griechischen Erhebung gegen die türkische Herrschaft; europaweite Parteinahme für die Freiheitskämpfer, die von zahlreichen Freiwilligen unterstützt werden. 5. 5.: Napoleon stirbt auf St. Helena. – Seebeck entdeckt Thermoelektrizität. – Hegel: *Grundlinien der Philosophie des Rechts*. C. M. von Weber: *Der Freischütz* (Uraufführung in Berlin am 18. 6.). E. T. A. Hoffmann: *Die Serapionsbrüder* (4 Bde. seit 1819).	
4. Jan.	Verspätete Ankunft von Sternbergs Sendung mit dessen Brief vom 3. 6. 1820, dem	

	1. Heft seiner Schrift *Versuch einer geo-gnostisch-botanischen Darstellung der Flora der Vorwelt*, 1820, und Muster-stücken fossiler Pflanzen aus einer Stein-kohlenformation (vgl. Tgb und G.s kurzen Dankbrief vom 8.).	
7. Jan.	Brief an den Wiener Arzt und Naturfor-scher C. F. A. von Schreibers, Dank für dessen *Beiträge zur Geschichte und Kennt-nis meteorischer Stein- und Metallmassen, und der Erscheinungen, welche deren Nie-derfallen zu begleiten pflegen*, 1820.	
Mitte Jan.	Lektüre: Byrons Satire *English Bards and Scotch Reviewers*, 1808 (vgl. Tgb 16.-22.).	
Jan./Febr.		Ab 14. 1. fast tägliche Arbeit an den *Wanderjahren*.
6. Febr.	An Carl August, wegen J. Ch. Sachses ›Vergehen‹, mit Psychogramm und Lebensumständen (Sachse ist seit 1800 Bibliotheksdiener in Weimar).	
13. Febr.	Dem Brief an Carl August legt G. u. a. Manzonis Brief vom 23. 1. bei, worin sich dieser überschwenglich für G.s Bespre-chung seiner *Carmagnola*- Tragödie in *Kunst und Altertum* II 3 bedankt. – Lektüre: *Nala und Damayanti*, eine Erzählung aus dem altindischen Epos *Mahabharata*, übersetzt von Kosegarten (bis 15., vgl. Tgb).	
ab Mitte Febr.	Intensive Beschäftigung mit Knebels Übersetzung von Lukrez' *De rerum natura*, die jetzt bei Göschen gedruckt wird.	Entwurf zu einer Vorrede dazu (vgl. an Knebel, 14., 21. und 28.; Tgb 14. und 20.-22.).
März		Vorbereitung von *Zahme Xenien* II für *Kunst und Altertum* III 2. Vgl. Tgb.
Anfang/ Mitte März		Arbeit an *Graf Carmagnola noch einmal* (Verteidigung Manzonis gegen Kritiker) und *Über Goethes Harzreise im Winter* (zu Kannegießers Interpretation), beides für *Kunst und Altertum* III 2 (vgl. Tgb).

Mitte/ Ende März	Beschäftigung mit C. Kefersteins *Geologischer Karte von Teutschland*, die im Industrie-Comptoir gedruckt wird (vgl. Tgb 16.-27.).	Weiterarbeit am Auszug der *Ilias* (vgl. Tgb 19.-23.). – Einleitungsstrophen zum Gedicht *Howards Ehrengedächtnis* und Begleittext dazu für *Zur Naturwissenschaft* 4 (vgl. Tgb 25. und 31.).
März/April		Intensive (Korrektur-) Arbeit an den *Wanderjahren*.
April	Notate zum Freiheitskampf der Griechen im Tgb; am 15.: »Nachrichten von Korfu durch einen französischen Offizier.« Am 21.: »Übersetzung der sämmtlichen Proclamationen des Alexander Ypsilanti.«	
9. April	Brief an den böhmischen Philologen J. St. Zauper: Dank für dessen Schrift *Grundzüge zu einer deutschen theoretisch-praktischen Poetik, aus Goethes Werken entwickelt*, 1821.	
11./12. April	Ankunft von Seebecks Aufsatz *Über die ungleiche Erregung der Wärme im prismatischen Sonnenbilde*, 1820 (vgl. Tgb, auch am 13., sowie an Döbereiner am 18. und 26.).	Vorbereitung von Heft 4 von *Zur Naturwissenschaft* bzw. *Zur Morphologie* (vgl. Tgb).
13. April	Brief an Hegel, Dank für dessen unbedingte Zustimmung (im Brief vom 24. 2.) zu G.s Abhandlung *Entoptische Farben*: »Daß Sie mein Wollen und Leisten <...> so innig durchdringen <...> ist mir zu großer Ermunterung und Fördernis« usw.	
19. April	G. erhält vom Erfinder die sog. Schweiggersche Schleife, vgl. Tgb und an Carl August.	
21. April	Brief an W. Tischbein, Dank für dessen Brief vom 1. 3. mit Beilagen: die G. gewidmete Sammlung ›Genius‹ (10 Aquarelle mit Auslegungen vom Maler selbst) sowie eine ›Vasenzeichnung‹.	
Mitte/ Ende April		Begleittext zu Heft 1 von *Weimarische Pinakothek* (vgl. Tgb 17.-25.; auch in *Kunst und Altertum* III 2 abgedruckt).

Ende April/ Mitte Mai		G. verfaßt den *Prolog zu Er-öffnung des Berliner Thea-ters im Mai 1821* und schickt ihn partienweise, mit Bemer-kungen zur szenischen Rea-lisierung, an C. von Brühl (vgl. Tgb 27.4.-12.5. und an Brühl, 30.4., 12. und 13.5.). Abgedruckt in *Kunst und Altertum* IV 1.
April/Mai		Druckkorrekturen von den *Wanderjahren* sowie von *Kunst und Altertum* III 1 und 2 (vgl. Tgb).
16. Mai	Brief an A. von Humboldt: Dank für Teil 2 von dessen *Rélations historiques* <...> (Bericht von Humboldts großer Südame-rika-Expedition); G. bemerkt ferner, »daß unter den angenehmsten Erinnerungen früherer Zeit mir das Zusammenleben mit Ihnen und Ihrem Herrn Bruder immer ein lichtester Punkt bleibt: denn wie viele hoffnungs- und tatenreiche Anfänge habe ich denn <...> so <...> glanzreich wachsen sehen?«	
20. Mai	Brief an Gries: er werde ihm »abermals übergroßen Dank schuldig für den Genuß, den Sie mir durch das unschätzbare Stück Calderóns gewährt« (*Die Tochter der Luft*, in Bd. 4, 1821, von Gries' Calderón-Übersetzung).	
24. Mai		G. schickt Boisserée seine soeben verfaßten skepti-schen *Betrachtungen über ein dem Dichter Goethe in seiner Vaterstadt zu errich-tendes Denkmal*.
26. Mai		Eröffnung des von Schinkel erbauten neuen Theaters in Berlin mit G.s *Prolog* und seiner *Iphigenie* sowie einem Ballett. (Das alte Theater war 1817 abgebrannt).
Ende Mai	Gleichzeitig mit G.s *Wanderjahren* ersch. unter dem gleichen Titel J. F. W. Pustku-	Es erscheinen bei Cotta: *Wilhelm Meisters Wander-*

chens Buch, eine moralisierende Polemik gegen G. (in Briefen an G. z. B. von Reinhard am 18. 6. erwähnt). – Tgb 27.: »Sendung von Tischbein erhalten« (laut W. Tischbein im Brief vom 14. 5. »einige von den Idyllen Bildern, welche ich in Öl gemalt habe; es sind nur wenige hingeworfene Zeichnungen«, von G. im Brief vom 21. 4. erbeten; Dankbrief am 3. 6.).

jahre oder Die Entsagenden. Ein Roman von Goethe. Erster Teil und *Kunst und Altertum* III 1. Arbeit an den ›Chromatica‹ (Nachträgliches, Ergänzendes zur *Farbenlehre*) für *Zur Naturwissenschaft* 4; auch erste Manuskriptsendung für dieses Heft an Wesselhöft zum Druck (vgl. Tgb 24.-31.).

7. Juni Brief an Boisserée: »Lob und Dank« für die von Gustav Schwab übersetzte *Legende von den heiligen drei Königen* (s. o. 22. 10. 1819) sowie für dessen begleitende ›Romanzen‹. (Ersch. 1822 bei Cotta, mit G.s Gedicht *»Wenn was irgend ist geschehen«* als Vorspruch und einem Nachwort von Boisserée.)

Ende Juni Tgb 24.: »Herrn Professor Hegel nach Berlin, mit einem getrübten Glas«, mit Widmungsblatt: »Dem Absoluten/empfiehlt sich/schönstens/zu freundlicher Aufnahme/das Urphänomen./Weimar Sommers-Anfang/1821« (verschlüsselt angekündigt im Brief vom 13. 4.; Hegel dankt mit einem langen Brief vom 2. 8.). – Am 24. an Cotta: G. regt Cotta zum Verlag von J. Ch. Sachses Selbstbiographie an (→ *Der deutsche Gil Blas*).

Über die Entstehung der 22 Blätter meiner Handzeichnungen 1810 fg. (vgl. Tgb 21.-23.; nicht von G. publiziert).

Juni /Juli

(Revisions-, Korrektur-) Arbeit an den Heften *Kunst und Altertum* III 2 und *Zur Naturwissenschaft* 4.

12. Juli Tgb: »In der Minerva *über das Erheben der Griechen,* wahrscheinlich von Luden.«

14. Juli Der von G. bestellte Flügel kommt an; am 16. kommt Schütz aus Berka und spielt darauf.

16. (-22. Juli) Tgb 22.: »Von Professor Hermann <...> Fragmente des Euripideischen Phädons« (*Euripidis fragmenta duo Phaëthontis,* 1821; vgl. Tgb 30.)

Entstehung der Gedichte zu *Wilhelm Tischbeins Idyllen* (vgl. Tgb und an Tischbein, 23. 7.).

	18. Juli	G. liest Byrons *Marino Faliero* (vgl. Tgb).
	21. Juli	Besuch Carus'. Brief an Nees von Esenbeck: G. bekennt sich »tief gekränkt« durch eine Stelle in dem ihm gewidmeten Bd. 1 von dessen *Handbuch der Botanik* (Grund: Nees weicht hier von G.s *Farbenlehre* ab, vgl. G.s nicht abgeschicktes Briefkonzept von Anf. Mai). Nees antwortet am 27. 7. tief betroffen und gelobt Wiedergutmachung.
	23. Juli	An Immermann, der G. am 18. 5. sein Stück *Edwin* im Manuskript geschickt und um G.s Meinung gebeten hatte, die G. nicht abgibt; er dankt »für die wohlgemeinte Zueignung«.

Reise nach Marienbad und Eger, 27. Juli–15. September 1821

Vgl. Tgb und die Briefe an August und Carl August. – Geologische Studien. Beschäftigung mit böhmischer Sprache und Geschichte, den zeitgenössischen gesellschaftlichen Verhältnissen und Lebensgewohnheiten der Böhmen.

Von Weimar nach Marienbad	26.-29. Juli	Über Pößneck, Hof und Eger, dort mit J. S. Grüner zusammen.	
Marienbad	29. Juli (-25. Aug.)	Trinkkur. G. trifft Amalie von Levetzow wieder (er wohnt im Haus von deren Eltern Brösigke) und lernt deren siebzehnjährige Tochter Ulrike kennen.	*Marienbad überhaupt und besonders in Rücksicht auf Geologie* (ersch. in *Zur Naturwissenschaft* 4).
	Ende Juli/Anfang Aug.	Am 6. 8. persönliche Begegnung mit J. St. Zauper (vgl. Tgb).	Arbeit am Prosatext von *Wilhelm Tischbeins Idyllen* (vgl. Tgb).
	14./15. Aug.		Aufsatz *Die Tochter der Luft* (abgeschlossen laut Tgb am 25. 10.); ersch. in *Kunst und Altertum* III 3.
(Stift Tepl)	21. Aug.	Vgl. die Beschreibung der Exkursion im Tgb und in *Marienbad überhaupt*.	
	22. Aug.	An August: »Grüße <...> Ulriken [von Pogwisch, Augusts Schwägerin] <...> Zufälligerweise findet sich eine recht ar-	

tige Ulrike hier im Hause [Ulrike von Le-
vetzow], so daß ich auf eine und die andere
Weise immer ihrer zu gedenken habe.«
(Vgl. auch am 27. an August: »Von der
neuen Ulrike ward mit einigem Bedauern
geschieden«.)

Eger	25. Aug. (-12. Sept.)	Umgang u. a.: J. S. Grüner, Scharfrichter Huß, Fritz von Stein (er ist im nahen Franzensbad; wechselseitige Besuche). Vgl. Tgb.	
(Schloß Hartenberg)	27.-29. Aug.	Bei Graf Joseph Auersperg (vgl. Tgb).	
	Anfang Sept.	Brief an J. St. Zauper am 7., mit wohlwollender Beurteilung von dessen *Studien über Goethe. Als Nachtrag zur deutschen Poetik aus Goethe*, die Zauper im Manuskript geschickt hatte (s. o. 9. 4.). G. regt ihn an, sich ausführlicher mit Z. Werner, Müllner, Grillparzer, Raupach und Houwald zu beschäftigen.	Tgb 2.: »David Knolls Anzeige, Einleitung zu Joseph Müllers Leben« (*Echte Joseph Müllerische Steinsammlung angeboten von David Knoll zu Karlsbad*); ersch. in *Zur Naturwissenschaft 4.* – Aufsatz *Bildung des Erdkörpers* (zu Ch. Keferstein, *Deutschland, geognostischgeologisch dargestellt*, 1821; vgl. Tgb 4.); ersch. in *Zur Naturwissenschaft 4.*
Von Eger nach Jena	13.-15. Sept.	Über Hof, Schleiz.	

Jena, 15. September - 4. November 1821

Jena		Umgang u. a.: Knebel, Frommanns, Kosegarten u. a. Professoren der Universität, vor allem die Leiter der ›oberaufsichtlichen‹ Institute.	
	16. Sept.		Tgb: »Auszug aus Wilhelm v. Schütz« (aus Heft 1 von dessen Schrift *Zur intellektuellen und substantiellen Morphologie <…>*, 1821); ersch. u. d. T. *Als Einleitung* in *Zur Morphologie 4.*
	Ende Sept.		Die Gedichte zu den Radierungen nach sechs Zeichnungen von G. (vgl. Tgb 23.-

25.); Erstdruck in *Radierte Blätter nach Handzeichnungen von Goethe*, hg. von *Schwerdgeburth*, 1821; zweiter Druck, ergänzt um eine Einleitung, in *Kunst und Altertum* III 3. – Abschluß von *Wilhelm Tischbeins Idyllen* (vgl. Tgb 29.; ersch. in *Kunst und Altertum* III 3).

Oktober

Kunst und Altertum III 2 erscheint (mit der 1. Hälfte vom Auszug der *Ilias* und *Zahme Xenien II.*) – *Kunst und Altertum* III 3 ist im Druck. Arbeit an *Zur Naturwissenschaft* 4 (z. T. bereits im Druck).

2. Okt. Erster Kontakt mit J. P. Eckermann, der mit Brief vom 25. 8. seine im Selbstverlag erschienenen *Gedichte* nebst *Übersicht meines Lebensganges* geschickt und um ein »belehrendes Wort« gebeten hatte. G. schickt ihm am 2. die – ablehnende – *Erklärung und Bitte* aus *Kunst und Altertum* III 2, pauschal an alle Einsender derartiger Anfragen und Bitten gerichtet.

6. Okt.

Gedicht *Eins und Alles* (datierte Handschrift; vgl. an Riemer am 28.); Erstdruck in *Zur Naturwissenschaft* II 1.

13. Okt. Besuch von G.s Großneffen Heinrich Nicolovius (bleibt bis 21. 11.; vgl. an den Vater G. H. L. Nicolovius am 25. 11.).

14. Okt. Brief an Zelter: Dank für dessen *Neue Liedersammlung* mit 11 Goethe-Vertonungen, dabei kritisch über Zelters gravierende Eingriffe in den Text von »Dichten ist ein Übermut«.

Etwa um diese Zeit: Kurze, sehr persönliche Besprechung für *Kunst und Altertum* III 3: *Neue Liedersammlung von Carl Friedr. Zelter*

17. Okt. Besuch von Graf Platen (vgl. Tgb; Platen hatte im April seine G. gewidmeten *Ghaselen* übersandt, die mit dem Gedicht *An Goethe* schließen.).

18. Okt.   Besuch des Hegel-Schülers L. von
           Henning, mit ihm »die *Farbenlehre*
           besprechend« (Tgb).

Ende Okt. Am 21. erhält G. von Rückert dessen *Öst-*   Aufsatz *Die heiligen drei*
           liche Rosen, 1822 (Übersetzungen orien-   *Könige noch einmal* für
           talischer Gedichte; von G. in *Kunst und*   *Kunst und Altertum* III 3 (zu
           Altertum III 3 angezeigt). – Am 27. Besuch Gustav Schwabs Ausgabe
           C. C. von Leonhards (vgl. Tgb).   der Legende, s. o. 7. 6.; vgl.
                                                        Tgb 30.).

Anfang Nov.   Besprechung von G. Noeh-
                                                        dens englischer Übersetzung
                                                        von G.s Studie über Leonar-
                                                        dos *Abendmahl*; am 2.: *Von*
                                                        Knebels Übersetzung des
                                                        Lukrez; beides ersch. in
                                                        Kunst und Altertum III 3.
                                                        Am 1.: Aufsatz *Nicht anders*
                                                        als; ersch. posthum in der
                                                        Ausg. letzter Hand. Vgl. Tgb.

Weimar, 4. November 1821-16. Juni 1822

Weimar   November   Arbeit an *Kunst und Alter-*
                                                       tum III 3.

4. Nov.   Besuch Zelters, mit Tochter Doris und
           dem zwölfjährigen Felix Mendelssohn (bis
           19.). Felix spielt G. täglich auf dem Flügel
           vor, vgl. G. an Felix' Vater am 5. 12. und
           Felix' Briefe an seine Eltern.

7. Nov.   An Cotta, der für den Herausgeber von
           Diderots Werken nach dem von G. für
           seine Übersetzung benützten Manuskript
           von *Le neveu de Rameau* gefragt hatte: er
           habe es wieder an Göschen zurückge-
           schickt, von dem er es bekommen habe.

8. Nov.   Tgb: »Abends größere Gesellschaft.« (No-
           tiz Riemers: »Abends bei Goethe mit Frau.
           Spielte der junge Mendelssohn. Zelter und
           seine Tochter. Frau von Arnim und Sa-
           vigny« (d. h. Bettina und ihre Schwester
           Gunda).

10./11. Nov. Besuch der Sängerin Elisabeth Mara geb.
           Schmehling; am 11. »großes Concert« bei
           G. (Tgb).

20. Nov.	Besuch des Schriftstellers A. von Hagen (bis 21.). Brief an C. E. Schubarth, unbedingt zustimmend zu dessen *Ideen über Homer und sein Zeitalter*, 1821, worin gegen F. A. Wolf wieder die konzeptionelle Einheit von *Ilias* und *Odyssee* behauptet wird. (»Da ich die sondernde, verneinende Epoche überstanden habe, die dem Dichter durchaus verhaßt seyn muß, so thut es mir sehr wohl, zu erleben, daß Jüngere bemüht sind, ihn [den Dichter Homer] wieder zu Ehren zu bringen.«)	
Ende Nov.	Lektüre: W. Scotts *Kenilworth* (vgl. Tgb).	
Nov./Dez.		Wiederaufnahme der Arbeit an der *Campagne*. – Versuch der Rekonstruktion von Euripides' *Phaëthon* nach den von G. Hermann edierten (von C. W. Göttling für G. übersetzten) Fragmenten (vgl. Tgb und an Ch. L. F. Schultz, 28. 11.; demnach ist G. schon seit Sommer damit beschäftigt).
3. Dez.	G. erhält durch Varnhagen X. de Saurs und L. de Saint-Geniès' Ausgabe von Diderots *Le neveu de Rameau*, eine Rückübersetzung aus G.s Übersetzung *Rameaus Neffe*.	
15./17./ 18. Dez.		Arbeit am Gedicht *Paria* (vgl. Tgb).
Ende Dez.	Brief an W. von Humboldt am 24., Dank für dessen Abhandlung *Über das vergleichende Sprachstudium in Beziehung auf die verschiedenen Epochen der Sprachentwicklung*, 1821, deren Ergebnisse mit seiner Überzeugung übereinstimmten.	Tgb 29.: »aus den *Bacchantinnen* [des Euripides] übersetzt.«
1822	1. 1.: Nationalkongreß in Epidauros: Verkündung der Unabhängigkeit des griechischen Volkes und eines Verfassungsgesetzes. – Ampère erklärt den Magnetismus der Stoffe durch Molekularströme. – Champollion entziffert Hieroglyphen auf dem ›Stein von Rosette‹. – Byron: *Cain*. E. T. A. Hoffmann: *Meister Floh*. Tod E. T. A. Hoffmanns.	

Januar Lektüre u. a.: C. W. von Hügel, *Spanien*   *Kunst und Altertum* III 3
und die Revolution*, 1821.   ersch. (darin u. a. die zweite
Hälfte des Auszugs der *Ilias*
sowie der Aufsatz *Geneigte
Teilnahme an den Wander-
jahren*, letzteres am 21. März
auch in Cottas ›Morgenblatt‹
abgedruckt).

7. Jan. Brief an d'Alton, Dank für Heft 2 von   (G.s ausführliche Bespre-
dessen großem Werk *Über Skelette*: *Die*   chung der beiden ersten
Skelette der Pachydermen*, 1821.   Hefte u. d. T. *Die Faultiere
und die Dickhäutigen* in *Zur
Morphologie* 4.)

Mitte Jan. Tgb 16.: »Herr v. Eschwege aus Brasilien.«   Übersetzung von Manzonis
(Der Generaldirektor der brasilianischen   Ode auf Napoleons Tod: *Der
Bergwerke hält sich 1822 und 1823 in   fünfte Mai* (vgl. Tgb); Erst-
Weimar auf; gelegentliche Besuche bei G.)   druck in *Kunst und Altertum*
IV 1.

31. Jan. An Reinhard, mit *Kunst und Altertum*
III 3: »Da ich nicht mehr hören und nicht
mehr sprechen mag, so lasse immerfort
drucken«.

Jan./Febr.   Weiterarbeit an der *Campagne* (gleichzeitig Korrektur
der bereits gedruckten Partien). Letzte Arbeiten an *Zur
Naturwissenschaft* 4. Vgl. Tgb.

5. Febr. Tgb: »Herr [Ludwig] Rellstab, Abschied
zu nehmen, nach Berlin gehend.« (Rellstab, damals noch Student, hielt sich seit
Spätsommer 1821 in Weimar auf, war G.
von Zelter empfohlen, vgl. dessen Brief
vom 8. 7. 1821.)

12. Febr. Sendung von Carus, u. a. mit dessen
Briefen über Landschaftsmalerei im
Manuskript (vgl. Tgb).

26. Febr. Besuch des Malers Heinrich Kolbe (bleibt
bis Mitte Juni in Weimar).

März   Weiterarbeit an der *Campagne* und der *Belagerung
von Mainz* (gleichzeitig
Korrektur der gedruckten
Partien).

6./7. März	G. erhält durch den Dolmetscher im Londoner Außenministerium J. Ch. Hüttner L. Howards autobiographische Skizze (auf G.s Wunsch verfaßt) und dessen zweibändiges Werk *The climate of London*, 1818-20 (vgl. Tgb und an Hüttner).	
Mitte/ Ende März		G. verfaßt das *Vorwort* zu J. Ch. Sachses demnächst bei Cotta erscheinenden *Der Deutsche Gilblas <…> Oder Leben, Wanderungen und Schicksale Johann Christoph Sachses, eines Thüringers. Von ihm selbst verfaßt* (vgl. Tgb 18.-30.).
Ende März	Brief an L. von Henning am 23., mit Hinweisen für dessen Vorlesung über G.s *Farbenlehre* an der Berliner Universität; G. stiftet dazu eine »entoptische Maschine«.	Tgb 30.: »*Kupferstich nach Tizian* für Zelter« (abgeschickt am 31.; später abgedruckt in *Kunst und Altertum* IV 3).
April		Abschluß von *Campagne* und *Belagerung von Mainz*. Wiederaufnahme der Arbeit an *Zur Morphologie* 4 (ab 5., vgl. Tgb).
2. April		Übersetzung eines ersten modernen neugriechischen Gedichts nach einer französischen Vorlage (datierte Handschrift von »*Welch Getöse wo entsteht es*«; → *Neugriechisch-epirotische Heldenlieder*).
3. April	Tod von Bertuch.	
10.-12. April	Carl August schickt E. T. A. Hoffmanns *Meister Floh*, mit Wiedergabe der halbwahren Gerüchte über die Umstände der Publikation dieses politisch bedenklichen Werks. G. liest es am 11. und antwortet Carl August am 12. (»das erste was ich von Hoffmann las«; er bescheinigt ihm »einen gewissen Reiz <…> dem man sich nicht entziehen kann«).	Übersetzung von Howards autobiographischer Skizze (vgl. Tgb).

17. April		*Schema zu einem Aufsatze die Pflanzenkultur im Großherzogtum Weimar darzustellen* für *Zur Morphologie* 4 (vgl. Tgb).
19. April		Brief an Cotta: »vermelde daß ich so eben beschäftigt bin, meine sämtlichen poetischen, literarischen und wissenschaftlichen Arbeiten, sowohl gedruckte als ungedruckte, übersichtlich aufzustellen«, auch im Hinblick auf einen geordneten Nachlaß. S. u. Anfang Mai.
Ende April	Brief an Carus am 25.: G. empfiehlt ihm F. Preller, »Schüler des hiesigen Zeicheninstituts«, der jetzt in Dresden »das Studium der Landschaftsmahlerey« fortsetzen wolle. – G. erhält von Platen dessen *Vermischte Schriften*, 1822 (vgl. Tgb).	Arbeit am Aufsatz *Fossiler Stier* für *Zur Morphologie* 4 (vgl. Tgb).
Ende April/ Anfang Mai		Bei Cotta ersch.: *Aus meinem Leben. Zweiter Abteilung fünfter Teil* mit der *Campagne in Frankreich 1792* (noch ohne diesen Titel) und der *Belagerung von Mainz*.
Mai	H. Kolbe malt ein Porträt von G. in Öl (vgl. Tgb 2.-24.; letzte Arbeiten im Juni, vgl. Tgb 14.6.).	Arbeit an *Zur Morphologie* 4 (vgl. Tgb).
Anfang Mai	Sekretät Kräuter beginnt mit der Ordnung sämtlicher »Acten und Documente auf mich und meinen Wirkungskreis bezüglich« (Tgb 7.), Vorarbeit für die *Ausg. letzter Hand*.	Tgb 1.: »Gedanken an eine neue Ausgabe meiner Werke.« (In den nächsten Wochen erste organisatorische Vorüberlegungen und Vorarbeiten für die *Ausgabe letzter Hand* (z. B. Sammlung noch ungedruckter Gelegenheitsgedichte und Erläuterungen dazu, vgl. Tgb 2.-7. und 16.-20.; in *Ausg. letzter Hand* u. d. T. *Inschriften, Denk- und Sende-*

			blätter und *Aufklärende Bemerkungen*).
	Mitte/ Ende Mai		Arbeit an *Julius Caesars Triumphzug, gemalt von Mantegna* (vgl. Tgb 16.-24.; ersch. in *Kunst und Altertum* IV 1).
	21.-25. Mai	Tgb 21.: »Von Beethoven Partitur empfangen.« (Die Vertonung von G.s Gedichten *Meeresstille* und *Glückliche Fahrt*). – Am 25. erster Besuch von Ferdinand Nicolovius', G.s Großneffe (bleibt bis 12. 6., vgl. Tgb; einige weitere Besuche, zuletzt Febr. 1832).	Tgb 24.: »Übersetzung griechischer Balladen« (*Neugriechisch-epirotische Heldenlieder*).
Jena	26. Mai -7. Juni	Dienstgeschäfte (›Oberaufsicht‹). Umgang u. a.: Knebel, Frommanns.	
	Juni		Letzte Arbeiten für *Zur Morphologie* 4 (vgl. Tgb).
Weimar	8./10. Juni	In Briefen an von Luck und Reinhard mit Sympathie über die Balkanpolitik der europäischen Mächte, besonders Englands, die die aufständischen Griechen vorerst nicht unterstützen wollen, entgegen der ›grenzenlosen Majorität der öffentlichen Meinung‹.	
	11. Juni	An Gries: »[Sie] haben durch den neuen Band von Calderón mir abermals ein paar glückliche Tage gewährt« usw. (Bd. 5 von Gries' Übersetzung, mit den Stücken *Der Richter von Zalamea* und *Dame Kobold*.)	
	Mitte Juni		Die beiden Hefte 4 von *Zur Naturwissenschaft überhaupt, besonders zur Morphologie* erscheinen, mit je einem Inhaltsverzeichnis »Erster Band«. (Zur Absicht, die Reihe fortzusetzen, vgl. an Ch. L. F. Schultz am 12.).

Reise nach Marienbad und Eger, 16. Juni-29. August 1822

Vgl. Tgb und die Briefe an August und Carl August.

Von Weimar nach Marienbad	16.-19. Juni	Über Pößneck, Hof, Eger (dort Besuche von Huß und J. S. Grüner). Vgl. Tgb.	
Marienbad	19. Juni (-24. Juli)	G. wohnt wie im letzten Sommer im Haus der Familie Brösigke und sieht Ulrike von Levetzow täglich (in Tgb: ›am Familientisch‹, ›an der Haustafel‹ u. ä.). Erneute Studien zur böhmischen Geschichte (vgl. Tgb und z. B. an August, 11. 7.). Geologische Studien.	Vom 20.-27. 6. gesonderte Aufzeichnung von »Wolkenbeobachtungen« (Tgb 20.; abgedruckt in *Zur Naturwissenschaft* II 1 hinter dem Aufsatz <*Über die Ursache der Barometerschwankungen*>).
	Ende Juni/ Anfang Juli	Brief an August, 29. 6./2. 7., über Johanna Schopenhauers Roman *Gabriele*, 2 Bde., 1819/20: »Es ist gut, sehr gut.« Ferner über L. von Buchs Besuch am 1. 7. (vgl. Tgb): »der Welt-Bereiser kündigte sich gleich als Ultra-Vulkanisten an, und suchte <...> mich zum Gespräch zu verleiten; aber vergebens, und so ward mit dem ersten Geologen von Deutschland kein geologisches Wort gesprochen.« – Besuch J. S. Grüners und Zaupers (vgl. Tgb 30. 6.).	Tgb 22. 6.: »Griechische Balladen [→ *Neugriechischepirotische Heldenlieder*]. Gebet des *Paria* u. s. w.« – Arbeit an einer Rez. von Johanna Schopenhauers Roman *Gabriele* für *Kunst und Altertum* IV 1, vgl. Tgb 23. und 24. 6.
(Stift Tepl)	9. Juli	Vgl. Tgb.	
	Mitte Juli	Ankunft von Sternberg am 11., erste persönliche Begegnung. (Tägliches Zusammensein bis zu G.s Abreise.) – Am 11. an August, über den Tod von J. Ch. Sachse (»Der teutsche Gil-Blas«) am 20. 6. in Teplitz, und noch einmal am 16.: »Eigentlich habe ich ihn durch Herausgabe seiner Lebensgeschichte tot geschlagen; er wußte nicht wo er mit dem wenigen Geld hinsollte«.	
Eger	24. Juli (-26. Aug.)	Umgang vor allem mit J. S. Grüner und Huß. Geologisch-mineralogische Studien. Ausflüge u. a. zum Kammerberg am 28. und 30. 7., nach Schönberg am 7. und 9. 8., zum Stift Waldsassen am 10. 8. (vgl. Tgb).	Tgb 24. 7.: »Kleine Gedichte des Tags wurden in's Reine geschrieben« (dabei eventuell *Könnt ich vor mir selber fliehen!*«, »*Ach! Wer doch wieder gesundete!*«, »*Die Gegenwart weiß nichts von sich*«; vgl. auch Tgb 27. 7. und 6. 8.).
(Pograd)	26. Juli	Vgl. Tgb und an August, 29. 7. und 2. 8.	(Wohl kurz danach: *Fahrt nach Pograd*, unter der Rubrik *Zur Geognosie und*

		Topographie von Böhmen abgedruckt in *Zur Natur-* *wissenschaft* II 2.)
Ende Juli	Am 30./31. Besuch von Sternberg und dem schwedischen Chemiker Berzelius; vgl. Tgb und an August, 2. 8.: »letzterer lies die schönsten Versuche mit dem Löthrohr se- hen. Wir besuchten zusammen die Gegend; ich habe in jedem Sinne viel gewonnen.«	Tgb 27.: »*Touti Nameh.* Ge- danken darüber [G.s Rez. ersch. in *Kunst und Altertum* IV 1]. <...> Kleine Ge- dichte.«
August		Für 1.-8. und 13.-18. 8. ver- faßt G. ein besonderes *Rei-* *setagebuch* (vgl. Tgb 11. und 20. 8.), später überschrieben *Notiertes und Gesammeltes* *auf der Reise vom 16. Jun. bis* *29. August 1822.*
1. Aug.	Im Brief an Carl August und Großher- zogin Louise über die Bekanntschaft mit Sternberg: »Ich darf wohl sagen daß mir, seitdem ich Grafen Reinhard in Carlsbad begegnete, kein solches Glück wieder geworden« usw.	
(Falkenau; Schloß Har- tenberg)	3./4. Aug. 4./5. Aug.	Mit J. S. Grüner. In Falkenau lernt G. den verkrüppelten ›Naturdichter‹ Anton Fürnstein kennen (vgl. im Aufsatz *Deut-* *scher Naturdichter*). Auf Schloß Harten- berg bei Graf Auersperg zu Gast. Vgl. *Rei-* *setagebuch* (*Notiertes und Gesammeltes*).	
6. Aug.	Tgb: »Kapellmeister Tomascheck von Prag <...> zu Gerichtsadvokat Franck, wo Tomascheck von meinen Liedern spielte, sang und glücklich vortrug.«	Eintrag in Tomascheks Stammbuch: V. 1-14 des spä- ter *Äolsharfen* betitelten Ge- dichts, hier u. d. T. *Liebesschmerzlicher Zwiege-* *sang unmittelbar nach dem* *Scheiden* (wohl nach dem Abschied von Ulrike von Levetzow gedichtet; das vollständige Gedicht mit Brief vom 14. 12. an Zelter geschickt, daran anschlie- ßend »*Die Gegenwart weiß* *nichts von sich*«).
(Markt- redwitz)	13.-18. Aug.	Bei dem Chemiker und Fabrikanten W. C. Fikentscher und seiner Familie; einge-	

hende Besichtigung der Anlagen und Pro-
duktionsabläufe (Herstellung chemischer
Produkte, Glashütte). Vgl. an Knebel, 23. 8.
und das ›Reisetagebuch‹ (s. o. bei ›August‹).

19.-26. Aug. G. liest Schillers *Geschichte des dreißigjährigen Krieges* (vgl. Tgb). Am 26. an
Bergmeister Ignaz Lößl aus Falkenau
positiv über Fürnsteins Gedichte; G. will
die Möglichkeiten einer Publikation er-
wägen. (Über Fürnstein auch im Brief an
Sternberg vom gleichen Tag.)

Von Eger   27.-29. Aug. Über Pößneck.
nach Weimar

Weimar, 29. August 1822–26. Juni 1823

Weimar   Anfang Sept. Besuch von Kapodistrias und von Zelters   Tgb 2.: »Kräuters Reperto-
Tochter Doris (die bis 4. bleibt). Vgl. Tgb. –   rium über meine sämmt-
Am 6. an Maria Paulowna, mit höchst   lichen *Werke*, Schriften und
positivem Urteil über den neuen Prin-   litterarischen Vorrath« (da-
zenerzieher F. Soret aufgrund von dessen   bei »alle *Tagebücher* <...>
Aufsatz über seine Erziehungsgrundsätze.   und <...> seit gewißen
Jahren sämtliche an mich er-
laßenen *Briefe* und die be-
deutendsten von mir aus-
gegangenen«, so an Cotta am
8.; → *Ausg. letzter Hand*).
Am 4. an Frommanns Com-
pagnon Wesselhöft zum
Druck: *Prolog zu Eröffnung
des Berliner Theaters im Mai
1821* für *Kunst und Altertum*
IV 1, für *Zur Naturwissenschaft* II 1 *Vorbetrachtung*
und *Luke Howard an Goethe*
(vgl. Tgb).

16. Sept. Ankunft von L. von Henning (bleibt bis
8. 10.; Gespräche über Farbenlehre;
chromatische Experimente). Vgl. Tgb.

21. Sept. Erster Besuch von Soret (vgl. Tgb; er wird
einer von G.s wichtigsten Gesprächspart-
nern, besonders für naturwissenschaftliche Themen; Dokument dafür sind vor
allem Sorets Gesprächsaufzeichnungen).

Sept./Okt.		Redaktion von *Zur Natur-wissenschaft* II 1 und *Kunst und Altertum* IV 1 (u. a. Aufsatz über Berliner Theaterkritiken *Wunsch und freundliches Begehren*).
Oktober		Wiederaufnahme der Arbeit an den *Tag- und Jahresheften* (vgl. Tgb 14.-31.).
Anfang Okt.	Besuch Felix Mendelssohns mit Eltern und Schwester Fanny (vgl. Tgb 7./8.).	Arbeit an *Des Paria Gebet* (vgl. Tgb 3.-5.).
31. Okt.	Tgb: »Möser über Volksaberglauben« (*Etwas zur Verteidigung des sogenannten Aberglaubens unserer Vorfahren*).	(Wohl um diese Zeit der Aufsatz *Justus Möser*; ersch. in *Kunst und Altertum* IV 2.)
November		Redaktion der Hefte II 1 von *Zur Naturwissenschaft* und *Zur Morphologie* sowie von *Kunst und Altertum* IV 1.
7. Nov.	G. erhält durch den Göttinger Germanisten G. F. Beneke Byrons eigenhändige huldigende Widmung seines *Sardanapal* (sie kam erst in die 2. Aufl. von 1823); da G. die Originalhandschrift wieder zurückschicken muß, läßt er sofort ein Faksimile machen (vgl. Tgb und die Antwort an Beneke vom 12.).	
9. Nov.	Tgb: »Mein Sohn aus dem Schauspiel, dem *Freischütz*« (Oper von C. M. von Weber, Uraufführung 1821 in Berlin).	
27. Nov.	Besuch H. Kolbes (vgl. auch Tgb 25.).	
Dezember		Arbeit an *Tag- und Jahreshefte*; abschließende Arbeiten an *Kunst und Altertum* IV 1. Vgl. Tgb.
Anfang Dez.	G. erhält von J. Ch. A. Heinroth dessen *Lehrbuch der Anthropologie*, 1822 (vgl. Tgb 4., ferner an Boisserée am 22.: Heinroth habe seine »Art und Weise ein gegenständliches Denken genannt <...> welches nämlich immer im Angesicht des Gegenstandes sich bilde und äußere«; → *Bedeutende Fördernis durch ein einziges geistreiches Wort*). – Tgb 8.:	Tgb 2.: »*Charon* [Gedicht] *aus dem Neugriechischen*« (G.s Übertragung ersch. in *Kunst und Altertum* IV 2). – An Ch. L. F. Schultz am 9.: »Für *Kunst und Altertum* [IV 2] bearbeite nun den historischen Teil zu Mantegna« (*Cäsars Triumphzug*,

»Manzonis neues Stück *Adelchi* gelesen.«
(Vgl. an Ch. L. F. Schultz am 9.)

gemalt von Mantegna.
Zweiter Abschnitt).

11./12. Dez. Besuch Purkinjes (vgl. Tgb und an Knebel
am 14.).

16. Dez. Tgb: »Professor Oerstedt <...> Mittag für
uns. Betrachtungen über das Gespräch mit
Oerstedt <...> Nach der Komödie
Oerstedt <...> Lebhaftes Gespräch über
Physikalisches usw.«

22. Dez. Brief an Boisserée, der am 11.12. für
Carl August Probedrucke zur 1. Lfg. der
Kupfertafeln seines ›Domwerks‹ (*An-*
sichten, Risse und einzelne Teile des Doms
von Köln, mit Ergänzungen nach dem
Entwurf des Meisters <...> und verglei-
chenden Tafeln der vorzüglichsten Denk-
male, 1822-1831) und 5 Lfgn. des
›lithographischen Werks‹ geschickt hatte
(*Die Sammlung Alt-, Nieder- und*
Oberdeutscher Gemälde der Brüder
Boisserée und Johann Bertram, litho-
graphiert von Johann Nepomuk Strixner,
1821-40).

G. kündet darin »eine
zwar kurze aber freundlich-
beifällige Anzeige Ihrer
Leistungen« für *Kunst und*
Altertum IV 1 an (<*Ansichten*
und Risse des Doms zu
Köln>).

20.-23. Dez.

Abschluß von *Phaëthon,*
Tragödie des Euripides. Ver-
such einer Wiederherstellung
aus Bruchstücken (vgl. Tgb;
letzte Korrekturen
26. 1. 1823; ersch. in *Kunst*
und Altertum IV 2).

24. Dez.

Anfang der Arbeit an einer
Rez. von Manzonis *Adelchi*
(vgl. Tgb).

1823 Niederwerfung der liberalen Revolution in Spanien mit Hilfe von
Frankreich (die Intervention durch die ›Heilige Allianz‹ zugunsten des
spanischen Königshauses war auf dem Kongreß von Verona Ende 1822
gegen die Stimme Englands beschlossen worden).

Januar

Arbeit an *Tag- und Jahres-*
hefte (vgl. Tgb).

9. Jan. Brief an Ulrike von Levetzow (erster von
drei erhaltenen, alle 1823); G. nennt sie
›Tochter‹ und ›meine Liebste‹.

10. Jan.	G. erhält über d'Alton bzw. Nees von Esenbeck das Manuskript *Wallfahrt nach Sesenheim* von A. F. Näke (Anregung zu *Wiederholte Spiegelungen*, s. u. 2. 2.) und G. Hermanns *De compositione tetralogiarum tragicarum dissertatio*, 1823.	
Ende Jan.	G. beschäftigt sich mit A. de Lamartines *Méditations poétiques*, 1823 (vgl. Tgb 27. und 28.) und Euripides' *Kyklops* (vgl. Tgb 30./31.).	*Kunst und Altertum* IV 1 ersch., vgl. Tgb 25.; darin u. a. *<Volksgesänge abermals empfohlen>* sowie *<Selbstbiographie>*, *<Archiv des Dichters und Schriftstellers>* und *<Lebensbekenntnisse im Auszug>*). – Aufsatz *Die tragischen Tetralogien der Griechen, Programm von Ritter Hermann 1819* für *Kunst und Altertum* IV 2.
Februar		Arbeit an *Kunst und Altertum* IV 2 (woran bereits gedruckt wird).
2./3. Febr.		G. legt dem Brief an Nees von Esenbeck vom 2. seinen Aufsatz *Wiederholte Spiegelungen* für A. F. Naeke bei (s. o. 10. 1.; erst posthum publiziert). – Der erste Teil von *<Zum Kyklops des Euripides>* entsteht (datiert auf 3. 2.).
9. Febr.	Brief an den Gothaer Geologen C. E. A. von Hoff: Unbedingt anerkennend über dessen *Geschichte der durch Überlieferung nachgewiesenen natürlichen Veränderungen der Erdoberfläche*, Bd. 1, 1822.	Angeregt durch von Hoffs Werk habe er seine alten Aufzeichnungen zum ›Rätseltempel‹ von Pozzuoli wieder hervorgesucht (→ *Architektonisch-naturhistorisches Problem*).
ab 12. Febr.	G.s Befinden verschlechtert sich zunehmend.	
15. Febr.	Tgb: »Brief von Beethoven« vom 8. 2.; aus wirtschaftlicher Not (er muß für seinen jungen Neffen sorgen) bittet Beethoven, G. möge bei Carl August für die Subskription seiner *Missa solemnis* werben. G. reagiert nicht.	

ab 18. Febr.   Schwere, lebensbedrohende Erkrankung
               (Herzinfarkt). Vgl. Tgb (von G. im nach-
               hinein diktiert) und die Berichte von
               Kanzler Müller.

24. Febr.   Krisis, danach langsame Besserung.

ab Mitte März   Wiederaufnahme der Arbeit
                                                           an *Kunst und Altertum* IV 2
                                                           (u. a. Fertigstellung von *Cä-*
                                                           sars Triumphzug, gemalt von
                                                           Mantegna. Zweiter Ab-
                                                           schnitt) sowie an *Zur Natur-*
                                                           wissenschaft und *Zur Mor-*
                                                           phologie II 1 (für letzteres u. a.
                                                           den Aufsatz *Bedeutende*
                                                           Fördernis durch ein einziges
                                                           geistreiches Wort); vgl. Tgb.

16. März   Datierter Aufsatz zu Alex-
                                                           ander von Humboldts *Über*
                                                           den Bau und die Wirkungsart
                                                           der Vulkane, 1823, der erst
                                                           posthum in der *Ausg. letzter*
                                                           Hand publiziert wird (für
                                                           Zur Naturwissenschaft II 1
                                                           verfaßt G. eine kürzere An-
                                                           zeige, wohl am 5. 4., vgl. Tgb).

17. März   Zusammenstellung der Texte
                                                           zu *Problem und Erwiderung*
                                                           für *Zur Morphologie* II 1 (die
                                                           Erwiderung stammt von
                                                           dem Botaniker E. H. F.
                                                           Meyer, dem G. mit Brief vom
                                                           2. 2. die *Probleme* vorgelegt
                                                           hatte); vgl. Tgb.

20. März   Aufsatz *Deutscher Natur-*
                                                           dichter (über Fürnstein) für
                                                           Kunst und Altertum IV 2 (vgl.
                                                           Tgb).

Ende März   G. erhält durch Soret Byrons *Sardanapal*   Aufsatz *Von deutscher Bau-*
            und *Werner or the Inheritance* (vgl. Tgb   *kunst 1823* für *Kunst und*
            25.).   *Altertum* IV 2 (vgl. Tgb 22.-
                                                           28.; Würdigung der Bemü-
                                                           hungen der Brüder Boisserée
                                                           um den Kölner Dom und des
                                                           ab jetzt erscheinenden gro-
                                                           ßen ›Dom-Werks‹, vgl. oben

22. 12. 1822). – Abschluß der
Paria-Trilogie, vgl. Tgb 27.
(Erstdruck in *Kunst und
Altertum* IV 3).

April

Arbeit an *Kunst und Altertum* IV 2, *Zur Naturwissenschaft* und *Zur Morphologie*
II 1.

6.-9. April An Ch. F. Schwägrichen: Dank für die
einstimmige Wahl zum auswärtigen
Mitglied der ›Edinburgher Gesellschaft
der Wissenschaften‹ (Vorsitzender: W.
Scott).

Fertigstellung von <*Über
die Ursache der Barometer-
schwankungen*> für *Zur
Naturwissenschaft* II 1 (vgl.
Tgb 9.; ohne Überschrift
hinter Posselts Rezension
von Howards *The Climate
of London* abgedruckt). –
Am 6. schickt G. das Manuskript von *Zu Phaëthon des
Euripides* an G. Hermann;
ersch. in *Kunst und Altertum*
IV 2.

13./14. April Besuch von Freiherr vom Stein (vgl. Tgb
13.).

Arbeit am Aufsatz *Die
Lepaden* (vgl. Tgb).

16. April (Letzter) Brief an Seebeck: G. möchte die
›unterbrochene Mitteilung‹ wieder in
Gang setzen und bittet um ›einige Zeilen
als Erwiderung‹. Seebeck antwortet nicht
mehr. (Schon in seinem vorigen Brief vom
6. 10. 1820 – er begleitet G.s Abhandlung
Entoptische Farben – wirbt G. um ›Er-
neuern des Verhältnisses‹; vgl. auch bereits
seinen Brief vom 30. 12. 1819; Seebeck
hatte allerdings weiterhin Arbeiten von
sich geschickt, vgl. an Döbereiner,
18. 4. 1821 und ›Büchervermehrungsliste‹
Juli 1821).

17. April Brief an Auguste von Bernstorff geb. zu
Stolberg, freundliche Antwort auf deren
Brief vom 15. 10. 1822 (nach 40 jähriger
Pause), worin sie hauptsächlich von ihrer
Sorge um G.s Seelenheil spricht.

Ende April Am 22. Besuch von Cotta; er bringt Lfg. 1
von Boisserées ›Domwerk‹ sowie das
Textheft dazu: *Geschichte und Beschreibung des Doms von Köln, nebst Untersu-*

Aufsatz *Architektonisch-na-
turhistorisches Problem* für
Zur Naturwissenschaft II 1
(s. o. 9. 2.).

chungen über die alte Kirchenbaukunst. –
Am 24. Brief an Nees von Esenbeck; er
hatte die von ihm und dem Botaniker
Martius verfaßte Beschreibung einer von
diesem in Brasilien entdeckten Malven-
gattung geschickt, die die beiden Forscher
nach G. benannten: *Goethea, novum
plantarum genus,* 1823.

Mai   Besucher: Am 16. König Maximilian I.
von Bayern. Am 22. F. H. von der Hagen;
er bringt G. seine *Heldenbilder aus den
Sagenkreisen Karls des Großen, Arthurs
<...>,* 1823. Vgl. Tgb.

2.-7. Mai

> Rez. der Übersetzung von
> G.s Anmerkungen zu
> *Rameaus Neffe* von X. de
> Saur und L. de Saint-Geniès
> (s. o. 3. 12. 1821): *Des hom-
> mes célèbres de France au dix-
> huitième siècle et de l'état de
> la litterature et des arts à la
> même époque, par Mr. Goe-
> the* (vgl. Tgb); ersch. anonym
> im Juni im ›Journal für Lite-
> ratur, Kunst, Luxus und
> Mode‹.

18. Mai   An Ch. L. F. Schultz: »Daß Sie sich Immermanns annehmen, freut mich sehr, ich
denke gut von ihm <...> aber <...> ich bin
zu alt, um reifende Talente abwarten zu
können« usf.

Ende Mai   Am 27. ist Ch. J. Sterling, ein Freund
Byrons, erstmals bei G., in größerer
Gesellschaft. Bis Ende Dez. notiert G.
in Tgb mehrfach den Besuch des jungen
Engländers (vgl. auch an Ottilie, 18./
19. 8.).

> Beginn der Vorbereitungen
> zur Herausgabe des *Brief-
> wechsels Schiller/Goethe*
> (vgl. Tgb 28.-31.).

Mai/Juni

> Fertigstellung von *Kunst und
> Altertum* IV 2, *Zur Morpho-
> logie* und *Zur Naturwissen-
> schaft* II 1.

Juni   G. erhält durch Boisserée W. Waiblingers
Roman *Phaethon,* 2 Bde., 1823, mit einem
Begleitbrief Waiblingers vom 26. Mai.

	3. Juni	G. liest Eckermanns Manuskript *Beiträge zur Poesie mit besonderer Hinweisung auf Goethe*, vom Autor mit Brief vom 24. 5. überschickt.	
	10. Juni	Erster Besuch Eckermanns (vgl. Tgb); G. will prüfen, ob er geeignet ist, die Redaktion seines Nachlasses zu übernehmen (vgl. an Cotta am 11.).	
	16. Juni	Tgb: »Der junge Eckermann; ich übergab ihm die Frankfurter Recensionen im Manuscript.« (Probearbeit: Eckermann soll aus den FGA 1772/73 die von G. stammenden Rezensionen herausfinden.)	
	22./23. Juni	Besuch Doris Zelters (vgl. Tgb).	Tgb 23.: »Gedicht *an Lord Byron*.« (G. läßt es offenbar durch Ch. J. Sterling an Byron nach Italien schicken, vgl. dessen Dankbrief vom 22. 7. aus Livorno, kurz vor seinem Aufbruch nach Griechenland).
	Ende Juni		*Kunst und Altertum* IV 2 ersch. (vgl. an Knebel am 25.).

Reise nach Marienbad, Karlsbad, Eger; 26. Juni–17. September 1823

Vgl. Tgb. Geologische Studien.

Von Weimar nach Eger	26.–29. Juni	Über Kahla, Pößneck, Hof.	
Eger	30. Juni–2. Juli	Täglich mit J. S. Grüner. Vgl. Tgb.	
Marienbad	2. Juli (–20. Aug.)	Trinkkur. Ab 11. 7. tägliches Zusammensein mit Amalie von Levetzow und ihren Töchtern Ulrike, Amalie und Bertha (in Tgb: ›auf der Terrasse‹, ›Familie‹), bis 8. 8. auch mit Carl August; Wiedersehen und häufige Gespräche mit Louis Bonaparte (›Graf Saint-Leu‹). Besuche u. a.: J. St. Zauper, P. A. Wolff. Notierung von Wetter-, besonders Wolkenbeobachtungen (vgl. an Ch. L. F. Schultz, 8. 7.).	Arbeit an *Tag- und Jahreshefte* und an einem Auszug aus C. W. Noses *Kritik der geologischen Theorie, besonders der von Breislak und jeder ähnlichen*, 1821, und *Fortgesetzte Kritik <...>*, 1822. Vgl. Tgb.
	13.–18. Juli	Der russische Maler E. A. Kiprensky zeichnet ein Goethe-Porträt (nur in der	

Lithographie von Grévédon überliefert).
Vgl. Tgb.

20. Juli Tgb: »Gegen 7 Uhr zum Ball. Nach Hause
gegen 10 Uhr. Hatte den Herzog von
Leuchtenberg [Napoleons Adoptivsohn
Eugène Beauharnais] umständlich
gesprochen.«

21. Juli Tgb: »Nähere Bekanntschaft mit
Dobrowsky gemacht.« (Weitere Begeg-
nungen mit dem Begründer der modernen
Slawistik am 22. und 31.)

23. Juli Begegnung mit der dreiundzwanzigjähri-   Datierte eigenh. Handschrift
gen Lili Parthey, einer Schülerin Zelters.   *An Lili* (»Du hattest gleich
mir's angetan«), am nächsten
Tag an Zelter geschickt.

27. Juli   Tgb: »Einige Gedichte«.

August In Briefen an Ottilie (z. B. vom 4. und 18./
19.) spielt G. deutlich auf seine Liebe zu
Ulrike von Levetzow an.

~Anfang Aug. Laut den – erst spät aufgezeichneten – Er-
innerungen von Ulrike von Levetzow hat
G. durch Carl August (der am 8. abreist)
bei ihrer Mutter um sie anhalten lassen.
Vgl. die Tgb-Notizen vom 7.-9. (schlechtes
Befinden von G. selbst; auch Ulrikes
Mutter »war krank«).

10./11. Aug. G. erhält Byrons Dankbrief für sein Ge-   Tgb 10.: »Dictirt am *Mann*
dicht (s. o. 23. 6.), vgl. Tgb 11.   *von 50 Jahren.«*

Mitte Aug. G. lernt die Opernsängerin Anna Pauline   Gedicht *»In Hygieias Form«*
Milder und die polnische Pianistin Maria   (*Gesendet von Marienbad*
Szymanowska kennen und ist tief ergrif-   *einer Gesellschaft versam-*
fen von ihrem Musizieren (vgl. Tgb 13.-20.,   *melter Freunde zum 28. Au-*
an Ottilie, 18./19. und an Zelter am 24.).   *gust 1823;* vgl. Tgb 13.); mit
Brief vom 14. an Ottilie die
Gedichte *»Du hattest längst*
mir's angetan«, *»Du Schüler*
Howards wunderlich« und
»Wenn sich lebendig Silber
neigt«.

17. Aug. Amalie von Levetzow reist mit ihren
Töchtern nach Karlsbad.

18. Aug.   Gedicht »Die Leidenschaft
bringt Leiden« mit der

			Überschrift *An Madame Marie Szymanowska* in deren Album geschrieben; später u. d. T. *Aussöhnung* als letztes Gedicht der *Trilogie der Leidenschaft*.
	19. Aug.	Louis Bonaparte besucht G. mit seinem Sohn Charles Louis Napoleon, dem späteren Kaiser Napoleon III. (vgl. Tgb).	
Eger	20. (-25. Aug.)	Wiederum täglich mit J. S. Grüner zusammen; am 21. Gespräch u. a. »Über die *Heimskringla Saga* und andere mächtige Wesen des alten Norden«. (Tgb)	
(Boden und Altalbenreuth)	23. Aug.	Geologische Exkursion mit Grüner.	
Karlsbad	25. Aug. (-5. Sept.)	Wiederum täglich mit den Damen Levetzow zusammen; gemeinsame Ausflüge nach Elbogen und Schlackenwerth (vgl. Tgb 28. 8. und 2. 9.). Wiedersehen mit Elisa von der Recke. Lektüre: W. Scott, *Der schwarze Zwerg*, dt. 1817 und W. Irvings *The Sketch Book of Geoffrey Crayon*, 1819/20.	
	September		*Zur Naturwissenschaft* und *Zur Morphologie* II 1 ersch., ersteres u. a. mit *Der Versuch als Vermittler von Objekt und Subjekt 1793*.
Schloß Hartenberg	5.-7. Sept.	Bei Graf Auersperg (vgl. Tgb).	Tgb 5.: »Abschrift eines Gedichtes« (der Marienbader *Elegie*, unterwegs von Karlsbad nach Hartenberg); G. arbeitet weiter daran am 6. und 7., vgl. Tgb.
Eger	7. (-11. Sept.)	Wieder Zusammensein mit J. S. Güner.	
	9./10. Sept.	Am 9. Brief an Amalie von Levetzow; am Schluß: »der Tochter [Ulrike] möchte ich noch sagen: daß ich sie immer lieber gewonnen, je mehr ich sie kennengelernt; daß ich sie aber kenne und weis was ihr gefällt und misfällt, wünsch ich ihr persönlich zu beweisen, in Hoffnung	Am 10. Brief an Ulrike von Levetzow auf 6 Blättchen, beginnend mit dem Gedicht *Aus der Ferne*.

glücklichen Gelingens.« (Vgl. auch tags
zuvor an Ch. L. F. Schultz die Anspielung
auf seine Heiratsabsichten.)

Von Eger nach Jena	11.-13. Sept.	Über Hof, Pößneck.	Tgb 12.: »Das Gedicht abermals unterwegs durchgegangen und Bemerkungen gemacht« (Marienbader *Elegie*).
Jena	13.-17. Sept.	Inspektion der ›oberaufsichtlichen‹ Institute (vgl. Tgb). Tgb 14.: »*Goethe in den Zeugnissen der Mitlebenden*«, von Varnhagen veranstaltete Sammlung, 1823. Tgb 15./16.: »Früh mit Eckermann die *Recensionen*, sowohl die älteren [in FGA] als die jenaischen [G.s Rezensionen in der JALZ], durchgegangen <...> / Seine Arbeit war durchaus gelungen.« (Vgl. oben 16.6.)	

Weimar, 17. September 1823–6. Juli 1828

Weimar		Eckermann wird nun einer von G.s wichtigsten Helfern bei seinen schriftstellerischen Arbeiten, vor allem bei der *Ausg. letzter Hand*.	
	Ende Sept.	Am 28. Ankunft von Ch. L. F. Schultz (bleibt bis 9.10. als G.s Gast; er schenkt G. einen Gipsabguß der Juno Ludovisi, vgl. Tgb 7.10.; an Schultz, 8.3.1824). Am 30. Ankunft von Reinhard, mit Kindern und seiner zweiten Frau (sie bleiben bis 8.10.; vgl. Tgb).	Tgb 23.: »*Zahme Xenien III* durchgesehen und arrangirt« (für *Kunst und Altertum* IV 3). Aufsatz *Von dem Hopfen und dessen Krankheit, Ruß genannt* für *Zur Morphologie* II 2 (vgl. Tgb 29.).
	Oktober	Byron-Lektüre, u. a. *Cain* (vgl. Tgb 10.-19.).	(Revisions-) Arbeit an *Kunst und Altertum* IV 3.
	1. Okt.	Tgb: »Demoiselle [Louise] Seidler von Rom kommend.«	
	13. Okt.	Besuch des serbischen Sprachforschers Vuk St. Karadžić (vgl. Tgb und an J. Grimm, 19.10.); G. erbittet einige serbische Volkslieder in möglichst wörtlicher Übersetzung; sie kommen bereits am 10.11. an., vgl. Tgb. (Eines davon, *Der Tod des Kralewitsch Marko*, veröffentlicht G. in *Kunst und Altertum* V 1.)	

15. Okt.	Brief an den Diderot-Verleger J. L. J. Brière; G. bestätigt die Originalität des französischen Textes, nach dem Brière *Le neveu de Rameau* gedruckt hat.	(Vgl. G.s Darstellung der verzwickten Text-Affäre in *Kunst und Altertum* IV 3: *Rameau's Neffe in Bezug auf Kunst und Altertum Teil IV. Heft 1*, wohl wenig später verfaßt; vgl. Tgb 6. 11.)
Ende Okt.	Am 24. Besuch Marie Szymanowskas; bleibt bis 5. 11., spielt mehrfach auf G.s Flügel, am 27. auch in größerem Rahmen. Vgl. Tgb. – Am 29. an Knebel: »Eine Flut von Fremden, worunter englische Wellen sich besonders auszeichnen, hält uns jeden Augenblick wach«.	Laut Eckermanns *Gesprächen* übergibt G. ihm am 25. die ›Reiseakten‹ von der Schweizerreise 1797 (vgl. auch Tgb 3. 11.); der von Eckermann redigierte Text ersch. posthum in *Ausg. letzter Hand* u. d. T. *Aus einer Reise in die Schweiz über Frankfurt, Heidelberg, Stuttgart und Tübingen im Jahre 1797.*
November	Erneut schwere Erkrankung (wie Februar/März).	(Revisions-)Arbeit an *Kunst und Altertum* IV 3 sowie an *Zur Naturwissenschaft* und *Zur Morphologie* II 2.
8. Nov.	Tgb: »durchgedacht <...> die Ghaselen von Platen.« (Vgl. Eckermanns Rezension der *Neuen Ghaselen* in *Kunst und Altertum* IV 3.)	
12. Nov.	Besuch W. von Humboldts (bleibt bis 23.).	
24. Nov.	Besuch Zelters (bleibt bis 13. 12.).	
Dezember	Lektüre u. a.: Las Cases, *Mémorial de Sainte-Hélène*, 8 Bde., 1822/23 (vgl. Tgb 5.- 28.).	Arbeit an *Zur Morphologie* und *Zur Naturwissenschaft* II 2 (u. a. Aufsätze *Der Wolfsberg* und *Die Lepaden*), letzte Arbeiten an *Kunst und Altertum* IV 3. Vgl. Tgb.
Ende Dez.	Lektüre u. a.: W. Scott, *The Abbott*, 1820; Hamann. Vgl. Tgb. – Am 29. Brief an Blumenbach, Dank für die Ernennung zum auswärtigen Mitglied der physikalischen Klasse der königl. Sozietät der Wissenschaften in Göttingen. – Am 31. Brief an Ulrike von Levetzows Mutter Amalie; Schluß: »Wünsche und	

Hoffnungen <...> Mögen die meinen den
Ihrigen begegnen! Möge sich dem Er-
füllen und Gelingen nichts! nichts! entgegen setzen! <...> mit Sehnsucht hoffend
und erwartend.«

1824 Karl X. König von Frankreich (bis 1830), Verschärfung der Reaktion.
Mexiko: Erschießung des abgesetzten Kaisers Iturbide. – Gründung der
›Mittwochsgesellschaft‹ in Berlin; Mitglieder u. a.: Schadow, Varnhagen,
Chamisso, W. Alexis, Zelter. – Beethoven: *Missa Solemnis.* – Tod Byrons
in Missolunghi (19. 4.)

Januar	Lektüre u. a.: N. A. de Salvandy, *Don Alonzo ou l'Espagne. Histoire contempo-raine*, 4 Bde., 1824 (vgl. Tgb und an Carl August am 19.).	Intensive Arbeit an *Tag- und Jahreshefte*, auch Anf. Februar (vgl. Tgb und an Ottilie, 11.2.). G. läßt Schillers Briefe abschreiben (zum Abdruck in seiner ge-planten Edition des *Brief-wechsels Schiller/Goethe*; erste Vorbereitungen dazu schon im Mai/Juni 1823). Arbeit an *Kunst und Alter-tum* V 1. Vgl. Tgb.
2. Jan.	Brief an Tieck, Antwort auf dessen Brief vom 24. 12. 1823; G. dankt Tieck, der ihn in seiner Novelle *Die Verlobung*, 1823, energisch gegen Pustkuchen (s. o. Ende Mai 1821) verteidigt.	Er kündigt eine kurze Be-sprechung der *Verlobung* für *Kunst und Altertum* IV 3 an.
9. Jan.	Brief an Ch. L. F. Schultz; u. a. erkundigt sich G. nach den Externsteinen bei Horn in Lippe-Detmold. (Schultz hatte ihm ver-mutlich bei seinem Besuch Ende Sept./ Anf. Okt. 1823 einen verkleinerten Eisen-abguß des mittelalterlichen Kreuz-abnahme-Reliefs gebracht.)	
14. Jan.	Tgb: »Einige große Portefeuilles durch-gesehen. Neuerregte Bewunderung des Claude Lorrain.«	Brief an Cotta: u. a. über die Fortschritte bei der Auf-bereitung der noch unver-öffentlichten Dichtungen und Schriften. G. bittet um Cottas Meinung zu einer neuen ›vollständigen‹ Aus-gabe (*Ausg. letzter Hand*).
Mitte Jan.	Besuch M. Beers; er bringt sein Trauerspiel *Der Paria*, das derzeit in Berlin gespielt	Arbeit an *Zur Naturwissen-schaft* II 2 (vgl. Tgb).

wird (vgl. Tgb 16.). Tgb 19.: »von Berlin
Brief und Zeichnung von Bettinen.«
(Bettina von Arnims Skizze für ein Goethe-Denkmal, mit Brief vom 31.12.1823/
1.1.1824.)

30./31.Jan. Ankunft von Ch.D. Rauchs erstem
Entwurf (Gipsmodell) zum Frankfurter
Goethe-Denkmal. – G. ›studiert‹ Byrons
Cain. Vgl. Tgb.

Februar

Kunst und Altertum IV 3
erscheint. Arbeit an der Rez.
von Salvandys *Don Alonzo
ou l'Espagne* (s. o. Jan.) für
Kunst und Altertum V 1 (vgl.
Tgb).

12.-15.Febr. Wiederholte Lektüre von Byrons *The Vision of Judgement*, 1822. – Eckermann
präsentiert erstmals die Aufzeichnung
eines Gesprächs mit G. (vgl. sein späteres
berühmtes Werk *Gespräche mit Goethe*). –
Besuch Vuk St. Karadžićs; er bringt »die
zwei ersten Bände seiner *serbischen
Lieder*«. Vgl. Tgb.

Arbeit am Aufsatz *Die Ex-
ternsteine* für *Kunst und
Altertum* V 1 (vgl. Tgb). Vermutlich Entwurf zu *Unterredung mit Napoleon* auf
Drängen Kanzler Müllers (s.
dessen Tagebuch; vgl. dort
bereits 4.12.1822).

16./17.Febr.

Aufsätze: *Über Byrons Cain*
für *Kunst und Altertum* V 1
und über die Kupferstiche
nach Appianis Fries im Mai-
länder Königspalast, *Sieges-
glück Napoleons in Ober-Ita-
lien* (ersch. erst 1832 in *Kunst
und Altertum* VI 3). Vgl. Tgb.

Ende Febr. G. bittet J.H. Meyer im Brief vom 23.,
sich von Schmeller zeichnen zu lassen
(Schmeller hat seit kurzem eine Stelle als
Lehrer am Zeicheninstitut): »daß wir diesen Menschen auf den rechten Weg bringen, da er doch hübsche Anlagen hat« usw.
(Im März liefert Schmeller Porträts von
weiteren Weimarer Freunden und
Bekannten.)

Aufsatz *Die drei Paria* für
Kunst und Altertum V 1
sowie *Vorschlag zur Güte*,
nämlich zu einer Sammlung
›Goethe in den mißwollen-
den Zeugnissen der Mit-
lebenden‹ als Pendant zu
Varnhagens Sammlung (s. o.);
erst posthum publiziert. Revision von *Zur Naturwis-
senschaft* II 2. Vgl. Tgb.

Anfang März Beschäftigung mit Amalie von Helvigs
Übersetzungsproben aus E. Tegnérs *Frit-
hjofs saga* (vgl. Tgb 5. und 6.).

»Eckermann schleppt, wie
eine Ameise, meine einzelnen *Gedichte* zusammen [für

die *Ausg. letzter Hand*]; ohne
ihn wäre ich nie dazu ge-
kommen« usf. (an Ch. L. F.
Schultz am 8.).

| Mitte März | Soret bringt einen Probeabdruck von A. Bovys Goethe-Medaille nach Ch. D. Rauchs Goethe-Büste (vgl. Tgb 11.). – Am 13. Abschiedsbrief an Sterling, der Weimar verläßt: »Dank <...> daß Sie einem nähern Verhältnis zu dem höchstgeschätzten Lord Byron den Weg gebahnt. Ich betrachte dies als einen der schönsten Gewinne meines Lebens« usw. | Arbeit an Aufsätzen (vgl. Tgb 15.-17.): Über *Frithjofs Saga* (für *Kunst und Altertum* V 1) und *Serbische Literatur* (erst posthum publiziert), ferner für *Zur Naturwissenschaft* II 2: *Uralte neuentdeckte Naturfeuer- und Glutspuren.* |

21. März

Rez. von Varnhagens *Bio-
graphische Denkmale*, Bd. 1,
1824 für *Kunst und Altertum*
V 1 (vgl. Tgb).

| 25. März | G. schickt Caroline von Wolzogen die Formulierung der Bedingungen für Cotta zum Verlag des *Briefwechsels Schiller/ Goethe*. (Cotta stimmt zu.) | Abschluß des Gedichts *»Noch einmal wagst du, vielbeweinter Schatten«* (vgl. Tgb) als Einleitung der Neuausgabe des *Werther* durch Weygand; später u. d. T. *An Werther* erster Teil der *Trilogie der Leiden- schaft.* |

April   Auch seine Freunde und Bekannten in Jena
bittet G., sich von Schmeller porträtieren
zu lassen, um seine »angefangene Sammlung mitlebender und mitwirkender Männer zu vervollständigen« (an J. F. C. A. von
Lyncker, 9. 4.).

5./8. April

Rez. von Rochlitz' *Für
Freunde der Tonkunst*, Bd. 1,
1824. – Aufsatz über das
Tagebuch (Manuskript) des
Weimarers J. Ch. Mämpel:
*Junger Feldjäger in französi-
schen und englischen Dien-
sten <...> 1806 bis 1816.* Vgl.
Tgb. Beides für *Kunst und
Altertum* V 1.

10. April   G. erhält von Charlotte von Schiller seine
Briefe an Schiller (vgl. Tgb). Er läßt sie
alsbald für die Edition des *Briefwechsels*

Schiller/Goethe abschreiben, was bis Ende
Juli dauert. Vgl. Tgb.

18. April	Besuch F. A. Wolfs (bis 24.); vgl. Tgb.	
19. April	Tgb: »Lord Byron stirbt.« (Nachtrag! G. erfährt es erst am 23. 5., vgl. Tgb).	
Ende April/ Mai	Beginn des brieflichen Kontakts zu Therese von Jakob (Pseudonym: Talvij), die G. Übersetzungen serbischer Volkslieder zuschickt (vgl. an sie am 25.4. und 11.5.).	Arbeit an *Tag- und Jahreshefte* (vgl. Tgb).
5. Mai		Arbeit an Aufsätzen für *Kunst und Altertum* V 1: *Kölner Karneval* (auf Anregung von Nees von Esenbeck, vgl. an diesen am 20. 3. und 10. 8.) und *Boisseréesche Kunstleistungen* (zusammen mit J. H. Meyer). Vgl. Tgb.
9. Mai		Tgb: »Kräuter transportierte das literarische Archiv in das gewölbte Zimmer.« (Dazu gehören laut Brief an Cotta vom 30. 5. auch »privat Korrespondenz Reiseakten und so manches andere«; vgl. oben 2. Sept. 1822.)
Jena	12.-15. Mai	Inspektion der ›oberaufsichtlichen‹ Institute. Umgang u. a.: Knebel, Frommanns. Vgl. Tgb.	
Weimar	15. Mai	Besuch Matthissons (vgl. an Knebel am 22.).	
	22. Mai	»Eine treffliche Skizze [von A. Macco] nach dem neugriechischen *Charon* [G.s Übersetzung in *Kunst und Altertum* IV 2] habe erhalten, ein wahrhaft heidnisches Memento mori« (an Knebel; vgl. an Macco, 15. 6.).	
	Ende Mai	Der Dresdner Akademie-Professor Vogel von Vogelstein porträtiert G. (Kreidezeichnung; vgl. Tgb 24.-26.).	Weiterarbeit an *Das nußbraune Mädchen*, vgl. Tgb 26./27.).
	8. Juni		Weiterarbeit an dem Aufsatz *Das Sehen in subjektiver*

		Hinsicht, von Purkinje für *Zur Morphologie* II 2.
Mitte Juni		Arbeit an dem Aufsatz *Ernst Stiedenroths Psychologie zur Erklärung der Seelenerscheinungen* für *Zur Morphologie* II 2 (vgl. Tgb und an Ch. L. F. Schultz, 27.6.; Weiterarbeit im Juli).
18.Juni	Besuch Therese von Jakobs. Besuch Ch. D. Rauchs (bleibt bis 27.); er bringt den zweiten Entwurf zum Frankfurter Goethedenkmal mit und modelliert einen dritten. Vgl. Tgb.	
Ende Juni	G. liest Stücke von Lope de Vega in der Übersetzung von Malsburg, 1824 (vgl. Tgb).	Auf 27. datierte Notiz *Unbillige Forderung* (über G.s Desinteresse an der Pflanzenwurzel); erst posthum publiziert.
Juli	Shakespeare-Lektüre (vgl. Tgb).	*Kunst und Altertum* V 1 ersch., eröffnet mit G.s Huldigungsgedicht *An Byron*; es enthält u. a. Briefe Schillers an G. von 1802 (seine Gegenbriefe publiziert G. dann im nächsten Heft). – Arbeit an *Zur Morphologie* II 2 und an *Tag- und Jahreshefte*. Vgl. Tgb.
1.Juli	Tgb: »Stadelmanns Abgang.« (Entlassung aus G.s Diensten.)	
4.-10.Juli	Besuch Sternbergs (vgl. Tgb; weitere Besuche: 11.-19.6.1827, 15.-19.7.1830).	
Mitte Juli	Soret bringt Bovys Goethe-Medaille in Silber (vgl. Tgb 18.).	Aufsatz *Goethes Beitrag zum Andenken Lord Byrons* (vgl. Tgb); Erstdruck in: Th. Medwin, *Journal of the Conversations of Lord Byron*, 1824.
26./27.Juli	Besuch Bettina von Arnims; sie bringt eine Skizze für das von ihr entworfene Goethedenkmal (vgl. Tgb und ihren Brief an Achim von Arnim vom 3.8.).	

August

> Arbeit am Aufsatz *Die Ske-*
> *lette der Nagetiere, abgebil-*
> *det und verglichen von*
> *d'Alton* für *Zur Morphologie*
> II 2 (vgl. Tgb). – Beginn der
> Revision der fertigen Ab-
> schrift des *Briefwechsels*
> *Schiller/Goethe*, mit Hilfe
> von Riemer; Abschluß
> ~Ende Dezember.

Anfang Aug. Tgb 4.: »frühere Correspondenz zwischen
dem bedeutenden Frauenzimmer und
einigen Freunden« (handschriftliche Auszüge aus Rahel von Varnhagens Korrespondenz und Stammbuchblättern; darüber ausführlich an Ottilie am 13.). –
Tgb 9.: »Mehrere Bücher für die Bibliothek
durch Canzler von Müller. Memoiren des
Iturbide« (*Denkwürdigkeiten aus dem*
<...> Leben des Exkaisers von Mexiko
<...> de Iturbide, von ihm selbst ge-
schrieben).

24. Aug. G. erhält von Franz Bopp dessen *Verglei-*
chende Zergliederung des Sanskrits und
Auszüge aus *Maha-Bharata <...> in der*
Ursprache zum erstenmal hg., metrisch
übersetzt und mit kritischen Anmerkun-
gen versehen; beides 1824.

25. Aug.

> Der zweite Teil vom Aufsatz
> *<Zum Kyklops des Euripi-*
> *des>* entsteht (datiert).

28. Aug. G. besucht die Aufführung des *Freischütz*
und wird zu seinem Geburtstag von den
Schauspielern auf der Bühne gefeiert
(vgl. Tgb und Ottilie an Rahel Varnhagen
am 30.).

30. Aug. An J. Grimm: »eben jetzt führen mich
meine sehr vereinzelten Studien wieder an
die serbischen Lieder <...> Ich lese so
eben Ew. Wohlgeboren Vorrede zu der
serbischen Grammatik wieder und be-
wundere die <...> Klarheit« usw.

Aug./Sept.

> Arbeit an dem Aufsatz *Ser-*
> *bische Lieder* für *Kunst und*
> *Altertum* V 2 (vgl. Tgb 25. 8.-

		3.9.) sowie an *Zur Morphologie* und *Zur Naturwissenschaft überhaupt* II 2 (vgl. Tgb).
Mitte Sept.	Am 13. Besuch Martius' (darüber ausführlich in Tgb); Besuch Willibald Alexis'.	Arbeit an *Tag- und Jahreshefte* (vgl. Tgb 9.-15.). – Tgb 12.: »Den Aufsatz über Martius Palmen concipirt.« (Die Rez. von Martius' *Genera et Species Palmarum* für *Zur Morphologie* II 2 oder der erst posthum publizierte Text *Über Martius Palmenwerk*; zur Beteiligung J. H. Meyers an ersterer vgl. Tgb 8. und 9.).
23. Sept.	G. kauft Samuel Johnsons *Dictionary of the English Language* (vgl. Tgb).	Tgb: »Die Gebirgslehre wieder aufgenommen. Einiges deßhalb dictirt.« (*Gestaltung großer anorganischer Massen* bzw. *Gebirgsgestaltung im Ganzen und einzelnen* für *Zur Naturwissenschaft* II 2?)
Oktober		Bei Weygand ersch. die Jubiläumsausgabe des *Werther*. – Letzte Arbeiten an *Zur Naturwissenschaft* II 2 (vgl. Tgb).
2. Okt.	Besuch Heinrich Heines (vgl. Tgb; Heine an R. Christiani, 26.5.1825 und an M. Moser, 1.7.1825). – Brief an Langermann: Über F. A. Wolf und dessen Tod am 8.8. (vgl. bereits Tgb 30.9. und 1.10.).	
7. Okt.	Brief an Klinger; G. bedankt sich, daß Klinger sich öffentlich gegen F. Glovers Pamphlet *Goethe als Mensch und Schriftsteller*, 1823, erklärt hat.	
18. Okt.	Tgb: »Lord Byrons *The age of Bronze*«, 1823.	
19./20. Okt.	Besuch Bettina von Arnims (vgl. Tgb und Bettina an ihre Nichte Sophie Brentano).	
Mitte/ Ende Okt.	Am 30. erster Brief an Carlyle, der mit Brief vom 24.6. seine Übersetzung der *Lehrjahre* geschickt hatte (vgl. Tgb 16.7.).	Arbeit an *Tag- und Jahreshefte* (vgl. Tgb 15.-31.). – Tgb 30.: »Papiere der *italiänischen Reise* gesichtet.«

November	Louise Seidler wird Nachfolgerin von J. Ch. E. Müller als Kustodin der 1823 auf Initiative Carl Augusts eingerichteten Kunstsammlung im Jägerhaus (aus der die Weimarer Gemäldegalerie hervorgeht).	Arbeit an *Kunst und Altertum* V 2, insbesondere am Aufsatz *Serbische Lieder* (vgl. Tgb).
2. Nov.	Brief an den preußischen Diplomaten C. F. F. von Nagler: Erste Anfrage wegen eines ›Privilegs‹ – d. h. eines rechtlich garantierten Urheberschutzes – für die *Ausg. letzter Hand* durch den Deutschen Bundestag.	
18. Nov.		Amtliches: Absendung des großen Abschlußberichts über die Reorganisation der Jenaer Universitätsbibliothek an Carl August und Herzog Friedrich IV. von Sachsen-Gotha.
Ende Nov.	Tgb 20.: »Mittag für uns. Wurden die neusten Schriften über Byron besprochen.« (Nach Byrons Tod liest G. diverse Publikationen über ihn, u. a. »Über den Tod von Lord Byron von Walther Scott«; vgl. Tgb 20. 7.)	Druckfassung von *Ältere Gemälde. Neuere Restaurationen in Venedig, betrachtet 1791* für *Kunst und Altertum* V 2 (vgl. Tgb 17. und 23.).
Dezember		*Zur Morphologie* und *Zur Naturwissenschaft* II 2 ersch. (ersteres u. a. mit *Das Schädelgerüst aus sechs Wirbelknochen auferbaut* und *Vergleichende Knochenlehre* (mit den Abschnitten *Knochen die Gehörwerkzeuge betreffend, Ulna und Radius* und *Tibia und Fibula*). – Arbeit an *Kunst und Altertum* V 2 (vgl. Tgb).
1. Dez.	Besuch Schinkels (auf der Rückreise aus Italien; vgl. Tgb).	
15. Dez.	Brief an A. W. Schlegel: Dank für dessen mit Brief vom 1. 11. überschickte Ausgabe des indischen Lehrgedichts *Baghavadgita* mit lat. Übersetzung und Anmerkungen.	
1825	Bolivien (benannt nach dem Freiheitshelden und ersten Präsidenten Simon Bolivar) wird unabhängige Republik; Ende der spanischen Kolo-	

nialherrschaft in Lateinamerika. J. Q. Adams Präsident der Vereinigten Staaten (bis 1829). Nikolaus I. Zar (bis 1855), Verschärfung der Reaktion in Rußland. Ludwig I. König von Bayern (bis 1848). – Grillparzer: *König Ottokars Glück und Ende*. Tod Jean Pauls.

Januar	Wegen des ›Privilegs‹ für die *Ausg. letzter Hand* schreibt G. an die Vertreter Österreichs, F. von Gentz (am 7.) und Metternich (am 11., mit seinem Bittgesuch an die Deutsche Bundesversammlung).	Arbeit am *Briefwechsel Schiller/Goethe* (vgl. Tgb 12.-18.).
1. Jan.	Im Neujahrsbrief an Carl August und Großherzogin Louise spielt G. auf die Weimarer 50jährigen Jubiläen dieses Jahres an: Regierungsantritt und Hochzeit Carl Augusts; Ankunft G.s in Weimar.	
8.-10. Jan.	Tgb 8.: »*Tristan und Isolt* [von Gottfried von Straßburg], in der Ausgabe von Hagen«, 1823. Vgl. auch Tgb 9.	Am 10. Brief an den Jenaer Altphilologen C. W. Göttling: G. trägt ihm die Mitarbeit an der *Ausg. letzter Hand* an, Göttling sagt am 19. zu; er übernimmt die Redaktion der bereits gedruckten Werke.
29.-31. Jan.		Arbeit an der Fortsetzung von *Das nußbraune Mädchen* für die *Wanderjahre* (vgl. Tgb).
Jan./Febr.		Arbeit an *Tag- und Jahreshefte*, an *Kunst und Altertum* V 2, an der *Ausg. letzter Hand* (Bandeinteilung, Anordnung der *Gedichte*) und an *Versuch einer Witterungslehre 1825* (vgl. Carl August an G. sowie dessen Antwort, 17. 1.). Vgl. Tgb.
13. Febr.	Eckermann an seine Verlobte Johanna Bertram, über G.s (offenbar nicht eingelöstes) Versprechen, sich wegen einer Anstellung in Hannover für ihn einzusetzen; er selbst habe dabei »ein wehmütiges Gefühl«. Vgl. auch Tgb 27. und 28. und Eckermann an Joh. Bertram am 27. 3. (Eckermann wurde zu G.s Freude abgelehnt).	

20. Febr. Der Jurist J. Ch. Schuchardt bekommt
eine Anfangsstellung bei der ›Oberaufsicht‹ (vgl. Tgb; 1829 wird er dort ›Regi-
strator‹) und fungiert auch als G.s Sekretär
(ab Sommer wird er neben Louise Seidler
Kustos der Kunstsammlungen im Jägerhaus).

Wiederaufnahme der Arbeit
an *Dichtung und Wahrheit*
IV (bis Anf. März, vgl. Tgb;
dabei am 25. 2. auch
»Betrachtungen über das
Jahr 1775, besonders *Faust*«).

23. Febr. Lektüre: Byrons Tragödie *Marino Faliero*
(vgl. Tgb).

24. Febr. Tgb: »Prof. Hinrichs zu Halle Commentar
über *Faust*« (*Ästhetische Vorlesungen über
Goethe's Faust*, 1825).

27. Febr. Tgb: »Venetianische Sonette des Grafen
Platen, lobenswürdig gefunden.«

Ende Febr./
März

Wiederaufnahme der Arbeit
an *Faust II*, hauptsächlich
am *Helena*-Akt; in den
folgenden Wochen auch ein-
schlägige Lektüre zur griechischen Literatur, zu Geschichte und Topographie
Griechenlands. Vgl. Tgb ab
26. 2.

März

Letzte Arbeiten für *Kunst
und Altertum* V 2 (vgl. Tgb).

7. März Tgb: »In den Branischen Heften vieles
gelesen. Den projectirten Canal durch's
mittlere Amerika von einem Meer zum
andern bedacht« (Panamakanal).

13. März Besuch Felix Mendelssohns (vgl. Tgb).

21. März Das Weimarer Theater brennt ab, G. ist
tief erschüttert (vgl. u. a. an Kanzler
Müller am 25.).

27. März G. erfährt vom Beschluß des Bundestags,
die Erteilung des ›Privilegs‹ für die *Ausg.
letzter Hand* den einzelnen Bundesstaaten
zu überlassen bzw. dringend zu empfehlen
(Auszüge aus dem Sitzungsprotokoll vom
24. 3. werden in der AZ vom 5. 4. abgedruckt). Bis März 1826 ist er mit Bitt-
gesuchen und Dankschreiben beschäftigt,
hat aber dann eine bis dato unerreichte
Sicherung gegen Raubdrucke für seine

Ausg. letzter Hand. – Besuch G. H.
Calverts aus Maryland, Literarhistoriker,
damals noch Student. Vgl. Tgb.

März/April		Weiterarbeit an *Tag- und Jahreshefte* (vgl. Tgb).
April	G. befaßt sich intensiv mit den Plänen zum Neubau des Theaters (vgl. Tgb sowie an Zelter am 6. und 11.).	Weiterarbeit am *Helena*-Akt von *Faust II* (bis 5.; vgl. Tgb).
4. April	Tgb: »Eckermann <...> Die von ihm mitzuteilenden Unterhaltungen vorbereitet.« (Planung von Eckermanns späterem Werk *Gespräche mit Goethe*.)	Brief an Boisserée, darin u. a. über den »kritisch-grammatisch gesäuberten Text« und die Gültigkeit der *Ausg. letzter Hand*.
8. April	Besuch Reinhards (vgl. Tgb).	
8.- ~16. April	Besuch d'Altons (vgl. Tgb).	
Mitte/Ende April		*Kunst und Altertum* V 2 ersch., diesmal überwiegend mit Beiträgen J. H. Meyers; auf dem Frontispiz G.s Profil (Stich von Schwerdgeburth nach Bovys Goethe-Medaille).
Ende April	Besuche: der französische Philosoph Victor Cousin; der englische General Congreve und der englische Meteorologe F. Daniell (vgl. Tgb 28.). – Lektüre u. a.: Tiecks *Novellen*, 2 Bde., 1823, vom Autor übersandt. Zschokke, *Ausgewählte Schriften* Bd. 1-6, 1825. Vgl. Tgb.	
April/Mai	Verhandlungen mit verschiedenen Verlegern wegen der *Ausg. letzter Hand*, darunter Brockhaus. (In den folgenden Monaten melden sich weitere Interessenten.)	Arbeit an der *Ausg. letzter Hand* (vgl. Tgb).
9./10. Mai		Arbeit an *Voß und Stolberg* im Rahmen der *Tag- und Jahreshefte* (vgl. Tgb), dort jedoch nicht aufgenommen, erst posthum publiziert.
11. Mai	Besuch d'Altons (bis 13.?; vgl. Tgb).	
20. Mai	Besuch Felix Mendelssohns; er spielt bei G. mit Weimarer Musikern sein G. gewidmetes Quartett in h-moll (vgl. Tgb und an Zelter am 21.). – Brief an Cotta mit dem	

Plan der *Ausg. letzter Hand* für zunächst
etwa 40 Bände und Bitte um ein rasches
Honorarangebot. (C. antwortet umge-
hend: er überbiete das Höchstgebot um
10000 Taler.)

21. Mai   Brief an Zelter: G. bittet um vorüberge-
hende Zusendung seiner eigenen Briefe an
ihn, für die Darstellung ihres Verhältnisses
in *Tag- und Jahreshefte* (zugleich wohl
bereits im Hinblick auf die zukünftige
Herausgabe des *Briefwechsels*).

24. Mai   Tgb: »Eckermanns Unterhaltungen [die
späteren *Gespräche mit Goethe*] durch-
gelesen und geprüft.« (Vgl. auch Tgb 5.6.)

25.-31. Mai   Beschäftigung mit Fauriels *Chants popu-
laires de la Grèce moderne*, 1824/25 (vgl.
Tgb 25.-27.). – Am 31.5. Besuch von
Seebecks Sohn Moritz, »stud. theol von
Leipzig, Nachrichten von seinen Eltern
bringend« (Tgb).

Mai/Juni   Lektüre: W. Parry, *Last days of Lord
Byron*, 1825 (vgl. Tgb 28./29.5. und 1.-
3.6.).

Einige Nachdichtungen nach
Fauriels *Chants populaire*
(›neugriechische Lieder‹
entstehen; in *Ausg. letzter
Hand* zusammengestellt
u. d. T. *Neugriechische Liebe-
Skolien*). Fast täglich Arbeit
an *Tag- und Jahreshefte*. Vgl.
Tgb.

Juni

Nach Erhalt einer ersten
Partie seiner Briefe an Zelter
(vgl. an diesen am 6.) beginnt
G. seine Korrespondenz mit
Zelter abschreiben zu lassen
(vgl. Tgb; → *Briefwechsel
Goethe/Zelter*).

Anfang Juni   Im Brief an Zelter vom 6. über die gegen-
wärtige Epoche (»alles ist jetzt ultra«), ihre
Idole (»Reichtum und Schnelligkeit«),
Repräsentanten (»Eisenbahnen, Schnell-
posten, Dampfschiffe und alle möglichen
Fazilitäten der Kommunikation«, »die fä-
higen Köpfe <…> leichtfassende
praktische Menschen«) und Resultate
(»Mittelmäßigkeit«).

Abschluß des Vorworts für
die 1826 erscheinende
Buchausgabe von Mämpels
Der junge Feldjäger (vgl. Tgb
9.; s. o. 5./8. April 1824).

16. Juni	G. erhält von Felix Mendelssohn Quartette (dabei das ihm gewidmete in h-moll, s. o.; G. dankt ihm am 18.), von Franz Schubert zwei Exemplare seiner 1823 erschienenen Kompositionen von Goethe-Gedichten (op. 19) mit kurzem Begleitschreiben von Anf. Juni (vgl. Tgb). Schuberts Sendung bleibt unbeantwortet.

Ende Juni	Beginn der Umarbeitung der vorliegenden Fassung der *Wanderjahre* von 1821; u. a. Diktat an der Novelle *Nicht zu weit!* (vgl. Tgb).

Juni-Aug.	Arbeit an der *Ausg. letzter Hand* (besonders an den neuen Gedichtbänden).

4./6./8./ 14. Juli	Besuche: Spontini / C. M. von Weber / Varnhagen mit Frau Rahel / Savigny mit Frau Gunda (vgl. Tgb).

August	Arbeit an *Tag- und Jahreshefte* (vgl. Tgb).

13. Aug.	Brief an Boisserée, den G. zum Vermittler zwischen sich und Cotta in Sachen *Ausg. letzter Hand* erkoren hat; G. nennt seine wichtigsten Bedingungen und stellt Sohn August als eigentlichen Geschäftspartner heraus. (Cotta stimmt im Brief vom 27. allem zu und macht seinerseits Vorschläge.)
28. Aug.	Ankunft von G.s Großneffen Alfred Nicolovius (bleibt bis Mitte Nov.; vgl. Tgb).
1. Sept.	Besuch J. S. Grüners (bleibt bis 11., als G.s Gast).
3. Sept.	50 jähriges Regierungsjubiläum Carl Augusts; Tgb: »Früh 6 Uhr zu Serenissimo in's römische Haus. Aufwartung der ersten und nächsten Personen.« Provisorische Eröffnung des neuen Theaters mit Rossinis Oper *Semiramis*.
14. Sept.	Brief an Boisserée zum erfolgreichen Abschluß der Verhandlungen mit Cotta über die *Ausg. letzter Hand* (vgl. an Cotta

am 2.; bis zum endgültigen Vertrag verge-
hen aber dank G.s Zähigkeit noch Monate).

Ende Sept./ Besuch des Astronomen und Mond- Arbeit an *Tag- und Jahres-*
Okt. forschers F. P. Gruithuisen (vgl. Tgb 29./ *hefte* (vgl. Tgb 27.-30.9. und
30.), in dessen *Analekten für Erd- und* zwischen 1. und 18. 10.).
Himmelskunde G. am 11./12. gelesen
hatte (vgl. Tgb).

1./2. Okt. Tgb: »Besuche von Schwerdgeburth <...>
von zwey Brasilianern und einem Italiäner,
von [Lücke], von einem Griechen Schinas,
auch vom jungen Fürsten Mescht-
schersky.«/»Herr Poerio aus Neapel.
Herr Mylius aus Mayland. Herr von Ek-
keström, ein Schwede.« Weitere Besucher
im Oktober: S. Schweigger, Gunda von
Savigny (vgl. Tgb 5. und 24.).

15. Okt.   Aufsatz <*Die Bilder am*
                                                         Hause Goethes bei Carl
                                                         Augusts Regierungsjubiläum>
                                                         (vgl. Tgb), G.s Beitrag für die
                                                         Publikation *Weimars Jubel-*
                                                         fest am 3. September 1825.

Ende Okt. Lektüre: Tiecks *Dramaturgische Blätter*,
Bd. 1, 1826 (vgl. Tgb).

November   Arbeit an *Kunst und Alter-*
                                                         tum V 3 (vgl. Tgb).

7. Nov. 50. Jahrestag von G.s Ankunft in Weimar,
der zugleich als goldenes Dienstjubiläum
gefeiert wird (vgl. Carl August an G.):
Überreichung der Jubiläumsmedaille auf
G. von H. F. Brandt; Verleihung der Dok-
tordiplome der Jenaer Universitätsfakul-
täten; Aufführung der *Iphigenie* zur endgültigen Einweihung des neuen Theaters.
Vgl. Kanzler Müllers Darstellung *Goethes*
Jubelfest.

13. Nov. An Nees von Esenbeck: »die Unbequem-
lichkeit meiner jenaischen Wohnung und
Studenteneinrichtung überträgt das Alter
nicht mehr«.

20. Nov. Weiterer Brief an Cotta wegen der *Ausg.*
letzter Hand. (Zustimmende Antwort am
30. 11.; G. pokert dann noch höher, auf-

grund sehr guter Angebote und Verspre-
chungen von andern Verlegern.)

Dezember Besucher: Chladni, Amalie Wolff (am 15.
bzw. 18., vgl. Tgb).

21. Dez. Der Gipsabguß der Medusa Rondanini
kommt an, ein Geschenk Ludwigs I., des
neuen Königs von Bayern (vgl. Tgb und
~Ende Dez. an Ludwig sowie an Leo von
Klenze, den der König mit der Durchfüh-
rung beauftragt hatte).

1826 Panamerikanischer Kongreß in Panama. – C. M. von Weber: *Oberon*. J. F.
Cooper: *The Last of the Mohicans*. V. Hugo: *Odes et Ballades*. W. Hauff:
Mitteilungen aus den Memoiren des Satan. Eichendorff: *Aus dem Leben
eines Taugenichts*. Bei Cotta erscheint *Gedichte von Friedrich Hölderlin*
(hg. von Uhland und Gustav Schwab; erste Sammlung von Hölderlins
Gedichten). – Tod von J. H. Voß (30. 3.).

Januar — Arbeit an *Tag- und Jahreshefte* und an den *Wanderjahre*n (vgl. Tgb).

1. Jan. G. beginnt die seit 1824 erscheinenende
französische Zeitschrift ›Le Globe‹ zu
lesen (vgl. Tgb).

4. Jan. An Carl August, über ihren langjährigen — Für den Druck von C. W.
Arzt Rehbein, der am 30. 12. 1825 gestor- von Fritschs Rede zu Carl
ben war: »so wird mir nur allzu fühlbar, Augusts Regierungsjubi-
welche bedeutende Unterhaltung über läum, gehalten am 13. 9. 1825
die wichtigsten Angelegenheiten der in der Loge Amalia, diktiert
Menschheit ich fortan vermisse, da ich G. »wegen einer proble-
bisher, in täglichem Gespräche, physische, matischen Stelle« (Tgb) einen
physiologische und pathologische Zusatz über das Wartburg-
Probleme mit ihm durchzudenken und fest und seine Folgen (»Die
durchzuarbeiten Gelegenheit fand« usw. Hauptstelle <...> wie sie
etwa in funfzig Jahren ein
freidenkender Geschichts-
schreiber aufführen würde«,
so im Brief an Fritsch vom 7.,
dem G.s – von Fritsch dann
übernommener – Text
beiliegt.

5. Jan. — Tgb: »Ruling Passion! Den
Sinn dieser Worte überdacht
und kommentiert« (im Auf-
satz *Lorenz Sterne*,

		publiziert in *Kunst und Altertum* VI 1).
8. Jan.		G. diktiert *Versuch einer Witterungslehre 1825* (vgl. Tgb; erst posthum in *Ausg. letzter Hand* publiziert).
13. Jan.		Aufsatz *Irrtümer und Wahrheiten von Wilhelm Schütz* (datiert; erst posthum in *Ausg. letzter Hand* publiziert).
19. Jan.		Tgb: »Titel und Vorwort für Mämpel besorgt« (zu dessen *Des jungen Feldjägers Kriegskamerad*, ersch. 1826).
Ende Jan.	An Boisserée am 30. endgültige Zusage zu Cottas ultimativem Angebot für die *Ausg. letzter Hand*: »Euer Wort sey ja! ja! also ja! und Amen!« (vgl. auch die Briefe an Cotta und an Boisserée vom 3. 2.).	Arbeit am Aufsatz *Moderne Guelfen und Ghibellinen* für *Kunst und Altertum* VI 1 (vgl. Tgb). Die Gedichte »*An diesem Brunnen hast auch Du gespielt*« und »*E i n e Schwelle hieß ins Leben*« an Klinger geschickt, zu einem Kupferstich der Zeichnung S. Rösels von Hof und Brunnen des G.schen Geburtshauses.
Februar	Intensive Lektüre von ›Le Globe‹ (vgl. Tgb und am 7. an Reinhard).	G. übersetzt einzelne Passagen aus ›Le Globe‹ (vgl. Tgb).
Anfang Febr.	Am 3. Brief an den Straßburger Ch. M. Engelhardt, der G. um Erlaubnis zur Publikation einiger in seinem Besitz befindlicher Goetheana gebeten hatte (G.s Briefe an Salzmann aus der Straßburger Zeit, seine *Positiones juris* und die Prosafassung der *Iphigenie*); G. protestiert gegen die Veröffentlichung, erbittet sich vielmehr die Aushändigung dieser Schriften. (Engelhardt schickt Kopien, vgl. G.s Dankbrief vom 22. 4.)	Arbeit an der Anzeige der *Ausg. letzter Hand*: *Anzeige von Goethes sämtlichen Werken* (vgl. Tgb 7. und 9.).
Mitte Febr.	Tgb 14.: »Der Charakter des Globe als absoluter Liberalismus oder theoretischer Radicalismus erkannt«; Feststellung von ›Bedenklichem‹ am 17. und 20.	Arbeit an *Aus dem Französischen des Globe* (Übersetzung mit »Bemerkungen des Übersetzers«; vgl. Tgb) für *Kunst und Altertum* VI 1.

23. Febr. Brief an den Orientalisten Iken über
           Volkspoesie, insbesondere die erst neuer-
           dings bekannt werdende der nord- und
           südosteuropäischen Länder (»Es wird sich
           zeigen, daß Poesie der ganzen Menschheit
           angehört« usw.).

3. März   Endgültiger Vertragsabschluß mit Cotta
           über die *Ausg. letzter Hand*, von G. und
           August unterzeichnet.

9. März   Tgb: »Medaille von Loos in Silber und
           Kupfer ausgeprägt.« (Goethe-Medaille,
           entworfen von Friedrich König.)

10./11. März Besuch von Medailleur Brandt, dessen   Abschluß des Aufsatzes
              Goethemedaille umgearbeitet werden soll;   *Charos. Zeichnung von
              er bleibt bis 25. (vgl. Tgb 10.).   Leybold* (Sieger des Preis-
                                                             ausschreibens für eine Illu-
                                                             stration des Gedichts *Cha-
                                                             ron*) für *Kunst und Altertum*
                                                             V 3 (vgl. Tgb 11.).

Mitte März Brief an Purkinje am 18.: Dank und An-   Wiederaufnahme der Arbeit
            erkennung für dessen *Beobachtungen und*   an *Faust II*. Arbeit an *Zahme
            Versuche zur Physiologie der Sinne, 1825,   Xenien IV-VI* (vgl. Tgb).
            worin G. seine eigenen Forschungen auf
            dem Gebiet des Sehens bestätigt sieht (vgl.
            auch Tgb 25.).

Ende März   Am 26. Besuch Matthissons, vgl. Tgb. –   Tgb 24.: »Aufsatz angefangen
            Lektüre: Ch. M. Engelhardt, *Herrad von*   über *Bryophyllum calyci-
            Landsperg <...> und ihr Werk Hortus de-*   num*.« (Vgl. an Nees von
            liciarum, 1818 (vgl. Tgb 27.).   Esenbeck am 27.; erst post-
                                                            hum publiziert.)

April   Lektüre u. a.: Herodot (vgl. Tgb).   Arbeit an *Faust II* (vor-
                                                           wiegend am *Helena-Akt*).
                                                           Vgl. Tgb.

3. April   Dankbrief an Benecke, der G. jetzt das
            Originalblatt mit Byrons eigenhändi-
            ger Widmung seines *Sardanapal* zum Ge-
            schenk gemacht hat (vgl. oben 7. Nov.
            1822); beigelegt ein Brief an Byrons
            Freund D. Kinnaird: G. tritt dem Komitee
            zur Errichtung eines Byron-Denkmals bei
            und stiftet den Höchstbetrag von 20
            Pfund.

Mitte April Lektüre: Tiecks *Dramaturgische Blätter*   (G.s nicht genau datierbare
             Bd. 2 (vgl. Tgb 13.).   Besprechung *Ludwig Tiecks*

Tgb 15.: »Kam Jean Pauls Porträt von München an [Druck nach J. L. Kreul] <...> Betrachtungen über Cousins Philosophie [*Préface des fragments philosophiques*, 1826], die mir ganz eigentlich eine Theorie des Zeitgeistes scheint.«

Dramaturgische Blätter, für *Kunst und Altertum* V 3 oder VI 1 bestimmt, erscheint erst posthum in *Ausg. letzter Hand*.)

Mai Lektüre u. a.: Vergils *Aeneis*, vgl. Tgb.

Arbeit am *Helena-Akt* von *Faust II* (vgl. Tgb).

7. Mai

Tgb: »Die Schillerischen Briefe wieder vorgenommen.«

Mitte Mai Im Brief an Reinhard vom 12. ausführlich und voll Bewunderung über ›Le Globe‹, u. a.: »hat mich gefreut, einige meiner geheimen und geheim gehaltenen Überzeugungen ausgesprochen <...> zu sehen.« Besuch Boisserées, 17. 5. bis 3. 6. (vgl. Tgb).

G. diktiert seine Besprechung von F. Gérards *Collection des portraits historiques* für *Kunst und Altertum* V 3 (vgl. Tgb 16.-18.).

Juni

Arbeit am *Helena-Akt* von *Faust II* bis zum ›völligen Abschluß‹ (Tgb 24.).

2.-4. Juni Brief an Zelter am 3.: G. meldet, ihr *Briefwechsel* sei nun fast ganz abgeschrieben, er wolle nun sehen, »wie es allenfalls künftig damit zu halten sein möchte«.

Übersetzung aus der Rez. von *Œuvres dramatiques de Goethe traduites de l'allemand* in ›Le Globe‹, für *Kunst und Altertum* V 3 und VI 1; Einleitung dazu. Vgl. Tgb.

Mitte Juni Lektüre: Montaigne, *Essais* (ab 12. fast täglich bis 19., dann wieder 5./6. 7.). Am 17. Brief an Landgerichtsdirektor Klee in Stendal, mit (erbetenen) Ratschlägen zur Errichtung eines Denkmals für Winckelmann in dessen Geburtsstadt. Tgb 19.: »Dr. Vogel zum Antrittsbesuch.« (G.s neuer Hausarzt, Nachfolger Rehbeins.)

Überarbeitung von Zelters Bericht über eine Aufführung von *Joseph Haydn's Schöpfung* für *Kunst und Altertum* V 3 (vgl. Tgb 12.). Aufsatz *Stuttgart* in der Rubrik *Steindruck* für *Kunst und Altertum* V 3 (vgl. Tgb 19./20.), über *Die Sammlung Alt-Nieder- und Oberdeutscher Gemälde der Brüder-Boisserée und J. Bertram, lithographiert von J. N. Strixner*, 1821 ff.

Ende Juni

Diktat von *The first edition of the tragedy of Hamlet. By*

W. *Shakespeare* (vgl. Tgb 21.);
ersch. in *Kunst und Altertum* VI 1. – Wiederaufnahme
der Arbeit an den *Wanderjahren* (vgl. Tgb 25.-30.).

Juli   Arbeit für *Kunst und Alter-
                                                                           tum* V 3 (vgl. Tgb).

7. Juli Ankunft von Zelter und Tochter Doris; sie
         bleiben bis zum 19.; Schmeller zeichnet ein
         Porträt von Zelter. Vgl. Tgb.

16. Juli Tgb: »Brief von <...> Waiblinger. Von
          letzterem *vier Erzählungen aus der Ge-
          schichte des jetzigen Griechenlands*«, 1826.

18. Juli L. Sebbers beginnt G. auf eine Porzellan-
          tasse zu malen; bis Mitte Aug. mehrere
          Sitzungen (vgl. Tgb).

19. Juli Tgb: »Shelleys Übersetzung aus *Faust*«   Erstdruck der *Anzeige von
          (die Szenen *Prolog im Himmel* und   Goethes sämtlichen Werke*
          Walpurgisnacht).   im Intelligenzblatt von
                                                      Cottas ›Morgenblatt‹.

20. Juli An Carl August, über das Reisejournal
          seines zweiten Sohns Bernhard während
          dessen Studienreise durch Nordamerika
          von April 1825 bis Juli 1826.

21. Juli   Tgb: »Für *Kunst und Alter-
                                                      tum* [VI 1] *neuste deutsche
                                                      Poesie.*«

24. Juli   Besprechung von *Notice
                                                      sur la vie et les ouvrages de
                                                      Goethe par Albert Stapfer* (in
                                                      Bd. 1 von *Œuvres dramati-
                                                      ques de Goethe*, 4 Bde., 1821-
                                                      25) für *Kunst und Altertum*
                                                      V 3 (in der Handschrift
                                                      datiert).

Anfang Aug. Tgb 3.: »Jean Pauls Büste von Froriep.« Diktat von *Euripides' Phaë-
                                                      thon* für *Kunst und Altertum*
                                                      VI 1 (vgl. Tgb 7.).

12. Aug. Brief an Zelter, u. a. über sein Porträt von   Dazu schreibt G. im Brief an
          L. Sebbers auf der Porzellantasse: »zu aller   Zelter eigenhändig den Vier-
          Menschen Zufriedenheit wohl geraten«   zeiler »*Sibillinisch mit mei-
          (laut J. H. Meyer das ähnlichste, was er   nem Gesicht*«.
          von G. kenne, so im Brief vom 23. 8.).

17./19. Aug.	Beschäftigung mit den ›Fraunhoferschen Linien‹ im Spektrum (vgl. Tgb).	
Mitte/ Ende Aug.		Arbeit an *Zahme Xenien IV-VI* für die *Ausg. letzter Hand* (vgl. Tgb).
27. Aug.	Besuch Bettina von Arnims (bis 11.9.), letzte persönliche Begegnung; vgl. an Carl August am 13. (»Diese leidige Bremse ist mir als Erbstück von Meiner guten Mutter schon viele Jahre sehr unbequem« usw.).	
29. Aug.	Letztes erhaltenes Billett an die bereits schwer leidende Charlotte von Stein, mit persönlichen Dankesworten für ihren Geburtstagsbrief.	Beigelegt der Einzeldruck des Gedichts *Am achtundzwanzigsten August 1826* (»Des Menschen Tage sind verflochten«; vgl. Tgb 16.: »Kleines Gedicht zum nächsten Fest«).
~Ende Aug.	Brief an Cuviers Tochter Clémentine, Dank für den Sammelband mit Schriften ihres Vaters, die dieser ihm durch Gelegenheit hatte zukommen lassen (»unschätzbare Hefte«).	
September	Intensive Lektüre von Herzog Bernhards Journal seiner Nordamerikareise (s. o. 20.7.; vgl. Tgb ab 10.).	*Kunst und Altertum* V 3 ersch. – Logen-Gedicht zur Wiederkehr Herzog Bernhards von seiner Nordamerikareise: »*Das Segel steigt*«.
Anfang Sept.	L. Sebbers macht eine Kreidezeichnung von G. im Profil (vgl. Tgb 2.-9.). – G. hört Henriette Sontag in Rossinis *Barbier von Sevilla* (vgl. Tgb 4.: »sang unvergleichlich«; weniger begeistert allerdings im Brief an Zelter vom 6./9.).	Aufsatz ‹*Dante*› (in der Handschr. datiert auf 9.9., dem Brief an Zelter vom 6./9. beigelegt; erst posthum in *Ausg. letzter Hand* publiziert).
14. Sept.	Kolbes Goethe-Porträt (Ölgemälde: lebensgroße Ganzfigur in theatralischer Pose vor mediterraner Kulisse, Kopf nach Ch. D. Rauchs Goethe-Büste von 1820) kommt an und wird vorübergehend auf die Bibliothek gebracht (vgl. Tgb; an J. H. Meyer am 15.: »ich ‹...› finde es nicht erfreulich«).	
15. Sept.	Besuch von Fürst Pückler-Muskau (bleibt bis zum 19.; vgl. Tgb).	

17. Sept.	Feierlicher Akt in der Weimarer Bibliothek: Schillers Schädel wird in dem Sockel von Danneckers Schiller-Büste eingeschlossen.	Vgl. <*August von Goethes Rede bei Niederlegung von Schillers Schädel*>, von G. für seinen Sohn verfaßt, der ihn bei diesem Akt vertritt.
22. Sept.	Schmeller beginnt ein lebensgroßes Goethe-Bildnis in Öl (vgl. Tgb, dort weitere Sitzungen vom 23.-29. verzeichnet; er arbeitet daran bis etwa März 1827, vgl. Tgb 19. und 21. 3. 1827).	
24.-28. Sept.	Tgb 24.: »Zu Hause. Kamen Serenissimus. Meldeten sich Schröter und Färber mit dem Schillerischen Schädel.« Tgb 26.: »Schröter und Färber fuhren fort den Schädel zu reinigen und aufzustellen.« An Kanzler Müller am 28.: Prosektor Schröter und J. M. Färber hätten »die heiligen Reste [Schillers Gebeine, mehr oder minder sicher identifiziert aus diversen Skeletten des ›Kassegewölbes‹ auf dem Jakobsfriedhof] <...> nahezu vollständig zusammengebracht und beygelegt«.	Tgb 25.: »Nachts Terzinen« (»*Im ernsten Beinhaus*«). Tgb 26.: »Terzinen weitergeführt.« Erstdruck am Schluß der 2. Fassung der *Wanderjahre* in *Ausg. letzter Hand* Bd. 23, 1829.
29. Sept.	Besuche: Therese von Jakob; Grillparzer (letzterer erneut am 1., 2. und 10. 10.). Vgl. Tgb.	
Oktober	Lektüre: Coopers Romane *Die Pioniere* (*The Pioneers or The sources of the Susquehanna*, 1823; dt. 1824), *Der letzte Mohikaner*, 1826, *Der Spion*, 1821; dt. 1824. Vgl. Tgb. (Am 4. Nov. folgt noch *Der Pilot*, 1824.)	Umarbeitung des alten epischen Plans *Die Jagd* (s. o. 1797) zur *Novelle* (vgl. Tgb 4.-20. und an W. von Humboldt am 22.).
2. Okt.	Tgb: »Gräfin Julie Egloffstein. Skizzen zu meinem Porträt« (vgl. dann wieder Tgb 24., ferner 10. 6. 1827; es sind Studien zu einem Ölbildnis).	
22. Okt.		Brief an W. von Humboldt: Über den *Helena-Akt* für *Faust II* (»eine meiner ältesten Konzeptionen« usw.) und dessen alsbaldige Veröffentlichung in *Ausg. letzter Hand* Bd. 4, 1827.

23.-31. Okt.	Arbeit an den *Wanderjahren* (vgl. Tgb, dort meist ›*Der Mann von fünzig Jahren*‹).
Anfang Nov.	Die zweite Fassung von Brandts Goethe-Medaille ersch. (vgl. an Ch. D. Rauch sowie an Boisserée am 3.; Carl August an G. und dessen Antwort am 7.).
3. Nov.	Brief an Boisserée: »in höhern Regionen [als dem Ökonomischen] ist eine falsch ergriffene Verbindung im Ästhetischen, Sittlichen, Religiosen voller Gefahr <…> als ethisch-ästhetischer Mathematiker muß ich in meinen hohen Jahren immer auf die letzten Formeln dringen, durch welche allein mir die Welt noch faßlich und erträglich wird.«
8. Nov.	Lektüre: Byron, *The deformed transformed* (vgl. Tgb).
Mitte Nov.	Tgb: »Ein Brief von Cuvier« (vielmehr von dessen Tochter Clémentine, vom 16. 10., von Coudray aus Paris mitgebracht).

Arbeit am Aufsatz *Über Mathematik und deren Mißbrauch* (vgl. Tgb 10.-12.; erst posthum in *Ausg. letzter Hand* publiziert). Überarbeitung der früheren ›Verhandlungen‹ mit Schiller über Epos und Drama (s. o. 28. 4. 1797) für *Kunst und Altertum* VI 1 (vgl. Tgb 14./15.).

24. Nov.	Tgb: »Die kleineren Lieder zu den Bildern arrangiert« (<*Gedichte zu symbolischen Bildern*>).
Anfang Dez.	Revision und Abschluß des Aufsatzes *Die Bacchantinnen des Euripides* für *Kunst und Altertum* VI 1 (vgl. Tgb).
Mitte Dez.	Besuch A. von Humboldts (11.- 13.; vgl. Tgb).

G. diktiert die letzte, ausführlichste Fassung von *Helena. Zwischenspiel zu Faust* (vgl. Tgb), geplant als Ankündigung des Vorabdrucks in *Ausg. letzter Hand* (s. o. 22. Okt.); er publiziert

aber nur – leicht verändert –
die ersten Abschnitte (in
Kunst und Altertum VI 1). –
Tgb 19.: »Einiges über die
neuste serbische Literatur
(Aufsatz für *Kunst und
Altertum* VI 1).

Ende Dez. Besuch W. von Humboldts, 23. 12. 1826   Arbeit am Aufsatz *Nachlese*
bis 4. 1. 1827; vgl. Tgb), letzte persönliche   *zu Aristoteles' Poetik* für
Begegnung. G. zeigt ihm Schillers Schädel   *Kunst und Altertum* VI 1.
(vgl. Humboldt an seine Frau am 29.:
»Riemer war noch dabei <...> Goethe hat
den Kopf in seiner Verwahrung <...> Ich
bin der einzige, der ihn bisher gesehen,
und er hat mich sehr gebeten, es hier nicht
zu erzählen« usw.).

1827 Im griechischen Unabhängigkeitskampf Vernichtung der türkisch-ägyp-
tischen Flotte bei Navarino (20. 10.) durch englisch-französisch-russische
Flottenverbände. Kapodistrias wird griechischer Regent. – Heine: *Buch
der Lieder*. Manzoni: *I promessi sposi*. W. Scott: *The Life of Napoleon
Buonaparte*. V. Hugo: *Cromwell*. Schubert: *Die Winterreise* (nach Gedichten von Wilhelm Müller).

Januar   Lektüre neuerer französischer Literatur,   Schema und teilweise Aus-
dabei auch Victor Hugos *Odes et balla-*   führung eines Aufsatzes über
des, 1826. Vgl. Tgb.   ›neueste französische Literatur‹ (vgl. z. B. Tgb 24.); erst
posthum publiziert.

Anfang Jan. Am 6. Tod Charlotte von Steins.   Arbeit an den Aufsätzen *Serbische Gedichte* und *Neueste
deutsche Poesie* (vgl. Tgb 4.
bzw. 10.), beide für *Kunst
und Altertum* VI 1.

Mitte Jan. Am 12. einziger Brief an W. Scott: G.   Tgb 15.: »diktirt bezüglich
drückt seine Bewunderung für Scotts   auf französische und Welt-
Werke aus (Scott antwortet am 9. 7.).   Literatur.« (Frühester Beleg
für diesen Begriff bei G.,
näher erläutert in dem Aufsatz über A. Duvals *Le Tasse,
drame historique* in *Kunst
und Altertum* VI 1 (verfaßt
am 21., vgl. Tgb). Arbeit an
Zahme Xenien IV-VI (vgl.
Tgb 16./17. und an Cotta am
26.).

Ende Jan.	Lektüre: Die zweite, überarbeitete Aufl. von Niebuhrs *Römischer Geschichte*, Bd. 1, 1827 (vgl. Tgb 27.-31.).	Arbeit an dem Aufsatz über *Solgers nachgelassene Schriften und Briefwechsel* für *Kunst und Altertum* VI 1 (vgl. Tgb 22./23.); über dieses Heft mit seinen vielen Aufsätzen zur europäischen Literatur vgl. an Cotta am 26.: »Auf die ausländische Literatur muß man besonders jetzt hinweisen da jene sich um uns zu bekümmern anfangen.«
Ende Jan./ Anfang Febr.	Lektüre: *Chinese courtship in verse* in der Übersetzung von P. P. Thoms (vgl. Tgb 31. 1.-3. 2.).	Aufsatz *Chinesisches* mit Übersetzungen aus *Chinese courtship*, für *Kunst und Altertum* VI 1. – Für ein Vorwort zu der bei Frommann erscheinenden Manzoni-Ausgabe stellt G. seine bereits publizierten Beiträge zu Manzoni zusammen u. d. T. *Teilnahme Goethes an Manzoni* (vgl. Tgb und an Frommann am 7.; wird noch erweitert, s. u.). Aufsatz: *Römische Geschichte von Niebuhr*, mit Brief vom 4./15. 4. an Niebuhr geschickt, erst posthum publiziert.
Mitte Febr.	Lektüre: A. von Humboldt, *Essai politique sur l'île de Cuba*, 1826, vgl. an Boisserée am 17. sowie Tgb 14.-21.; am 17. liest G. »Besonders dessen Aufsatz über den Durchstich des mittelamerikanischen Isthmus.« (In Teil 3 von Eckermanns *Gesprächen mit Goethe* zum 21. 2. spricht G. von dem genannten Werk, dabei nicht nur vom künftigen Panamakanal, sondern auch von einem ›Kanal von Suez‹ als erstrebenswertem Ziel.)	
25./27. Febr.	Der Medailleur Posch bossiert ein Profil-Porträt von G. (vgl. Tgb).	
März		Arbeit an den *Wanderjahren* (vgl. Tgb, dort meist »*Der Mann von fünfzig Jahren*« o. ä.).

3. März — An Zelter: »rate ich zu lesen <...>: *Le Théatre de Clara Gazul* [1825; angeblich spanische Stücke, in Wahrheit von P. Mérimée], *Poésies de* [P.-J.] *Beranger*. An beiden wirst du <...> erkennen was Talent, um nicht zu sagen Genie, vermag, wenn es in einem prägnanten Zeitpunkt auftritt und gar keine Rücksicht nimmt. Haben wir ja ohngefähr auch so begonnen.«

Tgb: »Einleitung für den französischen Sergeanten« (d. h. zu *Memoiren Robert Guillemards* <...> *aus dem Französischen*, 1827); Abschluß am 9. (vgl. Tgb).

Mitte März — Am 15. Brief an Hegel und Varnhagen: G. stellt Beiträge für die neugegründeten ›Jahrbücher für wissenschaftlich Kritik‹ in Aussicht; die Adressaten hatten ihn zur Mitarbeit eingeladen. – Am 19. Brief an Zelter: anläßlich des Todes von Zelters Sohn Georg spricht G. von seinen Vorstellungen von einem Leben nach dem Tod (u. a.: »Die entelechische Monade muß sich nur in rastloser Tätigkeit erhalten; wird ihr dieses zur andern Natur, so kann es ihr in Ewigkeit nicht an Beschäftigung fehlen.«).

G. redigiert (und ergänzt) J. H. Meyers Konzepte zu <*Ternite, Bilder nach antiken Malereyen aus Pompeji*> für *Kunst und Altertum* VI 1. Tgb 20.: »Fortsetzung zu *Adelchi* [für *Teilnahme Goethes an Manzoni*, s. o.] und Abschluß für Frommann« (abgeschickt am 27., vgl. Tgb).

23. März — An Carl August, über das von Soemmering geschickte »colorirte Frauenhoferische Spectrum«.

29. März — Tgb: »Dr. Eckermann <...> War auch wieder von Hinrichs Entwicklung der griechischen Tragödie die Rede« (gemeint ist Hinrichs *Das Wesen der antiken Tragödie in ästhetischen Vorlesungen*, 1827; vgl. Eckermann zum 28. 3. in Teil 3 seiner *Gespräche mit Goethe*). – Brief an Zelter, u. a. über die Interpretation von Aristoteles' berühmter Tragödiendefinition (»Aristoteles, der das Vollkommenste vor sich hatte, soll an den Effekt gedacht haben! welch ein Jammer!«).

Tgb: »*Böhmische Poesie*« (Aufsatz für *Kunst und Altertum* VI 1).

April — Besuche: der französische Literarhistoriker J. J. Ampère, der im ›Globe‹ die von A. Stapfer u. a. übersetzten *Œuvres dramatiques de Goethe* besprochen hatte (ab 22. 4. bis 16. 5. mehrmals bei G., vgl. seine Briefe an seinen Vater, Julie Récamier u. a.); am 24. und 25.: A. W. Schlegel. Vgl. Tgb.

Arbeit an den *Wanderjahren* (vgl. Tgb 3.-8., 22.-28.).

4. April		Die Druckvorlage für Bd. 6- 10 der *Ausg. letzter Hand* geht an Cotta.
9. April		Bemerkungen zu *Friedrich Heinrich Jacobis auserlesener Briefwechsel* (vgl. Tgb; erst posthum publiziert).
Mai	Besuche: am 5. und 15. C. von Holtei; am 7.: der griech. Regent Kapodistrias; Freiherr vom Stein; vgl. Tgb 7.: »Waren den Tag über mehrfach die neusten politischen Angelegenheiten zur Sprache gekommen«; am 10. noch einmal vom Stein. Vgl. Tgb.	*Kunst und Altertum* VI 1 ersch., u. a. mit den Aufsätzen *Über epische und dramatische Dichtung von Goethe und Schiller, Über das Lehrgedicht, Stoff und Gehalt zur Bearbeitung vorgeschlagen* und *Naturphilosophie.* – Arbeit an den *Wanderjahren* (vgl. Tgb).
12. Mai	G. bezieht für einige Wochen (bis 8.6.) sein altes Gartenhaus am Stern im Ilmpark (vgl. dazu an Zelter, 17.7.).	
15.-17. Mai	Lektüre: Carlyle, *The life of Friedrich Schiller*, 1825, und Carlyles Anthologie *German Romance. Specimens of its chief authors; with biographical and critical notices*, 4 Bde., 1827 (vgl. Tgb und G.s vorläufigen Dank an Carlyle vom 17.).	Tgb 15.: »Einiges an den Chinesischen Jahreszeiten« (Gedichtzyklus *Chinesisch-Deutsche Jahres- und Tageszeiten*).
Mitte/ Ende Mai	Zur Lektüre von E. T. A. Hoffmanns *Der goldne Topf* (in *German Romance*, s. o.): »Bekam mir schlecht; ich verwünschte die goldnen Schlängelein« (Tgb 21.).	Bd. 1-5 der *Ausg. letzter Hand* (der sog. Taschenausgabe) erscheinen, dabei in Bd. 4 *Zahme Xenien IV-VI*, Bd. 5 der um etliche Gedichte erweiterte *Divan* (*Neuer Divan*). – Wiederaufnahme der Arbeit an *Faust II*, vgl. Tgb ab 18. (›Hauptgeschäft‹), auch an Zelter am 24. – (Vorläufiger) Abschluß der *Wanderjahre* (vgl. an Zelter am 24.; bis Sept. kritische Durchsicht, meist mit Riemer). – Aufsatz über Carlyles *German Romance* für *Kunst und Altertum* VI 2 (vgl. Tgb 20.).
Ende Juni	Lektüre: J. F. Coopers *The Prairie*, 1827 (vgl. Tgb; am 26.: »bewunderte den reichen Stoff und dessen geistreiche Behandlung«).	

11. Juli   Anläßlich von H. G. Hothos Rezension   Schema *Stoschische Gem-*
           über Kleists *Gesammelte Schriften*, hg.   *mensammlung* (vgl. Tgb; G.
           von L. Tieck, 3 Bde., 1826: »den Kleisti-   hat die sämtlichen Abdrücke
           schen Unfug, und alles verwandte Unheil.   erworben).
           Wie wohlthätig ist die Erscheinung einer
           gesunden Natur nach den Gespenstern
           dieser Kranken« (Tgb).

Mitte Juli   Lektüre: Manzoni, *I promessi sposi* (vgl.
             Tgb und G.s ›entschiedenes Lob‹ im
             Schreiben für Manzoni, das er am 20. an
             Kanzler Müller zum Übersetzen schickt).
             – Brief an Carlyle am 20.: Höchst positiv
             über Carlyles *Life of Friedrich Schiller* und
             German Romance (z. T. identisch mit G.s
             Beprechung beider Werke in *Kunst und
             Altertum* VI 2); auch über die wichtige
             Rolle des Übersetzens und den Weg zum
             wechselseitigen Verstehen der Völker.

Ende Juli   Besuch Matthissons (vgl. Tgb 26.-30.).   Epigramm *Die neue Sirene*
                                                         (vgl. Tgb 29.).

Ende Juli/   Weiterarbeit an *Faust II* (vgl.
Aug.   im Tgb ›Hauptgeschäft‹,
                                                         ›Hauptwerk‹ u. ä.).

Anfang Aug.   Besuch des Architekten und Archäologen   Arbeit an *Chinesisch-Deut-*
             C. L. W. Zanth; er bringt sein und Hittorfs *sche Jahres- und Tageszeiten*
             Tafelwerke *Architecture moderne de la*   (vgl. Tgb 1.).
             Sicile, 1826, und *Architecture antique de la*
             Sicile (einige Hefte des seit 1826 erschei-
             nenden Werks; vgl. Tgb 2.).

12. Aug.   Brief an Rühle von Lilienstern, Dank für
           dessen *Graphische Darstellungen zur
           ältesten Geschichte und Geographie von
           Äthiopien und Ägypten (bis auf Alexander
           den Großen)*, 1827 (u. a.: »Sie haben <…>
           meine Abneigung gegen jenes wüste
           Totenreich <…> gemildert«).

13. Aug.   Ankunft von Begas' Zelter-Porträt (vgl.
           Tgb und an Zelter am 14.).

Mitte/   Lektüre: A. Rémusat, *Contes chinois* (vgl.   Schema *Das Nibelungenlied,*
Ende Aug. Tgb 22.-24.). – Am 28. und 29. Besuch   *übersetzt von Carl Simrock*
           König Ludwigs I. von Bayern (vgl. Tgb); er   (vgl. Tgb 18.-21.); erst post-
           überreicht G. das Großkreuz des Zivil-   hum in *Ausg. letzter Hand*
           verdienstordens der bayrischen Krone   publiziert.
           (vgl. an Carl August am 30.).

	7. Sept.	Besuch des Malers und Archäologen W. Zahn (bleibt bis 15., ist fast täglich bei G., vgl. Tgb); er zeigt seine Durchzeichnungen (z. T. auch Kopien) von Wandgemälden in Pompeji, angefertigt für sein 1828/29 erscheinendes Tafelwerk *Die schönsten Ornamente und merkwürdigsten Gemälde aus Pompeji, Herculanum und Stabiae* (vgl. an Zelter am 29., an J. H. Meyer am 30.).	
	Mitte/ Ende Sept.	Besuche: Varnhagen am 19., der preußische Jurist und Übersetzer Streckfuß vom 27. bis 30.; vgl. Tgb. – Am 18. Brief an A. Nicolovius: G. dankt seinem Großneffen für dessen Sammelwerk *Über Goethe. Literarische und artistische Nachrichten* (ersch. 1828; in einem zweiten Brief an ihn vom 2. 10. regt G. an, auch die Äußerungen g e g e n ihn zu sammeln, vgl. G.s Notiz *Vorschlag zur Güte*, s. o. Ende Febr. 1824).	Arbeit an *Faust II* (vgl. Tgb ab 12.).
	Oktober		Arbeit an *Faust II* (vgl. Tgb). Aufsatz *Homers Apotheose* (über das antike Basrelief; G. hatte vor kurzem Gipsabgüsse einiger Figuren bekommen; vgl. an J. H. Meyer, 26. 10. und an Beuth, 3. 11.); erst posthum in *Ausg. letzter Hand* publiziert.
Jena	7./8. Okt.	Inspektion der ›oberaufsichtlichen‹ Institute, vgl. Tgb 8.: »Ich war in vier Jahren nicht nach Jena gekommen [seit Mai 1824] und hatte mich zu erfreuen, daß durch die aufmerksame Wirkung meines Sohns und die höchst verständige Wirkung aller Angestellten sich <...> nichts zu tadeln fand«. Besuche bei Knebel und Frommanns.	
Weimar	9./10. Okt.	Lektüre: A. Bosio, *Roma sotterranea*, 1632; *La Guzla ou Choix de poésies illyriques, recueillis dans la Dalmatie, la Bosnie, la Croatie et l'Herzegowine*, 1827 (anonym; der Verfasser ist P. Mérimée). Vgl. Tgb.	
	12.-18. Okt.	Besuche: Zelter (12.-18.) und Hegel (16.-18.), vgl. Tgb.	Tgb 13.: »Kleines Gedicht für Fanny Mendelssohn«

(*»Wenn ich mir in stiller Seele«*).

21./22. Okt. Besuch Reinhards (mit Sohn und seiner zweiten Frau; vgl. Tgb).

26. Okt. Letzter Brief an Schelling.

27./28. Okt. Lektüre: F. J. Wit gen. von Dörring, *Fragmente aus meinem Leben und meiner Zeit* und *Lucubrationen eines Staatsgefangenen*, beides 1827 (vgl. Tgb; am 27. 11. an Sternberg: »eine unselige Schrift«, die »die widerwärtigsten Geheimnisse« aufdecke; vgl. unten Anf. März 1828).

29. Okt. Geburt der Enkelin Alma.

November

Bd. 6-10 der *Ausg. letzter Hand* (Taschenausgabe) ersch. – Arbeit an *Kunst und Altertum* VI 2 (vgl. Tgb).

3. Nov. An Ch. D. Rauch, u. a. über das verzögerte Frankfurter Goethe-Denkmal, zu dem Rauch nach wie vor den Auftrag hat.

8. Nov. Brief an Varnhagen, Antwort auf dessen Brief vom 25. 10.: über die von Varnhagen, Hegel und E. Gans herausgegebenen Berliner ›Jahrbücher für wissenschaftliche Kritik‹, teils lobend, teils kritisch.

Mitte Nov. Tgb 14.: »[Hofbildhauer J. P.] Kaufmann brachte einen Ausguß des Schillerischen Schädels.«

Eintreffen von Bd. 1 der sog. Oktavausgabe der *Ausg. letzter Hand* (vgl. Tgb 15.).

21. Nov.

An Zelter: »Der zweite Teil des *Faust* fährt fort sich zu gestalten«. Aufsatz *Walter Scott. Leben Napoleons* (datiert; erst posthum in *Ausg. letzter Hand* publiziert).

27. Nov. Brief an Sternberg: Gedanken über die seit 1822 jährlich zusammentretende ›Versammlung deutscher Naturforscher und Ärzte‹ (Sternberg hatte im Brief vom 30. 10. über die letzte Zusammenkunft berichtet, die in München stattgefunden hatte).

Vgl. den nachgelassenen Text <*Zu den Versammlungen deutscher Naturforscher und Ärzte*> (mit langem Zitat aus Sternbergs Brief).

Dezember Lektüre (seit Nov.): Scotts *The Life of Napoleon Buonaparte, Emperor of the*

Arbeit an *Faust II* (vgl. Tgb 11. und 22.-31.). Beginn der

| | French. With a preliminary view of the French revolution, 9 Bde., 1827 (vgl. Tgb; an Zelter am 4.). | Drucklegung von Kunst und Altertum VI 2, redaktionelle Arbeiten dafür (vgl. Tgb). |

16. Dez. Tgb: »Wurden früh vor Tagesanbruch Schillers Reliquien [Schädel und Gebeine] in der neuen fürstlichen Familiengruft niedergesetzt.«

25. Dez. Aufsatz The Foreign Quarterly Review (vgl. Tgb; über die dort anonym abgedruckte kritische Rezension W. Scotts von E. T. A. Hoffmanns Werken); erst posthum in Ausg. letzter Hand publiziert.

29. Dez. G. schickt Riemer mit einem Begleitbrief den 1. Akt von Faust II zur kritischen Durchsicht; Vorabdruck bis V. 6063 in Bd. 12 der Ausg. letzter Hand, 1828.

1828 Zar Nikolaus I. führt den Krieg gegen die Türkei ohne Verbündete weiter. Zollvereine zwischen Preußen und Hessen-Darmstadt sowie Bayern und Württemberg. – Scott: St. Valentine's Day. Platen: Gedichte. Charles Sealsfield: Austria as it is. – Tod Franz Schuberts (19. 11.).

Januar Arbeit an Faust II, 1. Akt, und Kunst und Altertum VI 2 (vgl. Tgb).

1. Jan. Brief an Carlyle, wegen Charles Des Voeux' Tasso-Übersetzung, die G. kritisch durchgesehen hatte (vgl. an Zelter, 23.-29. 3. 1827): »Nun aber möcht ich von Ihnen wissen, inwiefern dieser Tasso als E n g l i s c h gelten kann <...> denn eben diese Bezüge vom Originale zur Übersetzung sind es ja, welche die Verhältnisse von Nation zu Nation am allerdeutlichsten aussprechen und die man zu Förderung der <...> Weltliteratur <...> zu kennen und zu beurtheilen hat.« (Auch im Brief vom 15. 6. wieder ausführlich über die Bedeutung des Übersetzens.)

3. Jan. Brief an Marianne von Willemer – sie hatte G. aus dem Nachlaß von G.s Jugendfreund J. J. Riese (gest. 21. 9. 1827) einige seiner Jugendbriefe geschickt: »Die Briefe von Leipzig waren durchaus ohne Trost; ich habe sie alle dem Feuer überliefert; zwei von Straßburg heb ich auf, in denen man endlich ein freieres Umherblicken und Aufatmen des jungen Menschen gewahr wird« usw.

Beilage: Zwei Kupferstiche nach Zeichnungen von O. Wagner: 1) G.s Gartenhaus am Stern mit G.s Versen *»Übermütig sieht's nicht aus«*, 2) G.s Haus am Frauenplan, mit G.s Vierzeiler *»Warum stehen sie davor?«*. (Vgl. zur Entstehung dieser Blätter an den Dresdner Verleger P. A. Skerl, 31. 12. 1827).

15. Jan. Im Brief an Carlyle eine längere Passage über *The Life of Napoleon Buonaparte* von W. Scott (»der erste Erzähler des Jahrhunderts«), laut Brieftext für *Kunst und Altertum* VI 2 geplant (dort nicht gebracht).

Ende Jan. Lektüre: Coopers Roman *The Red Rover*, 1827 (vgl. Tgb). – Tgb 30.: »[W. Ch. L.] Gerhards Gedichte [*Wila*] 3. und 4. Band waren gestern angekommen.« (Vgl. darüber an Carl August, 1. 2.)

Die ersten Erzeugnisse der Stotternheimer Saline, begleitet von dichterischem Dialog zwischen dem Gnomen, der Geognosie und der Technik (vgl. Tgb 20.-22.), für Großherzogin Louise zum Geburtstag, mit einer Probe Salz überreicht durch Salinendirektor Glenck. – *Prolog zu dem dramatischen Gedicht Hans Sachs von Deinhardstein* für C. von Brühl (vgl. an diesen am 17. und 26.).

Februar C. von Holtei kommt für einige Wochen (5. 2.-18. 3.) nach Weimar und gibt öffentliche Deklamations- und Rezitationsabende (vgl. Tgb); auch *Faust I* gehört zu seinem Repertoire.

Arbeit für *Kunst und Altertum* VI 2 (vgl. Tgb).

1. Febr. Lektüre: Immermann, *Das Trauerspiel in Tirol*, 1828 (später: *Andreas Hofer*). Vgl. Tgb.

Mitte Febr. Am 20. Brief an Zelter, über seine Lektüre von W. Scotts *Napoleon*-Biographie (»wieder ein Beispiel meiner egoistischen Leseweise; was ein Buch sei bekümmert

Aufsatz über Lemerciers *Richelieu ou la journée des dupes*, für *Kunst und Altertum* VI 2 (vgl. Tgb 13.).

mich immer weniger; was es mir bringt,
was es in mir aufregt, das ist die Hauptsache«).

Ende Febr.		G. beginnt mit ›Vorarbeiten‹ (Tgb 21.) zu einer Rez. der ›Monatsschrift der Gesellschaft des vaterländischen Museums in Böhmen‹ für die ›Jahrbücher für wissenschaftliche Kritik‹ (Angebot an Varnhagen am 19., wird von diesem begrüßt; Weiterarbeit bis 7. 3. bzw. 2. 4.).
Anfang März	Tgb 1.: »Wit genannt von Dörring. Früher angemeldet, angenommen um 12 Uhr.« (Der ›politische Abenteurer‹, einst Jenaer Burschenschaftler – s. o. Okt. 1827 und bereits Tgb 7. 1. 1818 –, hält sich 1828 in Weimar auf und ist offenbar zunächst Stadtgespräch, vgl. Tgb 2. und 3. sowie Kanzler Müllers Gesprächsaufzeichnung vom 6.; Dörring schickt G. alsbald eine weitere Schrift zu, vgl. dazu Tgb 29. 9.). – Tgb 4.: »Von Holtei, die Composition von Fanny Mendelssohn bringend.« (Wohl G.s ihr gewidmetes, von ihr vertontes Gedicht »Wenn ich mir in stiller Seele«. S. o. Okt 1827.)	Arbeit an den Wanderjahren (vgl. Tgb 2.-9.). – Brief an Boisserée am 8.: G. schickt ihm für Cotta den aus verschiedenen Gründen lange verzögerten, jetzt von ihm unterzeichneten Vertrag über den Briefwechsel Schiller/Goethe.
16.-18. März		Mehrere Anzeigen bzw. Bemerkungen zu neuen Publikationen, für den Abschnitt Nationelle Dichtkunst in Kunst und Altertum VI 2; u. a. zu W. Ch. L. Gerhards Wila, zu La Guzla, poésies illyriques (G. identifiziert P. Mérimée als Verfasser) und zu C. L. Ikens Leukothea; Beginn des Aufsatzes über Rizo-Nerulos' Cours de littérature grecque moderne (fertiggestellt bis Ende des Monats). Vgl. Tgb.
22. März	Ankunft der Prachtausgabe von A. Stapfers Faust I-Übersetzung mit 17 Lithographien von Delacroix. Tgb: »Abends betrachtete ich die Übersetzung von Faust	(In nächster Zeit verfaßt G. eine Besprechung dieser Ausgabe für Kunst und Altertum VI 2: Faust. Tragédie

und die lithographirten Bilder. Nahm auch *de Mr. de Goethe, traduite en* die kleine Übersetzung von Gérard [de *François par Mr. Stapfer, or-* Nerval] dazu« (ersch. 1828). *née de XVII dessins par Mr. De Lacroix.*)

26.-28. März	Besuch Sartorius' mit Sohn Wolfgang, G.s Patenkind (vgl. Tgb).

April — Arbeit an *Kunst und Altertum* VI 2. Wiederaufnahme der Arbeit an Teil 3 der *Italienischen Reise* mit dem Titel *Zweiter römischer Aufenthalt* (vgl. Tgb 6.-10., 23. und 30.).

6. April — Absendung der Druckvorlage des *Briefwechsels Schiller/Goethe* an Cotta (vgl. Tgb und an Boisserée am 7.).

17. April — Tgb: »Landkarte vorgenommen in Bezug auf die obschwebenden Kriegsereignisse« (russisch-türkischer Krieg).

Mai — Weitere Arbeiten für *Kunst und Altertum* VI 2, u. a. Fertigstellung der Aufsätze *Französisches Schauspiel in Berlin* und *Französisches Haupttheater* (vgl. Tgb 6.-8.) und die Würdigung von Leo von Klenzes Gemälde *Südöstliche Ecke des Jupitertempels von Girgenti* (vgl. Tgb 26. und G.s Dankbrief an Leo von Klenze ~am 3.); ferner Abfassung von *Helena in Edinburgh, Paris und Moskau.*

Anfang Mai — Lektüre: V. Hugos Tragödie *Cromwell* (vgl. Tgb). — Weiterarbeit an *Zweiter römischer Aufenthalt* (vgl. Tgb 1., 2. und 8.).

21. Mai — Brief an Zelter: »daß die von mir aufgerufene Weltliteratur auf mich, wie auf den Zauberlehrling, zum Ersäufen zuströmt; Schottland und Frankreich ergießen sich fast täglich [in Carlyles Zeitschriften ›Edinburgh Review‹ und ›The

Foreign Quarterly Review‹ bzw. in ›Le Globe‹], in Mailand geben sie ein höchst bedeutendes Tagesblatt heraus, ›L'Eco‹ betitelt« usw. (vgl. auch an Carlyle, 15.6.).

23./24. Mai	Tgb 23.: »Herr Canzler von Müller brachte einen merkwürdigen naturphilosophischen Aufsatz [*Die Natur*, s. o. März 1783] aus der brieflichen Verlassenschaft der Frau Herzogin Amalie. Frage: ob er von mir verfaßt sey?«	Tgb 24.: »Ich diktirte Bemerkungen über den gestrigen Aufsatz« (posthum publiziert in *Ausg. letzter Hand* u. d. T. *Erläuterungen zu dem aphoristischen Aufsatz ›Die Natur‹*).
25. Mai	Ankunft des Münchner Hofmalers C. J. Stieler, der G. im Auftrag König Ludwigs I. porträtieren soll (vgl. Tgb).	
29. Mai	Letzte Begegnung mit Carl August (vgl. Tgb), der an diesem Tag nach Berlin aufbricht, um »so zu sagen, von der Außenwelt bey dieser Gelegenheit Abschied zu nehmen«, so an G. am 13.	
Juni	Stieler arbeitet an seinem Goethe-Porträt in Öl (bis Anf. Juli; vgl. Tgb).	
8./9. Juni	Besuch Tiecks (vgl. Tgb 8. und 9.). – Brief an Carus: Bewunderung und Dank für Carus' jetzt abgeschlossenes Werk *Von den Ur-Teilen des Knochen- und Schalengerüsts*, worin G. seine eigenen unvollständigen Forschungen vollendet sieht.	
14. Juni		Letzte Manuskripte für *Kunst und Altertum* VI 2 an Frommann zum Druck.
15. Juni	G. erfährt vom Tod Carl Augusts (am 14., auf der Rückreise von Berlin), vgl. Tgb.	
Ende Juni	Lektüre: Decandolles *Organographie végétale*, 1827, sowie Schriften von Joachim Jungius. – Tgb 28.: »Bestellung verschiedener französischer Vorlesungen«, nämlich: V. Cousins *Cours de philosophie. Introduction à l'histoire de la philosophie*, 1828, Guizots *Cours d'histoire moderne*, (6 Bde., 1828-30) und Villemains *Cours de la littérature française*, 1828(-30). Ab jetzt häufige Lektüre dieser Vorlesungen bis Herbst 1830.	Die Lektürestudien sind Vorbereitungen für die deutsch-französische Ausgabe der *Metamorphose der Pflanzen* (vgl. an Soret, der die französische Übersetzung liefert, am 20./21. und am 28.).

Dornburg, 7. Juli–11. September 1828

Zur Motivation des Dornburger Aufenthalts vgl. an Zelter, 10. 7.: »Bei dem schmerzlichsten Zustand meines Innern [nach Carl Augusts Tod] mußte ich wenigstens meine äußern Sinne schonen und ich begab mich nach Dornburg, um jenen düstern Funktionen zu entgehen« (Begräbnis Carl Augusts am 9. 7.). – Fortsetzung der Lektüre von Ende Juni; dazu u. a. F. S. Voigts *System der Botanik*, 2. Aufl. 1827. Vgl. Tgb.

Arbeit an ergänzenden Kapiteln zur dt.-frz. Ausgabe der *Metamorphose der Pflanzen*, vor allem an *Der Verfasser teilt die Geschichte seiner botanischen Studien mit*, in Tgb auch als ›Einleitung‹ bezeichnet; andere Entwürfe werden erst posthum publiziert (vgl. Tgb und an Soret, 14. 7., 3. und 13. 8.).

Dornburg	7. Juli	Auf der Hinfahrt macht G. in Jena Station (vgl. Tgb und an Knebel, 5. 7.).

Mitte Juli	Lektüre: Niebuhrs *Römische Geschichte*, 3. Aufl. 1828 (vgl. Tgb 17.-20.). – Brief an den weimarischen Kammerherrn F. A. von Beulwitz, der G. die Teilnahme des neuen großherzoglichen Paares Carl Friedrich und Maria Paulowna übermittelt hatte, für die der Brief eigentlich bestimmt ist: Gedenken an Carl August in der Beschreibung von Dornburg, Versicherung der ›Anhänglichkeit‹ an den Nachfolger.

Kunst und Altertum VI 2 ersch., wiederum mit zahlreichen Beiträgen im Sinne des ›Weltliteratur‹-Konzepts, dabei auch viele Anzeigen und Rezensionen ausländischer Werke; ferner u. a.: *Vorzüglichste Werke von Rauch*, eine Anzeige von Zahns *Die schönsten Ornamente und merkwürdigsten Gemälde aus Pompeji, Herculanum und Stabiä* (s. o. 7. 9. 1827) und eine kurze Notiz zu A. Nicolovius' *Über Goethe* (s. o. Sept. 1827).

(Jena)	20. Juli

Ende Juli

Arbeit an einem Aufsatz über Jungius (*Leben und Verdienste des Doktor Joachim Jungius, Rektors in Hamburg*; vgl. Tgb 23.-28.; erst posthum publiziert).

31. Juli

G. übersetzt das Kapitel *De la symétrie végétale* aus Decandolles *Organographie végétale*; erst posthum publiziert u. d. T. *Von dem*

Gesetzlichen der Pflanzen-
bildung.

Anfang/ Mitte Aug.	Beschäftigung mit dem Weinbau, angeregt auch durch J. S. Kechts Schrift *Verbesser-ter praktischer Weinbau*, 4. Aufl. 1828 (vgl. Tgb, auch Briefe, u. a. an A. Nicolovius am 7.). – Lektüre: W. Scotts *St. Valentine's Day, or the Fair Maid of Perth*, 3 Bde., 1828 (vgl. die widersprüchlichen Urteile Tgb 17. und an Ottilie am 18.). Tgb 10.: »Globe Tom. VI. No. 81. Merkwürdiges Stück, erklärter Übergang ins Politische. Ampère's Rezension über Hitzigs Hoff-mann« (*Aus Hoffmanns Leben und Nachlaß*, 1823, von E. T. A. Hoffmanns Freund E. Hitzig).	
25./26./ 28. Aug.	Am 28. stirbt P. A. Wolff auf der Rückreise von Bad Ems bei einem Zwischenhalt in Weimar (vgl. G. an Kanzler Müller am 26.).	Gedicht *Dem aufgehenden Vollmonde* (vgl. Tgb 25. 8. und an Marianne von Wille-mer, 23. 10.; mit Brief vom 26. 8. an Zelter geschickt). Aufsatz *<Bignonia radicans>* (vgl. Tgb 26.; erst posthum publiziert).
September		Gedicht *Dornburg. Septem-ber 1828* (»Früh wenn Tal«).
3. Sept.	Dankbrief an Großherzog Georg von Mecklenburg-Strelitz, der die Standuhr aus G.s Elternhaus erworben und G. zum Geburtstag geschenkt hatte.	

Weimar, 11. September 1828–22. März 1832

Weimar	ab 13. Sept.	Beginn der erneuten Überar-beitung der *Wanderjahre* (aus vorwiegend äußeren Gründen – Erscheinungs-rhythmus der *Ausg. letzter Hand*, Bogenzahl der Bände – ist eine Dreiteilung der bis dato zweiteiligen Neufas-sung nötig; in Tgb jetzt oft mit ›Hauptgeschäft‹ u. ä. bezeichnet).

16.-20. Sept. Lektüre: W. Scott, *Waverley*, 1814 (vgl. Tgb).

23.-25. Sept. Besuch Ch. D. Rauchs; er modelliert die Statuette ›Goethe im Hausrock‹ (vgl. Tgb). Am 23. Brief an den Cornelius-Schüler E. N. Neureuther, mit höchstem Lob für dessen Illustrationen von Goethe-Gedichten.

26. Sept. Brief an P. Cornelius, Dank und Komplimente für einen verkleinerten Umriß aus dessen *Troja*-Fresko für die Münchner Glyptothek.

Oktober Besucher: Martius (4.-6.), Tieck (8.-10.), der Geologe Nöggerath (19./20.). Vgl. Tgb.

Fast tägliche Weiterarbeit an den *Wanderjahren* (vgl. Tgb). – Kantate *Zelters siebzigster Geburtstag* (vgl. Tgb 19./20.).

November

Weiterarbeit an den *Wanderjahren* (vgl. Tgb).

10. Nov. Lektüre u. a.: Immermanns Lustspiel *Die Schule der Frommen*, 1829 (Tgb: »Ein trauriges Geles«).

11. Nov. An Kanzler Müller, betr. dessen Entwurf für eine Grabinschrift: »Aufrichtig zu seyn, will mir *unsre goldne Zeit* nicht gefallen; seitdem ich lebe, hab ich schon sechs bis sieben goldne Zeitalter der deutschen Literatur überstehen müssen, en echelon, auch wohl synchronistisch.«

Dezember

Bd. 1 des *Briefwechsels Schiller/Goethe* ersch. (vgl. Tgb 22.). – Weiterarbeit an den *Wanderjahren* (vgl. Tgb; am 26. geht das 1. Buch zum Druck).

1829 Rußland zwingt die Türkei zum Frieden von Adrianopel, die Türkei erkennt die Unabhängigkeit Griechenlands an. A. Jackson bis 1837 Präsident der Vereinigten Staaten. – Erste Wiederaufführung der *Matthäuspassion* nach Bachs Tod durch Mendelssohn in Zelters Singakademie (11. 3.). V. Hugo: *Le dernier jour d'un condamné*. J. Kerner: *Die Seherin von Prévorst*. F. Schlegel: *Philosophie der Geschichte*. – Tod F. Schlegels und W. Tischbeins.

Januar		Weiterarbeit an den *Wander-jahren* (vgl. Tgb, dort meist ›Hauptgeschäft‹ o. ä.).
Mitte Jan.	Beschäftigung mit Kristallographie, ver-anlaßt durch Loders Sendung russischer Mineralien (»wahrhafte Juwelen«, so in G.s Dankbrief vom 21./22. 2.), vgl. Tgb. – Tgb 15.: »Die allgemeine politische Lage der Welt durchgedacht, nach dem Schema.«	Das 2. Buch der *Wanderjahre* geht zum Druck.
Ende Jan.	Am 28. erhält G. Klingemanns Brief vom 20. über die von diesem inszenierte erste öffentliche Aufführung von *Faust I* in Braunschweig am 19., in Klingemanns Bearbeitung.	Aufsatz ‹*Anthericum como-sum*›, mit Datum vom 21.; erst posthum publiziert. – Am 24. Brief an Soret: Für einen neuen Revers von Bovys Goethe-Medaille legt G. eine alte eigenhändige Skizze bei (s. o. 28. 6. 1806): Doppelherme mit Füllhör-nern und Adler im Hinter-grund; »es ist dabei die Absicht, wie auf dem ersten [Revers] die Tendenz zur Poesie, also hier die Neigung zur Naturforschung ‹...› anzudeuten«). Die neue Medaille kommt im Oktober 1831 heraus (vgl. an Soret, 3. 10. 1831).
Februar		Bd. 2 des *Briefwechsels Schiller/Goethe* ersch. (vgl. an Faktor Reichel am 21.). – Letzte Arbeiten an den *Wanderjahren* (vgl. Tgb).
10. Febr.	Brief an N. Meyer in Bremen, Dank für die Informationen des Bauleiters Dr. Heine-ken (Meyers Vetter) über den neuen Bremer Hafen (Entstehung von Bremer-haven).	
12. Febr.	Im Brief an Zelter: »Hie und da werd ich, durch die sehr zweckmäßigen Absichten unsrer ‹...› Großherzogin, zu ein und anderer Thätigkeit aufgerufen, die meinen Jahren und Kräften ‹...› geziemen mag«, z. B. bei den Vorbereitungen für die noch	Tgb: »Abschrift des Ver-mächtnisses«: Gedicht *Vermächtnis* (»Kein Wesen kann zu nichts zerfallen«); Erstdruck in der *Ausg. letzter Hand* Bd. 22, 1829,

von Carl August geplante Gründung einer Gewerbeschule, auch: ›(Bau-)Gewerkenschule‹ genannt (vgl. z. B. bereits 27. 5. 1828 an Baumeister C. F. Ch. Steiner, dann 1829 am 15. 3. an Großherzog Carl Friedrich, am 30. 3. an Maria Paulowna).

am Schluß vom 2. Buch der *Wanderjahre.*

16./18. Febr. Im Brief an C. F. A. von Schreibers vom 16.: »Viele werthe Männer hinwegraffend hat der Januar sich grausam gegen uns erwiesen <...> Adam Müller in Wien, Friedrich Schlegel in Dresden« usw.

Wiederaufnahme der Arbeit am *Zweiten römischen Aufenthalt* (vgl. Tgb 18.).

März

Weiterarbeit am *Zweiten römischen Aufenthalt.* Mit Soret Revision von dessen Übersetzung der *Metamorphose der Pflanzen* für die dt.-frz. Ausgabe (vgl. Tgb).

Anfang/ Mitte März Tgb 16.: »Dr. Eckermann. Er hatte mir ein Heft der Conversationen gebracht« (Eckermanns spätere *Gespräche mit Goethe;* vgl. bereits Tgb 30. 5. 1826 und 6. 1. 1828, dann wieder 27. 1. 1830.)

Mit Eckermann Zusammenstellung der Aphorismensammlung *Aus Makariens Archiv,* geplant zur Auffüllung von Buch 1 der *Wanderjahre* (Bd. 21 der *Ausg. letzter Hand);* wird aus Termingründen erst am Schluß von Buch 3 (Bd. 23) gebracht, vor *Im ernsten Beinhaus war's* (vgl. an Faktor Reichel, 19. 3.).

28. März Brief an Martius: Bitte um nähere Aufschlüsse über die von Martius entdeckte Spiraltendenz beim Pflanzenwachstum, zu der er selbst schon einiges bemerkt und notiert habe.

~März/April

Lieferung 5 der *Ausg. letzter Hand* ersch., mit der 2. Fassung von *Wilhelm Meisters Wanderjahre* (Bd. 21-23).

April Dienstliche Tätigkeit in Sachen Baugewerkenschule. – Besucher: der Staatsmann und Schriftsteller H. Ch. E. von Gagern, mit ihm u. a. »die allgemeinen Politica besprechend« (Tgb 13.). Der Geologe L. von Buch (vgl. Tgb 23.).

28. April	Brief an Zelter, mit H. Berlioz' Vertonung von acht Szenen aus *Faust I*, die der junge Komponist mit Brief vom 10.4. übersandt hatte (von Zelter im Brief vom 12.6.-16.7. aufs wüsteste geschmäht).	
April/Mai	Lektüre u. a.: L. A. Fauvelet de Bourienne, *Mémoires sur Napoléon*, 10 Bde., 1829/30 (vgl. Tgb 4.-6.4. und 28.-31.5.; an Zelter, 1.11.).	Weiterarbeit am *Zweiten römischen Aufenthalt* (vgl. Tgb).
Mitte Mai	Am 11. Brief an Nöggerath, Dank für die verkleinerte Bronzekopie des Igeler Monuments, die G. durch Nöggeraths Vermittlung am Vortag erhalten hat.	Amtliches: Am 18. Promemoria an die Oberbaubehörde Weimar wegen der alsbald zu gründenden ›Baugewerkenschule‹ (u. a. Grundsätzliches zur Art des Unterrichts).
Ende Mai		Aufsatz über das Igeler Monument (vgl. Tgb ab 24.); Erstdruck in *Das Römische Denkmal in Igel und seine Bildwerke <...> beschrieben von Carl Osterwald. Mit einem Vorwort von Goethe*, 1829 (vgl. an Nöggerath, 1.6.). – Aufsatzfragment *Landschaftliche Malerei* (vgl. Tgb); Erstdruck in *Kunst und Altertum* VI 3, mit Zusätzen von J. H. Meyer.
7. Juni	Tgb: »Beschäftigte mich mit dem Anfang der russisch-türkischen Kampagne, dem Gefecht bei Pravadi, welches sich sehr deutlich einsehen läßt.« (So auch am 8.)	
18. Juni	Brief an Reinhard, über seine intensive, meist bewundernde Lektüre französischer Zeitschriften (neben ›Le Globe‹ jetzt auch die seit 1828 erscheinende ›Revue Française‹) und über neue französische Literatur, speziell über V. Hugo: »ein entschiedenes poetisches Talent«, das sich aber wegen seiner romantischen Tendenz nicht richtig entfalten könne.	
23. Juni	Besuch Rochlitz' (bis 28.; vgl. Tgb und an Rochlitz, 3.7.).	

25. Juni	Im Brief an Carlyle u. a. über den schottischen Dichter Robert Burns.
30. Juni	Besuch Ch. D. Rauchs (bis 1.7.).
Juni/Juli	Weiterhin dienstliche Tätigkeit in Sachen Baugewerkenschule (vgl. Tgb 16.-28. 6.; an Großherzog Carl Friedrich, 16./17. 7.).
13. Juli	G. zieht wieder für mehrere Wochen (bis 25. 8.) in sein altes Gartenhaus im Ilmpark (mit gelegentlichen Abstechern zum Haus am Frauenplan). Vgl. Tgb.
22./23. Juli	Besuch von Varnhagen und Frau Rahel.
Juli/August	Lektüre: Saint-Simons *Mémoires complets et authentiques sur le siècle de Louis XIV* (vgl. Tgb).
August	
Anfang Aug.	Am 2. Besuch H. C. Robinsons, der einige Zeit in Weimar bleibt (vom 13. bis 18. täglich bei G.; Gespräche über englische Literatur und die Goethe-Rezeption in England; vgl. Tgb und an Riemer, 5. 8., auch Robinsons eigene Berichte).
Mitte/ Ende Aug.	Am 12. Besuch von Willibald Alexis (vgl. Tgb). – Am 19. Besuch von Mickiewicz, mit A. E. Odyniec; sie bleiben bis 31. in Weimar, sind vom 24. bis 31. täglich bei G.; vgl. Tgb.
23. Aug.	Besuch des französischen Bildhauers David d'Angers; er bittet, eine Büste von G. machen zu dürfen (vgl. Tgb).
25. Aug.	Tgb: »Besuch von Herrn A. Quetelet, Directeur de l'observatoire de Bruxelles« (bis 30.; er führt G. magnetische Experimente vor; vgl. Tgb).
26. Aug.	David beginnt mit dem Tonmodell zu seiner kolossalen Marmorbüste von G.; er arbeitet daran bis 8. 9. (vgl. Tgb und an Adele Schopenhauer, 5. 9.).

Weiterarbeit am *Zweiten römischen Aufenthalt* (vgl. Tgb ab 4. 6.).

Letzte Arbeiten am *Zweiten römischen Aufenthalt*.

Beginn der Arbeit am Vorwort zur dt. Übersetzung von Carlyles *The Life of Friedrich Schiller* (auf Bitten des Verlegers Wilmans, vgl. an diesen am 26. 1.).

Tgb 13.: »Die Gedichte für Berlin abschließlich zusammen gestellt«: *Chinesisch-Deutsche Jahres- und Tageszeiten* für den ›Berliner Musenalmanach für das Jahr 1830‹ (durch Zelters Vermittlung, vgl. an ihn am 18. 7.).

	27./28. Aug.	Zu G.s achtzigstem Geburtstag große Gesellschaft; König Ludwig I. von Bayern schenkt G. den Abguß eines sog. Niobiden, mit einem verehrungsvollen Brief.	Aufführung von *Faust I* in Dresden am 27., in Leipzig am 28., von Tieck bearbeitet, inszeniert und mit einem *Prolog zur Aufführung von Goethe's Faust an Goethe's Geburtstag* versehen (vgl. G.s Dankbrief an Tieck vom 9. 9.).
	29. Aug.		Erste Aufführung von *Faust I* in Weimar, basierend auf Klingemanns Bearbeitung (s. o.), mit Musik von Eberwein. G. ist nicht dabei.
	September	Besucher u. a.: Hegel (11.), Zelter und Ternite (14.-21.), Varnhagen und Frau Rahel (19.), Paganini (29.). Vgl. Tgb.	
	6.-9. Sept.	David modelliert ein Profil-Medaillon von G.; am 9. nimmt er Abschied (vgl. Tgb).	
(Jena)	10. Sept.	Vgl. Tgb.	
	11. Sept.		Datierter Entwurf *Schematisch* (zur Rezeption deutscher Literatur in Frankreich); erst posthum publiziert.
(Dornburg)	16. Sept.	Mit Zelter und Ternite (s. o.; vgl. Tgb).	
	Mitte/ Ende Sept.		Arbeit an der dt.-frz. Ausgabe der *Metamorphose der Pflanzen*: Revision von Sorets Übersetzung (13.-18.), Beginn der Abfassung von *Wirkung dieser Schrift* (20.). Vgl. Tgb.
	Ende Sept.	Weiterhin Lektüre von Saint-Simons *Mémoires* (relativ kontinuierliches Weiterlesen bis Jahresende; vgl. Tgb).	Beginn der Revision der *Tag- und Jahreshefte* für den Erstdruck in der *Ausg. letzter Hand* (vgl. Tgb ab 23.).
	1.-5. Okt.	Besuch Reinhards (vgl. Tgb).	
	Mitte Okt.	Am 11. Brief an Kanzler Müller (er ist in Italien), u. a. über Ottilies seit Sept. herausgegebene private, dreisprachige	Text der Widmung des *Briefwechsels Schiller/Goethe* an König Ludwig I. von Bayern

Wochenschrift ›Chaos‹, an der G. lebhaft Anteil nimmt und zu der er auch mehrere Gedichte beisteuert. (Vgl. darüber auch an Carlyle am 14.6., an Boisserée am 3.7.1830.)
Tgb 19.: »Oberbaudirector Coudray; wie es bey Eröffnung der Gewerkschule zugegangen.«

in Form eines Briefs vom 18., abgedruckt im letzten (6.) Band (als Druckvorlage mit Brief vom 25.10. an Cotta geschickt).

27.-29. Okt. Lektüre: Fortsetzung von Bouriennes *Mémoires sur Napoléon* (vgl. Tgb, dann an Zelter, 29.1.1830).

30. Okt. G. in Paganinis Konzert in Weimar (vgl. Tgb und an Zelter am 9.11.: »Mir fehlte zu dem was man Genuß nennt ‹...› eine Basis zu dieser Flammen- und Wolkensäule.«).

November G. beginnt jetzt – neben ›Le Globe‹ und ›Revue Française‹ – auch ›Le Temps‹ zu lesen (vgl. Tgb; erstmals erwähnt Tgb 31.10., auch mehrfach in Briefen, z.B. an Ch. W. Schweitzer am 16.: »über den Zustand von Frankreich kann man wohl nicht besser unterrichtet werden«).

Letzte Arbeiten an *Tag- und Jahreshefte* (vgl. Tgb ab 13.).

5./6. Nov.

Zur Geologie November 1829 (vgl. Tgb; Sammelüberschrift für 6 kurze, z.T. betitelte Texte zu einzelnen Sachthemen und Methodenfragen; erst posthum publiziert).

Anfang/ Mitte Nov. Schmeller macht ein Goethe-Porträt (eine seiner typischen Kreidezeichnungen; vgl. Tgb ab 8.).

11. Nov. Brief an Hitzig (Reaktion auf dessen Bitte im Schreiben an August vom 1.11.) mit der Überschrift *Geneigtest zu gedenken*: Eine Art Memorandum für die ›Gesellschaft für in- und ausländische schöne Literatur‹, die zu G.s Ehren am 28. Aug. 1829 durch die Berliner ›Mittwochsgesellschaft‹ (s. o. zu 1824) gestiftet worden war.

15. Nov.

Text über K. F. von Klödens *Über die Gestalt und Urgeschichte der Erde*, 1829 (vgl. Tgb; ein autobiographischer Abriß von G.s geologischen Studien, als Brief an den Verfasser formuliert; erst posthum publiziert).

Dezember

Es erscheinen die letzten Bände (4-6) des *Briefwechsels zwischen Schiller und Goethe* und die Bände 26-30 der *Ausg. letzter Hand* mit dem Erstdruck des *Zweiten römischen Aufenthalts* in Bd. 29; davor zwei Bände *Italienische Reise*, 1. und 2. Teil, jetzt erstmals mit diesem Titel. – Wiederaufnahme der Arbeit an *Faust II* (vgl. Tgb, dort oft nur »Poetisches«; ferner an Zelter am 16.).

4. Dez.   Heft 1 und 2 von Neureuthers *Randzeichnungen zu Goethes Balladen und Romanzen* eingetroffen (vgl. Tgb und an Neureuther, 12. 12. 1829 / 13. 1. 1830).

17./27. Dez.   Brief an König Ludwig I. von Bayern, u. a. mit Erläuterungen zum Titel *Dichtung und Wahrheit*.

Ende Dez.   Briefe an Zelter: Am 25. u. a. über den großen Einfluß von L. Sterne und O. Goldsmith auf seine (sittliche) Entwicklung. Am 31.: Über eine Rezension von W. Menzels *Die deutsche Literatur* im ›Globe‹, worin G. gegen Menzels Polemik verteidigt wird. – Lektüre u. a.: *Opere di Giordano Bruno*, 1830 (vgl. Tgb 24.-26.).

Vermutlich in diesen Tagen macht G. den Vierzeiler gegen Menzel *»Verwandte sind sie von Natur«*.

1830   Julirevolution in Paris; Louis Philippe, Herzog von Orleans, wird zum König gewählt (9. 8.). Erhebung Belgiens gegen die Niederlande, Polens gegen Rußland. Unruhen u. a. in Braunschweig und Sachsen-Weimar. – V. Hugo: *Hernani*. Stendhal: *Le rouge et le noir*. Pückler-Muskau: *Briefe eines Verstorbenen*.

Januar

Intensive Weiterarbeit an *Faust II*, vor allem an der

Klassischen Walpurgisnacht
(vgl. Tgb »Poetisches«).

2. Jan. Tgb: »Herr Frommann der Jüngere <...>
Über Liberalismus und Radikalismus. Die
großen Vortheile des einen, die bedenk-
lichen Gefahren des andern.«

Anfang/
Mitte Jan.

Kritischer Aufsatz über F. W.
Krummachers *Blicke ins
Reich der Gnade*, 1828 (vgl.
Tgb 6., 8., 18. und am 20. an
Oberhofprediger J. F. Röhr,
der G.s Text in seiner *Kriti-
schen Prediger-Bibliothek
1830* abdruckt, vgl. Tgb 3. 5.).

29. Jan. Brief an Zelter, erneut über die strittige
Auslegung von Aristoteles' Tragödiendefinition (»W i r kämpfen für die Voll-
kommenheit eines Kunstwerkes, in und an
sich selbst, j e n e denken an dessen Wirkung nach außen, um welche sich der
wahre Künstler gar nicht bekümmert«
usw.) und über Kants ›grenzenloses Ver-
dienst‹, in der *Kritik der Urteilskraft* die
Zweckfreiheit des Wirkens von Natur und
Kunst dargelegt zu haben.

30. Jan. Tgb: »kam an <...> ein Schreiben von
Murray aus London mit einem Byron-
schen Manuscript«: Byrons lange eigenhändige Widmung seines *Marino Faliero*:
»Dedication to Baron Goethe«, datiert
»Ravenna, October 14, 1820« (der Verleger Murray hat Byrons Widmung wegen
der Angriffe auf andere Autoren nicht gedruckt); Dankbrief G.s erst am 29. 3. 1831.

1./2. Febr.

Die Druckvorlage der zweiten Hälfte der *Tag- und
Jahreshefte* an Faktor Reichel (nach vorheriger Re-
vision, vgl. Tgb 12.-29. 1.).

Mitte Febr. Am 14. Tod von Großherzogin-Mutter
Louise.

Am 13. an Varnhagen den
unvollendeten Aufsatz über
die *Monatsschrift der Gesellschaft des vaterländischen
Museums in Böhmen*; ersch.,
von Varnhagen komplettiert,

		in den ›Jahrbüchern für wissenschaftliche Kritik‹ 1830.
Febr./März		Intensive Weiterarbeit an *Faust II* (vgl. Tgb »Poetisches«).
Anfang März	G. erhält seine Briefe an die verstorbene Großherzogin-Mutter Louise zurück (vgl. Tgb 2.). – Lektüre: A. Dumas' Drama *Henri III. et sa cour*, 1829 (vgl. Tgb 9.).	Tgb 9.: »dictirt <…> einiges auf *Rameau's Neffen* Bezügliches« (wohl die erweiterte Fassung der in *Kunst und Altertum* IV 1 und 3 erschienenen Aufsätze; Erstdruck posthum in *Ausg. letzter Hand* Bd. 46, 1833 u. d. T. *Rameaus Neffe*).
Mitte März	Besuch W. Zahns, der auf dem Weg nach Italien ist (vgl. Tgb 13.-16.).	Tgb 17.: »Dr. Eckermann. Recapitulation der dreyzehn biblischen Statuen.« Vgl. Eckermanns Tagebuch vom Vortag und G.s wohl um diese Zeit verfaßten Aufsatz *Christus nebst zwölf alt- und neutestamentlichen Figuren den Bildhauern vorgeschlagen*; Erstdruck. in der *Ausg. letzter Hand* Bd. 44, 1832.
Ende März	Lektüre: A. de Vignys *Cinq-Mars ou une conjuration sous Louis XIII*, 1826 (vgl. Tgb 25.) – Brief an Zelter am 27., u. a. über Lessings *Emilia Galotti*, einst epochemachend, jetzt »nicht mehr wirksam«.	
April		Arbeit am Vorwort zur Übersetzung von Carlyles *Leben Schillers* (vgl. Tgb 1.-23. 4. und schon 24. und 30. 3.; Absendung an Verleger Wilmans am 16. 5.).
6. April	Tgb: »Prof. Riemer <…> Die neuentdeckten Fragmente des *Ulfilas* besprochen.«	
19. April	Tgb: »Schreiben von Varnhagen mit dem preußischen Manifest, gegen meine Zueignung der Schillerischen Briefe an den König von Bayern. Unbegreiflichkeit eines solchen Schritts.« (*Berichtigung des*	

preußischen Staatsministers von Beyme in der ›Hallischen Literaturzeitung‹: G.s Widmung enthalte einen indirekten Vorwurf gegen alle damals regierenden Fürsten; Friedrich Wilhelm III. habe jedoch 1804 im Fall einer Übersiedlung Schillers nach Berlin ein hohes Gnadengehalt für ihn ausgesetzt, was freilich niemand wußte. Zu G.s Reaktion vgl. an Varnhagen, 25. 4.; an Kanzler Müller, 21. 5.)

22. April — August und Eckermann treten eine Reise nach Italien an (vgl. Tgb).

24. April — Besuch der Opernsängerin Wilhelmine (Schröder-)Devrient, mit E. Genast; sie singt für G. den *Erlkönig* in Schuberts Vertonung (vgl. Tgb).

Wohl an diesem Tag schreibt G. für Wilhelmine Devrient den Vierzeiler »*Guter Adler, nicht in's Weite*«. – Absendung der letzten Druckvorlagen für die *Ausg. letzter Hand* (vgl. an Faktor Reichel).

29. April — Im Brief an Zelter die Mitteilung, er habe »alles Zeitungslesen abgeschafft«. (G. ist dabei aber nicht konsequent, vgl. die Tgb-Notate zur Julirevolution und ihren Folgen, ferner an Zelter, 28. 12. 1830 und 5. 10. 1831.)

Ende April/Mai — Ausarbeitung der ausführlichen, schon im März begonnenen Rez. von W. Zahns *Die schönsten Ornamente und merkwürdigsten Gemälde aus Pompeji, Herculanum und Stabiae nebst einigen Grundrissen und Ansichten nach den an Ort und Stelle gemachten Originalzeichnungen*, 10 Hefte, 1828/29 (vgl. Tgb 4. 4.–14. 5.); Erstdruck in ›Jahrbücher der Literatur‹ 51, 1830.

Mai — Arbeit an der dt.-frz. Ausgabe der *Metamorphose der Pflanzen* (u. a. am Aufsatz *Über die Spiraltendenz*;

ferner Abschluß von *Der Verfasser teilt die Geschichte seiner botanischen Studien mit*). Vgl. Tgb.

2. Mai Tgb: »Ein Elsasser zeigte das Modell einer Dampfmaschine vor; ein sehr kompliziertes und schwer zu begreifendes Maschinenwerk.«

21. Mai- Besuch Felix Mendelssohns; er spielt G.
3. Juni täglich auf dem Klavier vor, u. a. den 1. Satz von Beethovens 5. Symphonie: »Das ist sehr groß, ganz toll, man möchte fürchten, das Haus fiele ein; und wenn das nun alle die Menschen zusammen spielen!«, so G. dazu laut Mendelssohns Brief an seine Eltern vom 21./25. 5. Vgl. auch Tgb 26. 5.: »Abends großer Thee, Musik, große Symphonie von Beethoven.« Über diesen (letzten) Besuch von Felix vgl. auch an Zelter am 3. 6.

Juni Weitere Arbeiten für die dt.-frz. Ausgabe der *Metamorphose der Pflanzen*.

Mitte Juni Tgb 16.: »Herr Ritter Spontini durchreisend. Brachte seine Composition von *Kennst du das Land*.« Arbeit an *Faust II* (vgl. Tgb 12.-18.).

Jena 19./20. Juni Inspektion der ›oberaufsichtlichen‹ Institute (vgl. Tgb).

Weimar Ende Juni Bd. 31-35 der *Ausg. letzter Hand* ersch. (vgl. Tgb 23.), mit dem Erstdruck der *Tag- und Jahreshefte* (Bd. 31 und 32). – Entstehung der autobiographischen Schrift *Das Louisenfest* (vgl. Tgb 25., 28. und 29.); ersch. erst posthum in der *Ausg. letzter Hand*.

18. Juli Tgb: »durchsah <...> Zuletzt das Bilderbuch: Der englische Spion von Cruikshank« (*The English Spy*, 1825).

20.-22. Juli Arbeit am Aufsatz *Wirkung dieser Schrift* für die dt.-frz. Ausgabe der *Metamorphose der Pflanzen* (vgl. Tgb; an

Soret am 10. 8.: »meist in guter Ordnung und Ausführung«).

Ende Juli   22.-26. Lektüre von Geoffroy de St. Hilaires *Principes de Philosophie Zoologique discutés en mars 1830 au sein de l'académie royale des sciences.* Tgb 22.: »Streit zwischen den beyden Classen der Naturforscher, der analysirenden und synthesirenden« (erste Erwähnung bereits am 7. 5. im Gespräch mit Kanzler Müller). Tgb 26.: »Le Temps vom 20. Juli bringt ferneren Dissens zur Sprache, der sich bey der letzten Sitzung der französischen Academie hervorgethan.«
Tgb 31.: »Nachricht von der aufgehobenen Cammer, sowie der Preßfreiheit und was dem anhängt.« (›Juli-Ordonnanzen‹ Karls X. von Frankreich am 26. 7., letzter Auslöser der Pariser Julirevolution; führt zur Abdankung des Königs am 2. 8.)

Ab 27. Diktat von *Principes de Philosophie Zoologique* (vgl. Tgb bis 31.).

August

Weiterarbeit an *Principes de Philosophie Zoologique* (vgl. Tgb).

1./2. Aug.   Tgb 1.: »Die französischen Zeitungen waren ausgeblieben.« Tgb 2.: »Erste Nachricht von dem Aufstand in Paris.« (Die politischen Ereignisse verfolgt G. aufmerksam – auch in ›Le Temps‹ und ›Le Globe‹ –, vgl. im folgenden u. a. fast täglich entsprechende Notate in Tgb; aktuelle Berichte bekommt er außerdem durch Staatsminister von Gersdorff, vgl. an ihn am 30. 8., 3. und 7. 9.)

7. Aug.   Tgb: »Frau von Arnims Zudringlichkeit abgewiesen.« (Vgl. ein undatiertes Billett, das Bettina vermutlich an G. schickt, als sie auf der Durchreise in Weimar Station macht.)

12. Aug.   Brief an Caroline Sartorius, die G. mit Brief vom 27. 7. »das letzte Werk« ihres am 24. 8. 1828 verstorbenen Mannes geschickt hatte (*Urkundliche Geschichte des Ursprungs der deutschen Hansa*, 1830).

Ende Aug.   Lektüre u. a.: H. von Pückler-Muskau, *Briefe eines Verstorbenen. Ein fragmen-*

Es ersch.: Thomas Carlyle, *Leben Schillers, aus dem*

tarisches Tagebuch aus England, Wales, Irland und Frankreich, geschrieben in den Jahren 1828 und 1829, 1830 (vgl. Tgb 22.-26.).

Englischen; eingeleitet durch Goethe. (Die Einleitung beginnt mit einer Widmung an die ›Berliner Gesellschaft für in- und ausländische schöne Literatur‹ mit dem Datum »April 1830«.)

Anfang Sept.

Weiterarbeit an *Principes de Philosophie Zoologique* (vgl. Tgb 5.-11.); Teil 1 schickt G. am 10. an Varnhagen, zusammen mit der Rez. von Pückler-Muskaus *Briefe eines Verstorbenen*, für die ›Jahrbücher für wissenschaftliche Kritik‹; beides ersch. dort noch im September.

Mitte/ Ende Sept. Unruhen auch in Sachsen-Weimar, besonders in Jena, von G. ebenfalls intensiv und höchst beunruhigt verfolgt, vgl. Tgb ab 18., Sorets Gesprächsaufzeichnung vom 19. (G. habe Herzkrämpfe bekommen), den Brief an August vom 3.-30. und sonst; wiederum wird G. durch Gersdorff informiert (vgl. an ihn am 18.).

Oktober Bis Mitte des Monats weiterhin Tgb-Notate vor allem zu den ›Jenaischen Unruhen‹ (vgl. auch an Quandt am 4.; an Zelter am 5.: »Das Pariser Erdbeben hat seine Erschütterungen durch Europa lebhaft verzweigt« usw.).

Revision der gedruckten Partien der dt.-frz. Ausgabe der *Metamorphose der Pflanzen* (vgl. Tgb).

Anfang Okt. Im Brief an Zelter vom 5. u. a. über L. Sternes *Tristram Shandy*: »Mit den Jahren nimmt meine Bewunderung zu; denn wer hat Anno 1759 Pedanterei und Philisterei so trefflich eingesehen und mit solcher Heiterkeit geschildert. Ich kenne noch immer seines Gleichen nicht in dem weiten Bücherkreise.« Im Brief an den französischen Orientalisten A. de Chézy vom 9. erneut höchste Bewunderung für Kalidasas Drama *Sakuntala*, anläßlich Chézys neuer Ausgabe (Sanskrit mit frz. Übersetzung).

Weiterarbeit an *Principes de Philosophie Zoologique* (Teil 2; vgl. Tgb 3.-11.).

12. Okt. Brief an Eckermann, der sich auf der Rückreise aus Italien in Frankfurt aufhält (er kommt am 23. 11. nach Weimar zurück), über dessen begonnene Aufzeichnungen seiner *Gespräche mit Goethe*, die dieser überwachen und nicht so bald publiziert sehen will.

14. Okt. Tgb: »War gestern die [Napoleon-]Büste von Opalglas angekommen.« (Reisepräsent Eckermanns; vgl. G.s hingerissene Schilderung ihrer Farb- und Lichtwirkungen im Brief an Zelter vom 1. und 3. 2. 1831.)

19. Okt. Brief an Humboldt: Dankbarer Beifall für dessen (epochemachende) Rezension seines *Zweiten römischen Aufenthalts*; Betrachtungen darüber, Reminiszenzen.

~20. Okt. Besuch Thackerays.

Ende Okt. Tgb 27.: »Neue Händel zwischen Baron Cuvier und St. Hilaire vom 11. October.«

Anfang Nov. Im Brief an Zelter vom 6. über G. A. Bürgers ›Talent‹, teils kritisch, teils anerkennend.
Am 9. an Marianne von Willemer, über Eckermann: »eine einfach reine Seele <...> die mit sich und der Welt ebenfalls gern rein seyn möchte <...> Ein Wesen wie das Seinige kann sich nur nach und nach offenbaren.«

Aufsatz *Cephalus und Prokris* (über einen Kupferstich nach einer Zeichnung von Giulio Romano), vgl. Tgb 7.; am 9. an Zelter geschickt, erst posthum in *Ausg. letzter Hand* publiziert. – Wiederaufnahme der Arbeit an *Dichtung und Wahrheit* IV (vgl. Tgb 9. bis 25.).

10. Nov. G. erfährt vom Tod Augusts in Rom am 26. 10. (vgl. Tgb; G. A. Ch. Kestner, in dessen Haus August gestorben war, hat die Todesnachricht nach Weimar übermittelt; er hatte vorsichtshalber eine Obduktion veranlaßt; August wurde am 29. 10. auf dem protestantischen Friedhof in Rom neben der Cestius-Pyramide begraben).

25./26. Nov. G. erleidet einen Lungenblutsturz; erholt sich in wenigen Tagen (vgl. Tgb und an Zelter, 10. 12.).

Dezember

Wiederaufnahme der Arbeit an *Faust II* (vgl. Tgb 2.-21.).

7. Dez.	Brief an Henriette von Beaulieu-Marconnay: »Ihr theures Blatt mußte ich, mit Rührung, an die Lippen drücken.« (Die Adressatin hatte ihm von ihren vor langer Zeit mit Lili von Türckheim geb. Schönemann geführten Gesprächen berichtet, worin diese ihre leidenschaftliche Liebe zu G. gestanden und G.s ehrenhaftes Verhalten gerühmt hatte.)	
11.-13. Dez.	Besuch Reinhards; politische Gespräche (vgl. Tgb).	
Mitte/ Ende Dez.	Lektüre: Stendhals *Le rouge et le noir*, 1830 (vgl. Tgb 15.-21.). – Tgb 27.: »Herr Hofrat Soret. Brachte einiges von Genf. Einen sehr geistreichen, fratzenhaften Roman in Karikaturen.« (Rodolphe Toepffer, *Abenteuer des Dr. Festus*, 1830.) – Dankbrief an G. A. Ch. Kestner (s. o. 10. 10.); G. schildert seine eigene jetzt unverhältnismäßig schwierig gewordene Situation.	Die fünf letzten Bände der 40bändigen *Ausg. letzter Hand* (Taschenausgabe) ersch. (vgl. Tgb 29.).
Dez./Jan.		Revision der dt.-frz. Ausgabe der *Metamorphose der Pflanzen* (vgl. Tgb).

1831	Niederwerfung der polnischen Erhebung durch Rußland, das von Preußen unterstützt wird. Liberale Verfassung des neuen Königreichs Belgien. – Ch. Darwin tritt seine Weltreise an. – Meyerbeer: *Robert der Teufel*. Schumann: *Papillons* (Klavierstücke). Delacroix: *La Liberté guidant le peuple*. V. Hugo: *Notre Dame de Paris*. Balzac: *La peau de chagrin*. Grabbe: *Napoleon oder die hundert Tage*. – Es sterben: F. M. Klinger, Arnim, Hegel, Niebuhr, Freiherr vom Stein.	
	G.s Arzt C. Vogel übernimmt Augusts Funktion bei der ›Oberaufsicht‹ (vgl. G. an C. W. von Fritsch, 12. 12. 1830).	Mit Eckermann Vorbereitung der Nachtragsbände der *Ausg. letzter Hand*.
Januar	Lektüre u. a.: Niebuhrs *Römische Geschichte*, Teil 2, ²1830, vgl. Tgb 3.-9. (am 9. erfährt G. von Niebuhrs Tod am 2.; im Brief an Zelter vom 17. schreibt er voll Bewunderung über ihn und sein Werk; vgl. auch an Savigny, 21. 10.).	Arbeit an *Dichtung und Wahrheit* IV (vgl. Tgb 4.-28.).
4. Jan.	Tgb: »Von Herrn Soret communicirte Carricaturfabel des talentreichen Herrn Töpfer in Genf« (R. Toepffers *Abenteuer des Dr. Cryptogame*).	

6. Jan. Datum von G.s Testament, worin u. a.
Kanzler Müller als Testamentsvollstrecker
und Kräuter als Kustos von G.s Sammlungen eingesetzt werden.

Mitte/ 26./27.: Besuch A. von Humboldts, vgl.   Arbeit an *Über die Spiral-*
Ende Jan. Tgb (letzte persönliche Begegnung). –   *tendenz der Pflanzen* (vgl.
Tgb 27. zur jetzt komplett gebundenen   Tgb 14.-26.). – Mit Datum
Ausg. letzter Hand (Taschenausgabe):   vom 22.: Nachtrag (›Kodi-
»Die 40 Bände ‹...› in einer Reihe vor mir   zill‹) zum Testament, über
aufgestellt zu sehen, machte mir ein   den schriftstellerischen
dankbar anerkennendes Vergnügen. Ich   Nachlaß, der »zum größten
hatte das zu erleben nicht gehofft.«   Teil zum Abdruck parat«
liege. Eckermann wird als
Hauptherausgeber einge-
setzt (vgl. den Sondervertrag
mit ihm vom 10. 6.), Riemer
soll mitwirken.

15./16. Febr.   Am 16. Diktat des Aufsatzes
Geologische Probleme und
Versuch ihrer Auflösung (angeregt durch Riemer bzw.
durch Gespräche mit A. von
Humboldt bei dessen Besuch
im Jan., vgl. Tgb 15.).

24. Febr. Brief an W. Zahn nach Neapel: G. dankt
für Zahns freundschaftliche Sorge für
August bei dessen Aufenthalt in Neapel
und begrüßt Zahns Vorhaben, die von ihm
während Augusts Besuch in Pompeji
ausgegrabene Villa ›Casa di Goethe‹ zu
benennen (die Bezeichnung wird dann
offiziell, vgl. an Zahn am 10. 3. 1832; heute
›Casa del Fauno‹).

Febr./März   (Revisions-)Arbeit an den
Zusatztexten zur dt.-frz.
Ausgabe der *Metamorphose*
der Pflanzen, besonders am
Aufsatz *Über die Spiral-*
tendenz, den G. am 29. 3.
abschließt (vgl. Tgb; zu
diesem Thema gibt es längere
nachgelassene Nieder-
schriften, mit Datierungen
von Jan. bis Okt. 1831).

März		Arbeit an *Dichtung und Wahrheit* IV mit Eckermann (vgl. Tgb 7., 16. und 29. –31.).
3./4. März	Tgb 4.: »Briefe gesondert und verbrannt. Die aufzubewahrenden eingesiegelt.«	Gedicht *»Vor die Augen meiner Lieben«* (mit Datum vom 3.; für Marianne von Willemer, zu ihren Briefen, s. u. 29. 2. 1832).
8.-11. März	Lektüre: W. Sott, *Ivanhoe*, 1819, und *Rob Roy*, 1817 (vgl. Tgb). – Im Brief an Zelter vom 9.: »Diderot ist Diderot, ein einzig Individuum; wer an ihm oder seinen Sachen mackelt, ist ein Philister«.	
19. März	Tgb: »*Daphnis und Chloë* [von Longos] übersetzt von Courier [de Méré, 1810]. Es ist eine bewundernswürdige Tagesklarheit in dieser Darstellung« usw.	
22. März	Brief an Boisserée, u. a. über die Affinität seines ›religiösen Gefühls‹ zu einer spätantiken Sekte namens Hypsistarier, die »sich erklärten, das Beste, Vollkommenste, was zu ihrer Kenntnis käme <...> anzubeten <...> das ist aber keine kleine Bemühung: denn wie kommt man in der Beschränkung seiner Individualität wohl dahin, das Vortrefflichste gewahr zu werden?«	
31. März	Besuch Spontinis (vgl. Tgb). Mit Kanzler Müller über den am 9. 3. verstorbenen Klinger (vgl. Müllers *Unterhaltungen mit Goethe*).	
April		Arbeit an *Dichtung und Wahrheit* IV (vgl. Tgb 2., 9.-17.).
7.-9. April	Promemoria über die künftige »Abschaffung der meteorologischen Anstalten« (vgl. Tgb).	
Ende April	Lektüre: B. Constant, *Mémoires sur les Cent Jours*, 1822 (vgl. Tgb 19. –30.).	Endgültiger Abschluß des Manuskripts der dt.-frz. Ausgabe der *Metamorphose der Pflanzen* (vgl. Tgb 22.). – Aufsatz *Epochen geselliger Bildung*, mit Datum vom 25.; Erstdruck in *Kunst und*

Altertum VI 3 (posthum
ersch.). – Tgb 30.: »Einiges
Poetische«: Beginn der
letzten Phase der Arbeit an
Faust II.

Mai   Besucher: Reinhard, 6.-9.; Leo von Klenze,   Weiterarbeit an Faust II
   8.; Holtei, 10.; Rochlitz, 27. und 29. (vgl.   (Vollendung des 5., Arbeit
   Tgb).   am 4. Akt; vgl. Tgb 1.-17.).

19. Mai   G. erhält von Geoffroy de Saint-Hilaire
u. a. dessen Schrift Sur des écrits de Goethe
lui donnant des droits au titre de savant
naturaliste (in ›Annales des Sciences
Naturelles‹, Febr. 1831; vgl. Tgb und an
Soret).

Ende Mai   Lekt. u. a.: J. Sinclair, Exposition de la
Doctrine de Saint-Simon, um »dem St.
Simonistischen Wesen auf den Grund zu
kommen« (Tgb 30.; vgl. bereits Tgb ab 21.,
ferner an Zelter, 28.6., wo G. von der
»Réligion Simonienne« spricht).

Juni   Die dt.-frz. Ausgabe der
Metamorphose der Pflanzen
ersch. u. d. T. Versuch über
die Metamorphose der
Pflanzen. Übersetzt von
Friedrich Soret, nebst ge-
schichtlichen Nachträgen;
auf dem 2. Titelblatt die frz.
Version. Zusatztexte: Der
Verfasser teilt die Geschichte
seiner botanischen Studien
mit – Wirkung dieser Schrift
und weitere Entfaltung der
darin vorgetragenen Idee –
Über die Spiraltendenz –
Appendice (Hinweis auf
Geoffroy de St. Hilaires
Essay Sur des écrits de Goethe <…>, s. o. 19. 5.).

4./8. Juni   Tgb 4.: »Im Chateaubriand gedacht. Ich
habe mit dem besten Willen nie was von
ihm gelernt.« (G. liest wohl in Le génie du
christianisme.) – Kanzler Müllers Tagebuch zum 8.: »Mit Goethe auch über Les
deux rencontres von Balzac gesprochen.

Er nahm die Bizarrerie der Erfindung in
Schutz.« (*Les deux rencontres en un an*,
1831)

10. Juni   An Soret: »das dreywöchentliche Übel
[schwere Erkältung im Mai] hat mir eine
solche Mattigkeit zurückgelassen, daß ich
mich kaum zu benehmen weiß.«

Mitte/   Lektüre u. a.: V. Hugo, *Notre Dame de*
Ende Juni   *Paris*, heftig ablehnende Äußerungen G.s,
auch auf die ›neueste französische Ro-
manliteratur‹ insgesamt übertragen
(»Literatur der Verzweiflung«), bei Aner-
kennung großer Talente und gewisser
literarischer Vorzüge (vgl. Tgb 15. und 20.
sowie an Zelter, 18. und 28.).

21. Juni   Im Tgb über Rollenhagens *Froschmäuse-*
ler: nur noch der ›gradblickende Men-
schenverstand‹ mache »diese
Alterthümlichkeiten respectabel«.

Ende Juni   Bei der Lektüre von Galilei Reflexionen   Arbeit an *Faust II* (vgl. Tgb
über die damalige naturwissenschaftliche   24.-30., dort ›Hauptzweck‹
Forschung. Tgb 24.: »höchst bewundernd   u. ä.).
<…> Er starb in dem Jahre, da Newton
geboren wurde. Hier liegt das Weih-
nachtsfest unsrer neueren Zeit <…> Gegensatz dieser beyden Epochen«. (Galilei
starb 1642, ein Jahr vor Newtons Geburt.)

Juli   (Wie oben, vgl. Tgb 1.- 22.;
an J. H. Meyer am 20.)

13. Juli   Tgb: »Die Marmorbüste von Paris war
angekommen.« (Goethe-Kolossalbüste
von David d'Angers, Geschenk des
Bildhauers. Vgl. G.s Dankbrief vom 20. 8.;
die Büste wird an G.s Geburtstag feierlich
in der Weimarer Bibliothek aufgestellt.)

22.-26. Juli   Besuch Zelters (und Ch. L. F. Schultz')   Tgb 22., *Faust II* betreffend:
letzte persönliche Begegnung (vgl. Tgb   »Das Hauptgeschäft zu
und an Zelter, 13. 8.).   Stande gebracht. Letztes
Mundum. Alles rein
Geschriebene eingeheftet.«
(Zur fast lebenslangen Be-
schäftigung mit *Faust*, zur
Konzeption und zum
Abschluß sowie zur Ein-

siegelung des Manuskripts
von *Faust II* vgl. an J. H.
Meyer, 20. 7.; an Zelter,
4. 9.; an Reinhard, 7. 9.;
an Boisserée, 8. 9. und 24. 11.;
an W. von Humboldt, 1. 12.;
an diesen auch in G.s aller-
letztem Brief vom
17. 3. 1832.)

29. Juli   Brief an G. A. Ch. Kestner: G. dankt für
dessen Bemühungen um ein Grabmonu-
ment für August (von G. im Brief vom 9. 6.
angeregt, mit Hinweis auf ›jene Elegie‹,
d. h. das Schlußdistichon von *Römische
Elegien* IX: »Hermes führe mich später,/
Cestius Denkmal vorbei, leise zum Orkus
hinab«); Kestners Brief vom 5. 7. lag
bereits Thorvaldsens Zeichnung für ein
Relief-Medaillon von Augusts Profil bei,
G. schickt nun eine Inschrift mit (»Goethe
Fil. Patri antevertens obiit Anno
XL MDDCCCXXX«).

31. Juli   Tgb: »Ich machte einen Versuch, *Cinq-
Mars* von Alfred de Vigny zu lesen.«

5. Aug.   Aufsatz *Zwei weibliche
Figuren* (datierte Hand-
schrift; Erstdruck posthum
in der *Ausg. letzter Hand*).

13. Aug.   Im Brief an Zelter u. a. über seine Stellung
zu Hegels Philosophie, die ihn »anzieht
und abstößt«.

Ilmenau   26.-31. Aug.   Mit den Enkeln Walther und Wolfgang;
G. will den Feiern zu seinem Geburtstag
ausweichen (vgl. an Zelter, 20. 8.). Letzter
Aufenthalt in Ilmenau (mit Ausfahrten in
die Umgebung), letzte mehrtägige Reise
(vgl. Tgb sowie an Zelter am 4. 9., an
Reinhard am 7. 9.). Am 27. auf den
Kickelhahn; Tgb: »Die alte Inschrift [mit
Bleistift an der Bretterwand des Pirsch-
häuschens] ward rekognosziert: *Über
allen Gipfeln ist Ruh* pp. Den 7. September
1783« (vgl. jedoch oben zu diesem Datum
und zum 6. Sept. 1780).

Weimar	9. Sept.	Brief an Felix Mendelssohn, Antwort auf dessen Brief vom 28. 8., worin er u. a. über seine Komposition von G.s Gedicht *Die erste Walpurgisnacht* schreibt (»es ist eine Art Kantate für Chor und Orchester geworden« usw.; op. 60); G. weist auf die Symbolik des Gedichts hin.	
	11. Sept.	Im Brief an Rochlitz: »von Nordosten droht uns ein unsichtbares ungeheures Gespenst« (die von Asien auf Europa übergreifende Cholera).	
	12. Sept.	Tgb: »Die Nachricht von der verlornen Sache der Polen machte große Sensation« (Einnahme Warschaus am 8. 9.).	
13.–16. Sept.		Weiterarbeit an *Dichtung und Wahrheit* IV (vgl. Tgb).
	18. Sept.	Im Brief an Ch. L. F. Schultz: »Ich danke der kritischen und idealistischen Philosophie, daß sie mich auf mich selbst aufmerksam gemacht hat, das ist ein ungeheurer Gewinn; sie kommt aber nie zum Objekt« usw.	
	24. Sept.	Tgb: »Ottilie hatte den ersten Act des Alpenkönigs gesehen und referirte denselben [Raimunds *Der Alpenkönig und der Menschenfeind*, 1828]. Der Gedanke ist nicht übel und verräth Theaterkenntniß.«	
	1. Okt.	Tgb: »Korrespondenz zu verbrennen angefangen.« – Die zwölfjährige Clara Wieck, spätere Clara Schumann, spielt G. vor (noch einmal am 9. 10., bei einem kleinen Hauskonzert; vgl. Tgb und an Zelter am 5.).	
	4./5. Okt.	Briefe an Zelter: Am 4. u. a. abfällig über L. Uhland. Am 5. über A. von Humboldts *Fragments de géologie et de climatologie asiatiques*, 2 Bde., 1831; Humboldts These zur Entstehung des Himalaja »steht außer den Grenzen meines Kopfes, in den düstern Regionen, wo die Transsubstantiation pp. hauset« usw.	
	9. Okt.		Aufsatz *Rembrandt als Denker* (vgl. Tgb; Erstdruck posthum in der *Ausg. letzter Hand*).

11. Okt. In Tgb sehr positiv über Balzacs *La peau de chagrin* (»ein vortreffliches Werk« usw.; vgl. auch Sorets Gesprächsaufzeichnung vom 27. 2. 1832).

13. Okt. Besuch Sterlings (vgl. Tgb).

20. Okt. Brief an Zelter: Über die Gebrüder Schlegel, anläßlich von August Wilhelms polemischen Epigrammen, die ihrerseits durch den *Briefwechsel Schiller/Goethe* veranlaßt wurden (vgl. Zelter an G. am 15.).

31. Okt. Im Brief an Zelter: »Ich bin nicht zum tragischen Dichter geboren <...> daher kann der rein-tragische Fall mich nicht interessieren <...> in dieser übrigens so äußerst platten Welt kommt mir das Unversöhnliche ganz absurd vor.«

Ende Okt./   Weiterarbeit an *Principes de*
Nov.   *Philosophie Zoologique II*
             (vgl. Tgb ab 22. 10.).

November Beschäftigung mit Euripides anläßlich einer G. gewidmeten Neuausgabe der *Iphigenie in Aulis* durch Gottfried Hermann (vgl. Tgb ab 3. und G.s Dankbrief an Hermann vom 12., ferner an Zelter am 22.). G. äußert immer wieder seine große Bewunderung für diesen von der »Aristokratie der Philologen« (Tgb 22.) unterschätzten griechischen Tragiker.

17. Nov. Tgb: »ein junger Mann, Namens Lenz, aus der Familie meines unseligen Jugendfreundes.«

24. Nov.   Im Brief an Boisserée:
            »hab ich mich wieder in die
            naturwissenschaftlichen
            Dinge geworfen, um sie
            <...> zu redigieren [für die
            Nachtragsbände der *Ausg.*
            letzter Hand] <...> such ich
            gerade jetzt aus meiner
            Farbenlehre <...> ein lesbares Buch zu machen.« (vgl.
            hierzu auch Tgb Nov./Dez.).

1. Dez. Im Brief an W. von Humboldt: »so gesteh' ich gern daß in meinen hohen Jahren, mir

alles mehr und mehr historisch wird: ob
etwas in der vergangenen Zeit, in fernen
Reichen, oder mir ganz nah räumlich im
Augenblick vorgeht, ist ganz eins, ja ich
erscheine mir selbst immer mehr und mehr
geschichtlich«.

10.-20. Dez.	Letzte Arbeiten an *Principes de Philosophie Zoologique II.* – Aufsatz über *Le livre des cent-et-un*, 1831 (Erstdruck posthum in *Kunst und Altertum* VI 3, in Eckermanns Bearbeitung). Vgl. Tgb.
21. Dez.	Lektüre u. a.: A. Dumas, *Antony*, 1831 (Drama).
23. Dez.	Schwerdgeburth präsentiert sein »angefangenes Porträt« von G. (Tgb): Silberstiftzeichnung, Brustbild. (Zur Entstehung vgl. Schwerdgeburth an J. G. Keil, 24. 2. 1832.)

1832 Otto, der Sohn Ludwigs I. von Bayern, wird König von Griechenland bis
1862. Parlamentsreform in England. – Berlioz: *Symphonie fantastique*.
Börne: *Briefe aus Paris*. – Es sterben: Napoleons Sohn, Herzog von
Reichstadt; W. Scott; Cuvier; Zelter (15. 5.).

Januar	G. liest mit Ottilie *Faust II* und bringt wohl allerletzte Änderungen an (vgl. Tgb 17./ 18. und 24.).
3. Jan.	Kondolenzbrief an Seebecks Sohn Moritz, der G. mit Brief vom 20. 12. 1831 vom Tod seines Vaters unterrichtet hatte. Wegen der bedauerlichen, »ohne Grund und ohne Not« entstandenen Trübung des freundschaftlichen Verhältnisses will G. einen Vorwurf ›nicht ganz von sich ablehnen‹. – Tgb: »Im Stillen großes Bedenken über Carus' Psychologie von der Nachtseite. Gegenwirkung eines dergleichen von der Tagseite zu schreiben« usw. (betrifft Carus' *Vorlesungen über Psychologie, gehalten im Winter 1829/30 zu Dresden*, 1831; vgl. bereits Tgb 26. 11. 1831).

5. Jan.   Im Brief an Varnhagen Bedauern über den Tod Hegels (»den hochbegabten bedeutenden Reihenführer«).

10. Jan.   Ankunft von Zelters Tochter Doris (bleibt bis 18. 2.).

11./13. Jan.   Brief an Marianne von Willemer, u. a. über die Cholera: »Das asiatische Ungeheuer entfaltete immer mehr Hälse, Köpfe und Rachen, je näher es heranrückte <...> Apprehension eines Übels <...> das endlich <...> gleichsam erlischt <...> bei uns nicht die mindeste Andeutung davon sich spüren ließ«.

Brief an Boisserée am 11.: Anweisung für eine Versuchsanordnung zur Erklärung des *Regenbogens*, mit Skizze (ein weiterer Brief dazu am 25. 2., der auch Grundsätzliches über G.s Art der Naturforschung enthält).

19. Jan.   *Wohlgemeinte Erwiderung*, abschließend mit dem Vierzeiler »*Jüngling, merke dir in Zeiten*« (datierte Beilage zum Brief vom 22. an den jungen Melchior Meyr, der einige seiner Gedichte zur Begutachtung geschickt hatte); Erstdruck posthum in *Kunst und Altertum* VI 3 u. d. T. *Für junge Dichter*. (Thematisch zugehörig der posthum in *Ausg. letzter Hand* gedruckte, nicht genau datierbare Text <*Ein Wort für junge Dichter*>.)

Ende Jan.   Tgb 24.: »Schwerdgeburth <...> einiges am Porträt zu retouchiren. Die Zeichnung ist sehr lobenswürdig«.

Aufsatz *Plastische Anatomie* (vgl. Tgb ab 22.): Plädoyer für die Verwendung von Wachsmodellen zu anatomischen Lehrzwecken, um kriminelle Leichenbeschaffung zu verhindern (vgl. bereits Tgb 26. 12. 1831); am 4. 2. an Staatsrat Beuth nach Berlin geschickt.

Anfang Febr.   Tgb 1., über *Paris. Le livre des cent-et-un*: »ein wichtiges Sittenwerk«. (G. liest jetzt Bd. 2 und 3 dieser Sammlung von Aufsätzen verschiedener Verfasser über die Pariser Verhältnisse während der Julirevolution).

Die Athenerinnen. Große Oper, Poesie von Jouy, Musik von Spontini (vgl. Tgb 5.-10.): Ausführliche Inhaltsangabe nach dem Textbuch (vgl. Tgb 31. 3. 1831) und zugleich po-

sitive Rezension der
dramatisch-theatralischen
Konzeption; am 20. an
Spontini geschickt, der um
G.s Urteil gebeten hatte.
Erstdruck posthum in *Ausg.
letzter Hand.*

Mitte Febr. Am 17. Gespräch mit Soret über die
Eigenschaft des Genies, sich alles Erfah-
rene und Erlebte zunutze zu machen:
»mein Lebenswerk ist das eines Kollek-
tivwesens, und dies Werk trägt den Namen
Goethe.«

Im Brief an Varnhagen vom
20. kündigt G. die Absen-
dung von *Principes de philosophie zoologique II* an, die
Varnhagen gleich im März
in den ›Jahrbüchern für
wissenschaftliche Kritik‹
abdruckt.

25. Febr. Tgb: »An Inspektor Schrön, Verordnung«
(die ständigen meteorologischen Beobachtungen im Großherzogtum sollen ab
1.4. eingestellt werden).

27. Febr. Tgb: »Die Eisenbahn von Liverpool nach
Manchester, ein interessantes Heft,
durchzugehen angefangen« (*Description
raisonnée et vues pittoresque du chemin de
fer de Liverpool à Manchester*, hg. von
P. Moreau, 1831).

29. Febr. G. schickt Marianne von Willemer ihre
Briefe an ihn zurück, mit den Begleitver-
sen »*Vor die Augen meiner Lieben*« (angekündigt im Brief vom 10., mit der Bitte,
das versiegelte Päckchen »bis zur unbe-
stimmten Stunde« nicht zu öffnen).

März G. schreibt noch etliche Briefe, darunter
einige lange und inhaltsreiche; außer den
unten genannten: Am 11. an Zelter, am 15.
an C. B. Cotta, Sternberg und J. S. Grüner.

6./10. März Ankunft des Briefs von Zahn vom 18. 2.
mit Zeichnungen der ›Casa di Goethe‹ in
Pompeji, einschließlich des im Oktober
ausgegrabenen Fußbodenmosaiks (Alex-
andermosaik), vgl. Tgb. In seinem begei-
sterten Dankbrief vom 10. geht G. auf alles
ausführlich ein. (Vgl. auch Tgb 7. zum
Mosaik, ferner an Zelter am 11.)

10.-15. März Besuch Siegmund von Arnims, Bettinas Sohn; er ist täglich bei G. und schreibt darüber an seine Mutter; u. a.: »wenn du den Mann gesehen hättest, wie er nicht mehr in der Welt lebte, sondern nur noch wie in einem Buche darin herumblätterte, Du würdest es ihm großen Dank wissen, daß er sich <...> nach unserer ganzen Familie erkundigte«.

16. März Letzter Eintrag ins Tgb: »Den ganzen Tag wegen Unwohlseyn im Bette zugebracht.«

17. März Datum von G.s letztem Brief (nach Riemers Tagebuchnotiz vom 13. schon vorher abgefaßt), an W. von Humboldt gerichtet; u. a. über *Faust* und die Gründe, warum er den 2. Teil nicht zu seinen Lebzeiten veröffentlichen will: Er fürchtet, in der gegenwärtigen ›absurden und konfusen‹ Zeit würden seine »Bemühungen um dieses seltsame Gebäu <...> an den Strand getrieben, wie ein Wrack in Trümmern daliegen und von dem Dünenschutt der Stunden zunächst überschüttet werden«.

22. März G. stirbt gegen Mittag.

Noch 1832 sterben die Freunde Zelter (15. 5.) und J. H. Meyer (11. 10.).

Noch 1832 ersch. *Faust II* als erster der Nachtragsbände (Bd. 41) der *Ausg. letzter Hand.* Außerdem *Kunst und Altertum* VI 3, noch von G. geplant, dann betreut vor allem von Riemer und Kanzler Müller. – *Dichtung und Wahrheit* IV ersch. 1833 als Bd. 48 der *Ausg. letzter Hand.* Die fünf letzten Nachtragsbände dieser Ausgabe (56-60) ersch. 1842. Von Riemer herausgegeben, ersch. 1833-34 der sechsbändige *Briefwechsel zwischen Goethe und Zelter in den Jahren 1796 bis 1832* bei Duncker und Humblot in Berlin.

Anhang

Quellenverzeichnis/
Literaturhinweise

Die unterschiedliche Orthographie der Zitate ist auf unterschiedliche *Zitierquellen* zurückzuführen. Wenn möglich, zitiere ich nach den beiden neuen, kommentierten Ausgaben:
Johann Wolfgang Goethe, Sämtliche Werke (Abt. I). Briefe, Tagebücher und Gespräche (Abt. II). 40 Bände. Frankfurt/Main 1985-99 (Deutscher Klassiker Verlag; sog. Frankfurter Ausgabe).
Johann Wolfgang Goethe, Sämtliche Werke nach Epochen seines Schaffens. Münchner Ausgabe. 21 Bände. München, Wien 1985-99 (Hanser). In dieser Ausgabe gibt es auch die Briefwechsel mit Schiller und Zelter, in beiden Ausgaben Eckermanns ›Gespräche mit Goethe‹.

Was dort nicht zu finden ist, wird zitiert nach der immer noch unentbehrlichen Weimarer Ausgabe in 143 Bänden:
Goethes Werke, hg. im Auftrage der Großherzogin Sophie von Sachsen. I. Abt. Werke. II. Abt. Naturwissenschaftliche Schriften. III. Abt. Tagebücher. IV. Abt. Briefe. Weimar 1887-1919. Zu dieser letzten Abt. als Band 51-53: Nachträge und Register zur IV. Abt.: Briefe, hg. von Paul Raabe. München 1990.

Gesprächsberichte u. ä. nach:
Goethes Gespräche. Eine Sammlung zeitgenössischer Berichte aus seinem Umgang. Aufgrund der Ausgabe und des Nachlasses von Flodoard Frhrn. von Biedermann ergänzt und hg. von Wolfgang Herwig. 5 Bände, Zürich und Stuttgart 1965-87.

Was dort fehlt, ist zitiert nach:
Goethe. Begegnungen und Gespräche, hg. von Ernst und Renate Grumach (Band 1 und 2) bzw. Renate Grumach (ab Band 3). Berlin 1965 ff.; zuletzt, 1999, erschienen: Band 6 (1806-1808).

Weitere wichtige Ausgaben und Dokumentationen
– Werke
Johann Wolfgang Goethe. Hamburger Ausgabe in 14 Bänden, hg. von Erich Trunz u. a. München Neuauflage 1999 (kommentierte Auswahlausgabe).
Goethe. Die Schriften zur Naturwissenschaft (Leopoldina). Vollständige, mit Erläuterungen versehene Ausgabe. Im Auftrage der Deutschen Akademie der Naturforscher Leopoldina, hg. von Dorothea Kuhn und Wolf von Engelhardt. Abt. I Texte. 11 Bände, 1947-70. Abt. II Ergänzungen und Erläuterungen, 10 Bände, 1959-99 (weitere 4 Bände sind in Vorbereitung).
Goethes amtliche Schriften. Veröffentlichung des Staatsarchivs Weimar. 4 Bände, hg. von Willy Flach (Band 1) und Helma Dahl (Bände 2-4). Weimar 1950-87.
– Briefe
Goethes Briefe. Hamburger Ausgabe in 4 Bänden. Hg. von Karl Robert Mandelkow. Hamburg, dann München ²1968-76 (kommentierte Auswahl).
– Briefwechsel
Sulpiz Boisserée, hg. von Mathilde Boisserée. 2 Bände. Stuttgart 1862 (Reprint Göttingen 1970; der Briefwechsel mit Goethe in Band 2).

Briefwechsel des Herzogs-Großherzogs Carl August mit Goethe, hg. von Hans Wahl. 3 Bände. Berlin 1915-18 (kommentiert; Reprint Bern 1971).

Goethe und Cotta. Briefwechsel 1797-1832. Textkritisch durchgesehene und kommentierte Ausgabe in drei Bänden, hg. von Dorothea Kuhn. Stuttgart 1979-83.

Goethes Briefwechsel mit seiner Frau, hg. von Hans Gerhard Gräf. 2 Bände. Frankfurt/Main 1916 (kommentiert; auch als insel taschenbuch Nr. 1100).

Goethes Briefwechsel mit Heinrich Meyer, hg. von Max Hecker. 3 Bände. Weimar 1917-22.

Goethe und Reinhard. Briefwechsel in den Jahren 1807 bis 1832. Mit einer Vorrede des Kanzlers Friedrich von Müller, hg. von Otto Heuschele, kommentiert von Else R. Gross und Gerhard Ihme. Wiesbaden 1957.

Philipp Otto Runges Briefwechsel mit Goethe, hg. von Hellmuth Frhr. von Maltzahn. Weimar 1940.

Goethe und Soemmering. Briefwechsel 1784-1828, hg. von Manfred Wenzel. Stuttgart und New York 1988 (kommentiert).

Goethes Briefwechsel mit Christian Gottlob Voigt. 4 Bände, hg. von Hans Tümmler unter Mitwirkung von Wolfgang Huschke (ab Band 3). Weimar 1949-62 (kommentiert).

Marianne und Johann Jakob Willemer. Briefwechsel mit Goethe, hg. von Hans-J. Weitz. Frankfurt/Main 1965 (kommentiert; auch als insel taschenbuch Nr. 900, ohne den textkritischen Teil).

Goethe und Österreich. Briefe mit Erläuterungen, hg. von August Sauer. 2 Bände. Weimar 1902-04.

Goethe und die Romantik. Briefe mit Erläuterungen, hg. von Carl Schüddekopf und Oskar Walzel. 2 Bände. Weimar 1898-99 (Reprint Leipzig 1984).

– Briefe an Goethe

Briefe an Goethe. Hamburger Ausgabe in 2 Bänden, hg. von Karl Robert Mandelkow und Bodo Morawe. München ²1982 (kommentierte Auswahl).

Briefe an Goethe. Gesamtausgabe in Regestform, hg. von Karl-Heinz Hahn (bis Band 5), dann Stiftung Weimarer Klassik. Bd. 1 ff. Weimar 1980 ff.; zuletzt, 2000, erschienen: Bd. 6 (1811-1815).

– Tagebücher

Johann Wolfgang Goethe, Tagebücher. Historisch-kritische Ausgabe. Im Auftrag der Stiftung Weimarer Klassik hg. von Jochen Golz. Bd. 1 ff. Stuttgart und Weimar 1998 ff.

– Dokumentationen

Karl Bulling, Goethe als Erneuerer und Benutzer der jenaischen Bibliotheken. Jena 1932 (Reprint Leipzig 1982, zusammen mit Keudell, s. u.).

Oscar Fambach, Goethe und seine Kritiker. Düsseldorf 1953.

Gerhard Femmel, Corpus der Goethezeichnungen. 7 Bände. Leipzig 1958-74.

Jörn Göres, Goethes Leben in Bilddokumenten. München ²1982.

Hans Gerhard Gräf, Goethe über seine Dichtungen. Abt. I Die epischen Dichtungen. Abt. II Die dramatischen Dichtungen. Abt. 3 Die lyrischen Dichtungen. 8 Bände. Frankfurt/Main 1901-14.

Ernst Grumach, Goethe und die Antike. Eine Sammlung. 2 Bände. Berlin 1949.

Waltraud Hagen, Die Drucke von Goethes Werken. 2., durchgesehene Aufl. Berlin 1983.

– dies.: Quellen und Zeugnisse zur Druckgeschichte von Goethes Werken. 4 Bände. Berlin 1966-86.

Elise von Keudell, Goethe als Benutzer der Weimarer Bibliothek. Ein Verzeichnis der von ihm entliehenen Werke. Weimar 1931 (Reprint Leipzig 1982, zusammen mit Bulling, s. o.).

Karl Robert Mandelkow, Goethe im Urteil seiner Kritiker. Dokumente zur Wirkungsgeschichte Goethes in Deutschland. 3 Bände. München 1975-79.

Christoph Michel, Goethe. Sein Leben in Bildern und Texten. Frankfurt/ Main ³2000.

Momme Mommsen (unter Mitwirkung von Katharina Mommsen), Die Entstehung von Goethes Werken in Dokumenten. 2 Bände (Abaldemus bis Dichtung und Wahrheit; mehr nicht erschienen). Berlin 1958.

Hans Ruppert, Goethes Bibliothek. Katalog. Weimar 1958.

Ernst Schulte-Strathaus, Die Bildnisse Goethes. München 1910.

Robert Steiger und (ab Band 6) Angelika Reimann, Goethes Leben von Tag zu Tag. Eine dokumentarische Chronik. 8 Bände. Zürich 1982-96.

Hans Wahl, Goethe im Bildnis. Leipzig o. J.

– Lexika

Effi Biedrzynski, Goethes Weimar. Das Lexikon der Personen und Schauplätze. Zürich ⁴1999.

Gero von Wilpert, Goethe-Lexikon. Stuttgart 1998 (Kröners Taschenausgabe Band 407).

Verzeichnis der Siglen, Abkürzungen und Zeichen		
	ALZ	Allgemeine Literaturzeitung
	AZ	Allgemeine Zeitung
	Corpus	Corpus der Goethezeichnungen (s. o. bei Dokumentationen)
	ersch.	erscheint, erscheinen, erschienen
	FGA	Frankfurter Gelehrte Anzeigen
	GWb	Goethe-Wörterbuch. Begründet von Wolfgang Schadewaldt, hg. von der Berlin-Brandenburgischen Akademie der Wissenschaften, der Akademie der Wissenschaften in Göttingen und der Heidelberger Akademie der Wissenschaften. Bd. 1 ff. Stuttgart, Berlin, Köln, Mainz 1978 ff.
	JALZ	Jenaische Allgemeine Literaturzeitung
	Lfg.	Lieferung
	RTgb	Goethes Reisetagebuch
	Tgb	Goethes Tagebuch
	u. d. T.	unter dem Titel
	<...>	Auslassung innerhalb eines Zitats
	<*Titel*>	Nicht von Goethe stammende, sondern von Herausgebern eingeführte Titel
	→	Verweist bei ersten Anfängen eines Werks auf den schließlichen Titel
	♃	Astronomisches Zeichen für Jupiter, in Goethes Tagebuch für Herzog Carl August

Die Erscheinungsfolge der Hefte von Goethes Zeitschriften

Propyläen
I 1 Okt. 1798
  2 Jan. 1799
II 1 April 1799
  2 Juli 1799
III 1 Dez. 1799
  2 Nov. 1800

Zur Naturwissenschaft überhaupt, besonders zur Morphologie
I 1 Juli 1817
  2 März 1820
  3 Okt. /Nov. 1820
  4 Juni 1822
II 1 Sept. 1823
  2 Nov./Dez. 1824

Über Kunst und und Altertum
I 1 Juni 1816
  2 Mai 1817
  3 April 1818
II 1 März 1819
  (auf dem Titelblatt:
  1818)
  2 Febr. 1820
  3 Sept. 1820
III 1 Mai 1821
  2 Sept. 1821
  3 Jan. 1822
IV 1 Jan. 1823
  2 Juni 1823
  3 Febr. 1824
V 1 Juli 1824
  2 April 1825
  3 Sept. 1826
VI 1 Mai 1827
  2 Juli 1828
  3 Okt. 1832

Register

Personen

Achill (in der *Ilias*) 232 238 (vgl. auch im Werkregister: *Achilleis*)

Adams, John Quincy (1767-1848), 6. Präsident der USA 420

Adelung, Johann Christoph (1732-1806), Sprachforscher und Lexikograph, 1787 Hofrat und Oberbibliothekar in Dresden 154

Aeneas s. Vergil, *Aeneis*

Aeschylus s. Aischylos

Agincourt, Jean Baptiste Louis George Seroux d' (1730-1814), frz. Kunsthistoriker und Kunstsammler 130

Agricola, eigentl. Johannes Schnitter (1494-1566), Reformator, Hofprediger in Berlin
- *Siebenhundertundfünfzig teutscher Sprüchwörter* (1537) 294

Agricola, Georg (G. Bauer, 1494-1555), Humanist, Arzt, Begründer der Mineralogie als Wissenschaft 267

Aischylos (525-456 v. Chr.)
- *Agamemnon* 201 348
- *Choephoren* 202
- *Eumeniden* 86
- *Die Perser* 263
- *Die Schutzflehenden* 202 f. 203
- *Die Sieben gegen Theben* 263

Alcinous (Alkinoos), Figur in der Odyssee: König der Phäaken, Vater Nausikaas 126

Albacini, Carlo, ital. Bildhauer, Kunstprof. und Restaurator 129

Aldobrandini-Borghese, Paolo Principe di 118 130

Alembert, Jean Baptiste Le Rond d' (1717-1783), frz. Mathematiker und Physiker
- *Encyclopédie* (zus. mit Diderot; 1751-80) 11

Alexander I. Pawlowitsch (1777-1825), Zar von Rußland seit 1801, Bruder Maria Paulownas 233 256 270 286 306 316 361

Alexander der Große (356-323 v. Chr.) 438

Alexis, Willibald (Pseud. für Georg Wilh. Heinr. Häring, 1798-1871), Jurist und Schriftsteller in Berlin 412 418 452

Alfieri, Vittorio Graf (1749-1803), ital. Schriftsteller
- *Vie de V. Alfieri écrite par lui même* (1809) 290

Allesina, Franziska Clara, geb. Brentano, Frau des Folgenden 39

Allesina, Johann Maria, Frankfurter Kaufmann 39

Alton, Eduard Joseph d' (1772-1840), Archäologe, Anatom, Zeichner, 1808-10 in Tiefurt, seit 1818 Prof. der Archäologie u. Kunstgeschichte in Bonn 286 290 394 403 422
- *Über Skelette: Die Skelette der Pachydermen* 394

Ampère, Jean Jacques (1800-1864), frz. Literarhistoriker, Mitarbeiter am ›Globe‹ 393 436
- Rez. von E. Hitzig, *Aus Hoffmanns Leben und Nachlaß* 447
- Rez. von A. Stapfer, *Œuvres dramatiques de Goethe* 436

Amyot, Jacques (1513-1593), frz. Altertumsforscher, Übersetzer 25

Anakreon (gest. um 500 v. Chr.), griech. Lyriker 30

André, Johann (1741-1799), Musikverleger und Komponist in Offenbach 37
- *Der Töpfer* 37
- Vertonung von G.s Ged. *Das Veilchen* 46

Andreä, Johann Valentin (1596-1654), Mystiker, protestant. Theologe u. Geistlicher
- *Chymische Hochzeit* 111

Andromache (in der *Ilias*) 226

Anfossi, Pasquale (1729-1797), ital. Komponist
- *La Maga Circe* 155 180

Angelus Silesius, eigentl. Johann Scheffler (1624-1677), geistl. Dichter
- *Cherubinischer Wandersmann* 381

Anhalt-Dessau s. Leopold III.; Luise Henriette Wilhelmine

Anna Amalia, Herzogin von Sachsen-Weimar, geb. Prinzessin von Braunschweig (1739-1807), Mutter Carl Augusts 58 68 69 72 86 88 91 95 102 140 146 148 151 152 168 172 173 227 231 272 445

Antinous von Mondragone, Kolossal-Brustbild vom Lieblingsknaben des röm. Kaisers Hadrian 133

Aphrodite (in der *Ilias*) 222

Apoll von Belvedere im Vatikan, röm. Kopie einer Statue des griech. Bildhauers Leochares (4. Jh. v. Chr.), Idolfigur des Klassizismus 117

Appiani, Andrea (1754-1817), ital. Maler und Lithograph, Hofmaler Napoleons I.
- Fries zur Verherrlichung Napoleons im Palazzo Reale in Mailand 413

Arendt, Martin Friedrich (1769 ⟨nicht: 1773⟩-1824), Altertumsforscher, Reisender, Erforscher bes. altnordischer Literatur und Sprache 289

Arens, Johann August (1757-1806), Baumeister und Architekt in Hamburg 146 150

Argenville, Antoine Joseph Dézallier d' (1680-1765)
- *Nachrichten aus dem Leben der berühmtesten Maler* 16

Ariosto, Lodovico (1474-1533), ital. Dichter 115
- *Orlando furioso* 278
- *Satiren, Elegien, Sonette und Komödien* 275

Aristophanes (um 446-um 386 v. Chr.) 66
- *Die Vögel* 81

Aristoteles (384-322 v. Chr.) 436 456
- *Poetik* 202 434

Arndt, Ernst Moritz (1769-1860), polit. Schriftsteller, Napoleongegner und Patriot, 1812-16 Privatsekretär des Frhrn. vom Stein, 1800 Prof. in Bonn 316 336 376

Berlin Hofhistoriograph u. Aka-
demiesekretär, 1807-09 Leiter des
Unterrichtswesens im Königreich
Westfalen 89 141 209 250 251 253
263 291
- *Briefe zwischen Gleim, Heinse
und J. von Müller*, hg. von W.
Körte 264
- *La gloire de Frédéric* 271
- *Vierundzwanzig Bände Allgemei-
ner Geschichte* 297
Müller, Joseph (um 1727-1817),
Mineraliensammler u. -händler,
Stein- u. Wappenschneider in
Karlsbad 107 265 266 273 296 302
309 311 365 390
Müller, Wilhelm, gen. Griechen-
Müller (1794-1827), Schriftsteller,
seit 1819/20 Gymnasiallehrer u.
Bibliothekar in Dessau
- *Gedichte* 434
- (Übers.) Marlowe, *Dr. Faust*
364
Müllner, Adolph (1774-1829), Jurist
in Weißenfels, Dramatiker, Kriti-
ker, 1820-25 Redakteur von Cot-
tas ›Literatur-Blatt‹ 321 355 390
- *Die Schuld* 321
Münch, Susanna Magdalena (1753-
1806), Jugendfreundin G.s in
Frankfurt 34
Münchow, Carl Dietrich von (1778-
1836), 1810 Prof. der Mathematik
in Jena, 1811-19 Leiter der dorti-
gen Sternwarte, danach Prof. in
Bonn 309 369
Münter, Friedrich Christian Carl
Heinrich (1761-1830), Theologe u.
Altertumsforscher 119
Murray, John, d. Ä. (1778-1843),
Verlagsbuchhändler in London
456
Musäus, Johann Carl August (1735-
1787), Theologe u. Schriftsteller,
seit 1769 Lehrer am Gymnasium
in Weimar 93
- *Volksmärchen der Deutschen* 88
Mylius, August, Verleger in Ber-
lin 55 58 425
Mylius, Heinrich (1769-1854), Ban-
kier in Mailand
Myron von Eleutherai (5. Jh. v. Chr.),
griech. Bildhauer 313 362

Naeke (Näke), August Ferdinand
(1788-1838), Philologe, 1817 Prof.
in Halle, seit 1820 in Bonn
- *Wallfahrt nach Sesenheim* 403
Nagler, Carl Ferdinand Friedrich
von (1770-1846), preuß. Staatsmann, 1824-35 Gesandter beim
Deutschen Bundestag in Frankfurt 419
Nahl, Johann August, d. Ä. (1710-
1785), Innenarchitekt u. Dekora-
tionsbildhauer
- Grabmal von Maria Magdalena
Langhans 75
Napoleon I. Bonaparte (1769-1821),
eigentl. Napolione Buonaparte,
1804-1814/15 Kaiser der Franzosen 189 192 198 208 221 227 233
239 252 253 256 261 267 270 271
279 284 285 286 287 288 294 300
304 306 313 314 317 318 320 324
325 330 333 335 365 384 394 413
434 440 442 451 454 463 471
- Napoleon-Büste 462
Napoleon II. (als solcher 1815 pro-
klamiert) Franz Joseph Carl
(1811-1832), Sohn des Vorigen,
König von Rom, Herzog von
Reichstadt 300 471
Napoleon III., Kaiser der Franzosen
(1808-1873), 1852 Kaiser 409
Nassau s. Friedrich August
Necker, Jacques (1732-1804), Bankier aus Genf; seit 1750 in Paris,
Finanzminister in Frankreich
1777-81 (entlassen) und 1788/
1789 84 85
- *Compte rendu présenté au roi* 84
- *De l'administration des finances
de la France* 107
Nees von Esenbeck, Christian Gottfried Daniel (1776-1858), Arzt,
Botaniker, Naturforscher u. -phi-
losoph, 1817 Prof. der Botanik in
Erlangen, 1819 in Bonn, 1830-52
in Breslau; seit 1818 Präsident der
›Kaiserlich Leopoldinisch-Caroli-
nischen Akademie der Naturforscher‹ 345 346 367 368 370 381 384
389 403 406 415 425 428
- *Entwicklungsgeschichte des
magnetischen Schlafs und Traums*
381
- *Handbuch der Botanik* 389

- *Das System der Pilze und
Schwämme* 345
Neri, Filippo (1515-1595), ital.
Mönch u. Priester, Gründer der
Kongregation der Oratorianer;
1622 heiliggesprochen
- *Vita di S. Filippo Neri*, hg. von
G. P. G. Bacci 299
Nero (37-68), röm. Kaiser
- sein Palast in Rom, ›domus
aurea‹ 118
Nerval, Gérard de (1808-1855), frz.
Dichter u. Übersetzer
- Übers. von *Faust I* 444
Neuffer, Christian Ludwig (1769-
1727), Prediger in Stuttgart,
Freund Hölderlins 180 183
Neufville, Sophie Franziska de, geb.
Gontard (1767-1833), Frau des
Frankfurter Arztes Matthias
Wilhelm von N. 172
Neumann, Christiane s. Becker-
Neumann, Christiane
Neureuther, Eugen Napoleon (1806-
1882), Maler, Zeichner u. Radierer,
Schüler u. Mitarbeiter von P. Cor-
nelius 448 455
- Illustrationen zu Goethe-Gedich-
ten 448
- *Randzeichnungen zu Goethes
Balladen und Romanzen* 455
Newton, Sir Isaac (1643-1727), engl.
Physiker, Mathematiker u. Astro-
nom; wird bes. im *Polemischen
Teil* von G.s *Farbenlehre* wegen
seiner Licht- und Farbentheorie
scharf angegriffen 51 161 171 173
234 467
Nicolai, Friedrich (1733-1811),
Buchhändler, Schriftsteller u.
Popularphilosoph, Haupt der
Berliner Aufklärung; Hg. der
›Allgemeinen Deutschen Biblio-
thek‹ 15
- *Freuden des jungen Werthers.
Leiden und Freuden Werthers des
Mannes. Voran und zuletzt ein
Gespräch* 45
Nicolovius, Alfred (1806-1890),
Großneffe G.s; Jurist 424 439
- *Über Goethe. Literarische und
artistische Nachrichten* 439 446
Nicolovius, Franz (geb. 1797-1877),
Bruder des Vorigen; Jurist 363

Stichwörter

Hier finden sich u. a. die Titel der erwähnten Anonyma und Zeitschriften (außer den von Goethe selbst herausgegebenen, s. diese bei ›Goethes Werke und Schriften‹), ferner Institutionen, Gesellschaften, Goethes amtliche Tätigkeiten, einzelne Sachwörter und Begriffe.

Goethes Werke und Schriften

Die Titel sind orthographisch normiert, Herausgebertitel sind im Register nicht als solche gekennzeichnet. Jahreszahlen in runden Klammern hinter dem Titel bezeichnen das Jahr der Erstpublikation; es ist genannt bei Werken, die zu G.s Lebzeiten oder bald nach seinem Tod erschienen sind und deren Herausgabe noch von ihm geplant wurde (z. B. *Faust II*); andere Nachlaßtexte – ausgenommen Einzelgedichte – sowie verlorene bzw. von G. vernichtete Sachen sind mit vorgesetztem *Sternchen gekennzeichnet. Auch ist bei Einzelgedichten kein Erscheinungsjahr angegeben, wohl aber bei Gedichtzyklen. – Gedichte, Maskenzüge, Rezensionen, Theaterreden, Werkausgaben und Zeitschriften Goethes sind unter diesen Überschriften zu finden.

Inhaltsverzeichnis